波德莱尔书信集

上 卷

1832年1月～1860年2月

〔法〕 夏尔·波德莱尔 著

刘波 刘楠祺 译

人民文学出版社
PEOPLE'S LITERATURE PUBLISHING HOUSE

图书在版编目（ＣＩＰ）数据

波德莱尔书信集：全 2 卷 /（法）夏尔·波德莱尔著；
刘波, 刘楠祺译. -- 北京：人民文学出版社, 2022
ISBN 978-7-02-017342-6

Ⅰ. ①波… Ⅱ. ①夏… ②刘… ③刘… Ⅲ. ①波德莱尔
(Baudelaire, Charles 1821-1867)－书信集 Ⅳ. ①K835.655.6

中国版本图书馆 CIP 数据核字 (2022) 第 134012 号

责任编辑　卜艳冰　何炜宏
封面设计　李苗苗

出版发行　人民文学出版社
社　　址　北京市朝内大街 166 号
邮　　编　100705

印　　刷　凸版艺彩（东莞）印刷有限公司
经　　销　全国新华书店等

字　　数　1450 千字
开　　本　890 毫米 ×1240 毫米　1/32
印　　张　48　插页 10
版　　次　2022 年 10 月北京第 1 版
印　　次　2022 年 10 月第 1 次印刷

书　　号　978-7-02-017342-6
定　　价　268.00 元

如有印装质量问题，请与本社图书销售中心调换。电话：010-65233595

目录

译者序

刘　波

对于热爱文学的人来说，波德莱尔是一个无须多说的名字：雨果惊叹他"创造了一种新的战栗"；普鲁斯特把他列入包括古今最伟大作家名字——荷马、柏拉图、卢克莱修、维吉尔、莎士比亚、雪莱、歌德、拉辛、孟德斯鸠、卢梭、狄德罗、福楼拜等——的"高贵群体"；艾略特赞誉他是"现代所有国家中诗人的最高楷模"。他以区区一部诗集和为数不多的散文作品，以及一些关于文学和艺术的评论著述，改变了文学的景观，并且在世界文坛上赢得了巨大而坚实的声誉。自他的《恶之花》刊行一个半世纪以来，这位"恶魔诗人"让一代代读者深感惊骇和魅惑，并普遍慑服于他作品中呈现出来的那种震古烁今的新奇、深度和力度。这也让他成为当今最被广为阅读的法国诗人。

今年是这位出生于 1821 年的法国诗人的 200 周年诞辰。世界各地正以各种形式掀起一波波纪念这位法国文学"巨擘"、西方现代文学"鼻祖"的热潮。

早在 2017 年夏天，九久读书人的何家炜先生通过微信联系到我，发来一张照片，拍摄的是我的《波德莱尔十论》中《波德莱尔作品汉译回顾》一文的下面这些文字：

> 根据现有条件，笔者认为，可以通过整合力量，编辑出版一套《波德莱尔文集》或《波德莱尔全集》，希望有心的译者、研究者、出版者能够对此加以关注。
>
> 波德莱尔一生中写有大量的书信，这些文字往往以最直接的方式反映出他生活细节、社会交往、情感变化和心灵状态的方方面面，是一个蕴藏丰富的矿源。直到今天，国内仅有一些零星的篇什。翻译和出版

　　一套《波德莱尔书信集》将会是一件大有可为并且功德无量的事情。

何家炜先生在这张图片下写道："刘波兄，好！这个事情确实值得做。如有何好建议，请不吝赐教。"我当即回复道："家炜兄好！你说的值得做的这个事情，我已经想了好多年了。2021年将是波德莱尔诞辰200周年，如果借这个机会出版他的全集，是非常有纪念意义的。只是如何策划，如何组织，恐怕还要听兄高见。"

　　此后我们多次商谈，决定请中国社会科学院荣誉学部委员郭宏安先生担任主编，牵头组织国内首部《波德莱尔全集》的编纂工程，由我负责波德莱尔书信的翻译和部分作品的补译。郭宏安先生是国内致力于波德莱尔翻译和研究的绝对权威，由他担任主编可谓实至名归，更是众望所归。由于我在单位上还担任着繁重的教学和科研工作，致使我负责的那部分翻译进展缓慢。后经与何家炜先生协商，邀请翻译家刘楠祺先生加入书信翻译中来。刘楠祺先生严谨高效、文辞练达，他的鼎力相助是这部超过80万字的《波德莱尔书信集》得以如期完成的切实保证。至于波德莱尔部分作品的补译工作，目前还在进行中，这拖延了《波德莱尔全集》在今年出版的计划，赶不上为波德莱尔200周年诞辰奉上一份"厚礼"，是为憾事。但作为《全集》组成部分的《书信集》能够先行出版，也可算是献上了一份"薄礼"，一份聊可慰藉的心意。

　　这部《书信集》收录了1509个篇目，除了严格意义上的书信外，还包括波德莱尔签署的各种票据52件，各种合同或协议10件。书信中，写给母亲（欧皮克夫人）的最多，有361封；写给出版商（也就是《恶之花》的出版者）普莱-玛拉西的也多达207封；写给自己的司法监护人昂塞尔先生的有75封。这些书信提供了大量关于波德莱尔生活状况、精神状态和出版事宜的大量信息。写给当时文坛主要作家圣伯夫（25封）、戈蒂耶（13封）、雨果（8封）、福楼拜（5封）、维尼（5封）的数十封信件留下了波德莱尔文学交往的重要证据。另外还有数百封是写给大大小小各种人物的，有亲戚、朋友、艺术家、书报出版者、官员、情妇、债主，等等。这些信件都是构成波德莱尔完整形象不可或缺的材料。不久前，我们在国外的拍卖网站上发现7封波德莱尔的书信，系此前各出版物中所未见。但由于未经专家认定，不辨真伪，故此次未收录。记在此处，聊备一格。

出版波德莱尔书信的必要性和重要性，这是一个自不待言的问题。要听波德莱尔讲述他的生活、情感、工作和诗艺，最直接亦是最亲切的方式当是求助于他的笔记和书信。要书写波德莱尔的人生和创作，书信能够提供最具体亦是最细致的信息。国内已经出版的波德莱尔传记或评传，可以找到十来种。而他的书信竟然没有结集出版过，这是不应该的。

波德莱尔的生前好友阿瑟利诺在回顾诗人的生平和创作的长文中开篇便写道："波德莱尔的一生值得书写，因为这是其作品的注解和补充"，而他的作品则"是其一生的总结，更可以说是他的一生的花朵"。他对于作者的"人生"与作者的"作品"之间辩证关系的梳理显然超越了圣伯夫"有其树，必有其果"的浪漫主义式批评的简单判断。圣伯夫的批评范式就是因为有用对"人生"的判断取代对"作品"的判断之嫌，遭到普鲁斯特的尖锐批评。不过普鲁斯特似乎又走到了另一个极端，把"作为社会人的自我"和"作为创造者的自我"截然剥离，完全割裂开两者的相关性。他在《驳圣伯夫》中区分了作为社会生活凡人的形表于外的自我（le moi social，le moi extérieur）和作为艺术创造者的深藏于内的自我（le moi créateur，le moi intérieur，le moi profond），并就此写道："同伟大天才生活在同一躯体中的凡人跟天才本身没有多大关系，（……）像圣伯夫那样通过凡人或通过凡人的朋友所说的话去判断诗人的方法是荒谬的。至于凡人本身，他不过是凡人而已，他也许对生活在他自己身上的诗人浑然不知。这样也许更好。"我们完全能够理解普鲁斯特的关切，他是站在批评家的立场，反对通过论述作者及其生活环境来解释作品，而不真正直接去亲近和论述作品本身，这往往会导致因人废言，忽视了闪现在创作者身上以及表现在其作品中的独特趣味。普鲁斯特指出，圣伯夫批评方法上的这一弊端妨碍了他去发现那些敏感、神秘、激越以至于疯狂的作家，如奈瓦尔、波德莱尔和巴尔扎克等。在对波德莱尔的看法上，普鲁斯特不能原谅圣伯夫的短视和浅薄。他不能理解，为什么在圣伯夫洋洋大观的《月曜日漫谈》（*Causeries du lundi*）这部论述大大小小作家的评论集中，竟然没有一篇是专门论述波德莱尔的。就是偶有提及波德莱尔的名字，也是把他与二三流作家等量齐观。圣伯夫在对波德莱尔评价上的迟钝和苛刻，反映出其批评方法和审美趣味上的缺陷。圣伯夫非常了解波德莱尔其人，但他对波德莱尔的扶持一向都疑虑重重，甚至惧于提携。波德莱尔倒是一直对圣伯夫敬重有加，在写给圣伯夫的那些信中始终用了一种恭顺谦卑的语气。哪怕是看到这位"大叔"在文章中就他写上三言两语不痛不痒很难说是表扬的"表扬"，说他"在罗曼蒂克的堪察加半岛极远的岬角"为自己建造了一座"古怪的凉亭"，即"波德莱尔游乐园"（la folie Baudelaire），他也深感受宠若惊，就算到了"已华发早生并开始谢顶"的四十一岁年纪上，仍然表示"我还是愿意像个小男孩儿一样对您说话"（1862 年 1 月 24 日，致圣伯夫）。但圣伯夫似乎从未真正专心体会波德莱尔的作品，发掘其作品中深藏的价值。难怪普鲁斯特会在《圣伯夫与波德莱尔》一文中毫不客气地写道："好多次真想对圣伯夫大喊：十足的老傻瓜，十足的老混蛋。"普鲁斯特主要谈的是批评方法。在这方面他是有道理的。诚然，不能说作者的人生比他写出的作品更有意义，而一个创作者的成就也的确是由其最终的艺术成果决定的。只不过，最终的成果的确又不是无中生有而来的，它有其生成的渊源和过程。如果考察创作者情绪、趣味乃至思想意识的形成，以及其作品的生成，"创造者的自我"与"社会人的自我"就不可能是截然分离的，它们同为构成活生生的"人"的饱满和亲切所必不可少的要素。而这在波德莱尔身上体现得尤为突出。

对波德莱尔生平的书写和对他书信的出版，在历史上曾有过一段遭到怀疑的时期，这发生在第一次世界大战之前的"美好时代"（la Belle Époque）。这主要是因为当时有些人出于"善良"的目的，认为诗人传诸后世的形象和声名单凭其作品足矣，切莫因诗人作为常人的可悲生活、乖戾言行和邪恶名誉而遭到玷污。其实，这背后的原因并不是像那些人所宣称的那样纯粹出于捍卫"美好"的考量，只推重创作者的作品而不以作者作为社会人的生平事迹为意，而是暗藏着一种与当时资产阶级的正统观念意气相投的见识。他们之所以拒绝出版波德莱尔的生平和书信，是因为作为主流的资产阶级指责波德莱尔这位艺术家挑唆反叛、鼓动复仇，会败坏和毒化那些本应投入到神圣的爱国事业中去的青年人。而所谓"神圣的爱国事业"，结合当时的历史背景，就是指像后来发生在第一次世界大战中那样的出于"正义"和"爱国"之名的杀戮。我们知道，波德莱尔的影响起初在相当长的一段时期主要局限在作家和知识精英的圈子中。而他开始被大众广泛关注和接受，正是起始于第一次世界大战临近结束的1917年。这不会是文学史上的一个偶然事件，这同当时的社会危机和人们对于自身存在境遇的深刻反省不无关系。这场人类历史上前所未有的浩劫在残杀千百万人的血肉和生命的同时，激起人们意识上的震荡。人们陷入这样的悖论：建立了空前文明的资本主义现代社会正以空前的效率显示它的暴虐，大规模的血腥屠杀成了"文明进步"的一个讽刺注脚。这种发生在人们意识上的震荡可以部分解释何以大众会突然对《恶之花》的作者发生特别的关注。波德莱尔不仅立志在腐朽中发掘"恶中之花"，他也执意要揭露出"文明进步"的"花中之恶"。从那时起，人们逐渐淡化了贴在他身上的"恶魔诗人"和"腐尸诗人"的标签，更愿意将他视为一位对现代人的存在处境有着清醒意识的严肃洞察者，对诗歌和艺术的现代语境有着高度自觉的创新文艺家，对人类的历史命运有着深敏思虑的忧患思想者。很少有人像他那样深刻地看清楚人在世界乃至宇宙中的位置，探测到人的全部感性空间和智性空间的广度和深度。

通读波德莱尔的书信，最令我们感动之处是发现他终其一生都在执着地希望着、追求着自己作为"创造者"的成功。他的"创造"是在两个维度上并行展开的：一是带着"浪荡子"的理想创造人生的作品，一是带着"艺术家"的理想创造诗人、作家、批评家、理论家乃至翻译家的作品。

我们当然可以说，他的诗人身份比起他的经历、他的做派和他的传奇更能涵盖他的一切。但我们也应该知道，"涵盖"并不意味着能够"取代"。作为诗人，他自然是把"创造"的逻辑贯彻到作品的创造中的，但作为常人，他也把"创造"的逻辑贯彻到对自己人生形象的塑造中，把自己的人生当做一件艺术品来经营，要创造出一个在生活中既像是现实的又像是非现实的自我。他在生活中，哪怕身处最窘迫的状态，他都坚持奉行浪荡主义（le dandysme），为了新奇而好做惊人之举，也好发惊人之语，不仅作诗，也做自己的脸和头发，还把自己"浪荡子"的理想贯彻到穿衣打扮的最不起眼的细节中，以近乎变态的苛刻追求对自己"形象"的塑造。他在1853年12月26日致母亲信中这样写道："至于说你担心我在贫困中会对自己疏于打理，你要知道，在我这一生中，无论是衣衫破旧还是生活体面，——我一直都要花两个小时来梳洗打扮。"谁能想象得到，这位如此在乎自己形象的"浪荡子"在同一封信中又描述了自己蜗居独处时的尴尬状态："我已经很习惯于对付肉体上的痛苦，我会很拿手地用两件衬衫垫在漏风的破裤子和破衣服下面；我还会很老练地用稻草甚至用纸板做鞋垫塞住鞋子上的洞眼，而真正让我感到痛苦的几乎只有精神上的痛苦。——不过还是得承认，我已经混到了这份田地，不敢做任何突然的动作，甚至不敢太多走动，生怕把身上穿的衣服撕破得更厉害。（……）我这身行头已经不允许我出门跑太远的路了。"只有生活在窘境中而又不愿意放弃成功生活理想的人才会坚守浪荡主义这种"对尊严的荒谬热爱"（1858 年 1 月 20 日，致母亲）。可以想象，当追求体面和尊严的浪荡子被人误认为是醒醍邋遢的宵小之徒时，会在内心遭受到何等伤害。他在 1862 年 1 月 24 日致圣伯夫信中这样抱怨过别人对他的误解："我曾受到过极大的伤害（但我对此并没有说过什么），多少年来，我都被人家视作怪人，行为乖戾，令人生厌。有一次，我在一份恶毒的报纸上读到了几句话，说我奇丑无比，丑得连人类的同情心都避之唯恐不及（对一个始终笃嗜闻香识女人的男人来说，这种说法也未免太冷酷了吧）。某天有位女士就对我说：'真怪了，您长得多体面呵；我还以为您整天都醉醺醺的，而且浑身发臭。'流言这么说，她就信了。"只不过在这种所谓的"流言"中，有没有几分是波德莱尔自己刻意在人前摆姿弄态表演出来的因素呢？在这种所谓的"伤害"背后，表演者会不会因为让轻信之人落入他设下的诡计而窃喜呢？这是完全有可能的，而且这可能正是他想要的。他在给马索兰的信中不是说过："（我）写的都是些丑陋和残酷的事，我担心会让您那些怀孕的女读者流产"（1865 年 2 月 15 日）？当然，要"让有良心的人害怕，让有才智的人惊恐，让聪明的同行大呼无聊"（1854 年 8 月 4 日，致玛拉西），那也不在话下。

　　波德莱尔的人生的确是带有几分"表演"性质的。他在自己的"人生表演"中就跟在自己的"艺术创造"中一样，往往体现出一种不计现实得失的超然态度。他在给母亲的信中称自己"非常喜欢神奇的东西"，还说"我需要奇迹，我要创造奇迹"。在他对于奢华和冒险的无法抑制的冲动背后，推动力量正是对于"神奇"的不可解释的深层需要。而所谓"神奇"，就是他在学生时代就已经确定下来的在"宗教""美学"和"艺术哲学"等层面所要追求的精神性的东西，他后来也把这说成是"精神上的贵族式优越"。如果不从追求"神奇"处着眼，那就实难理解一个继承了父亲10万法郎遗产的青年人，何以会在不到两年时间就花掉了这笔遗产的将近一半。"人生表演"是有代价的！这位想要按照艺术逻辑创造诗意"人生作品"的青年人终归会被现实生活的铁壁碰得头破血流。家人对他的"放浪"大为惊骇，决定通过司法手段来管理他的财产和日常用度。他在1844年夏天致母亲的信中发出抗议和哀求："我坚决拒绝任何对我的自由的损害。——把我交给某些生怕别人有自由而又不认识我的人来裁决，这难道不是难以置信的暴行吗？（……）我宁愿不再拥有财产，宁愿把我的一切统统给你，而不要接受什么裁决——一个毕竟还是自由之举；另一个则有损我的自由。"最终，抗议和哀求均无效验，他在已是成人的二十三岁年纪被套上了"司法监护"的枷锁，这将让他一生都背负着被当成"未成年人"的耻辱。多年以后，他在给母亲的信中仍然对安排司法监护"这个可怕的错误"愤恨不平："它毁了我的一生，让我的每一天都蒙羞受辱，给我的所有思绪都染上了憎恨和绝望的色彩。（……）支撑着我的是自尊和对所有人与生俱来的憎恨。我始终希望拥有支配的能力、复仇的能力、随心所欲而不受惩罚的能力——以及其他一些稚气的想法。"（1860年10月11日）每月从司法监护人那里领取的应付日常生活的200法郎实难让浪荡子应付种种别出心裁的潇洒破费，这让他始终在财务上处于"打秋风"的拮据状态，拆东墙补西墙。从1844年起，他在写给母亲的三百余封信中，几乎每封都会多多少少扯到跟钱有关的事情，向母亲要钱、讨钱、借钱，甚至好几次近乎勒索钱，少则十几法郎，多则上千法郎，有时是讨好卖乖、低声下气的哀求，有时是蛮横无理、出言不逊的强求，使尽了各种堂而皇之的手段和阴损对付的花招。另有许多他向朋友借钱、向外人举债就为了求得几天安生日子的信件读起来同样令人唏嘘感慨。这位曾在1855年12月20日致母亲信中宣称"宁愿欠所有人钱"，宁愿为了钱跟母亲"争吵""折磨自己母亲"也不愿意看到自己的名字"出现在某个政府机关那些丑陋的废纸中"的骄傲之人，终于还是迫于处境，压制住内心的屈辱，数次向官方递交了津贴申请。有几次获得批准，有几次遭到拒绝。他在给国务大臣办公室主任索克斯的一封解释信中流露了心中的委屈和苦楚："让一位优秀的创造者承认凭其手艺不能让自己体面地生活确实难以启齿。"（1861 年 12 月 30 日）英雄也有气短之时！在有些关口，活下来比体面更紧要。可要知道，虽然波德莱尔在涉世之初就在信中对母亲和自己同父异母的哥哥表示过对即将到来的现实生活深感"恐惧"和"焦虑"，但他也向哥哥表达过这样的良好愿望："我想尽可能做一个独立自主的人，也就是说花自己的钱，那种我为别人带来快乐或提供服务而别人回馈给我的钱；我想用任何方式达到这个目的。"（1839 年 11 月 20 日）他为达到这个目的而努力工作，想藉此赢得"尊重"和"金钱"，并认为这些都是他"当之无愧"的报偿。但他最终发现，生活并没有用"尊重"也没有用"金钱"来报答他。他不能忍受连自己的母亲也会轻忽他的才华、怀疑他的工作能力，禁不住发问："难道我真应该相信我那些呕心沥血写出的画评和诗歌就那么不值钱么？尤其是每当我想到有那么多垃圾和愚蠢都大行其道之时！"（1864 年 8 月 14 日，致母亲）他认为自己的人生"从一开始就遭了天谴，而且永远都是这样"（1854 年 12 月 4 日，致母亲）。及至晚年，他像是在总结自己的人生，对母亲感叹道："我只是觉得我被遗忘了。我有点儿伤感。我再也干不下去了。我厌倦到了极点。（……）哎！我只能说命运从来没有眷顾过我！"（1865 年 11 月 13 日）

真的是命运没有眷顾他吗？是的，命运从来没有眷顾过作为常人的波德莱尔，让他无法实现想要"成为富人"的愿望，让他在现实生活中一次次遭逢拮据、羞辱、愧疚、恐惧、绝望和失败，早早就成了一个忧郁成疾的人，认定"生命本身必定是无边的痛苦"（1859 年 5 月 16 日，致纳达尔），并且在内心堆积起对自己、对所有人和所有事的强烈愤怒和复仇愿望。但是，命运却又以另外一种隐秘、吊诡且惊人的方式眷顾了作为诗人的波德莱尔。不，更准确地说，应该是这位"日常生活的失败者"以自己的独特方式与命运抗争，通过自己的选择而博得了命运的独特眷顾，终成为"艺术生活的成功者"。他在文坛上夺取的身后成就和地位便是明证。

波德莱尔天生具有"病态的气质和极度的敏感"，他在 1866 年 2 月 10 日致母亲信中谈到这点，并暗示这是从母亲那里继承来的。但他所独具的非凡洞察力并非得自先天的禀赋，而是通过对人生疾苦的体验、对人类命运的深切反思和诗人内心的修养获得的。如果他满足于做"常人"，他原本不必在生活中吃那么多苦头。既然他选择了不做常人而要做诗人和艺术家，那许多的苦头很难说不是他"自找"的，他在现实生活上的"失败"在某种意义上也可以说是他自我选择的结果。我们甚至可以感觉得到这其中包藏着的某种神秘而残酷的逻辑：现实人生的"失败"正是让他的艺术人生得以"成功"的前提和保证。

　　"我相信我是喜欢受委屈的"，他在1854年10月22日致友人圣-维克多的信中这样写道："这可以锻炼性格，而且我把它当成人生的积淀。（……）好多年以来，世人让我已经不习惯于受到礼遇和照顾（……）。"他在1859年9月23日致雨果的信中写道："我们生活的这个可怕的世界令我对孤独和宿命情有独钟。（……）我还记得您在《恶之花》案时写给我的一句特别的赞语，您把我蒙受的羞辱定义为一种褒奖。我当时还不是很理解，因为其时我仍对损失的时间和金钱愤懑不平。但是今天，先生，我完全懂了。我对我曾经蒙受的羞辱感到莫大的惬意，而且我知道，从今往后无论我发表什么类型的文学作品，我依旧是这样的怪物和狼人。"他还在1860年10月11日对母亲表示："我越变得不幸，我的傲劲儿就越大。"他甚至愿意把遭遇的种种不幸看成"苦行赎罪"（1865年2月8日，致昂塞尔）。波德莱尔的确拥有一种非常特别亦是非常幸运的素质：许多在常人看来完全处于对立关系（l'opposition）的东西，他却看得出其中可逆变、可反转的关系（la réciprocité，la réversibilité），就像他擅长用"忧郁"来确证"理想"一样，他能够——甚至也许只能够——从仇恨中汲取快意，从蔑视中获取荣耀，从丑陋中攫取美艳，从痛苦中夺取尊严。他在笔记中把自己的这种素质归结为这样一句话："我带着快意和恐惧培育自己的歇斯底里。"依平常的人心来说，没有人喜欢苦厄、匮乏的异化生活样态，但波德莱尔懂得把种种异化的生活样态转变为掘取诗意的资源，懂得把幸福的缺失转变为"重新发明幸福"的诉求，懂得生命的极端状态能促使力量的产生，而最大的异化往往能促使最美的诗歌诞生。正是被边缘化、被社会抛弃、被诅咒的生存状态丰富了他的观感，磨炼了他的意志，锤炼了他的品格，深化了他的思想，也成就了他的诗才和诗艺。由此看来，在波德莱尔选择作为"常人"的失败中，已然隐含着他对某种深层追求的执着。

波德莱尔不是缺乏生活技能。照他自己的说法："生活的技巧我完全通晓，就是没有力量去付诸实施。"（1865 年 2 月 11 日，致母亲）他只是把应付现实生活的精力和能量集聚在了应付艺术创造的工作中，选择了以毁灭现实人生的方式来成就艺术人生。他指出真正构成自己"资本"且需要极力维护的东西是"诗歌才能""头脑的清醒"和"强劲的希望"（1855年 12 月 20 日，致母亲），并且认为"世上最珍贵的东西只有诗意的精神和情感中的骑士精神"（1856 年 1 月 9 日，致母亲）。他还在致友人图斯奈尔的信中称"诗人是最高级的智慧者，是最杰出的智慧"，因为他拥有的"哲学精神"能够让他在一切事物上"看清真相"（1856 年 1 月 21 日）。他把艺术创造工作看作自己"生命的意义和唯一目标"（1863 年 11 月 25 日，致母亲），并坚称自己的尊严"只能来自一种美德，这种美德就是对自己这份职业的热爱"（1864 年 6 月 1 日，致莱维）。波德莱尔一心一意地致力并奉献于自己的使命，他有用苦难经验去换取诗的体验的勇气，也有把腐朽转化为神奇的能力，而对他来说，这不过是自己与魔鬼之间达成的一桩两相情愿的公平交易。"现代的荒唐和愚蠢自有其神秘功用；常可看到这样的情形，本来是为恶而做的事情，通过精神的运思，可以转化为善"，他在 1856 年 3 月 13 日致友人阿瑟利诺的信中这样写道，而且还特意加上这么一句："我欣赏自己身上哲学精神的正确。"不稳定且可悲的生活与诗人精神上的孤傲之间所形成的强烈反差不正是构成了波德莱尔人生的巨大张力?! 这种张力也是其创作上反差诗学的力量来源。

与在现实生活中的随性和放任不同的是，波德莱尔在艺术创作过程中表现出异乎寻常的严格、严谨和精益求精。"文学必须优先"，这是他始终坚守的丝毫不容侵害的原则。他在 1848 年 12 月 8 日致母亲的信中坦言："我在构筑自己文学梦想的同时，（……）根本不把荣誉、金钱、财富等庸俗观念放在眼里。"他为了文学的骄傲而宁愿忍受生活的屈辱，这从他 1864 年 10 月 23 日致昂塞尔先生的信中可以看到："我还使用了您的票据，真让我无地自容；但文学必须优先，优先于我的肚子，优先于我的快乐，优先于我的母亲。"波德莱尔对于文学和艺术的创造有着崇高的理念，就像他在《恶之花》出版前夕对出版者普莱-玛拉西所言："在任何的生产中，唯有完美才是可以接受的。"（1857 年 4 月 4 日）追求"完美"，就是在艺术上采取绝不放任、绝不妥协的态度。发生在他与《当代评论》（*Revue contemporaine*）主编卡洛纳之间的争执便是他拒绝在艺术上做任何让步的一个事例。波德莱尔自 1858 年起便经常在该杂志上发表作品，也获得不错的稿酬。卡洛纳以为凭借经济上的原因，可以让诗人改动一下那些被认为不大符合公众口味的诗句，哪知道波德莱尔坚决不让步。针对卡洛纳要他改动的那些词语，波德莱尔在回信中写道："哎！您批评的矛头所指，恰恰是我最自鸣得意的那些词语、意图和表达方式。容我就自己的意图对您稍加说明。"（1860 年 3 月中旬）信中提到的两处改动涉及《巴黎图画》中的两首诗歌：《巴黎之梦》（*Rêve parisien*）和《热爱假象》（*L'Amour du mensonge*）。在为词语的选择和位置以及隐喻的严密做了详细说明后，他补充道："我向您保证，所有这一切是十分缓慢地组合起来的。"次月，他又致书卡洛纳："我很抱歉第十次提醒您，千万不要改动我的诗。要么请干脆撤掉算了。"（1860 年 4 月 28 日）这让卡洛纳大为光火，当即回复波德莱尔，称他是一个"有失风度的自大狂"，称他的信"十分放肆无礼"。卡洛纳还在信中赌气说，那就"照原样"发表这些诗，不会改动那些"凑数的字眼"，最后还不忘加上一句："那也是您活该倒霉。"在波德莱尔那种近乎狂妄自大地对待卡洛纳的严厉态度背后，我们又可以明显感觉到他对于艺术本身的坚守。他在同年 4 月 14 日给母亲的信中抱怨一位编者要求他就 8 篇评述进行修改时写道："我已经说了，我宁愿退还收取的 600 法郎稿酬而且不再发表我也不会改。"表达这类意思的信件还有多封。

　　波德莱尔拒绝修改，绝对不是因为他懒惰，更不是因为他狂妄自大，而是因为他对自己的独特性有着完全清醒的意识。他太看重自己的表达和意图，不愿意让别人来指手画脚。他所要表达的东西太过微妙、太过独特、太过非凡，这让他对自己作品的谋篇布局、遣词造句，甚至标点符号都到了谨小慎微、斤斤计较的地步。他在 1863 年 6 月 20 日致《国内外评论》（*Revue nationale et étrangère*）主编夏庞蒂埃的信中写道："如果一段文字中有哪个逗号令您不悦，您可以删去整段文字，但不能删除那个逗号；因为它自有其存在的道理。我一生都在研习遣词造句，因而可以大言不惭地说，我交给出版社的东西都是无懈可击的终稿。"

波德莱尔对创作始终抱着谦卑恭谨的态度。我们知道，波德莱尔的许多作品在他自认为"无懈可击"之前都曾经过反复修改而形成多个版本。这些作品在不同版本中所呈现出来的不同样态也形象地呈现出一个在生活中"混乱""狂躁"的人如何耐着性子打磨和完善自己的作品，对创作的繁重艰辛甘之如饴。有些作品看似已经完成，却又似乎从来没有让他满意，就算签署了"同意付梓"后，他还在犹豫，再改动，再校正。作品的每一次再版或重新发表，对他来说都是提供给他的又一个修改和补救的良机。《恶之花》初版于 1857 年面市后半年多一点时间，他就在次年 2 月 19 日跟出版者普兰-玛拉西谈到了着手该书"第二个初版"（la deuxième première édition）的计划，看来他是要把这"第二个初版"当成一本全新的作品来经营。在《恶之花》的"第二个初版"杀青准备付梓前，波德莱尔在 1861 年元旦这天带着几分欣慰致信母亲："这是我平生第一次几近满意。这本书近乎完美，它将作为我厌恶和仇恨一切事物的见证而留存于世。"他真的那么"满意"吗？《恶之花》第二版于 1861 年出版后，他又在次年的 8、9 月间跟另一位出版人米歇尔·莱维谈到了计划出版《恶之花》第三版的事情："在《恶之花》第三版——我将称之为最终版——中，我会再增加十首或十五首诗，并增加一篇重要的序言，序言中我将分析我的技巧和方法，并教会每个人能写出同样作品的艺术。"老天不遂人愿，波德莱尔没能在有生之年完成他希望中的这个"最终版"。在他去世次年（1868 年）出版的《恶之花》第三版是由他的朋友阿瑟利诺和邦维尔编订的。波德莱尔对自己的散文诗集《巴黎的忧郁》也有从"相当满意"到"不甚满意"的过程。他在 1866 年 2 月 19 日致圣伯夫的秘书特鲁巴的信中写道："我对《巴黎的忧郁》相当满意。总之，这还是《恶之花》，但更自由、细腻、辛辣。"但半个月后的 3 月 5 日他又对同一收信人表示："啊！这部《巴黎的忧郁》，其中蕴含着何等的愤怒，又让我何等含辛茹苦呵！但我对其中某些部分还不甚满意。"他在 1859 年底把《巴黎的幽灵》（即后来的《七个老头》）寄给《法兰西评论》（*Revue française*）主编让·莫莱尔时所附短信中声称："与这些诗句的品质比起来，我为写它们而吃的苦绝对算不得什么，（……）我怕是已经着实成功超越了诗歌的极限。"这篇"诗句的品质"让诗人颇有信心的作品后来又经过作者本人的多次改动，陆陆续续又有了另外七个版本，里面的改动有的是针对诗节和文字的大刀阔斧，有的是只涉及个别标点符号的精雕细琢。是的，他永远不会"满意"自己的作品，就像他永远不满意自己一样。他的目标太过高远，他的诉求太过完美，这让他所希望的"无懈可击的终稿"乃至出自他笔下的一切仿佛永远都处于未完成的状态，似乎永远没有真正能够最终完成的时候，这也可以解释为什么他"含辛茹苦"地工作，却仅仅写出了一本只包含一百多首诗的诗集。对"完美"的极端苛求致使他的写作每每陷于"笨拙"甚至"瘫痪"状态，正如后来发生在马拉美以及一度发生在普鲁斯特和瓦雷里身上的情况一样。难怪批评家帕斯卡尔·皮亚会据此称波德莱尔是"化身作者的西西弗"（«Baudelaire，c'est Sisyphe auteur.»）。

在推崇灵感和直抒胸臆的浪漫主义时代，依当时的标准，波德莱尔实在算不得是一位轻巧伶俐的诗琴高手。他似乎缺乏别的浪漫主义诗人那种出口成歌、下笔有神的先天禀赋。早在学生时代，他就在给哥哥的信中谈到自己在文字上的"困难"："每当要把自己的想法诉诸纸上，我便感到困难得很，而这种困难几乎是不可克服的（……）。"（1837年11月2日）在诗歌创作中，他也并不总是能够灵巧自如地为诗句赋予应有的形式，有时候只有在经历了艰苦折磨后才终于能够克服音步和韵脚的巨大障碍。他在1857年5月14日致普莱-玛拉西的信中表白过这点："我刀光剑影地与三十来个不到位的、令人不舒服的、不合辙押韵的诗句搏斗。您相信我有邦维尔的那种灵巧吗？"在他羡慕的作家中，除了聪明灵巧、工于诗律的邦维尔，还有擅长形式、工于辞藻的戈蒂耶。他在1851年底致戈蒂耶的信中发出过谦卑的请求："请坚定地保护我吧。"他后来更在《恶之花》第一版的献词中称戈蒂耶是"无可挑剔的诗人、法兰西语言完美的魔术师、我亲爱的且尊敬的导师和朋友"。他在第二版的献辞中又把"法兰西语言"改成了"法兰西文学"。羡慕并不意味着失去判断。他写过一篇关于戈蒂耶的评述，为出单行本，于1859年9月23日致信雨果请求赐序。他在信中解释说，他那篇评述实则是藉戈蒂耶之名阐发自己的"重要思考"，并坦言他完全了解戈蒂耶的"缺陷"何在，只是出于友情不愿意直接点出来而已："我可以私下向您坦承，我对他惊人头脑中的缺陷再清楚不过了。想到他时，我每每为上帝不肯对他无限慷慨而悲伤。我没说谎，我不过是回避了一些话题，隐匿了一些想法。如果要我去对簿公堂，如果我绝对真实的证言有可能伤及这位蒙大自然恩宠和我心挚爱的人，我向您发誓，我一定会自豪地说谎。——因为情感远在律法之上，因为友情就其本质而言难言对错、难以驾驭。但在您的面前，我根本没必要撒谎。"戈蒂耶的"缺陷"其实也是当时许多浪漫主义诗人的缺陷。这些诗人的作品大多是凭作者天赋的才华、神启的灵感和洋溢的气血写成的，虽能够以其自然流畅的抒情和圆熟机巧的文笔陵轹于一时，却又难以经受后世挑剔而又精细的读者细致和充满抗拒的阅读。今天来看，那些曾让波德莱尔艳羡不已的灵巧诗人——如邦维尔和戈蒂耶——几乎什么都没有告诉我们，反倒是终生都为"言"所困、直到写作生涯最后时刻还在感慨"对我来说，写东西不是一件易事"（1866 年 2 月 5 日，致阿瑟利诺）的波德莱尔说出来的话，几乎总是能够以其标新立异的独特和回味无穷的深蕴让我们大感魅惑并激动不已。

　　就像他不相信一切"天然"之物的价值一样，波德莱尔虽然羡慕别人的天赋，但他并不相信天赋，也不相信自己有天赋。他在 1865 年 2 月 11 日致母亲信中写道："我不知你曾多少次和我谈到我的天赋。这句老生常谈仅对浅薄的头脑适用。我是有构思的天赋？还是有表达的天赋？这两样我一样都没有，你应当看得出来，我的作品再少，却都出自艰辛的耕耘。"波德莱尔拒绝在工作中"抖机灵"，他写作上的艰难在很大程度上是由于他对自己的严苛要求造成的。就连邦维尔都感叹于波德莱尔对自己的严苛，在《回忆录》中说波德莱尔是"一个对完美的绝对热爱已经着了魔的人，事无巨细都同样上心，就算打磨指甲也跟完成一首十四行诗一样一丝不苟"。"一位认真钻研、工作勤奋的人，外表高贵但显得很累"，这是波德莱尔留给维尼的印象。波德莱尔虽然常常会因为艰难的写作而感到痛苦，但他丝毫不会因为做一个艰难的作家和诗人而感到蒙羞。他以艺术的名义，在一篇文论中批评那些绝对信任天才和灵感的文学家忽视艰苦的锻炼，认为导致这些人"自命不凡的发作"和"大言不惭的懒惰"的根源，在于他们"不知道天才应该如同学艺的杂技演员一样，在向观众表演之前要冒上千次伤筋断骨的危险，不知道灵感说到底不过是对每日练习的报赏"。写作上的"笨拙"和"瘫痪"状态让他能够更好地多思、多想、多锤炼；或者反过来说，多思、多想、多锤炼的过程让他的写作显得像是陷入"笨拙"和"瘫痪"状态。莫里斯·巴雷斯说过，波德莱尔在《恶之花》这本"质朴的书"中"把美妙的散文放进艰涩的诗行"，这倒不见得是一句批评的话，因为他还声称能从波德莱尔作品中"最不起眼的细小用词看到让他获得如此巨大成功的艰辛"。阿瑟利诺在回忆波德莱尔时对这点也感触至深："波德莱尔是对的。正是靠了一丝不苟、锱铢必较、锲而不舍的用心，才赋予了这些作品以决定性的价值。"这也回应了波德莱尔自己的话："一切美的、高贵的东西都是理性和算计的产物。"

波德莱尔立志要做他终生所爱的德拉克洛瓦那样的"创造者"，就算在探索的过程中有时候显示出"笨拙"也在所不惜。他的文字往往给人以勉力所为、拙而不巧之感，有如经过血肉搏杀缴获来的"战利品"，散发出近乎带有血腥的魅力。他的作品表现生死爱恨的极端状态，却又在表现形式上力戒放纵，观之有刀砍斧劈的硬朗，闻之有金石撞击的铿锵。形式上的节制使情感的压力愈发强大，让作品整体有如信徒的告解，深怀激情而又不失恭谨端庄的仪态。这就让人不难理解他何以会在1866年2月18日致昂塞尔的信中援引勒孔特·德·利勒的那句名言："哀歌作者尽无赖。"同时，他还在这封信中对被他称作"现代人渣"的"那些言之无物的空谈家"表示出极大的"厌恶"。

对人生命运没有信心甚至绝望的波德莱尔，对自己作品艺术命运的信心却始终坚定不移。他的大量书信显示，这位一生都激烈地与凌辱、痛苦、愤怒和死亡亲密相守的绝望之人，同时也是一位从来都没有而且永远也不会放弃自己"希望"的梦想者和坚守者。在他初入文坛还没有多少东西发表的青年时代，他就对昂塞尔先生表示："我相信自己是不朽的，而且这就是我的希望。"（1845年6月30日）他还三番五次地对母亲表达自己的"希望"。他在1861年2、3月间给母亲写道："如果说有什么人年纪轻轻就体验到了忧郁和神经衰弱，那绝对非我莫属。可我仍抱有生存下去的渴望，也想领略一下自我的安全、声誉和满足。某个可怕的声音在对我说：死了心吧，想都别想，可另一个声音对我说：放手一搏，又有何妨。"4月1日他又写道："你看，我依旧在梦想。"5月8日他对母亲表示：正是"胸存锦绣愿望"让他对"狂风恶浪"还能"顶一阵子"。他在1863年12月31日致母亲信中坦言："唯一让我觉得我还活着的那种意识，就是对声望、复仇和财富的某种模糊的渴望。"尽管他也抱怨说"无论多么微芥之事，但凡是我做的，人家从不还我一丝公道"（1863年12月31日，致母亲），尽管他也愤愤于"因不受大众理解而蒙受身心重创"（1863年8月3日，致瓦扬元帅），但他始终不轻言放弃。他在1865年1月1日致母亲信中这样表达他的理由："我怀揣美好的希望。（……）——我相信世人还是关注我的。"他的确值得"怀揣美好的希望"，因为支撑他希望的是他对自己作品未来命运的信心。

　　在《恶之花》初版面市次月，他致信母亲说："我知道这部诗集将以其品质和瑕疵，与雨果、戈蒂耶甚至拜伦那些最好的诗一道在文学公众的记忆中流传下去。"（1857年7月9日）同月20日，他在致国务大臣阿希尔·富尔德的信中表示，自己为创作了这部"通篇洋溢着'恶'的恐怖与可怕"的作品而"感到自豪"。他甚至对自己作品的销路也信心满满，致信出版者普莱-玛拉西："我的《恶之花》将永存于世；我的评论文章会有销路，也许不会售罄脱销，但始终会有市场。"（1859年5月1日）他也向母亲表示，自己"所写的一切都会畅销，那一天终会到来"（1860年10月11日）。他坚信自己"留下的这寥寥数部作品的行情"在他死后"一定会看涨"（1865年2月11日，致母亲）。遗憾的是，他确实未在自己的有生之年见识到他一直所希望的那个荣耀加身的高光时刻。面对自己作品不被理解的惨淡状况，他像自己的前辈司汤达一样，只能寄希望于未来的读者。他在1864年10月13日致昂塞尔先生信中感叹道："将来或许能被理解，但愿吧！"两年后他又重复了同样的感叹："《恶之花》已经被遗忘了！这真是太糟糕了。总有人在找这本书。也许几年后人们就会开始理解这些诗篇了。"（1866年2月18日，致昂塞尔）略感欣慰的是，他终于在身处异国他乡的生命最后时期听到一个消息：在巴黎有一帮有才华的年轻人（其中包括魏尔伦和马拉美）把他奉为大师并模仿他的风格。他在1866年3月5日写信把这个消息告诉母亲时说："看来是存在着那么一个波德莱尔派（l'école Baudelaire）。"只是在这位早已经"不习惯于受到礼遇"的愤世者五味杂陈的反应中，竟然带着几丝不知所措的惊惶。他是不是不敢相信还能在有生之年亲眼看到自己"行情看涨"的端倪！他终究没有在身前获得"荣誉"和"金钱"上的"巨大成功"。他是否想象得到——他还敢想象么——半个世纪后终会迎来那份迟到的声誉隆盛的哀荣！

波德莱尔最后时期旅居比利时两年间的书信别有值得阅读的价值。这些书信既是他人生经历的重要组成部分，更是以最集中的方式成为浓缩他一生的写照。阅读这些书信我们会看到，他在两年时间里把自己的人生重新演绎了一遍。

波德莱尔怀揣着美好梦想，于1864年4月下旬来到布鲁塞尔，想要在这座新鲜的城市逃离在巴黎一直跟他如影随形的"厌恶"，给"病得不轻"的"身体"和"意志"都"换换环境"，在"青春活力和能量"的再次焕发中重启人生，通过自己工作的酬劳"品尝到成功的滋味"，最终"带一笔可观的钱"衣锦还乡。此行有好几个具体目的：通过系列讲座挣到1000至2000法郎；把三卷本《杂文集》（*Variétés*）卖给一位比利时出版商，为期五年，希望要价20000法郎或更好的价格；在相对安静的环境中"能像魔鬼一样工作"，完成《巴黎的忧郁》和一些文论。现实的结果不仅远远不如预期，甚至可以说是尴尬和大大的羞辱。

讲座的每场报酬，有人说是200法郎，有人说只有100法郎，甚至60法郎。依他当时迫切前往的心情，他没等到确切消息就动身了。波德莱尔在1864年5月27日致昂塞尔先生信中谈到了最初五次讲座的结账情况："五次讲座（大获成功）之后，我希望结账。人家没付500法郎，只拿来100法郎和一封致歉信，说经费已然告罄，他们只做了两场讲座的预算，每场50法郎——至于后三场讲座，既然是在公共课程季之后举办的，就当我个人的义举好了。"遭到这样的待遇，会是怎样的心情？他接着写道："这是个什么民族！都是些什么人呀！我连书面协议都没有。我只是口头和他们约好每场讲座100法郎。我真想把这100法郎都捐给穷人。这儿的人怎么这么丑恶呀！（……）我现在怒火中烧，心灰意冷。"倘若他不是对此耿耿于怀，就不会在十几天后6月11日的信中跟母亲更详细地谈到这件事情："这几次演讲（最后一次在23日举行）虽然都特别长，两倍于通常的时间，一次两小时而不是一小时，但都获得了极大的成功，可以说没有人见过此前还有过类似演讲。——一开始，我就表现得宽宏大度；当他们和我讨论演讲酬金条款的时候，'按你们的想法安排吧；我不会和你们就这类问题讨价还价的。'我就是这么说的。他们含糊地答应每次演讲的酬金是 100 法郎。……24 日，联合会的一名接待人员来找我，给了我 100 法郎（而不是 500 法郎）和一封信，文绉绉地恭维我对金钱的蔑视，并告诉我说整个季度的经费已经花光了，但他们对我印象颇佳，来年会给我补偿。想想看，这就是所谓上流社会的人士——律师、艺术家、官员，看似颇有教养，实则公开对一个信赖他们的外国人实施抢劫。我又能怎么办！又没有书面协议！在这个地方，没有人认为不诚信是一种耻辱，反而觉得是一种机巧。给穷人们一点儿钱，就好像是对联合会的侮辱，就好像我把大家都得罪了似的。结果导致我极度缺钱；24 日支付旅馆费用时还少付给人家 3 个苏。"他还在 6 月 17 日致母亲信中描述了讲座现场的尴尬的"精彩"场面：他自己邀请了十五个人，来了五个最要好的；房东也出面邀请了十五个人，也只来了五个。讲座的环境倒是有些排场："三间宽敞的客厅，被枝形吊灯和壁灯照耀得亮如白昼，墙上装饰着华美的油画，糕点和红酒多到荒谬的程度"。出席讲座的人交头接耳，心思似乎并不在听讲座上。波德莱尔在信中记下自己的反应："这就是比利时人的智力和习性。我看到所有人对我的朗诵都不感兴趣，所以就停了下来，也开始喝酒、吃东西，我的五位朋友有些尴尬和扫兴，只有我一个人在笑。"心酸的事情不止于讲座，他的出版计划也完全没有结果。他属意的那位出版商每次讲座都受到邀请，但没有一次出席，而且还干脆找各种托词避而不见，根本没有出版他作品的意思。按波德莱尔的说法，这位出版商之所以不见他，是听信了一些关于他的恶毒流言，对他抱有成见。

他在比利时孤身一人、与世隔绝、音讯闭塞，找不到一个可以与之畅谈的睿智人士。他把这里看成一片充满敌意的土地，他自己也充满敌意地看待这片土地上的人。他在 1864 年 10 月 13 日给昂塞尔先生写道："在《恶之花》作者的四周，很多人都带着看热闹的好奇心匆匆而过。在他们看来，我们说到的那位《恶之花》的作者不过是一个可怕的怪人。这些下流胚全把我看成怪物，而当他们看到我沉着冷静、稳重节制、彬彬有礼的时候，当他们看到我对那些自由派思想家、对当代的发展以及所有拙言蠢行嗤之以鼻的时候，他们反而认定（是我猜的）我肯定不是我自己那部作品的作者……在作者和被谈论的那个人之间竟混淆若此，着实可笑之至！"自尊心再也压制不住胸中的愤怒！照他自己在同一封信中的说法，他终于"给自己的天性松绑"："只要我乐意，我可以极度张扬，并在损害自己的过人才华中获得一种特别的快感。但在此地，这绝对还不够，为了使人警醒就必须狂放。愚氓若此呵！——而我，我过去认为法国绝对是一个野蛮的国度，不料于此却发现还有另一个国度，其野蛮程度竟超过法国！"厌恶和仇恨以惊人的速度蔓延到对所有事和所有人上，爆发在他计划写作的最后一部作品《可怜的比利时！》（*Pauvre Belgique！*）中。

　　1866年3月中旬，精神上陷于痛苦和愤怒、身体上早已显现疾患缠身先兆的波德莱尔又突遭中风打击，开始出现偏瘫和失语的症状。他最后一封亲笔信是3月20日写给母亲的，最后一句话是："如果你想读读《海上劳工》（*Les Travailleurs de la mer*），我这几天就寄给你。"这也就成为这位耕耘一生的作家亲手写下的最后文字。此后的信件都是在他卧床不起的状况下由他口授、由旁人代笔的。在这几封信中，他还在讨论校改清样和编辑排版的问题。他口授的最后两封信是3月30日分别写给跟他一生保持着难说好坏、但绝对是最紧密关系的母亲和昂塞尔先生的。两封信中表达了基本相同的内容：一、现在已经动不了了；二、还有债务在身；三、为了不让工作成果"打水漂"，还有五六个城市要走访。在他还有最后一丝清醒意识之际，他念念于怀的是被他视为价值所在的"工作"和对将来工作成果的"希望"。这之后直到次年8月最后一天的一年多时间里，波德莱尔都处于漫长的弥留期。所有的表达方式都离开了他，只有他眼里时清时浊的闪光和嘴里夹杂着长短不齐的喘息而模糊不清地哼出的"Crénom！"（"妈的！"）一词还在表达着他的痛苦、愤怒和抗议。在此期间，只有当身边人跟他提起马奈和瓦格纳的名字或是给他演奏瓦格纳的音乐时，他才会露出一丝难以觉察的开心表情。艺术是他临终前最后的慰藉。

　　波德莱尔的书信以大量的生动细节为我们刻画出一位虽遍体鳞伤却九死而不悔的诗人的形象。诗人隐喻式地把自己的人生投射到自己的诗行文字间，同时他的作品又是对自己可悲而又壮怀激烈的人生的回应。他在1857年圣诞节这天给母亲写道："您（……）能分辨出书中迸发的那些阴

郁的闪光，其中蕴涵着我的愤怒和我的忧郁。"他在次年 2 月 19 日向母亲
这样表达自己的写作目的："我不想赢得什么善良而庸俗的声望，我只想
击垮众生的心灵，就像拜伦、巴尔扎克或夏多布里昂那样震慑他们。"他
用夸张和讥讽，有时也用故意为之的矫揉造作，甚至不惜亵渎神明，就是
要达到"击垮众生的心灵"的目的。他甚至向母亲表示："（我）会用惊世
骇俗的作品来纾解我的愤怒。我想让整个人类都与我为敌。我将从中获得
某种赋予我一切慰藉的享受。"（1865 年 12 月 23 日）他一生都是以"搏
斗"为乐的战士，与人搏斗，与事搏斗，与病困搏斗，与命运搏斗，甚至
与词语的障碍和音律的艰险搏斗。他早在学生时代就已经表示过："在这
种跟他人的搏斗中，在这种困难本身，应当是有某种快乐的。"（1838 年 6
月 27 日，致母亲）他后来更称，唯有在各种搏斗的张力中，诗人"才能
感知大众无从感受的那些极强劲又极精微的快乐。"（1860 年 2 月 23 日，
致苏拉里）斗争的精神让他自豪于自己写出了《恶之花》这样一本在别人
眼里"可诅咒的书"。他也自豪于自己在书中显示出来的能够揭示出"恶"
的天赋，虽然他知道这将让他"长期承受煎熬"（1864 年 10 月 13 日，致
昂塞尔）。自波德莱尔的这部作品出版以来，人们没有停止过对它及其作
者的种种争论：关于美和丑，善和恶，宗教和渎神，严肃和轻浮，进取和
颓靡，真诚和佯装，古典和浪漫。争论的双方似乎都是有一定道理的。从
波德莱尔的书信中我们可以看到，波德莱尔确实并不只有一副面孔：他可
以作为俗人去尝试自我摧残的享乐主义，也愿意作为圣人去奉行自我折磨
的禁欲主义，但作为诗人，他立志实行的是无拘无束的自由主义。普鲁
斯特为这位亦正亦邪、庄谐并举的恶魔诗人描画了这样一幅肖像："这个
邪恶而虔信的善人，这个钻牛角尖的良心论者，这个跪拜在地而又面带
讥讽之色的该诅咒的波德莱尔。"波德莱尔自己在书信中也谈到了自己对
具有亦庄亦谐特点艺术的热爱："我是多么重视寓意深邃的戏谑艺术，多
么看重轻浮面纱之下的严肃。"（1866 年 2 月 21 日，致费利西安·洛普斯）
他在《恶之花》讥诮的面孔背后融进了自己严肃的真情。1866 年 2 月 18
日，仿佛意识到自己来日无多，他在给昂塞尔先生的信中谈到自己的这部
作品，其中的语气就像是在订立一份文学遗嘱："在这本残忍的书里，我
融入了我所有的良心、所有的温情、所有的信仰（矫饰过的）、所有的仇

恨？没错，我要写的都是反话，我以至圣诸神的名义起誓，这只是一部纯艺术的、装腔作势的、卖弄伎俩的书；而我扯起谎来绝不会脸红心跳！"只有到了这个时候，他才完全脱去了平时装模作样的外衣，终于不再遮遮掩掩地袒露实情，发出一个一生都遭到蔑视的心灵最后的自白。与兰波最后放弃诗歌和文学，称"文学是蠢事"，转而投身于实际生活不同，波德莱尔直到最后一刻都没有放弃。他为了把自己的一生祭献给文学事业而毅然决绝地选择牺牲掉并进而放弃了他曾如此依恋的实际生活。他在有生之年不被人理解，甚至遭人厌恶。他在 1865 年 3 月 30 日致圣伯夫的信中援引雪莱"一首哀伤颂歌"的结尾几行用以自况。我们也愿意在此引用这几行诗为本序作结：

> 我知道我属于这样一种人，
> 他们不为世人所爱；
> 却永远被世人怀念！

于重庆歌乐山麓
2021 年 8 月

导　言

［法］克洛德·皮舒瓦

刘楠祺　译

每一位书信集的出版人都有可能变成圣徒传的作者：一边吹捧自家贤哲，一边贬损邻家智者。因此，若想让读者更好地把握这部《波德莱尔书信集》的独特性，是否应该先将其消极一面公之于众？是否应该承认波德莱尔的书信既不如乔治·桑书简广博多样，也与半个世纪前那部文艺片里的圣伯夫书简大不相同？是否应该承认波德莱尔书信既不如巴尔扎克的《人间喜剧》能带来诸多教益，也不像梅里美书简能记录如许政治和上流社会生活？既不如福楼拜书简能提供关于时代、人类、艺术等诸多堪称伦理家的思考，也不像司汤达书简藏有如许隐秘与辛辣？既不如维尼书简中看到的高贵之轻蔑，也不像夏多布里昂书简里表现的爱情之痴狂与傲然之冷漠，更不像维克多·雨果书简中沾沾自喜的自我写照？这一切都足以说明，波德莱尔既非乔治·桑，也非圣伯夫、梅里美、巴尔扎克、福楼拜诸色人等：这事实是明摆着的。

书简作家爱写信。波德莱尔则不然，他说自己"拙于"写信（1851年6月7日），"写一封信比写一本书还费劲"（1847年12月16日）。或者他是在想象中写那些信的，所以才一拖再拖总是完成不了（1853年3月26日）。写信的乐趣源于内心的快乐意识；这种意识让我们在告诉别人一件尚不为人所知的意外情事时心存愉悦：歌德在和爱克曼①的一次谈话中就是如此定义"la nouvelle"一词的②（1827年1月29日）。所以说，书

---

① 爱克曼（Johann Peter Eckermann，1792—1854），德国诗人和作家，歌德晚年时期的秘书，以《歌德谈话录》（*Gespräche mit Goethe*）一书而闻名。

② 法语中，"la nouvelle"一词有"消息""新闻""中短篇小说"等多种意思。

简作家和中短篇小说作者，当一个孤坐桌前离群索居，另一个大概就倚着壁炉、面对着某个特定的文学圈子，二者实为同一人。假如说梅里美既是前者又是后者，能不能算是一种巧合？如果说波德莱尔既非前者也非后者——除了我们理当尊敬的那位芳法萝小姐 ①——是否也该算作一种巧合？

　　波德莱尔喜欢给人以惊奇；他的美学在某种意义上就是一种让人惊奇的美学。但正是在此艺术层面或者说在此奇怪的艺术表现形式上，才有了波德莱尔自纂的或是他有意无意让人打造的传奇。既然如此，他在自己的书信里会表现出何种自命不凡？又会写些什么轶事奇闻？是欧仁妮·德·蒙蒂霍与拿破仑三世的大婚 ②？还是德·莫尔尼公爵与特鲁贝茨科伊公主众说纷纭的婚礼 ③？都没有，他的信里只谈过洛赞公爵和大郡主的婚姻 ④，只谈过他和让娜的争吵——他对让娜·迪瓦尔始终保有骑士般的眷恋——还谈过想弄点儿钱，好在玛丽·多布伦生日那天送给她几束花。

　　波德莱尔在书信中所写，都是些"不朽之罪恶的无聊场景"，是他的困境和他的失望，是他的苦难甚或他痛彻心腑的痛苦，是他夭折的梦想、他的困扰和他的屈辱——这些常令他想到自杀。

　　我们实在是太不关注作家的写作环境特别是写信的环境了。维克多·雨果的写信日是每个周日（波德莱尔在 1859 年 10 月 1 日致普莱-玛拉西的信中提到过）；每个星期天，他都要在其峭岩之上的居所里写信鼓

① 芳法萝小姐（Mlle Fanforlo）是波德莱尔唯一的一部短篇小说《拉·芳法萝》（*La Fanfarlo*）中的人物。

② 欧仁妮·德·蒙蒂霍（Eugénie de Montijo，1826—1920），拿破仑三世的皇后。波德莱尔身陷《恶之花》案时，曾给她写信请求减免自己的罚款。

③ 德·莫尔尼公爵（Charles de Morny，1811—1865），拿破仑三世的同父异母哥哥，1857年在圣彼得堡与俄国贵族小姐、据说是沙皇尼古拉一世的私生女特鲁贝茨科伊公主（Sophie Troubetzkoï，1838—1896）结婚。

④ 洛赞公爵（duc de Lauzaun），指第一代洛赞公爵安东尼·依巴尔·德·高蒙（Antonin Nompar de Caumont，1633—1723），法国贵族、军人，曾任法王路易十四的卫队长，深受路易十四信任。大郡主（la Grande Mademoiselle），指安娜·玛丽·路易丝·德·奥尔良（Anne Marie Louise d'Orléans，1627—1693），亨利四世的孙女，路易十四的表姐。她爱上了洛赞公爵，但路易十四以"门不当户不对"为由，未批准这桩婚姻，导致大郡主终生未婚。

励他的拥趸和他那些热爱民主的朋友；梅里美则是利用参议院的某个无聊的辩论时刻为轶事专栏写些嘲讽的文字。这种环境有利于在写信人和对话者之间保持适度的距离。可波德莱尔呢？他可是做不到想写就写的；他只有在条件允许时才写，只有在急需时才写，他才不会——或极少——为自娱自乐而写。在他那"痛苦和疯狂的生活"中，他"不得不在晚上工作，以便得到一点安宁，也为了避免一起生活的那个女人没完没了的烦人折腾"（1852年3月27日）。1853年3月26日，他写给母亲："我添了最后两块木柴，用冻僵的手指给你写信。——我马上会因昨天本该清偿的一笔款子而遭人追索。——也将为月底必须清偿的另一笔款子而被人追索。"1856年4月12日，仍是写给母亲："我的工作向来都是在扣押与争吵、争吵与扣押之间进行的。"但愿我们不用为同情他而去找什么托词。但别忘了，即便有司法监护，波德莱尔也始终有遭扣押之虞。也别忘了，对欠债人实施人身拘禁的法律直到1867年7月22日法令颁布后才告废止。所以说，我们在拉比什[①]滑稽剧中看到的那些逗乐的表演，我们在"最具英雄气概的"巴尔扎克（《1846年的沙龙》语）的《人间喜剧》中读到的那些场景，其实每天都在波德莱尔的生活中真实而可怕地上演着。

二十五年间，波德莱尔在巴黎住过的地方不下三十处，这还不包括朋友们提供的会客室一类的临时避居地。有时，他会躲进帝国图书馆、阅览室、咖啡馆或某个葡萄酒商的铺子里享受片刻安宁，或匿名写点儿文章赚些小钱。除了在翁弗勒尔度过的那几周以外，他的文章、他的诗歌、他的书信都是在如此环境中写就的。

那他为什么就不能把翁弗勒尔当作自己的避风港？为什么就非得在巴黎的泥泞中跋涉？我们要明白，他必须待在巴黎，至少是时不时待在巴黎：巴黎才是文学生活的中心，他需要他的朋友们。可他为什么又会深陷布鲁塞尔而不能自拔，哪怕抵达不久即已明白自己将一无所获？有人说是仇恨把他拴在了布鲁塞尔。这解释说得通么？

我们大概不下十次通读过他的书信集，这些信就像是写给我们的，每

---

① 拉比什（Eugène Labiche，1815—1888），法国剧作家，法兰西学士院院士，以其对滑稽剧的贡献而闻名。

次阅读时我们都宽慰自己说，他一定能重新安排好自己的一生，即便身处社会边缘，他也一定能实现梦想中的那种平静、勤奋、幸福的生活，法院判决强加给他的那个屈辱——司法监护——也一定能撤销。可不下十次，我们又无助地目睹了其命运之无常。所以，还是让波德莱尔自己做个总结吧："总之，我认为我的人生从一开始就遭了天谴，而且永远都将如此。"（1854 年 12 月 4 日，致母亲）。

造成此种"天谴"的原因是多方面的。我们必须像让·德雷 ① 那样去探究他作为第一个遭此天谴者的身心根源。对那个被我们称作波德莱尔"创作困境"的东西——创作的困难和低谷反而将这种困境化为创作自身的荣耀——有人可能会说是缺乏灵感，但其实就是他从中学时代起便已很明显的"拖延"习性，还有一个词更适合他，就是他自己在《拉·芳法萝》开篇处使用的"怠惰"一词，他就是用这个词来描述自己的替身塞缪尔·克拉迈尔的："怠惰的阳光在他眼前闪耀，令他昏聩，并将上天赋予他的过半才华消耗殆尽。"——他这样赞颂意志是很反常的。所有这一切，甚至他的过度劳累和发怒，都源自他分裂型的气质和应对现实能力的不足，这一点，早被他自己最具批判性的头脑——因而也是最令人气馁的头脑——无情地揭示出来了，而这颗头脑对自己所拥有的、唯有死亡才能夺走的天才抱最热忱、最惊人的自信。

另一个原因叫作"资产者"。对资产者的控诉和谴责已近一个世纪，除了让人更难理解何谓"资产者"以外，没有任何进展。我们当然可以把资产者视为造成所有诗人之不幸的替罪羊，当然可以把波德莱尔书信解读为对这只替罪羊的控诉。我们当然也可以改写历史，并设想一下如果波德莱尔能把自己的财产吃光花净、而不是把将近一半遗产留给继承人的话，他的生活会是什么样子？但即便如此，他真的就能更好地创作《恶之花》《巴黎的忧郁》和《1859 年的沙龙》么？而且前述的第一个原因就真的能消除么？众所周知，在我们这个四处充斥着人道主义的时代，幸福和文学创作早就混为一谈了。而任何一部伟大的作品，任何一部具有形而上之维度、充满深刻之人性共鸣的作品，绝不可能产生于幸福当中，哪怕这

---

① 让·德雷（Jean Delay，1907—1987），法国心理学家、精神科医生、法兰西学士院院士。

创作伴随着些许狂热，伴随着些许类似的鼓舞人心的激情。所以，对那位背叛旧主的将军，对那位有罪的母亲，对那位挑剔的公证人，我们不仅不应该指责，反倒应当感谢他们，我们甚至应当感谢不公正的法兰西司法制度——如果波德莱尔能从其一生的角度审视自己的全部作品，他本人或许也会出于某种迈斯特^①情结而对此表示感谢的。

资产者不懂文学，也不打算懂，他们只把文学当作消费品。其价值观出于"道德"，或曰"道德与金钱"，更好的称谓则是"金钱之道德"。从这一点看，所有的社会都是新教式的。

在这出大戏中，每个人物都完美地——即无情地——演绎了自己的角色。欧皮克将军、欧皮克夫人、可笑的阿尔封斯，还有公证人昂塞尔——他是这些人中唯一被波德莱尔当作朋友的人（我们难道希望藉此让刽子手和受害者手牵手么？）——波德莱尔在1850年1月致昂塞尔的信中提到昂塞尔说过的一句充满逻辑的话："我会同意出于道德目的摧毁您的全部财产。"

波德莱尔也尽职地诠释了自己的角色，他接受了这种地狱般的生活。那种悭吝，那种令人生厌的对金钱的追求，那些证明债务真实存在的账目以及那些以梦想形式存在的资产（即《恶之花》），那些受挫的计划，那些虚幻的抵押，那些空洞的承诺……有时候，读者的确有权说他们对此感到厌倦。但如果他读得认真，读得直截了当，像读传记一样，那么就应该承认，波德莱尔的文学书简，即一系列关于文学的短信是没有多大用处的。金钱在波德莱尔的书信中扮演的可不是什么配角。那才是波德莱尔每天关心的问题。只要欧皮克夫人能在其索要的一笔小钱上再加10个法郎用来安葬一个女人，那他这一天就不那么黑暗（1853年11月18日）。因此，我们在书信集中尽力增加了一些关于财务方面的注释，这些注释都是让·齐格勒先生长年耐心研究的成果。

波德莱尔可真会演戏：我们只能从其书信中去理解这种描述，同时又会遗憾地发现没有任何一项坚实的马克思主义研究能向我们表明，在这个

---

① 迈斯特（Joseph de Maistre，1753—1821），法国政论家、教育家和外交家。他的思想对波德莱尔影响甚深。

社会中，诡计——或至少说是不诚实——是应对胁迫和无情之法律的唯一手段。波德莱尔常常撒谎，他会一本正经地隐藏起自己的真面目。可又有谁能听到他内心的悲怆哭喊？于是，为了得到区区10个法郎，为了拖延还债期限，为了争取有利条款，他会曲意示好，他会掩盖真相。他还会对自己的母亲要些残忍的把戏。米歇尔·布托尔说得很对，他的这种"恶意"不过是"夜阑人静、惶恐不安之中，对以其全部作品所体现的精神诚实之巨大努力所表现出的某种逆反和付出的代价"①。

　　雅克·克雷佩②谈到过波德莱尔在游走于卡洛纳担纲的《当代评论》和拉科萨德麾下的《欧洲评论》——这两大杂志竞争激烈——之间时所表现出的过人的谈判手腕，他评价诗人"心细如发，足智多谋"。面对有权势的人，他也不惜谄媚拍马，且深谙不失时机抬出欧皮克将军为己所用（1863年8月3日，致瓦扬元帅）。他对圣伯夫、德拉克洛瓦和维克多·雨果也照要手腕不误：他并未平等地对待他们；而他们又何曾以平等待他？

　　可一旦要描述自己的处境，他的真诚又会迸发出来，他会定期总结自己的情况（"总结"这个词用得恰如其分）。他给朋友们写信时也是如此。他的朋友有限，远比人们想象的要少：阿瑟利诺、普莱-玛拉西，寥寥几人而已，——还有几位远方的朋友：吉尚、弗莱斯，他能以真心相托。其他人就只能算作"关系"了。但能把"真诚"当作文学标准么？

　　这部《波德莱尔书信集》首先是一出大戏，波德莱尔既是脚本作者，又是导演和演员。这无疑就是它从未被其研究者降格为传记类工具书的原因。再者说，我们真能像通常概念中认定的那样去看待这部书信集么？唯有懂得以手足之道去阅读这部书信集的谦谦学者才会回答说，这是一部作品，或许还是波德莱尔最具存在感的一部作品。因为生命在其中嬗变为命运。

---

① 米歇尔·布托尔（Michel Butor, 1926—2016），法国诗人、作家、艺术评论家和翻译家。此句出自其作品《怪异的历史：论波德莱尔的一个梦》（*Histoire extraordinaire*：*essai sur un rêve de Baudelaire*），1961年。

② 雅克·克雷佩（Jacques Crépet, 1874—1952），法国文学史家，波德莱尔研究专家。

历史沿革

这部书信集是波德莱尔书信的第三次结集出版，但仍不会是最终版。第二次结集出版的《波德莱尔书信集》与雅克·克雷佩的名字密不可分，没有他就不可能有这次的第三次结集。在他去世二十年后的今天，让我们向这个令人钦佩的人致敬：当年，他独自一人——或几乎是单枪匹马——编纂了那部书信集，全然没有我们今天所能得到的最简单不过的技术支持：无论是打印、摄影还是复制；更重要的是，在经历了第二次世界大战最严峻的时刻以及战后的严寒和各种匮乏之后，他并没有垮下去，并没有变成一个可怜的学者，而是依旧保持着精致的优雅，保持着坚忍、幽默和文质彬彬的风度。

雅克·克雷佩把他的成就都归功于他的父亲 ①。他说过，他之所以研究波德莱尔纯粹出于孝心。如果我们不把波德莱尔的一些"公开发表的书信"和他生前死后出版的一些书信片段——如维克多·富尔内尔 ②1865 年4 月 20 日在布鲁塞尔《解放报》(*L'Émancipation*) 发表的一些波德莱尔书信片段和阿瑟利诺 1868 年在《夏尔·波德莱尔的生平及其作品》(*Charles Baudelaire, sa vie et son œuvre*) 中引用的一些波德莱尔的未刊文字——统计在内，如果我们不把关于他的两部研究著作——班斯布尔德 1872 年在《夏尔·波德莱尔：回忆与书信》(*Charles Baudelaire, Souvenirs-Correspondances*) 中发表了 15 封波德莱尔书信，埃蒂安·沙拉维 ③1879 年在《学士院候选人期间的夏尔·波德莱尔与阿尔弗雷德·德·维尼》(*Charles Baudelaire et Alfred de Vigny candidats à l'Académie*) 中发表了 7 封波德莱尔书信（其中有 5 封是写给维尼的）——统计在内，那么实际上欧仁·克雷佩才是出版波德莱尔书信的第一人。他于 1887 年就在冈坦出版社出版了《夏尔·波德莱尔：遗作、未刊书信与生平研究》(*Charles Baudelaire, Œuvres posthumes et correspondances inédites précédées d'une*

---

① 即欧仁·克雷佩 (Eugène Crépet, 1827—1892)，法国文学评论家，波德莱尔研究的奠基人之一。

② 维克多·富尔内尔 (Victor Fournel, 1829—1894)，法国作家和历史学家。

③ 埃蒂安·沙拉维 (Étienne Charavay, 1848—1899)，法国历史学家和出版家。

étude biographique），书中披露了大量波德莱尔致昂塞尔的书信节录、5 封致福楼拜的信、70 多封致普莱-玛拉西的信以及 22 封致圣伯夫的信。

　　1888 年，朱利安·勒梅尔刊发了波德莱尔写给他的信；1891 年，莫里斯·图尔纽 ① 发表了波德莱尔致萨巴蒂埃夫人的信。

　　从 1902 年到 1906 年，费利·戈蒂耶（Féli Gautier）在《蓝色评论》《新评论》和《法兰西信使》上刊发了 80 多封波德莱尔书信，这些信都选自他 1906 年在法兰西信使出版社匿名出版的《夏尔·波德莱尔 1841—1866 年书信集》（*Charles Baudelaire. Lettres 1841—1866*），书中收录了 342 封波德莱尔书信。这是首部专门收录波德莱尔书信的出版物。因此其准确性必须不负众望。雅克·克雷佩给我们讲过费利·戈蒂耶的故事。这位费利·戈蒂耶忠实于波希米亚文人的生活方式，身居陋室，屋里书籍、杂志和文件堆积如山。他们俩似乎还放弃了一项合作出版波德莱尔生平研究的计划，所以 1906 年梅塞因出版社出版的《波德莱尔》一书依据的仍是 1887 年欧仁·克雷佩版本，但由雅克·克雷佩进行了补充和修订，并添入了许多全新的研究成果。雅克·克雷佩虽然委托费利·戈蒂耶编辑波德莱尔书信，也在 1906 年 2 月 1 日和 15 日《新评论》上匿名发表过 3 封波德莱尔致阿瑟利诺的信和 29 封致普莱-玛拉西的信，却拒绝参与这部《夏尔·波德莱尔 1841—1866 年书信集》的出版。直到十几年以后他才成为波德莱尔书信集的出版人。

　　到了 1917 年，即诗人去世五十年后，其作品进入了公版领域。这一年，由欧内斯特·拉维斯和马塞尔·普雷沃斯特 ② 领衔的《巴黎评论》分六期刊发了 130 封波德莱尔致欧皮克夫人的未刊书信，另有 3 封于 8 月 15 日在另一家杂志上发表，以配合卡米耶·韦尔尼奥尔（Camille Vergniol）的一篇研究文章。在这篇文章中，卡米耶·韦尔尼奥尔分析了数篇支持和反对出版波德莱尔书信的文章，并通过客观性研究，为出版社和报章杂志发表波德莱尔私人书信扫清了障碍。

---

① 莫里斯·图尔纽（Maurice Tourneux，1849—1917），法国档案学家、文学艺术史家和目录学家。

② 欧内斯特·拉维斯（Ernest Lavisse，1842—1922），法国历史学家。马塞尔·普雷沃斯特（Marcel Prévost，1862—1941），法国小说家、剧作家。

因为在此前的十九世纪末（1891 年），就曾有过一次失败的出版尝试：波德莱尔同父异母哥哥的遗孀菲莉思蒂·波德莱尔当时住在枫丹白露，他授权退休的中学教师路易-阿道夫·沙布耶（Louis-Adolph Chaboüillé）发表她手中收藏的若干波德莱尔致欧皮克夫人的信。卡尔曼-莱维出版社获得了出版权并已排版，但排版的错误太多，后附的一篇《波德莱尔生平》不仅谬误多多且无作者署名。此时，卡蒂尔·孟戴斯出面干预了——他的影响力是很大的。他虽然是波德莱尔的老友，但并未以此身份介入，而是出于对帕纳斯诗派的忠诚。要想知道他为何反对出版波德莱尔书信，只需读读他 1907 年 2 月 21 日在《日报》上发表的批评雅克·克雷佩的文章就清楚了，因为他认定雅克·克雷佩在 1906 年再版 1887 年的《波德莱尔生平研究》应当受到谴责。以他的批评作为参照，也就能清楚地解释为何普鲁斯特要写《驳圣伯夫》了。1918 年，在《波德莱尔致母亲的未刊书信集》（*Lettres inédites à sa mère*）出版之际，雅克·克雷佩在序言中把孟戴斯的想法概括为："有作品存世足矣；诗人的形象理应镌刻于后人内心；任何想探查诗人内心的好奇心都被认为有失虔敬；任何想深掘传主内心世界的传记作者皆不啻为掘墓人。"我们来正确地解读这句话吧：雅克·克雷佩是把反对出版波德莱尔书信一事同占据统治地位的资产者对这位艺术家的指责——挑动造反、腐蚀青年——等同起来了，我们还可以再加上一句：那些资产者是在指责波德莱尔腐蚀了本该投身于"神圣和爱国的屠杀伟业"中去的青年一代 [1]。

所以这部沙布耶版本始终处于长条校样阶段 [2]，直到二十五年后才在《巴黎评论》发表。1918 年，雅克·克雷佩在路易·科纳尔出版社出版了这些书信，但对原稿进行了重新编辑和修订，并增补了他 1918 年 5 月 16 日在《法兰西信使》上发表的 8 封书信以及 15 封新发现的书信。由此，

---

[1]　皮舒瓦的这句解读首先表明了雅克·克雷佩反对第一次世界大战中以"神圣""爱国"为名实施屠杀的行为；其次是对孟戴斯的回应，暗讽此人当年反对出版波德莱尔书信并非如他自己宣称的那样纯粹出于审美的目的，其实内心中与资产阶级的道德观声气相投。

[2]　卡尔曼-莱维出版社曾以该校样印制过几册样书，如今在尚蒂利的斯波尔贝尔奇·德·洛文儒尔子爵图书馆（Bibliothèque Spoelberch de Lovenjoul à Chantilly）、在原籍古巴的象征派诗人阿尔芒·戈德瓦（Armand Godoy，1880—1964）在洛桑的收藏以及罗伯特·冯·赫希（Robert von Hirsch）在巴塞尔的收藏中还能看到这册样书。

波德莱尔书信的结集出版进入了第二个阶段。

又是几年过去了。这几年以两部波德莱尔影印书信集的出版为标志：一部由爱德华·德·鲁日蒙（Édourd de Rougemont）出版（1922 年），另一部由埃玛纽埃尔·马丁少校（commandant Emmanuel Martin）出版（1924年）。1926 年，雅克·克雷佩精心推出了《最后一批波德莱尔致母亲的未刊书信集》(Dernières Lettres inédites à sa mère)，收录了来自杜赛索瓦旧藏的 118 封书信及片段，弥补了《波德莱尔致母亲的未刊书信集》的缺憾。

次年，阿尔芒·戈德瓦创办了《手稿》杂志，由让·罗耶尔 [1] 出任社长。该杂志出版过一期《夏尔·波德莱尔专号》，发表了不少波德莱尔书信的影印件。

1932 年——从这一年起，报章刊发的波德莱尔书信我们将不再介绍——卡尔曼·莱维出版社以《波德莱尔写给母亲的信》(Lettres à sa mère)为题再版了 1918 年版《波德莱尔致母亲的未刊书信集》。这部新版本没有序言，但在出版说明中特别提及该新版本由卡尔曼-莱维出版社授权出版，并说明 1932 年新版的文案均由雅克·克雷佩撰写。在此后的波德莱尔书信出版统计中，该书收录的书信均未标注出自 1932 年新版，因为新版中的信都在 1918 年老版中发表过。

费利·戈蒂耶曾为伽利玛出版社编辑《夏尔·波德莱尔全集》(Œuvres complètes de Charles Baudelaire)，其第一卷已于 1918 年问世。但这套全集并未完成；不过在 1933 年，有一位名叫伊夫·钱拉·勒丹泰克（Yves-Gérard Le Dantec）的人接替费利·戈蒂耶出版了一部《波德莱尔书信集》(Correspondance)。根据出版者的说明，书信集第一卷涵盖了波德莱尔 1841—1863 年的书信，比 1906 年版书信集增加了 106 封；但书信集的第二卷始终未能出版。在那些年里，伊夫·钱拉·勒丹泰克始终致力于搜集波德莱尔的未刊信件，特别是雅克·杜塞 [2] 遗赠给巴黎大学藏品中的未刊信件。

与此同时，雅克·克雷佩为路易·科纳尔出版社主持编辑的《夏

---

① 让·罗耶尔（Jean Royère，1902—1981），法国设计师。
② 雅克·杜塞（Jacques Doucet，1853—1929），法国时装设计师、大收藏家。

尔·波德莱尔全集》(*Œuvres complètes de Charles Baudelaire*) 也在紧锣密鼓地进行：这套全集的编辑工作从 1922 年开始，其中包括《波德莱尔书信总集》(*Correspondance générale*)。这是唯一一部冠以"总集"之名的波德莱尔书信集。雅克·克雷佩计划出版四卷，结果出了六卷。第一卷于 1947 年由路易·科纳尔 (Louis Conard) 的继任者雅克·朗贝尔 (Jacques Lambert) 出版；最后一卷出版于 1953 年，其时雅克·克雷佩已去世数月，最后的工作是由我们完成的。

近二十年来，又有众多波德莱尔未刊书信发表出来，特别是《波德莱尔致亲友的未刊书信集》(*Lettres inédites aux siens*)，来自杜赛索瓦的第三批旧藏，由 Ph. 欧塞尔沃先生 (Ph.Auserve) 编辑，并于 1966 年由格拉塞出版社出版，收录了大量新的波德莱尔未刊书信。

雅克·克雷佩编辑的《波德莱尔书信总集》，收录了 1092 封波德莱尔书信以及"证物"，列出了 79 封缺失或亡佚书信的下落。《书信总集》附录中收录了各类文件（新闻稿目录、合同、票据等），索引中列出了 350 条评注，这一切都使这部《书信总集》成为令人称道的工具书，多项研究成果从中诞生。

编辑原则

本次结集出版的《波德莱尔书信集》，收录了大约 1420 封波德莱尔书信和"证物"（即文字不全的书信）。该书在文件分类和"证物"概念方面与雅克·克雷佩版有所不同，故而有大约 66 份会计凭证因这一原因不再放进《附录》而是直接收录书信集中。大量财务文档与时代共生，可以更真实地反映波德莱尔的日常生活以及诗人面对的经济困境。文学文档（出版合同、新闻稿件、各种说明等）也与书信一并收录书中。经雅克·克雷佩确认而收进书信集里的那些"证物"依据的完全是拍卖目录中的分析。我们认为波德莱尔的信件不仅确认了那些分析，而且证明了这些信的确出自他手。首先是因为有他的朋友们的回信。

本书未收录这些回信。或许没必要这么做。实际上，我们完全可以这样认为：从严格的意义上讲，一封信，只有通信双方才能相互领悟；而复音有可能遮盖主音，即有可能遮盖我们本想听到和能听到的主音。所以我们把那些回信另编一卷，作为由马克·埃格尔丁格、罗贝尔·柯普 ① 和我们共同主编的《波德莱尔研究丛书》（*Études baudelairienne*）的第四卷和第五卷，与本书同步出版。

这部书信集的编辑原则是最大限度地忠实于原信并使之可读。只要能找到原件，我们就一定原封不动地抄录。为阅读方便，我们进行了一些必要的整理，用于识别书信中的重要改动，并将这些改动记录在《附录》的注释部分中。

再有就是我们在许多处都不得不按照当时的书写惯例誊录信件，主要是按照十九世纪初叶或中叶的书写规则或是按照波德莱尔本人的书写习惯进行誊录的。

一是单词拼写。1848 年以前的一些常用单词的复数写法如今已经大变，比如"enfants"（孩子们）当时常常写作"enfans"。同样，如今以"ège"结尾的单词当时常常写作"ége"，比如"collége"（学校）、"piége"（陷阱）和"privilége"（特权）。同样的情况还有名词"渴望"（désir）和动词"渴望"（désirer），当时的写法是"desir"和"desirer"。波德莱尔的此类写法几乎都出现在他青少年时期的书信中。不过，他也的确比较偏爱古老的书写规则，他在自己的书信中常常使用"cigarre"（雪茄）、"hazard"（机遇）、"magazin"（商店）、"guères"（几乎不）、"chûte"（跌倒）、"vû"（已阅）一类古老的写法，还把"plus tôt"（很早）写成"plustôt"，把"plus tard"（很晚）写成"plustard"——这些书写规则现在全都不一样了。对于使用古老的拼写方法，波德莱尔 1857 年 3 月 7 日在写给玛拉西的信中说："我倾向于古老的写法，但要适度。"

二是标点符号。波德莱尔在其书信中使用的标点符号尤其是青少年时期使用的标点符号极富表现力和情感色彩。他经常使用破折号而不使用逗号和句号，并在后面不加区别地跟着小写或大写字母。这种破折号——波德莱尔非常习惯使用这种标点符号（可参看《拉·芳法萝》第二自然段的

---

① 马克·艾格尔丁格（Marc Eigeldinger，1917—1991），瑞士诗人，法国文学教授。罗贝尔·柯普（Robert Kopp，1939— ），瑞士作家和出版家。

最后一句）——可以理解为某种呼或吸的标志。在此，破折号不是单独存在的，它的前面总会有一个句号或逗号，这取决于它是否可以定义一个或多个重要的暂停。也可能是因为波德莱尔忠实于这种呼吸式的标点符号的概念，所以他不会在两个逗号之间放进一个插入句或一个从句，而无论第一个或第二个逗号是否被省略。对这些地方，本书均已进行了调整。

另外，本书注释中并未特别说明十九世纪的传统拼写方法，除非有些拼写在文本中首次出现才会有所说明。波德莱尔本人特有的书写习惯也同样没有特别说明，仅在相关注释中做出解释。有些单词和名字他会常常写错，比如将"pilule"（丸剂）写成"pillule"，将"rue Pigalle"（皮加勒街）写成"rue Pigale"，将"Deschanel"（德夏内尔）写成"Deschanels"；有些单词和名字他会常常连在一起写，比如将"D'abord"（首先）写成"Dabord"，将"Du Camp"（杜刚）写成"Ducamp"，将"La Guéronnière"（拉盖罗尼耶尔）写成"Laguéronnière"；有些单词和名字他会常常习惯性地省略尖音符和扬抑符，比如将"Crépet"（克雷佩）写成"Crepet"，将"il paraît"（他似乎）写成"il parait"，他青少年时期的书信还会将"dîner"（晚餐）写成"diner"，将"dégoûter"（憎恶）写成"dégouter"；有些单词和名字他又会常常错用扬抑符和尖音符，比如将"Arsène"（阿尔塞纳）写成"Arsène"，将"Bohème"或"bohème"（波希米亚）写成"Bohême"或"bohême"，将"Chateaubriand"（夏多布里昂）写成"Châteaubriand"，将"Genève"（日内瓦）写成"Genêve"，将"Le Havre"（勒阿弗尔）写成"Le Hâvre"，将"Philoxène"（菲洛克塞纳）写成"Philoxêne"，将"pupitre"（桌子）写成"pupître"，将"tatillon"（吹毛求疵）写成"tâtillon"，他青少年时期的书信还会将"guère"（不大）写成"guêres"，将"thème"（主题）写成"thême"，将"troisième"（第三）写成"troisième"；还有些单词和名字他会常常喜欢使用分音符，比如将"pays"（国家）写成"paÿs"，将"paysage"（风景）写成"paÿsage"，将"paysan"（农夫）写成"paÿsan"[①]；而且他会常常丢掉连字符，比如将

[①] 波德莱尔还常将"Poète"（诗人）和"Poème"（诗歌）写为"Poëte"和"poëme"，但并非总是一成不变，有时也会写成"poëste""poete"和"poesie"。但他始终将"Petits poèmes en prose"（小散文诗，即《巴黎的忧郁》）写为"Petits poëmes en prose"，也始终将"Tannhäuser"（唐豪瑟）写成"Tannhaüser"。

"moi-même"（我自己）写成"moi même"，将"vis-à-vis"（面对面）写成
"vis à vis"，将"Poulet-Malassis"（普莱–玛拉西）和"Sainte-Beuve"（圣伯
夫）写成"Poulet Malassis"和"Sainte Beuve"。

　　注释中虽然未将这些错误和特有的书写习惯一一注明，但这些错误的
出现的确说明了波德莱尔当时因忙乱、恐惧或愤怒而情绪反常，并因此而
忽略了基本的书写规则。这些反常的现象可能会揭示出某种强烈的情绪状
态。当我们通过比对而发现这些问题时，会在原文的后面注明"根据手
稿"字样。

　　当然，书信中经常出现的句法错误和误用的短句我们也不会调整；而
且我们发现，除非必要，否则"原文如此"这样的提示也应该少用。

　　手稿中未出现的单词或短语，我们均以方括号显示。这些单词或短语
要么是波德莱尔忘了写，要么是写错了，所以必须调整。再有就是出版人
为使文本或日期清晰可辨，也会使用方括号。

　　本书与手稿的差异还有以下几点：

　　——波德莱尔书信的日期一般都写在信件开头的同一位置；一旦出现
在信末，将在注释中说明。

　　——波德莱尔的签名始终都是大写且始终在同一位置。以缩写
"夏·波"签名时有时写作"C.B."，有时写作"CB"。

　　——书名皆以斜体表示 ①。标题的不同拼写在本书中一律统一，比如
"*Les Fleurs du mal*"（《恶之花》），"F"统一为大写，"m"统一为小写。

　　——本书每一段落开头都使用缩进和第一个字母大写，尽管波德莱尔
经常顶头书写且常以小写开头。

　　——缩写一律统一，如"fr."（法郎）统一写为"francs"。

　　——"先生""夫人""小姐"的缩写统一为"M.""Mme"和"Mlle"。

　　——除表示金额时使用阿拉伯数字外，其他使用数字的地方均以文字
表示。

　　——波德莱尔经常使用下划线。本书在表现这些下划线时会使用小一
号的大写字母，必要时也会注释。

---

① 中文译文中则以书名号表示。

——书信中的诗均依据书信手稿排印，而不是根据1861年第二版《恶之花》或1857年第一版、1868年第三版排印。

此外，本书第二卷卷末附有《常见人名索引》。凡在波德莱尔书信中出现过两次以上的人均有小传在此，可以弥补注释之不足。此外，正文中有些没有注释的人名也可在该《索引》中查询。

怀念雅克·克雷佩，自然会想起他的朋友莫里斯·夏尔维先生（Maurice Chalvet）和让·齐格勒先生，他们对雅克·克雷佩都抱有诚挚的情感：我要在此感谢他们这二十年来对我们的帮助。

二十世纪三十、四十年代，雅克·克雷佩与波德莱尔书信两大收藏家族的忠实守护者建立了深厚的友谊，他们是阿尔芒·戈德瓦、拉乌尔·昂塞尔和莫里斯·昂塞尔。这两大家族世代赓续，而友谊长存。让·夏尔维·德·雷西夫人——昂塞尔家族波德莱尔收藏的忠实守护人——慷慨地向我们开放了珍贵的"昂塞尔档案"；让-夏尔·戈德瓦先生也慷慨地向我们开放了由其父收藏、由他作为敏锐的鉴赏家所珍藏的那些令人赞叹的藏品。皮埃尔·贝藏松夫人和她的孩子们、布尔·德·博扎斯侯爵、路易·克拉约先生、贝纳尔·德尔梅先生、让·杜班先生、阿尔弗雷德·杜邦先生、雅克·盖兰先生、阿尔贝·基斯先生和夫人、让-雅克·洛奈先生、让·莱昂德先生、丹尼尔·赛克斯上校、罗贝尔·冯·赫希先生都不止一次地向我们证明了波德莱尔书信的真正藏家都是我们最好的朋友。在十九世纪末，在公共机构还未关注波德莱尔之时，正是他们的前辈追随着阿瑟利诺、追随着普莱-玛拉西、追随着欧仁·克雷佩收藏起了能够收藏和应该收藏的波德莱尔的一切。

我们经常会麻烦手稿研究专家和经销商提供严谨的鉴定意见。为此我们真诚地感谢皮埃尔·博莱斯先生和格罗热女士、乔治·布莱佐先生、米歇尔·卡斯丹先生、库莱和弗尔先生、克洛德·盖兰先生、贝尔纳·罗利耶先生、马克·罗利耶先生、H.马达拉索先生、G.莫尔森先生、雅妮娜·纳埃尔女士、J.维达尔-梅格莱女士以及已经故去的皮埃尔·科努安先生和维克多·德格朗热先生。

感谢国家图书馆的M.-Th.佩罗博小姐、让·布鲁诺先生、弗朗索瓦·勒绪尔先生、罗歇·皮耶罗先生、让·普里奈先生、勒内·朗格尔先生；——感谢雅克·杜塞文学图书馆的乔治·布兰教授和弗朗索瓦·夏朋先生；——感谢维克多·雨果之家的玛蒂娜·艾嘉尔女士；——感谢斯波尔贝尔奇·德·洛文儒尔子爵图书馆的雅克·苏菲尔先生，他为我们的研究提供了巨大的帮助。感谢他们。

感谢所有以其建议和资料帮助过我们的朋友：W.T. 邦迪先生，他的名字并非偶然出现于此，他在范德比尔特大学（l'Université Vauderbilt）领导的波德莱尔研究中心为我们提供了非常重要的资源和建议。感谢弗朗索瓦·达尔让先生、阿兰·博纳罗先生、马利尤斯·达尔戈先生、J.-L. 德波夫先生、皮埃尔·乔吉尔先生、皮埃尔·吉拉尔先生、乔治·吕班先生、菲利普·莫尼耶先生、博斯·莫莱尔先生、皮埃尔·内坦热先生、帕斯卡尔·皮亚先生、马赛尔·鲁夫先生、塞鲁拉兹先生和夫人、保罗·维阿拉奈克斯先生、雅克·维耶先生、詹姆斯·K. 维拉斯先生。怀念故去的于勒·勒夫朗先生、皮埃尔·若斯朗先生和弗朗索瓦·米歇尔先生。衷心感谢范德比尔特大学法语系的所有同事，我们总是会为一些问题去麻烦他们；我们还要感谢范德比尔特大学的研究委员会，是该委员会资助了我们的旅行。

我们还要感谢许多为我们提供了帮助的人：

菲利克斯·W. 利基先生为我们抄录了他在自己收藏的第一部《波德莱尔书信总集》页边处写下的所有笔记，并向我们友好地开放了他为其大师级巨著《波德莱尔与自然》（*Baudelaire and Nature*）准备的异常丰富的档案。让-弗朗索瓦·德莱萨莱先生发表了许多具有说服力的波德莱尔研究文章——他的文章又怎能不具有说服力呢？他可是雅克·克雷佩的侄孙呀！——他的研究成果让我们受益匪浅。

菲利普·欧塞尔沃先生好心地向我们提供了他收藏的波德莱尔青年时代的书信影印件，有什么就提供什么。大卫·佩洛先生比任何人都更了解波德莱尔在里昂王家中学时期的寄宿生活和七月王朝时期在路易大帝中学的住校生活，他给我们提供了很多准确的信息，使我们得以确定一些书信的具体日期并撰写注释。

乔治·让德罗先生在枫丹白露复原了阿尔封斯·波德莱尔和他妻子居住的小型社区，那个地方夏尔·波德莱尔也多次去过。衷心希望有朝一日他能写出一篇关于这个社区的研究报告，这既有助于波德莱尔研究又有助于社会学研究——由于我们之间的老交情，他给我们提供了很多信息。

在比利时，我们要感谢神经分析学大师 R.P. 让·纪尧姆先生以及阿尔贝·基斯教授和雷蒙·布亚尔教授。我们特别要感谢外科医师埃德蒙·亨罗汀博士，他是 1864—1865 年间在家中接待过波德莱尔的利奥波德·科拉尔夫人的曾孙，他来自医师世家，学养深厚，又极其熟谙布鲁塞尔及其周边地区的历史沿革，他热情和友好的帮助使我们这些大洋彼端的来客 ① 得以在比利时首都安然生活，因为一个多世纪以来，这个城市的景象也发生了巨大的变化。

在这项漫长而耐心的工作中，我身边的工作人员也吃了不少苦，如果不向他们表达感激我也太忘恩负义了。愿他们的纯真友情能在此觅得我对他们的一丝感谢。

1973 年

上述文字系我在 1973 年为《波德莱尔书信集》初版发行而作，距今已二十年了。

从那时起，又有不少新发现的波德莱尔书信被拍卖，或被收藏家、专家和手稿经销商收藏和研究。根据这些新发现的原始手稿，初版《波德莱尔书信集》中的某些文本得以调整，不少注释得以细化。如今，这些新发现的未刊书信均已收录进了这部再版的《波德莱尔书信集》。

这部书信集能够再版，在很大程度上应归功于诸多友人的建议和帮助，他们是：皮埃尔·博莱斯、埃里克·布弗托、让-路易·德波夫、雅克·杜邦、皮埃尔·昂凯尔、让-伊夫·莫利耶、阿尔芒·梅斯、詹姆斯·S. 帕蒂、勒内·维涅隆，还有帕斯卡尔·皮亚——他本人就像是仁慈的文学记忆本身——以及蒂耶里·博丹、让-弗朗索瓦·德莱萨莱、格雷厄姆·罗布和菲利克斯·W. 利基，他们给我寄来不少问题和答案，这些

---

① 克洛德·皮舒瓦及其工作人员受美国范德比尔特大学资助来到比利时。1982 年起，他担任该大学的波德莱尔研究中心主任，直至 1998 年退休。2004 年 10 月 12 日，克洛德·皮舒瓦去世。

问题和答案既重要又引人入胜。

我还要特别提及吉多·内里教授及其翻译团队，他们将法文版《波德莱尔书信集》译为意大利文出版。内里教授在翻译和撰写注释的过程中向我提出了许多建议，这部新版书信集中便采纳了他的许多建议。

让·齐格勒多年来一直是我的朋友和合作者，他熟稔各类私人和公共档案，因此常在这方面成为我的领路人。谨向他表达我诚挚而深切的感谢。

1993 年

致阿尔封斯·波德莱尔 [1]

巴黎，[1832年] 1月9日

我的哥哥：

你对我说过，想在我们出发 [2] 前过来看我们，我问了母亲我们出发的日子：她也不太清楚，但还是回答我说有可能是星期五；我们总是会提前而不是延后动身；如此看来，我想，你可以在星期二或星期三过来。不要忘了代我向泰奥多尔问好。我拥抱你和我姐姐 [3]。再见。就此搁笔。

你的小弟弟

CH.波德莱尔

致阿尔封斯·波德莱尔

里昂，1832年2月1日

我的哥哥：

你让我每个月初给你写信，我要尽到我的责任。

我给你讲讲我的这次旅行。

第一次看到妈妈丢三落四：她把衣物放到马车顶层的时候，突然发现手笼不见了，便像演戏似的大呼小叫："我的手笼！"我平静地对她说：

---

[1] 阿尔封斯·波德莱尔（Alphonse Baudelaire, 1805—1862）是夏尔·波德莱尔的同父异母哥哥。

[2] 指波德莱尔将与母亲一道前往里昂与继父欧皮克中校（le lieutenant-colonel Aupick, 1789—1857）会合。

[3] 指阿尔封斯的妻子菲莉思蒂·杜赛索瓦（Félicité Ducessois, 1812—1902），她也是泰奥多尔·杜赛索瓦（Théodore-Félix Ducessois, 1826—1897）的姐姐。

"我知道在哪里，让我去找。"她把手笼落在书房的椅背上了。

我们上了驿车，终于出发了。就我来说，起初我的心情很不好，原因就是满眼都是各种手笼、各种水袋、各种暖脚套、各种男式和女士的帽子、各种大衣、各种枕头、各种毯子，多得不得了，还有五花八门的无檐软帽、各种鞋子、毛皮拖鞋、高帮皮鞋、提篮、果酱、豆角、面包、餐巾、硕大的家禽、勺子、叉子、刀子、剪子、线、针、梳子、长袍、短裙，多得不得了，羊毛筒袜、棉筒袜、一层一层裹在身上的紧身衣、各种饼干。其他的我想不起来了。

你感觉一下，我的哥哥，我一向好动，不是在迈左脚，就是在迈右脚，而我当时却不能动弹，勉强坐在靠窗的座位上。

过了一会，我又变得跟平时一样开心了。我们在沙朗通（Charenton）换了车，继续赶路。我几乎想不起来经过的那些驿站，所以还是转而讲讲入夜的情景。傍晚的时候，我看到了十分美丽的景色，就是西沉的落日；那种淡红色与蓝得像最深蓝的裤子一样的群山形成奇特的对照。我带上自己的丝质小软帽，爬到车顶上，感觉旅行永远就是在过一种令我非常开心的生活。我原本想给你写更多，但一个讨厌的法译外作业让我不得不就此搁笔。

> 你的小弟弟
>
> 夏尔·波德莱尔

别忘了替我拥抱我姐姐和泰奥多尔。我三月初再寄给你我旅行的续篇。妈妈和爸爸有很多话要对你说。

致阿尔封斯·波德莱尔

[里昂，1832 年 3 月 3 日]

我的哥哥：

我在维乐那夫-拉-古雅尔（Villeneuve la guerre）待了一段时间，然后继续我的旅行。

一出城，我们就长时间旅行在一条景色单调的大路上，路两边是枯树，看不到绿色。我不太记得起我们的旅程，但我知道从那时起我们就频繁地爬坡，有一次还用了十匹还是十一匹马；我记不太清楚了，就像我刚才说的，我还是转而讲讲接近夏朗（Chalon）的那一刻。

接近这座城市的时候，有一段上坡路，我们下了车，妈妈、保姆和我。我总是需要运动，要奔跑，整个人不是在左脚就是在右脚上，我跑在了前面，把妈妈和驿车抛了后面。不一会儿就看不到妈妈和驿车了。在这里我必须承认，我可开心了，因为我仿佛就是从夏朗到里昂的大路上唯一的一位"先生"。

妈妈想回到车上去，而我不在她身边。我终于听到她喊我回去的声音，因为她想重新回到驿车去；当我到跟前的时候，我听到有个乘客跟我说了这样的话："这就是那位一个人跑在大路最前面的小先生。"有人称我"先生"，这让我禁不住乐开了花。其余的也都太漂亮、太难以描述了，不得不让我在给你写下一封信之前再好好想想。

好好拥抱泰奥多尔和我姐姐。代我向杜赛索瓦先生及夫人 ① 问好。给我回信吧，我求你啦。

你的小弟弟

CH. 波德莱尔

致阿尔封斯·波德莱尔

里昂，1832 年 4 月 1 日

我的大哥哥先生：

你责备我忘了告诉你我的地址，那你也把你的门牌号码告诉我。我住的地方是亨利四世广场 45 号（place d'Henri-IV）。你问我班上有多少人；初一班上有四十四到四十七人，请留意这点，因为这多少可以原谅我所处的实在平庸的排名。我实在难以开口说：勇敢，加油！第一次测评是第二十八位，第二次是第二十一位。我求你原谅这两个排名，这对于曾在小

---

① 杜赛索瓦夫妇（M. et Mme Ducessois）是泰奥多尔的父母，也是阿尔封斯·波德莱尔的岳父母。杜赛索瓦先生是印刷商。

学毕业班排第二名的人来说实在太平庸了。我不相信你已经知道爸爸去格勒诺布尔马上就一个星期了，他成天烦于事务，要用好几百张纸。

你可能会吃惊我用漂亮的玫瑰红格子纸给你写信，那是因为彩色纸在里昂很时髦，每个人都至少有半磅彩色纸。你也会原谅我把这封信的落款时间写成 4 月 1 日，虽然是 2 日写的；但我有很好的理由给你。那是因为我重新誊写了一遍。这封信的确在 1 日没有写完。好了，我要做作业啦。这让我不得不比我所想的更早地结束我的信。该死的外译法作业，该死的分析作业，让我不得不早早结束我的信。好了，我真的想不再随便对付拉丁文。好了，必须下定决心。有好多话要对我姐姐、泰奥多尔、杜赛索瓦先生及夫人说。我拥抱你，我要削笔做我的外译法作业了。

夏尔·波德莱尔

别忘了你的地址。

致阿尔封斯·波德莱尔

［里昂］1832 年 4 月 25 日星期四

我的哥哥：

妈妈懒于动笔，让我在下个月 1 日前写这封信，理由是要谢谢你寄给她的那些文件。我也因此要跟她一样谢谢你，我们俩都很高兴看到你身体健康。请原谅她懒于动笔，想想她收拾窗帘帷幔不得脱身，因为我们要搬家啦；我们的新地址是奥弗涅街 6 号（rue d'Auvergne）。你看，我这次没忘了写我的地址。

对霍乱的恐惧确实让你忽略了法语语法；不过我不想给你列出你犯的语法错误，因为让年少的教年长的如何拼写，这可是大逆不道。

爸爸明天从格勒诺布尔出发，星期五回到里昂。妈妈给他准备了一些惊喜；我呢，我买了两样东西，让他自己选。这两种东西一个是象牙做的耳挖勺和牙签，让我花了 10 个苏，另一个是一支英国克莱斯笔，放在用安的列斯群岛的木头做的匣子里。为了把妈妈做的布料小罐子装满，我还做了一些火柴，随信给你寄上一个样品。这在里昂很时髦；我已经是这门技艺的高手了，这会给爸爸一个惊喜；我在上面涂了白色、蓝色、红色。妈妈在另外一个罐子里装满了牙签。

我不知道怎么会晚到现在才告诉你，我法译外成绩排到了第十三名。我拜托你代我把好多话转达给我姐姐、泰奥多尔和全家人。晚安。请尽快回复我。

你的小弟弟

CH. 波德莱尔

致阿尔封斯·波德莱尔

[里昂，1832 年 7 月 3 日]

我的哥哥：

我还是必须给你写信，因为必须承认我实在是太懒了。我没有什么要给你说的，除非告诉你说我现在讨厌里昂人，他们邋里邋遢、小里小气、贪小便宜，还要告诉你我的排名更好了，在希腊语上排过第八、第九、第十一、第十四名，在希腊语上 ① 排过第十七、第十一名，等等。我讨厌死了寄宿学校，又脏、又乱、又差，学生们淘气得很，跟里昂人一样邋里邋遢；在寄宿学校里的我们五个巴黎人中，只有两个还让我有些好感，而这其中一个几乎一生都是在马赛度过的。你忘了告诉我你的门牌号码，不过我还是希望你会收到这封信。再见，我拥抱你和全家人。

CH. 波德莱尔

致阿尔封斯·波德莱尔

[里昂][1832 年] 8 月 [6 日] 星期一

我的哥哥：

请原谅，懒惰让我误了月初的 1 日；不过，你是大人大量。你要准备

---

① 这两处都写成了"希腊语"，当为笔误，其中一处应为拉丁语。

听到许多事情。

　　我们的住处很可爱，我劝你过来看看；几天前我们在这里接待了施瓦苏先生和贝尔特夫人的哥哥。我的各项排名更好了；我们眼下在为获奖做测评。让人生气的是，我要是写一个"E"而不是写一个"A"准能赢点儿什么的，但这个"A"把一切都搅黄了；而最让我抓狂的是，其余部分都很好；再说，老师可能会把它当成一个拼写错误。我们明天要做法译外的测评；我希望打一个翻身仗。我对希腊语抱有很大希望，对古地理完全不抱希望。我总会尽我所能的。我昨天（星期日）去了郊外，所以没做罚抄五十行的额外作业。幸运的是老师忘了让我交这个作业。我争取在今天晚上完成。我今天上午九点钟就起床了，为的是如果可能的话完成全部作业，因为我昨天只做了法译外。我刚刚完成了初领圣体的仪式。我希望自己变得更听话，不要在课堂上管不住自己的嘴；那罚抄写五十行的额外作业就是因为这个。在昨天的郊游中，我吃了好多杏仁糖、梨子和杏子。去的地方是夏尔伯尼埃尔（Charbonnières）的矿泉水圣地。我们品尝了那里富含铁质的矿泉水，妈妈觉得那水太难喝了。

　　再见。向全家人转达我的深情厚谊，拥抱我姐姐。

　　妈妈和爸爸问你好。

你的小弟

夏尔

致阿尔封斯·波德莱尔

［里昂］1832 年［9 月］6 日

我的哥哥：

　　你这是怎么了？发生了什么事，你生我的气了么？你生病了么？瞧我已经给你写了两封信啦；你是没有收到我的信么？而我是看了你的一封旧信，在里面找到了你的地址。至于不久前写给你的那封，我相信杜赛索瓦先生的家在枫丹白露家喻户晓，便在信封上写明请杜赛索瓦先生转交。你不写信给我，可能是因为不清楚我的住址。如果是这种情况，那我告诉你，我的地址是奥弗涅街4号。我还在放假，但不像是在假期中；大人们打定了可恶的主意，像学年中的其他时候一样把我放到寄宿学校。还有更糟糕的，那就是爸爸答应过我出去旅行，而他却没有时间。请告诉我你一旦到了枫丹白露后的确切地址，并且告知我你几时出发。我想你是住在弗塞广场（place des Fossés）。好了，如果你是因为我错过了月初1日给你写信而生气，那请你原谅我，请待我情谊如故 [①]。请回信。写信告诉我你在做什么，是否常去打猎。我承认，我在初一年级的表现实在一般。因为我在学校只获得过一张奖状。我在寄宿学校确实得到了一些书，但一份小小的寄宿学校的奖品算得了什么？不过我马上就要升入初二了，我希望能表现得更突出一些。我收到两个去乡下的邀请，但妈妈说她不知道我们是否要去。在我给你的每封信中，我都忘了跟你讲讲我们平常交往的人。我们一个里昂女人都不认识；我们所有认识的人都限于军队、军需处和宪兵队。在我们交往的人中有一些是很可爱的，还有几位迷人的女士。我不需要告诉你他们姓甚名谁，你不会感兴趣的，因为你不认识他们。我也忘了跟你讲讲我们住的地方。住所很迷人。毫不夸张地说，我们的视野是里昂最好的之一。你不能想象有多美，有多出色，实在太美了，山坡何其富饶，何其葱翠。好了，请回复我。再见。我深情地拥抱你和全家人。

你的小弟

夏尔

致阿尔封斯·波德莱尔

［里昂］1832年11月9日

啊！我的好大哥：

我看出来你不是一个健忘的人。我请你原谅又忘了月初的事情；我可以给你的唯一致歉就是寄给你的这封信；我告诉你吧，我是用你给我的笔

---

① 拉丁文：et redi mecum in gratia.

写这封信的。无论怎么说，你宽宏大量，愿意原谅我，再说了，你自己有一阵子也没给我回信。我很高兴你被任命为代理法官。在你下一封信中给我描述一下你所在的地方、你住的房子，等等。礼物漂亮极了，可以说你寄给我这件礼物是为了让我想到你。当然，就是没有这把刀，我也会想念你这位和蔼可亲的兄长的；不过，我是不会拒绝这件礼物的。

我现在穿上了校服。我很高兴待在学校。我敢肯定，我们的祖辈可不像我们一样在学校里有这么多东西吃：果酱、果泥、肉汁馅饼、圆面包、鸡肉、火鸡和果泥，以及所有我没有吃过的东西。

拉比先生 [①] 刚刚离开里昂；他在的时候，我们带他上了一个塔顶，在那里看了里昂全城和周边地区。晚上他来了我们家，与我们学校的学监和我的老师共进晚餐。

我要学英语了，我希望不久后可以开始进行一些会话。

顺便提一下，我的地址是佩拉什街区（quartier Perrache）奥弗涅街4 号（不要寄到学校）。好了，我必须去做关于忒勒玛科斯 [②] 的作业了。你的小弟深情地拥抱你和我姐姐以及全家人，尤其是泰奥多尔。你的小弟将永远铭记你对他忘记写信所表现出来的宽宏大量。

CH. 波德莱尔

致阿尔封斯·波德莱尔

［里昂］［1832 年］12 月 15 日

我的哥哥：

你肯定很吃惊，尽管你给了我那么多象征性的警告，我还是捱到这个月的 15 日才给你写信。但所有的时间都被占满了，所以我求你允许我在每个月的 15 日给你写信，因为 15 日是表现好的学生得到优待可以离校的日子（你看我就是）；不过，如果我在这一天没被允许离校，我会在十五

---

① 拉比（Jean Labie），1822—1832 年担任讷伊的公证人。他是昂塞尔的前任，也是波德莱尔的母亲与欧皮克的证婚人。

② 忒勒玛科斯（Télémaque），古希腊神话人物，奥德修斯的儿子，其事迹见于《奥德赛》。

天后全校放学时给你写信（我的确太懒了，我忏悔自己的过错），不过你呢，虽然是兄长，但从来不回复我，我想在这样的情况下，我有权跟你抱怨。好一个不上心的人，不把他的门牌号码告诉我。在你下一封信中，如果你回复我的话，至少要告诉我你是否还在枫丹白露。别忘了你的门牌号码。我在学校非常开心；谁会在有朋友的地方不开心呢？我有一个朋友，我肯定，他也很喜欢我。他不自私，不像有些人那样；他乐于帮助同学。我们在学习上的排名非常有利于我们的友谊。因为只要学监一离开讲台，我们就会面对面相视着开心地笑。

为了向你证明我对自己兄长的爱，我向你承诺只要一有时间就给你写信。我要换衣服了，半小时后我就要离开这座监狱了。我想这封信会让你难以辨认，但这并不妨碍我表达的感情。

你看我有多笨，刚才把火药撒在了最后一页纸上，原本应该倒回火药盒里的，而我却全部倒进了墨水瓶里。

好了，再见。妈妈和爸爸问你好。代我拥抱我姐姐、泰奥多尔和全家人。

夏尔·波德莱尔

你的门牌号码。

致阿尔封斯·波德莱尔

［里昂］［1832 年］12 月 27 日

我的哥哥：

元旦将至，虽然我可以并非自夸地说我比离开巴黎时更灵巧了，却不能给你寄上一张贺卡，那我就把进入中学以来的各项排名告诉你：十八，三十，十，十，八，六，七，四，二。要考虑到我因为初领圣体而耽搁的时间。不过我保证元旦过后会更加努力的。我跟爸爸有个约定：每次进入前六名，就给我 5 个法郎；不过你也看到了，进入寄宿学校以来，这样的情况只有过三次。

为了向你证明我是很用功的，我本打算把我获得的那些优待证书寄给你，但有两个原因让我没这么做：一．有相当一部分已经用了；二．虽然有相当一部分已经用了，但还是有很大一包。

　　我祝你新年快乐，同时也祝我姐姐、泰奥多尔、杜赛索瓦父子、杜赛索瓦夫人和我没有忘记的布特龙先生新年快乐。别忘了代我向他们问好，还有奥利维耶先生及夫人、艾尔菲拉先生及夫人，如果你见到他们的话，还有奈热翁先生、蒂尔莱先生及夫人，尤其是欧仁、劳尔、保罗、阿尔弗雷德。我真心感谢你对我所有的好。我祝你万事顺意。还是不要说太多了，以免你以为说一大堆好话就跟有些小孩一样是为了得到点什么东西似的。千万不要像我的一个同学那样放肆求讨，那位同学不知道说什么好，写了这么几句：

　　　　有个孩子跟我一般大
　　　　一心只想说点恭维话
　　　　他把祝福敬意来表达
　　　　只为了伸出空空双手
　　　　接过红红柑橘一大把
　　　　张开利如刀刃满口牙
　　　　狠狠咬碎糖豆都吞下

＊＊＊

　　再见，爸爸和妈妈让我向你转达千言万语并问你好。尽快回复我吧。

你的小弟
夏尔

致阿尔封斯·波德莱尔

［里昂，1832 年 12 月 30 日］

我的哥哥：

　　既然你愿意让我给你想写什么就写什么，那我就告诉你有一本漂亮的著作供你选，因为你知道我的趣味。我很喜欢浪漫的作品，喜欢《雅可布给孙子讲故事》^①那种类型的故事，你应该想得起这本书是你送给我的。

不过你要向我承认，你是一个极不上心的人，因为我给你写信让你在回信中告诉我你家的门牌号码；你也是太强了，指望我足够聪明能处理那些跟钱有关的问题；但我完全搞不懂，妈妈会亲自回复你的。

我想你这阵子在家里一定是手忙脚乱。我仿佛已经看到你站到椅子上，这里钉个钉子，那里拔个钉子，终于成了一家之主，可能还要下厨房吧。

爸爸和妈妈有好多话要对你说。我拥抱你，还有我姐姐、泰奥多尔，祝全家人新年快乐，也祝你在枫丹白露打猎愉快，岁月静好。再见，三刻钟刚刚敲响，而我只好去背我学的那些希腊语词根了。

你的卡尔洛^②

致阿尔封斯·波德莱尔

［里昂］1833 年 1 月 31 日

我的哥哥：

你可能很吃惊我怎么还没通知你说已经收到你的那些书了。正如妈妈告诉你的那样，我没被允许离校，她也就没法告诉我这事儿。这些书棒极了。礼物也选得很好，很对我的胃口。我没能在 15 日给你写信，也是由于我没被允许离校。

究竟怎么回事儿！我怎么又做不成叔叔、得不到侄儿了？好了，必须期待第三次分娩会更幸运一些，但愿之后就打住了。

我在拼写上是第五名，法译外是第二十二名，历史是第二十一名。我想用一篇作文来洗雪这个耻辱。

我得到的这些书让我爱不释手。也让我赞不绝口。我想它们会给我带来很多乐趣的。我争取在给你写下一封信时把我的排名消息告诉你。

---

① 《雅可布给孙子讲故事》（*Contes de Jacob à ses petits-enfants*）是 1831 年出版的一个故事集，作者是笔名为 P.L. 雅可布（P.L. Jacob）的法国作家保罗·拉克洛瓦（Paul Lacroix，1806—1884）。

② "卡尔洛"（Carlot）是"夏尔"（Charles）的昵称。

再见。我拥抱大家。

尤其祝愿我姐姐早日康复。我估计，大家都身体健康，除了我姐姐。

你的小弟

夏·波

只要有可能，我会更经常地给你写信的。

致阿尔封斯·波德莱尔

［里昂，1833 年 3 月 12 日］

1833 年 3 月，我不知道是几号

我的哥哥：

我把排名消息告诉你：我的希腊语排名第二。我不能把此前说过的证书寄给你，因为这张纸可以抵三百行诗，尤其可以让我免除罚抄作业，我确实很需要它。我们刚刚进行了考试。我答得很好。我头天晚上还一点都没掌握。我记忆力好，很快复习一通，运气帮了我，考试通过了。我估计，在复活节的奖项上，我会获得第四名或第五名的鼓励奖。不过从现在直到年底，我们要为争优秀奖进行测评。必须更努力一些。我可能会赢得更好的排名。

我不知道你是否看得清楚这封信上的字，因为这封信是在历史课上写的，这门课太让人讨厌了。我刚才被提问回答佩拉斯吉人（race pélasgique）的特点；由于我一门心思在写这封信，不知道怎么回答所提的问题。我不知道在历史课考试时，是否会答得跟希腊语和拉丁语一样好，因为我一个字都不知道，有一半的作业都搞丢了。

写信告诉我你在枫丹白露做什么。给我详细讲讲你的每次打猎，讲讲泰奥多尔是否玩得开心，讲讲城市怎么样，讲讲城里可以溜达的地方，等等，等等，一切你可以给我说的。

妈妈身体好吗？啊，不！她嗓子很痛，现在还没好，这让她不能出门。

里昂经常发生火灾。有一阵子每天夜里都听到喊救火的声音；最猛的是最近这次；发生在佩拉什，那是里昂的一条小路；有一家咖啡馆全烧没了。那些圣西门主义者前去救援，一个个穿戴整齐。

爸爸和妈妈问你好。我拥抱你、我姐姐、泰奥多尔和大家。

夏尔·波德莱尔

致阿尔封斯·波德莱尔

［里昂，1833 年 3 月 25 日］

我的哥哥：

学校里闹翻天了。有位老师打了一个学生，打得学生胸部疼痛。他病得很重，不能站立。我给你讲讲全部经过。这位学生学了半个小时还是不会做自己的作业，就让同学递了一些纸条想抄答案。学监发现了，照例是一通臭骂。另有一位学生也让人递了纸条，结果挨了一巴掌，学生回敬了几脚。学监想一举结束打斗，照着学生腰部踢了一脚。晚餐的鼓声响起。那个学生站到他平时站的那排，学监让他排到最后面去，跟他说他不配跟其他人一起去。吃过晚餐回来后，学监以同样的理由让学生待在煤房里。他时不时回来折磨他；学生腰坏了，反抗不了。他躺下了。两天后是放学离校的日子。我晚上返校的时候，有人告诉我说这位学生在医务室，已经站不起身子，腰部的毛病让他倒下了。女护士极力要让学监滚蛋，不过，现在还不能肯定学监究竟是校长身边怎样的红人。

我们在院子里对着学监大吵大嚷，校长在他的房间里都听到了。那时候，这位学监嘲笑我们对他做的事情，不过那是一脸的苦笑。我站在反叛者的队伍中。我可不愿意做害怕得罪学监的拍马屁的人。

向一切滥权者复仇。这是巴黎街垒上的一则铭文。要是他不滚蛋，我们就会在《里昂信使报》上发一篇文章。再见。晚安。爸爸、妈妈和我有好多话要对大家说，尤其是对你说。

反叛者小弟

夏尔

你写给我的信都在妈妈那里，我又忘了你的门牌号码。

致阿尔封斯·波德莱尔

［里昂］［1833 年］5 月 17 日

我的哥哥：

我想我比你更有权责备你。因为我只不过晚了两天，而你呢，却从来不给我回信。再说，我也许还有一个托词：我在等某一科排名出来后再告诉你。终于还真等到了一科：我的法语得了第四名。我想我已经告诉过你，我的希腊语之前得了第二。我在给你的每封信中都求你给我回信。真丢人呀！年幼的训年长的！你看我是拿感情来打动你。我相信这是好办法。作为巴黎人，我对人们在里昂不把路易-菲利普的大名当回事儿的做法感到愤怒①。这里，那里，挂了几盏小彩灯，仅此而已。我想，在巴黎一定举行了盛大的庆典。你虽然人在枫丹白露，但一定能看到报纸上的描述。请写信告诉我。你要给我写信，请寄：波德莱尔先生，里昂王家中学学生。告诉我你的门牌号码，你和我姐姐都在做什么，你都有些什么开心的事，等等，等等，等等，等等。

前一阵子里昂闹翻了天，让我们倍感威胁。在塞莱斯廷（里昂剧院），广场上有一个很大的集会（听人说的）；所有的年轻人都系着红领带，与其说是体现他们的主张，不如说是显示他们的疯狂。他们唱着歌（声音低沉）；可只来了一个警察，他们就都不作声了。圣西门主义者和共和主义者抱成了团，宣布要在贝勒古尔广场（散步的地方）跳舞。到了通知中说的那天，没有舞会，什么都没有。有人说，在距离里昂大约八公里的地方发生了一场大暴动。艾马尔将军②派了四个宪兵过去。他们看到五十来个全副武装的人。他们问这些人在干什么。这些人说，我们在打一只母狼呐。通过这两件事情，你猜得到暴乱还能剩下什么，也就是说什么都没有。

不久前我们换了学区长。我们现在又换了校长。原来的校长去奥尔良做学区长了，新校长是从图卢兹来的，他原来在那里做学区长。给我写信

---

① 路易-菲利普是当时的法国国王。3 月 1 日是国王节，里昂的庆典很冷清。

② 即安托万·艾马尔男爵（Antoine, baron Aymard, 1773—1861），时任里昂驻军司令，波德莱尔的继父欧皮克中校在其手下担任参谋长。

吧；你找得到好多话题的。哎呀！见鬼！我这封信必须打住了，街区的送货小哥开门了，带来了午餐面包。就餐鼓声就要敲响了。我忘了告诉你我正在学舞蹈。爸爸和妈妈有好多话要说。我也同样有好多话要给我姐姐说。再见。

卡尔洛

致阿尔封斯·波德莱尔

[里昂] 1833 年 7 月 12 日

我的哥哥：

我可能给你写晚了一点，来为自己对你的责备进行辩护。我责备你，是因为我说过的，你不给我写信。唉，你知道我跟你说过，把你的信寄到奥弗涅街4号，而不是寄到学校。唉，我放学离校那天，妈妈忘了把你的信给我。我还有一个开脱的理由：我在等一个好的排名，瞧我这次的法译外得了第二名。十五或二十天后我们要进行获奖测评。我整个学年什么都没做；但我还是获得了一些好的排名，这证明我是能干的。我现在埋头努力，希望有好结果。我们刚刚换了校长。学校规定要演奏一段军乐，而这还干得真不错。你应当想到，这些演奏军乐的学生都是学过乐器的，如笛子、单簧管、小提琴；因而他们在演奏音乐上已经是有几分熟练了。

把你的信寄到妈妈那里吧。给我你的门牌号。我知道街名、城市名、部门名，但不知道门牌号，这让我搞不清楚我那些信是否能够寄达你那里。告诉我你是否还在做代理法官。至少，就算你又忘记告诉我门牌号，我也会知道你是不是还在做代理法官，而我要是把这个写到地址上，我想信会更容易收到。请在你的回信中跟我描述一下整个枫丹白露。因为你知道的，我是地理爱好者。给我讲讲你那些打猎的经历。而我呢，我很想提前知道我是否会在各个奖项中得到点什么。我很想知道有一种什么样的方法。知道我是否将赢得……我会马上着手去做的。坚持，加油！这是我每时每刻对自己说的。

告诉我一些我姐姐、泰奥多尔、杜赛索瓦先生和夫人的消息。

好了，再见。瞧，那送面包的小哥又来了。

你的弟弟

致阿尔封斯·波德莱尔

里昂，1833 年 11 月 22 日

我的哥哥：

有很多话要对你说，但首先要请你原谅。在我的懒惰中夹杂着一点自尊心；由于你不回信，我认为出于自尊，不能总连着给你写信。但我认为这很滑稽；再说你是我的兄长，我尊重你，你是我的哥哥，我爱你。有很多话要对你说，我在信的开头就答应了你的，那好，我会履行承诺的。我刚刚扭伤了脚，贴了膏药又贴膏药（或敷药），我恨死了膏药，也恨死了医生。

里昂在索恩河上建了一座吊桥，是铁索的。所有的店铺都将用上煤气灯；每条街都在挖管道。罗讷河水猛浪急，不久前又泛滥了。因为这段时间里昂下雨下得多。玻璃厂位于一个半岛上，离城不远（因为我们呀，我们这些中学生常去那里散步），这下好了，罗讷河一直在蚕食峡口；它侵蚀，它吞食。昨天夜里它终于把峡口冲没了。这是在罗讷河上经常发生的事。不规则的地形凹陷不见了，陆地的远端变成了孤岛；因为水流很急。

我的信潦草得丢人，但那是因为我的笔太次了，再说我也不太在意这个。我急于用一封长信来请你原谅我的懒惰。但请你想象一下，这次小小的扭伤让我不能跳舞，而此前我每次跳对舞都没错过，这是多么残酷的折磨呀。

接下来！假期中间，嗯，我演了喜剧，接下来我还要演一出格言剧。

我这封信中可能有好多蠢话；想法可能跟书写一样乱七八糟。谢天谢地，我们有太多时间没通信了，要找到用信件形式互谈的材料不难。再说了，友好的闲聊胜过一通废话和一堆肉麻的话。

这是怎么了，泰奥多尔得了好些个奖！而……夏尔却没有得到。

狗东西！我会得奖的。告诉泰奥多尔，他就是我将会得奖的原因。一个优秀奖（第四名）和一个法译外奖（第五名）！这实在是太可怜了：但我确实想得奖，我会得奖的。还是要向泰奥多尔表示我的祝贺，而我呢，羞耻，羞耻。告诉他说他在那边让我感到汗颜。

我姐姐呢，她还好吗？她恢复了吗？妈妈有好多话要说。我，我也拥抱你。跟我谈谈吧，或者写信告诉我大家和你的一切。

卡尔洛

你的门牌号码，街上的号。

致阿尔封斯·波德莱尔

［里昂］1833 年 11 月 23 日

我的哥哥：

一点别吃惊我这么晚才感谢你寄给我漂亮版本的尤维纳利斯 [①] 作品集。这是妈妈的错，不是我的错。爸爸到家的时候，告诉我说你交给他一封要转交给我的信。当天晚上我就去学校了。妈妈一整天都在收拾行李和箱子，忘了把信交给我，一直忘到今天；而在我这方面呢，我想在元旦的时候送你一个礼物；你已经猜到了，就是第一或第二的排名。是的，就是这个。我会全力以赴，我坚信会成功的，因为上个学年我的总排名是第二，还因为我得了四次优秀奖。说来惭愧，我承认我得到这些奖励并没有费太大劲。但本学年我想踏踏实实埋头苦干，哪怕没有成功，至少没有什么可以自责的。听到宣读自己名字得奖了，外加听到这样的话："七次获奖！"这真的是太美妙了。在各科上都得奖！还是你的妈妈或是你的爸爸给你颁奖！我还想得起来有位同学的高兴劲儿，他一个奖都没错过。还有一位奖得了太多，连把书放回座位上的时间都没有。放心吧，我要是得奖了，不会像过去那样拖拖沓沓写信告诉你的，再说了，通过得奖，可以积攒起好多书籍，还有父母的礼物，而且还有哥哥的礼物。因为这些礼物

---

① 尤维纳利斯（Juvénal，约 60—127），古罗马诗人。

很美。这本尤维纳利斯作品集棒极了，谢谢啦，我衷心谢谢你。这一刻我正在回忆你给我的全部礼物，我想到了那把漂亮的刀。在这里必须感谢你选的礼物。直到现在，你给我的礼物选得都很好。爸爸也送了我一件礼物；他送给我一个费纳奇镜（phénakisticope）。这个词语跟这个发明本身一样奇怪。你是巴黎人，应该知道这个东西是什么。因为现在已经很多了。虽然我想你知道这个东西是什么，但我还是要给你描写一下，以免你说："如果我不知道费纳奇镜是什么东西，这也没什么大不了的吧！"这是一个纸板做的盒子，里面有一面小镜子，放在一个台子上的两支蜡烛之间。还有一个手柄连着一个纸板做的圆盘，圆盘上开了一圈小孔。在上面又贴了一层绘有图画的纸板，图画朝着镜子。然后转动圆盘，透过小孔往镜子里看，就会看到非常漂亮的图画。至少，跟上我的思路了吗？我有很多话要对我姐姐说。我拥抱你，晚安。

卡尔洛

致阿尔封斯·波德莱尔

［里昂］1834 年元旦

小弟夏尔致兄长阿尔封斯：

给你拜年，新年快乐！

又是一年过去了；到四月的时候我就满十三岁了，过去两年我都远离我的哥哥、蒂尔莱夫人，以及巴黎这座我如此怀念的城市。学校令人厌倦，尤其是里昂的学校。墙壁惨兮兮的，污渍斑斑、潮气逼人，教室里昏暗得很，里昂人的性格跟巴黎人的性格如此不同！不过好了，我离回巴黎的日子不远了。我马上又要见到我哥哥、我姐姐、泰奥多尔、蒂尔莱夫人、她儿子欧仁，还有保罗和阿尔弗雷德·佩里尼翁两兄弟了；应当期待我母亲和我父亲这一趟会跟我同行的。

我怀念那些林荫大道，还有贝尔特勒莫的各种糖果，还有吉鲁家琳琅满目的商店，还有那些可以找到好多东西做漂亮新年礼物的百货店。在里昂，只有一家店可以买到漂亮的图书，两家店可以买到糕点和糖果，其他东西也是这样。哦！汪洋上稀稀拉拉漂浮着几个落海者①。此处用这句格言正合适。在这个被煤烟弄得黑黢黢的城市，只找得到一些大栗子和细丝绸。

我答应过给你新年礼物，就是第一或第二的排名，但是……但是……我不知道说什么以示抱歉。我不敢再答应什么，因为万一我又令人失望了呢……这次令人失望的结果是可以原谅的。我一返校就只得了一些不好的分数。再说啦，回想一下我此前的优秀。我说的是在过去一年我在学习上的用功。虽然最终没有得到奖励，但我在这一年中一直都是突出的。但愿在看到那些平时不如我的人超过我时，我会重振活力，靠自己的努力更加配得上我得到的那些新年礼物。

但愿我姐姐和泰奥多尔也收到我的新年祝福。爸爸和妈妈问你好。

夏尔

致欧皮克夫人

［里昂］［1834年2月6日？］星期四

妈妈：

我给你写信不是要请求你原谅，因为我知道你可能已经不再相信我了；我给你写信是想告诉你，这是我最后一次被剥夺离校机会，从今往后我要好好学习，避免一切哪怕只是推迟我离校的惩罚。这是最后一次了，我发誓，我用名誉向你保证。我会好好学习的；无论你相信不相信，当我把证明我已经完全改变了的那些证据呈献给你时，你就会不得不相信的。我不敢中断英语，这花了我很多时间，因为我觉得，去年开始了又放弃了，不学完是一种耻辱。我今年在班里很弱，强烈渴望翻身，达到那些在去年跟我势均力敌的同学的水平。我父亲应该非常生气吧；但还是要代我告诉他说我给你写信了，告诉他我很后悔在刚刚过去的这三个月里没有好好学习。这绝不是一个空洞的诺言；我会牢记我是发了誓要好好学习的。

---

① 拉丁文：rari nantes in gurgite vasto. 语出维吉尔《埃涅阿斯纪》，卷一，第118行。

虽然我跌得很低，但我还是有决心不再辜负你的期望，尤其是在向你保证过之后。不过，世界上最好的证明是行动，不是空话。我希望不久后就能向你证明我的真诚。我希望学监就我的情况再也没有什么可向你告状的。通过好好学习，我将重新获得我去年在班上的体面排名。

　　要是你身体无恙，请带点唇膏到学校，因为好一阵子以来我的嘴唇痛得很。

你的儿子夏尔
很遗憾引起你这么多不高兴

　　如果因为我表现不好所以你不愿意把我要的东西亲自带给我，要是约瑟夫 ① 来，请让他用一只篮子或一个书包给我把下面列出的书带来，麻烦你到我的橱柜里去拿，这些书是要拿给松戎 ②，他向我表示说他想读：

《罗马盛衰原因论》；

《老说书人的康复》；

格莱赛的《作品选》；

勒瓦扬的《游记》（全两卷）。

致欧皮克夫人

［里昂，1834 年 2 月中旬？］

妈妈：

　　你一定会很吃惊我今天又被剥夺了离校机会；但我并没有违背自己的承诺；自寄出上一封信的那一刻起，我可以回答说在学习和表现上我都有了很大的改观；但第一个星期（我给你写上一封信时已经是 6、7 日了）很大地影响了我的表现报告，就是这份报告剥夺了我离校的机会。不过第二个星期成绩是变好的，因为其他的都还不错，自习和课堂上都一样。由

---

① 约瑟夫（Jpseph），欧皮克夫妇的仆人。

② 松戎（Lucius-Nestor Songeon，1818—1889），波德莱尔在里昂王家中学读书时的同学。他们后来又在巴黎重逢。

于很久以来都被剥夺了去看望你的快乐，我想请爸爸略施小计。像我这样一周以来坚持好好学习，学校是不会拒绝为我开具用于下周四的学习和表现良好的证明的。我会把这些证明拿给你看。要是让爸爸去告诉学监，就说你近日身体不好，那我就可以希望得到一次特别的离校机会。我的各项排名都好，法译外得了第十二，博物学得了第四。博物学考试内容我都会。

你的儿子夏尔

致欧皮克中校和欧皮克夫人

里昂，［1834 年］2 月 25 日

爸爸和妈妈：

我给你们写这封信是为了试图说服你们，还有一线希望把我从这种让你们如此痛苦的状态中解救出来。我知道，妈妈一读这封信的开头就会说：我再也不相信了；爸爸也会说同样的话；但我并不气馁，你们不想再来学校看我，算是对我所做蠢事的惩罚；但还是来最后一次吧，来给我一些好的建议，给我一些鼓励。所有这些蠢事都来源于我的漫不经心和磨蹭拖沓。在我上一次向你们保证不再让你们焦心时，我是言真意切的，我下定决心要好好学习，刻苦学习，要让你们可以说：我们家的儿子报答了我们的关心；但漫不经心和懒惰让我忘记了我在做保证时涌动在胸中的那些情感。要改正的不是我的心，心是好的，是我的精神需要集中起来，要让它进行坚实的思考，让思考的结果深深刻印其中。你们开始把我看成白眼狼，也许对此深信不疑。怎么向你们证明相反的情况呢？我知道方法；那就是马上干活去；但无论我能做什么，我在懒惰和向你们所做承诺的遗忘中虚度的这段时间永远都是一个污点。怎么才能让你们一下子忘掉这三个月的坏表现？我不知道，但这确实是我想要的。请马上再把你们的信任、你们的情谊还给我，请来学校对我说，你们已经还给我了。这也是让我一下子改变的最好方法。

你们已经对我绝望了，看我就像是一个身上毛病无可救药的儿子，对什么都已经无所谓了，在懒惰中虚度光阴，意志薄弱，做事拖沓，没有勇气重新站起来。我一度意志薄弱、做事拖沓、为人懒惰，有一阵子什么都不想；但什么都不可能改变心，我的心，尽管它多有不足，但也有好的方面，它没有变。它让我感到我不应当对自己绝望。我曾经想过，可以给你们写信，告诉你们在懒惰和惩罚中虚度生活所带来的焦虑，以及这种焦虑激发我进行的那些思考。一想到你们可能会把我看成白眼狼，这倒激发了我的勇气。如果你们不再有勇气亲自来学校，那就给我回封信吧，在信里给我一些当面交谈时可能给出的建议和鼓励。星期四上午会出来博物学的排名，我希望得到一个好名次。我的这个希望会让你们听我说下去吗？我最近又得了一个很糟糕、很糟糕的排名，但一雪前耻的愿望让我今天上午用功写作文。如果你们确实已经打定主意，在我有新表现向你们证明我发生全面改变之前不再来学校，那你们就写信给我吧，我会把你们的一封封信保存起来，经常拿出来读，跟自己的漫不经心做斗争，让自己流下悔恨的泪水，让自己的懒惰和漫不经心不要使我忘记自己应该弥补的错误。最后，正如我在这封信开头对你们说的，这跟心毫无关系。轻浮的天性，无法克制的懒惰成性，让我犯下了所有这些过错。请相信是这样的。我敢肯定，你们不会忘记还有一个儿子在学校，但请不要忘记这个儿子还有一颗不死的心。这就是我想写信告诉你们的。目的很简单，我想说服你们不要对我绝望。再说了，一想到父母不再愿意来看自己，并且他们还到了对自己采取严厉手段的地步，谁不会马上写信告诉他们说他们是把事情想错了？不是那些严厉手段让我有感，而是让你们不得不采取这些手段的那份羞愧。我不是依恋家，也不是依恋离校时的种种自在，我在意的是见到你们的那份乐趣，一整天跟你们交谈的快乐，你们对我的学习可以给我的表扬。我答应你们要改变，但请你们不要对我绝望，对我的诺言仍然要有信心。

夏尔

致阿尔封斯·波德莱尔

里昂，1834 年 2 月 26 日

我要怎么向你做自我辩解？你很久以来一直保持沉默，这证明你对我不高兴。好了，我给你写信，求你原谅。过去这年，每当我有好的名次，通常都会写信告诉你；但今年不能写信告诉你什么了。一个糟糕透顶的托词又会为我招来一通责备。你会说，怎么搞的，他在年终没有得奖，他这一年都荒废了吗？说到底，我不知道到哪里去找理由来为自己偷懒不给你写信进行开脱。你一定很不高兴。我向你承认我被吓到了，而兄弟之间是不应该害怕对方不高兴的，或者不如说不应该发生让对方不高兴的情况。你会说，反正我这位兄弟在他这封信之后又要很长一段时间才会再给我写一封字大行宽的信，那他又何必做出一副懊恼的样子，恨自己由于不给我写信而惹得我不高兴！且慢，我要回答你刚才的那些指责。我订了计划要让自己从深陷其中的麻木中重新站起来，我订了计划要刻苦学习，好排名会随之而来的，我急着写信告诉你这些，是为了向你证明我完全没有失去勇气，这份急切会让我更经常给你写信的。由于心情愉快舒畅，由于满意自己而感到幸福，由于我欢喜的状态带给我好多想法，由于我要把来到我头脑里的一切都告诉你，我以后的信会更长。而由于来到头脑里的东西只会是合乎理智的，我就只会给你写一些合乎理智的东西。你看这几行还靠谱吧，可以让你平静一点吗？——不能，你罪孽深重。

——总之，我不会气馁，我会坚持的。但是，但是，怎样做呢？我想要坚持。但做什么呢？我不能为自己辩解。最好是让他学会顺从，让自己平静下来，让他承认自己的错误，而不是给他许多平庸的理由。总之，我请你原谅，我很懊恼，我不要再辜负了深情厚谊。昨天晚上我给父母写了信，告诉他们不要对我绝望，我在信里也请求他们原谅。我想，尽管我在懒惰中虚度了三个月，但他们很可能还是会听我说的，因为我说得言真意切。总之，你也要听我说，因为我所说的言真意切，我确实懊恼惹你不高兴了。请你在回信中给我一些建议，鼓励我好好学习。只要好好学习，我就会经常得到好名次，不像以前那样让自己养成无所事事的习惯。有好多话要对我姐姐说，再次祝贺泰奥多尔获得他那些奖励。

就写到这里吧，我拥抱你，因为我猜想你已经原谅我了。

你的弟弟夏尔

致欧皮克夫人

［里昂］［1834 年］3 月 24 日星期一

妈妈：

我刚刚读了你的信，也把你担心收不到的东西寄给你。这一次，有两个证据可以让我说我践行了自己的诺言。我会继续坚持，会成为班上的强者。千万不要以为让我好好学习的原因是害怕受到惩罚。激励我的是一些更高贵的动机。报答父母，不让他们为我担心，让自己成为一个有知识的人，在年终当着许多人的面获得奖励，这些就是我的动机。我在两天时间里赢得的理智超过了在三个月里追逐的荒唐。我坚信，只要坚持不懈，我就会取得一些好的成绩。有位同学跟我说：我猜你会得三个奖，只要你到年底前都坚持刻苦学习。我接受他的预言；把这些奖状给我父亲看，他盼着我改变，他最终会看到我改变的。

我现在有权拥抱你了吗？

夏尔

我们星期三中午放学离校。

致欧皮克夫人

［里昂］［1834 年］5 月 2 日晚

妈妈：

我得了第四名，是拉丁语翻法语。我求你提醒我父亲，这可是拉丁语翻法语。作为奖赏，我请你，我求你，求求你忘掉我被剥夺离校的机会，在收到这封信后，只要身体无恙，就过来看看我。

我也告知你，我要换老师了。我将要升到第四组。一方面，这让我难过要离开富尔尼埃先生；另一方面，我又很高兴去到这个组找到我的好多朋友。

我的排名甚好，但我发誓还要有更好的排名，因为好些原来在我后面的学生都超过我了。我不再向你允诺什么；正如你看到的，我开始攻城略地。我现在是向我自己做出允诺。

你亲爱的儿子夏尔

我拥抱爸爸。

致欧皮克夫人

［里昂，1834 年或 1835 年？］

妈妈：

这里有几位说客要到你那里为我的表现辩护。我只有到了今天才可以跟你说对自己有利的话，告诉你我有一门考得非常好，我的希腊语翻法语得了第四名。这足以向你证明，为了让你高兴，我是努力了的。我的朋友松戎比我自己还更会为我辩护。因为无论我自己说什么，大家都不再相信我了。至少我向督学们掩盖过我没有学习的事情。一门相当出色的考试成绩让他们相信我从来都是一个好学生。最后，新学期就要开始了，我的话会兑现的，我会是一个勤奋的学生。谢谢，谢谢为我说情的这些说客；我没有请求他们到你身边来为我辩护。他们看到我尴尬和难过的时候，也开导过我。我不知道如何对他们说，我感谢这种可爱的助人为乐。

请允许我拥抱你。

你的儿子夏尔

致阿尔封斯·波德莱尔

［里昂］1834 年 10 月 20 日

我的哥哥，我收到了你的信；我看到你在信里抱怨我懒惰没有给你写信。今天我给你写信，但这是为了轮到我来指责你。怎么回事儿！三个月来一个字都没有！你看我这一向说了好多！但是你住嘴吧，小弟先生，就算当哥哥的错得更离谱，也轮不到你来训斥。

那我就要你给我写信，让我知道你都在做什么；你不是有一杆猎枪吗？想必你玩得很开心；好长一段时间以来，我都缠着妈妈让她给我一杆。她告诉我说这很危险。我现在有的还是你给我的，我精心保养着，每次放学回家都要把它拆开来好好清洗；但我发现枪托太低了，很难架起来瞄准。我希望明年获得几个奖，虽然有所谓的危险，但爸爸是不会狠心拒绝给我枪的。今年得的奖不足以让我得到一杆枪：

希腊语翻法语	一等荣誉奖，
解剖学	一等荣誉奖，
拉丁语诗歌	三等荣誉奖，
外语翻法语	五等荣誉奖，
优秀表现	五等荣誉奖。

明年可能会更好一些，我会得到枪的。我会和你一起去打猎。因为一年后妈妈将让我到巴黎念高中，完成我的学业。经常给我写信吧。

你的弟弟
夏尔

致欧皮克夫人

［里昂］［1834 年］12 月 21 日晚

我的好母亲：

我知道，你离开学校时很生气，可你在把我看成白眼狼这件事情上是对我太苛责了，甚至太不公平了。我好好地思考了一下我对自己母亲的全部责任，这让我认识到，我作为学生，应当让自己的母亲大大地感到高兴和满意才对。

你把我看成白眼狼；我，白眼狼！？啊，我的好母亲，当你对我说这个字眼的时候，你想到过一时的冒失为什么会延续这么长时间吗？唉，是的！确实是我的错，我承认。但我现在相当理智了，假期里在你身边时我获得了相当多的理智，请你不要马上扼杀这种一时的激昂。我，白眼狼！？就算我没有在年初就下定力争上游的决心，单单这么一个字眼就足以让我改过自新。我给你写这封信，是为了求你今天就过来看我。这将给我带来很多好处和快乐，因为你对我的不公让我深感痛苦。

夏尔

代我跟我父亲说一声对不起。

致阿尔封斯·波德莱尔

［里昂］［1834 年 12 月］27 日晚

我亲爱的哥哥：

我很久没给你写信了，你也很久没给我回信了。你错我错，两清了，而既然我年幼一些，那我就先站出来改正自己的错误。这一年返校后，我就下了要好好做的决心，我坚守着……做得差强人意。问题是在学习过程中，我常常交头接耳，这总是让我被罚做一些额外的作业。人在这个季节，手指冻得跟大理石一样僵硬，写写这些额外的作业倒也不错。还有就是罚站，我总是逃不掉。

学生：嘿，听我说，好同桌，把你的作业借我抄一下。

老师：先生，罚站半小时。

学生：啊！讨厌！

老师：先生，你嘴里念念有词，罚双倍。

学生：这是为什……

老师：三倍。

等等，等等，等等，等等，等等，有时候走得更远。所谓罚站，就是像一尊雕塑一样站在一面墙和一棵树前面，暴君要求你站多久就得挨冻多久（在冬天）。

但我真是愚蠢来抱怨学校的规矩；我要是表现好，有什么苦头要吃的呢？一点儿都没有的。

对 1835 年，最好是下更坚定的决心，祝愿我的哥哥万事顺意，作为一名中学生，我把自己年初以来获得过的好排名——第七、第四、第四、第三、第二——送给他作为新年礼物。

你的弟弟夏尔

致阿尔封斯·波德莱尔

［里昂，1835 年 8 月底或 9 月初］

我亲爱的哥哥：

我非常感谢你给予我母亲和我的关心，你提议我们，要是霍乱让里昂城无处可躲，那我们就去你那里避祸；你真是太可爱了，我们都谢谢你；但是谢天谢地，我们还没有到那一步；霍乱没有跨过维埃纳①；我们这里只有一个病例；因而我们直到现在都没有什么可担心的；再说了，城里不是还有富维耶圣母院嘛！

我的亲大哥，你可能期待许多奖。我只获得了一个奖，另外得了五个鼓励奖，这让我父亲很开心。你千万不要比他还苛求，不要像我母亲一样苛求，她想象我应该什么都是第一名。我不能怨恨她对我的要求；她过分的慈爱让她不断梦想着我的种种成功。你也必须知道，我的哥哥，今年采用了一套不同的颁奖方法。奖项不再是看单科成绩，而是看全年的学习情况。我呢，我相信是时候最后努力一把了。

瞧，你也在学习游泳吗？我父亲的一个朋友自告奋勇要教我游泳，但气温不行。你要知道，在这个时候，连绵的雨水让塞纳河没事，但让罗讷河水变得很冷。

我的哥哥，我要拥抱你的时刻就要到了，因为妈妈已经决定让我到巴黎上修辞班。你会发现我长大了，智慧和个头都是。

你的弟弟

夏尔·波德莱尔

我有好多话要对我姐姐、对泰奥多尔说，我相信，他们俩在自己的记忆中给我保留着一个位置。

在期待着去巴黎切切实实地拥抱你的时刻，我预先寄给你成千上万的温情。

---

① 维埃纳（Vienne），法国西南小城。

致阿尔封斯·波德莱尔

［里昂］1835 年 12 月 27 日

我的哥哥：

很长时间我都没有收到你的消息了，我也很长时间没把我的消息告诉你了。身为小弟，理应首先询问你的健康状况、你做的事情、你经手的案子。

我呢，我身体棒棒的，又肥又胖，这让我很烦恼。不过呢，我好好学习，埋头用功，获得了一些好排名。开学以来，第四、第二、第十、第一、第二、第六、第一；两次第一，两次第二，我想这都是很漂亮的头衔。这向你证明，虽然这阵子你疏于给我写信、吝于给我一些好的建议，但我并未因此而怠慢学习，一心希望的是在你不得不表扬我的时候终于会给我写信的。确实要劳逸结合，所以我现在去冰上玩，我找到很大的乐趣，一句话，我在学溜冰。我猜想，你在假期中和假期前打了很多次猎，打到很多野味。而我呢，我这辈子都还没打过猎。再说了，爸爸在里昂一直都仿佛与世隔绝，没有任何机会去打猎，而且，火药也让妈妈害怕。很可能你将有幸为我启蒙这项活动的乐趣。因为我马上就要去巴黎啦，我去之前没有机会打猎；今年是我在里昂度过的最后一年；我要去巴黎开始上我的修辞班（我说的是古典科目）；不然的话三天后你会在巴黎等着我。我现在十四岁零九个月。可以说十五岁了。三个月很快就过去了。时间对好好利用它的人来说过得飞快。我今天多有自夸，你可能会觉得我不太谦虚。

加之：

赢取功勋奖赏委实值得骄傲。

我不知道我们最近是在哪一堂课上学到了这句诗，这是唯一一句我背得出来的，也许是因为我觉得它包含的道理很对。瞧，这几行透着学生腔，也透着人情练达、修辞圆滑的学究气。再说你可以跳过我这些烦人的废话不读，我是在给我哥哥写信，如果我给自己哥哥写信都感到拘束，那就太可笑了。你可能会在三天后收到这封信，也就是 1836 年的第一天。那我就和父母一道祝你新年快乐，祝你也祝全家，特别是祝我姐姐和泰奥多尔。

祝你身体健康，有可能的话快快给我回信。

CH. 波德莱尔

提醒你别忘了，我们的地址是奥弗涅街 4 号。

致阿尔封斯·波德莱尔

［巴黎］1836年2月25日

我亲爱的哥哥：

妈妈、爸爸和我已经在巴黎重聚了，而我急着给你写这封信是希望你过来看我。我原本是要去找你的，但爸爸不想让大家浪费太多时间，所以我就直接去学校了，或者说，我是在3月1日第一次进入了路易大帝中学。要是你不能到大学街36号部长旅社来看我，那你就来路易大帝中学吧。

我在上一封信里之所以没通知你我们出发的时间，是因为我当时还不知道。妈妈告诉我说我们将在复活节出发。这是妈妈使的一个小花招，好让我学习到最后一刻。她担心我要是知道出发的日子这么近，我就什么都不做了，所以她临到出发前两天才告诉我。我想，你会关心你小弟弟的学习的吧；那我就给你说说我要去的那个班级，也说说害怕看到自己排到班级后头，也就是我们说的"扫尾巴"。今年我在里昂上的是高一。但在巴黎数学课早一年开始，也就是初二就要学里昂在初三学的内容，初三就要学在里昂高一学的内容，所以我进的是路易大帝中学的初三，尽管这样，我还是很害怕赶不上。我可能还会遇到一些偏见，来自老师的比来自学生的更可怕，要是我说我是从里昂来的，他们就更会瞧不起我。泰奥多尔呢，他应该马上就到上中学的年龄了，我将发现他有很大变化，可能身体壮壮的吧，此外我还希望见到阿尔封斯先生、我姐姐、杜赛索瓦先生和夫人，总之见到大家。

就此作别，我亲爱的哥哥，或者说再见，因为我盼着不久以后就能见到你。

CH. 波德莱尔

致欧皮克夫人

[1836—1837学年？夏尔向母亲要诺埃尔编写的《拉丁语文学教程》。见波德莱尔1837年11月21日致欧皮克夫人信。]

致欧皮克夫人

[巴黎? 1837年?]

妈妈：

我有一个悲伤的消息告诉你；我被罚星期天留校啦，为了一件蠢事，就是在素描课上竟敢用鹅毛笔画素描。这太狠了，不是么？但说真的，我想到马上就要写信告诉你这件事情，就是怕你派约瑟夫来找我。我想，就为这么一点儿小事，你是会原谅我的。排名刚刚出来了，我是第七名。再见。我很抱歉。好好代我拥抱爸爸；你看看是否愿意让我在周四或下个周日离校；你更喜欢哪天？

夏尔

致欧皮克夫人

[巴黎，1837年] 3月22日

妈妈：

我英语得了第五名，法语翻希腊语得了第十七名。这两个排名让我错失了这两科的奖；明天是八点钟离校，弗朗索瓦是后天来。我担心由于天气，由于这场雪，爸爸的老毛病犯得更重了。要是这种天气继续下去，那就不会去游览凡尔赛了。在复活节假期中，我每天早晨吃早饭前都要学一会儿历史；我对这门课的考核很有信心，但不算在得奖范围内。

麻烦你在我的房间里放一个水罐和一只面盆，如果有的话就再放一小块肥皂；这样我在一大早起床的时候，就不会下楼洗漱吵醒你。

就算天气好的时候，对于身体勉强对付的爸爸来说，游览凡尔赛还是太累人了。要是碰巧回来他病倒了，那可就不好了。就算我们想要去，也必须推迟到假期的最后几天，以保证他有足够的力气。

CH. 波德莱尔

致欧皮克夫人

[巴黎，1837 年 4 月 23 日]

我的好母亲：

我想知道爸爸的一些消息，他是否很难受，是否要马上给他做伤口手术，他是否很烦闷，他是否跟你说起我，把你能告诉我的都告诉我吧。我星期天晚上离家的时候，他开始感到疼痛，不知后来怎么样了；现在是肖盖先生在给他治病吧；因为你给我说过，他特别愿意让他来治疗。我现在也必须问问你的消息；我走的时候你牙疼，我怕你一晚上都没睡好。我想知道你是不是不停地去看牙医，可能真是这样的；总之我想知道这一切。你写信告诉我这些吧，或者你差遣约瑟夫来学校吧；如果可能的话，让他同时给我带两本书来（诺埃尔的两册《文学课程》。在第二层架子上）。你是否愿意用纸或缝制的布包把两本书都包得好好的？也可能你根本就没有时间；因为首先要照顾爸爸；既然他在身体健康的时候没少让我们开心，那在他生病的时候我们就应该多照顾他一些。最近我感到很羞愧，让他听到我放肆地回你的话；我也要向你表达我的歉意。如果你愿意知道我为什么要求重修文学课，这就是原因：我知道我今年在诗歌方面比去年糟糕许多；我一直提不起劲头；老实说，我在这个科目上没学到太多东西。我的老师每次都对我喋喋不休地说教。连校长都跟我谈起过。我的老师甚至还以他的那种风格对我说："一定要在拉丁诗歌上狠下功夫；不然你就打断了通往未来之路。"这让我觉得可笑。最后，想到离统考的时间已经不多了，我又重新埋头学习，结果他对我写的几首诗很是满意；当然，这更多是为了他而不是为了我自己，因为我注意到要是我有几行诗写得不好，他就很不高兴，而要是我对希腊语或任何其他什么东西不上心，他却基本上不给我指出来。除了学校派给我们的几位辅导老师，还有一位老校友，他过去成绩挺好的，现在好像是罗斯柴尔德先生的孩子们的家庭教师，他向校长建议给我们上一些特别针对诗歌的辅导课。这位年轻人今天上午还问我他的辅导课是否让我开心。这让我很吃惊。我当然回答是的。他接着跟我聊了一会儿，跟我谈了统考，还对我提议说把他藏书中我愿意看的而且跟我的学习有关的书借给我；只不过他不会借给我小说和诸如此类的东西，因为他自己是这么跟我说的。我表示了万分感谢。由于这可能只不过是一个出于礼貌的提议，而实际上他并不见得真的很在乎，所以我会避免去借他的书。好啦，就写到这里吧。我不知道会怎么样；我会一直下苦功的。我拥抱你，拥抱你和爸爸。

要是这种坏天气一直持续，那可就惨了，这会让约瑟夫仅仅为了我的事跑一趟学校。要不就让他给我带来一些你们的消息。

夏尔

致欧皮克夫人

［巴黎，1837 年（5 月？）12 日］

妈妈：

昨天，我们这帮去上夜读的伙伴都要求不再去了；统考临近了却不再愿意去上夜读，校长对此很生气，剥夺了我们离校的机会，直到有新的指令。这对我来说是一个好好做事的新理由，如果可能的话，在一切方面都好好做，以避免跟校长之间发生任何不愉快；因为他对我们的这种请求很愤怒。他大发雷霆，怒斥说这个该死的班从初一开始就惨不忍睹，从来没有在统考中为他争过光。总之我们可能要等上好长一段时间才会被允许离校。我还没有对格罗先生讲这件事。说到我的这位老师，他对我很满意。我历史得了第七名，英语得了第二名。

马索尼 ① 先生跟我说他最近看望了爸爸，说他夜里失眠。我求你啦，写信告诉我他的情况。告诉我他是否没那么难受了，是否要做伤口手术啊？代我拥抱他。现在这么一搞，瞧，我也没办法去看他，还不知道要等到何时，就怪这位皮耶罗先生 ②，他就是想不通，怎么会有人愿意多睡一个小时，而不是去考虑在统考中给他多带来几个奖。再见，我将要一门心

---

① 马索尼（Charles-Antoine-Octave-Élysée Massoni，1788—1869），波德莱尔的继父欧皮克在部队的同事。
② 皮耶罗（Pierrot），路易大帝中学校长。

思投入到学习中去，努力忘记自己被剥夺了离校的机会。

　　我目前在课后读英文版的《简单故事》①。再见，代我拥抱爸爸。祝他身体好起来！

夏尔

致欧皮克夫人

[巴黎，1837 年 7 月 7 日星期五或 8 日星期六]

　　我的天，妈妈，我很抱歉：我那些要跟你和爸爸好好欢聚的计划全都泡汤了；我明天不能离校；我由于没做化学作业而被剥夺了离校的机会。最让人恼火的是，过了明天，我的离校许可就不再管用了。这样一来，我的诗歌第一名的排名也就没用了，就跟希腊语翻法语第一名的排名一样。我失去了一个，又耽搁了另一个。我明天不能离校。我昨天为准备奖项做的一个测评又很糟糕。看样子统考的时候也会做得同样糟糕。我见不到你了，因而高兴不起来，心里烦透了。

　　爸爸已经做好了部分安排，他对我明天不能离校会很不高兴的。我不知道要怎么弥补。我要在假期里做什么呢？我要在明年做什么呢？这个修辞班让我感到害怕，我似乎永远不知道如何自拔。下周六，我将为统考做最后的努力，争取在统考中至少获得点什么，因为我看到我在学校这边已经没有什么可指望的了。

夏尔

　　如果你过来，别忘了带点儿钱；我有需要。

　　明天只有七点半那次课间休息。

　　如果你想来看我，要避免星期一中午十二点半来。我人不在。

---

① 《简单故事》(*Simple Story*) 是英国作家伊丽莎白·英奇博尔德 (Elizabeth Inchbald，1753—1821) 的小说，1791 年出版。

致欧皮克夫人

[巴黎，1837 年 7 月 30 日（？）星期日]

瞧，我又找到你的信了。我们的排名还没出来，不知道为什么。我要参加英语测评。我总是得不到任何消息；我昨天原本要待到十点钟的。总是有两个地方放烟火；另一处是鲁尔街区。你知道我想买一本书；我花了 14 个苏买了两本；真不错；《感伤的旅行》① 和《秘鲁人信札》②。你会看到的。如果你有时间回复我，就告诉我一些关于爸爸的情况，关于这次新手术，关于他夜里的睡眠情况。

我紧紧拥抱你。

夏尔

致欧皮克夫人

[巴黎，1837 年 8 月 15 日左右]

妈妈，别忘了来把一些书拿走，赶快来；你会感到高兴的，我在统考中得了诗歌二等奖，因此也就跟校长和学监和解了。把这个消息告诉爸爸并且拥抱他。

夏尔

致阿尔封斯·波德莱尔

[巴黎，1837 年] 11 月 2 日星期四

我的哥哥：

我发现你一直记恨我，因为你没有给我写信说你已经原谅我了，因为

---

① 《感伤的旅行》(*Voyage sentimental*) 是英国作家劳伦斯·斯特恩（Laurence Sterne，1713—1768）的作品。

② 《秘鲁人信札》(*Lettres péruviennes*) 是法国作家德·格拉芙尼夫人（Mme de Graffigny，1695—1758）的作品。

我没有见到你，你可能已经来过巴黎而我却没有见到你。这让我很难过。当孩子做蠢事时，大人斥责他们，这是对的，但大人并不会一直对他们怀恨在心，年纪大的记恨年纪小的，这并不合适。

我犯的唯一的错误，或者说全部的错误，都是由无休止的懒惰引起的，这种懒惰让我把什么事都推到第二天，甚至给我最爱的人写信也是如此。每当要把自己的想法诉诸纸上，我便感到困难得很，而这种困难几乎是不可克服的；在学校，我厌烦死了誊写自己的作业。我真的不知道那些在自己的位置上要写很多信的人究竟是怎么做到的。当有人没把获奖的事情告诉哥哥而惹他生气，要知道他是出于爱才生气的，而要安抚他，那个人就会一封接一封地写信想得到他的原谅；而如果下面这则消息可以让他变得宽容，那我们就告诉他说，我们进入修辞班的第一次排名是第一名。啊！你还准备斥责我吗？如果是的，那就证明你更爱我了；就因为爱我，你才会这么做。我费了好大劲才给你写得工整一点儿；因为我在床上，每个姿势都累人得很，无论我换什么姿势，都只能写出苍蝇腿一样潦草的字。我待在床上，是因为我是一个身体不灵活的人。我跟爸爸去铁路边溜达的时候从马上摔下来了，膝盖严重挫伤。摔下来后几分钟我又上马了，我们又溜达了三个小时，没感到任何疼痛。但回到家后，脚一落地，我就发现有一条腿直不起来了。瞧，我现在下不了床了，也就是说过着半残的生活，羡慕着那些我能看见的行走在路上的人。我这样会落下一些课程，妈妈很痛心；我自己也担心会错过星期二的测评。话说回来，这次该死的意外并没有减弱我对骑马的热爱，我渴望着重新开始，并且告诉那些劝我不要再去摔一次的人说，我尽量至少摔在身体的另外一个部位上。

我很期盼你给我画一张你的新单位、你的新家的画；你高兴么？住得好么？你玩得很开心么？卧床不起的人总是很羡慕那些玩得开心的人。但愿你不要卧床不起，但愿你身体棒棒的，但愿你看到自己身边的每一个人都身体健康，包括我姐姐，包括泰奥多尔。跟我什么都说说，我什么都想知道；你的那些责备让我深感不安；我必须静下心来；既然你这么好，这么关心我的每一次成功，那我回答你说，现在如果我获得了什么成功，只要有可能，你都会提前得知的。再见，爸爸和妈妈祝你在新岗位上工作愉快，他们还问你是不是很忙。

你的弟弟

夏尔

致欧皮克夫人

[巴黎，1837 年 11 月 6 日星期一]

妈妈：

我给你写信是想告诉你一切都好。我这会儿没什么要做的，那就给你讲讲我离开你以后的那些事情。当我跟学监一道刚回到学校，我碰巧摘掉了帽子，当即就有一位秘书说道：请注意这位最不礼貌的家伙，他就是以前没有好好接待你的那位。他于是说："学监先生，你这下子好像传染上了波德莱尔先生的感冒。你现在到了这里，他就摘下了帽子；刚才我一个人在的时候，他可是一直都戴着的。"学监笑着看看我，这表示他并不想因为这个来责备我。而我呢，我也不屑于搭理这个家伙；我窝在椅子里看了他一眼，仿佛在对他说，他要再说下去就太无礼了。

学监不敢自作主张处理这些事情，不敢擅自把我彻底安排到医务室去；但不久后校长批准了这一切；他好心好意地给我讲到全班同学，讲到我跟同学相处的办法；这样一来我就要换衣服并且搬家。进到生活区的时候，同学们看到我一瘸一拐的显得很是吃惊。我还差点在黑黢黢的过道里摔一跤。随后我用袋子装了在医务室要用的盥洗用品和要读的书。有几位同学看见我把书都拿走了，还以为我退学了。你看，我有多狼狈吧？怀里抱着三十来本书，在医务室和生活区之间有一大段路要走，上楼梯下楼梯，还不要说在做这些的时候东西又重，腿又瘸；要不是偶然遇到校长的一个仆人帮我拿书，我真不知道该怎么办。我现在的生活是这样的：我高兴什么时候起床就什么时候起床，我白天只是在去两趟教室时才走走路，我会完成所有的作业。虽然我在用肖盖先生的搽剂，但还是要跟学校的外科医生聊聊。你给了我一块手帕：如果你来拿的话，或者你来看我的时候，不要到医务室来找我，因为那样的话你就必须穿过院子，那些疯跑的同学有可能不经意就把你撞倒在地；那就要命了。我求你啦，让我来接待室，你不要来医务室；跟门房说明这一点，让人到医务室来找我，要把这点跟他讲清楚；不然的话，他有可能不派人来找我，或者去我原先的生活区。你星期天派人来看我的时候，一定要告诉约瑟夫，如果他想要我出来，就不要忘了说应该去医务室叫我。千万记住了。再见；我向你和爸爸保证我会好好学习的。

夏尔

我明天上午要写拉丁语议论文。

致欧皮克夫人

［巴黎，1837 年 11 月 7 日］

妈妈：

我昨天晚上写信告诉过你一些很妙的事情。但事情完全变了。今天上午我被阻止起床，要等外科医生过来。他终于过来了；我原本希望这是为了解救我；结果完全不是。校医和他都认为，让我回到学校真是荒唐；还说我的状况糟糕得很，必须禁止我去教室和学习。我唯一得到的就是参加了今天的测评；但是瞧我一直待在床上，天晓得要到什么时候。这两个老傻瓜认为我的膝盖有积水，因此要用浸了矿泉水的纱布外敷；我呢，我知道什么！瞧我又卧床了，蹲监狱了，真是多亏了这两个刽子手，我真想拧断他们的脖子。从我的小牢房望出去，我看到蓝色的天空，还有太阳的光线。唉！这些都被剥夺了；还得要继续厌烦、萎靡、浪费时间；而这一切都是因为有人看到了积水，而我可能根本就没有。肖盖先生就没有看到所谓的积水。事实上，医生总是认为自己说得对！我求你啦，来看看我吧，你愿意什么时候来都可以；但要避开中午十二点半，以免不得不穿过院子，否则你可能会被撞翻。你可以来医务室找我，因为我在卧床呐。你想象一下，我刚刚得知说，尽管我有所谓的积水，但医生没有为我推荐任何治疗措施；我这样还会恢复得更好一点；再见；可怜可怜我吧。

夏尔

致欧皮克夫人

[巴黎，1837 年 11 月 21 日] 星期二晚
今天上午没有进行测评。

我的好母亲：

　　我的诗歌得了第三名。除了这件事，我给你写信是为了向你请求一件我不敢开口的事情；说来说去，是这么回事：我想要点儿钱，买一本历史书。我又开始进行钻研了。学监让我去读埃诺庭长的《历史》①。有一位"大姐"是热心肠，到旧书商那里为我找到了这本书。她给我带来了。五卷漂亮的二手书，7 法郎。人家明天来问答复，想知道我要还是不要，如果我不想要，就把这些书带回去。我可怜的母亲，我真怕让你为难；瞧，你是当家的。如果你拒绝我的话，我是没有权利有一丁点儿意见的。但我承认，人家费了那么多劲才为我找到这些书，而要把这些书还回去，我会感到很难为情。再说书很漂亮，也有用。如果还要说点儿什么对我有利的，那我就跟你提一件事：去年我给你写信要了诺埃尔的《拉丁语文学教程》；你出钱了。可不，我坚信我在诗歌上的获奖要归功于诺埃尔。我不想说埃诺的《法国历史》将会让我成为历史方面的优秀学生，一点也不；但我有可能会把对法国历史的了解归功于你的 7 个法郎。你看，你要是同意的话，就过来吧，而如果你卧病不起，那就派约瑟夫带钱过来，或者，写信告诉我让我把书退回去。我很抱歉向你要这么多钱，但我永远都不会为了一些没有价值的东西向你要钱的；我再也不去外面买糕点了；老实说，我待在医务室里不需要零用钱，除非是为了买纸；那我还是向你要点儿；你也要把这本书的钱从我的零用钱里扣出来。

　　请把我的排名告诉爸爸，尽管这并不是什么了不起的成绩。

夏尔

---

① 　该书全名是《新编法国编年史纲要》（*Nouvel Abrégé chronologique de l'histoire de France*）。其作者埃诺（Charles Jean François Hénault，1685—1770）是法国 18 世纪作家、历史学家，因其担任过调查庭庭长，故习惯上被称为"埃诺庭长"。

致欧皮克夫人

［巴黎，1837 年 12 月 5 日］

我的好母亲：

今天上午，我没有时间跟你好好谈谈。你可能对我接待你的生硬方式感到生气，你那么好，专门过来陪我，我请你原谅；而为了得到你的原谅，我有绝招；我的拉丁语翻法语得了第二名。今天上午我参加了希腊语翻法语的测评。我把自己写的给学监看了；写得乱七八糟。我甚至连第四名都得不到，我会丢死人的。

我作业都做完了，里恩先生 ① 要星期四晚上才来。所以我求你寄给我《死囚的最后那些日子》②；求你为我租借一下。我会在星期四晚上之前读完。你可以在星期五上午过来拿回去。如果有多卷，请一次都寄给我。今天是星期二，约瑟夫可以在明天上午把书带给我。对不起，我为了自己高兴来烦扰你。这是你的错；你心太好了，让我养成了向你提很多要求的习惯。可爱吧，我的外语翻法语得了第二名。好好感谢爸爸，他来看了我，他的来访让我无比开心；他是来得不多；但物以稀为贵。我很爱他，这位父亲；不要忘了告诉他我的排名。

我的腿好多了。

再见！

夏尔

致欧皮克夫人

［巴黎，1837 年 12 月 16 日］

我的好母亲：

太令人高兴啦！对于你，也对于我。我星期一上午回班上去。医生跟

---

① 里恩（Jacob-Wilhelm Rinn，1797—1855），刚到路易大帝中学任教的修辞学老师。

② 法国 19 世纪作家维克多·雨果的作品。波德莱尔把书名写成了 *Les Derniers Jours d'un condamné*（《死囚的最后那些日子》），也就是把原本单数的"Jour"写成了复数的"Jours"，而该书名的正确写法应该是 *Le Dernier Jour d'un condamné*，一般译为《死刑犯的最后一天》。

我说了。终于幸福了！我即将离开我的牢房。校长跟我说，在散步和课间休息的时候，我可以回医务室，别把自己累着了；我还要继续缠一根绷带。我求你了，如果可能的话，你明天七点半过来；你把我带走，让我在学校外面过一个星期天。你直接来医务室；我先穿衣服，然后在出发前我把我的书全部搬到教室去：啊！我向你保证，我需要一整天见到你，见到爸爸；我需要重归生活。我幸福、高兴，简直要疯了。我会在明天晚上带着父母家的气息又回到教室，重新投入到学习中。

别忘了带上要给医务室那位小伙子的钱。

再见，爱你，愿你和爸爸为这些好消息感到高兴。

夏尔

致欧皮克夫人

[巴黎，1838 年 1 月]

我的好母亲：

既然你今天没来学校，我估计是你病了，或者是理发师或其他什么事情让你来不了。所以我给你写信，让你明天派人在平常的时候来接我。我担心这封信不能准时到达，因为我写得太晚了，一直等着你亲自来的时候通知你放学离校的事情。

我腿上的情况跟天气变化有关；雾天的时候，腿上无力；今天我脚上有种奇怪的麻木感。不过腿上的情况还是好多了。我希望爸爸也同样好起来。再见，我的好母亲；请代我向他诉说许多温情。我哥哥给我回信了吗？

夏尔

致欧皮克夫人

[巴黎，1838 年 2 月？]

胜利啦！我明天要离校；我由于素描得了第一名，学校给了我一次特许机会，并且把我升到了第一组，这一组是根据雕塑画人体。我希望这会让你开心，你对画画儿那么感兴趣。有一件事情很奇怪，就是有些时候我的腿仍然发痛。有好多话要对爸爸说。

夏尔

致阿尔封斯·波德莱尔

［巴黎，1838 年 3 月 5 日］

我的哥哥：

由于不再听到谈起你，我担心你生病了，或是你家里谁生病了；所以我给你写信强迫你回答我。你真的这么忙吗？都不能寄几句话给我？必须要给你谈我在学校做的事情才会让你给我写信吗？那好，我法语议论文得了第一名。你高兴吗？但是，当我看到离开学校走进生活的那一刻越来越近，我就越发感到害怕；因为那样就必须去工作，严肃认真地做事，这让人想起来都害怕。

妈妈告诉我说，你那里有相当数量的我们父亲以前写的诗稿。麻烦你给我寄几首，可能的话就全部寄给我；我非常好奇，想要读一读；能读到它们将是快事一桩。

我希望泰奥多尔身体棒棒的，尽管你什么都不会说；妈妈和爸爸有好多话要对你说。再见，有时间的话请给我回信。

夏尔

致欧皮克夫人

［巴黎，1838 年 5 月下半月］

我星期天不能离校；杜罗佐瓦先生 ① 罚我留校了；由于我不喜欢央求

---

① 杜罗佐瓦（Durozoir），波德莱尔的历史课老师。

老师，就一句话也没说，听任自己的命运。我不知道星期四是不是不能离校，因为既然你马上就要走了 ①，我应该更经常地见到你，好好利用最后的这些时刻；你也因此可以过来看我，给我一些安慰；没有什么比这个更让我开心的啦。

夏尔

致欧皮克夫人

［巴黎，1838 年 5 月 24 日］

我被罚在接到新指令之前每天中午十二点半至一点半不得离开教室。这是一次总体惩罚，因为我们在背后说了一位老师的坏话。不过也有可能不久就会豁免我们的。我赶紧写信告诉你，就是怕你或爸爸在这个钟点来看我。

我求你啦，别忘了蓝色衬裤，在第一个房间的小衣橱里。

处罚解除后我会马上告诉你的。

C.波德莱尔

致欧皮克夫人

［巴黎，约 1838 年 6 月 10 日］

第一封

我的好母亲，我刚刚收到你的信；你可知道，我有多么高兴，听到你对我说你一直想着我；说你一直把我挂在心上；说我必须要好好学习，必须要做一个优秀的人！你把这叫作老调重弹的啰嗦话；我听你说过要是老

---

① 欧皮克夫人将要陪丈夫前往巴雷日（Barèges）疗养。

重复同样的话是会招人烦的。嗨，绝不是的！读你的这些忠告是我感受到的最大快乐。这是否可能是因为我有好一阵子没听到你说这些了，让我觉得这些话声声入耳，就像是新说的一样？或者是否可能是因为母亲们在她们一次次语重心长的唠叨中太有才了，总能每次都提出同样的想法，而又用一种新的话风让老生常谈显得新鲜？这可能显得像一句玩笑话。但说到底，为什么不可能是这样呢？——你想知道我的排名。我有一个坏消息要告诉你；我的拉丁语翻法语排第十四名。原文选自一位极其晦涩、极其蹩脚的作者。里恩先生像是要安慰我，他笑着对我说，读不懂这些作家几乎算是一件值得骄傲的事情，因为他们实在太荒唐了。他一直都是个谦谦君子，待人宽厚。看把我高兴的，我庆幸终于遇到了一位自己喜欢的老师。最近，他受不了我在课堂上老是交头接耳，就惩罚了我，下课时他跟我说：波德莱尔，你会很不高兴我吧，我今天发现你作业做得很糟糕，所以罚你留下来。我回答他说，当他出于善意惩罚我的时候，我呢，我是不会生气的。他又对我说：我向你保证，惩罚朋友是为他好。于是我又回答他说：有你这句话，惩罚也就不难受了。——在老师中，我只有对里恩先生说这些话才不会脸红。要是遇到别的老师，我会羞于说出这么贱的奉承话；但对自己喜欢的人，从来没有谁会羞于把心里所想的说出来。无论你怎么说，也是出于这样的原因，从来没有谁害怕在接待室当着众人的面拥抱自己的母亲。

我的生活是这样的：我读允许我从图书馆拿回来的书，我埋头学习，我写一些诗，但现在还写得不好。尽管做这些事时我还是感到心烦。主要的原因就是我见不到你了。还包括其他一些原因。我们在学校里的交谈废话连篇、无聊透顶；我因此时不时离开我那帮结成哥们儿的同学，有时候一个人去溜达，有时候试着去到另外一帮同学中进行另外一些交谈；这样的经常缺席让我那帮哥们儿很不舒服，为了不过多地得罪他们，我又回到他们中间；但大家谈的一直都只是一些闲话；我更喜欢在家的时候我们那种长长的宁静时光，六点到九点，你在干活，爸爸在阅读。

我脑海里所想的大主题之一，就是假期里要做的那些事情，爸爸答应过我的一切，英语、远足、骑马、锻炼，这一切在我脑子里转来转去；我还打算读书，等等，等等。

此外我还常常想到统考；而我知道你很看重这个，这让我心里有些害怕。我感到自己这么弱，相信什么都得不到，只会两眼泪汪汪。我因此早早就忧心忡忡。请告诉爸爸，我们最近在接待室的那次交谈让我无比开心。我在假期里一定会好好爱他的，因为我每天都会是这样的。

夏尔

阿布朗泰斯夫人^① 刚刚去世了。大仲马和雨果二位先生出席了葬礼。雨果先生致了辞。报纸上是这么说的。就算待在学校里，我也能知道外面的每一个消息。

致欧皮克夫人

［巴黎］［1838 年 6 月 19 日？］星期二

第二封

我的好母亲：

我跟你说过，你那些啰嗦话，什么"好好学习"啦，什么"好好表现"啦，永远不会惹我烦的，因为我现在喜欢来自你的一切，就连责备也是。每当你对我说"好好学习，好好表现，做个优秀的人"，就算啰嗦一百次，这也仿佛是一百次对我说：我很爱你；就这么说吧，一直说下去；不过呢，也把你们去的那些地方为我描述一下，我一直期待着多多读到。

埃蒙先生^② 来看过我两次，他对你们选择的路线感到意外，说你们是在路上浪费时间；当听说你们经过了克莱尔蒙，他惊讶万分，他要问你们，是不是改变了最初选定的路线。——埃蒙先生真是个大好人；他每周来两次，星期二和星期五，这大概会让你感到惭愧；他的每次来访都让人愉快，不过我们只谈论科学，谈论一些重要的事情，因为跟他在一起的时

---

① 阿布朗泰斯夫人（Mme Abrantès，1784—1838），拿破仑的副官于诺将军的遗孀，巴黎社交名媛兼日记作者。

② 让-路易·埃蒙（Jean-Louis Émon，1790—1880），欧皮克先生的终身好友，后来还在欧皮克去世后获得过其部分遗产。

候，我不能像跟你或是跟爸爸在一起那样想说什么就说什么。此外我做得不错；我就像一条忠犬，不讨好陌生人，一心守护着不在跟前的亲人们留下的珍贵抚爱。最近，埃蒙先生和我一起讨论磁力说；他这个人其实并不相信这一套；跟你说说这个话题是怎么来的：我散步的时候经常跟一位同学交谈，这位同学只关心科学，什么地质学、古代文化、化学、植物学。他认识许多医生和有名的学者，如德弗朗斯、布隆尼亚尔、热奥夫洛瓦·圣-依拉尔诸先生，以及杜梅利尔医生；可能是他的父母或一些关心科学的朋友让他认识了这些先生。不过最近呢，我们的谈论话题落在了动物磁力说 ① 上。由于我在这方面一无所知，而他比我了解得多点儿，我就借此机会让他给我讲了一些。但到末了全都是一些异乎寻常、不可思议的故事，连我都不会再讲给你听，你肯定会一笑置之的；我呢，虽然非常喜欢神奇的东西，但我并不相信，真的，但我不会去嘲笑的。这位学生告诉我说，有几位医学院的医生相信磁力说，甚至认识得很深，而他们以前曾因为担心这门科学传开后会引起危险和事故而否定其功能和效果。最后，为了对这个问题有一个可靠的看法，我便向埃蒙先生请教，但他一点不信这一套，只承认纯粹自然的效果，完全不相信能唤起内心的感受：于是我对自己说，这还是一门科学，必须等毕业后再去了解一些基本概念。

奥利维耶夫人来看我了；她对我友爱有加、体贴入微、关怀备至；我还从来没发现她这么好。她还在服丧；他可怜的父亲刚去世不久，是在雷雨大作时中风突然走的；医生们说雷雨对他的死有一定影响。

我们今天上午进行法语议论文的测评；我对自己外语翻法语的糟糕成绩非常生气，我会全力以赴狠下苦功的；至少，就算这次考砸了，我也不会有什么可以自责的。

有好多话要对爸爸说。告诉他我一直想着假期中的快乐和学习。你们呢，尽可能多地去看看那些美丽的地方，好讲给我听。

夏尔

---

① 动物磁力说（le magnétisme animal），亦译动物磁性论，由奥地利精神科医师弗朗兹·安东·麦斯麦（Franz Anton Mesmer，1734—1815）创立。麦斯麦认为，人身体内有一种磁气，即动物磁液，动物磁液可由人的意识来支配，可以从身体的某个部分转移到另一部分，也可以通过磁力感应作用对他人的身心产生影响。

致欧皮克夫人

[巴黎，1838 年 6 月 27 日]

第三封

我的好母亲：

　　我急不可耐地在等你的信；我觉得好久都没收到过了。我的日子一天天过去，过得悲摧得很。我感觉年底就要来了，这让我有些害怕，因为有统考，我想，不要在这上面对我抱有什么期待。我感觉现实生活就要来了，这更让我害怕。所有那些为了在世界上谋得一个虚妄的位置而必须掌握的知识和必须进行的活动，这一切都令我恐惧。但话说回来，我来到这个世界就是为了好好生活，我会尽全力的；此外我觉得，在这种必须对知识的掌握中，在这种跟他人的搏斗中，在这种困难本身，应当是有某种快乐的。

　　我们今天进行了法语议论文和拉丁语议论文的测评；往后只会为了有奖竞赛才会进行拉丁语议论文的测评。我们的排名总是被推迟。

　　贾科托夫人给我写了一封信，她想知道你的消息，还问我是不是可以上她家住一天；为避免出去，也为了给她一个完美的托词，我想到说直到年底前我都被剥夺了离校的机会。

　　我求你啦，给我写信，给我讲讲你看到的，尤其是告诉我一些爸爸的消息；既然你们可能已经到了巴雷日 ①，我好想经常得到消息，追踪他的恢复情况，就像我在你们身边一样。

　　我一直想着假期，主要不是为了玩得高兴，而是为了给自己规定的学习；我想把日子占得满满的；而实际上，我要是能够按部就班地实施我自己决心要做的事情，我想我的时间会不够用的。当我谈到诸如此类的计划时，我知道你会说什么；但你也知道，我的勇气多么可嘉，甚至在迫不得已的时候多么雷厉风行；是呀，生活中的迫不得已马上就要来了！那谁知

---

①　巴雷日（Barèges）是位于法国西南部上比利牛斯省的一个村镇，以温泉著称。

道我是不是就不会一下子永远改变呢，就像有时候我为了学校的作业而突然改变一样？又有谁知道这种迫不得已会给我带来怎样的记忆力和行动力？不过另外一种东西让我感到害怕。当我开始意识到我对你的恩德亏欠那么多，我看除了领略自尊和取得成功，没有其他方法能报答你。但是，我可怜的母亲，要是我天资不够而不能让你满意，要是我精神太过愚钝而不能满足你的期望，那你就至死也等不到我对你付出的辛劳困苦所做的微薄报偿了；我向你保证，我是真心诚意地在说这些；因为说到学校里的那几项成功，我知道是怎么获得的，我把那些看成是很无用也很无意义的东西，我基本上看不出它们可以证明我的精神有多高明。总之我会好好学习的。替我好好拥抱爸爸，给我一些他的消息。告诉我是不是必须在每封寄给你的信上都要写上：我请哥本哈根先生寄出，等等，或者就只是一个信封。

夏尔

直到现在，我在地址栏只是简单地给哥本哈根先生写了"要寄给欧皮克夫人"，但没有告诉他那些信是我写的，我担心他没有把信寄给你。

致欧皮克夫人

［巴黎，1838 年 7 月 2 日］

第四封

我的好上加好的母亲，你再也没给我写信。我焦虑得要死，我比什么时候都更爱你，我比任何时候都更想暑假，我尤其害怕那些统考科目。我发觉当亲人不在身边的时候，大家就愈加意识到他们的价值。于是就产生了空虚感，而且这种感觉越来越强烈；埃蒙先生的确会来看我；但我能跟他谈论的话题都快要用尽了，那还跟他说什么好呢？说说你吧，在我们之间，你呢，只会说要好好学习，我呢，只会说有多么爱你，我们相互爱着对方。你什么也没有写给我；我想知道爸爸的一些消息。替我好好拥抱他。我的好母亲，你可知道我多么想要你陪伴我，多么想让你幸福直到最后一刻。我请你原谅只写了这些；因为那些作业已经火烧眉毛，真把我烦死了。

夏尔

致欧皮克上校

[巴黎，1838 年 7 月 17 日]

爸爸：

我请你原谅没有早点儿给你回信；我想把有些排名告诉你。这些都是一次发下来的。我的法语议论文排第六，拉丁语议论文排第四，拉丁语诗歌排第一。现在学校要做的是为有奖竞赛做测评，我们成天到处溜达；没有作业。这回迎来的是一段悠闲的时光，它将持续到年底；我呢，我坚持阅读。我一点也不去想测评的事情，我一点都不担心，只是等那天来了，我会用上全部的功夫。只有统考让我害怕；我看妈妈对我期望很高，想看到我在统考中获得奖项，倘若我做不到，她是不会原谅我的；但没有谁敢肯定任何事情；总之在这件事情上，我会全力以赴的，就跟平时在学校上课一样。

几天前，全校同学和所有老师以及住在学校旁边一所公寓里的走读生都去了凡尔赛。国王依次邀请所有的王家学校师生前去参观。综合理工学校在我们之前就已经去过了。我们逛了每一个厅，还有小教堂；我们在一个空间不高的厅里用了餐。然后国王来了；大家跟着他又游览起来；到最后，他让我们进入剧场，剧场设有布景。他说他感到遗憾，不能让我们看一场表演，给这一天一个完美的结局；他还感谢我们对他的欢迎。跟他在一起的有奥马勒公爵 ①、萨尔旺迪 ② 先生和一些随从。我们开始返回；一路上到处都有行人驻足观看那上百辆租用车鱼贯而过。

---

① 奥马勒公爵 (le duc d'Aumale)，即亨利·德·奥尔良 (Henri d'Orléans，1822—1897)，国王路易-菲利普之子，时年 16 岁。

② 萨尔旺迪，即萨尔旺迪伯爵 (le comte de Salvandy，1795—1856)，时任国民教育大臣。

　　我不知道我是否说得对，我对绘画实在是一窍不通，但我还是觉得好画寥寥无几；我可能说的是蠢话，但除了贺拉斯·韦尔内 ① 的几幅，除了舍弗尔 ② 的两三幅，除了德拉克洛瓦 ③ 的《塔耶堡之战》，我什么也想不起来了，还要除去勒尼奥 ④ 的一幅，表现的是什么约瑟夫皇帝的婚礼 ⑤；但这幅画完全是以另外一种方式而与众不同的。帝国时期的那些绘画，就算画得很好的，也常常显得那么循规蹈矩、那么冷冰冰的；里面的人物常常直愣愣地立在那里，就活像一些树或歌剧里的配角一样。我这样评论深受大家称赞的帝国时期的绘画可能显得很可笑；但我只是在谈自己的感受：会不会是因为读了把德拉克洛瓦捧得很高的《新闻报》的结果呢？

　　第二天，在一份报纸上，就是《滑稽画报》，有人说我们在用餐后又美美地吃了一顿"加餐"。

　　我的表哥勒瓦扬来看我，给了我他的地址，但我忘记了。德·维泰恩先生 ⑥ 也来惠访过。莫兰先生 ⑦ 有天上午也来过。他告诉我说，他曾问过你是否可以带我出去，但你担心这种优惠待遇会让其他人感到不舒服，于是拒绝了他；但他仍然对我说，要是我遇到了什么非做不可的事，他会在通知你的前提下乐于带我出去，绝不会让你的朋友们知道一丁点儿；我对这个提议太开心了，原因如下：我经常要去跟我的老师里恩先生摆谈，谈我读的书，谈文学上的一些观念，谈拉丁作家，谈今天要做的事情，谈在人生中必须做的事情，等等。他看我十分喜爱现代作家，就跟我说，要是哪天他能够跟我一起详详细细地分析一部现代作品，让我感受其中的优劣

---

① 贺拉斯·韦尔内（Horace Vernet，1789—1863），法国画家。

② 有两位荷兰裔法国画家都叫舍弗尔，系两兄弟，都擅长历史题材绘画，一位是阿里·舍弗尔（Ary Scheffer，1795—1858），另一位是亨利·舍弗尔（Henri Scheffer，1798—1862）。不能判断信中究竟指谁。

③ 德拉克洛瓦（Eugène Delacroix，1798—1863），法国画家，其《塔耶堡之战》（*Bataille de Taillebourg*）是专为凡尔赛宫战争画廊绘制的，完成于 1837 年。

④ 让-巴蒂斯特·勒尼奥（Jean-Baptiste Regnault，1754—1829），法国画家。

⑤ 波德莱尔此处的记忆有误。勒尼奥的那幅画是《杰罗姆·波拿巴王子和符腾堡的弗雷德里克-卡塔琳娜公主的婚礼》（*Mariage du prince Jérôme Bonaparte et de la princesse Frédérique-Catherine de Wurtemberg*），完成于 1810 年，收藏在凡尔赛宫。

⑥ 德·维泰恩（de Viterne），欧皮克上校的下属，时任参谋部中校。

⑦ 莫兰（Morin），欧皮克上校的下属，维泰恩的同事，时任参谋部中校。

短长，那他会感到很满足的，于是他让我某个星期四上他家里去看他；里恩先生对我来说简直就是一位圣贤；我太开心了。但不幸的是校长拒绝让我出去：是妈妈在动身前请求过他，要他这么做的。所以我想问问，你是否答应给我寄一封信给校长，证明你允许我有时候离校去莫兰先生家。我使用这个许可只是为了去里恩先生家，或者待在自己的房间里，以及在莫兰先生有时间的时候去跟他交谈。其他要用到的情况会极少，因为，你们不在身边，又不能跟里恩先生交谈，那我还是待在学校里最不感到厌烦。

我不敢跟你谈你身上的伤；我知道你不喜欢别人向你表示担心；妈妈认为是在慢慢好转；只要你认为有好处，那就待下去，一直待到明年。跟假期相比，我更喜欢对你的情况有哪怕一丁点儿的如释重负的感觉。

妈妈给我写了一些可爱的信：好好谢谢她。你要是同意让我离校的话，那就尽快把信寄过来，因为年底就要到了，我想有机会用到你的许可去见我的老师。再见。

我敬爱你。

夏尔

致欧皮克夫人

[*巴黎，1838 年*] 8 月 3 日

妈妈：

我们的测评全部结束了。关于统考还没有任何消息。我只能跟你说，除了诗歌的测评外，我不抱任何希望。关于班上的情况，我问了老师，他回答说我的诗歌和拉丁语议论文的测评糟糕透了。你看，这就是这一年得到的结果，这就是在学校获得的成功。如果你万一要回来参加颁奖仪式，我会去问校长我究竟有什么奖没有，要是没有的话，我当然不会去参加的。但我并不希望你回来，因为冉斯先生听我说你半个月后要回来，认为这不慎重，他说必须好好利用一切可能的时间，一直在温泉待到最后。莫兰先生也很奇怪你怎么这么早就回来。我求你啦，既然你们人就在那里，那就好好利用你们所选择的治疗方法，以便让疗效得到保证。怎么？

你们做这么长的一趟旅行就为了待这么点儿时间？因而在回来之前，你要好好想想，要是你认为温泉疗养有效果，那就应该用一切可能的办法留住爸爸。

冉斯先生跟我说他看到你骑马了，说你玩得很开心，说你高兴得很。啊，你这样开心地玩有多幸福！而我呢，则完全相反；我陷入烦忧惆怅不能自拔，常常不知缘何伤心落泪。如果看到我一边要你继续待下去，另一边又跟你诉说我的烦忧惆怅，就像是在召唤你，那请你不要吃惊；我所希望的是，要是更有利的话，你还是继续待在那边，而我又谈我自己只是因为这让我开心和充实一点。我心里实在苦得很。首先我对自己很不满意：一直害怕得不到成功；我向你承认，我的自尊心被伤惨了；我徒劳地想做一个豁达的人，告诫自己说学校里的那些成功什么都不是，它们只能证明极少的一点事情，等等，但同样正确的是，它们也会带来某种极大的快乐。因此，我自己让自己焦虑，别人更是让我焦虑。你会对我说：多读书。嘿，老天爷，从你出发后，也就是从学校不再有什么事儿做以来，我唯一做的就是读书。你知道在年底的时候有两个月的空闲；在那时候，那些没有钱买书的人就太不幸了：他们白天晚上都在蒙头大睡。我呢，我几乎花光了自己的钱弄到一些书，因为必须支付一部四卷一套的作品，这套书是此前从我的一位同学那里没收上来的。我只读现代的作品；但只是那些大家谈得多的、有些名气的、大家都在读的作品，最后就是比这些还更好的作品；是呀，那些东西写得虚假、浮夸、荒唐、臃肿。尤其让我看不惯的是欧仁·苏 [1]，我只读了他的一本书，真把我烦死了。我对这些东西都倒了胃口：只有雨果的那些戏剧和诗歌以及圣伯夫的一本书（《快感》）让我开心。我对文学完全倒了胃口；这是因为打我会阅读以来，事实上我还没有发现过一本令我完全满意的、可以让我从头到尾都喜欢的作品；所以我现在也就不再读了。我都被灌得烦了；我什么也不再说了；我想念你；你呀，至少是一本永远读不完的书；跟你交谈的人，留心去爱你的人，没有谁会腻烦跟你在一起的快乐，那是别的快乐所不能比的。说真的，我们被分开，这也许是一种福气；我学会了厌烦现代文学，我更是比

---

[1]　欧仁·苏（Eugène Sue，1804—1857），法国作家。

任何时候都学会了爱妈妈，因为她不在身边让我感触至深；你从你那方面也看得到；尽管你得到了这么多亲吻、关心和体贴，知道我爱你，但你还是会吃惊我爱你爱得这么深。再见——致最爱的人。——小鲁比耶来学校找一位同学。我看见他了，他学习太用功，把眼睛搞坏了。阿尔封斯·艾马尔 [①] 以优异成绩通过了圣西尔军校的考试。学校最后一次给出了外语翻法语的排名；我是第四名。

代我全身心地拥抱爸爸。

夏尔

你给我写下一封信时，请告诉我直到哪一天之前我都可以寄信给你，以免这些信在你出发之后才到达或是被弄丢。我现在要天天给你写信。

致欧皮克夫人

巴黎，1838 年［8 月］23 日

我马上就要出发了；我拖延到现在才给你写信是为了告诉你颁奖结果。在统考上颗粒无收。在学校这边得了两个奖，一个是拉丁语诗歌一等奖，一个是法语议论文一等奖；还有拉丁语翻法语一等鼓励奖，另外还有一个拉丁语议论文的鼓励奖，我忘了是几等了。有人给了我维尔曼的《杂论》和他关于十八世纪文学的教程 [②]。我现在等不及了；行李都收拾好了；我不知道旅途上要花多少时间；但肯定会很长。我一点都不感到害怕，因为我是一个人独自旅行，我为此感到心花怒放；瞧，我必须做一个男子汉，管理好自己；记下自己的开支，记录下看到的有意思的事情，爬坡登高，漫步图卢兹，要是不到处高喊我快乐，真会把我憋死的。顺便说一

---

① 阿尔封斯·艾马尔（Alphonse Aymard，1820—1880），艾马尔将军之子，是波德莱尔在里昂王家中学就读时的同班同学，1838 年考入圣西尔军校。

② 维尔曼（Abel-François Villemain，1790—1870），法国 19 世纪文学史家和文学批评家。不能确定此处提到的《杂论》(*Mélanges*) 究竟是指《文学演讲和杂论》(*Discours et mélanges littéraires*，1823) 还是《历史与文学杂论新编》(*Nouveaux Mélanges historiques et littéraires*，1827)。此处提到的"课程"当指这年刚出版的《法国文学教程：18 世纪篇》第一部 (*Cours de littérature française：Tableau du dix-huitième siècle*，Ire Partie)。

下，到图卢兹后，要是杜里厄将军 ① 不在，我打算去住客栈：我更喜欢这样，而不愿意住到我认识的人家里，免得必须找话说讨人喜欢；杜里厄将军可能会到温泉去。

我很想感谢爸爸，但怎么做呢？我太高兴啦，在假期中做一次旅行：这是我期待已久的，现在终于等到了：虽说是心存感念，但我还是写好了一封信；但我还是太赶了，太开心了。我带了几本书：先前没能把行李箱装满；我拿一些用过的纸、我的大衣和几件体操服把它塞满了。再见，亲爱的母亲；我几天后就到你身边了，满怀希望、风尘仆仆、欣喜若狂。替我好好拥抱爸爸，就为了这种安排也必须拥抱他。

夏尔

致阿尔封斯·波德莱尔

［巴黎，1838 年 8 月 23 日］

我的好哥哥，我是在匆忙中给你写这封信的；因为我马上要动身去巴雷日了，我是只身前往，乘坐公共驿车，不知要走多少里路，实在太幸福啦；我会在巴雷日又见到我父亲；再见，祝你幸福；不要把你的信寄到巴雷日，我们只在那里停留八个小时；假期中的其他时间我们会一直在路上跑。我在统考中颗粒无收。在学校这边得了两个一等奖，诗歌和法语议论文，另外还有两个鼓励奖。我希望泰奥多尔这次收获更加丰硕。我有许多话要给我嫂子说。

再一次说再见。

拥抱你。

夏尔

---

① 杜里厄将军（le général Durrieu）曾是欧皮克的上司，后两人成为朋友。

致欧皮克夫人

［巴黎，1838 年］10 月 19 日星期五当天

我的好妈妈：

我星期天可以离校；这是肯定的；我已经申请过了。你知道是在八点半，跟去年一样。我实在很好奇，想知道你是怎样从那一大堆被套床单中脱身出来的。我几乎深感内疚先前让你带走那些东西。我对我所有的授课老师都十分满意。一切都好。至于学习督导，那又另当别论：我讨厌他，反正跟大家一样。这样说来，我们后天又可以见面啦。

替我拥抱爸爸。我想，他的腿好点儿了吧。搁笔，我希望这是一封写得不赖的信。

夏尔

致阿尔封斯·波德莱尔

［巴黎，1838 年 10 月 23 日］星期二

我回到学校有八天了。克莱芒说你让他告诉我，我曾让你在我旅行期间不要给我写信；说真的，我完全想不起有这么回事；不过呢，既然我是这么做了，那就应该是我的错；因为你的那些信可能寄到了巴黎，人家又从巴黎再转寄给我们的。

下面给你讲讲我们的旅程。首先我出发去了巴雷日，一路上都是一个人——在那里待了十五天，又是跑步，又是骑马；成天都在路上跑，只是要睡觉了才歇脚——因为我们从巴雷日到了巴涅尔，在康庞峡谷的尽头。巴涅尔是一个美不胜收的地方：是法国最美丽的地区。从那里去了塔布、欧什、阿让、波尔多；接着从波尔多又去了鲁瓦扬，妈妈在那里的海上晕船晕得厉害，我们随后折回了罗什福尔，在那里星期天什么都看不着——宁静的时候，这里几乎就是一座荒芜之城——拉罗谢尔——南特，那里有一座非常出色的博物馆，最后沿着卢瓦尔河的两岸一直到了布鲁瓦——卢瓦尔河的两岸有些名不副实——也许是因为我被比利牛斯山宠坏了。接着

从布鲁瓦到奥尔良，从奥尔良到巴黎。这就是整个行程，没有任何渲染，没有任何细节。但我有成百上千个故事要讲给你听。等下次见到你的时候再讲。我有好多讲不完的故事。——你呢，我敢肯定，在这期间你的身体一直都棒棒的——至少见过你的雅科托律师是这么跟我说的。克莱芒跟我说你儿子简直就是一个调皮鬼——这可太好了；他还跟我说小家伙漂亮得很。我希望我嫂子也身体健康。你给我写信的时候，要是告诉我一些关于杜赛索瓦先生、关于他的生意、关于他的印刷所的消息会让我很开心的；我只是有几次间接听到别人谈过他。

　　我现在进了哲学班，真是可怕的班，我费了好大劲儿才考上的。校长原本想让我再留一次级。——我逃过了一劫。——现在，你要是来巴黎，就赶快过来看我们吧。——爸爸和妈妈让我向你转达他们的问候。

　　再见。

夏尔

我还想知道布特龙先生现在怎么样了。

致欧皮克夫人

［巴黎，1838 年 12 月 3 日？］

　　我由于在绘画课上表现不好，被剥夺了星期天离校的机会，直到有新的指令；也就是说，那位在去年经常遭我嘲笑的副校长今年终于逮到一个机会来惩罚我了，那是由于有一天我出了声，他便说我三年来把他折磨得够呛，他要请求给我一个异乎寻常的处罚，真是幸运，他的处罚几乎算不得什么；因为三周后就是圣诞节假期了，到那时我可能就会被豁免的，所以只会被剥夺半个月多一点的样子。瞧，这就是树敌的结果。由于我不能再出校，不能回自己房间去取需要的东西，我想让你派约瑟夫把一个皮面的画册寄给我，上面印有夏尔·波德莱尔的字样，放在我书桌的抽屉里。我答应了一位同学要把里面的一幅素描送给他；我准备在学校把那页纸裁下来，然后再把画册交还给约瑟夫。——你会对我说这是瞎耽误工夫，可以在家里把那幅画裁下来，再为我送到学校，但我敢肯定你裁不好，而且会在路上损坏。另外——

这是一张蓝色的或黄色的纸，很厚；画册里面可以看到很多这样的彩色纸，上面贴了一些为了醒目而画在白纸上的素描。另外还有你忘记了的药膏瓶，在小橱柜的上层。如果约瑟夫要来，请托他告诉我爸爸腿部的情况，因为上次听你说情况并不乐观。我敢肯定他不愿意跟你说，这是他的习惯，怕让你担心。但你要告诉我他的情况是否有所好转。替我好好拥抱他。

C.波德莱尔

致阿尔封斯·波德莱尔

[巴黎，1838 年 12 月 31 日]

虽然我懒于提笔，但我不能让1838年就这样过去而不给你修书一封。我知道自己亏欠你太多，我的兄长先生；难道不应当把我那些可敬可贺的作业献给你吗？玩笑先放一边，我亲爱的哥哥，我祝你新年快乐，还有我姐姐；我祝你万事如意，如果可能的话，步步高升。而我呢，我最希望的是这一年把在哲学班的成绩搞好，我太怕留级了，因为家里人总觉得我还小。我似乎一点还没有哲学家的样子，我差一点就在修辞班留级了；我实在摆不出一副严肃的模样，我父亲和我母亲固执地把我当小孩儿看。请帮帮我忙，说服他们，让他们相信我是一个理智的人；让他们看到我是一个有板有眼的人，完全可以开始学习法律，如果你这么做了，那将善莫大焉，如果可能的话我会加倍爱你的。为了学会严肃起来，我马上要第一次去议会了。所以不能再给你写了，但我希望你能很快来巴黎。我会多么高兴看到你。我在期待中好好拥抱你。——请把好多话转达给我姐姐和杜赛索瓦先生。

夏尔

致欧皮克上校

[巴黎，1839 年] 2 月 26 日

我给你写信是想向你提一个请求，一个会让你感到意外的请求。你曾

答应过我让我去上一些使用枪械、练习骑术的课程；我要的不是这些，如果你愿意的话，如果可能的话，如果不让你为难的话，我想向你要一位辅导老师。我们常在一起谈到辅导老师一点儿用也没有，有时甚至对学生是有害的；这话说得不错，要是学生是个懒虫，要是他什么都让辅导老师来代他说，要是辅导老师替他做作业，那肯定是有害的。

可我呢，我并不需要谁的帮助来跟上学校的学习进度，我希望能从辅导教师那里得到的是补充一点哲学方面的东西，补充一点课堂上学不到的东西，譬如说，宗教，因为学校里没有宗教课程，还有美学或是艺术哲学，这是我们的老师肯定没时间让我们去了解的。

我还有求于辅导教师的是希腊语——是的，教我希腊语，我对它完全没有搞通，就跟所有在学校学习这门语言的人一样，而且，在还有许多事情让我不堪重负的情况下，一个人自学实在是太难了。

你知道我一向对古代语言抱有兴趣，希腊语就唤起了我极大的好奇心。我认为，无论今天的人们怎么说，这门语言不仅能给我带来极大的快乐，还能带来切切实实的好处。为什么要扼杀这方面的兴趣呢？这难道跟我想要做的事情——科学、历史、哲学——不对路，谁知道呢？学习希腊语也许能对学习德语有帮助。

我想，请一个辅导老师每个月要花 30 法郎。学生首先要得到自己父亲的许可，随后向校长提出请求选一位辅导老师。每天半个小时或两天一个小时。

我想选的是一位非常出色的青年教师，他刚从高等师范毕业，在路易大帝中学可有名了，就是拉塞格先生。要是他不能给我上课，那我宁愿不要辅导老师。

这不是我一时心血来潮。我老是变来变去，或是把一些很好的计划抛到一边，弄得我总是怕别人不信任我。

——希腊语一直是一门我想要获得的知识——我相信这位年轻教师完全能够教，而且会教得很快。说到宗教的教义方面，这也是一件从年初起就一直纠缠着我的事情。——我最近在反思，问自己究竟知道些什么——关于一切方面的大量的东西，但都笼统、模糊、混乱、自相矛盾——没有什么是清楚的、明晰的、系统的——这等于说我什么都不知道——而我却是马上就要走入生活的人——我必须掌握一些确切的知识。——我现在能够期望的还有什么比学习一门语言可以让我阅读那些非常有用的原著更好的吗？还有什么比学习哲学中最美丽的部分和学习宗教更好的吗？

我不知道我这封信是否有说服力。——至少我是真心实意的，我知道我请求的东西是有用的。

再说你知道我的长处在什么地方，我的需要是什么，你在教育上给我说了这么多在理的话，我将带着极大的恭敬之情接受你在这件事情上的意见。

有千言万语要说给我的好妈妈听；她将对我这封信大为吃惊。马索尼先生告诉我说你好些了，这让我十分开心。

出于习惯，马索尼先生给了我一大通让人受不了的夸奖。因为在我们俩之间，我们都知道我究竟有几斤几两。因为马索尼先生非常喜欢我，加之年纪比我大许多，我只得让他把那些好听的话说完了，在我看来，安安静静地听着比大呼小叫的嚷嚷要更合适一些。但这常常让我感到十分别扭，尤其是有旁人在的时候。

再见——我希望你会偷得片刻闲暇给我回信。

紧紧地拥抱你，就像我有时候在学校接待室想拥抱你一样。

夏尔

致［路易大帝中学校长于勒·皮耶罗］

［巴黎］1839 年 4 月 18 日

先生：

我已经到家了 ①；当我看到母亲痛苦的样子，就明白自己闯了大祸，尤其理解到给母亲带来的不幸；因此我想尝试补救自己犯下的错误；如果这还有可能的话。我拒绝交出一张纸条，这张纸条有可能让一位同学受到惩罚，这张纸条基本上无关紧要，您是知道的；无论这在您看来有多夸

---

① 波德莱尔在 1839 年 4 月 18 日这天因违反校规而被勒令退学。

张，您原本是有可能原谅我的；但当您对我说我这是把同学置于可耻的怀疑之中时，我觉得这实在太离谱而发笑，对您缺乏尊重。我真诚地向您道歉，如您所愿的那般深刻、那般全面。

要是您认为在我的表情中或是在我的言语中看到我是故意要蔑视您，故意要嘲笑您本人，那我求您千万不要这么想；我毫无这种意图，我保证；我希望您相信我说的是真话；因为您知道我要感恩于您之处甚多。

倘若通过我的请求，我能从您那里获得重返校园的机会，那我会完全遵从您的意愿，接受任何您愿意给予我的惩罚。

由于这件事情可能已经让我的形象在您那里一塌糊涂，我之所以求情，不是说要请您关心我，而是为了我母亲，她看到我的人生从一开始就染上污点，这让她痛苦不已。

我已经做好了准备，如果您允许的话，我将登门再次表达歉意，向您表达今天上午就应当向您表示的敬意。

谨致最深挚的敬意。

您的学生

C. 波德莱尔

致阿尔封斯·波德莱尔

［巴黎，1839 年 5 月 18 日前后］

我的哥哥：

万分感谢你出手相助。如果我能参加统考，全要归功于你。因而我也会全力以赴。可以说我没有退路，因为你在人家还不清楚我是否够格的情况下就已经搞到了我的准考手续。这实在太不容易了，话说回来，我向你保证，我会努力考好的。

在最近这些动乱不安的日子里 ①，妈妈整天提心吊胆；我费了天大的

---

① 稍早时的 5 月 12 日，巴黎爆发了由巴尔贝斯（Armand Barbès，1809—1870）和布朗基（Louis-Auguste Blanqui，1805—1881）领导的起义。

劲儿让她不要那么悲观地看这些事情。那天蒂尔莱夫人一脸惊惶地跑来问我们究竟发生了什么事的时候，我们还平静得很；因为我们对事情一无所知，反倒是她来告诉我们的。爸爸跟参谋部人员和将军一道骑马出去了，只要外面还有动静他就回不了家；他就在卡鲁塞尔兵营过夜。

他现在还是睡得很少。枪声大作过后又是写材料，说不清要写多少报告。甚至连他的腿都因为这种过度劳累而几乎感觉不到疼痛。大概是太多的操劳让他无暇感受疼痛。

再见，我有好多话要对我姐姐说。再次谢谢你；如果我获得什么好排名，我会写信告诉你的。

夏尔

致欧皮克夫人

[巴黎，1839 年 6 月 10 日？] 星期一上午

亲爱的母亲，我来拉塞格先生家眼看就快一个星期了。我在他这儿受到了殷勤而和善的接待。我在这儿一切都好。日子一点点变得充实起来。——从星期一开始，我将全力以赴准备高中毕业会考。

我不知道对你说什么好，但我的确有说不完的话要对你说——我首先要对你说的是，尽管拉塞格先生十分和蔼可亲，尽管我什么都不缺，尽管我无权抱怨，但我还是觉得缺了点儿什么；有时候我感到闷闷不乐，我想是因为我想你了。我缺的是有人在我身边，大家可以无话不谈，可以毫不拘谨地开怀大笑——说到底——虽然在物质条件方面我一切都好，但我还是想念你。我愿意看到下半年的时间像风一样飘走——看到我父亲身体痊愈，还想要知道我们明年的光景会是怎样。是的，让我又见到你，那是多大的快乐！

我想知道你们在那边要待多久。——你最初告诉我说两到三个月——而芳舍特 [①] 告诉我说，我父亲的假期有四个月。天哪！这也太长了！但我

---

① 芳舍特（Fanchette），欧皮克夫人的女佣。

必须习惯。我想，让自己习惯的最好办法就是保持心无旁骛——埋头学习。——好奇怪的事情！去年，你把我一个人留在学校的时候，我丝毫没有体会到这点。我现在明白了，当一个人远离自己母亲的时候，独自待着要好过跟一些外人在一起。

　　我还没有去看望过奥利维耶先生。我发现我去搭伙的那户人家很是奇怪。掌管这个地方的那位女士据说以前是做用人的，后来靠信教发达起来。人家说她的好名声就是靠开了这么一个地方，让那些被远走的父母单独留在圣日耳曼街区的前朝遗少有一个可以碰头谋面的地方——当我被介绍给这位塞莱斯特小姐的时候，这位已经一把年纪的小姐用居高临下的眼光瞅了瞅我，摆出一副装模作样的修女架势，说话柔声柔气让人肉麻；我真的被惊到了。我在饭桌上还发现了一位路易大帝中学的同学，他学着这家女主人的声音跟我说话，我们都乐死了；他告诉我说，在这一家，宗教和认前朝为正统这两种东西奇特地融合为一，只要憎恨当局，就会被誉为天主教徒；这一切也太搞笑啦。我把这件事讲给拉塞格先生听，我们俩都笑得要死。

　　现在请答应我，在你的每封信里都给我讲讲你们在做些什么，在想些什么，在读些什么。我求你啦，请定期把我亲爱的父亲的消息告诉我——我不日会写信给他；我希望这会让他开心。

　　再见，好母亲。

夏尔

致欧皮克上校

［巴黎，1839 年 6 月 18 日前后］

　　谢谢你刚刚写给我的这封信；这封信是何等的情真意切；老实说，就是这个原因让我一周以来总是把给你回信推到第二天；因为好些天来我都没有用功学习，而我又必须跟你谈我正在做一些什么事情，于是我就在心里想，在给你回信前我要重新振作、狠下苦功，以便有自己的一些好消息告诉你。

　　但你在信中对我的责备是何等的温良宽宏，真的，让我觉得还是承认事实为好，而不是还要推迟给你回信或是写一封说谎的信。请你放心，在我下次给你写信时，我会有自己的一些好消息告诉你。

你问我关于我生活新环境的一些情况；那我就讲讲我注意到的一些事情。拉塞格先生的名气越来越大；他不仅恬然开朗、温文尔雅，而且还有着强劲的精神。我对他父亲了解不多，看上去是一个有些过于温顺、过于随和的人，没有什么鲜明的特点；为了给你一个概念，我这么跟你说吧，按他自己的话讲，他什么都尝试过，读过好多语种和好多学科的书，但他却对什么都一窍不通。

我对拉塞格夫人了解多一些，在我看来，她是一位爽直快乐、灵魂充实的女性，深明事理，风趣而又善良。她黎明即起，一个人包揽家务，不是在烧菜做饭就是在洒扫庭除，嘴里哼着小曲，脸上挂着微笑，讲起话来一副谈笑风生的样子，有时候又语带讥讽，甚至有几分尖酸刻薄。

还有一位十三四岁的孩子也是拉塞格先生邀请住到他家里的，好让他用功学习；那个孩子是法亚尔夫人的侄子；有时候我会在晚上给他上一节英语课。

我有可能去参加法语作文竞赛。你知道这没什么了不得的，但既然这会让妈妈开心，所以我还是乐意去参加的。

你关心我有怎样一些计划；哦，是的，我在做，你知道我总是在做计划，我嘛，就是一个精于做计划的人；有些时候我在为将来做打算，想到这些的时候我就有好多话要讲给那些爱我的人听；但请允许我改天再说这个话题；拉塞格先生马上就要到家了，他会问我对一本书的看法，而我还一个字都没读呐。

我明天给妈妈写信。谢谢你给我谈了你的身体状况；如果你受苦遭罪可以让身体好起来，那我几乎可以说为你的受苦遭罪而感到高兴；再说我一直期盼着，必须有一个什么奇迹来让你康复。

夏尔

致欧皮克夫人

[巴黎，1839 年 7 月] 3 日星期三

好妈妈，我真惭愧；但我如此想要好好弥补我近来的沉默，你不会不

原谅我的：我下决心每个星期给你写两封信，在星期二和星期六。——我送到招待所 ① 的信并不总是能马上发出。要等别的信送来汇成一包再发。——总之你每星期会收到两封信。妈妈，你看，当我没向你表示出足够的款款深情的时候，你就别太责怪我了，因为我也为此责备自己，常常为此羞愧难当；而正是这种羞愧难当让我把那些深情的表示一拖再拖。——不过，你放心吧，随着我在理智上的成长，我在情感上也会成长起来。我会更加爱你的。我常常在心里责备自己，没有把应该拿来报答你的一切统统给你。——通过好好表现，我一定会配得上你对我的爱。我一定会让你满意。

——我起初以为要去参加竞赛，但可能去不了啦；因为我没有参加最近的一次测评。——想到你，我就感到有些难受，但说真的，就算参加测评也会做得很糟糕的。

我期待着这样一封信。这封信会像其他那些信一样，语气慈祥，充满了和蔼的提醒，而我以前一直都没有好好听从，但往后我会善加利用的。

请尤其跟我谈谈爸爸的健康状况，还有你平时都有一些什么消遣。

夏尔

致欧皮克上校

[巴黎，1839 年 7 月 8 日或 15 日] 星期一

我匆匆写信给你，是为了一件急迫的事情；学校 ② 要我的出生证。学校一向都要求凡参加竞赛的学生都要提供。这份出生证没在学校；我想家里是有的，直接向你要会比去市政府办一份更方便一些。

看来我有可能会参加法语作文竞赛。我想这会让妈妈开心的。学校进行了两次测评，一次是法语，一次是拉丁语。我不能肯定自己的名次，因为老师念得太快了，但我想第一次是第六或第七，第二次是第十二。这些

---

① 指部队第一师招待所，位于里尔街（rue de Lille）。

② 指波德莱尔当时就读的圣路易中学。

细节不算什么，但我想可能会让你感兴趣的。

告诉妈妈我很想念她，也想念你；我期望你经常告诉我一些你的消息。

我还要再次谢谢你给我写的信；我觉得这是我从你那里收到的最好的一封。

夏尔

芳舍特已经在考虑找人把家里的窗帘洗了。她告诉我说，有一位夫人没有女佣而又准备去罗马，想要带上她，但她拒绝了。

致欧皮克夫人

［巴黎］1839 年 7 月 16 日星期二

我亲爱的母亲，我的好妈妈，我不知道跟你说什么，我有方方面面的事情要跟你说。首先，我感到一种想要见到你的强烈渴望。待在外人家里真的很不一样——绝对不是我在怀念你的爱抚和我们的欢笑，而是某种我说不清楚的东西让我感到自己的母亲比世上所有的女人都好，她的那些优点比所有其他女人的优点更与自己相投契；母子之间有一种何等融洽的关系；他们相依相随的生活是何等美好——相形之下，说真的，自从我来到拉塞格先生家，就感到很不自在。我不愿意你以为我的自尊心受到伤害是因为拉塞格先生一直虐待我且拉塞格夫人还多少从旁相助。在这方面，我倒是要真心实意地感谢他；这证明他为人善良；这让我得到培养，我对此感到高兴；让我感到厌烦的完全不在这方面，而是因为在他家里我见不到我之所爱，见不到一种我所热爱的性情，我母亲的性情或我朋友①的性情。当然，拉塞格先生，当然，还有他母亲，都有着种种优点。智慧，爱，良知，只不过这一切都是以一种我并不喜欢的形式展现的。有一些庸凡无奇的东西让我有点儿敬而远之；我更喜欢那一切都展现得率性且更为生动，就像在你和我朋友的家里那样。而在这个家里，总是有一种无休止的欢快气氛，这让我感到厌烦。

---

① 指波德莱尔的继父欧皮克上校。

　　诚然，他们比我们更幸福。在你的家里，我见到过泪水，见到过我父亲烦忧缠身，见到过你大发脾气，但我还是更爱我们那样的生活。

　　而眼下，当我感到心里涌起某种东西，天晓得是什么，比如说，是一种想要拥抱一切的强烈愿望，一种不懂得如何去获取知识的恐惧，对于生活的种种忧虑，或者就是窗前一抹简单的夕照余晖，可向谁去诉说呢？你不在跟前，我的知心朋友也不在。

　　那究竟发生了什么？实情就是我现在比当初在学校时还更糟糕。在学校时，我不怎么用心功课，但终究还是要用心的——我被学校开除的时候深受震动，回到你家里后我仍然多少还在用心——而现在呢，无所事事，无所事事，而这可不是一种愉快的、诗意的慵懒，不是的；而是一种乏味的、愚蠢的懒散。我不敢把这些一五一十地告诉我的朋友，不敢把我丑陋的一面全部展露给他；因为他会认为我变化太大了——他一向是从美好的一面看我的——在学校的时候，我时不时还会用功学习、读书、落泪，有时候也会发发脾气；但至少我那时候过得有生气——现在则全然不是——生活得太没有层次——错漏百出，而且不再是一些可以爽然接受的错漏。虽然说这种令人难受的观点至少促使我幡然改变——但不，从这种推动我时而向好时而向坏的行动精神中，什么都没有留下来，什么都没有，除了懒散、阴郁、无聊。

　　我让拉塞格先生不高兴了——我在对自己的看法上降了一级——要是我一个人独处的话，我也许不那么用心，但总还是用心的——要是跟你或是我的知心朋友在一起的话，我一定行止端正——而在一个与外人相处的环境中，我完全变了，松懈散漫，身心迷茫。可不是吗？我看上去像是在用一些高贵的字眼和一些机巧的花招来掩盖一些习以为常的过错。所有这些烦心事又因为毕业会考而雪上加霜。我打算一下子跟这些做个了断，尽快把考试过了。我将会——而且我已经开始了——竭尽所能，用十五天时间复习完所有课程，到八月初时做到胸有成竹。为此我必须每天看二十五个考题——至于竞赛，我只是作为替补选手参加，也就是说有人缺席时，我才被叫去参赛。不过学校要了我的出生证，以备不时之需。

　　话说回来，我见到了一些外人，这可能有一个好处，那就是我更爱我的母亲了。可能还有另一个好处，那就是被赤条条置于了无诗意的生活中时，我更懂得了自己想要的是什么——这可能就是一种所谓的过渡状态——在这期间，你的那些信让我难受，让我愈加紧张不安。——不过呢，你还是要一直给我写信；我爱读你的信。生活在百般痛苦中，我高兴能够感觉到自己慈母的爱在我身上涌荡；一直都是这样的。请你在回信中跟我谈谈我父亲，谈得多一点。我求你啦，千万别把前面写的那些话向拉塞格先生说一个字；他人那么好，这会让他伤心的。

致欧皮克将军

[巴黎，1839 年 8 月 13 日]

我刚看到一则好消息，而我也有一个好消息要告诉你。我今天上午在《环球导报》上看到了你的任命①，而我也从昨天下午四点起成了获得业士文凭的高中毕业生。我考得很一般，但拉丁语和希腊语除外——极好——这救了我。

我对你的任命感到非常高兴——这是儿子为父亲感到高兴，这可不同于你会收到的那些普普通通的祝贺。我呢，我高兴是因为我经常能见到你，深知你堪当此任；我要像一个男子汉那样，像你的同僚或你的上司那样向你表示祝贺。——简单一句话，你要知道我太开心了。

我这几天由于考试没有给你写信。我最初是把考试推到了 8 月 20 日，后来我又急着早点结束；我做对了；就是因为这个，我这几天忙得很。

现在又该做些什么呢？我面临着一种相当尴尬的处境。没有你的许可，我什么都做不了，住处也换不了，而你也没有给我只言片语。夏尔·拉塞格先生后天要出远门——他不在家，他父母也几乎一直不在，我认为继续待在他家就有些不合适了，而且拉塞格先生也告诉我说，他甚至不敢向他父母提出这个请求。他希望尽快得到你的答复。必须回到招待所吗？如果我回到招待所，必须继续去我平时的膳宿公寓用餐吗？我已经付了两个月——从 6 月 5 日到 8 月 5 日。——我要是离开的话，有一笔余额

---

① 欧皮克上校于 8 月 12 日被任命为旅长，晋升准将。

要付。总之，我盼着收到你的信。有人向我询问你的消息，我却不知道要说些什么。我求你，回信给我；你答应过我收到一封便回复一封；这下是你欠我的了。

我要赶紧去把你任命的消息告诉奥利维耶夫人——一遍遍拥抱妈妈。芳舍特想让你们答应买个围裙。她现在没有了。你是否愿意跟妈妈说一声，而如果可能的话，把同意她买的许可寄给我代转给她？

再见。

夏尔

又及：——跟我说说你的腿怎么样了，多多地告诉我一些你的消息，好让我能回答那些向我询问的人。

我最近在门房那里看到一大堆名片，其中有一张是拉马丁 ① 先生的，还有一张是来向你道别的一位先生的，说他要去布尔邦 ②。他真搞笑。

致阿尔封斯·波德莱尔

［巴黎，1839 年 8 月］23 日星期五

我的好哥哥：

一年过去了，我写信告诉你一些我的消息。首先是我父亲的任命，你可能已经知道了；再有就是我获得了文学业士学位；还有就是我在竞赛中毫无斩获。有一天我去拜访皮耶罗先生，他告诉我说很高兴看到我参加了竞赛，但也不过是走走过场而已，——鉴于我没有在圣路易中学上满一个完整的学期，就算我配得上获得这个学位，大学规章也不会承认的。

我说这个丝毫不是要为自己辩解，因为就算没有这个障碍，我也是极有可能得不到这个学位的。

最后一年终于结束了，我就要开始一种新的生活了；这让我觉得有些

---

① 拉马丁（Alphonse de Lamartine, 1790—1869），法国诗人、作家和政治家，欧皮克先生的朋友。

② 即布尔邦莱班（Bourbonne-les-Bains），法国东北部市镇，位于上马恩省，以温泉著称。欧皮克夫妇当时正在此地疗养。

怪怪的，在我的种种不安中，最大的不安就是要选择一份未来的职业。这已经开始让我焦虑，让我备受折磨，尤其是我感到自己没有任何志向，志趣多端而又变化不定。

别人给我的那些建议对我没有什么太大的帮助；因为既要选择，就必须有所了解，而我对生活中的各种职业都毫不了解。要选择，就要去摸索、去尝试，这样的结果就是，要在最终选定某种状态之前把百行百业都尝试一遍，但这是荒谬且不可能的。

你要是愿意，就给我写封信谈谈这个问题，也跟我说说我嫂子、你儿子和杜赛索瓦先生的情况，我会很高兴的。听说她眼下的状况不太好，身体虚弱。

我母亲过几天就要从布尔邦莱班回来了，我父亲要稍晚一点。

再见。

夏尔

致阿尔封斯·波德莱尔

[巴黎，1839 年 11 月 20 日] 星期五

很感谢你让盖兰 ① 先生给我的忠告。我现在完全同意你的意见。今天上午读你的信，看到上面的题词：人非圣贤孰能无过 ②，我隐约猜到要去盖兰先生那里得到一些忠告或是一些钱——我两样都得到了。我拿了 50 法郎，我向你坦言可能还要再拿 50 法郎，然后就会打住。

我对即将开始工作深感焦虑；我想得到某方面的乐趣，希望能找到某种乐趣。我想尽可能做一个独立自主的人，也就是说花自己的钱，那种我为别人带来快乐或提供服务而别人回馈给我的钱；我想用任何方式达到这个目的。

在此之前，既然我花的是你的钱，请接受我的谢意。

---

① 盖兰（Denis-Alexandre Guérin，1798—1888），医生出身，时任枫丹白露市参议员。

② 拉丁文：Errare humanum。

　　我已经付了药费。现在已经没有了身困体乏的症状，头也几乎不疼了，睡眠也好多了，但消化还是不好，还一直有点儿流鼻涕，但没有任何疼痛的感觉；此外脸色也很好，这让任何人都猜不到那个事情[①]。

　　夫人[②]也病了；我是今天得到这个消息的。她说自己得了胃炎，马上就要死了。但我经常听她说这种话，相信她永远都死不了。

　　我现在将潜心于学问；我要把一切都重新捡起来，法律，历史，数学，文学。我要在维吉尔的作品中把这个世界上的一切鄙俗和污秽通通忘掉。至少这不让人破费，也不会把人搞得腰酸背痛。再见，感谢不尽。

夏尔

致阿尔封斯·波德莱尔

[巴黎，1839 年 12 月 2 日星期一]

我的好哥哥：

　　我写信给你还是为了钱的事情；但这是最后一次了：我将就此打住，我已经下了决心。

　　我又找你要钱是出于以下原因：我用你给我的第一笔钱付了药费和买了一些书，剩下的拿去看了演出，但我冒冒失失地忘了还欠裁缝的一小笔钱。我从学校毕业后，我父亲就明确告诉我说，每次买东西的时候都必须现买现付。不巧的是他也用了同一个裁缝，我就怕他哪天偶然跟裁缝说：夏尔欠你什么东西没有，他是不是都给你付清了？

　　我会去看看盖兰先生在不在家；我会最后一次利用你的许可，向他要50 法郎。

　　我说最后一次，不是为了让你不要再慷慨大方，而是强迫自己不要老是指望别人的钱；因为我的哥哥不是一直都在的。

---

① 此处的"那个事情"当指波德莱尔身染性病。据波德莱尔研究专家考证，波德莱尔当时染上的是淋病。后来在 1841 年又染上了梅毒。

② 身份不详。有研究者认为可能是指塞莱斯特·泰奥（Céleste Théot）小姐。波德莱尔平时在她掌管的膳宿公寓用餐。

我前不久跟保罗①一起吃了饭；我跟他讲了你给我说的你晋升的事；他笑了起来，跟我说你一心想要快点儿晋升，但至少必须等上六年。

请把我亲切的千言万语说给我姐姐听。我哪天去枫丹白露的时候，必须让我好好认识一下我的侄子②，他到了十九岁时可能不敢向自己的父亲要钱，而会向自己的叔叔要。再见；注意身体，相信我会好好工作的。

夏尔

致阿尔封斯·波德莱尔

［巴黎，1839 年 12 月 3 日］星期二

我昨天见到了杜赛索瓦先生，他给了我 50 法郎。你看我现在很懂事吧。我跟他交谈了很久，还跟他一起散了步；他对我很好，人很可爱。

盖兰先生在枫丹白露。请代我问候他，也谢谢他的那些建议。——再见。紧紧拥抱你。

夏尔

致维克多·雨果

［巴黎，1840 年 2 月 25 日星期二］

先生：

我前些时候看了《玛莉昂·德·洛麦》③的演出；这出剧的美把我深深迷倒了，令我喜不自禁，强烈地想要认识它的作者，好向他当面致谢。

---

① 指保罗·佩里尼翁（Paul Pérignon，1800—1855），律师，波德莱尔的父亲去世时指定他为家庭监理会成员，后来在 1844 年为波德莱尔指定法定监护人也是出于他的动议。

② 即阿尔封斯的儿子爱德蒙·波德莱尔（Edmond Baudelaire，1833—1854）。

③ 《玛莉昂·德·洛麦》（Marion de Lorme）是雨果于 1829 年创作的一出诗体戏剧，写一个妓女受爱情感召而洗心革面的故事。波德莱尔在信中把 de Lorme 误写为 Delorme。

我还是一个小小的学生，我可能在干一件绝无仅有的鲁莽事情；但我全然不懂这个世界的繁文缛节，我想这会让您宽容待我的。——来自一位大学生的赞美和感谢应该不大会让您心动，那么多风雅人士在这之前已经向您说得够多的了。您也许已经向许多人都表示过您不大会关心要把一个新的讨厌鬼吸引到自己身边来。——但是，但愿您能知道我们的爱，我们这些青年人的爱是何等坦诚和真切——我自己觉得（可能有点骄傲）我理解您的全部作品。我热爱您，一如我热爱您的那些书；我相信您善良而慷慨，因为您匡扶正义，因为您不向舆论让步而常常改变舆论，何其傲然和高尚。先生，我想象在您身边能学到许许多多美好而伟大的东西；我热爱您一如热爱一位英雄、一本书，一如纯粹且不带功利地热爱任何美好的事物。我也许太过大胆，不管不顾地通过邮局把这些赞美之词寄给您；但我就是想带着激动的心情简简单单地告诉您说，我有多么热爱您，我有多么仰慕您，我真担心自己有些可笑。不过，先生，既然您也曾经年轻过，您应该懂得这份爱，这是一本书带给我们的对于其作者的爱，您也应该懂得这种需要，就是需要我们亲口向他表达感谢，谦卑地亲吻他的双手；您在十九岁的时候，可曾犹豫过向您的灵魂所深爱的某位作家，比如向夏多布里昂 ① 先生，写这些话么？说出来的一切都言不尽意，我心里想的要好过我信里写的；但我希望您猜得出背后要说的是什么，因为您也跟我们一样年轻过，我也希望一个如此标新立异、如此不同寻常的举动不会太冒犯您；若蒙惠予回复，我将不胜荣幸；我向您承认，我怀着十分急切的心情期盼您的回信。

　　无论您有此美意与否，都敬请您接受我永恒的谢忱。

CH. 波德莱尔

里尔街 59 号

---

① 夏多布里昂（François-René de Chateaubriand，1768—1848），法国作家、政治家、外交家、法兰西学士院院士。雨果曾在少年时立下誓言："我想要做的是：要么成为夏多布里昂，要么一无所成。"

致阿尔封斯·波德莱尔

[巴黎，1840 年 8 月 8 日]

我亲爱的哥哥：

我父亲已经回复我说，帕若尔 ① 将军在你给我说的那位年轻人的事情上无能为力——还说他从来都不介入此类事情。他说，要是这位年轻人不适合那个部门，谁也不可能让他进去。只不过在枫丹白露给他做体检的那位医生似乎在这之前给巴黎寄了一份报告，写得含含糊糊、糟糕透顶，这足以让他被排除在外。我父亲所做的就是找人让他来巴黎，让他再接受一次体检；如果他适合的话，毫无疑问会被录用的。

向我嫂嫂致以千百个问候，千百次拥抱我的侄儿。

C.波德莱尔

致阿尔封斯·波德莱尔

[巴黎，1840 年 11 月 1 日]

我亲爱的哥哥：

你长期都怨我不去看你。

终于，我希望能够平息你的怨恨。我可能在这封信不久后会去你那里。——万一你刚好这段时间不在，或是你为我预定的座位已经被别的旅客占了，就请尽快写信告诉我，免得我给你徒添麻烦。

深情拥抱你。

我可能会坐火车去。

---

① 帕若尔（Claude-Pierre Pajol，1772—1844），时任巴黎第一师司令，是欧皮克将军的上司。

致阿尔封斯·波德莱尔

［巴黎，1840 年 12 月 31 日］星期四

我亲爱的哥哥，自从回到巴黎我一直没给你写信，我想这是大大违背了兄弟之间的礼仪。我原本是应该给你和我姐姐写信的，以谢谢你们对我的热情接待。至于新年习俗，无论怎么说它和嘲笑它，它还是有好的一面，因为它能让大家互相之间把心里想说而又懒于动笔写出来的一些非常亲切的话说出来。所以我在此祝你们二位新年甜蜜快乐，——与你们的朋友相处甚欢、岁月安好。我请你向利果 ① 先生祝贺新年，他是一个可爱的人，还有你那位可怜的画家 ②。

我想你会很高兴了解到我在巴黎的日子是怎么过的。自从你让我回来以后，我没去过学校，也没去过诉讼代理人 ③ 那里，以至于人家都抱怨说我去得太少了。但是，我把自身行为的全面改观推到了 1841 年。

今年我很高兴给我姐姐寄乐谱。请代我转给她。我自己就是个音乐迷，我选的册子上有画得最精美的图案。

至于你呢，你是我哥哥，我就不送你什么新年礼物了，就送上我刚刚写的一首不错的十四行诗博你一笑。这就是所谓的馈诗贺岁。

纵有词章高洁，怎奈我等衰渎：
暖香虽可玩味，无度即成乖僻——
不知人间有谁，不爱翩翩天使。
天使云集天堂，从不互相羡慕。

天使这个名字，崇高而又悦目，
只为贞纯无瑕，赋予美好心地。

---

① 利果（François-Liberté Rigaut，1793—1873），音乐演奏家，擅长笛，当时住在枫丹白露。
② 身份不详。有学者估计是理肖姆家族（Richomme）的某位成员，该家族与杜赛索瓦一家关系密切。
③ 信中提到的"学校"指法学院，波德莱尔曾在此注册，但没有参加学校考试。他可能是在一位诉讼代理人那里做事，学习一些实际操作。

哪堪会当有时，天使蒙污白翅，
面带盈盈笑意，在你腿上落座。

当我少不更事，满脑天真疯狂——
——有位妙龄少女，貌美恶毒心肠——
唤她我的天使。她有情郎五人。

可怜情疯意狂！我等渴望抚爱——
多想抓住荡妇，将她揽入胸怀，
喃喃我的天使——，两张床单洁整。

　　这东西或许会逗我姐姐开心。一定要代我好好拥抱爱德蒙，而且别忘
了转达我对杜赛索瓦先生和布伦先生 ① 的问候。

致阿尔封斯·波德莱尔

[巴黎，1841 年 1 月 20 日] 星期三晚
我亲爱的哥哥：

　　下面是我的欠账明细。比我原来以为的要多。但不是每笔都急。

200 法郎　欠裁缝的旧账，很急。我想这人急需这笔钱，这笔欠账让
　　　　　我惴惴不安。已经欠得太久了。

100 法郎　欠一位鞋匠。

60 法郎　欠另一位鞋匠。

215 法郎　欠杜赛索瓦先生。我坚持要自己还这笔欠款——晚些时
　　　　　候——我想要让他相信是我自己还上的。我答应过他，我
　　　　　可不愿意遭受食言的耻辱。

---

① 　身份不详。有学者认为这位"布伦先生"(M. Brun) 可能是枫丹白露所辖地区的一位间接
　　税一等监督员。

200 法郎　　欠德拉热奈弗拉伊，是我的一位同学（老账），钱用来给
　　　　　　一位"姑娘"买衣服了——是从一家会所拐出来的。

180 法郎　　欠同一位同学，可能用来还了别处的一笔急债。

50 法郎　　欠松戎，我的一位朋友——出于同样的原因——急。

300 法郎　　欠针织品商、衬衫商和手套商。

下面是我欠裁缝的账：

衣服 2 套	一套便装	125 法郎
	一套正装	110 法郎
棉外套		170 法郎
棉睡袍		110 法郎
裤子 4 条		200 法郎
背心 3 件		120 法郎
短大衣 1 件		——

从他为我做衣服以来，我只付过他 200 法郎，要从上面的账目中扣除。账目中的这些数字只是一些大概。

上面写的没有一项是在说谎，也没有一个数字是别有用心。偿付裁缝一些钱会让我心安一些。我担心他会慢待我。

无论你给我多少，在我如此拮据的当口都会让我感到莫大的快慰。

如果你可以帮我，我会感激不尽的，但求你千万别让我父母猜到这件事情。——既是为了不让妈妈难过，也是为了我好。

我向你保证，一旦渡过这个难关，我将会理智起来，在这个词的全部扩展意义上行事做人；要是你还有点儿不信任我，我会在你给我每笔钱时向你出具收据。再见。我深情拥抱你，还有我亲爱的姐姐，你可能已经跟她说了这件事情，她大概对我恨之入骨了吧。

　　　　　　　　　　　　　　　　　　　　C. 波德莱尔

致阿尔封斯·波德莱尔

[巴黎，1841 年 2 月 1 日星期一]

你给我写了一封冷酷无情又让人蒙羞的信。——我想靠自己来把欠熟人的钱还上。

至于那些商人，我不可能独自解决，还要恳求你把其中两位的欠账还上，很急的两位——一位是衬衫商，还有一位是以前的裁缝，我还欠他200 法郎，他想要明天星期二拿到。——我欠衬衫商的也是这个数。——你要是能帮我解决这个问题，剩下的我自己去解决，还不会让父母知道。——你要是不帮我解决，我明天就糟大了。

我求你啦，你就让我大大开心一回吧。

你会把这封信也说成是信手涂鸦；但我实在是别无他法。我在诉讼代理人这里，随便抓了张纸。

我想，你会允许我最后才还你钱，因为你是我哥哥，是最不急的。

***

我差点又忘了告诉你这个人的地址。罗里埃先生，维维安街（rue Vivienne）2 号。

求你快快回信，好让我知道应该做什么。

这是我给你写的第七封信。前面六封我都一一撕掉了，我最终决定靠自己把欠的钱还上。只不过这会很慢。

我把你的书寄还给你——我读过了，有些地方写得很无聊。

我拥抱你，我忧心忡忡。

C.波德莱尔

致阿尔封斯·波德莱尔

[1841 年 4 月 27 日左右。夏尔给阿尔封斯留言，告知即将出行。阿尔封斯在 4 月 30 日的回信中表示收到了这则"便条"。]

致欧皮克夫人

［克雷伊，1841 年 5 月初？］

　　我亲爱的妈妈，我来这里已经九天或十天了，我开始深感惆怅。我非常遗憾让你以为我非常嫌弃我哥哥的家；枫丹白露不像克雷伊那样外省气十足。在这里，我周围见到的是一些已经退休的小酒馆老板、发了财的泥瓦匠和一些活像看门婆娘的女人。不过我在上校 ① 的圈子里结识了一位女士，她双手白皙，讲一口地道的法语。我一有可能就溜到她那里去。其他时候我就逃到野外去，在大太阳下把身子晒得暖洋洋的。这里的人个个爱钱，一玩起来就你争我吵，还特别喜欢说一些闲言碎语。

　　这里有一个人我应该会喜欢的，此人对我实在太好了；但有时候又有些无趣！就是韩福莱夫人 ②。她在我到达前就收拾好了我的房间，让人挂了帘子，备了纸张，安放了一台钟，还亲自摆了一架隔断屏风。有一天我说茶是个好东西，于是第二天家里从早到晚都有了茶；另外一天我提到洋葱汤，于是我们晚餐的时候就有了洋葱汤；提到猪膘炒蛋，我们很快就在午餐的时候吃到了猪膘炒蛋。你看，她比做亲妈的还更加事无巨细、更加婆婆妈妈；总之，你要是给她写信，一定告诉她我是多么感谢她。她告诉我说你之前遭了很大的罪。我希望而且我猜想，那只是我在你那边的时候引得你过度劳累并且带给你太多吵闹所致。亲爱的妈妈，哪怕是出于为你儿子着想的自尊心，你都要保养好身体，要好好吃饭，免得你丈夫责备我说是我让你病倒的。不是么？有可能的话，你一定要让他相信，我不是一个大混蛋，我还是一个好孩子。

　　我拥抱你，我将在给你的下一封信中寄上一些会让你觉得奇怪的花朵 ③。

夏尔

---

① 　指马克-安托万·杜福尔上校（le colonel Marc-Antoine Dufour），曾是欧皮克在军队中的同僚，于 1833 年退休后住在克雷伊。

② 　韩福来夫人（Mme Hainfray）早些年就与欧皮克夫人相识，1841 年时寡居在克雷伊，与杜福尔上校住同一个宅子。

③ 　指诗作。

致亨利·德·莫布朗 ①

[1841 年 6 月 8 日左右。本信佚失，当时是附在下面这封致欧皮克夫人的信中的。]

致欧皮克夫人

[在海上] 1841 年 6 月 [9] 日星期三

我亲爱的、深爱的妈妈，原谅我这封信写得漫无条理——我被搞得措手不及。我们一路顺风满帆，还有不到一个小时就到海上了，领航员马上就要离开我们了。

你寄给我的那些东西让我觉得好笑。我这次出行，花的钱比人家先前的要价要少——但最好还是我自己去解决买衣服这样的事情。

船长太棒了。为人善良，有见识，有学识。

把这个寄给莫布朗。

把我的《鲁滨逊漂流记》送给路易 ② 做礼物。我有这个愿望。

我不希望你给我的信都写得像上一封那样。信中必须要透着喜气。我愿意看到你吃得香，希望你一想到我现在过得开心你自己就开心。因为的确如此。或者说基本上是这样。

等下次有机会我再给将军写信。我刚才跟你说了，我被搞得措手不及。我们已经遇到了一次剧烈的颠簸。

可能还有好多事情我一时想不起来跟你说，但一个大大的拥抱可以包含千言万语，我带着我全部的深情给你这个拥抱。

在给莫布朗的信中也说了好些事情。拜托一定转交给他。

---

① 亨利·德·莫布朗（Henri de Maublanc），波德莱尔在路易大帝中学时的同学。

② 具体不详。当时和波德莱尔关系密切的有两位路易，一位是路易·杜赛索瓦（Louis Ducessois），是杜赛索瓦夫妇的小儿子，也就是波德莱尔的哥哥阿尔封斯的内弟；另一位是路易·德拉热奈弗拉伊（Louis de La Genevraye），是波德莱尔的同学，也就是波德莱尔在 1841 年 1 月 20 日给哥哥的信中提到过的那位。

萨利兹船长向你问好并且向你保证旅程愉快。我们俩之间相处得十分融洽，好天气让他很是高兴。

夏尔

到了波旁岛 ① 我再给你写一封长长的信，写一大本。

致阿道尔夫·奥塔尔·德·布拉加尔 ②

［波旁岛］1841 年 10 月 20 日

好心的布拉加尔先生：

在毛里求斯的时候您要我为尊夫人写几句诗，我没忘这件事。既然一位年轻人写给一位夫人的诗要通过她丈夫转到她手上才算是磊落、坦荡和得体，那我就把这些诗句寄给您了，您如果觉得这些诗句还差强人意的话，就把它们拿给她看。

自离开您以后，我经常想起您和您那些优秀的朋友。我当然不会忘记您让我度过的那些美好的上午，忘不了您、布拉加尔夫人和 B 先生 ③。

若不是我太爱和太想念巴黎，我会尽可能久地跟你们待在一起，我会尽力让你们喜欢上我，让你们发现我原来不像表面看上去那样满是巴洛克风格的古怪习气。

我不大可能返回毛里求斯，除非我出发去波尔多的那艘船（阿尔西德号）要停靠到那里接乘客。

下面是我的十四行诗：

<blockquote>

在沐浴阳光抚爱的芬芳国度，
琥珀色的罗望子树枝叶浓郁，

</blockquote>

---

① 波旁岛（l'île Bourbon），今留尼汪岛（l'île de la Réunion）的旧称。

② 阿道尔夫·奥塔尔·德·布拉加尔（Adolphe Autard de Bragard，1808—1876），毛里求斯太子港的律师兼种植园主，不久前与其夫人艾米莉·德·布拉加尔（Emeline Autard de Bragard，？—1857）在家里接待过旅行到此的波德莱尔。

③ 身份不详。

满眼是棕榈树洒下慵倦无数，
一位克里奥尔女士魅力含蓄。

面色苍白、温煦；这棕色的女巫
把脖子扭出雍容高贵的妙趣；
她又高又苗条，女猎手般迈步，
她的微笑安详，眼神镇定不屈。

夫人，倘若去真正的荣耀之邦，
到塞纳河或绿色罗讷河之旁，
您的美丽堪配装饰古老宅府，

在浓荫四布的僻静处，您能使
诗人心中萌发千首十四行诗，
您的眼令他们比黑奴更驯服。①

好了，我会在法国等你们。
请向布拉加尔夫人转达我恭敬的问候。

C. 波德莱尔

致欧皮克将军

［波尔多，1842 年］2 月 16 日

瞧，我从长长的远游回来了。我是昨天晚上到的，是 11 月 4 日从波旁岛出发的。我没有带回来一分钱，我常常错过一些紧要的事情。

你知道我们遇到了什么——在去的时候②。回程由于没遇到什么特别

---

① 这首诗后来收入《恶之花》，题为《致一位克里奥尔女士》(À une dame créole)。
② 指海上航行时遇到特大风暴。萨利兹船长在 1841 年 10 月 14 日给欧皮克将军的信中写道：
　"一次在我长期的航海生涯中从未遭遇过的海上事件，我们几乎可以用手指触碰到死神。"

的事情，就乏味多了——有的是大把大把的时间和清静。

我要是把在远离你的这些日子里所想的和所想象的都写给你，那写一本都不够；所以我还是到时候讲给你听吧。

我想我是口袋里装满了智慧回来的。

我估计会在明天出发。这样的话我过两三天就可以拥抱你了。

C. 波德莱尔

致欧皮克夫人

［波尔多，1842 年］2 月 16 日

亲爱的小妈妈，我过两三天就可以拥抱你了。——我结束了两趟讨厌的海上旅行——不过呢，我们又可以在一起谈笑风生了，看来老天爷还不是太坏。

热代 ① 先生在这里告诉我说，你一直都很担心，还说你不能想象这么长时间的海上旅行——可我是 11 月 4 日从波旁岛出发的，那天可是我们俩的主保瞻礼日 ②。——我没有收到过一封来自巴黎的信——在路易港，在圣但尼——甚至在波尔多。

人家在这里跟我说，你要是不担心的话，整个人就很好。但愿如此。我在海上的时候一心只惦记着你那可怜的宝贵的健康状况。

现在你可以安心了。——车子可不像轮船那样容易出事儿。

C. 波德莱尔

我在远方拥抱你，盼着与你相见。

---

① 热代（Amédée-Pierre Zédé，1791—1863），海事工程师，海事博物馆的创建者和首任馆长。1834 年成为行政法院审查官，1841 年起先后担任厄尔省、奥德省、卢瓦尔省的省长。他是欧皮克将军的朋友，1841 年时是后者家庭委员会的成员。

② 波德莱尔和他母亲的主保圣人的瞻礼日为同一天，都是 11 月 4 日。天主教在这一天瞻礼纪念的是 1610 年由教宗保禄五世列入圣品的意大利主教圣嘉禄（Saint-Charles）。

致欧皮克夫人 ①

我亲爱的母亲：

现在七点钟了，我是从城外步行回来的，已经筋疲力尽，全身也湿透了。我请你原谅我今天就到此为止，待在自己家里了。

跑腿送信人的钱已付过了。

夏尔

致欧皮克夫人

亲爱的母亲，我刚才快要饿死了，到三点钟才吃午饭。

我有事情要去跑一趟。虽然我不能上你那儿吃晚饭，但我会在六点或七点过去看你。

跑腿送信人的钱已付过了。

夏尔

致欧皮克夫人

我亲爱的母亲，我把路易 ② 的箱子寄给你——你让人给送东西的人付点儿小钱吧——人家毕竟跑腿了。

我两天之内不大可能去看你。——给我写两个字说说你的消息。

夏·波

---

① 本信和接下来的 3 封信日期不详，估计都写于 1939—1844 年之间。

② 身份不详。不知是否指路易·杜赛索瓦。

致欧皮克夫人

我亲爱的小妈妈，我身体有些不舒服，不能出门去任何地方吃晚饭，甚至也去不了你那里。——你能猜到我有多难受。

我以无数次拥抱作为对你的补偿。

C.波德莱尔

致欧皮克夫人

[巴黎，1842年3月底或4月初]

我刚从普拉斯先生 ① 那里出来。我花了225法郎租到了房子——我租下这处房子是因为没有别的房子可租，而我正好酷爱孤独。你别害怕这个价格。——如果我的钱不够过日子，我会断然下决心——要是没有文字工作可做——请我原来的老师们帮我找一些补习课的事由，以弥补钱包的亏空。

如果房东到你那儿了解我的情况，我求你啦，千万别对我玩背后使绊子的愚蠢花招。

过一阵子我可能还会获得一些减免——求你啦，你让人把桃花芯木的桌子擦洗干净并且把床头柜也收拾出来——把那些老床垫连同一些床单和一床被子寄过来——贝图姆滨河道10号——让我哥哥尽快过来。

＊＊＊

我昨天干的蠢事让我一夜都没有睡好。——要好好走路可真是一件困难的事情！

---

① 普拉斯先生的全名是普拉斯-拉封（Place-Lafond），他在巴黎圣路易岛的贝图姆滨河道（quai de Béthume）有一栋房产。

致欧皮克夫人

［巴黎，1842 年 4 月下半月之初］

我坚信我逃过了这次征兵。——先前被要求前往市政府的人不是都被叫去了。——我今天没有和让-雅克来你这里吃晚饭，因为我在讷伊一直待到了六点。

***

我以很便宜的价格淘换到一件我觉得很好看的东西——我想至少可以有一次机会开开心心地送一件礼物给妈妈——你可以用它来罩梳妆台或壁炉。不怎么需要修补。

温情地拥抱你。

夏尔

致欧皮克夫人

［巴黎，1842 年 4 月 20 日左右？］

我把答应你的东西寄给你。虽然漂亮，我还是建议你让它保持原样，不要找人配框子。

拥抱你。

夏·波

致欧皮克夫人

[1842 年 5 月 28 日。雅克·克雷佩[①] 曾在杜赛索瓦的旧藏中见过这封信。]

---

① 雅克·克雷佩（Jacques Crépet，1874—1952），法国波德莱尔研究权威，编有《波德莱尔全集》19 卷。

致欧皮克夫人

［巴黎，1842 年春或夏？］

我亲爱的小妈妈，从你的信来看，你凡事都太夸张了，你们这些做母亲的总是比别人疑心重。

请相信我永远不会冷淡待你的，而是永远带着大大的愉快心情；我现在好多了，我想过几天就可以去看你了。

我求你啦，别再给我寄药和糖浆了。

C. 波德莱尔

致欧皮克夫人

［巴黎，1842 年 6 月 29 日］

我亲爱的小妈妈，我读了你的信——就像读所有的信一样。——我肯定地跟你说，你总是把一些在我看来无关紧要的事情看得过于严肃了，这让我感到心痛。——我明天会过去拥抱你——跟你一起吃晚饭，跟你在晚上聊天，给你念一些诗——说一些不会让你难受的疯言疯语，并答应你不再让你伤心。

C. 波德莱尔

致欧皮克夫人

［巴黎，1842 年夏？］

我亲爱的妈妈，你的担心大错特错。我丝毫没有打算去相信什么放债的奸商而不相信昂塞尔 ① 先生。我是想要摆脱他，但得一点一点、一步一

---

① 纳西斯·昂塞尔（Narcisse Ancelle，1801—1888），公证人，欧皮克夫人的朋友。此人后来于 1844 年 9 月 21 日起被指定为波德莱尔的司法顾问和监护人，掌管波德莱尔继承的遗产和每月的开销。

步来——到最终达到实现5%的时候我就不再需要公证人了。这里面没有什么是十分简单和十分坦诚的。

我的确在钱的问题上深感抱歉。——赶快寄钱给我，我有用——待我手头有点儿闲钱的时候就马上还给你。

夏尔

致欧皮克夫人

［巴黎，1842年7月12日］

我亲爱的妈妈，我今天必须到城外去一趟——不能和你一起吃晚饭了。

你说要为我把你的家里弄得舒舒服服的；但最简单的方法就是你一个人在的时候请我过去——而不是有旁人的时候。

你那里有没有我的出生证和我的高中毕业文凭？

我现在急需这些文件——我觉得你在我们某次搬家的时候是带上了第二个文件的。你要是找到这些文件就赶快寄给我。我明天或后天去看你。

C.波德莱尔

致欧皮克夫人

［巴黎，1842年10月4日］

我亲爱的妈妈，我本打算给你写一封长信来回应你那些没完没了、声色俱厉的责备——但眼下我没时间。我给你写的这封信是在晚上七点钟，我估计我的信会及时送到你手里，好让你明天能来看我。——我会一直等你到两点钟。你只会看到一些空椅子，没有任何别的什么可以干扰到你身为人母的气性。

我温情地拥抱你。

夏·波

昨天晚上朗格莱夫人没有接待我，我搞不懂是为什么。

致欧皮克夫人

［巴黎（？），1842 年 10 月 25 日］

我给你写信不是为了又跟你要钱。你知道我手头还有一些，足以对付两三个月或更长时间。——我估计过些时候再感到捉襟见肘时，你不会再那么固执地不做让步。

我马上要给波尔多的诺盖先生一家写信，向他们讨要萨利兹先生有可能在加尔各答① 找到而又没有寄回给我的那些信，为此我恳求你告诉我，你或者欧皮克将军此前是否收到过一些来自波尔多的消息或材料。

我真诚地拥抱你，请你相信我非常在意永远不让你伤心——尤其是不要做那些只有你自己才会太较真的幼稚的事情。

C. 波德莱尔

致欧皮克夫人

［巴黎，1842 年 11 月中旬］

我亲爱的母亲，很抱歉又要让你伤心了。——但如果你想知道个中缘由，那就是眼下我缺一条裤子，也没有帽子可戴，这让我不能出门去学校②。——为了向你证明我不是一个坏人而且一直想着你——我今天上午给你寄了一副耳坠，这可以给你下次的新家添点喜气。不要责骂我。——这笔花销我不会记在还你的账上的。

C. 波德莱尔

---

① 萨利兹船长的"南海轮"（Paquebot-des-Mers-du-Sud）到了加尔各答后于 1842 年 8 月 13 日回到波尔多。

② 此处的"学校"指当时欧皮克夫妇的居住地"参谋部应用学校"。该信是波德莱尔寄到这个地址的最后一封。随着欧皮克将军的调任，他们夫妇后来搬到了旺多姆广场（place Vendôme）7 号。

致欧皮克夫人

［巴黎，1842 年 12 月 4 日］

6 日星期二晚上，我将在家里为你准备一顿美餐。

我全心拥抱你。

C. 波德莱尔

致欧内斯特·普拉隆

［巴黎，1843 年 2 月 11 日星期六］

我的朋友，您星期一就会拿到我的那些拙文 ①。——您要告诉我怎么分页和排列纸张。——我还指望您改改稿子。

我始终叮嘱您，对幼稚文笔 ② 绝不能手下留情。

夏·波

致欧内斯特·普拉隆

［巴黎，1843 年 4 月 19 日］

我的朋友，请给我写信吧，考虑一下那件最不重要的事情，您看我的生活马上就要乱七八糟了。——甚至有可能一个什么突发状况就迫使我情

---

① 指波德莱尔为当时与他的朋友们正在编辑的一本诗歌合集提供的稿件，参与者有普拉隆（Ernest Prarongd）和勒瓦瓦索尔（Le Vavasseur）等人。但最终出版的《诗钞》（*Vers*，1843 年）里面没有波德莱尔的作品。勒瓦瓦索尔后来解释了其中的原由："波德莱尔把他的诗稿交给我。这是几首诗的草稿，后来都收入到《恶之花》（《忧郁与理想》一章）中。我没有在脸上做出什么怪表情，而是直接提出了自己的意见。我甚至想做一回不招人待见的诤友，改动诗人的某些语句。波德莱尔什么也没说，也丝毫没有生气，就这样一声不响地退出了合作。他做得对。他的织物用了跟我们的白布完全不同的纱线。他的离去让我们觉得孤独。"

② 普拉隆多年后回忆道："从那时起，向'幼稚文笔'开战就成了波德莱尔关心的要紧事。"

非所愿地回到我的岛上去 ①。

夏·波

致欧皮克夫人

［巴黎，1843 年 5 月 22 日］

你是否愿意发发善心，明天上午过来看看我，帮我收拾一下我的新住处 ②？——我要告诉你一点儿可能会让你开心的事情。

夏尔

致欧皮克夫人

我那 80 法郎昨天付了住宿费。——我今天上午又付了地毯商的账单。——我现在连一个子儿都没有了——我还有好些东西要付款。

我拥抱你。

C. 波德莱尔

致欧皮克夫人

讷伊，［1843 年］6 月 11 日

我把今天上午我所办事项的结果寄给你。——你可能会说我得到的结果要好于我本该得到的；在这件事情中对我来说最美妙的就是会让你高兴。

---

① 波德莱尔写这封信时已经不住在圣路易岛上的贝图姆滨河道，而是住在瓦诺街（rue Vaneau）的一个租屋里。研究者们一般认为，此处所说的"我的岛"当指波德莱尔已经搬离的圣路易岛，而不大可能是指他在上次远行中曾经去过的毛里求斯岛或波旁岛。

② 新住处的地址是圣路易岛上的安茹滨河道（quai d'Anjou）15 号。

拉比先生向你致意。——他今天上午着实帮了我的大忙 [1]。

夏·波

致欧皮克夫人

看来你忘了付给这个人 28 法郎。——也忘了奥美尔勒 [2]，在同一条街上的 27 号。还有科拉 [3]，住在林荫大街。——忘了这三件事情可不应该。

C. 波德莱尔

让办事的人跑一趟吧。

我在 1843 年 6 月 27 日的状况

出售价格 [4]		70000+150
要支付的：		
抵押债务	9500	
根据当着昂塞尔		
先生面所立契约		−15000
之规定应当立即		
支取	5500	

---

① 根据波德莱尔的请求，1843 年 6 月 11 日这天在公证人昂塞尔先生的事务所拍卖了作为父亲遗产继承来的位于讷伊的 4 块地皮。这 4 块地皮分作 2 份拍卖，曾做过公证人的拉比（Labie）先生是此次拍卖的中标人之一，他用 31000 法郎拍得其中一份。此次拍卖总共得到 70150 法郎。

② 奥美尔勒（Ernest Aumerle）曾是波德莱尔在路易大帝中学时的同学，后成为医科学生，是波德莱尔的债主之一。

③ 科拉（Collas），身份不详。有论者认为，可能是著名实业家巴尔贝迪恩（Barbedienne）的合伙人，地址在普瓦索尼耶尔大道（boulevard Poissonnière）20 号。

④ 指 1843 年 6 月 11 日售地总价。

剩余		<u>55150</u>
拉比先生	31000	
要用于投资理财	<u>24150</u>	
	55150	

所得收益。

——大约3300法郎

包括掌握在欧皮克夫人手上的公债证券。

＊＊＊

我、欧皮克夫人和昂塞尔先生共同达成如下约定：

我在昂塞尔先生事务所签署的委托书要产生效力，事实上除了我的签名，还要有昂塞尔先生的首肯，只是看上去像是我自己所为。

根据委托书，以我的名义提取的各种款项和证券将交给欧皮克夫人。——她将会与我和昂塞尔先生一道，把这些资金用于最合适的投资理财，直接让我获取收益。——本契约用以证明欧皮克夫人是我实际上的代理人，虽然我在昂塞尔先生处签署的委托书上不可能有她的名字。

＊＊＊

讷伊，1843年6月27日当日

C.波德莱尔

从债券中提取的5500法郎将掌握在昂塞尔先生手上。

夏·波

致欧皮克夫人

［巴黎，1843年8月31日］

那张原定于29日而不是30日的汇票突然落到我的头上，所以我不能去你那里了。

C.波德莱尔

致欧皮克夫人

[巴黎，1843 年 9 月 25 日左右？]

你向我提出把 10 月份的钱提前给我。你要是能把它交给我的保姆，会让我大为开心的。——如果不行的话，你怎么做都好——别忘了昂塞尔先生。我希望在他付款的那段时间，你也把按月为我保管的那份给我，因为就在那段时间要是能把裁缝的钱付了就好了。

别责怪我不守时。我生了一场病。我在工作，以名誉担保。

夏尔

致欧皮克夫人

[巴黎，1843 年 9 月 27 日] 星期三

便饭——我求你啦，明天上午过来跟我一起午餐吧，倒不是为了我好——而是我要给你读点儿东西。

你不会太责怪我，对吧？

C. 波德莱尔

致欧皮克夫人

[巴黎，1843 年 10 月底？]

我今天会派一个人告诉你我选的住处。——我依你给我定的那些条件处理得非常好 ①。你自己过来跟房主谈那些事情。只是别谈司法顾问的事。

----

① 欧皮克夫人与昂塞尔先生一道管理波德莱尔的财产，按月从其财产利息中付给他一笔收益。欧皮克夫人每月还要单独存一笔放在一边，以备儿子不时之需。

如果我发现你背着我谈了这件事，我会马上逃之夭夭，那你就再也见不到我了，因为我会去让娜 ① 那里住。——由于我不想又出现在勒鲁瓦 ② 先生跟前，我把留在那边的所有东西的清单寄给你，必须派一个不会透露我地址的人去取。

欠　据（致阿隆戴尔）

1843 年 11 月 5 日

我将在 2 月底付给阿隆戴尔先生或他指定的人一笔叁佰法郎的款项，此为已收到货物的价值。

我说的是 2 月底。

C. 波德莱尔

C. 波德莱尔
安茹滨河道 17 号 ③

金额为 300 法郎。

夏·波

---

① 即让娜·迪瓦尔（Jeanne Duval），生卒年不详，是一位混血女子。波德莱尔从 1842 年起与之保持了近 20 年的情人关系，为她写有多首情诗。此处是让娜的名字第一次出现在波德莱尔的书信中。她在生活中除了使用迪瓦尔这个姓以外，有时候也使用勒梅尔（Lemer）、勒迈尔（Lemaire）、普罗斯佩尔（Prosper）等姓。

② 勒鲁瓦（M. Leroy），身份不详。疑为某位房东或旅店老板。

③ 该地址是巴黎圣路易岛上的一家漂亮宾馆，当时名为皮莫丹府邸（hôtel Pimodan），今名罗赞宾馆（hôtel Lauzun）。波德莱尔住在 4 楼上的一套临塞纳河的三居室。安托万·阿隆戴尔（Antoine Arondel，1809—1881）的古玩店就开在底楼。作为艺术爱好者的波德莱尔尤其喜欢去那里淘旧画，由于经常赊账而欠下了不少债务。波德莱尔去世后，阿隆戴尔连本带利申索高达 15000 法郎的债务偿还，最终仅获偿十分之一。

致欧皮克夫人

［巴黎］1843 年 11 月 16 日

我两天前跟《艺术之友通讯》^①的编委会主任进行了一次长谈。——我有一个中篇小说将刊登在一月份的第一期上。——从这个时期起，我完全参与到编辑工作中，我答应加大工作力度。——我还答应他一定数量的订阅量。让他欠我一些人情，这对我有好处；所以，我就指望你了，你订一份，另外也让你的那些熟人，如保罗、爱德蒙·布朗夫人等也订一份。订阅费（现在是 20 法郎）将从一月份起变成 36 法郎，因为这份刊物每周都出。——这里面对我还有另外一个好处，那就是《通讯》的主编是于勒·雅南^②的朋友，雅南很可能会负责《艺术家》编委会的重组，这份杂志这周就有卖；这位主编明确答应我，要让我进编委会^③。我拥抱你并且还指望你——在你订阅了一份和索要已经出版的往期杂志之后，随时把那些会订阅的人的名字寄给我，让我好在这些先生面前炫耀一番。地址是：福音大道（Boulevard Bonne-Nouvelle）20 号，美术画廊，吉耶曼主管收。

C. 波德莱尔

致欧皮克夫人

［巴黎，1843 年 11 月 26 日］星期日

我明天要去你那里晚餐，因为我必须去你那个街区办点儿事。我将在五点钟到。

C. 波德莱尔

---

① 《艺术之友通讯》(*Bulletin de l'ami des arts*) 的时任主编是拉费泽里耶尔（Albert de La Fizelière）。该《通讯》旨在捍卫那些被沙龙拒绝展出的艺术家。但在这份刊物中找不到出自波德莱尔之手的文字。

② 于勒·雅南 (Jules Janin, 1804—1874)，法国作家和文学评论家，是《通讯》的保护人之一。

③ 从次年 1 月 1 日起接掌《艺术家》的是阿尔塞纳·乌塞耶（Arsène Houssaye）。

汇　票（阿隆戴尔提供）

1843 年 12 月 7 日

[阿隆戴尔在贝尔希（Bercy）开具的汇票，金额为 1500 法郎，系购画款；期限：1844 年 4 月 1 日。]

承兑这笔壹仟伍佰法郎的款项。

C. 波德莱尔
安茹滨河道 17 号

汇　票（阿隆戴尔提供）

1843 年 12 月 23 日

[阿隆戴尔在巴黎开具的汇票，金额为 1100 法郎，系购画款；期限：1844 年 3 月 5 日。]

承兑这笔壹仟壹佰法郎的款项。

确认是 1100 法郎。

C. 波德莱尔
安茹滨河道 17 号

致欧皮克夫人

［巴黎，1843 年底？］

我亲爱的小妈妈，谢谢你的好心和美意。一喝到你送的茶就会想起你。麻烦你赏脸读一读这篇稿子，已经很成熟，没什么需要修改的地方。我是今天上午把它从一份报纸（《民主报》①）那里拿回来的，它因伤风败俗而被拒刊登，但也有很好的一面，就是这篇东西让好多人都大为惊叹，

① 全称《和平民主报》（*La Démocratie pacifique*），是一份傅里叶主义的刊物。

纷纷急着向我要第二篇，情真意切，赞誉有加，让我受宠若惊。

你不知道结局；读一读吧，对我直言你的感受如何。

夏·波

附言：——这个东西送到的时候你要是在家，就给送信人20个苏[①]。

致欧皮克夫人

[巴黎，1844 年 1 月 5 日]

我没有去你那里，之所以不敢去有两个理由：我有事要拒绝你，也有事要请求你。

你知道我有了一个新裁缝——我是一直都需要的——你也知道第一次用这些人的时候，必须先给他们一些钱。——他不会信任我，面对欠条会摆出一副臭脸色。——我需要你马上预支给我 300 法郎——这比二月份的钱要多 25 法郎。如果你家里多多少少有一笔钱可以支配，就算远远不及这个数，也请寄给我，有多少就能让我欠他的少多少。——你元旦那天寄给我的钱，一些用来偿付了一张 300 法郎的欠据，钱是去年秋天借的，一些用来买了新年礼物。

我曾跟你说过要给将军那里送一张贺卡，因为我认为这样做是合适的，这样的关心会让你高兴——既然你认为他可能反倒因此会不高兴，而不是去理解其中真正的原因，那我就什么都不需要做，什么都不能做了。——这些想要达成和解的梦想让我痛苦不堪。就像我跟你说过的，我唯一能对你做的承诺就是在这一年里勤奋工作、理性处事——别无其他。

这关乎男人的自尊心，这是你作为女人和作为他的妻子所不能理解的；你为什么要把我逼得这么痛苦，为什么要抱着如此这般的一些幻想？

我紧紧拥抱你，至于好消息，我可以肯定地告诉你说，在我写完一本或两本小说后，我知道卖到哪里去——干两个月就足够了。一本连载十次

---

① 苏（sou），法郎辅币名。1 苏等于 1/20 法郎，即 5 生丁。

的小说——平均来说——可以卖到 500 法郎——一本在杂志上占十个页面的小说是 1000 法郎。

C. 波德莱尔

致欧皮克夫人

［巴黎，1844 年 1 月？］

我亲爱的母亲，我非常害怕成为一个令人难以忍受的讨厌鬼，但还是要请你想到我要的那 30 法郎。——这笔钱来得越快，我就越会舒心。——我的确有一些苦差事要做，但都是一些笨活儿，挣不了几个钱。

夏·波

欠　据（致库奇内）

［巴黎，1844 年 1 月或 2 月？］

我将在今年 3 月偿付库奇内先生或他指定的人一笔壹佰玖拾法郎的款项，此为已收到货物的价值。

C. 波德莱尔
安茹滨河道 17 号

确认是 190 法郎。

致欧皮克夫人

［巴黎，1844 年 3 月 3 日］

我没有去你那里，为此向你深表歉意。——上个月有二十九天，这把我的账目给搞乱了，而账单是 29 日才到的。——再说我一直忙于修改我的文章全文。这趟路也相当远，只要一出家门，就下不了决心赶紧打道回府，那样一整天也就完蛋了；当我闭门不出，我就必须做自己的事情。

再说——还有这样一种会让你很不高兴的感觉——你那房子那么大，冷冷清清，空空荡荡，而在那屋檐下，我只认识自己的母亲，我真不知道该如何向你描述这在我心里引起的那种悲伤而强烈的感受。——我进这个家门总是战战兢兢，我出这个家门总是溜之大吉；这对我来说已经变得难以忍受。请稍稍原谅原谅我，就让我一个人这么待着吧，直到写出一本书来。

我需要我那 425 法郎。——另外我认为，根据你给我定下的那些条件，你应当把我 3 月份的费用寄给我了。

我觉得你干了一件不大厚道的事，派了一个朋友还是一个改头换面的仆人到一家餐厅，让人家别赊我太多的账。既然你已经给了我能够决定自己开销的这份小小的虚荣，就不要把我管得这么紧了。再说，这又何必呢？因为我想好了要少出门，不给自己惹出一些新的烦恼。

如果我这里有了什么好事，我会马上告诉你。

夏·波

请把我所有的文章都寄给我。

致杰罗姆·皮雄男爵 [1]

[巴黎] 1844 年 3 月 4 日

先生：

我昨天得知，有几个人硬是根据书商勒伽罗瓦 [2] 先生的说辞，把收在这位先生出版的一本书中的一篇文章的某些文字归到我的头上，说里面赫

---

[1]　杰罗姆·皮雄男爵（le baron Jérôme Pichon）于 1842 年 8 月 26 日买下皮莫丹府邸，是波德莱尔住在该处时的房东。据传他们彼此间并非关系和睦。

[2]　勒伽罗瓦（Auguste Le Gallois）是巴黎书商，他于 1844 年 3 月初在另一位书商卡泽尔（Cazel）的书局出版了《巴黎演艺界风流秘事》（*Mystères galants des théâtres de Paris*）。有论者根据这封信，认为波德莱尔参与了该书的写作。书中确有一段文字挖苦了一位名叫伊埃罗尼姆·皮雄（Hiéronyme Pichon）的先生。

然印有您的尊姓大名或跟您同姓的人名。

恕我直言，在这个名字上的种种附会在我看来都是完全错误的。

我认为，先生，要是换个人，对文中那些荒唐可笑的指责如何抗议都无济于事，而您的习惯、您的秉性以及众人对您的尊重，都让您与那些指责无涉。

先生，请接受我诚挚的敬意。

C.波德莱尔

致欧皮克夫人

［巴黎，1844 年 5 月 10 日左右］

我今天见到了杜赛索瓦先生，他非常可爱，还提出要帮我一些忙。——我今天晚上出发去枫丹白露，要在那里待三四天。——我回来后要去看米尔拜尔夫人 ①，作为收到她的信的回复。

C.波德莱尔

致欧皮克夫人

［巴黎，1844 年 5 月 18 日］

我希望你很乐意在星期二两点钟左右等我。我有方方面面的事情要跟你谈。

我去拜访了米尔拜尔夫人，她很亲切地接待了我。

夏尔

---

① 米尔拜尔夫人（Mme de Mirebel）是一位细密画画家。

致欧皮克夫人

［巴黎］1844 年 6 月 10 日

谢谢你的信，但我肯定地告诉你，你起码是大大地搞错了。

我一直在弄那篇我老也弄不完的中篇小说。

我星期一会去看你——跟你谈一些我的事情。

夏尔

致欧皮克夫人

［巴黎，1844 年夏 ①］

我请你认认真真地读这封信，因为事关重大，而且这也是向你的良善和慈爱发出的最高呼唤，你一直都说你是那么地爱我。——首先，我给你的这封信是要保密的，请千万不要示人。

此外，我恳求你不要以为信里有任何哭凄卖惨的意思，我只是想通过讲事实摆道理来打动你。我们近来话不投机，一开口就出言尖刻，这都成了奇怪的家常便饭，而对我的指责常常又没有任何真实之处，我总是心急气躁，你总是固执己见，不听我解释，因此我不得不采用写信的形式，我想通过信件来说服你相信，虽然你有一片慈爱之心，但你也有可能错得多么离谱。

我在写这些文字的时候头脑非常冷静，一想到这几天由于愤怒和震惊所导致的病快快的状态，我就问自己如何能够忍受这个既成事实！——你为了让我吞下这个苦果，不停地反复地跟我说这事情太正常不过了，丝毫

---

① 本信显然写于 1844 年夏天。欧皮克夫妇在那段时间启动了司法程序，请求法庭为波德莱尔指定一位司法顾问以阻止他"疯狂无度的挥霍"，并掌管他的财产和发放每月的开销。8 月 10 日，法庭下令召集家庭委员会。8 月 24 日，家庭委员会一致同意欧皮克夫人的请求，其中一条理由是波德莱尔在 18 个月时间里挥霍掉了所继承遗产 10 万法郎中的将近一半。在家庭委员会做出决议后，波德莱尔被法庭传唤，但他没有到庭。9 月 21 日，法庭宣布，指定昂塞尔先生作为其司法顾问。指定司法顾问的结果就是把当事人限制在未成年状态，收回他支配自己财产的权利以及有效缔结债务的权利。

不会让人有失体面。可能是的，我也相信；但实际上，这对大多数人来说究竟意味着什么并不重要，重要的是这对我来说是完全不同的事情。——你跟我说过，你看待我的愤怒和我的悲伤跟看待任何路人没什么两样；你以为你像收拾小孩子一样收拾我是为我好。但你要相信一件事情，而你似乎一直都不了解，那就是就我所遭受的不幸来说，我的确跟所有其他人是不一样的。——有些事情你认为非做不可，不过是一时的痛苦，而我却不能忍受，不能够。——道理很简单。我们单独相处的时候，你愿意以何种方式对待我都可以——但我坚决拒绝任何对我的自由的损害。——把我交给某些生怕别人有自由而又不认识我的人来裁决，这难道不是难以置信的暴行吗？——在我们俩之间，谁可以自诩了解我，知道我想往哪里去，想做什么，能够有多大的耐心？我真心认为你正在犯一个严重的错误。——我是冷淡漠然地跟你说这些，因为我看到自己似乎已经被你判决了，我确定你不会听我的；但请首先注意这一点，就是你正在心意决绝地故意给我造成无尽的痛苦，而你并不知道这有多么令人心碎。

　　你在两点上食言了。——在你愿意借给我 8000 法郎的时候，我们之间可是约定好的，过一段时间后你就有权从我可能实现的全部劳动所得中提取一定份额。——我确实又借了一些债；而当我告诉你这都是一些数目很小的债务时，你可是答应过我说可以再等等的。的确，普普通通预支几笔钱，再多多少少加上挣的钱，原本是可以很快就把这些债务勾销掉的。现在你却铁了心要给我好看；你这么快就出手了，搞得我措手不及——让我不得不放弃自己的计划。我的第一个成果 ① 几乎可算是科研的东西，已经送去给好几个人看了，我原来想象这个东西会得到你的几句夸奖，想象你看到有钱进账也许就不会拒绝再预支一些钱给我，而若果真如此，几个月后我就可以彻底摆脱困局，也就是回到我在得到你那 8000 法郎后的那种状态。——可你一点儿都不愿意等——哪怕是再等十五天。

　　瞧，你的推理多么荒唐，你的举动多么不合逻辑。——你在给我造成无尽的痛苦，你做事的方式很是伤人，而这可能恰好就在眼看我就要获得一次成功的节骨眼儿上，就在我向你恳切承诺过的那个日子眼看就要成真

----

① 当指下一封信第一段中提到的那本"关于绘画的书"。

的前夜。——你就是要挑这个时候打断我的手脚，——因为我跟你说过，我绝不愿意接受一个什么顾问，也绝不愿意把这当成什么无关痛痒的小事——我已经感觉到后果来了。——在这件事情上，你陷入了一个更为严重的错误中——就是相信这么做会让人振奋起来。——你不能想象昨天当我看到事情变得严重起来时我的感受是什么，是怎样的灰心丧气让我的双腿发软——那是某种猝然萌生的念头，想要放手一切，不再管任何事情，甚至不想去爱德蒙·布朗先生家取我的信，在心里默默地跟自己说：何必去呢，我不再需要了——我只需要像一个白痴一样，满足于她愿意给我什么我就吃什么。

这是你的一个如此严重的错误，看昂塞尔先生在讷伊怎么跟我说的："我曾跟你母亲说过，要是放任你坐吃山空可以最终把你引向工作和某种职业，我就建议她撒手让你去做；但我也说了，那是永远都不可能的。"我不相信还有谁能说出比这更蛮横无理、更愚蠢透顶的话。——我从来都不敢走到那一步，气定神闲地想要坐吃山空。我猜想你不会像他那样姑息我，而就我自己来说，我太爱惜自己的自由，绝不会做出如此的傻事。——眼下，虽然我是你的儿子，但你应该对我这个人有足够的尊重，不要把我交给一些外人去裁决，你知道这些痛苦要让我付出多大的代价。——你应当考虑到我目前着手进行的事情正面临重重困难。——我明确告诉你，我亲爱的母亲，这断然不是威胁你让你让步，而是我心有所感的表达——事情的结果将恰恰与你期待的相反——也就是说，将会彻底让我伤了元气。

现在我再来谈另外一件事情，这对你来说也许比一切的承诺和我一切的希望更有意义。

你跟我说过，你如此行事是出于一番带有担忧之情的殷殷慈爱之心。你想为我保留住我现有的财产，不管我愿意不愿意。——我是很愿意的——我从来没打算要把那些财产挥霍殆尽。——我已经准备好委托你采用一切方法为我守住那些财产。——不过除了一种方法，就是你选定的那种。——只要能达到你要的那种结果，采用何种方法就没那么重要。可你为什么偏偏只用那种让我如此痛苦不堪的方法？——那种令我的天性厌恶至极的方法——一帮裁决人，一帮法官，一帮外人——这又何必呢？

　　我虽然对法律一窍不通，但我前不久还随口跟你提起过把一笔财产赠与你的事，并安排这笔财产在你百年后再重新回到我手里。我不知道这是否可行；但你千万不要让我相信在公证人坑蒙拐骗的全部手段中，除了你想要采用的方法，就再没有另外一些能让你称心如意的方法。——这是为什么？——唉——可有谁比我更磊落，比我更诚恳——说到我的诚意，说到我的意愿，跟你的意愿并无二致，我可以给你一个更响当当的证明。——我宁愿不再拥有财产，宁愿把我的一切统统给你，而不要接受什么裁决——一个毕竟还是自由之举；另一个则有损我的自由。

　　为了停止事态的发展，我以世界上最谦卑的态度恳求你不要让我遭受这么巨大的痛苦，以及这么恐怖的屈辱。——而是看在上帝的分上，不要找什么裁决人，不要找什么外人——不要搞一个个什么会谈商议。——我希望一切都就此打住，等我跟你和昂塞尔先生进行一次长谈。——我今天晚上会见到他；我希望把他带到你那里。——而我坚信，确定无疑地坚信，有了第一次的成功后——只要你再帮我一把，我就将轻而易举地迅速达到一种很好的状态。——我再次恳切地请求你。——我确定你是搞错了——不过话说回来——要是以协商和解的方式处理我们的问题，那会是多么美妙和合情合理的事情，而如果是我没有妥当地跟你解释清楚这一点，那你就想怎么着就怎么着，该怎么做就怎么做吧。

　　爱德蒙·布朗先生写给我一封信，对我大有裨益，我今天上午将带着这封信去《评论》[①]杂志社尽力跟他们周旋。——请你最后再好好想想，我向你要求的不是别的什么恩赐，只不过就是在某些处理方式上改变一下。

夏尔

致欧皮克夫人

［巴黎，1844 年夏？］

　　谢谢你给我写了一点儿有关米尔拜尔夫人的情况。我会尽快去看她。

---

① 　指《巴黎评论》(*Revue de Paris*)。

在接下来的六天时间里你都没有必要来看我。——我今天晚上要去国民卫队的拘留所了。我要利用这段时间好好弄一弄我那本关于绘画的书，《巴黎评论》等着要用 ①。——我去了杂志社，受到了很好的接待。

　　我见过昂塞尔先生了。我坚信，你真的没有必要采用一些如此激烈的方法来平息你那过度的焦虑。

夏尔

致欧皮克夫人

[巴黎，1844 年 7 月 15 日 ②]

　　你必须把我从一个讨厌的困局中解救出来。——我从昨天上起就到了拘留所。——我原以为明天上午就可以出去——但我又受到第二次判决，接着又是第三次——在这些事情上人家留有一手，只有在你被抓起来以后才会向你宣布。

　　我明天上午必须出去——我要去城外办事。——离开这里后，我会跟国民卫队解决我的那些问题。——我为此刚给参谋部的长官写了一封信，告诉他说有一些重要的事情，有一个签字，跟钱有关，等等，需要我必须赶紧前往我的公证人处——还告诉他说我保证一定自己回来，改天再完成剩下的拘留期。——不过，要是你亲自圆一下这个谎，嚷嚷说我明天必须到场——那效果就再好不过。——为此我拥抱你，也期待着；国民卫队参谋部位于卡鲁塞尔广场——长官是卡尔伯奈尔 ③ 先生。

夏尔

---

① 波德莱尔很长时间以来一直都有写一本"关于绘画的书"的计划，但从来没有最终成书。《1845 年的沙龙》的封面上预告的书名是《论现代绘画》。《1846 年的沙龙》采用了其中实质性的内容。

② 本信的时间是根据国民卫队拘留所犯人入狱登记册上的信息确定的。波德莱尔在这年的 6 月 28 日被惩戒委员会判处 72 小时监禁。他于 7 月 14 日 12 点 24 分到拘留所投监并在登记册上签字。

③ 卡尔伯奈尔（Antoine-François Carbonel，1779—1861），时任国民卫队总参谋部部长。

致欧皮克夫人

请你原谅，我今天不去你那里了。——我要跟杂志社的一个人吃晚饭。明天要去朗格莱夫人那里，后天从昂塞尔先生那里出来后再去你那里。

夏·波

致欧皮克夫人

我今天晚上会跟昂塞尔先生待上一阵子。我们晚上就不过来看你了，因为三个人在一起吵来吵去太累人。——我不愿意再跟你谈什么事情。就由昂塞尔先生独自负责向你解释我的种种想法吧。

我拥抱你，并请求你不要因为我的话经常都很伤人而怨恨我。——你知道我饱受痛苦折磨——我想，一切的解释尽在其中。

夏·波

致欧皮克夫人

你想要我给你写些什么呢？——写我看到你痛苦而痛苦；没有什么比这更真实、更可信的了——但实际上我认为这纯粹就是一些夸大其词的话。——写爱自己的母亲，写自己遇事粗暴、缺乏分寸，没有什么比这更自然的了；但要问为什么要为了一个我已经感觉到并认识到的错误来骚扰我、折磨我。

我在努力工作；昂塞尔先生——昂塞尔先生——昂塞尔先生……

C.波德莱尔

致欧皮克夫人

[巴黎] 今晨八点半 ①

昂塞尔先生昨天告诉我的消息简直就是给我做的临终圣事。如此一来，我就再没什么可做的了，只能孤军奋战、绞尽脑汁。

但愿你行行好，今天吃过午饭后来照料我一下，哪怕只是谈几个小时话也好。我实在虚弱得很，想不安静都不行，我答应你，我绝不会让自己嘴里吐出任何粗暴的言语；千万不要不来，我求你，因为我都到了这样的地步，既不知道自己想要什么，也不知道自己能做什么。——我想，只有你在我的身边，哪怕对我没什么用，至少可以给我带来一点儿安全感。

夏尔

昨天你走后，我才意识到自己可能又让你难过了；你大人大量，就当是这几天我精神可能不大正常。

汇　票（阿隆戴尔提供）

[巴黎，1844 年 9 月 11 日]

[阿隆戴尔开具的汇票，金额为 800 法郎，系货款；期限：1844 年 12 月 25 日。]

八百法郎无误。

C. 波德莱尔

安茹滨河道 17 号

---

① 波德莱尔在 8 月 27 日得知自己输了官司，法庭认定他确有过错。指定昂塞尔先生为司法顾问是在 9 月 21 日。据此推断，本信有可能写于这两个日期之间。

致欧皮克夫人

[巴黎，1844 年 9 月底]

　　我完全搞不懂为什么今天上午收到 40 法郎。我预计的可是 150 法郎或 160 或 180 法郎。10 月 8 日，我有一笔房租要付（78.75 法郎），包括税费。我跟房东约好了，我不再跟门房打交道，而是把钱直接寄到他那里。——你要是愿意自己寄，他的地址是：布朗什街（rue Blanche）2 号，杰罗姆·皮雄先生收。

波·迪 ①

致欧皮克夫人

[巴黎，1844 年 10 月底？]

　　千万不要忘了我的房租。

　　我必须预先跟你打招呼，避免你依自己的个性做出愚蠢的举动。依你平常动不动就蛮干的习惯，你可能会去告诉所有我欠了钱的人——甚至是那些挑水夫——说我是一个有监护人监管着的人——就好像在过去，你作为人母的本能让你满心欢喜地告诉一位裁缝说我有 1200 或 1800 利弗尔②的年金。

　　诸如此类丢人现眼的事情现在完全没有用了。

　　为了预防借债——现在借债完全没有用处——就去告诉所有人你儿子已经无权再随心所欲了，这又何必呢？另外，至于债据，你知道所有生意人都相互认识，一纸通告，全巴黎的公证人和诉讼代理人都会知道我铤而

---

① "波·迪"（B. D.）这个签名的全称是"Baudelaire Dufaÿs"（波德莱尔·迪法伊斯），是父姓（Baudelaire）和母姓（Dufaÿs）的结合。波德莱尔在被指定了司法顾问后的几年里经常使用这个签名。他有时也写成"Baudelaire-Dufaÿs""Baudelaire du Faÿs""Baudelaire de Fayis"。此外，他还用过"Charles Defayis""Charles Baudelaire Du Fays"等签名。

② 利弗尔（livre）是法国的旧币单位，1795 年被法郎取代，币值与法郎大致相当，后成为法郎的俗称。

走险的勾当；再说了，怎么还得起呢？

我会写信告诉昂塞尔先生同样的事情，你可能给了他一些要代表母亲严加管束的指示，而且张口闭口总是满满的母爱。

夏·波

财产状况

[昂塞尔先生编制的波德莱尔的财产状况。在 1842 年 4 月达到成年时：100050 法郎。在指定司法顾问时只剩下 55550 法郎，该款项年收益 2629 法郎。波德莱尔在认可该文件后签字。]

昂塞尔先生送交给我本人财产状况副本一份。

1844 年 12 月 7 日

C.波德莱尔

致纳达尔 ①

[巴黎，1844 年 12 月 18 日]

很好——万分感谢——要是万一出现……，等等——遇到这种情况，我将自己处理，会赶快去解决。——不过我认为你把两件事情想简单了——首先，以为很容易把一部小说塞给《和平民主报》②——其次是出版的费用——我希望你小心谨慎一点为好。——尽量通过瓦卢瓦③ 去了解一下。——或者到《交流》④ 那边想想办法。

---

① 纳达尔（Nadar，1820—1910），法国漫画家、作家和杰出的人像摄影家，波德莱尔的好友。

② 从波德莱尔 1843 年底的信中可以看到，该刊物拒绝过波德莱尔的一篇投稿。

③ 瓦卢瓦（Valois）是一位傅里叶主义者，经常为《和平民主报》（*La Démocratie pacifique*）撰稿。

④ 全称《交流：政治与文学报》（*Le Commerce，Journal politique et littéraire*）。

　　你知道我是不出门走动的——你明天（星期四）过来吧——或是星期六。

　　对了，勒吉庸 ① 在你这场争吵中是站在你这边吗？我通过踏破门槛的访客和众生喧哗的传言得知你已闹得沸沸扬扬。

致欧皮克夫人

　　赶快过来，赶快，就是说就在今天，就是说你吃过午饭就来。

　　遇到一件严重的事情，需要好好解释才行，需要用到你全部的智慧。

波·迪

致圣伯夫 ②

［巴黎，1844 年底或 1845 年初］

先生：

　　司汤达 ③ 在什么地方说过这样的话——或大意如此——我是为十来个灵魂相通的人写作的，我也许永远都见不到他们，但虽然没有见过，我却爱着他们。

　　这一席话，先生，对那些讨厌鬼来说难道不是一个棒极了的托词，难道不是明摆着的，任何作家都要对自己所唤起的喜爱负责？

　　下面这些诗句是为您而作的——写得如此幼稚——以至于写完后我就寻思，是不是写得有些鲁莽放肆，——那个被称颂的人是不是——无权对赞美之词大动肝火。——我期待您不吝惠赐您的高见。

---

①　勒吉庸（Leguillon），身份不详。纳达尔在发表本信时就该名字加了以下注释："白裔大学生，那时候站在我们这一边。"

②　圣伯夫（Charles Augustin Sainte-Beuve，1804—1869），法国作家和文学评论家。1844 年入选法兰西学士院院士。

③　司汤达（Stendhal，1783—1842），法国作家，小说《红与黑》的作者。

当年懵懵懂懂，坐在老旧木凳，
一日复一日皮肤在上面磨蹭，
木头比链环还要光滑和锃亮，
——不尽的无聊让我们愁闷难当，
勾腰蜷身，头顶着满天的孤独，
十岁孩如饮苦涩乳汁般攻读。
——忘不了那印象深刻的旧时光，
竟然有人要扩大古人的纲常，
老师们还想要忤逆您的韵脚，
纷纷落败于我们疯狂的剑道，
让小学生风风光光、任性调皮，
用拉丁语大声唱弄臣的谑词。——
——我们中谁不曾——在苍白的青春
见识修道士那般的困倦昏沉，
——漫看夏日死沉沉的悠悠苍天，
或是冬日的皑皑白雪，——抬起眼，
竖起渴望的耳朵，——如猎犬渴饮
书中回声或暴乱大作的声音——？

尤其是在夏天乌云化作雨滴，
黑糊糊高墙上满满写着愁绪，
那时候炎炎酷暑或秋天云烟
用单调无力的火苗照射苍天，
让猛禽躲在高高塔楼里昏睡——
不再厉声尖叫，不让白鸽惧畏；
梦幻的季节，诗神缪斯一整天
徘徊在钟楼，随钟锤起舞翩跹；
忧郁之神正午时趁万物酣睡，
手托下巴，在走廊的尽头巡回，——

眸子比"修女"① 眼睛更黑也更蓝——
都知道她身世的荒唐和苦难，
——早熟的厌倦让她的脚步沉重，
额头湿漉漉挂着夜晚的倦容。

——日暮天色妖邪，黑夜性情焦躁，
姑娘们爱上自己胴体的美好，
对镜自览——心愉情悦不为生养——
观赏成熟后丰腴果实的模样——
奢逸无忧的夜，意大利的格调，
——显示对追虚逐幻之乐的通晓，
——当阴郁维纳斯在黑阳台高处
手持新香炉抛撒下麝香无数。——
……
身处在这场慵倦萎靡的冲突，
您的诗词歌赋让我变得成熟，
有天夜里我嗅到书中的灵气，
心里再放不下阿莫里② 的故事。
任何神秘深渊都紧邻着怀疑——
——缓慢的浸淫和熏染点点滴滴，
我从十五岁起便被带向深渊，
满目所见莫不是勒内③ 的哀叹，

---

① 此处的"修女"暗指狄德罗（Denis Diderot，1713—1784）在哲理小说《修女》（*La Religieuse*）中塑造的女主人公苏珊。在充斥着虚伪、残忍、疯狂、心理变态等种种丑行的修道院里，这位美丽聪颖的少女在身心上遭受了令人难以想象的摧残和折磨。

② 阿莫里（Amaury）是圣伯夫的自传体小说《快感》（*Volupté*）中的男主人公。该形象可视为圣伯夫的精神画像，体现出灵魂的焦虑和怀疑，以及顽强的自省精神。作为一个不幸的世纪病患者，阿莫里与歌德的维特、塞南古的奥伯曼、夏多布里昂的勒内、维尼的查铁墩属于同一个精神家族。

③ 勒内（René）是夏多布里昂的同名小说《勒内》（*René*）中的主人公。该小说充满感伤情调，是一部抒写个人忧郁、孤独情感的典范作品，其主人公勒内是体现"世纪病"的代表性人物。

有时也横生渴望未知的怪癖，
——影响深入到了最细的血管里。
我从一切中吸取养分，从瘴烟，
从芳香，从死灭记忆中的呢喃，
从九曲回肠充满象征的辞章，
——全都是浅唱低吟的神秘歌唱；
——好一部自古令人享受的图书。
从此，要么在浓荫庇护的深处，
要么头顶着天南地北的骄阳，
任翻卷不息令人心醉的波浪，
还有无边的天际涌现的幻影，
把这颗心带回到神圣的梦境，——
要么趁夏日沉闷的空闲时光，
或趁着霜月无所事事的寒凉——
在弥漫着烟草云雾的房间里，
——我逐页翻览深藏不露的奥秘，
这本书对麻木灵魂可谓至宝，
一翻开就成为一辈子的癖好，
我又对着镜子演练，完美修成
出生时魔鬼赐予的残酷技能，
——让痛苦变成切切实实的享受——
把恶染上血色，刮开旧时伤口。

诗人，这究竟是侮辱还是赞美？
因为我像爱人一样把您逐追，
似欣赏魅力通身的幽魂神魔，
举手抬眼莫不是未知的魅惑
让人力竭气枯。——一切被爱的人
是一罐罐苦汁让人闭目饮吞，
被刺的心经不住痛苦的引诱，

黄泉路上每天还谢箭头恩厚。

波德莱尔-迪法伊斯

安茹滨河道 17 号

致欧皮克夫人

［巴黎，1845 年初？］

昂塞尔先生今天要来看你——如果他不是已经来过的话，因为我怕我的信到得太晚。——他要跟你谈的是我已经跟你谈过的，跟我很有关系，因为我绝对需要休息一下，不休息就不能投入工作。

自我遭遇元旦那天的大挫败以来，我已经跟好几家订了口头合约，这可以在一个月后给我带来很多钱，只要我马上埋头苦干就成。

我求你啦，我亲爱的母亲，在目前这种状况下像以往一样帮我一把；因为目前这种生活状态必须结束，而且既然昂塞尔先生都已经准备为我付这笔购物款，你就不要从中作梗了。

另外，看在我的面子上，不要把你给了我 20 法郎的事告诉他；他昨天给了我一点钱，是要用到月底的，他会觉得很奇怪我怎么没有告诉他你给我钱的事。

波·迪

致欧皮克夫人

［巴黎，1845 年初？］

我昨天见了昂塞尔先生。他拒绝给我钱，而他可能做得对。但我跟他解释了问题很棘手，很复杂，告诉他这件家具还很漂亮，要是不把在这上面借的钱还上，这东西可就得不到了，他在听了我的解释后明确答应我说要介入此事，要么为我赢得点儿时间，要么以按月或按季度减少我生活费的方式把这笔可怕的欠债一点一点还上。在我给你写信的此刻，我还不清楚这个人是否会答应去见昂塞尔先生，因为此人甚是死板，只知道攥在手里的才是最好的保证，也就是那件家具。相对于昂塞尔先生那边来说，我不算是预支；从本月底开始，我将定期领到我应得的款子；你前天说很吃惊看到我又没钱了，我现在就回答你，首先要告诉你的是我在月初的时候预付了一些钱，昂塞尔先生给我的那点儿钱都用来买了日常生活中必须买的一些小东西，而且当我又向他要钱时，他回答说他绝对要阻止任何不合规矩的开支，而只有从月底开始他才会给我钱，——我完全同意他的意见，绝对同意。

我现在两手空空，很显然做不了太多的事；你跟我说过，你已经为我做出了许多牺牲，我由衷地感谢你，你不知道我对你的感激有多深；但你也好好想象一下，这十二天以来，除了能吃饭和睡觉，我不仅没有两天甚至没有几个小时的休息；在我跟前从来都没有过 30 法郎，那相当于八天的苦干。面对这样一些事实，千万不要有任何可能的责备。

十二天时间足以让我完成点儿什么并出手。如果通过牺牲 60 法郎换得相当于十五天的安宁，让你在月底开开心心地看到我为你奉上已卖出三本书 ① 的证据——三本书至少相当于 1500 法郎——看到我对你感恩戴德，你还会遗憾牺牲的那点儿钱吗？当然，若不是上面说的那几本书早就已经开始写了，连纸都变黄了，我还不敢夸下如此海口。如果今天或明天那件家具不再是我的了，上面说的那 60 法郎对我来说仍然相当于同样多的天数，也就是说可能用于工作的时间量。至于卖出那些书的可能性，也可能要让你吃惊，自从遭受元旦那天的大沮丧后，我又建立了一些新关系，也就是《两世界评论》和一位书商；但这些人更看重我的才华而不计较我是否按时交稿，只有在稿子绝对杀青后他们才会给钱。

60 法郎！这是可能的吗？我是不是应该放弃，哪怕是到自己母亲那里，去寻求最后的好意？

我不愿意再上你家去了，每次去都难受得很；但我又想时不时跟你见上一面。容我这几天把手头的这些苦活干完后再想想有什么办法，——可能还是要劳你大驾，去朗格莱那里。

---

① 　也就是将在《1845 年的沙龙》封面上预告的 3 本书：《论现代绘画》（*De la peinture moderne*）、《论漫画》（*De la caricature*）和《论大卫、盖兰、吉罗代》（*David，Guérin，Girodet*）。

我担心这封信到不了你手上。——因为我不愿意也不能去你家，你知道为什么，还因为我也不愿意你那些用人到我这里来，——你要是同意我的这个急迫而又完全必要的最后请求的话，那就麻烦你去部里把钱放在朗格莱那里；如果他不在，就交给门房，我会预先告诉他一声。我会在三点钟、五点钟和六点钟去那边。求你再最后开开恩。——千万不要再写一些平时那样的信来羞辱我，这带给我的痛苦是你想不到的。

我求你帮的这个忙不仅仅是为了让我能够完成我跟你说的工作任务，也是为了让我自己能够确信必须永远爱你。

波·迪

不用说，我以自己的名誉保证十五天后把你这 60 法郎带回来还给你。

汇　票（阿隆戴尔提供）

[1845 年 2 月 20 日。阿隆戴尔开具的汇票，得到波德莱尔的承兑，金额为 1000 法郎，系购画款。]

汇　票（阿隆戴尔提供）

讷伊，1845 年 3 月 6 日

[阿隆戴尔开具的汇票，金额为 6500 法郎，系现金欠款；期限：11 月20 日。]

承兑这笔陆仟伍佰法郎的款项，系现金欠款。

确认数额为 6500 法郎。

波德莱尔-迪法伊斯

安茹滨河道 17 号

致欧皮克夫人

[巴黎，1845 年 4 月初]

请看在我的分上好好接待奥古斯特·维图① 先生，我的一位朋友，并且拿一点钱让他转交给我。——你要是现在手上没有，那就今天晚上寄给我。

现在寄 100 法郎给勒布瓦② 完全没有用，因为还有一张 8 月份要偿付他的欠据，——届时一并算总账吧。

千万不要到他那里去嚼舌头。——把钱交给儒瓦桑或莫里斯③ 可能更好。

债主的事情没有又把家里闹翻天吧？

我的书定于 9 日出版，那天刚好是我的生日④。

波·迪

致欧皮克夫人

[巴黎，1845 年 4 月中旬？]

请帮我一把，我恳求你，寄点钱给我，30 法郎，要是你能够的话；少一点儿也行，要是你愿意的话；再少一点也可以。我这阵子忙乱得一塌糊涂，又是改书稿，又是做海报，又是发广告，根本不可能出门去找钱。

我要是有时间，早就径自到你那里去了。我之所以在这封信里开门见

---

① 奥古斯特·维图（Auguste Vitu，1823—1891），法国作家和新闻记者。
② 勒布瓦（Lebois）与人合伙在格拉蒙街（rue de Grammont）8 号开有一家裁缝铺。
③ 儒瓦桑（Joissant，波德莱尔在信中写成 Joissans）开有一家酒店，位于格勒奈尔-圣奥诺雷街（rue de Grenelle-Saint-Honoré）16 号。该酒店餐厅通宵营业，是青年文人经常出入的地方。波德莱尔在此朗诵过自己的一些诗作。至于莫里斯（Meurice）的身份，学界没有定论，一说是珠宝商，一说是地毯商。
④ 波德莱尔的生日是 4 月 9 日，由此可推断本信写于 4 月初。信中提到的那本即将出版的书应该是《1845 年的沙龙》，但该书是 5 月 10 日以后才面世的，其中第一部分《弁言》的落款日期是"1845 年 5 月 8 日"。波德莱尔在此处可能是为了让母亲对他的工作进度放心。

山直入要紧的问题，是为了不让你读到信末以为我又在玩什么鬼伎俩。

活成我这样悲惨、屈辱、凄凉，每天都穷困潦倒，我认为你还是有必要对我宽大为怀。我不知道，我想是因为生计和我所有的忧愁妨碍我去考虑任何其他的事情，我不知道你这么一个在许多事情上都宽宏大量的善良人遭受了如此深的痛苦。你不能想象，当我看到我给你造成的伤害，看到我没有预见到这伤害会导致的种种后果，我感到多么难受和多么羞愧。我想要弥补；但眼下这真是可能的吗？可能还要过些时候，等摆脱了最初的这些窘境后，我更加自由的精神将让我能在你面前做到我一直都想要做到的样子。

我温情地拥抱你，你要是愿意忍受的话。

波·迪

异议书（佩尔杜塞、阿隆戴尔）

[1845 年 5 月 16 日。执达员 B.-L.-A. 博舍利耶（图尔耐尔滨河道 27 号）应业主佩尔杜塞（贝图姆滨河道 14 号）的请求拟成的异议书。事由：一张由阿隆戴尔于 1845 年 2 月 20 日在维特里开具给波德莱尔的汇票，金额为 1000 法郎，系购画款。执达员前往波德莱尔的住处安茹滨河道 17 号，但未见到人。]

致尚弗勒里 ①

[巴黎，1845 年 5 月下半月]

如果您想写一篇调侃我的文章，那就写吧，只要别太伤害我就行。

但如果你想让我开心，那就写几行严肃的文字，并且好好谈一谈《狄德罗的沙龙论集》。

---

① 尚弗勒里（Champfleury，1821—1889），法国作家、文艺评论家。

把两件事联系在一起谈可能更好 ①。

致欧皮克夫人

〔巴黎，1845 年 5 月底？〕

我怕你今天过来，我不在家。不过，你要把拉比特 ② 寄到你那里的那包书交给送这张字条的人。我已经又要了一些，还是先寄到你那里。

波·迪

送上《1845 年的沙龙》。

汇　票（阿隆戴尔提供）

[1845 年 6 月 1 日。阿隆戴尔在贝尔希开具的汇票，金额为 1500 法郎，系欠款；期限：8 月 15 日。]

认可上述内容。

确认数额为壹仟伍佰法郎。

波德莱尔·迪法伊斯

安茹滨河道 17 号

致纳西斯·昂塞尔

〔巴黎〕1845 年 6 月 30 日

当让娜·勒梅尔 ③ 小姐把这封信转交给您的时候，我已经不在人世

---

① 尚弗勒里在这年 5 月 27 日的《海盗-撒旦》(*Le Corsaire-Satan*) 杂志上匿名发表了对《1845 年的沙龙》的书评，其中写道："波德莱尔-迪法伊斯先生像狄德罗一样大胆，但少了似是而非的东西。"

② 拉比特（Labitte）是《1845 年的沙龙》的发行者。

③ 让娜·勒梅尔（Jeanne Lermer）是让娜·迪瓦尔的另一个名字。

了。——她对此一无所知。您了解我的遗嘱 ①。——除了留给我母亲的那份并且通过您支付了本信附列清单中的那些债务以后，我所留下的全部财产都应当由勒梅尔小姐继承。

我就要死了，但还是放不下可怕的担心。——请回想一下我们昨天的谈话。——我希望，我想要让我那些最后的意愿得到严格执行。——有两个人可能对我的遗嘱提出异议：我母亲和我哥哥——他们要提出异议只会以我精神错乱作为借口。——我的自杀，外加我生活上的种种混乱，只会有利于他们去侵占我自愿留给勒梅尔小姐的那部分。——因此我有必要就我的自杀和我在勒梅尔小姐这件事情上的行为向您做个解释，——以便一旦我的遗嘱遭到上述二人质疑时，您能把寄给您的这封信读给勒梅尔小姐听，让这封信能有利于她的辩护。

我自杀——心无烦忧。——我感觉不到丝毫常人所谓烦忧的心乱。——我欠的那些债从来不曾是一种烦忧。要克服此类事情太容易不过了。我自杀是因为我活不下去了，是因为睡时难睡、醒时难醒，搞得人疲惫不堪，令我难以忍受。我自杀是因为我对别人是一无用处的废物——对自己是险恶的危害。——我自杀是因为我相信自己是不朽的，而且这就是我的希望。——就在我写这几行字的时候，我的头脑是十分清醒的，我还在撰写关于泰奥多尔·德·邦维尔 ② 先生的评述，而且还有必要的精力整理我的手稿。

我把我拥有的一切都赠与和遗赠勒梅尔小姐，甚至包括我那件小家具和我的肖像——因为她是唯一让我得到过一点儿安宁的人。——我想要报答我在这片可怕的大地上领略过的难得的快乐，有谁能指责我呢——？

我对我哥哥了解甚少——他与我既不意气相投也没有共同生活过——他不需要我。

我母亲经常总是有意无意地在我的生活中下毒手，她也不需要这些钱。——她有自己的丈夫；她拥有一个伴侣，一份挚爱，一份友情。

我呢，我只有让娜·勒梅尔。——我只在她那里得到过安宁，而一

---

① 昂塞尔先生收到信后，在信头处注明："奇怪。从来没有过这份遗嘱。"波德莱尔心里想的也许就是把本信中的内容作为遗嘱。

② 泰奥多尔·德·邦维尔（Théodore de Banville，1823—1891），法国诗人、戏剧家、批评家。

想到有人想要以我精神不正常为借口剥夺我赠与她的财产，我就不能忍受。——您这几天听到过我跟您交谈。——我像是疯了吗？

我要是知道求求自己的母亲，让她看看我精神上蒙受的屈辱，就能让她不搅乱我最后的愿望，我马上就会去做，——我十分肯定，她作为女人，会比任何其他人都更理解我——而且也许凭她的一己之力就能让我哥哥放弃不明智的异议。

让娜·勒梅尔是我唯一爱过的女人——她一无所有。——而您，昂塞尔先生，您是那种我认为拥有难得的温良和高贵精神的人，我把我关于她的那些最后的明示托付给您。

请把这封信读给勒梅尔小姐听——让她了解这次遗赠是出于一些怎样的动机，并且在我的这些最后安排遭到阻挠的情况下，让她知道如何*辩护*。您处事稳重，要让她懂得任何一笔钱的价值和重要性。——要尽量找到某种合理的想法，好让她可以利用，也让我那些最后的意愿不致落空。——请指导她，帮她出主意；我甚至要斗胆对您说：请爱护她——至少是为了我。让她看清楚我这个恶劣的例子——看清楚精神上和生活中的混乱是如何把人引向阴沉的绝望或完全的毁灭的。——*合理且有用！我恳求您！*

您是否真的认为这份遗嘱可以被质疑，认为人家有权剥夺我在临死前做出一个确实是善良而合理之举的权利——？

您现在清楚地看到，这份遗嘱既不是在虚张声势强做姿态，也不是在顶撞种种社会和家庭的观念，它无非是在表达我身上尚存的合乎人之常情的心意，——也就是爱和想要对一个曾给我带来快乐和安宁的人施与帮助的真诚愿望。

永别了！

请把这封信读给她听——*我相信您光明磊落，而且我知道您不会毁了这封信。*

请马上把钱（500法郎）给她。她对我那些最后的意愿毫无所知——而且还指望着我来帮她摆脱一些这样那样的困境。

在那些最后的愿望遭到质疑的情况下，一个失去生命的人终归有权决定赠与。

她还会转交给您另外一封信，是专门写给您的，里面列有一份清单以保证我记忆的完整，都是需要替我偿付的项目。

C.波德莱尔

致欧皮克夫人

［巴黎，1845 年 7 月初？］

就在我想穿衣出门去找您的时候，发现每扇门都锁死了。看来医生不想让我出门。

我因而不能去看您了；我给您写信，总是昂塞尔先生回复我，他不让我去看您。——再说，我也被关在屋子里。

您这是把我遭受的种种痛苦视若儿戏吗？您这是狠心让我再也见不到您了吗？——我跟您说吧，我需要您，我必须见到您，我要跟您谈谈。但还是您来吧，还是赶紧来吧——不要摆出一副矜持的样子。我眼下住在一个女人家里，但我病了，不能起身。

您要是做不到我要您做的事情，那至少也应该告诉我您可以做什么。大家都瞒着我，把我关起来，我给您写信，您也不回，人家给我写信说我不能见您，这都是什么意思呀？我求您了，过来找我吧，不过要快，赶快——不要大呼小叫地嚷嚷。

夏尔

迪瓦尔女士，无头女人街（rue de la Femme-sans-Tête）6 号。

附言：——我明确地告诉您，您要是不来，只会引起一些新的变故。我只要您一个人来。

致泰奥多尔·德·邦维尔

［巴黎，1845 年 7 月 6 日］

给您写这封信证明我是想着您的。——而您这边呢，也请大胆地马上给我写，写长一点。您要是能做到，我会很开心的——不要把我那些乱七八糟的大路货①拿出来逗乐——也就是说不要拿出来给别人看。——我今天上午收到了一份最意想不到的礼物；是阿布维尔的一份报纸②——里面有一篇关于我的专栏文章——妙趣横生——但充满了善意、魅力，又让人忍俊不禁——显然出自勒瓦瓦索尔的手笔——他住在博纳街（rue de Beaune），但我不知道住几号，因而不能给他写信。——您要是见到他，请向他转达我的谢意。——我有十足的理由害怕那帮围攻普利瓦③的坏蛋；请让他尽量管好自己的舌头；他会知道这意味着什么。请向维图问好。替我谢谢杜邦④和瑟内维尔⑤对我的关心。——您的回信请寄给迪瓦尔女士——无头女人街6号。

波·迪

致泰奥多尔·德·邦维尔⑥

您只一把便揪住女神的头发，

---

① 指波德莱尔的一些手稿，其中有一些后来收进了《恶之花》。

② 全称是《阿布维尔市及所在专区报》（*Journal d'Abbeville et de l'arrondissement*）。该报在1845年7月1日刊发了一篇关于《1845年的沙龙》的书评，作者用了笔名"斯威里斯"（Civilis），其真名是勒瓦瓦索尔（Le Vavasseur）。波德莱尔在下文中将 Le Vavasseur 误写成 Levavasseur。

③ 普利瓦的全名是亚历山大·普利瓦·德·昂格勒蒙（Alxandre Privat d'Anglemont, 1815—1859）。这是一位出生在法国海外省瓜德罗普（La Guadeloupe）、具有混血血统的诗人。有论者认为，他的有些诗作可能是波德莱尔借他之名发表的，或至少波德莱尔参与了部分创作。本信似乎可以作为二人默契关系的一个佐证。

④ 杜邦（Pierre Dupont, 1821—1870），法国诗人和词曲作家。

⑤ 瑟内维尔（Senneville）是路易-尼古拉·梅纳尔（Louis-Nicolas Ménard, 1822—1901）早期使用的笔名。此人是波德莱尔在路易大帝中学时的同学，后就读于巴黎高等师范学院，著有诗集《被解放的普罗米修斯》（*Prométhé délivré*, 1844）等，在经历了短暂的文学生涯后转入化学研究。后波德莱尔于1846年2月3日在《海盗-撒旦》杂志上撰文猛烈讽刺和批评《被解放的普罗米修斯》，二人关系自此恶化。

⑥ 这首题为《致泰奥多尔·德·邦维尔》的十四行诗是附在信中的。该诗在波德莱尔去世后被收录到1868年第三版《恶之花》中。

随手一挥，手法轻松、神情自若，
看那身手，还真以为出手动作
是登徒子将自己的情妇虐打。

眼睛闪亮，充满了早熟的光芒，
您已展示出建筑大师的骄傲，
章法大胆而不乖张，让人看到
您成熟后定会更加前途无量。——

诗人，我们每个孔窍鲜血流淌；
肯陶洛斯 ① 的故事可曾是欺诳？
他的袍子把条条血管化作死溪，

袍子曾在毒液中浸染过三遍，
那是复仇之毒蛇口吐的唾涎，
毒蛇被摇篮中的大力神 ② 掐死。

致欧皮克夫人

[巴黎，1845 年]

请帮忙马上把下面这些画寄给德朗日先生，特雷维日街（rue de Trévise）乙 6 号：一幅是《阿尔及尔女人》③，挂在里屋，还有一幅是一个扭曲的头

---

① 肯陶洛斯（Centaure）是希腊神话中一种半人半马的怪物。其中有一位叫喀戎（Chiron）的被大力神赫拉克勒斯（Hercule）误杀。

② 即赫拉克勒斯。他因小时候吮吸过天后赫拉（Hera）的乳汁而变得力大无比，还在摇篮中时就轻而易举地掐死了两条想要害他的毒蛇。他长大后完成了著名的 12 项伟大功绩。

③ 由波德莱尔的好友、画家埃米尔·德鲁阿（Émile Deroy，1820—1846）绘制的德拉克洛瓦《阿尔及尔女人》（*Femmes d'Alger*）的复制品。阿瑟利诺（Charles Asselineau，1820—1874）后来回忆说，他曾在波德莱尔租住的皮莫丹府邸的房间里见过这幅画。

像^①，在一个小画框里。你很容易就能认出来，那头像有点吓人。

必须赶紧去做。我想我那幅肖像^②的收据在你那里，有了这张收据，你就可以把这幅画再拿回来。

我明天会尽力解决所有关于欠据方面的烦人事情。

波·迪

致尚弗勒里

我亲爱的朋友：

我干了一件荒唐事。竟然去跟一帮比我所知的任何人都更蛮横无理的家伙盘道；这帮人不仅蛮横至极，而且愚蠢至极。无论为我为您，我都深以为耻。您的大名为我招来的几乎可以说是霸凌；就连德朗日先生都像驴子一样尥蹶子。我现在还感到忿忿不平。不过呢，您大可保持平静。我完美地保全了您的荣誉和自尊。

夏·波

致欧皮克夫人

［巴黎，1845 年 7 月？］

今天上午我的一位朋友带我去巴黎城外了。我们很可能会在城外吃晚饭，就在我们要去拜访的那个人家；但也可能会在六点钟回巴黎，如果回来了又没吃晚饭，我会去朗格莱夫人那里吃。

---

① 可能是指德拉克洛瓦《西奥岛的屠杀》(*Scènes des massacres de Scio*) 的局部草图。也许就是邦维尔后来在《回忆录》中声称曾在皮莫丹府邸见过的那幅："德拉克洛瓦绘制的头像，表现痛苦，手法闻所未闻，极其强烈，仿佛来自天外。"

② 指埃米尔·德鲁阿在 1843 年或 1844 年为波德莱尔绘制的肖像。

不要抱怨我这次坏了规矩 ①，毕竟这是第一次。

夏尔

致欧皮克夫人

我要办的事情太重要而且太多，所以五点钟赶不上回家吃晚饭了。

波·迪

你要是在家，就请把钱付了吧。

致欧皮克夫人

〔巴黎，1845 年？〕

我走了，只有在精神和经济两方面状态变得更好的情况下才会重新现身。我出走是出于好几个理由。首先，我陷入了一种可怕的萎靡和麻木状态中，我太需要一个人清静一下以重新振作、找回力量。——其次，我不可能做到你丈夫想要我成为的样子；因此，在他家里住久了无异于对他的偷窃；最后，任由他按从今往后似乎想要的方式来对待我，我不认为这是什么体面的事。——我可能会被迫生活得很艰难，但整个人会更好。——今天或明天，我会寄给你一封信，告诉你我所需要的衣物用品以及要寄去的地方。我心意已决，这是最终决定，而且经过了深思熟虑；因此请千万不要抱怨这个决定，而是要理解它。

波·迪

---

① 在让娜·迪瓦尔那里住了一段时间后，波德莱尔又暂时住到了位于旺多姆广场的欧皮克夫妇家里。他可能接受了欧皮克夫妇提出的某些要求，也就是信中所说的"规矩"。其中应该也包括回到学校继续读书。他确实也在文献典章学院（l'École des chartes）注册过，学生名单上直到 1846 年 2 月都有他的名字，所留的地址是旺多姆广场，但他似乎并未去学校上课，其学籍档案完全空白。

致让·瓦隆 ①

这完全不是我的错。我今天上午拉门铃的动作很轻。结果铃绳掉在了我手里；我真怕有人来开门找我的事儿，于是带着铃绳逃走了。

致让·瓦隆

阿德 ② 改了主意，认为裁缝的担保金不够，我于是给他寄了一张凭单，保证他月底在我之前拿到钱。我随后去讷伊通知了公证人 ③，这次跟上次不一样；阿德可以自己前往核实此事。因而我认为此事已经解决了。

波德莱尔·迪法伊斯

致让·瓦隆

你昨天把我难住了。我不想傻傻地等你等得无聊，又怕弄出声音给你添麻烦，搞得我不知如何是好。我原本想请你允许我在你那里过一夜，要么睡觉，要么做点其他事情；但由于没有事先跟你打招呼，怕打扰到你，我就离开了。我今天白天或晚上会再来。

波·迪

致欧皮克夫人

请立即按这个地址：拉斐特街（rue Laffitte）32 号，敦刻尔克旅社，

---

① 让·瓦隆（Jean Wallon, 1821—1884），法国作家、哲学家、天主教神学家。

② 阿德（Adde），身份不详，有学者考证这位阿德先生可能是一位书商，其书店位于普瓦索尼耶尔大道（boulevard Poissonière）17 号。

③ 当指昂塞尔先生。

波德莱尔-迪法伊斯先生，把我要的东西寄给我：那个装有衣物的小箱子，——外加几双鞋和几双拖鞋——以及两条黑色领带——再加上我全部的书。千万别写什么责备我的信，也不要劝我回来——我是不会回来的。所有我可以明确告诉你的就是，过上一段时间之后，你会为此感到高兴的。

波·迪

致欧皮克夫人

[1845 年 8 月 16 日或 9 月 16 日？]

今天是 16 日。我把在旅馆的支出账单寄给你。我希望你在给我 45 法郎的时候就像上次那样，不要提任何问题，也不要对我指手画脚。剩下的事我自己解决。我在拿回自己的家具前会一直住在这家旅馆。要拿回家具，我还在等几篇专栏文章的发表结果，这将会在月底前后给我带来一笔相当可观的款项，手头也会宽裕一些。

你要是能派同一个人再多带一点儿钱给我，这会让我十分幸福，因为我实在囊中羞涩，十分狼狈。

我还需要你把米尔拜尔夫人和戴尼 ① 先生的地址写给我。

波德莱尔·迪法伊斯

致欧皮克夫人

看来您是不想见我。——您爱我没爱到这个分儿上。——但我需要见您，我会马上穿上衣服动身；要是我在正午至两点之间在您家里见不到您——您就再也别想见我了。

明白吗？

波·迪

---

① 戴尼（Daigny），身份不详。

致菲利普·德·谢纳维埃尔 ①

[巴黎，1845 年 11 月 5 日]

我写的关于您的那篇文章昨天刊发了，我希望您会满意。

勒普瓦特凡·圣阿尔穆 ② 先生读了一些您写的故事，《莫泊神甫》、《青春回忆》……被您迷倒了。他希望您也给他供些稿子。

您看，您是否愿意快快写一些连载，每行一个半苏，我想，写九列基本上相当于 20 法郎！！！！但真正的好处倒是在于当一个正派人青睐某个人时，就愿意为他在一切事情上效力。

如果您觉得合适就去拜访他，跟他说您的真名谢纳维埃尔。

拉比特那里还有一些存书吗？

他是不是每处都送到了？

波·迪

还有海报！

致夏尔·里肖姆 ③

[1845—1846 年]

我亲爱的朋友，我对在《星期天》这件事情上给您带来的困扰深感抱歉，其中的原因三言两语说不清楚，我随后会跟您解释的，我真诚地希望这篇稿子不要发表。尽快把它拿回来，并替我保存好。

波德莱尔·迪法伊斯

---

① 菲利普·德·谢纳维埃尔（Philippe de Chennevières，1820—1899），法国作家和艺术史学家，笔名让·德·法莱兹（Jean de Falaise）。波德莱尔信中提到的自己那篇文章发表在 1845 年 11 月 4 日的《海盗-撒旦》杂志上，是一篇评论法莱兹的《诺曼底故事集》（*Contes normands*）和《趣闻轶事》（*Histoires baguenaudières*）的简短书评。

② 勒普瓦特凡·圣阿尔穆（Le Poitevin Saint-Alme，1791—1854），法国小说家和戏剧家，《海盗-撒旦》杂志的主办者。

③ 夏尔·里肖姆（Charles Richomme）是《孩子们的星期天》（*Dimanche des enfants*）杂志的热心撰稿人。

致欧皮克夫人

　　我住在普罗旺斯街（rue de Provence）24 号。你要是现在能过来就找得到我；因为我两点钟必须去《公众精神》。眼下店家希望我至少预付半个月房租。我租的那间房是 30 法郎。

致欧皮克夫人

［1846 年 2 月 20—22 日］

　　就是在今天，我非要有 30 法郎不可。由于我不知道你是不是可以预支给我，我同时也在其他地方请别人帮忙。当然是要从 3 月份的钱里面预支，先前已经预支了一些——200 法郎给昂塞尔先生——264 法郎——20 法郎和 10 法郎。

　　必须要有这 30 法郎。我唯一担心的是到中午之前都还没有搞到。

　　你可能不知道，《公众精神》正在刊发我的一部中篇小说——我跟他们谈的是 3 个苏一行——但只能到月底才付。

　　请把我的名字"迪法伊斯"的正确写法写在一张纸上给我，就像按出生证原样写出来的一样。你可以把钱交给送信人。

致欧皮克夫人

［巴黎，1846 年 2 月底］

　　我印象中你今天要来看我，所以我告知你我一大早就出门办事了。我

---

① 《公众精神》（*L'Esprit public*）是 1845 年 9 月至 1847 年 2 月期间发行的一份日报。
② 《公众精神》在 1846 年 2 月 20、21、22 日连载了波德莱尔的《青年魔法师》（*Le Jeune Enchanteur*）。

很愿意你明天上午来看我，商量一下今年我的钱怎么用，并且让你知道有哪些重要的债务需要偿付。因为我认为我现在能够自食其力，我可以把全部或几乎全部都用来偿还债务。就像你知道的，我前几天在《公众精神》上发表了一部中篇小说。

波·迪

致阿尔封斯·波德莱尔夫人

［巴黎，1846 年 3 月 3 日左右］

夫人：

您可能会好奇，想要知道波德莱尔-迪法伊斯怎么会探讨爱情这么一个如此难缠而同时又如此发乎自然的论题：我把这个刚刚写完的小东西寄给您。我不能选到一位比您更好的评判者了，我愿洗耳恭听您的意见，带着十足的信任接受您的评判。

我多么希望我的哥哥可以看到我在爱情的法庭上为自己的事业辩护，或更确切地说，为人类的事业辩护，就像我在寄给您的这篇专栏文章 ① 中所说的那样；他大可以欣赏把我引向缪斯的那个志向，就像我一样，我也懂得理解他带着怎样的热情投身到忒弥斯 ② 的那些艰巨而枯燥的工作中。在这个世界上人各有志。我的志向就是教育我的同类应该怎样为人处事才能找到幸福；所以我也会很荣幸地马上把我写的《被爱女性教理问答》③寄给您，夫人，希望您阅读并指教。您将看到我是怎样定义好感的。我的生涯的起步预示着我是一位安东尼 ④ 式的爱情的拥戴者；但您会做出评判，这可是一种不容小觑的爱情。

对我的那些原则，还有我给出的一些建议，您会说什么呢？那些建议

---

① 指波德莱尔在 1846 年 3 月 3 日发表在《海盗-撒旦》上的《抚慰人心的爱情格言选》(*Choix de maximes consolantes sur l'amour*)。

② 忒弥斯（Thémis）是希腊神话中象征法律和正义的女神。

③ 《被爱女性教理问答》(*Catéchisme de la femme aimée*)，该书有数度预告，但并未写出来。

④ 安东尼（Antony）是大仲马同名戏剧中执着追求爱情的男主人公。

是针对那个常常只是装模作样假称爱情的骗子性别而发的。我希望真爱的情郎是忠贞不渝的，您会看到下面这句话便是例证："但要好好地爱，全力以赴，大胆无忌，东方情调，带着几份残暴去爱您所爱的女人；要让您的爱情丝毫不会困扰到另外一个人的爱情。"

这一小段文字也许会激起您阅读全文和即将出版的《教理问答》的愿望。

夫人，愿您惠予接受成为我文字生涯的保护神，这生涯开启于爱情的渠道……我要说的几乎就是开启于女性的影响。

敬请接受我恭敬的致意，这里面包含着一位立志要沿着彼特拉克 ① 和帕尔尼 ② 的足迹前行的诗人的热忱和激情。

您谦卑的仆人

波德莱尔·迪法伊斯

致欧皮克夫人

［巴黎，1846 年 3 月下半月］

谢谢你留在我家里的那封慈祥而温柔的信。

我希望你明天上午过来看我。我想跟你谈谈钱的事情。千万不要害怕——不是向你借钱，而是要做出一个特别的安排，当面解释要比写信更方便一些。

我这一向有一大堆事要做，是好事，但也挺烦人——我很走运，短时间里挣了不少钱——但你也知道我债务缠身，这让我每天都越来越惭愧——我要为《公共精神》写五篇连载，是约稿——《时代》有两篇，《新闻报》有两篇，——还有一篇给《新评论》的文章 ③。这会挣一大笔钱。——我还从来没有抱有如此清晰的希望。——但同时我手头还有《沙龙》要写，就是说要在八天时间里写一本书。

---

① 彼特拉克（Pétrarque，1304—1374），意大利诗人、学者。

② 帕尔尼（Évariste de Parny，1753—1814），法国诗人。

③ 除了《公共精神》在 4 月 15 日刊发了《给青年文人的忠告》(Conseils aux jeunes littérateurs) 一文外，此处提到的其他杂志均未见刊发有波德莱尔的文章。

你看，我忙得不可开交，没有亲自去你那里解释也是情有可原的；——我这几天甚至不得不让我的一位朋友去帮我买东西。

波德莱尔·迪法伊斯

把我在《公共精神》上的连载带还给我。

致雅罗先生 [1]

烦请转交德鲁阿先生
巴黎，莫贝尔广场，3 号

「巴黎，1846 年 4 月？」

我的朋友，我请您郑重其事地通知那个女人我拿了 500 法郎；我的朋友十分愿意为我作保。不过我必须先见她一面，而且待我的小书出版后，我会马上为此事来见您，最迟不会超过两三天时间。如果实在没有其他办法，我会接受 10 这个数，而不是 8。

波德莱尔·迪法伊斯

我去看了多罗兹柯 [2]，他告诉我说您会好起来的，您的那些脓疱没有什么危险。

致文人协会理事会成员

「巴黎，1846 年 4 月」

先生们：

我希望能够分享文人协会为其成员提供的著作出版等种种便利，故特此请求你们惠予接受我成为其中一员。

---

[1] 雅罗先生（Monsieur Jaleau）是一位理发师，其理发店位于莫贝尔广场（place Maubert）3 号。
[2] 多罗兹柯（J.-A. d'Oroszko）是一位性病专家。

顺致崇高的敬意。

波德莱尔·迪法伊斯

我是《公共精神》和《海盗－撒旦》的撰稿人，是两部小册子《1845年的沙龙》和《1846年的沙龙》的作者。

考克纳尔街33号 [1]

致欧皮克夫人

［巴黎，1846年4月］

虽然会让你很恼火，但你要是能做我有求于你的事就太好了。——要是不能做，我也会等，并且感谢你已经为我所做的一切。

你想的是可以在下个月1日预支给我60法郎。——你可不可以就用这60法郎中的一部分到典当行把那些东西取回来？这样的话，你就必须自己去取，你自己把那些东西带回来给我。——另外，把剩下的那部分寄给我，要是可能的话，马上就寄。你要是做不到，拒绝我也没什么可难为情的，但千万不要喋喋不休地教训我。

我欠旅馆的余款将在下个月的头几天用《海盗》的稿费支付。至于儒瓦桑、莫里斯、布朗沙尔、西梅翁，他们的钱将用《公共精神》《新评论》等的稿费偿付——等我的《沙龙》一写完就马上处理这件事。——如果稿费没有及时到账，这笔钱将由"文人协会"预支，我已经成为这个协会的会员了。

告诉我你和债主们商谈的情况。

波·迪

典当行那边有一些利息要付，但数额不大。

---

[1] 考克纳尔街（rue Coquenard）即今拉马丁街（rue Lamartine）。

致欧皮克夫人

［巴黎，1846 年 5 月初］

要是巴蒂斯特 ① 这个蠢货胆敢派人今天或明天来找你要求偿付一张欠据，你除了说我不在，两天后回来，其他什么都不要说。——我自己会处理好这件事，因为在接下来这几天我就会收到好几笔可观的款项。

过几天我可能会让人去要回我的家具。

你可不可以把你答应过我的那笔钱的剩余部分，或至少其中的一半，在今天上午寄给我？

在我的书出版以前你就不要来看我了，也就是这两三天吧。——校对清样和海报让我忙得不可开交。

波·迪

我让你去见那些债主，事情办得怎么样了？

致欧皮克夫人

［巴黎，1846 年 5 月］

要是今天有人去你那里让你还钱，可以让门房若无其事地打发他去找波德莱尔·迪法伊斯，地址是考克纳尔街33号。我明天就会拿到300法郎 ②，我会付的。

紧紧拥抱你。

波·迪

---

① 巴蒂斯特（Baptiste）显然是一位债主的名字。很有可能是指巴蒂斯特·泽尔洛（Baptiste Zerlot），此人是一位裁缝店主。

② 可能是刚出版的《1846 年的沙龙》的稿酬。

致朱利安·勒梅尔 ①

［巴黎，1846 年 5 月］

倘若您要惠予在您的报纸上为这个东西 ② 写几个字，而且倘若您要给我写信，请您千万注意我姓名的拼写方法："du Faÿs"，两个部分要分开写，有一个"y"，上面有分音符（¨），词尾是"s"。我受不了别人把我跟那个名叫迪法伊（Dufaï） ③ 的可笑家伙混淆在一起，幸好他的名字里是一个"i"，而且词尾没有"s"。

欠　据（致博雷）

［巴黎，1846 年］12 月 1 日

我将在 1847 年 1 月付给博雷先生 ④ 或他指定的人一笔壹佰伍拾法郎的款项，此为已收到货物的价值。

波德莱尔·迪法伊斯
图尔农街 7 号

确认金额为 150 法郎。

致路易-斯塔尼斯拉斯·戈德弗鲁瓦 ⑤

［巴黎，1846 年 12 月？］

先生：

请您惠予将下面这封致理事会各位理事先生的信立即转交利乐 ⑥ 先

---

① 朱利安·勒梅尔（Julien Lemer, 1815—1893），法学家和新闻评论家，文人协会会员。

② 可能是指随信寄上的一本刚出版的《1846 年的沙龙》。

③ 指亚历山大·迪法伊（Alexandre Dufaï, 1817—1857），法国戏剧评论家。

④ 博雷先生（M. Porée）是一位服装商。

⑤ 路易-斯塔尼斯拉斯·戈德弗鲁瓦（Louis-Stanislas Godefroy, 1813—1872）是当时文人协会的总联络人（1846 年 11 月—1858 年 5 月）。

⑥ 利乐（Auguste Lireux, 1814—1870），法国戏剧和时政评论家。

生。利乐先生曾把我介绍给贵协会，他将向这些先生为我的请求辩护。

先生，请接受我最崇高的敬意。

夏尔·波德莱尔·德·法伊斯

致文人协会理事会成员

［巴黎，1846 年 12 月？］

先生们：

我想，一些特殊且极为迫切的需求能让我有理由向协会申请一笔 200 法郎的款项。我的一部中篇小说《拉·芳法萝》目前正在付印中。我为此欠付一笔 31 法郎的款项——因为要交赞助费和其他费用。我很容易就会迅速把钱还给协会，首先是通过写一些报刊文章，其次是通过再版一些东西。——我的一部长篇小说《罗依斯达风格的人物》① 近期将在《时代》上发表，我还有一个中篇小说《马达加斯加的求婚者》② 已经交给了戈德弗鲁瓦先生，我原本应当同时寄给你们，但我不慎把它忘在家里了。

我想，《拉·芳法萝》出版上的迟缓让我有理由请求你们就我在钱上的问题立即做出决定，甚至如果有必要的话在理事会换届前完成。这问题是小事一桩，但对我如此重要。

先生们，请接受我真挚的、最崇高的敬意。

夏尔·波德莱尔·德·法伊斯

致欧皮克夫人

［本信略早于下面这封短信。］

---

① 此处是关于这部长篇小说《罗依斯达风格的人物》（*L'Homme aux Ruysdaëls*）的唯一信息。除了书名，作品并未写出。

② 该作品《马达加斯加的求婚者》（*Le Prétendant malgache*）的书名曾在 1 份散文诗标题清单中出现过 1 次，还在 3 份长篇小说和中篇小说的创作计划中出现过，但作品并未写出。

致欧皮克夫人

[巴黎，1847 年 3 月 13 日]

我深深感谢你。虽然我在上一封信中给你做了种种解释，你可能还是不知道这次的帮助真是功德无量。——我将努力让这笔钱好好为我发挥作用。

波·迪

致欧皮克夫人

[巴黎，1847 年 10 月 27 日]

您很有必要马上给昂塞尔先生写封信，请他在平常的账目外再预支给我 60 法郎或最多 70 法郎。因为您知道遇到此类情况时，他通常都要得到您的同意。几天前我需要买书，而且感觉生病了——我咽部和喉部的溃疡又发作了——于是去了他那里。他给我的钱不够，我便在医生、药剂师和书之间选择了书。今天越发痛得厉害了，我估计您愿意给他写几个字，以免把事情搞得太复杂。

在我搬离旺多姆广场的时候，我在我的那些素描和肖像画中没有找到您那幅。尽管我们之间的争执和大大小小的伤心事把我们分开了，但请相信我非常看重那幅肖像画。请把这件事告诉于连①，让他帮我找到那幅画；我这几天就派人去取；因为下个月 15 日我将找人布置一个小公寓。

夏尔

致欧皮克夫人

[1847 年？]

我只有到了走投无路，也就是说到了食不果腹的地步才会找您，这让

---

① 于连（Julien），欧皮克夫妇的管家。

我深感恶心和烦恼。昂塞尔先生需要您的同意,这更让不幸雪上加霜;我于是顾不上坏天气、顾不上疲劳……前来请求您的许可,好让我在讷伊拿到点儿钱买……一个水龙头并且对付几天。最紧要的是……我就不去您家里了,因为我知道为买我需要的东西要经受怎样的责骂、怎样的凌辱、怎样的羞愧。我马上就带着您的许可返回讷伊。我在下面的马车上等着您的回复。

请把这张条子毁掉,因为要是别人看见的话会让您蒙羞的。

致欧皮克夫人

[巴黎] 1847 年 12 月 4 日星期六

您在回复我上次那个请求的信中虽然出语严厉,但我认为还是有必要再一次给您写信,不是因为我完全不知道这会惹您发脾气,也不是不知道要让您明白这次请求的正当性对我来说有多难,而是因为我打心眼里坚信这样做对我来说肯定是大大管用的,我希望您也这么看。请注意我说的是"再一次",坦率地说,我心里想说的是:最后一次。当然我要感谢您此前对我的出手相助,让我添置了一些必备的东西,也就是一些家具,让我过上了比长久以来更像样的生活。但在买了家具后,我就身无分文了,买不起有些同样必需的用品,很容易就猜得到,一盏灯,一个带水龙头的面盆,等等。您可知道,为了争取到木柴和煤炭,我不得不跟昂塞尔先生谈了很久。但愿您知道,您的生活总是轻松而规律,而我是做了多大的努力才能提起笔来再一次给您写信,带着绝望的心情让您明白我处于怎样的窘境!您想象一下,这是一种长期的窘困所导致的长期的无所事事,我心里深深憎恶这种无所事事,但又因为长期缺钱而完全不能摆脱出来。在这样的情况下,最好还是再向您求助,哪怕我要受一些屈辱,但总强过向一些我感觉不到这份亲情的外人求助。眼下,我的情况是这样的。我很高兴有了一个住处和一些家具,但手里缺钱,我这两三天都在东寻西找,上个星期一,到了晚上的时候,我体乏心焦、饥肠辘辘,碰到一家旅馆就进去了,一直就住下来了,这就是原因。我把这家旅馆的地址给了一位朋友,我借过钱给他，那还是在四年前我有钱的时候，但他对我失信了。另外，我开销很少，一周 30 或 35 法郎；但这还不是全部的困境。因为我猜测，您想通过很不幸总是不到位的好意让我从这种不幸的冒失中解脱出来，那明天又怎么办呢？因为无所事事在扼杀我、吞噬我、啃食我。我实在不知道如何才能拥有足够的力量去战胜无所事事的糟糕影响，仍然葆有精神的绝对清醒，以及对于财富、幸福和安宁的永不止息的希望。不过呢，我双手合十所求于您的事情如下，我深感我不仅碰触到了别人耐心的极限，也碰触到了我自己耐心的极限。请汇款给我，不仅是上次提到的那笔款子，还有可以让我生活二十天左右的钱，尽管这会让您千般难过，尽管您甚至不相信这最后的相助真正有用。您就按您的理解来确定这件事情吧。我完全相信这种时间安排和我自己的意志力，而且我确信只要我能坚持十五或二十天的正常生活，我的聪明才智便会获得拯救。这是最后一次尝试，这是一次赌博。请面对未知勇于冒险吧，我亲爱的母亲，我求您了。过去这六年里充满了离奇和悲摧的事情，且不说我没有领略过百病不侵的身心健康，这六年解释起来是相当简单的；——可以这样来概括：行事轻率，总是把一些最合乎常理的计划推到第二天，结果就是窘迫，永远都是窘迫。您希望看到一个例子吧；我有时候连续三天都不下床，不是因为缺衣服，就是因为缺柴火。坦率地说，阿片酊和酒可不是对抗忧愁的好东西。它们让时光流逝，但并不为生活带来起色。再说，要想长醉不醒，得有钱才行。您上一次给我 15 法郎的时候，我已经两天——48 小时呀——没有吃过饭了。——我总是奔波在去往讷伊的路上，但不敢向昂塞尔先生承认自己的错误，我之所以还能保持清醒和站立，全靠别人给我的烧酒，而我其实是讨厌酒类的，一喝就胃痛。但愿这些——无论是对您还是对我——坦言相告永远不要让活着的人和后世的人知道！因为我仍然相信，后世跟我是有关的。没有人愿意相信，一个有理智的人，母亲又这么善良和富于同情心，竟然会沦落到如此境地。这封信只是写给您的，您是第一个听到我说这些心里话的人，——所以千万不要落到别人手里。您在自己心里可以找到充分的理由，理解这些诉苦的话只能讲给您听，不能告诉别人。另外，在给您写信之前我把一切都想到了，要是您错误地认为这最后一次尝试普普通通，跟以往并无二致，并且把这封信或是简单的一个意见告知昂塞尔先生，我就决意不再见他了，——我之前已经跟他见过两次，很不愉快。我刚刚又重读了写的这两页纸，我自己都感觉有些奇怪。我还从来没敢如此高声大气地诉过苦。我希望您愿意把这种激动的情绪归因于我正在遭受着而您却一无所知的那些痛苦。我绝对无所事事的表面生活跟我不止不休的思想活动形成鲜明的对照，让我陷入了异乎寻常的愤怒。我后悔自己犯的错，我也怨恨您不相信我真诚的意愿。实情是，几个月以来，我一直生活在一种超自然的状态。然而——为了回到我想向您表明的最初的事情上来，我荒诞的生活大致可以这样来说明：在工作上花钱大手大脚。时光流逝，但必备的东西还是得备。我最后一次向您伸手，我想要结束这一切并且对自己的意志有信心，这是一次尝试，是最后一次赌博，正如我前面说的，哪怕这件事情——再一次——让您感到过分，哪怕会妨碍到您自己的事情。我猜得到并且也很理解，任何计划外的开销应当是多么不可忍受，会搅扰一个居家主妇的生活，尤其是跟我一起生活过的您的生活；但我心里的想法颇有些奇特；我想再一次看看我母亲的钱是不是可以给我带来起色——我对此深信不疑；我吃了太多的苦头，不会不想最后一次做个了结。我感觉这几个字已经出现过好几次了。

　　的确，我已经下定决心，要是我不能自己负起责任，用我向您要的钱过一段勤奋的生活，我就离开巴黎，舍弃这许多美好的梦想，哪怕这样做会让我感到痛苦万分。而这一走可能会是很远的地方。我当年在法兰西岛①结识的几位人士客气地想到了我；我在那里会找到一个很容易做的职位，薪水还算不错，在那里安顿下来后，生活会很容易，还会遇到又热又蓝的国度的无聊，可怕的无聊，以及智力的衰退。但要是我不能履行我所下的最后的决心，我是会这样做的，就当是对我的骄傲的惩罚和赎罪。您不要以为这个工作会是什么官方的职位。基本上就是个伺候人的工作。也就是说，给一位朋友的孩子们当家教，什么都教，除了化学、物理和数学。咱们还是别谈这个了，因为一想到必须下这个决心我就不寒而栗。只不过我要补充说，在发生我所说的惩罚自己和舍弃自己的全部梦想的情况下，我会要求把我身后的一切都付清，到那边去以后，等待我的是容易和

---

① 此处的"法兰西岛"（Île de France）是毛里求斯岛的旧称。

稳定的生活。只要一想到自己如此颓废、如此缺乏力量，我就瑟瑟发抖。因而我恳求您不要把这封信悄悄拿给昂塞尔先生看，因为我认为一个大男人对成功表示怀疑是十分可耻的。是接受还是拒绝，我可以到2月份再决定，我想在新年的时候向您证明您的钱用到了正确的地方。

下面就是我的计划：内容极其简单。在将近八个月前，我得到约稿要写两篇重要文章，但一直拖到现在，一篇是《漫画史》，另一篇是《雕塑史》。这意味着600法郎，只能应付急需。不过写这些东西对我来说就是一件好玩的事。

新年伊始，我要练一门新的手艺，——也就是创作纯想象的作品，——长篇小说。没有必要让我在这里向您解释这门艺术之重要、之美、之博大。既然我们是在谈物质方面的问题，您只需要知道这点就够了：无论写得好还是坏，都很好卖；只要勤奋就行。

不过，我还是计算了一下，我的大部分债主对自己放出的烂债已经彻底绝望，加之他们中的大部分人打心眼里都意识到已经卑鄙地讹了我一笔，这可以让我把债务的总数减少到最多6000或8000法郎。只要上心和坚持，这笔钱很容易找到，请相信我在报界和出版界得到的这方面的经验。我要把跟他们去谈的这个苦差事交给谁？我自己、昂塞尔先生，还是其他人？我还不知道。但我还是要求您答应我，这件事情了结后，而且在接下来的几个月我能证明自己不仅会偿还债务，而且不再借新债，您就会通过您的证言和您首先站出来的努力帮助我，让我能够自由地支配自己的财产。而且这样一来，我也就不会再给您写那些您所说的狠毒的信了，您对待这些信的态度是十分严厉的。但愿您知道我平时的痛苦都是由怎样一些大大小小的痛苦造成的！至少这一次我是认认真真地给您写了一封得体的信，这可以证明我的精神在良好的状态下是绝对清醒的；但不幸的是我需要您，在您面前无论做什么都像是想要谋得好处。

我身心俱疲。我脑袋里像是有个轮子在转。——这是最后一次，我亲爱的母亲，我恳求您帮我一把。——我想，这是我第一次向您说了这么长的知心话，谈到这么多对我来说既珍贵又重要的计划。但愿这一席话能让您相信，我时常想着在自己母亲面前要放下自己的骄傲！

不要再跟我谈我的年龄。您知道，每个人所受的教育不见得都是一样的，这就是问题所在。从出生之日到成功时刻，这之间的日子越是流逝，就越是让人感到有必要赶快行动，利用好余下的日子。

但我现在再一次感到自己已经完全做好了准备，要是还不能让人理解，那可真是太不幸了。时光飞逝，再多过几天无所事事的日子那可就真要了我的命。这就是我跟您说的，我已经用尽了自己的力气，已经到了自己忍耐的极限，要是没有人帮我一把，我就没有能力再做最后一次巨大的努力了。

要是万一您想到向昂塞尔先生要钱，千万别跟他说是为什么，因为我是跟您要的，这样我至少享有只从您这里得到帮助的快乐。请马上回复我；这三天来我自己鼓起勇气要给您写信，却又不敢动笔。您可以信任经纪人。——再啰嗦几句。很长时间以来，您都力图彻底不跟我见面。您所希望的可能是不见面也就没有了我那些尴尬事。无论我犯下了怎样一些过错，您这样做是没错的，您是否相信我的灵魂足够坚强，能够承受长期的孤独？我在此保证，我下次去见您，一定只是为了告诉您好消息。不过到那时候，我要求去见您时，要受到良好的接待，您的态度、眼神和话语都要保护我在您家里不遭到人家①的白眼。

再见。我很高兴给您写了这些。

夏尔

致欧皮克夫人

［巴黎，1847 年］12 月 5 日星期日

我由衷地感谢您。出手相助从来没有过这么及时。请相信，我完全能感觉到这笔钱的价值。您的信让我很难过，我很确定，就像我的信也让您难过一样。我知道这一切，我猜到了这一切。但我希望有一天能全部还给您；不要以为我这是在硬生生专门谈钱的事情；我想要报偿于您的不只是您的钱。——如果就像您跟我说的，您要写信给我，您可能还不知道我的地址是巴比伦街 16 号。——您给我寄的钱足够了，——足够多了。我懂

---

① 暗指欧皮克将军。

得这笔款子的价值，我必须好好加以利用。

夏尔·波德莱尔·迪法伊斯

别把我的地址告诉任何人。

致欧皮克夫人

［巴黎］1847 年 12 月 16 日

你可能正在为搬家的事忙得不可开交，因而我将请求于你的事情可能会给你带来一点不便。我有许多话要跟你说，要跟你解释。对我来说，写一封信比写一本书还费劲。一方面，我厌恶你家里的一切，尤其是你的那些用人。我想请你今天到卢浮宫博物馆大方厅，时间由你定，但尽量早点儿。不过博物馆要到十一点才开门。这是巴黎最适合交谈的场所；有暖气，在这里等人也不会烦，再说这也是最适合跟女性会面的地方。不过，要是这让你感到太麻烦，那就找一个其他办法。我差点忘了告诉你，由于你没有名片，你就直接告诉看门人你的名字，就说是来找儿子的。他会被预先告知。

赶快回复。

波·迪

我会尽量先到。谢谢你最近这封信，你很久都没有用这种语气了。就是这封信促使我约你会面。

致欧皮克夫人

［巴黎］1848 年 1 月 2 日

我亲爱的母亲，请你原谅我没有像答应你的那样马上去你家。请你完全相信，我答应过你的事一点儿也没忘。——我之所以不能马上去看你，首先是因为我十分在意是否能肯定地告诉你我的那些事情进展得很好，其次是因为一个会让你觉得好笑的原因，你会觉得这个原因实在太幼稚了，那就是我找不到足够体面的衣服去你家。再等两三天吧。

波·迪

你寄给我的一条衬裤不是我的。

除了几个小麻烦外，我倒还平静，坚信一切事情都会如我所愿地解决好。

致欧皮克夫人

［巴黎，1848 年 4 月底或 5 月初］

我刚才把从讷伊带回来的20法郎弄丢了，这在今天对我来说可是一笔巨款。你要是可以给我这些钱，只要你愿意，我明天就还你，因为我必须再去见昂塞尔先生。——还有，这三天来，我一直在想办法要见你，要跟你谈谈，这很有必要；因为事关你的许可让我去面见昂塞尔先生。一想到要跟你丈夫碰面，我就痛苦得不行；因此请你给我指定一个时间，好让我在你家里不碰到他。这次登门拜访很有必要，特别是因为我很可能在你们之前出发 ①。

夏尔

致欧皮克夫人

［巴黎，1848 年 5 月初］

我很感谢你。

但你并不理解我。所有的债主和世上的一切埋怨都阻止不了我绝对需要见你——因此我明天会过来——千万要让我受到良好和平静的接待——首先是我要跟你道别，其次是我绝对需要你留句话。

波·迪

---

① 欧皮克将军当时刚被共和国临时政府任命为驻君士坦丁堡"特命全权使节"，正准备携夫人赴任。欧皮克将军被任命为"使节"而非"大使"，是因为法国1848年革命后，第二共和国临时政府曾一度取消"大使"这个头衔。而波德莱尔当时也正准备动身前往沙托鲁（Châteauroux）投身报界。

致皮埃尔-约瑟夫·蒲鲁东 ①

[巴黎？] 1848 年 8 月 21 日

公民：

一位热情而陌生的朋友绝对想要见您，不仅仅是因为要了解一些情况并占用您几分钟时间——他可能有这个权利——而且还因为要告诉您一些您可能不知道的有关您人身安全的事情。就算给您写这封信的人只给您提供了一些您已经了解的情况，我认为也没什么可笑的，他这样做完全是出于对您的仰慕和好意。

我长久地跟自己的懒惰做斗争，想给您写一封很长的信；但我还是更愿意斗胆直接跟您见面。今天，那些警察阻止我从一切方向进入；因为我希望把从我认识的其他几位代表那里得到的消息告诉您。一个微不足道的陌生人向您这样一位大忙人要求马上回复几句话，您要是不觉得这有什么出格——那么我会在勃艮第街（rue de Bourgogne）拐角处的咖啡餐厅死等。——请您惠予回复几个字——您的地址、您的时间——尽量快。大家都不清楚现在的情况，希望在心意相投的人之间有个说明。

夏尔·波德莱尔

讷伊，共和国大道 18 号

无论如何，请接受我最真挚的忠诚和仰慕之情。

致皮埃尔-约瑟夫·蒲鲁东

[巴黎？ 1848 年 8 月 21 或 22 日]

那就是我要跟您说的事情，我觉得有必要告诉您；因为要是您已经知

---

① 皮埃尔-约瑟夫·蒲鲁东（Pierre-Joseph Proudhon，1809—1865），法国政论家，经济学家，小资产阶级社会主义者，无政府主义奠基人之一。1848 年革命发生以后，他开始从事实际的社会改革活动，并由于多次批评当局的政策而导致其担任主编的《人民代表》（*Le Représentant du peuple*）于 8 月 16 日—18 日被 3 次追查。后来（1849 年）他又因著文反对路易·拿破仑·波拿巴而被捕入狱，被判 3 年徒刑和 3000 法郎罚款。

道了，而我却并不知道您已经知道了，所以仍然要把事情告诉您，那是我的责任，但若您还不知道，那就正好要让您知道。

我们听说有人放话出来，要搞事儿。是谁？我们并不清楚。但在下次示威游行的时候，哪怕是反民众的游行，也就是说有个借口的时候。——您可能会被暗杀。

这是个实实在在的阴谋。

首先是有人在预谋，具体情况不明，尚处于秘而不宣的状态，是冲着您来的，就跟前几年有人想要亨利五世①的命一样：——也许不应当期待任何人丧命，但如果发生一个意外事件，有人就会觉得这样的事件值得庆幸。另外一种情况更清楚一些：下次有机会的时候，当我们知道阴谋进行到哪一步的时候，我们将会发现它。我们把这当作自己的事情。——您就是那个大大的替罪羊。——请相信，这里面没有任何夸张的成分；我没有办法给您提供证据。我要是有的话，就不会来找您，而是直接把证据寄到警察局了。但我的意识和我的智力让我能够做一个出色的间谍，坚信自己的判断。这就是说，我坚信自己所肯定的事情，也就是我们特别珍爱的一位人士正面临着危险。我会好好回想无意中听到的各种谈话，只要发现有人有企图，我就会把这些人的名字告诉您，这样的凶残实在是太轻率了。

我原本相信您今天会惠予回复我的。我原本只想跟您谈谈您的报纸上可以做的一些我认为重要的改进，例如在周刊方面，印刷所有刊物的合集，其次，是否有可能做一个巨大的海报，签上您、其他代表以及报纸编辑们的大名，大量印刷，号召人民不要盲动②。您的大名现在无人不知，影响巨大，超乎您的想象。暴动完全有可能以正统主义开始，最终以社会主义结束；反过来也是完全有可能的。

给您写这些话的人以及他的许多朋友都绝对信任您，大家都信服于您的学识，会闭着眼紧紧跟随您。

---

① 亨利五世（Henri V, 1820—1883），全名亨利·查理·斐迪南·玛丽·迪厄东内（Henri Charles Ferdinand Marie Dieudonné），或称亨利·阿图瓦（Henri d'Artois），法国国王查理十世（Charles X）之孙，波旁王朝有名无实的末代国王，从1844年起成为正统派的拥立对象。

② 其实8月20日的《人民代表》就已经在呼吁民主派"不要再有任何示威活动和游行，以免给敌人提供新的口实"。

因此，在下一次群情涌动时，哪怕是最微不足道的活动，您都不要待在家里。如果可能的话，要安排一个秘密保镖，或者要求警察保护您。再说，政府当局也许会很乐意接受这样一份由那些仇视财产的猛兽奉上的礼物；看来，您也许最好还是自己保护好自己。

夏尔·波德莱尔

致菲利普·德·谢纳维埃尔

［沙托鲁］1848 年 10 月 19 日星期四

我亲爱的朋友，

请立即把您的全部著作交给让娜·勒梅尔小姐。我需要三个连载：我将全文转载您的东西。我没有时间给您写更多了。

悉听您的吩咐。

夏尔·波德莱尔

欠　据（致塞尔维）

［1848 年 11 月 23 日］

我将于明年 3 月 1 日偿付塞尔维先生一笔叁佰法郎的款项，此为已收到货物的价值。

巴黎，1848 年 11 月 23 日

确认是 300 法郎。

夏尔·波德莱尔
共和国大道
昂塞尔先生公证处

欠　据（致塞尔维）

[1848 年 11 月 23 日]

　　我将于明年 4 月 1 日偿付塞尔维先生一笔叁佰伍拾伍法郎的款项，此为已收到货物的价值。

巴黎，1848 年 11 月 23 日

　　确认是 300 法郎 ①。

夏尔·波德莱尔
共和国大道
昂塞尔先生公证处

[致欧皮克夫人]

巴黎，1848 年 12 月 8 日

　　前天昂塞尔先生告诉我说，我前阵子去安德尔 ② 的旅费是您支付的，我当时并不知情，还以为是他的好意，却原来是欠您的。昂塞尔先生之前的做法不对，他对我守口如瓶，对寄的这笔钱秘而不宣；首先是因为收到您的钱丝毫不会让我脸红，其次是因为他如果一开始就告诉我说"我收到了一笔寄给你的 500 法郎的款项"，我就不会零敲碎打地把钱花在一次无功而返的旅行中，而是一次就拿到全款，待在巴黎，花到更有用的地方。

　　我向您承认，昂塞尔先生就这笔汇款所说的话让我深感意外，而他最初极力严守秘密也让我很意外。我承认，我感到十分意外，您到了那边 ③ 还有心想到我，还关心我在钱的问题上没完没了的愁眉不展，尤其是这一切还是在您出发前几天那么恶狠狠地接待我之后。

　　您用您那神经质的固执和您那特别的凶恶态度粗暴地对待我，仅仅

---

① 原文如此。数目与上文不符。
② 安德尔（Indre），法国中部的一个省份。
③ 欧皮克夫妇当时在君士坦丁堡。

是因为一个我很久以来只是出于义务而爱着的可怜的女人①，就是这么回事。奇怪的是，您一直都经常跟我讲什么超凡脱俗的情感，讲什么义务，而您却没有理解这种特殊的关系，在这种关系中我不求任何好处，权当是赎罪和对一片忠心的报答。一个女人，无论她有多少次红杏出墙，无论她性格有多么凶蛮，当她表现出一丁点儿良好的意愿和忠诚，就足以让一个大度的男人，特别是一位诗人，感到有必要报答她。请您原谅我坚持说了这些，但您一开始就没有理解我请求中所包含的那么简单的意思，这让我悲伤不已。我之所以一直没有就这个问题给您写信，首先是因为怕让您痛苦，因为没有事先做充分的解释；其次是因为必须推迟某些计划，要想完成，得有一个比我目前更稳定、更安静的环境。但我还是说到这个话题上来了，我感到有必要给您做如下解释：我现在差四个月就二十八岁了，满怀诗歌的雄心壮志，尽管我的那些趣味和我的那些原则让我永远与荣耀世界无缘，但这有什么重要的呢？我在构筑自己文学梦想的同时，再多完成一个义务，或者说是我所认为的一个义务时，根本不把荣誉、金钱、财富等庸俗观念放在眼里。请千万注意，我这绝不是在恳求一个同意；这只是直言我可能是很有道理的；其次，这件事纯粹取决于我个人的意愿，要是这中间又生出什么我不能预见的事件或思考，我可能会向我自己妥协，中断我的那些计划。

　　我现在必须鼓起勇气直截了当地跟您说，我从来都不是自己想到要向您要钱，因为都是您主动的，这让我看到您还想着我，我一直都认为您还会帮助我。新年就要到了；我到这个时候必须换个住处。我这边可以在昂塞尔先生那里领一些钱，还会在其他地方收到一些，您要是在这期间有可能的话就再另外加250法郎，或者您要是绝对不可能的话，就授权昂塞尔先生看在您的分上借这笔钱给我，这样我就可以有足够的钱去完成好几个我已经挂在心上好久的计划，把我那些永远都有始无终、又亲爱又可怜的手稿整理出来；但愿它们都还在！

　　这就是我要跟您说的痛苦的事情。

　　在剩下的二十三天里，您有足够的时间回复我。您要是愿意给我写几

---

① 指让娜·迪瓦尔。

行字，而且不通过昂塞尔先生向我转达要么是您的决定，要么是您也许愿意写给我的一些想法，那我会很开心的。

唯一让我真正关心的关于您的事情，就是想要知道您跨海旅程的情况怎么样，您在那边是否还过得惯，您的身体是不是比在这里的时候更好了。

至于我呢，虽然在文学上比任何时候都更惨淡，但依然故我，也就是说，我坚信我的那些债务将会还清，我的天命将以光荣告终。

您要是能满足我的请求、让我能开心的另一个理由，就是我非常担心这里会发生暴动，要是在这种时候手上没钱，那可就太惨了。

再见，我估计您不会怨恨我写了这封信。您也许要在那边住很久。无论哪个新上台的政府也许都不会让你们挪窝的 ①。我要是一年后比现在更宽裕一些，可能会去君士坦丁堡，因为我时时刻刻都有远游的强烈愿望。

　　　　　　　　　　　　　　　　　　　　　　　　夏尔

致 R^ard 先生 ②

[1848 年？]

先生：

您把我称作"ultra-libéral" ③，您这是想骂我。您要是有任何回复，我会感谢您的。不过，还是先让我们来仔细看看这个有损人的名誉的形容词。我翻开词典，找到这个词的第一个意思是：慷慨大方的。在这个意思上，我打赌，您还是跟我说您自己是个"ultra-libéral"吧，或许您还是不要再把这个称谓给我；而您可能倒是配得上如此称谓的，这样看来，您在您的见解上倒是比我大方多了；只不过，无法设想您想要骂您自己，故而

---

① 有论者认为这句话是在讽刺欧皮克将军的机会主义。

② 本信收件人"R^ard 先生"身份不详。波德莱尔用了人名缩写，可能是指某位姓 Renouard 或 Richard 的先生。这封信保存在"昂塞尔档案"中，这也就意味着可能根本没有寄出。

③ "Ultra-libéral"意为"极端自由主义的""极端自由主义者"，其中"ultra"表示"极端"，而"libéral"一词在历史上曾有过多种意思，如"慷慨大方的""自由的""开明的"，等等。

我还是转念认为是在夸奖我，从最好的方面来看这个词的含义。

在转义上，要表示的意思是：具有伟大、自由、高贵和慷慨思想观念的。我认为还是可以肯定地说，您想要高贵地思考、慷慨地行动，想让您的思想又自由又高迈。这就是我为您找出来的赞美之词，或者说，我至少跟您的看法一致。

这个词还被赋予了第三个意思，意义还不甚明确，唯其没有定义，反倒能更好地领会，只要开动头脑，就可以在下面这些话中进行准确的估量：开明的见解，如虔诚的朗瑞奈①、高尚的拉法耶特②、严于律己的博塞茹③、严格的阿尔让松④所主张的见解。您把"libéral"这个词的最后这个意思套在我身上想要以此羞辱我的时候，如果把我跟这些名人混同起来，那我倒也没什么要脸红的。如果有更正直的人，我对此不抱怀疑，因为您是这么说的，那这样一些人一定是已经达到了完美的境界，高高在上，放射出耀眼的光芒，让人不敢凝视。我喜爱能够指引我的那种光亮，但不是让我眼花目眩、把我引向险境的那种。

您是想用"ultra-libéral"来表示那种只生活在混乱无序和伤风败俗中的人吗？那就让他出来，我会第一个对他厉声谴责。但我到处都见到这种人。我今天在您身边就见到这种人，在鲜血中浸染出他所谓的不带一丝污点的颜色，只是拿来放到他和控诉他的人之间。

先生，我在仔细审查了自己之后，不能相信您是为了我好而有意要把这个词扭曲至此，这个词只有对上流社会的那些傻瓜来说才是可怕的，一般来说这些人是建立在美德和公正基础上的政府的敌人，因为政府要保障自由和平等。然而我既不认为您是傻瓜，也不认为您是公民自由和平等的敌人，所以我真诚地感谢您的好意，把一个公民能够获得的最美的称号给了我。

---

① 朗瑞奈（Jean-Denis，comte Lanjuinais，1753—1827），虔诚的基督徒，法国法学家和政治家，具有独立的精神和开明的思想。
② 拉法耶特（Gilbert du Motier，marquis de La Fayette，1757—1834），法国将军、政治家，同时参与过美国独立战争与法国大革命，被誉为"两个世界的英雄"。他一生致力于各国的自由与民族奋斗事业。
③ 博塞茹（Antoine Bourreau de Beauséjour，1771—1855），法国政治家，具有左派思想倾向。
④ 阿尔让松（Marc-René de Voyer，marquis d'Argenson，1771—1842），法国政治家。

激情的可怕效果啊，您不会迷惑住我的眼睛！我从心底里感受到这一点：世上有真正信奉自由的人，因为有人仍然热爱着真正的光荣和美德。

我向您致敬，先生。

CH. 波……

致［佚名？］

1849 年 7 月 13 日

先生，我给您写这封信是要做一个重要的推荐。事关天才音乐家硕曼先生 ①，他在那些闹革命的日子后不得不离开了德累斯顿。

硕曼先生有意发表一篇关于《唐豪瑟》② 的论文，以及一系列关于音乐发展的文章。

泰奥菲尔·戈蒂耶 ③ 应该已经给您写了信为他说情，我不怀疑他一定言辞恳切。先生，我给您写这封信，倒不是为了在他的意见之外再加上我微不足道的赞同，而是为了让您不要忘了这么一个如此光荣的推荐。

我们对瓦格纳的共同喜爱，让我能预感到您将会善意地接待硕曼先生。

您满足他的愿望，就是服务于他的事业，他在未来将被奉为众大师中最杰出的一位。

谨致衷心的谢忱。

CH. 波德莱尔

---

① 硕曼（Schoman），身份不详，是否为舒曼（Schumann）之误，学界并无定论。在 1849 年 5 月德累斯顿（Dresde）发生革命风潮之际，舒曼和家人确实住在该城，混乱时期还一度到乡下避祸。

② 《唐豪瑟》(*Tannhäuser*) 是瓦格纳创作的三幕歌剧。

③ 泰奥菲尔·戈蒂耶（Théophile Gautier，1811—1872），法国诗人、小说家、戏剧家和文艺批评家。

致纳西斯·昂塞尔

［第戎，1849 年 12 月？］

马蒂埃·德·蒙若 ① 刚刚获得了作为律师的一个什么胜利，一个什么政治诉讼的胜利，他来看了我们。——您知道，这个年轻人被认为有着出色的才华。这是一只民主之鹰。在我看来他真可怜！他满是一副狂热分子和革命家的派头。于是我跟他谈论了农民的社会主义，——不可避免的、残酷的、愚蠢的、兽性的社会主义，譬如火炬或镰刀的社会主义。这可把他吓坏了，全身发冷。——面对如此逻辑，他退却了。他就是一个傻瓜，或更准确地说，是一个十分庸俗的野心家。

致纳西斯·昂塞尔

第戎，1850 年 1 月 10 日星期四

请细心阅读。

您知道，我大病了一场。我的胃被阿片酊伤得厉害；这可不是第一次，好在它还够强劲，能够恢复过来。

让娜是昨天上午到的，跟我谈了好一阵子与您见面的情况。很长时间以来我都是诸事不利。所以，听她讲的一些事，证明您完全不理解我的生活，我也并不意外；我待会儿回头再谈。

我面前放着您 12 月 14 日的信，是 17 日才到的。

首先要说的是，帕里 ② 卑鄙地偷窃了您。目录上就犯了一些可笑而不

---

① 马蒂埃·德·蒙若（Madier de Montjau，1814—1892），法国律师、支持社会主义学说的左派政治家。他当时正准备参加索恩-卢瓦尔省（Saône-et-Loire）立法选举，在第戎访问了《劳工报》（*Le Travail*）编辑部。该报与蒲鲁东的《人民之声》（*La Voix du peuple*）有联系。他曾数度为《人民之声》进行辩护。

② 帕里（Palis）是个从事手稿誊写、书籍装帧、机械制图的商人，其门店在交易所广场（place de la Bourse）13—15 号。波德莱尔让他誊写自己的一些诗作。友人阿瑟利诺 1850 年在波德莱尔处见到过这份誊写稿，称这部稿子"由一位书法家抄写得十分出色，共有两卷，四开本，精装并烫金"。

可思议的错误，如把《活人之墓》（*Le Tombeau vivant*）写成了《活人之暮》（*Le Tombant vivant*），把《月之愁》（*Tristesse de la lune*）写成《月之速》（*Vitesse de la lune*），不一而足；烫金上满是斑点，在装帧上原本应当用压花革做封面，而现在用的是仿压花革的纸质封面；有一些需要改动的地方我用铅笔标出来了，但没有改。以上种种，证明他利用我不在场而不好好做事儿，更有甚者是借机偷窃我。我还欠大约 20 法郎。先前约定好的装帧费是 8 法郎。共计 28 法郎。可您付了 40 法郎。他大概忘记告诉您我一开始就已经预付了 11 还是 12 法郎。再说他还应当为他做的这档子可耻的烂事儿而降点儿价或给予一些赔偿；好的装帧花 8 法郎，而坏的装帧却要付 20 法郎，这完全不可接受。至于这通篇的错误，那就更严重了；这证明了一点，当人家不再怕我的时候，就根本不把我放在眼里。您要是有胆量，路过交易所广场的时候，向他要回 12 法郎。

　　看来您读我的信似乎有些漫不经心。您担心我会返回巴黎，因为我给您写信；我已经急于要离开这里。您没有理解"这里"一词指的是旅馆。我想说的是：我急于离开现在住的这个地方，我在这里的开销要比正常开销多出三倍。您难道从来没有出过远门吗？来到这里的时候，我的愿望是租一个小套房，另外再租一些家具。在很长一段时间里，除了月租不说，我一心要斤斤计较日常开销。出于这个原因，我在离开巴黎的时候跟您说过，而且在我的信里也跟您一再强调，我强烈坚持要在第一个月收到 300 法郎。对我来说，第一个月指的是 12 月。我是 3 日离开巴黎的。可您不是按这个要求寄的，而是——等到 17 日——（旅馆花费十四天，是您算错了）——才寄了 200 法郎，其中 12 月生活费 49 法郎，1 月 50 法郎。我向您要的是第一个月 300 法郎，因为有一些安顿的费用。我原指望您的一片好心，而您甚至没有严格执行我们的约定，也就是 12 月 1 日 200 法郎（我 17 日才收到）——1 月 1 日 200 法郎——这些都是您应当给我的。我向您保证，我相信这是您在计算上出的一个差错，一个没有大害的疏失。但让娜老跟我唠叨这件事情。我确实也大感意外。您也好好想想，您的看法也会跟我一样，两个月，也就是说 200 法郎乘以 2 等于 400 法郎，而不是 200 法郎。我还要告诉您，您让我所期待的是第一笔汇款有 300 法郎，因为有一些首次安顿必不可少的开销；不过在这点上我并不强求，或者说我不敢强求。让娜说，您依据的是这样一个奇怪的理由，即您以前已经许多次对我大大开恩了。的确是这样，我也真心谢谢您；但这并不是一个让我为难的正当理由。我住旅馆每天要花 12 法郎。一旦租房——这意味着要预付三个月的房租，每月租家具需要 30 法郎或最多 40 法郎，我每天的花费是 3 或 4 法郎。您现在明白您的错误了吗？按约定，我会在 1850 年 1 月 1 日收到 200 法郎；因此从本月 1 日起，您就欠我 200 法郎。我在这件事上没完。现在对您来说，如同对一切真正聪明和正直的人来说，职责所在就是：尽最大可能，竭尽所能，尽量给予——您应当给我 300 法郎，2 月 1 日再给 200 法郎。

另外，旅馆老板娘刚刚告诉我说，她在 15 日要见到钱。您看，不能有片刻耽搁，因为您收到这封信时就是 12 日了。

您要是一下子寄给我 400 或 500 法郎，也就是 1 月和 2 月的费用，我就马上离开旅馆，两天后就住到自己的房子里去了。在这样的情况下，我要到 3 月 1 日才再向您要钱。这样处理也许更明智；这对我有大大的好处，您也会安安心心看到我好起来，开销也少了。

您还有另外一个漫不经心的地方：您找我要您那 200 法郎的收据；看来您是忘了我在上一封信里已经天真地附了一张 300 法郎的收据。

再说一件事。在要求让娜跟您面谈这件事情上，我把她折磨得不轻；她跟我明讲，您跟她说了，要是她给您写信讲清楚预支钱款的必要性，您就会这么做。这让我特别没面子：您是想通过哪个窗口让人把钱投掷到这个小城市？在这里，干活才是无聊的唯一良药。我不知道让娜可以做什么，不知道离开这家旅馆的愿望是否会让她做出什么在我看来不合适的事情；而我要再次跟您说，您跟我结清 1 月份的 200 法郎——这笔钱我没收到——以及 2 月份的 200 法郎，您就不用再做任何预付，您不用好心开恩，不用超出我们的约定。但愿您能了解，一而再，再而三地谈这些该死的钱的问题搞得我疲惫不堪！这会有个了结的。

您还跟让娜讲了许多其他事情；但我已经没有勇气再责备您。您就是一个大孩子。而我经常都狠狠地责备您感情用事，指出您对我母亲的同情徒劳无益。把这些永远放到一边去，而如果我在这方面有什么精神不健全之处，您大可怜悯我，让我安静一下。对让娜也是。还有许多其他事情，但还是放过不谈吧。只不过我求您啦，您要是往后偶然有机会再见到勒梅尔小姐，不要再玩弄她，不要再跟她谈这么多，要更严肃一点。我长久以来都习惯跟您明确说出我的全部想法；您不应当因此而怨恨我。

　　一旦离开这家该死的旅馆，等租上几件家具，您看我怎样安排自己的生活。在我收到的钱外，我至少还能找到 1200 法郎。这样一来，连同我收到的钱，每个月就有 300 法郎。我给让娜 50 法郎用于梳妆打扮。她负责用 150 法郎让我们过日子。我把 50 法郎放到一边，用于租家具和租房。另外还有 50 法郎存起来，用于晚些时候回巴黎时购置家具，等我在这边好好做事儿把债还了，我会在认为合适的时候回巴黎。

　　说到我欠的债，我刚刚大概是第一百次算了一下。情况太糟糕了；但必须有个了结。我发过誓。我一共欠了 21236.50 法郎。——有签名欠据的是 14077 法郎；100 法郎以上没有欠据保证的是 4228 法郎；100 法郎以下的小额欠款是 919.25 法郎，最后还有欠不同朋友的 2012.25 法郎。在如此巨额的欠款中，有好多的坑蒙拐骗或小偷小摸把我害惨了，譬如勒内·吕瓦 [1] 做的事，您在稍后会看到很详细的叙述。

　　总而言之：您犯了一个错误。无论您怎样为我好，我都应当从到达这里开始至少每个月收到 200 法郎，而 200 法郎怎么也算不成 400 法郎。您想想，49 年的总额自 10 月起就已经全部花光了。我之所以让您马上给我寄 1 月份和 2 月份的钱，也就是 400 法郎，甚或 500 法郎，就是为了我跟您详述过的那些十分充足的理由。这些钱不可能拿去乱花，再说，让娜跟所有女人一样，手紧得很，会留心监督我。其次，我会跟您汇报这笔钱的使用情况，会给您提供收据。这是我应该对您做的。我要做的，正是您以前多次向我建议过的。看来您都忘了。您接下来要为我做的，以及我老是缠着您跟您讲道理并且要让您做的，您原本应该早早就自己做了。看来，您是不想在我面前掉了您的身价，甚至在任何人面前，在冷漠的代理人面前，在商人面前，您都一视同仁。那就必须由我主动一些；所有这些合情合理的事情，原本应该是您为我指出来的，结果反而由我首先想到。

---

[1]　勒内·吕瓦（René Lurois），具体身份不详。波德莱尔在 1854 年 3 月 13 日的信中也提到过这位债主的名字。

这件事的全部正当性，就在您的一句话中：我会同意出于道德目的摧毁您的全部财产。——说得好！那您会得出这样的结论。

万一我母亲在我不在的时候又寄钱，我再一次表示同意接受。您会通知我，但不会把钱寄给我，因为我用您的200法郎和我在其他地方可能挣到的就足以生活；您会考虑到我回来之后要用，或者在我不在的时候，您会根据我寄给您的说明，把钱用于正当的开销。

请允许我在结束这封信之前再啰嗦几句，这跟前面讲的事情关系不大，但我要借此机会跟您聊聊我的心里话。再说我可能好几个月都见不到您。结果又会是很不错的，但正如我跟您说的，我要借此机会跟您一吐为快。

在我的事情上，您所处的位置很特别。不仅仅是法律意义上的，而且也可以说涉及感情。您不可能不知道这一点。至于我呢，我不大讲感情，但逃避不了这样的事实。我离群索居，饱受阴郁的孤独，这让我跟让娜联系得愈加紧密，同时也让我在思想上习惯于把您视为我生命中的某种重要存在。该谈实际情况了。如果说这免不了就是您在我的事情上所处的地位，那经常在涉及我的利益时的那种奇怪的不明智之举究竟是什么意思？您知道我母亲有负于我，而您一味偏袒她究竟是什么意思？您经常挂在嘴上的那些话，您那些孤芳自赏的格言警句，您那些粗暴而失礼的言行，究竟是什么意思？我的确也是这样回敬您的，但这都是没有道理的。必须要改善我们之间的关系。我这次长时间不在，这对于达此目的将不是什么坏事。另外，宽恕一切罪，您知道我是这样翻译的：没有什么是不可救药的。

随信附上您向我要的对空头票据提出的异议。

您要把这封信退还给我。

致纳西斯·昂塞尔

［第戎］1850年1月12日

……当然啦，下面的事情不是用那么纯净的法语讲出来的；但含义非常准确。

作为当事人的这位朋友是特拉帕杜 ① 先生，一位极其诚实的年轻人。您要特别注意，我把他的名字给您，只不过是为了您在对付那位债主 ② 时用得上，因为直到现在，您还不大了解这件事情的原委。

那家伙到您那里，跟您说我为一位朋友做了担保。确实得把他这件事情好好解释一下。

他后来又给我母亲写信。这一次又说了另外一套。完全没有再提什么朋友的事情。说全部都是我欠的。这前后就矛盾了。这足以让预审法官形成一个判断。——他的信极其肉麻。极力恭维我的为人，极力为我的名誉着想。我从来没有跟他谈到过母亲、谈到过土耳其、谈到过回法国。那都是他为了方便自己的事情而编出来的一首诗。

他在 11 月 29 日不是还怒气冲冲地跟我说过这样的话么：我打听到了一些你们家的消息。一切都很清楚。这家伙干了一件恶事，执意要一坏到底。

他现在已经篡改了他的那些账本，全部的问题就在这里。

我坚信这位年轻人所欠的款子加上我那 42 法郎也到不了 200 法郎。这其中应该存在着严重的偷窃。

我还要再重复一遍，我从来没有为任何人做过担保，我从来没有介绍过任何人。不过，要是您认为您必须支付的话，您应当要求把特拉帕杜先生那笔债给免了。由您替他还上，算是送他一个礼物。要是那家伙把针对特拉帕杜的收据拿给您看，您就向他亮出他写给欧皮克夫人的信，对他说："您好好看看，您撒谎了。"要是他在针对特拉帕杜的收据上表示拒绝，您可以这样对他说："您在说谎，因为您第一次跟我说的是，这张欠据保证的是另外一笔跟波德莱尔先生无关的债务。"

——我认为我已经把这件事解释得够清楚了。

夏尔·波德莱尔

---

① 马克·特拉帕杜（Marc Trapadoux，1822—?），法国哲学家和记者，波德莱尔的朋友，思想上有波希米亚式的神秘倾向。

② 此处提到的这位债主身份不详。

致钱拉·德·奈瓦尔 ①

［讷伊］1850 年 5 月 10 日星期五

我亲爱的钱拉，我想今天晚上能用到您给的票 ② 的。我明天不可能出席。我把您给的最后一次彩排的票给了玛拉西 ③。他将用您的票带尚弗勒里一同前往。

至于我这边，我恳请您寄两张票到讷伊，共和国大道 95 号。请注意其中一张是给我女伴的。我想，女人也是要上剧场的。另外，还有一点很重要，您寄给我的票要在我收到后两三天内都有效才好。

夏尔·波德莱尔

致钱拉·德·奈瓦尔

［讷伊，1850 年 5 月］18 日星期六

如果可能的话，就要星期一的票。

我亲爱的朋友：

请再帮个忙，倘若这不冒昧的话。两张戏票寄给玛拉西，索邦大学马松街 ④19 号。

您跟我一道见过玛拉西。很高兴您认得他。——请一定为我留一本（《国民报》连载）《斋月之夜》 ⑤ 的单行本。——但愿您的票不要到得太晚。

CH. 波德莱尔

---

① 钱拉·德·奈瓦尔（Gérard de Nerval，1808—1855），法国诗人、作家，浪漫主义文学代表人物之一，并被奉为象征主义和超现实主义的先驱。

② 当时奈瓦尔参与创作的戏剧《童车》(*Chariot d'enfant*) 正在奥德翁剧院（l'Odéon）上演。

③ 奥古斯特·普莱–玛拉西（Auguste Poulet-Malassis，1825—1878），法国印刷商和出版商。他在1850 年结识波德莱尔并成为其最好的朋友之一，并在 1857 年出版了波德莱尔的诗集《恶之花》。

④ 马松街（rue des Maçons），即今商博良街（rue Champolion）。

⑤ 《斋月之夜》(*Les Nuits du Ramazan*) 是奈瓦尔《东方游记》(*Voyage en Orient*) 中的一个部分，于1850 年 3 月 7 日至 5 月 19 日在《国民报》(*Le National*) 上连载，当年 6 月发行了单行本。

致奥古斯特·普莱-玛拉西

[讷伊，1850 年] 7 月 15 日星期一

我亲爱的朋友：

克利斯托夫 ① 跟我说您 7 月 20 日动身；我们上次见面的时候，您怎么会忘了告诉我一声？我现在不能陪您；我有一个女伴病了，我还一心想要赶紧向比洛兹 ② 先生交两篇重要的稿子。我可能半个月或一个月后去那边拜访您，因为人家跟我说您要去六个月。不过我两三天后会过来见您一面。

祝好。

夏·波

致让·瓦隆

[讷伊] 1850 年 7 月 29 日星期一

我请您 8 月 2 日星期五上午十一点来位于国家宫 ③ 的巴黎咖啡馆。我们一起用午餐。目的是想让您见识一位奇特的人物。——就是那位 L 先生 ④，他摇身一变成了先知和波拿巴主义的神秘信徒，也可能是密探吧。您那天给我讲的猫和鱼的故事 ⑤ 在我脑袋里回荡了一整天，甚至后来的日子也是，但我很遗憾，只能给您寄这么一个可怜的笑话作为回报，而且还要让您倒贴一大笔邮费。我的确把我的好奇分享给了泰奥菲尔·戈蒂耶。

---

① 克利斯托夫（Ernest Christophe，1827—1892），法国雕塑家，波德莱尔的好友。《恶之花》中的《骷髅之舞》（*Danse macabre*）和《面具》（*Le Masque*）两首诗就是题献给他的。

② 弗朗索瓦·比洛兹（François Buloz，1803—1877），法国报业的重要人物，从 1830 年代起执掌《两世界评论》（*Revue des deux Mondes*）长达 40 余年。

③ "国家宫"（Palais national）是今"王宫"（Palais-Royal）的旧称。

④ 此处提到的"L 先生"当指拉马丁（Lamartine），他在 1848 年二月革命后成为临时政府实际上的首脑。他在同年 12 月的总统选举中败于波拿巴（Charles Louis-Napoléon Bonaparte）后转而支持波拿巴主义，这让他受到了左派的攻击。

⑤ 可能指《一千零一夜》中的第 51 个故事。故事中讲到一只猫被一匹狼追赶，变身为一条虫藏进一粒石榴中，石榴又变成一条小鱼，小鱼又被一条大鱼追赶，等等。

但他跟我一样，也没有猜到这都是怎么来的。

　　您要是不像我一样有勇气通读，那我建议您至少读一读尾声部分①。

夏尔·波德莱尔

致让·瓦隆

［讷伊］1850 年 8 月 2 日星期五

　　千万把这本小册子保存好，一定别弄丢了。我寄给您的这本是要留给布泽兰②先生的唯一一本。他三天后会把他的书寄给我，我读了后可能会写一篇关于他的文章，我还会把这本书转寄给您。我没有钱付包裹的邮资。我近日会去看您。

CH. 波德莱尔

致让·瓦隆

［讷伊］1850 年 9 月 18 日星期三

　　我亲爱的朋友，好像我应该是明天晚上去您家吃晚饭的。我弄错了。发生了一个严重的意外，我会讲给您听，这让我不得不把我们的事情推到9 月 20 日晚上六点。要是这会让您不方便，那算我活该倒霉；要是吃闭门羹，我会把包裹放在门房。

夏·波

---

① 波德莱尔有可能随这封信寄上了拉马丁的一本书。有论者认为可能是拉马丁 1850 年 5 月出版的五幕诗剧《杜桑·卢维杜尔》（*Toussaint Louverture*）。该剧歌颂了海地革命的重要领导者杜桑·卢维杜尔（Toussaint Louverture, 1743—1803），主张废除奴隶制，全剧结尾处号召人类的大团结。按拉马丁自己的说法："这不是一部文学著作，而是一部政治著作，或更准确地说，是人类的呐喊。"

② 布泽兰（Joseph Bouzeran, 1799—1868），法国宗教哲学家。

致尚弗勒里

[讷伊] 1850 年 10 月 6 日星期三（？）晚 ①

您是否可以后天上午来找我并和我一起午餐？地址是：讷伊，共和国大道 95 号。我会亲口把您的歌谣从头到尾翻译给您听。我也许必须写一篇文章，让您搞懂什么是诙谐种类。直接交谈更好一些。那就 10 月 8 日星期五上午。您知道，乘坐大道上的公共马车可以直接到达我住处的对面。——到了楼下您通报自己的姓名即可。

夏尔·波德莱尔

致奥古斯特·普莱-玛拉西

[讷伊] 1850 年 11 月 13 日星期三

哎呀，我真的能指望您吗？

您应当读给我听的那份手稿在哪里？——您今天晚上会收到这封信；我明天上午等您。

请特别注意不要带任何人来。

您忠诚的

夏尔·波德莱尔

致圣伯夫

[1851 年 1 月初。波德莱尔在信中谈到了一本题为《H.B.》的小册子 ②。

① 本信的时间很费解。1850 年 10 月 6 日应该是一个星期天，而这年的 11 月 6 日倒是星期三，但下文中又出现有"10 月 8 日星期五"。有人指出 1852 年 10 月 6 日是一个星期三，但那时波德莱尔已经不住在讷伊。

② 这本小册子是梅里美（Prosper Mérimée，1803—1870）在 1850 年匿名发表的一篇缅怀司汤达（Stendhal，1783—1842）的长文。标题中的"H.B."是司汤达的真名亨利·贝尔（Henri Beyle）的缩写。

圣伯夫于 1 月 7 日回了信。]

致欧皮克夫人

［讷伊］1851 年［1 月］9 日星期四

我几个月前就下决心要给您写封信。我好多次都已经试着动笔，但又好多次被迫放弃了这个差事。我没完没了的痛苦和思想上的孤独让我变得有些冷酷，而且也可能十分不招人待见。我已经想到尽量把笔调缓和下来，但您的骄傲也许仍然会让您认为我写得不甚得体，我希望您的理智能够理解我的良苦用心，以及我对您采取这样的举动的良好目的。以前我们之间是那么温情脉脉，但而今，在您造成的我们之间的这种处境下，这应该不可挽回地是最后一次了。

您弃绝了对我的友爱，拒绝了一切往来，而这些原本是任何人都有权期待于自己母亲的。您这样做跟您的意识有关，也可能跟您丈夫的意识有关。这也许是我稍后需要验证的。

但所谓堂堂正正的做事方法，就是千万不要想去逼迫那些正被您辱骂的人，或那些至少没有对您做过什么的人。您应该猜得到，我想说的是昂塞尔先生收到钱的事情。什么！他收到钱，却没有信给我，也没有只言片语规定我或建议我怎么用这些钱。但您想想，这样一来您不就失去了任何对我施以善举的权利，因为我不可能谈到母爱之情。您最好去向除我之外的其他什么人表现您的仁爱之心。您这是心有愧疚。我呢，我不愿意接受您对自己懊悔的这份表示，除非是用另外一种形式。说得更清楚一点，要是您不能立即并且完完全全重新成为一位母亲，我将被迫通过执达员把提出的异议送到昂塞尔先生手中，拒绝接受任何来自您的钱，而且我还将采取一些措施让这项异议得到严格遵守。

我认为我没必要费劲让您明白这封信的重要性，以及您应当给我回信的重要性，给我的，听见了吗？您是回信还是置之不理，这将决定我未来怎么对待您，以及怎么对待我自己。刚好三个月后我就三十岁了。这让我产生了很多思考，内容很容易猜到。按现在这种情况，从精神层面上说，我未来生活的一部分掌握在您的手中。但愿您会写一些我愿意看到的！

　　要是您愿意屈尊理解这封信的重要性，您大概要在回信中加入一些关于您身体状况的准确信息才好。

　　既然您对昂塞尔先生的影响力如此之大，您给他写信时一定要告诉他，不要把我的生活弄得那么艰难、那么难以忍受。

　　我所希望、所想要的是，他不要以任何形式参与到我今天跟您讨论的这个问题中来。我不会接受任何出自他之口的回复。

夏尔·波德莱尔

致尚弗勒里

［讷伊］1851 年 2 月 14 日

亲爱的朋友：

　　费舍尔 ① 要我告诉您说，瓦提耶 ② 找到了一份关于勒南兄弟 ③ 的新资料。这是一幅版画，忠实再现了勒南兄弟的画。一幅依据勒南兄弟画作的版画。版画很稀罕。

　　祝好！

夏尔·波德莱尔

致尚弗勒里

［讷伊］1851 年 6 月 3 日星期二

　　欧仁·德拉克洛瓦一个月前给您写了一封信，是对您写给他的一封信的回复，您在信中向他要这本画册，您还对他说有事情要跟他谈。他没有

---

①　费舍尔（Jean-Jacques Feuchères，1807—1852），法国雕塑家、版画家。

②　瓦提耶（Charles-Émile Wattier，1800—1868），法国画家、版画家。

③　勒南兄弟（les Lenain），法国 17 世纪初的画家三兄弟，分别是安托万（Antoine）、路易（Louis）和马修（Mathieu）。

收到您的回信。

　　这本画册费了老大功夫才重新排好，因为样稿在他那里，数目乱得很，就像是把一个作品拆散了零卖，有大有小。

　　我受托之事完成了。

夏尔·波德莱尔

致欧皮克夫人

［讷伊］1851 年 6 月 7 日星期六

　　昂塞尔先生今天告诉我说您已经回到巴黎了 ①。他还说您想见我。这让我很开心，我向您承认，就算您没有对我表示这样的愿望，我也已经决定要主动迎上前去请求您允许我见您。

　　昂塞尔先生为人正派，只不过他错在向您允诺说我要去您那里见您。他这么做实在天真。我想的是能够用一种不伤害您的感情的方式来表达我的意思，但说到底，您可以很容易地猜到，我的自尊心为什么会阻止我把脚步迈进您的家门。

　　另外一方面，出于对您的尊重，我也不能在一个您所憎恨的人家里接待您。故而我期待您以感情为重，愿意来讷伊，这个住处只有我一个人在。这两天，也就是星期天和星期一，我都会闭门不出。要是在这封信里还是漏进了什么不让人满意的字眼，那也是非我所愿，千万不要埋怨我，您知道我写东西总是那么笨拙。

夏尔·波德莱尔
讷伊，共和国大道 95 号

---

① 欧皮克将军在 1851 年 2 月被任命为驻伦敦大使后，夫妇俩离开君士坦丁堡，沿回程路线一路旅行，于 6 月 3 日夜回到巴黎。次日，欧皮克将军面见总统，表明了拒绝接受驻伦敦大使任命的理由。同月 18 日，他被任命为驻马德里大使。

致欧皮克夫人

［讷伊］1851 年 6 月 12 日星期四

我亲爱的母亲，我会很高兴在 16 日星期一见你。明天、后天和星期天，我都有事情不得不做。我没有什么特别要跟你说的，就是很开心见你。

你要是能来的话，尽量多安排一点儿时间。你要是不能来的话，请写信告知我一声，因为你要是不这么做的话，我会死等你，不见不散。

要是在拆行李的时候你找到了那只你说过的烟斗还有烟丝，请带给我。

夏尔

玛大肋纳教堂有车前往讷伊，离你住的旅馆很近；卢浮宫广场也有车，另外在里沃利街还有一条"库尔布瓦女人"公交线 ①。

再见，拥抱你。

夏尔

共和国大道 95 号

致欧皮克夫人

［讷伊］1851 年 6 月 21 日星期六

我亲爱的母亲：

我想，我们在约定见面的地方时一定有什么误会，因为我刚才等了你一个半小时。我不可能推断是我到得太晚了，因为你的信是十一点半写的，而我在十二点半以前就赶到了。我明天十二点到下午两点之间还会在同一个地方等你（杜伊勒里花园，巴托罗缪咖啡馆）。

我十分希望你能来，但我丝毫不愿意强求你。我不回讷伊，也就不邀请你去讷伊了，因为你知道，一到星期天，郊区实在是不可忍受。

再见，我深情拥抱你。

夏尔

---

① 库尔布瓦（Courvevoie）是巴黎西北郊市镇，紧邻讷伊。

我知道你一定非常忙，有一大堆需要尽职尽责和迎来送往的事情要应付，但这个地方离你住的旅馆只有十分钟路程，另外，要是你不能来的话，可以在十二点到两点之间派人送一封信过来，我会凭那人手里拿的信认出他来。

夏·波

致欧皮克夫人

［讷伊，1851 年］6 月 22 日星期日

我亲爱的母亲，天气如此糟糕，我不愿意让你全身被淋湿去咖啡馆赴这个荒唐的约会。我希望我写得及时，好让你不要为了我而出门。我明天上午回讷伊。故而你要把你的礼物带给我，或是寄给我，你要尽量来。

我拥抱你。

夏尔

我一整天都会待在自己的房间里。

致欧皮克夫人

［讷伊，1851 年］7 月 9 日星期三

由于我必须完成我的文章并去见出版人，所以不能做你要求于我的事；但我向你保证，你今天晚上会得到你要的东西。你明天上午才出发。你的门房今天晚上会把小包裹交给你。

夏尔

我认为今天上午给你写几个字很合适，因为我猜想你会觉得我这个人粗心大意，把你给忘了。

致欧皮克夫人

［讷伊，1851年］7月9日星期三

我亲爱的母亲，你要我在你动身前给你写几个字，可能是要向你证明我的精神状态令人满意，还要证明我对你的感情。你大概是想在出发前得到某种安全感上的保证。我这就把你想要的给你，我猜是相当全面的了。

你大概已经发现，再次见到你让我开心得不得了。我向你承认，我自己先前都不会相信。我原本预料会是一次冷冰冰的审讯式接待。我预先就绷紧了神经。你完全让我缴械投降，并激发出我对未来的期待。你要量力而为，谨遵医生的建议，确保身体健康，以便能享受到我打算给你带来的那些微不足道的快乐，让我补偿给你造成的那么多的烦恼、忧愁和不安。

不只是出于我个人的利益，而且也是为了满足你的正当要求，我向你保证永远不会允许自己过任何乱七八糟的生活，这对身体、精神和财产都是严重的损害。我向你保证在工作上毫不懈怠，不只是为了偿还那些让我的处境变得又难看又艰难的债务，而且也是为了给我自己创造一个日常调节器，以减少那些总是在我们身上涌动着的愚蠢和激情所带来的影响。我向你保证不再借债。至于说那些旧债，那是很难还的。但终究能还得上。在这件事情上我不敢打保票。我只能保证会尽自己的最大努力争取做到。

说到昂塞尔先生，我和他之间的关系从今往后将步入正轨。我亏欠于他，这个不幸需要好好修复；但我不会再请求他对我开恩。

我还要给你说些什么呢？这封信我没有保存副本。到今天，我的阅历足够丰富，我的理智深明我的职责所在，用不着再把文字抄写一遍以作备忘。

我会每个月给你写两封信。我在下一封信里会告诉你我的新地址。你要是今天晚上有时间通过邮局寄给我几句话，就仍然寄到讷伊共和国大道95号，我今天晚上会回那里，肯定是最后一次。

我深情地拥抱你。

夏尔

不过，你要是很忙，就不要把这件事当成一个义务。

夏·波

请你看看我寄给你的账目第四页，我刚刚加了一个说明。

夏·波

致阿尔芒·迪塔克 ①

［1851 年夏？］

我想在《国家报》上连载发表一篇东西，题目是《论艺术中的诙谐与漫画家》（*Du comique dans les arts et des caricaturistes*）。我尚未有幸与您结识；但您的好些朋友都认识我。

几篇论《沙龙》的文章、《拉·芳法萝》

以及一些诗作的作者

夏尔·波德莱尔

这部作品很有趣：一部分谈哲学，但篇幅不长，其他部分则对有才能的漫画家进行了梳理。

我的书已经写好了。——正在誊写；两天后就会完成。

$$
\begin{array}{r}
3000\ 行 \\
40 \\
\hline
120000
\end{array}
$$

40 个字符

如果您想了解我，可以找尚弗勒里、索拉尔 ②、埃斯基若 ③ 等人。

您是否认为可以把一个作品分割开来，并且把纯理论部分从艺术评论中分离出去？

这样一来就只有两千行了。

而我不认为可以把这些东西分离开来。

夏·波

————————

① 阿尔芒·迪塔克（Armand Dutacq，1810—1856），法国新闻界和出版界的活跃人物，掌管多种刊物并从事图书发行。

② 菲利克斯·索拉尔（Félix Solar，1811—1870），法国报业人士和金融家。

③ 埃斯基若（Henri-Alphonse Esquiros，1812—1876），法国作家和政治家。

致欧皮克夫人

［巴黎］1851 年 8 月 30 日星期六

亲爱的母亲，我可能会惹你伤心。我答应过你每个月给你写两封信，而我搬家安顿下来都六个星期了还没给你写信。这是因为虚荣心作祟，我一直想要在第一封信里告诉你点儿高兴的事。然而却没有，或者说几乎没有。我一心想要让你了解我所做的一切，故而给你寄上这本让我挣了一笔可观稿酬的小册子①，让你读是因为这是我写的，此外我倒不觉得有什么重要的。

你出发时感谢我给你写了一封让你欢喜的信，向你做出了这么多保证。而今我一上来就食言了。此前，考虑到我的地位问题已经和昂塞尔先生一起解决了，亏空也已经查明了，所以我几乎是禁止你给我寄钱的；然而，今天却是我自己来求助于你的慈爱仁心。只不过是为了点儿不大的事情，再说我还要给你做一番解释。头两个月，也就是 7 月和 8 月，我靠在讷伊正常领到的钱生活，另外我还付了一些不得不付的欠账，也就是说偿付了一些避不过去的债主（裁缝 50 法郎，家具 50 法郎，等等……），用的都是自己挣的钱。我甚至还付了几笔小额旧债。到这里，我自己一直都管理得很好。但在前天，我领到了即将开始的新月份的钱，同时由于我以为我那本《论漫画》的书肯定能够马上出版，于是便豪气冲天地一下子花了 200 法郎购物，虽说确实都是一些必需品，但完全可以推到下个月再说（对这件事的解释就是，我想在目前住的这栋房子里换一个房间，我选的是一个背街的套房，多一个房间，所以就需要一个写字台、一张小铁床，以及几把椅子）。然而一些经常都会发生的变故发生了，本应该预计到的事情我却没预计到，结果我的作品要等到半个月以后才发表，也可能到月底才能出版和拿到稿费。在我给你写信的此刻，我还有 20 法郎。我会惊恐地看着它们慢慢飞走。一个月后，也可能半个月后，我就有钱了，但这段时间是个问题。这段时间将陷于混乱，因此也就不能正经做事。我九年前的故事今天又重新开始了。另外，除我那本小册子的全部稿酬外，我还收到了书商借给我的一点钱，我答应后天寄还给他。我求你了，不要责骂

---

① 一篇评论诗人皮埃尔·杜邦（Pierre Dupont，1821—1870）的文章。

我。这两天我一直都在琢磨究竟应该怎么做，我想通了，最合理的做法就是向你承认我做的蠢事儿。但从这封信到你的回复之间要过多少天呀！你会很恼火！你会很为难！要是 200 法郎超出了可能，那就 150；要是 150 太多了，那就 100，总之多少不论，即便通过你我不能安安稳稳地挨到月底甚或接下来的这半个月，但愿我至少有几天喘息的时间来找到应对之策。既然我已经坦诚相告，那我接下来只需要再多说几句关于这件事情的几点意见。我绝对不希望昂塞尔先生介入到这件事情中来。我不愿意你让他产生对我的不信任。我本可以去他那里，利用他的粗心大意钻空子，但我还是更愿意选择直接找你。我不认为在国外可以像在法国一样通过邮局汇款；再说，我想你也不懂怎么用。在我们共同的熟人里面，让我不带怒气甚至会带着愉悦心情去见的只有两位，那就是奥利维耶先生和朗格莱先生（我不知道他们的地址）。

　　我今天的事情可能把你搞得很痛苦。在我的下一封信中，可能是在 9 月 16 日，我会把纳卡尔医生在巴尔扎克夫人那里跟我玩的一套恶劣手法的故事讲给你听，我有事情需要巴尔扎克夫人的帮助 ①。究竟是怎样的毒蚊子叮咬了这个坏人？我有二十多年都没见过他了，我只不过是因为他咒我真该死，而且还威胁说要让我生不如死，这才认识了他。话说回来，要给你讲好这个故事，我必须更深入地挖掘一下。

　　我十分焦虑，也十分痛苦。必须承认这样一点，人是一种非常软弱的动物，因为习惯在其品行中发挥着如此重要的作用。让我自己重新投入工作真比登天还难。而且我也许还应当把"重新"二字去掉，因为我觉得自己从来都没有投入其中。事情真是太奇妙了！几天前我把巴尔扎克年轻时写的一些东西拿到手了。谁都永远想象不到，这位伟人在年轻时有多么笨拙、幼稚和愚蠢。然而，他最终得到的，也可以说他为自己博得的不只是一些恢宏博大的想法，更有气贯天地的精神。但他始终都埋头工作。想到

---

① 波德莱尔当时可能是为准备一篇研究巴尔扎克戏剧创作的文章而需要巴尔扎克夫人的帮助。他在 1851 年 11 月 27 日的《戏剧周刊》(Semaine théâtrale) 上发表了《正派的戏剧和小说》(Les Drames et les romans honnêtes)，文章结尾处写道："我不久后还会再谈这个问题（戏剧中的道德问题），我要谈谈两位法国伟人，也就是巴尔扎克和狄德罗，为更新戏剧所做的尝试。"

通过工作不仅可以挣到钱而且还可以获得不容置疑的才能，这大概算是一种安慰。但巴尔扎克在三十岁时就已经养成不懈工作的习惯好多年了，而我直到今天跟他唯一相同的地方就是只有一堆债务和一堆计划。

我真的很痛苦。你可能会很开心，甚或带着身为母亲的骄傲眼光，读我将在下个月寄给你的那篇长文；但话说回来，这东西实不足道。你可能会看到有几页写得出人意表；但其余部分只不过是一堆前言不搭后语的东拉西扯。说到博征旁引，那不过是充门面而已。然后呢？然后，我有什么拿得出手的？我的诗集吗？我知道，放在几年前这东西足以造就一个人的声誉，可以引起众声喧哗的热议。但在今天，无论条件还是环境，一切都已经变了。要是我的书哑火了，那然后呢？还有什么呢？戏剧，小说，甚至可能就讲讲故事。你可不知道什么叫作怀疑的日子。我有时候感到自己太爱说理而且书读得太多，难以构想出点儿什么率真淳朴的东西。我有太多的学问，但不够勤奋。话说回来，一个星期后，我是不是有可能充满信心和想象力呢？——我一边写一边在想，我无论如何都不可能把这些向某位哥们儿坦言相告。

但没有退路。我必须在 1852 年度从我这种无能为力的状态中振作起来，并且在新年到来前就已经还上了一些债务，还发表了一些诗作。我一定把这句话牢记在心。

说到巴尔扎克，我看了《投机商麦尔卡戴》[1]的首演。有那么一些人在这位可怜人的生前狠狠折磨他，去世后还要辱骂他。你要是读法国的各种报纸，会以为这是一个写得糟糕透顶的东西。这实则是一部令人赞赏的作品。我会寄给你。

请赶紧回复我。要千万小心，切莫让信给弄丢了。告诉我你想让我用什么方式跟你联系。多写点你旅途的一些细节，特别是你的身体状况。你写信的时候，别忘了始终都要注明日期。现在，请接受我表达的深深喜悦之情，这份喜悦一直还在我心中洋溢，让我的意识得以平复，这是因为我与自己的母亲重新建立起了各种自然而然的联系，而这些联系原本从来就

---

① 《投机商麦尔卡戴》(*Mercadet le Faiseur*) 是巴尔扎克写于 1840 年的一出戏剧，1848 年出版，1851 年 8 月 23 日在吉姆纳日剧场（le Théâtre du Gymnase）首演。

不应该中断。我热情地拥抱你。

夏尔

法国巴黎，马莱-杜唐普勒街（rue des Marais-du-Temple）25 号，夏尔·波德莱尔先生收（唯一收信人）。

要付邮资，我是不付的，你知道原因。

夏·波

这封信写得潦草得很。用的是钢笔。——要是哪天有可能的话，请帮我弄一些免费的西班牙烟草。

我下次会跟你谈谈 J. 雅克 ①，他问你好。

致尚弗勒里

［巴黎，1851 年 9 月 13 日］

今天是 9 月 13 日，我还没收到杜拉斯 ② 的回复。

前天 11 日，我收到了第一份样张，没有附手稿。我昨天去了米歇尔·莱维 ③ 那里，他向我保证说会寄给我。不过他担心恐怕已经扔掉了。今天 13 日，一直都还没有收到，我在没有手稿的情况下改动了您的笔调中让人费解的地方。这份校样中的文字错误比比皆是。我总是会改两份相同的校样，以便在校对员走神出岔子的时候，您可以通过我给您的校稿判断不是我出的错。我冒昧地修改了四五个结构不好的表述，但里面的意思我是看懂了的，也完全可以理解。剩下的就是，如果人家把手稿寄给我，那就要借用词典并对照手稿查证以下这些词：是"Troglodite"还是"Troglodyte"［穴居者］。"Sénégali"［一种热带梅花雀科小型鸟］，"Bengali"

---

① "J. 雅克"指让-雅克·勒瓦扬（Jean-Jacques Levaillant），此人是波德莱尔的表兄。

② 杜拉斯（Léopold Duras，1813—1863），法国报业人士，时任《国民报》主编。该报将在 1851 年 9 月 19 日这期上发表尚弗勒里的一篇关于民间艺术的文章。

③ 米歇尔·莱维（Michel Lévy，1821—1875），法国出版商，米歇尔·莱维兄弟出版社（Michel Lévy frères）创建人。该出版社于 1852 年 2 月出版了尚弗勒里的《志异录》（*Les Excentriques*）。尚弗勒里委托波德莱尔修改的就是该书校样。

[梅花雀]（您想象这是同一种动物）。"Maïa" ① （是什么鬼东西？）；"becs-fins"[尖细嘴燕雀类鸟的总称]。"Sénégali à front"[红额燕雀]；"fleur scabieuse"[蓝盆花]。"Moineau friquet"[树麻雀]。"Grièche"[伯劳科鸟类的]（形容词）。"Torcols"[蚁鴷]。"Phalène-agriphine"[一种尺蛾]。"Caïmiri"[松鼠猴]，"raine"[青蛙]，是"croasser"还是"coasser"[鸣叫]？"loxie faciée"[交嘴雀]，"Erycina Thersander"[一种斜点蚬蝶]，"Nérium"[夹竹桃]，"Fritillaire"[贝母花]（此处谈到花上的格子图案，连用两个"根据"很是奇怪；我没敢改）。"Angaha"[一种蚓螈]。"Dioch"[一种非洲织巢鸟]。"Chéloniens"[龟类]。"M. de Paw"[德·帕欧先生]。"Raie Torpille"[电鳐]。

致［佚名 ②］

［巴黎］1851 年 10 月 15 日

我好几次去找阿梅代·皮肖 ③ 先生，到后来终于有人好心告诉我说他不在巴黎。您要是还没向伦敦方面索要下面这本书，那就赶快让人去做。

《爱伦·坡作品集》，尤其是带有作者生前传略的版本，如果有这么一种版本的话。

谨致敬意。

夏尔·波德莱尔

致泰奥菲尔·戈蒂耶

［巴黎，1851 年底］

那位无可救药的钱拉反倒认为库忒拉岛 ④ 正是由于抛弃了美好的崇拜

---

① 法语中，"Maïa"有两个意思：1、一种美洲燕雀；2、蜘蛛蟹。

② 这封信应该是寄给某位书商的。

③ 阿梅代·皮肖（Amédée Pichot，1795—1877），法国作家、历史学家、翻译家，是 19 世纪法国研究英国语言文学最出色的的专家之一。

④ 库忒拉岛（Cythère），亦译基西拉岛，是爱琴海中的一座小岛，相传为爱神所居。

而沦落到现在这种样子的。

亲爱的朋友，现寄上这第二个小包裹。我希望你可以从中选出点儿什么。我强烈希望我们的趣味相投。在我看来，这是我最乐见的：

《晨曦和黄昏》(*Les Deux Crépuscules*)；

《大篷车队》(*La Caravane*)；

《圣彼得的否认》(*Le Reniement de saint Pierre*)；

《默默无闻的艺术家》(*L'Artiste inconnu*)；

《吸血鬼的皮囊》(*L'Outre de la volupté*)；

《血泉》(*La Fontaine de sang*)；

《库忒拉岛之行》(*Le Voyage à Cythère*)。

请坚定地保护我吧。要是没有人说三道四狠批这些诗，我还会给出更亮眼的。

后会有期。

夏尔·波德莱尔

致玛丽夫人 [①]

巴黎，奥尔良小区 15 号［1852 年初？］

夫人：

我不应当再见您，这有可能吗？这对我来说是一个重要的问题，因为我已经到了这样的地步，就是只要您不在跟前，我心里就会有巨大的失落感。

当我得知您放弃了为画室做模特，而且这可能是不经意间因我而起，我感到有一种异样的伤心。我一直想给您写信，尽管我不大主张写成白纸黑字。一写出来几乎总会后悔不迭。但我没有什么好丢人的，因为我已经打定主意，要把自己永永远远地交给您。

您可知道，我们星期四的长谈真是非同一般？就是这次交谈让我进入

---

① 玛丽夫人（Madame Marie）究竟是谁，作者没有言明，学界亦无定论，其身份一直是个谜。

一种全新状态，而且也是这封信的起因。

一个男人说："我爱您！"而且连声恳求——一个女人回答道："您爱着？爱我！永远不要！我已心有所属。后到的人活该倒霉；他只会得到我的冷漠和轻蔑！"而就是这个男人，为了那份能够看您的明眸看得长久点的快乐，让您一直对他谈另外一个男人，只谈那个人，只为他激情燃烧，只挂念着他。从这些坦言相告中可以看到一个不寻常的事实，那就是对我来说，您不再简简单单是一个让人想要得到的女人，而是一个让人爱慕的女人，为了她的那份爽直，为了她的那份激情，为了她的那份活力，为了她的那份朝气，也为了她的那份近乎疯狂的爱情！……

做完这一通解释，我就已经惨败了，因为您如此坚决，让我马上就屈服了；而您呢，夫人，您已经大获全胜。您让我心生尊重和深深的敬佩。愿您永远一如既往，愿您好好保持住这份让您变得如此美丽和如此幸福的激情。

回来吧，我恳求您，我的愿望将让我变得温情而谦卑。当我回答您说我满足于一些残剩的碎屑，我活该被您瞧不起。可我那是言不由衷。哦！您可知道那天晚上您有多么美丽！……我真不敢跟您说恭维话，那太平庸了！但您的眼睛、您的嘴巴、您鲜活而生气勃勃的整个人，现在就在我紧闭的双眼前一一闪过，——我感觉自己没救了。回来吧，我双膝跪地请求您；我不会说您将发现我不是要谈情说爱，但您确实不能够阻止我的精神流连在您的双臂、您那如此美丽的双手、您那寄居着您全部生命的双眼、您那可爱的身体周围。是的，我知道您不能；但请放心，您对我而言是一个崇拜的对象，我不可能玷污您；您在我眼里将一如既往光彩照人。您周身散发出如此芬芳、如此美好、如此温存的气息！您对我来说就是生命，就是运动，倒不是因为您动作敏捷、体格健美，而是因为您的双眼在诗人心中只会激发出不朽的爱情。

如何向您表达我是多么爱您的双眸，多么欣赏您的美？您的美包含着两种相互矛盾而在您身上却又圆融无间的美妙：一种是天真孩童的美妙，一种是成熟女人的美妙。哦！请相信我，我是从心底里向您说这些话的，您是一个曼妙的天生尤物，令我深深爱慕。这是一种纯洁无邪的情感，把我和您永远连接在一起。不管您意下如何，从今往后您就是我的护身符和我的力量之源。我爱您，玛丽，这无可讳言，而我感到的对您的这种爱是基督徒对自己上帝的爱。因而千万不要用一个会让人羞惭不已的世俗名号来称谓这种超越形质的崇拜，这种美妙而纯贞的魅力，正是这，把我的灵魂和您的灵魂结合在一起，不管您是怎么想的。

我已经是一个死去之人，是您又让我重新复活。哦！您可知道，您对我真是恩情无限！我从您天使般的目光中汲取到不为人知的欢乐；您的双眼把我引入到灵魂的幸福之境，见识到其中更完美、更微妙的一切。从今往后，您是我唯一的女王，是我的激情和美神，是我自己身上由灵性精华形成的那个部分。

通过您，玛丽，我将变得强劲而伟大。我将像彼特拉克一样，让我自己的劳拉 ① 流芳千古。愿您做我的守护天使、我的缪斯和我的圣母，带领我行走在通往美的大路上。

请回复我哪怕就一个字，我求您了，就一个字。在每个人的生命中总会遇到一些满腹狐疑而又决定命运的日子，在这样的关口，一个友好的表示、一道眼神、几个信手涂鸦的字眼，就可以把人推向荒唐或推向疯狂！我向您保证，我眼下就处在这个关口上。您的一个字就将是莫大的恩情，让人过目不忘，铭刻在心。您可知道您是多么让人爱慕！您看，我跪在您的脚下；一个字，就一个字……不，您不会说的！

被您在众人中选中的那个人何其幸运，真有说不完的福气，您通身都是智慧和美，您是那么让人向往，充满了才情、灵性和爱心！哪个女人可以替代您？我不敢请求登门拜访，您会拒绝我的。我愿意等下去。我会等上好多年，当您将来看到您一直被矢志不渝地深爱着，而且这份爱中充满了尊重且不计得失，那时您一定会回想起您一开始就对我不待见，您会承认这是一个糟糕之举。

总之，我不会随便拒绝偶像愿意给予我的打击。您愿意让我吃闭门羹，而我愿意爱慕您，这是肺腑之言。

CH. 波德莱尔

---

① 劳拉（Laure）是彼特拉克十四行诗《诗集》中理想化的恋人。

致文人协会主席

[巴黎，1851—1852 年]

主席先生：

　　一件意外的需要让我不得不向协会财务部门求助一笔 85 法郎的款项。戈德弗鲁瓦先生将向您汇报我在协会中的情况。我没有任何欠账，而且这是我首次向您提交这样的申请。几天后，我将为协会的《会刊》供稿一部中篇小说 ①。

　　主席先生和亲爱的同行，请接受我兄弟般的情谊。

夏尔·波德莱尔-迪法伊斯

马莱-杜-汤普勒街 25 号

致［菲拉莱特·夏斯勒 ②（?）］

[巴黎，1851 年底或 1852 年初？]

　　我刚刚拜读了您对阿雷蒂诺 ③ 的研究，我希望借某天有闲的时候，登门向您致谢，感谢您为我带来的巨大快乐。

CH. 波德莱尔

致阿希尔·里库尔 ④

[1852 年]

[波德莱尔将题为《醉酒的拾荒者》⑤ 的诗稿寄给里库尔。]

---

①　《会刊》全称《文人协会会刊》(*Bulletin de la Société des gens de lettres*)。《会刊》在 1847 年 1 月发表了波德莱尔的《拉·芳法萝》之后，再未发表过他的任何中篇小说。

②　菲拉莱特·夏斯勒 (Philarète Chasles，1798—1873)，法国文人和文学评论家。

③　皮埃特罗·阿雷蒂诺 (Pietro Aretino，1492—1556，法语称 Arétin)，意大利文艺复兴时期作家。

④　阿希尔·里库尔 (Achille Ricourt，1797? —1875)，法国报业人士。

⑤　《醉酒的拾荒者》(*L'Ivresse du Chiffonnier*) 这首诗后来经过比较大的文字改动后收入《恶之花》，题为《拾荒者之酒》(*Le Vin des Chiffonniers*)。

醉酒的拾荒者

街灯的暗光常常摇曳忽闪，
那是夜风猛烈地晃动灯伞，
阴暗而又曲折的街区深处，
畏寒的千家万户攒动不安，

走来个拾荒者他头摇目颤，
恰如碰壁的诗人步履蹒跚，
无视那些目光邪恶的密探，
在沉默的空气中倾吐心弦。

是呵，此辈饱尝生活熬煎，
年齿日增，身心疲惫不堪，
巴黎城倾吐出的恶臭垃圾
压得他浑身淤青背驼腰弯。

归途中他们个个酒气熏天，
跟着白发苍苍的沙场伙伴，
他们发誓让人民永远幸福，
在马背上追随光荣的明天。

将浅薄的人性看穿，唯有酒
似流金的帕多河水值得眷恋①；
它的功绩经人们的喉咙传赞，
那善举像良善天子君临尘寰。

————————————

① 帕多河（Pactole），希腊神话中，小亚细亚弗里吉亚（Phrygie）国王弥达斯（Midas）跟从
酒神狄奥尼索斯（Dionysos）学会点金术后，触物成金，终至饥渴不堪，于是恳求狄奥尼
索斯帮助他解除这一法术。狄奥尼索斯让弥达斯到帕多河沐浴，从此帕多河水变成金砂。

这些无辜的人终将默默死去，

上帝早已为他们恩赐了安眠，

为他们平复怨恨，纾解苦难，

他又将美酒这赤日圣子增添！

夏尔·波德莱尔

致阿尔芒·迪塔克

［巴黎］1852 年 1 月 30 日

先生：

我得知您恳切地向 A. 巴斯谢 ① 先生索要刊载了《麦尔卡戴》② 的那几期杂志。我先把那几期寄还给您，但可能还要再向您借，因为我还没有用完，而我们想写的那篇文章又需要格外仔细 ③。我自己的这几期已经丢了，而《国家报》那边也没有了。

谨致谢忱。

夏尔·波德莱尔

致阿尔芒·巴斯谢

［巴黎］1852 年 2 月 3 日

我亲爱的巴斯谢：

离开您后，我又有了几点想法，现告诉您。我们甫一见面就亲密无

---

① 阿尔芒·巴斯谢（Armand Baschet，1829—1886），《戏剧周刊》（*Semaine théâtrale*）的编辑之一，同时也是巴尔扎克的欣赏者和研究者。

② 即巴尔扎克的剧本《投机商麦尔卡戴》。该剧本于 1851 年 8 月 28 日至 9 月 13 日在《国家报》（*Le Pays*）上连载。

③ 波德莱尔在次月为《哲学猫头鹰》（*Le Hibou philosophe*）杂志的编辑提纲中列出了一些要写的文章的标题，其中有一篇是关于"作为剧作家的巴尔扎克"。《哲学猫头鹰》原本要接替《戏剧周刊》，但该计划由于一位资助者的退出而夭折。

间，让我可以直抒胸臆。

一、这是我脑袋里的一闪念：巴斯谢几天前风风火火，跟许多人见面，难道他没有受到一些反对意见的影响，认为要做的事情不对头？

二、巴斯谢跟我们一样因为资金不到位而不知所措——他为什么没有了先前的热情？

三、当需要知道在缺钱的情况下杂志是否还要出版的时候，巴斯谢为什么不表达自己的意见和个人的意愿？

四、纸商和印刷商是否确实允许他赊账？

五、吉罗和达尼约 ① 二位先生对他们自己的困难处境都不会保守秘密，难道真的会为我们的困难处境保守秘密？

六、巴斯谢为什么会屈从于一种高贵的自尊心，为什么不声明他认为只有在资金有保证的情况下出版才稳当，直言必须再等等？

所以这些纯属我的个人想法。

至于您要写的关于德·维尼 ② 的文章，倘若不是极度打扰您的话，我更愿意看到明天上午是您亲自过来，而不是派您的代理人过来。

CH. 波德莱尔

马莱-杜-汤普勒街 25 号

从我这里离开的时候，您可以顺便见一下尚弗勒里 ③。

致皮莱印刷所的一位校对员

［巴黎］1852 年 2 月 22 日星期日

校对员先生：

我有两处遗漏的地方，我认为今天告诉您比明天更合适。

在文章开始处，小横线和第一行之间，应当加上罗马数字"I"。

---

① 吉罗（Giraud）和达尼约（Dagnieux）是《戏剧周刊》的出版者。

② 阿尔弗雷·德·维尼（Alfred de Vigny，1797—1863），法国诗人、小说家、戏剧家。

③ 尚弗勒里是《戏剧周刊》的编委会成员，同时应该也加入了《哲学猫头鹰》编委会。波德莱尔为《哲学猫头鹰》所撰提纲就是写给他的。

烦请您在文中找一下关于爱伦·坡去世的那个段落，大概在倒数三四页的地方，请在"《黑猫》和《吾得之矣》的作者就在这些病床中的某一张上去世了"后面加上：

"时间是 1849 年 10 月 7 日，享年三十七岁。①"

烦请核查我已经改过的清样上所有改动过的地方。

对此烦扰深表歉意。

夏尔·波德莱尔

致路易-斯塔尼斯拉斯·戈德弗鲁瓦

［巴黎］1852 年 2 月 23 日星期一

给您添了麻烦，我深感自责。我希望不再有下一次。要是理事会接受我的申请，我会马上补救。如果您的声音有分量，请鼎力相助。我目前状况甚好，我欠 42 法郎，但我寄了一篇绝妙的中篇小说。

请接受我的情谊。

夏尔·波德莱尔

致文人协会主席

［巴黎］1852 年 2 月 23 日星期一

主席先生：

我荣幸地向理事会提出预支 60 法郎的申请。我很难说这是一个恰当的数字。我不认为我目前的状况很糟糕。我欠 42 法郎，将用我信心满满地寄给您的中篇小说来偿还。至于请求您同意给我的 60 法郎，我将在接下来的几个月里用可能在《国家报》上连载的一篇旧文——或以其他方式——来偿清。

----

① 校对员按要求添加了这句话，但波德莱尔自己出了错，因为爱伦·坡去世时是 40 岁。

主席先生，请接受我的敬意。

您忠实的同行

夏尔·波德莱尔

致纳西斯·昂塞尔

［巴黎］1852 年 3 月 5 日星期五

我的脑袋成了一座生病的火山，这么说毫不夸张。一会儿是暴风骤雨，一会儿是霞光满天。您读了我的文章 ① 了吗？我明天不得不到您那里（要么是一大早，要么是午餐或晚餐的时候）来拿 200 法郎，这笔钱原本要到 15 日也就是九天后才去拿的。我会用这次发表文章的稿酬生活到下个月 15 日。我已经把您要的圣-普里斯特 ② 的文章拿到手了，但在我手里已经四天了，而《两世界评论》的印刷方只借给我到 8 日，没有办法买到，这一期已经告罄。——您没看到我去投票 ③；我是决意这样做的。12月 2 日 ④ 让我置身于政治之外了。再也没有普遍性的思想观念了。就算全巴黎都成了奥尔良党人，事实也的确如此，但这与我毫不相干。我若是去投票，也只会投给我自己。未来有可能属于那些丧失了社会地位的人吗？

您看到我这封信写得杂乱无章，千万不要吃惊；我头脑里的种种想法叫人心神不定。裁缝那边的事情让我备受折磨。另外您也知道，本月对我来说是重大的月份，要跟人一刀两断 ⑤；必须要许多钱；我只有我的笔和我母亲。因为您呢，我是指望不上的。——我这里还发生了一些最离奇的事情。有个人 ⑥ 说要给我预付 22000 法郎，但提出了一些奇奇怪怪的条

---

① 指发表在《巴黎评论》上的关于爱伦·坡的文章的第一部分。

② 圣-普里斯特（Alexis Saint-Priest，1805—1851），法国历史学家、文人、外交家。1849年当选法兰西学士院院士。此处提到的文章可能是指其于 1849 年 6 月 1 日发表在《两世界评论》上的《关于 2 月 24 日的一席话》。

③ 指根据 1852 年 1 月 14 日新颁宪法而于 2 月 29 日举行的立法会选举。

④ 指 1851 年 12 月 2 日法兰西第二共和国总统路易·拿破仑·波拿巴发动政变建立第二帝国。

⑤ 指波德莱尔想跟让娜一刀两断。他在 3 月 27 日致欧皮克夫人的信中解释了想要分手的原因。

⑥ 可能指时任团结劳工协会（Société des Travailleurs réunis）干事的大阿米克（Amic l'aîné）。波德莱尔的这封信用的是该协会的信笺纸。另参见波德莱尔同月 20 日致普莱-玛拉西的信。

件。从另一方面说，他建议我一个月后牵头去做一件颜面有光的事情，那可是我一生的梦想。我以前做的功课通通都会派上用场。这一次，每走一步都会有大量资金支持。

所有这些事情就像是天方夜谭，然而是有其所本的。

我又读了我的信，我感觉这封信对您来说简直就是痴人说梦。永远都会是这样的。

夏尔·波德莱尔

致奥古斯特·普莱-玛拉西

［巴黎，1852 年］3 月 20 日星期六

我亲爱的玛拉西：

您寄到塔布雷咖啡馆的那封信我已经收到好多天了。但一件接一件不得不做的工作和没完没了的冗繁事务让我没能及时回复您。

尚弗勒里、克利斯托夫和蒙泰居 ① 都甚安好。——尚弗勒里现在为《巴黎评论》写东西。

在所有我认识的人中，只有出于个人的蠢话和情绪，没有谁愿意站在天命神意的高度看问题。您猜得到我想说的是什么。通过废除针对小说的印花税 ②，总统对文人们做出了某种安抚。拿破仑的社会主义表现为对年金的折算；大家每天都害怕出台一项法令，对旁系亲属的遗产征收四分之一的税。总之，总统明白这样一点，让大家就查封奥尔良王公们的财产一事畅所欲言，他为自己树立起了良好形象。于是，什么篇什都可以印刷，各种小册子你呼我应。还有一事，就是让负责文学事务的部门重新划归内政部，而不久前它还与国民教育部混在一起。文人协会的多位会员都抱怨这种跟教授们混杂在一起的状况，再说这是一群衣冠楚楚的耶稣会士式的虚伪狡诈之徒，在有东西吃的时候总是吃干抹净。

---

① 埃米尔·蒙泰居（Émile Montégut，1825—1895），法国随笔作家、记者和文学评论家。

② 第二帝国时期曾有一项针对报刊连载小说的法案，以此类作品有伤风化为由课以附加印花税。

　　另外，我相信所有关于大学的那些言论和观点都会迎合总统的心意。我也很喜欢只看到两党对阵，我憎恨那种书呆子气的虚伪的中间派，它让我吃不香、睡不好。——这一切让我觉得甚是好玩。但我决定从今往后置身于人世间论争的局外，我比任何时候都更下定决心要追求将形而上学运用于小说创作这一高远的梦想。——《戏剧周刊》在我们的眼皮子底下死亡了。最后一期有尚弗勒里的一篇很好的文章，是一篇文学评论，还有我的两首诗 ①，写得不错。——我在《巴黎评论》上发表了一篇论述一位美国大作家的长文 ②。但我很担心这是第一次也是最后一次。我这篇文章显得格格不入。第一部分在 2 月 29 日刊发了，第二部分十天后刊发。上面还会有尚弗勒里的一个中篇小说。

　　不过，我可是做了一个美梦的。阿米克对我声称，他一心想要创办一份伟大的杂志，想让我来负责。——我把自己的一些想法告诉了他；但我们的计划（我打算让尚弗勒里协助我）似乎太过美好。他十分冷淡，我想这事已经黄了。

　　看来您把我的地址弄丢了，是马莱-杜-汤普勒街 25 号。但我在这里只住到这个月底，我会把我的新地址寄给您。——再见，请您像我一样越来越相信哲学才是一切。

夏尔·波德莱尔

致欧皮克夫人

　　　　　　　　［巴黎］1852 年 3 月 27 日星期六下午两点

　　现在是两点钟；我要是想让这封信今天付邮，给你写信的时间就只有两个半小时，而我有许多事情要告诉你。我在正对大邮局的一家咖啡馆里

---

① 以《晨暮二首》(*Les Deux Crépuscules*) 为总标题的《晨曦》和《暮霭》两首诗发表在 1852 年 2 月 1 日的《戏剧周刊》上。发表在这一期上的尚弗勒里的文章是一篇关于奈瓦尔《东方游记》(*Voyage en Orient*) 的书评。
② 指《埃德加·爱伦·坡的生平及作品》(*Adgar Allen Poe: sa vie et ses ouvrages*)，载《巴黎评论》3—4 月。

给你写这封信，周围有点嘈杂，有下棋的，有玩台球的，这反倒利于思考，能让我静下心来。你马上就会明白。——怎么会在九个月里都找不出时间给自己的母亲写信 ①，哪怕要感谢她？真是咄咄怪事。我每天都想着这件事，每天都对自己说：我要写信。而每天要么跑东跑西瞎忙活，要么为了挣几个钱匆忙炮制一些破文章，一天天就这么过去了。——你在这封信中会发现一些可能会让你高兴的事，这些事会向你证明，虽然我因为某些错误仍然很遭罪，但我的精神并没有变得愚钝，而是更强大了；你也会发现另外一些让你感到揪心的事。但你不是鼓励我，让我把一切通通告诉你吗？而且实际上你又能让我跟谁去诉苦呢？有些日子里，孤独寂寞让我抓狂。

我这封信会写得很乱。我现在的精神状态和我可以支配的这一点点时间免不了会是这种结果。可以说我是分成好几条来写的，全看我想起些什么，但都是我要跟你说的最重要、也是很长时间以来我每天都在头脑里酝酿的。

＊＊＊

随信附上几篇我写的文章，是从一份刊物上剪下来的，以免增加信件的重量。你有时间就读一读，我不会不高兴的。我十分怀疑你是否能够完全读懂；这里面没有丝毫放肆无礼的地方。只不过这些文字特别有巴黎味，是关于巴黎和为巴黎而作的，而如果脱离其背景而能读懂它们，我则表示怀疑。《正派的戏剧和小说》，用铅笔编号：0，2，3，4，5，6。《异教派》：6（原文如此）。《晨暮二首》：7，8。

我还做了另外的事情，更会让你高兴，我自己也相当满意。我不可能把整册整册的东西放在信里面，因此要劳烦你自己去租阅或去买，我不知道有哪本，你可以去莫尼耶先生那里（是阅览室还是书店？），他是《巴黎评论》在马德里的联系人，要找的是3月1日在巴黎出版的那期，以及将在3月31日在巴黎出版的那期——到达马德里的时间可能是4月5日或6日。我发现了一位美国作家，让我深感趣味相投，简直不可思议，我还

---

① 应该是7个月而不是9个月，因为波德莱尔写给母亲的上一封信是1851年8月30日。

写了两篇关于他的生平和作品的文章。文章是满怀热情写的；不过你可能会在文章里发现有些段落写得过于情绪化。这是我所过的痛苦和疯狂的生活导致的结果；另外，文章是在夜里写的；有时候是从十点工作到十点。我不得不晚上工作，以便安静一点，也为了避免跟我一起生活的那个女人没完没了的烦人折腾。为了写作，我有时候逃离住处，去图书馆，或是去某个阅览室，或是去某个酒商那里，或是去某家咖啡馆，就像今天这样。这让我始终处在一种心气不平的状态。确实，在这样的状况下不可能写出一些长篇巨作。——我之前把英语都忘得差不多了，这让苦差事变得愈发艰难。而现在呢，我的英语非常娴熟。总之，我相信自己把事情引向正确的方向了。

＊＊＊

千万不要在读过了这些东西、领受了生为人母的小小快乐之后再给我回信。首先要做的是回复我，哪怕就只有三行字；至于你看了我的信之后有些什么建议或想法，甚至都可以推到明天或后天。

这封信今天晚上寄走——27 日。

——28 日。

——29 日到巴约讷 ①。

我猜想这封信 1 日可到马德里，真是难以置信，你 4 月 2 日就可以给我回信了。

你在某一封信里谈到邮件时究竟给我说的是什么，我完全没有明白。——那可怜的四封信，还有零散的三卷拉辛作品，这就是我保存着的你给我的全部珍宝，你常常都作出牺牲，从来没有厌弃过自己的儿子。——总之我去了邮局，被告知说大使馆的邮件只有到 10 日才行。因此我不可能用到，你也一样；因此你需要把给我的回信寄到奥利维耶夫人那里，——我来付邮资——而不是寄到昂塞尔先生那里；他很有可能会晚两天才通知我，也许更久。我没有跟你说把回信寄到我那里。除了因为让娜认得你的笔迹，——我一个上锁的抽屉都没有！我怎么说得准自己会不

---

① 巴约讷（Bayonne），法国西南部城市，临近西班牙。

会突发什么心血来潮的奇想，到哪里去过夜？我发生过离家十五天的事情，就为了换一换自己的情绪。从巴约讷到马德里的邮程究竟是快是慢，邮局的人没能给我一个十分确切的信息，而且告诉我说我不能付我的信的邮资，但同时大使馆又有权拒绝没有付邮资的邮件；我完全搞不懂这中间的事情。另外，为了确保这封信能够到达你手里，我在信封上写了：私人邮件和个人物品，还写了我的缩写"夏·波"。要是昂塞尔先生猜到什么，他也不会认为这有什么不得体。——我回到我要说的事情上来。——我会说得很快；但对了解我的你来说，这很少的文字中包含着许多想法。

***

　　让娜成了一个障碍，不仅妨害我的幸福，这倒不是什么大事；我也可以牺牲掉自己的各种快乐，我已经证明了这一点；——而是更妨害了我精神的完善。过去的这九个月是一种决定性的经验。我要完成的那些巨大义务，偿还欠债、赢得成就、博取声名、减轻我给你造成的痛苦，在目前这样的状况下都是不可能完成的。她从前还有一些优点，但现在都丢光了，而我也看得更明白了。跟我一起生活的就是这样一个人，她对别人的种种努力非但不心存感激，还以愚蠢的方式或是带着一贯的恶意横加阻挠，她把别人只看成自己的用人和私人财产，完全不可能跟她交流政治或文学上的事情，她是一个什么都不愿意学的女人，哪怕别人跟她建议亲自给她上课也没有用，她这个人不欣赏我，甚至对我的研究不感兴趣，她会把我写的手稿扔到火里，她看中的是能不能挣到钱而不是能不能发表，她赶走我的猫，那可是我在住处仅有的消遣，却又带回来几条狗，因为一看到狗我就会恶心，她不明白或者也不愿意明白这样一件事情，尽力节省一点，哪怕只有一个月，就可以让我受惠于这短暂的休息，完成一部大书，——说到底，这是可能的吗？可能吗？给你写这些时，我的眼里噙满了羞愧而愤怒的泪水；事实上我庆幸家里没有任何武器；我想到自己在有些情况下可能会失去理智，还想到有天夜里我会用一个托架把她的脑袋砸开花。这就是我十个月前找到的方法，我当时就认为这样做既会祛除恶气也能得到休息。为了把我的种种思想一言以蔽之，也为了让你对我所有的思考有一个概念，我永远都认为，只有吃过苦和生过孩子的女人才能和男人平起平坐。唯有生育这件事才会让雌性动物变得神志清醒。至于那些未婚且没有孩子的年轻女子，只不过是卖弄风情、无情无义和光鲜亮丽的下流胚子。——然而必须要拿定主意。我四个月来都在想这件事情。但怎么做呢？比我的痛苦更甚的是一种可怕的虚荣心：要是不能给这个女人一笔数额可观的钱，那就不要离开她。但上哪儿去弄这笔钱呢，因为我自己挣的钱都用于日常开销了，平时真该积攒一点，到头来还是找自己的母亲吧，可我没有好消息要告诉她，也就不敢给她写信，而她自己也没有这笔巨款，所以也不可能送我这笔钱。你看我说得很有道理吧。但说到底，必须迈出这一步。要永永远远地分手。

这就是我做出的决定：我会从头开始；也就是先走开再说。既然我不能一下子给她一大笔钱，我还是会分成好多次给她，这对我来说不难做到，因为我挣钱还算容易，只要卖力工作，就可以多挣一些。但我永远不想再见到她。她想做什么都由她去。她要是想去地狱，那就去吧。我在这场争斗中已经耗费了十年生命。我年轻时的一切幻想都已经消失殆尽。给我留下的就只有大概会伴随终身的痛苦。

那我怎么办呢？我不打算为自己安排一个小套房，因为在眼下这种情况，就算我已经改变了许多，还是会冒太多的风险。带家具的旅馆我是住怕了。在等待更好的状况出现的同时，我决定先到我朋友的医生那里去躲一躲，他只要150法郎，而别人则要付240法郎，他给我提供的是一个漂亮的房间、一个漂亮的花园、一张极好的桌子，每天还可以泡一次冷水澡和冲两次淋浴。这是一种德国人的疗法，非常适合我这种心浮气躁的状态。

租约到期和搬家是在4月7日——我们那套房已经有下家租了——我想要借这次机会逃离苦海。但我手里没有钱。我写了好几个东西，要下个月才付印，但都在8日以后。你现在知道我的难处了吧？怎么办呢？我在心里寻思：昂塞尔先生可能没从我母亲那里收到一分钱。也可能她根本就没有，因为她在离开巴黎的时候提醒过我，她自己那边的花费比以前更大了。但她至少可以寄给我几个字，同意让昂塞尔先生给我一笔相当可观的钱，让我一天内就把所有这些杂事处理好。然后，如果可能的话，再把这笔钱一点一点地还上。——除了入不敷出，这是你在出发前就知道的，我在昂塞尔先生那边一直都严格遵守约定和规矩。——我亲爱的母亲，这就是我在如此具有决定性的情况下斗胆有求于你的。——有两项超期未付的款子，还有离开街区时不得不结清的全部账目，买肉的，买酒的，买食品杂货的，等等——共计400法郎。我现在可能还应当带上150法郎去我的医生那里，把第一个月的费用先结清。最后，我还想买一点书，无书可看是一件不可忍受的事情，还要买一点儿洗漱用品。尽管我过得苦不堪言，但一想到你在上一封信里拿衣服说事儿，大谈衣服与做人尊严的关系，我还是禁不住莞尔一笑。你九个月前给我买的那套衣服是我仅有的，现在还穿在这个正在给你写信的动物身上。——最后，我还希望能让一个我欠钱很久的债主息怒，他可能会让我吃不了兜着走。上述种种，肯定都事关重大，但请注意，我亲爱的母亲，多少不论，但刻不容缓。最不济，我会做我以前经常做的事情，我会省吃俭用，把那些并非紧迫的需求先放一放。

现在是4点20分。我很急。我会在4月7日去奥利维耶夫人那里。我求你啦，我恳求你千万不要把这笔钱的用途偷偷告诉昂塞尔先生。我会按自己觉得合适的方式告诉他。但是你呢，你把昂塞尔先生视为兄弟或父亲一样的存在，这对我一点儿都不合适。这封信的内容足够重要，我猜这足以对你保证这笔钱会用到正确的地方。按最坏的情况说，1000法郎应该足够了。不过要是只有400法郎，我也可以把事情办了。但只能剩下5法郎来应付我的个人需要，那我就不得不等我四月份的那些零敲碎打的进项，收一点支一点，用来买东西和付给疗养所。

我明天还会给你写信；因为我脑袋里还有二十页的想法要写。但请你不要等到我下一封信再回复我，而且，除非你实在没办法，请你把想到的那些想法或是建议都往后放一放；先要想到的是我要出示给昂塞尔先生的信。明天或是后天，我会尽量给你写一些更令人振奋和更令人开心的事情。再啰唆一下：昂塞尔先生跟我提到你的那些蝴蝶①。他这个正经人搞不懂是在说什么。但我呢，我是懂得的。所以你要照顾好自己的眼睛，要去看大夫，要经常去。想一想我可能有一天会在你身边生活，而一个眼瞎的母亲会是怎样的场景，这可不是小事，增加我的义务不说，还会是我日复一日的痛苦。

那些政治事件及其带给我的令人震惊的影响，我会另找一天跟你聊。

---

① 这应该是家人之间打趣的话，当指欧皮克夫人视力退化看不清楚东西。

再见，当你想到我为自己都准备了一些怎样的惩罚，就请同情同情我吧。我建议你向书商去找我那两篇关于爱伦·坡的文章。

夏尔

收　据（致勒库）

［1852 年 4 月 8 日］

"今收到书商勒库①一笔 72 法郎的款项，其中 50 法郎是支付爱伦·坡那篇文章的。"

致泰奥多尔·奥利维耶

［巴黎］1852 年 4 月 18 日星期日

确实是这样，先生，我越是思考这个问题，就越是发现那些上了年纪的人特别喜欢倚老卖老，滥用我们对他们的宽容。昨天，我是完全安安静静地聆听了奥利维耶夫人对我说的一席话。她那一大堆顾虑把我惊呆了，但我对她所说的还是表示了尊重，就像尊重一个超级刻板的人所养成的那些习惯。在您怒气大作、莫名其妙地发表一通长篇大论之前，我可是一个字也没说，情势也是稳稳当当的。您当时要是允许我说上一句话，我会跟您说，我的本子里有一封我母亲的信，允许我到这里拿 500 法郎，到那里拿 600 法郎，根据她自己的计算，总共是 1100 法郎；但您宁愿高高在上地表示说您不认为我可以有如此多的自由，说我已经在昂塞尔先生那里拿了 500 法郎，说您知道这件事，说最好的情况只能是偶一为之，说处事要极为慎重是我的义务（我知道我对自己母亲的义务，她这个人不说什么，实诚做事，不事劝导，但克己奉献）——说那些可怜的参议员就只有 4 万法郎，外加一些马匹，——说您是各个家庭机密的守护者，到末了，先

---

① 书商勒库（le libraire Lecou）是《巴黎评论》的发行人。

生，您就像是一个完全失去理智的人，大谈上帝，还用专横的语气向我宣告说我不是一个神经完全错乱的人。先生，我不需要您的那些表扬来认识我自己，我有自知之明。

说到您的责任，您可以安静下来了。您不会再承担任何责任了，甚至不用再承担受托之事和信箱的责任了。您还会最后一次在一个庄重的场合介入我的生活，我斗胆相信您会表现出心灵的正直和精神的明智，您在那么多情况下都表现出了这一点，但一种可怕的自负又让这一点遭到遮掩和损害。——我昨天在一本十七世纪《几何概要》的前言中读到，各种精确的科学只是通往一些高级功德的路径，只不过是在头脑里塞满各种圆、图形、立体、正弦、余弦，而要是不去做更重要的事情，也就是成为基督徒，成为一个可敬佩的人，那就算不得什么了。——我可能会把这篇前言重印出来供您一阅 ①。

倘若不是您惹起我头脑里烦躁不安的骚动，那一切原本不过是博人一笑的奇谈怪论。可您凭经验就应该知道，习惯于读书和工作会让人变得多么宽容；因此，对我完全原谅您的幼稚和倚老卖老的粗暴，您不要感到吃惊。但您在我身上唤起这些老伤旧痛，换了别人可能是咽不下这口气的。

打现在起，我不认为仁善之心可以迫使我重新去承受您那些学究似的鲁莽无礼。这就是为什么我不会再踏进您的家门，而且当您收到我母亲的一封信，她很可能或至少有可能重新寄钱给我，请您把它，钱或回信，寄到昂塞尔先生那里，我时常会去见他；这样可以让我避免收到您的只言片语。

先生，请接受我出于礼仪而给予您的不多不少的尊重。

夏·波

我现在每封信都会保存誊写的副本，就像是一个有条理的人知道自己在做什么。

---

① 波德莱尔此处提到的是尼克尔（Nicole）为安托万·阿尔诺（Antoine Arnauld）的《几何新概要》（*Nouveaux Éléments de Géométrie*）所撰的序言。阿尔诺是法国 17 世纪数学家，同时也是一位具有詹森派倾向的神学家。本信的收信人泰奥多尔·奥利维耶本人也是数学家，发表过几何学方面的著作，并且担任过综合理工学院的辅导老师，而且还是中央学院（l'École centrale）的创办者之一。波德莱尔在此对他说这番话，就显得尤具讽刺意味。

致尚弗勒里

1852 年 4 月 19 日星期一

[……对让自己的文友付这顿晚餐的"可怕"费用而深表歉意，解释说他发现自己的钱已经被寄回马德里了。"请同情我"……]

致马克西姆·杜刚

1852 年 5 月 9 日星期日

我真不知道该怎么感谢您那篇东西 ① 给我带来的快乐。这甚至比您先前让我所猜想的还更美，更离奇。里面有一段写到阿拉伯的使徒对想要推迟行程的众人回答道："我所代言的是一位先知对另一位先知的忠言。"但另有一段比这段还更美——就是年迈的雅各亲吻使徒身上所有被他儿子约瑟触碰过的地方，还有就是约瑟蒙着脸跟他兄弟便雅悯交谈——我每次读穆斯林的著作，都会想到德·迈斯特 ② 的高论：公允地说，伊斯兰教只不过是一种改造过的教派——或是：新教之某一阶段——或诸如此类的东西 ③。

请接受我全部的谢忱。

夏尔·波德莱尔

---

① 指马克西姆·杜刚（Maxime Du Camp，1822—1894）以一段阿拉伯传说为主题的短篇小说《雅各之子约瑟》（*Joseph, fils de Jacob*）。
② 约瑟夫·德·迈斯特（Joseph De Maistre，1753—1821），法国政治家、哲学家、作家。
③ 德·迈斯特在《圣彼得堡夜叙》（*Soirées de Saint-Pétersbourg*）的第 11 篇谈话中，从苏西尼主义出发论述伊斯兰教和新教的关系，认为新教是"欧洲的伊斯兰教"。

致安东尼奥·瓦特里蓬 ①

[巴黎，1852 年 5 月 10 日左右]

我亲爱的瓦特里蓬，您真让我尴尬至极。您想让人怎样给您提供生平要点？——难道您想写我 1821 年出生于巴黎，年纪轻轻就已经在印度洋上做了几次海上旅行？我不认为应当写这些。——至于说发表过的作品！——几乎就只有一些文章。——波德莱尔（夏尔·皮埃尔）也署名波德莱尔·迪法伊斯、皮埃尔·迪法伊斯和夏尔·迪法伊斯。——写有一些艺术评论和文学评论，以及一些中短篇小说，发表的刊物有《海盗—撒旦》《公共精神》《艺术家》《思想自由》《议会使者》《万家杂志》《巴黎评论》（《埃德加·爱伦·坡的生平及作品》）以及《图画周刊》。

一、《1845 年的沙龙》，拉比特出版社。

二、《1846 年的沙龙》，米歇尔·莱维出版社。

三、《拉·芳法萝》，小说，单价 4 苏，布里出版社。

四、皮埃尔·杜邦作品集前言，亚历山大·胡思奥出版社。

以及在几份报纸上发表的一些总体上声气悲苦的诗歌。（采用或去掉。）

您可以再加上：即将发表的《笑的生理学》②，可能是在《巴黎评论》上，还有《漫画家沙龙》，以及《灵薄狱》，诗歌，将在米歇尔·莱维出版社出版。这可不是胡诌，因为都是马上就要发表的，很可能就在您这本名人录之前。不过我感觉这太自夸了。采用，去掉；悉听尊便。要是我还遗漏了什么，那就自认倒霉吧。

这就是您要求我提供的内容——大概就是这些。

夏·波

---

① 安东尼奥·瓦特里蓬（Antonio Watripon，1822—1864），法国印刷商、记者、作家。他于 1852 年 5 月 8 日致函波德莱尔，希望波德莱尔为其参与编写的《新版名人大全》（*Nouvelle biographie générale*）提供有关信息。但该书最终并未出现"波德莱尔"词条。

② 《巴黎评论》并未发表《笑的生理学》（*Physiologie de rire*）一文。不过波德莱尔有一篇标题相近的文章《论笑的本质》（*De l'essence de rire*）发表在 1855 年 7 月 8 日的《文摘》（*Le Portefeuille*）上。

致尚弗勒里

[巴黎，1852 年 5 月] 19 日星期三中午

　　我的朋友，您是一个杰出的人，这让我愈加恼火。我想跟您说我今天要食言了。有个债主追得我十分厉害，整整一天把我堵在家里动弹不得。明天上午我要去杜刚先生那里，我回来后会完成您要的那篇前言，我真怕您会不高兴。

　　巴斯谢刚从这里离开；他给我看了印刷商的信，并且告诉我说您星期四回巴黎。我庆贺您回来。这样的话，您若是能星期五或星期六上午过来 ①，您就会看到您那篇前言写好了。

夏·波

致尚弗勒里

[巴黎，1852 年 5 月底?]

　　这些清样是早就已经改好了的，正如您看到的，改得十分用心，这还是在您来信让我写那篇让您苦苦等待而我又迟迟未动笔的前言之前。

　　这些改动可能会在出第二版时对您有用。

　　祝好。

夏·波

收　据（致《巴黎评论》）

[1852 年春?]

　　今收到《巴黎评论》支付的《美国的天启论》(*L'Illuminisme américain*)

---

①　波德莱尔当时住在福音大道 11 号（boulvard Bonne-Nouvelle），这是他在 1852 年 5 月至 7 月时的住所。

稿酬伍拾法郎。

C.波德莱尔

致欧皮克夫人

[1852 年 6 月 22 日。]

致夏尔·巴尔巴拉 ①

1852 年 7 月 15 日星期四

我亲爱的巴尔巴拉，我找不到您的地址，您忘了告诉我，我只好把信留在布斯凯 ② 那里了，他会负责来找您。您认为合适的时候可以去见马克西姆·杜刚先生，向他呈送一个短篇小说，您会受到很好的接待。我不需要跟您说我是怀着怎样的热情大谈您的价值。——我答应给他看《会刊》上发表的那个短篇，但我一时找不到。杜刚先生是《巴黎评论》中唯一做实事的人。虽然我们有过一次幼稚的争执，但他是唯一帮了我不少忙的人。而且他比整个圈子中的人更具理解力。

C.波德莱尔

福音大道 11 号

去讷伊要上午去。走马德里大街，第二个路口左转，靠右第一栋便是。

致泰奥菲尔·戈蒂耶

[巴黎，1852 年 7 月？]

……今年巴黎被烤得焦黄；福玻斯-阿波罗每天都要把好多锅熔化的

---

① 夏尔·巴尔巴拉（Charles Barbara，1817—1866），法国作家。

② 阿尔弗雷德·布斯凯（Alfred Busquet，1819—1883），法国诗人，并且是多家刊物的撰稿人。波德莱尔与他在《海盗-撒旦》编辑部结识。

铅液往大道上不幸的行人身上倾倒。我要是住在天上，会号召那里的人修筑街垒，反抗这位毫无顾忌的神。他曾经被流放到大地上，阿德墨托斯强迫他看管羊群。倘若我看到他再犯错，就会强迫他到法兰西学士院去看管那些不温不火的诗人……

致文人协会主席

[巴黎] 1852 年 8 月 30 日星期一

主席先生：

一项十分急迫且十分强烈的需要让我不得不向委员会申请 60 法郎。戈德弗鲁瓦先生将告诉您说我所欠甚少：80 几个法郎。我两天前交给戈德弗鲁瓦先生一个篇幅足够大的中篇小说，我坚信这篇东西质量足够好，会得到经常被重印的机会。我不知道这种个人的坚信是否多少能影响到您的决定，但我希望如此，因为实在是囊中羞涩才促使我做出这个请求同行相助的举动，此举虽然顺理成章，但也让人讨厌。

主席先生，敬请接受我兄弟般的情谊。

夏尔·波德莱尔

致马克西姆·杜刚

[巴黎] 1852 年 9 月 16 日星期四

由于我深信今天晚上去印刷所的时候您会对我没带手稿来而生气或至少会感到吃惊，又由于我不想让您担心，所以这封信是要告诉您说，我必须找到一位名叫曼恩的先生 ①，我要靠他解释一处脱漏和几段文字上不可翻译的段落，因为在我看来这些地方有毛病，这妨碍了我昨天上午寄出

---

① 威廉·威尔伯福斯·曼恩（William Wilberforce Mann, 1825—1897），美国记者、作家。1846—1856 年间作为美国多家报刊的通讯记者旅居巴黎。

《陷坑与钟摆》^①的手稿，但稿子是已经完成了的，另外，我今天仍然不能用曼恩手上的美国老版核对我手上的英国版，我明天有可能积极地寄出我的稿子，只不过要在校改清样的时候补充那个小小的脱漏。——您前天对我说的那一席话可谓激烈，它始终在我脑子里回旋，我在考虑的说不上是虚与委蛇，但至少是要维护我的独立。换句话说，我可能最终会赞同我原本反对的意见。

您忠诚的朋友

夏尔·波德莱尔

致维克多·勒库 ^②

巴黎，1852 年 10 月 13 日

您应该记得您坚持说只有在我向您出示爱伦·坡先生继承人的授权之后，我的书才会付印；——而我也再三告诉您说这用不着。——莱维先生那边正在出版《汤姆叔叔的小屋》。——我得知您这边也要出版一个译本。——您未必认为这个问题就没有回旋余地吧？

再说我已经跟领事馆联系过了，但还未得到回复。

另外，巴尔巴^③那边也出了一个译本！

祝好！

C.波德莱尔

皮加勒街（rue Pigalle）11 号。

不要把我的地址告诉别人。

一份用画笔校改过的爱伦·坡作品的清样（《乌鸦》）。

---

① 《陷坑与钟摆》(*The Pit and the Pendulum*) 是爱伦·坡的一部短篇小说。波德莱尔的译文将刊发在《巴黎评论》10 月号上。

② 维克多·勒库（Victor Lecou），法国出版商。

③ 居斯塔夫·巴尔巴（Gustave Barba），法国出版商。

致维隆博士 ①

　　　　　　　　　　　　　　［巴黎］1852 年 10 月 19 日星期五 ②

　　维隆先生，我目前遇到的情况如下：我的出版人想让我的书（埃德加·爱伦·坡）1 月 10 日交稿，这也是我们的合同规定的日子。书的稿酬要到时候才支付。因而留给我的时间很少。然而，我的全部书籍、手稿和大部分家具（那些书和手稿以及我跟认识作者的那些人的信件，对完成手头这本书都是必不可少的）都已经被抵押到最后期限 ③。要是《不列颠评论》没有跟我玩那套您已经知道的花招 ④，要是像我有权希望的那样高高兴兴地在您的报纸上发表我的一个中篇小说，做十期或十二期连载，那一切原本就会如转轮一样进展顺利。那我从《立宪报》⑤ 那里正当获得的钱就已经让我把书弄好了，而我也就不会被迫向您坦承这份令人羞愧的尴尬。您愿意把我从这一困境中解救出来吗？是 500 法郎多一点的事。我不无尴尬地向洛克普朗 ⑥ 讲了我的情况以及我要跟您联系的想法。他建议我直接跟您说明这一切。说真的，我没有这个勇气，我还是更愿意给您写信。您要是此前惠予跟我签订一份合同，我原本很有可能用这份合同就拿到钱了，不过我无论如何也没有可能为拉盖罗尼耶尔 ⑦ 先生马上执行合

_____

① 维隆博士（le Docteur Louis-Désiré Véron，1798—1867），药剂师出身，靠制药积累起财富。曾在 19 世纪 30 年代担任巴黎歌剧院总管，后又成为《立宪报》的老板。其《一位巴黎资产者的回忆录》（*Mémoires d'un bourgeois de Paris*）中没有提到波德莱尔的名字。

② 本信所标时间有误。这年的 10 月 19 日是星期二，而这前后的星期五分别是 15 日和 22 日。这就出现了两种可能：1. 该信写于 10 月 19 日（星期二），"星期五"是三天后加上去的，而且波德莱尔自己在信中也写道"我已经把这封可怕的信在口袋里揣了三天了"；2. 由于手写体中"5"和"9"的写法在辨认时容易混淆，故此信也可能写于 10 月 15 日星期五。

③ 波德莱尔将在次年 3 月 26 日致母亲的信中讲述那几周里的凄惨状况。

④ 《不列颠评论》（*Revue britannique*）在 1852 年 9 月号上以《荷兰航空飞行者》（*Aéronaute hollandais*）为题发表了由他人翻译的爱伦·坡作品《汉斯·普法尔的非凡历险记》（*The Unparalleled Adventure of one Hans Pfaall*）。

⑤ 《立宪报》（*Le Constitutionnel*）是一份以政治和文学内容为主的日报。

⑥ 内斯托尔·洛克普朗（Nestor Roqueplan，1805—1870），法国作家、记者、戏剧导演，时任巴黎歌剧院总管。

⑦ 拉盖罗尼耶尔（Arthur de La Guéronnière，1816—1875），法国记者、随笔作家、政治家，时任《国家报》主编。

同，我实在太忙，做不了新东西。所以我还是更愿意事情就这样为好。我没有时间去认识他，我感觉求他发表一个中篇小说实在太尴尬了，而给您写信就好多了。

我过四五天就会把我跟您说过的稿子寄给您。我猜您到那时候精神上无所羁绊，可以判断这篇稿子是否有点什么价值。

附言：——我觉得，——我说不好是为什么，——向您打保票说我可以很快把这笔钱还给您多少有些鲁莽和幼稚。这套说法大概可以激起您对我的些许信任，——至少在财务方面，——我另外要向您坦言的是，我不能不相信我往后跟您之间免不了会有一些更喜人的文学联系。

请接受我的敬意和谢忱。

夏尔·波德莱尔

又及：——不用说我上次有机会跟您见面时，我还不知道自己将会陷入怎样一种不可忍受的恶性循环：为挣钱而找钱。

夏·波
皮加勒街 11 号

我已经把这封可怕的信在口袋里揣了三天了。您要是认为应该拒绝帮我这个忙，至少请您在我去见您的时候当面告诉我，免得这份拒绝对我来说太难接受。

致萨巴蒂埃夫人 ①

[巴黎] 1852 年 12 月 9 日星期四

这些诗句是为您而写的，无论它们是否让您喜欢，也无论它们显得多么滑稽可笑，都请您接受我谦卑的请求，不要将这些诗句示人。深沉的感情总是腼腆的，容不得他人玷污。我没有在信末署名，这不正是这种不可抗拒的腼腆的表现吗？这些诗句是在某种梦想状态下写成的，作为诗中对

---

① 萨巴蒂埃夫人 (Madame Sabatier，全名 Aglaé-Apollonie Sabatier，1822—1890)，巴黎社交圈名媛，其沙龙是当时文艺名流经常聚会的场所。波德莱尔于 1851 年与其初识。

象的那位女士的形象常常让写下这些诗句的人魂牵梦萦，对之深深爱慕而又从未向其吐露，会永远为之保存着最温情的好感。

致一位过于快活的女郎 ①

你的容貌、举止、神情
美得如风景般美丽，
笑意在你脸上嬉戏
如晴空中清风盈盈。

断肠人走过你身边，
会焕发出勃勃生气，
着迷你康健的身体，
光洁的藕臂和玉肩。

你敢用嘹亮的色彩
撒满你精心的妆容，
在诗人的心灵之中
投射百花起舞风采。

你疯狂不羁的裙子
象征你斑斓的精神；
你这疯子让我丧魂，
我对你又恨又痴迷。

有时我逛美丽园囿
举步艰难，气息奄奄，

---

① 这首诗的法语标题是 *À une femme trop gaie*，在 1857 年收入《恶之花》时改为 *À celle qui est trop gaie*（《致那位过于快活的女郎》），且正文略有改动。该诗是《恶之花》诉讼中因"有伤风化"而被判删除的 6 首诗之一。

觉得阳光发出讥讪
狠狠撕裂我的胸脯。

春天和满目的翠绿
将我的心尽情欺侮，
我便揪住一枝花朵
惩罚大自然的无礼。

于是我想趁着夜深，
正当敲响淫乐时辰，
恶徒一般无声爬行，
冲着你玉体的宝珍，

惩罚你欢愉的皮肉，
折磨你无邪的酥胸，
又在你惊慌的美胴
划一道深长的伤口，

那是多甜美的好事，
经由这划开的新唇，
何其鲜艳，何其诱人，
注入我的血液 ①，妹子。

致马克西姆·杜刚

［巴黎］1853 年 1 月 3 日星期一
要是我不赶紧把阅读您的书 ② 的第二部分带给我的快乐告诉您，那我

---

① 收入《恶之花》时，诗人把"血液"（sang）改成了"毒液"（venin）。
② 指杜刚 1853 年出版的小说《遗著：一位自杀者的回忆录》（*Le Livre posthume. Mémoires d'un suicidé*）。

就认为是在违抗自己意识的命令。您要是再写几部这样的作品，您就将成为我在自己心目中所称的一个被拯救了的人。我真希望能对我自己也说这些话。——至于说到泛神论，我一直都希望那些与我才情相通而又自称为泛神论者的人在一种新的意义上理解这个词；——因为虽然我时常感到自己跟他们相像，但一想到自己早就已经成了泛神论者而不自知，我就会很不舒服。

　　　　　　　　　　　　　　　　　　您忠实的

　　　　　　　　　　　　　　　　夏尔·波德莱尔

　　顺便说一下，我昨天晚上遇见了失去理智的菲洛克塞纳[①]，他已经被自己那些奇奇怪怪的遭遇弄得遍体鳞伤，全然不顾一份报纸上印出来的他那些证人的笔录，对自己的对手发出了过于激烈的挑衅。——我一字一句地对他重复道，——"我十分在乎这件事情"——这是您上午跟我说过的话。我只是加了一句说，我认为登门拜访您对他来说没什么可丢人的；我这么做了，我认为我做得对，希望您可以给他一些好的建议。

　　　　　　　　　　　　　　　　　　　　　夏·波

致阿尔芒·迪塔克

　　　　　　　　　　　　　　[巴黎] 1853 年 2 月 6 日星期日

　　我按您的建议，终于在今天上午见了拉盖罗尼耶尔先生。他完全赞同我的请求，——在"杂项"栏目刊发两篇或最多三篇东西。——我做得十分低调。——毫无疑问，他会跟您谈这件事。——要刊发的东西是相当不错的；——就差您俯允相助了，我想您是不会不帮我这个忙的。——我将在明天或后天给您的第一篇文字叫作《人群中的人》[②]。——顺致最崇高的敬意。

　　　　　　　　　　　　　　　　　　　CH. 波德莱尔

---

① 菲洛克塞纳·布瓦耶（Philoxène Boyer, 1829—1867），法国作家。
② 爱伦·坡短篇小说的译文。这篇文字直到 1855 年才刊发于 1 月 27 日、28 日的《国家报》。

附言：——另外，我还跟拉盖罗尼耶尔先生谈到了一个短篇小说系列，标题是《军旅生活》，我打算在两个月或三个月后，也就是四月或五月在您这里发表，他告诉我说这要看您的意见。——您意下如何呢？

您忠实的

夏·波

致尚弗勒里

[巴黎] 1853 年 3 月 15 日

我亲爱的朋友，我在前天（星期天）跟您分手后，马上就把托付给我的那笔钱转交了，没有直接交到巴尔巴拉本人手上，而是交给了医院门房一个穿制服的人。

至于我今天寄给您的这个东西，您可能用不到，您可能认为还有必要进行修改；我呢，我认为还是加一个长一点的说明为好，——因为英语读者对书中涉及的这个小世界并不了解①。

＊＊＊

我们今天呈献给读者的这部作品的一个关键点得益于一个人，他是曾经亲身经历过尚弗勒里在《玛丽耶特小姐的故事》和亨利·米尔热在《波希米亚人的生活情景》中描写过的那些人中的一员。我们估计，无论是对我们的读者还是对我们自己而言，极度的自由以及围绕着这一关键点所采取的明显公允的态度将足以证明其真实不虚。

---

① 尚弗勒里的小说《玛丽耶特小姐奇遇记》(*Les Aventures de Mademoiselle Mariette*) 于 1853 年 2 月出版。尚弗勒里有心找人译成英语。这部小说与亨利·米尔热 (Henri Murger) 的《波希米亚人的生活情景》(*Scènes de la vie de Bohème*，1851 年) 同为表现波希米亚风格艺术家生活的代表性作品。

***

尚弗勒里（吉拉尔出版）

本作品的作者还著有：

《卵石狗》；

《努瓦罗一家》；

《外省演员》；

《奥德伊的两家夜总会》；

《怪人录》；

《新旧故事集》；

《施尼泽尔的三重奏》；

《圣诞节的三只鹅》；

《德尔特伊教授的烦恼》；

以及多部哑剧，

和各种关于艺术的文章。

——他是所谓"现实主义"流派的主要拥护者之一，主张用研究自然和研究自我来取代古典主义的癖好和浪漫主义的癖好。

亨利·米尔热（斯特莱茨出版）

著有：

《波希米亚人的生活情景》，

《青年人的生活情景》，

《拉丁区》，

以及一些短篇小说。——他是在《两世界评论》发表作品的小说家之一。

泰奥多尔·德·邦维尔（德·威勒出版）

在本书中唯一真正被慢待的作家，无论该书作者怎么说，他都是年轻的新流派中最擅长技巧的诗人，到了把诗歌艺术简化为纯粹机械手段的地步，能够用二十五节课教会人成为诗人。——大理石般文风的发明者。——著有：

《女像柱集》，

《钟乳石集》。

皮埃尔·杜邦（吉罗出版）

与前者恰成对照，这是一位民众的诗人，不知疲倦的歌者，曾有幸预感到二月革命的发生，并且把他田园诗人的声誉与革命诗人的影响力融合为一。他的作品现在为数众多。他的歌曲都由他自己谱曲。

弗朗索瓦·邦万（托马出版）

杰出的画家，具有理性和实证精神的人，"现实主义"流派的信徒，尤其热衷于表现家庭生活和家用器具。

夏尔·波德莱尔（写猫的诗人）

跟皮埃尔·杜邦和弗朗索瓦·邦万一样，他也是作者的好友之一。

致欧皮克夫人

［巴黎］1853 年 3 月 26 日星期六

我知道我会让你非常不安，我痛苦的精神状态不可能不在信中流露出来，更不用说我还要对你据实相告。但我实在没有别的办法。虽然我在想象中一封接一封给你写信，因为一年来我每个月都在想象要给你写信，——但我这封信会很短。我现在处境窘迫且麻烦不断，大概只有一个小时来写这封信，这对我来说原本应当是一桩快乐的事情，而事实上却恰恰相反。——很长时间以来，我把自己的生活搞得混乱不堪，再也找不到用来工作的时间。

——我从最艰难也是最痛苦的部分说起。——我添了最后两块木柴，用冻僵的手指给你写信。——我会为昨天就应该偿付的一笔款子而马上遭人追索。——也将为月底要偿付的另一笔款子而被人追索。这一年，也就是从去年四月直到现在，对我来说简直就是一场灾祸，尽管我手头原本有办法过成另外一种样子。我对你有着最大的信任；你上次回巴黎时向我表现出的令人钦佩的宽容，让我可以对你言无不尽，我希望你不要认为我完全疯了，因为我对自己的疯狂有自知之明。再说，我的精神现在充满了种种焦虑和不安，到了睡不安寝的地步，常常伴随着难以忍受的噩梦，还有发烧，那对你遮遮掩掩，炮制一封用虚言假语骗你开心和信以为真的信又有何益呢？

为什么不早点给你写信，是不是？——但你呀，你不了解什么是羞愧之情。——另外，让我没有这么做的原因还在于我对自己许下的承诺，只有在有好消息告诉你的时候才给你写信。——还有就是永远不再向你要一分钱的承诺。——而今天看来，这是不可能的。

一年前收到你的钱后，——甚至由于我这方面完全无辜的误会，——我收到的比你愿意给的还要多，——我马上就把这笔钱花到了先前跟你说过的用途上。我支付了当年的亏空，一个人生活。——眼下倒霉的日子又开始了。我有一阵子住的那家旅馆的女主人奸猾狡诈、牢骚满腹、坑蒙拐骗，让我吃尽了苦头，搞得我实在受不了，于是我便由着自己一贯的性子一个字没说就出走了。我本来什么都不欠她的，但我愚蠢地任由房租继续滚动，却又并没有去住，——结果我欠了她一笔钱，相当于我没去住的房子的租金。我知道这个卑鄙的婆娘竟然斗胆给你写了信。——但我把好些东西都留在她那里了，以为很快就可以找人去取——我全部的书，全部的手稿，有些是完整的，有些只开了个头，一些装满纸的盒子，里面有信，——有素描，——总之有一切，——一切我最珍贵的东西；一些稿纸。——这期间，一个出版商，——一个又有钱又和蔼的出版商看上了我，向我约了一部书稿。——有一部分可用的手稿留在那里了。——我试着重新开始，买了一些书，坚持不给你写信。1 月 10 日是按合同交稿的时间，我领了稿酬，交了手稿拿去印，稿子实在太不成熟，前面几页排好版后，我发现需要纠错和改写的地方如此之多，倒不如打破原来的形式，重新再排。这套说法你不熟悉；就是说工人们已经排好版的部分相当于白搭，——是由于我的过错所致，——出于荣誉，我不得不为这次损害破费一笔钱。印刷者大为光火，不接受校改的清样；出版者认为我是疯了，大发雷霆！——他以前曾明明白白地告诉我说：“您千万不要担心。您几年来一直在找一个出版人；我将为您效劳，您写什么我都印出来。”——这个倒霉的家伙，我让他错过了冬季的销售，结果三个月来我既不敢给他写信，也不敢去见他。书稿一直还在我的桌子上，不见下文。——我支付了一半的印刷费用。——法国和美国之间可能不久后就会有一个图书出版协定，这将让我书稿的出版变得不可能，除非另外再支付一些费用。——说真的，我被搞得晕头转向。——这本书是我走向新生活的起点。——原本计划在这本书后还要出版我的诗歌、我的几部《沙龙》的重印本，连同我的《论漫画家》的文章，这篇文章留在了我跟你说的那个可恶的婆娘那里了，我已经收了《巴黎评论》付给这篇文章的 200 多法郎，所以也不能在这上面再得一分钱。

那个以为我“疯了”的人完全不理解我的拖延，他以前对我的那份好意是要助我文学声誉的起步，——而他现在大概是把我视为一个小偷。——我还能跟他言归于好吗？

这还不是全部。——歌剧院，——歌剧院总管 [1] 约我写一个新类型的脚本，要让一个有名的新派音乐家作曲。我甚至相信可能是要找梅耶贝尔 [2] 来做。这可是个好机会，有可能得到一份长期的收入。有些五十岁已经功成名就的人都还从来没有受到过如此厚待。——但穷困和混乱的生活

---

[1] 即内斯托尔·洛克普朗。

[2] 贾科莫·梅耶贝尔（Giacomo Meyerbeer，1791—1864），德国作曲家，自 1826 年起旅居巴黎，是法国式大歌剧的创建人和主要代表人物。

搞得我萎靡不振、意气消沉，害得我错过了所有会面机会。——所幸的是，我没有收一分钱。

这还不是全部。——林荫大道剧院一位经理的合伙人约我写一个剧本。原本应该在这个月审读。——剧本没有写出来。——看在我跟这位先生的关系上，一位负责带动鼓掌的场务借给我 300 法郎，用于填补上个月的另外一桩亏空。要是剧本已经写出来，那原本不算什么事；那我就可以让经理的合伙人支付这笔债务，或者用这出戏的未来收益或是卖出的门票偿还。但剧本没有写出来；只有一些零零星星的片段，还都留在旅馆的那个婆娘手里，而这个月底，也就是六天后期限就到了；我该怎么办呢？会发生什么事情呢？

有些时候我乐于无休无止的长眠；但我已再也无法入睡，因为总是在想事情。

我没必要跟你说，我没有柴火取暖，熬过了这个冬天。但这真的是糗事一桩。

那就长话短说吧，这一年的经历证明，我确实能挣到钱，而且只要认真以赴并持之以恒，就可以挣到很多钱。——但先前的种种放任，没完没了的穷困，一桩需要填补的新亏空，一大堆小小烦心事对精力的消磨，最后，跟你说吧，还有我趋于空想的爱好，让一切都成了空谈。

我还有件事要告诉你。——我知道你如此善良、如此智慧，让我感到有责任把一切都告诉你。——我所遭受的折磨还没有说完。

——就像我曾经写信告诉你的那样，我在一年前跟让娜分手了，——你一直都不相信，——这让我很受伤；——你为什么总以为我需要或想要对你隐瞒什么事情呢？——在好几个月里，我每个月都会去看她两次或三次，给他带点钱去。

不过呢，她现在已经病得很严重了，生活惨到了无以复加的地步。——我从来没有向昂塞尔先生提起过；否则这老东西会高兴死了。——你寄给我的钱中有一小部分显然会用到她的身上。——我现在很遗憾把这件事情告诉你，因为根据你作为母亲所做的那些大致的安排，你能够给她一些钱而不必告知昂塞尔先生。——这可能会是为数不多的失礼的事情。你不想让我再受伤，对吧？这种想法将越来越强烈，在我的精神中挥之不去，让我饱受折磨。——最后我要向你解释我在这方面遭的罪：——她让我吃尽了苦头，不是吗？——我有好多次——一年前——包括最近向你——大倒苦水！——但面对这样一个衰弱不堪的残躯，面对如此深重的凄凉，我感到眼里噙满泪水，——一句话，心里充满了自责。我两次侵吞了她的一些首饰和一些家具，我数次让她替我借债，去签一些借据，我还暴打她，最后，我非但没有向她展示像我这样的一个男人该有的担当，反而为她树立起放浪不羁和居无定所的榜样。她也很苦，——但她一个字也不说。——那不让人深感内疚吗？在这方面就跟在所有方面一样，那不都是我造的孽吗？

你已经上了年纪，我本来应该带给你高兴的事情，这是我的才华原本可以让你所希望的，——但我没有做到。

我是自己的罪人；——意志和才能之间的这种失调对我来说是某种难以理解的事情。——为什么我有着如此正确、职责清楚、切实有效的想法，却总是在做另外一套？

昂塞尔这个呆子前不久告诉我，他给你写了信，说我一切安好。这个蠢东西什么都看不出来，什么都不明白，对任何事情都是如此。我不想让你担心，没什么大不了的事情。再说我身体强壮得很，可以掌控一切。但这种糟糕的生活和烧酒——我马上会戒掉——把我的胃弄坏好几个月了，另外，我还时常神经痛得受不了，——跟女人一模一样。——话说回来，这都是不可避免的。

你现在明白了吧，身处于包围着我的可怕的孤独，我何以会如此深切地理解爱伦·坡的才华，如此精彩地写出他的苦厄人生？

说到这点，我要告诉你的是，这本该死的书稿，还有我的失去信心的出版商，还有一拖再拖，还有我担心的那些变故，——譬如我刚才跟你谈到的那个国际协定，——最后还有这桩三个月前还很确定而如今却日益变得模糊和陌生的生意，——让我备受折磨还出于另外一个理由。我原打算开开心心地给你准备一个另类的惊喜。——我想的是给昂塞尔先生寄一本用精心选用的纸张印出来的漂亮的书，外加漂亮的精装封面。——我完全知道在我和他之间不可能有任何的情感交流，但他或许能够理解，给他寄的这本书虽说终归是一本奇异的书，这寄书之举就是一种尊重的表现（如果我能摆脱困境的话），证明我十分在意对他的尊重。那你也会知道我的心思，也会对此感到十分满意。这本来就是我唯一的目的。我嘱咐你千万别对他说一个字。

我不知道是不是应该对他最近得到的任命①向你表示祝贺——因为我不知道你是不是更愿意留在马德里。

我这几天给昂塞尔先生、奥利维耶夫人和外交部都寄了信，想要得知你们返程的时间，我担心我这封信不能及时到达马德里送到你的手上。没有人告诉我任何消息。我只好听天由命把信投到邮局。这封信今天，也就是26日晚上寄出，如果你像平时一样按时给我回信，我4月7日就可以收到，刚好就是新危机的前一天。从现在起到那之前的这段时间，我要怎么做才能免遭我所面临的那些邪魔厉鬼的打击，我对此一无所知。——我将努力慢慢地推进我的书，慢慢地，就像一个身无分文、昏头昏脑的人一样。

——我差点儿忘了告诉你数目；但数目实在太吓人了，让我都难以写出来。我做到了一年时间都一直没有向你要钱；不用说我不断做着永远不再向你要钱的计划，但确实，要是我还需要这么做的话，那也不会是在一年之内。

——取回那些书和那些手稿。

——付清印刷费用余额。

——两笔借款，一笔今天到期，另一笔（剧场的那位出借人）月底到期。

——一大堆小债，都很小，但积少成多。

——我的房租和搭伙费——

——接济疾苦缠身的让娜。

这一切巧得很，正好相当于一年的所得，也就是2400法郎。——显然你没有为我另存这么一笔钱在旁边——我想这是不可能的。所幸那些小债有宽限余地，我会为了那些最紧要的而牺牲那些不那么紧要的。——也许，也许吧，我还可以在7日前，用我想要插入到书稿中的爱伦·坡的那些最后的散篇再挣到一些钱。

我本来还有千千万万的事情要跟你讲；——但我的时间太紧迫了；

---

① 欧皮克将军在这年的3月8日被任命为参议员，4月21日离开马德里回国。

——比如说，——你千万不要担心，我知道你是会担心的，——不要担心在昂塞尔先生那里的旧账。——这对他来说是微不足道的小事情；——这是一笔太小太小的债，很容易在我能够减少其他旧债的同时把它消灭掉。

——我有一个自认为不错的计划，我已经思考将近两年了，——跟文学完全无关，——可以挣到一大笔可观的钱。——这要推迟实施，要等到跟我的出版商重归于好，并且出版了两部或三部书之后。——要是我不能成功地用这个办法填补可怕的欠账，——你想想利息一直在滚动，——我将不得不一猛子扎到戏剧里。

——我一直想要狠狠地抱怨你的那些朋友们，——一年前是奥利维耶先生；——我正经认为他这个人罗里罗嗦。——我曾给你写信讲过那次怪事，但我几个月前还为你写了一些只开了个头的信，一直都还在我的那些稿纸里。

——还有埃蒙先生，他非常粗暴地羞辱我，可我一丝一毫都没有招惹他。——我真想在皮肉上教训他一顿，但对他就像对奥利维耶先生一样，我还是忍住了，——说到奥利维耶先生，——我曾给他写了一封信，但我并没有寄出去，——我忍住了，可以说只是因为你。

等等，等等……

昂塞尔先生烦死我了，我平时尽量少去见他。——老实说，你是不是委托他负责向你通报我的各种情绪和各种想法？你知道，一想到这点就足以让我气不打一处来，再说，资产阶级的那套伦理道德令我生厌。

我前几天在一份报纸上读到一段西班牙报纸的摘录，里面讲到马德里的穷人舍不得你离开①。我向你承认，我最先冒出的想法很不好。随后我又想了想自己的想法，禁不住莞尔一笑。说来说去，我理解你力求在一切方面为自己的丈夫争光，那是再自然不过的了。

给我写信，地址直接写：巴黎皮加勒街60号，夏尔·波德莱尔先生收。不要担心邮费。我想是不能贴邮票的。

我随这封信附上我那本不见下文的可怜书稿中的几个样篇。至于写得

---

① 欧皮克夫人经常为法国驻马德里慈善协会（Société française de bienfaisance de Madrid）提供帮助。该协会名誉会长由大使担任。

最出色的那些，有一篇已经在《巴黎评论》十月那期上发表了，是我翻译的；——在同一期上还有我的一首诗 ①，是一篇极其危险的作品，我险些就被追究了。你要是没有读过这两篇东西，而且又有时间的话，可以到阅览室去要。在马德里不是有一家叫莫尼耶的书店吗？那一篇叫《陷坑与钟摆》，十月那期。

但我求你了，在读那些东西前先回复我，再说你晚些时候可能还会再见到印成的书。

亲爱的、可怜的母亲，在这封讨厌的信中几乎没有给温情留下什么位置。我想对你说，我有十次制定了计划，要搞到钱后飞奔到马德里去，仅仅为了握住你的手，你不会相信我说的，是不是？——我想对你说，在我深陷可怕的忧郁之际，我常常低声跟你交谈，你不会相信我说的。——你会认为这都是出于孝敬之礼而杜撰出来的说辞。——我的灵魂如此奇特，连我自己都在其中认不出自己。

最后，我可能不久后就会再见到你；就像在那些庄严的场合要精美梳妆一样，我将努力把自己的心智梳妆一新，以有尊严的方式迎接你。——我经常向好多人打听你的状况，——人家总是告诉我说："很好。"是真的吗？

还有一句话。——给我寄尽可能多的钱，也就是说尽你所能而又不感到为难，因为说到底我确实也应该吃些苦头。——要是你没钱的话，也请同意我找昂塞尔先生去要，即便你从四月份以来就没有给他寄过钱。

不要太责怪我；——这场艰难的危机一过去，我将重新振作起来。——我拥抱你并紧握你的双手。

夏尔
皮加勒街 60 号

致伊波利特·巴布 ②

[1853 年 4 月 18 日左右。巴布于 4 月 20 日回信。]

---

① 这首诗是《圣彼得的否认》(*Le Reniement de saint Pierre*)。
② 伊波利特·巴布 (Hyppolyte Babou，1823—1878)，法国作家和文学评论家。

致夏尔·万桑 ①

[巴黎] 1853 年 4 月 20 日

……我思考了一下，我长久以来就坚定地抱有绝不在一本封面上标有布里 ② 先生名字的集子里发表任何东西的决心，但在我以往的实际行动和我的这种决心之间的确存在着一个荒唐的矛盾。

请相信我是鼓足勇气跟您挑明这一点的；但是，现在是时候让我避开只要一接触就会伤害我的那些人。再说，就算我缺席，那么多杰出的诗人很容易就让您游刃有余 ③。

致欧皮克夫人

[巴黎] 1853 年 4 月 20 日

我把 25 法郎给了那个泼妇，非但没解决任何问题，反而让我吵了三架。她大呼小叫地还要 40 法郎，而我认为这要到下个月 9 日才付。她甚至拒绝向我出具房租收据和我最近给她的那些钱的收据。这些收据如下：5 法郎，50 法郎，最后是你给的那 25 法郎。总计 80 法郎。——我于是明确地告诉她，既然她蛮不讲理地拒绝给我她原本就应该给的那些收据，那她就得不到她那 40 法郎。——这下子就吵得不可开交了，她让我 9 日卷铺盖走人。于是我打算把这笔要到 9 日才付的 40 法郎先拿去支付目前的房租；——请给我寄这笔钱；——然后 9 日的时候我搬去别处，我刚好还有两周时间来应付我的那些麻烦事。——我将在明天把 40 法郎的房租收据寄给你。——最后，正如你看到的，我从这个疯婆子手上把她以前欠我的那些房租收据夺回来了。

夏尔

---

① 夏尔·万桑（Charles Vincent，1826—1888），法国歌谣作者、记者。

② 让·布里（Jean Bry，1803—1884），亦名皮埃尔·布里（Pierre Bry），法国出版商。

③ 夏尔·万桑当时很可能是为《波希米亚的诗与歌》（*Chants et chansons de la Bohême*）向波德莱尔约稿。该书于 1853 年 6 月由让·布里出版。

　　你要把那 40 法郎直接寄给我。——若不是我亲自把钱付给那些辱骂我的人，那就太荒唐了。

　　你大概会觉得奇怪，我没有从我应该还剩下的 65 法郎中立刻把那 40 法郎付了；但问题是，除了我在任何情况下都不会把钱付给一个疯狂拒绝给我打收据的人外，我并没有这么些钱；因为我先前根本没有料想到这种情况，把大部分钱用到别处了。

　　我在耍回那些书的事情上遇到了严重意外。我先付了钱，等回到家清点的时候发现少了两个记有笔记的本子。要是这个婆娘不愿意找回来，我不知道是不是可以追究她，让她至少付一定的赔偿金给我。好一帮骗子，好一帮下流胚！活成这个样子真是累死了！

夏·波

　　这个卑鄙的婆娘还偷了我的梳洗用品和好衣物、领带，等等……

＊＊＊

　　我还答应她说，只要她愿意马上给我房租收据，她明天上午就会得到那 40 法郎。我已经等了一个半小时了。

　　就在我要给警察分局局长写信的时候，她终于在刚才把收据给我了。我不知道你什么时候会收到这封信；现在是晚上六点。你一收到就赶快派人送钱到我这里。我晚饭前都不出门。

　　我没有余地和时间跟你说，我对你帮我的这个大忙感到既感激又羞愧。——我深陷在一大堆可怕的麻烦中，但我会脱身出来的，哪怕只是为了让你开心。你经常对我表现出如此明确的母爱之情，那我也的确必须给你带来一点快乐。

夏·波

　　我将把最后一份房租收据寄给你。另外，我和这个婆娘之间没有好言好语，自然也不会求她给我好脸色。

致尚弗勒里

［巴黎］1853 年 4 月 22 日星期五

　　我亲爱的朋友，我让人告诉圣伯夫说您可能需要见他一面，我认为自己做得不赖。圣伯夫通过拉克洛瓦 ① 先生转告我说，他会很高兴跟您见面，乐于在一切方面为您效劳。只不过您要预先给他写封信，他会立即回复您的。——我估计圣伯夫不了解您的那些书；我想您最好在去拜访他的那天给他带一两本您写的书。——我担心圣伯夫在洛桑认识的那个圈子不是您的圈子，抑或说是能够或应该喜欢您的圈子，——但总之是一个需要仔细看看的圈子。

菲洛克塞纳周二临时接到通知，没有能给您和任何人发邀请信；现在也不需要了。他的第二场讲座是在今天晚上八点半或八点四十五分，地址是雅典娜酒店，旺多姆广场 12 号。

我前两天听到一件很奇怪的事情，就是在您提告布里先生造假的那阵子，特拉帕杜这个怪家伙主动提交了一封信，您在信里对他说，以这种方式作证比用其他方式更好。

前两天有人请我为将在布里那里出的一个集子写点东西。我明确拒绝了，我做了一番解释，于是就有了我现在跟您讲的事情。

祝好！

CH. 波德莱尔

致马克西姆·杜刚

[巴黎] 1853 年 4 月 22 日星期五

我亲爱的杜刚：

菲洛克塞纳托我转告您，上周二是临时决定的，他没有能向任何人发请束，而现在不需要了。他的第二场讲座今天晚上八点半或八点四十五分开始，——在雅典娜酒店，旺多姆广场 12 号。我相信他会很高兴看到您的到来。

祝好！

CH. 波德莱尔

---

① 奥克塔夫·拉克洛瓦（Octave Lacroix，1827—1901），法国记者、诗人，在 1850 年 1 月至 1855 年初担任圣伯夫的秘书。

致欧皮克夫人

〔巴黎，1853 年 4 月？〕

昨天夜里我不得不离开自己的住处，找了一个地方过夜，——可能要住两天，直到有人替我把事情处理好——是一家见不得人又很难找到的小旅馆，因为我在自己的住处被人包围和监视，根本不能动弹 ①。我从住处逃出来，身上没带钱，原因很简单，就是根本没钱。写这封信是想向你要 10 法郎，对付这两天直到 15 日。我还窝在床上，带着不安的心情等着。

你先前那 60 法郎已经用得其所了，而我要等到这个月底才能领到那笔钱（900 法郎）。

夏·波

致文人协会主席

〔巴黎〕1853 年 4 月 24 日星期日

主席先生：

我今天不得不——这是不多见的情况——为了一小笔款子求助于我的同行们的善意。——明天，我需要一笔微不足道的 60 法郎的款子。——我欠我们协会很少，我不知道具体是多少，但很少。——我向我们的联络人戈德弗鲁瓦先生提交了一份债券，由他负责代我兑换。——我打算很快就把钱还给协会，首先是用一个中篇小说，我希望这篇东西不会像上次一样遭到拒绝，其次，我下个月初会收到一大笔钱，可以让我用现金结清所欠的余款。另外，主席先生，我请求您不要让我的同行们感到为难；一笔 60 法郎的款子当然会对我有大用，因为向您要钱的难堪没有抵挡住想要得到这笔钱的愿望，但要是我们的财务状况无法惠予我预支这么多钱，那我也乐于接受一笔为数更少的款子。

主席先生，敬请接受我兄弟般的情谊。

夏尔·波德莱尔
皮加勒街 60 号

---

① 当时有多位债主提告，要让商务警察追究波德莱尔。

致萨巴蒂埃夫人

凡尔赛，1853 年 5 月 3 日

致 A.①

快活的天使啊，你可识得忧愁、
羞愧、悔恨、事事无聊、声声泣哭，
还有可怕黑夜中的莫名恐怖
把心房挤压，像纸团一样搓揉？
快活的天使啊，你可识得忧愁？

善良的天使啊，你可识得怨恨、
狠毒之泪和暗中紧攥的拳头，
当复仇女神发出地狱的怒吼，
像首脑操控我们全部的功能？
善良的天使啊，你可识得怨恨？

健康的天使啊，你可识得热病，
沿着灰暗收容所的道道高墙，
蠕动着嘴唇，搜寻稀有的阳光，
像被关押的人拖着脚步前行？
健康的天使啊，你可识得热病？

美丽的天使啊，你可识得皱纹，
还有恐惧衰老，还有羞愧苦恼，
在我们觊觎已久的眼中看到
对相守终身的大事暗怀怨憎？

---

① 萨巴蒂埃夫人的名字"阿波罗妮"（Apollonie）的缩写。该诗在《恶之花》中的标题是
《通功》（Réversibilité），正文中个别词语略有改动。

美丽的天使啊，你可识得皱纹？

充满幸福、欢乐和光明的天使，
临终的大卫王定会生出愿想，
获得你迷人胴体发散的健康；
而我只恳求你为我祈祷，天使，
充满幸福、欢乐和光明的天使。

致萨巴蒂埃夫人

[巴黎，1853 年 5 月？]

经过这欢乐而忧伤的一夜，我的灵魂全属于你了[1]。

晨曦又白又红，带着噬人理想
蜂拥而至射入放荡者的卧室，
靠报复的神秘作用，一位天使
悄然苏醒，在酣睡的野兽身上；

精神宇宙那不可企及的蓝天
为仍守着梦乡的痛苦落魄者
豁然洞开，诱人深渊深不可测。
——神圣的形体，纯洁明艳的天仙，

当我混迹在酒酣耳热的残宴，
对你的思念在眼前不停飞舞，
分外清爽、分外红润、分外媚妩。

---

① 这句话在原文中以英语写就："After a night of pleasure and desolation, all my soul belongs to you."信中所附诗歌在《恶之花》中的标题是《精神的晨曦》(L'Aube spirituelle)，正文中的部分词语和标点符号略有不同。

——太阳让蜡烛的火苗失色黯然；

——你的幻影也是永远得胜沙场，

——光辉的人儿，——像永不落的太阳。

致欧皮克夫人

[1853 年 5 月 8 日。参见同年 5 月 14 日致同一收信人的信。]

致 [夏尔·阿瑟利诺]

[凡尔赛，1853 年 5 月 9 日。写在一张八开的纸上。"奇怪的信，太奇怪的信，是写给一位朋友的，不得全文印出。"]

致萨巴蒂埃夫人

[凡尔赛] 1853 年 5 月 9 日星期一

我的确要请求您，夫人，大大地原谅这首愚蠢的匿名歪诗，它看上去是那么幼稚，但有什么办法呢？我是一个只关心自己的人，跟小孩和病人一样。在难受的时候，我就会想到我所爱的那些人。我一般是通过诗歌来想念您，待诗歌写好后，我便忍不住想要拿给作为诗中对象的那个人看。——同时我把自己隐藏起来，生怕会沦为一个笑柄。——在爱情中难道没有几分基本上可以说是可笑的因素？——尤其是对那些与爱无缘的人来说更是如此。

但我向您保证，这是我最后一次袒露衷肠；而如果我对于您的炽热友情就像长久以来那样继续下去，那不用我跟您说一个字，我们俩将成为老朋友。

无论这在您看来有多荒唐，您都要想到有一颗心是您不能忍心嘲笑的，在那颗心中长存着您的形象。

> 一次，就一次，——和蔼可亲的女郎，
> 　　您光滑的手臂挽住
> 我的手臂；这段回忆原模原样
> 　　驻我灵魂隐秘深处；
>
> ——夜色深沉；——一轮明月皓然当空
> 　　似一枚崭新的奖章，
> 庄严黑夜在沉睡的巴黎上空
> 　　如一条江河般流淌。
>
> 几只猫咪探头探脑东游西荡
> 　　出没在一户户家门，
> 竖起耳，又慢慢跟在我们身旁，
> 　　影子一样亲切可人。
>
> 突然间，正当微光阑珊的迷离
> 　　映照出亲密的浓情，
> 您，音色又优美又响亮的乐器，
> 　　原本只发欢快声音，
>
> 您，原本像晨辉中乐队的演出，
> 　　那么开朗，那么幸福，
> ——却从您口中颤颤巍巍地蹦出
> 　　哀怨而奇怪的音符，
>
> 像体弱貌丑、情迷意乱的女孩，
> 　　家族会视她为耻辱，
> 会把她长久在地下室里藏埋，

为了不让世人目睹。

可怜天使，把您刺耳音符唱响：
　　"世间一切皆无定数，
无论怎样精心粉饰、打扮乔装，
　　自私之心总会暴露；

"——做个美丽女人真乃苦差一桩，
　　——像痴癫冷漠的舞姬
不由自主做出满脸堆笑模样，
　　陶醉于平庸的舞姿；

"——构筑心的殿堂真乃蠢事一桩，
　　——万事万物都要破碎，——
爱情和美貌也会像弃物一样
　　归于遗忘永不还回！"

我常常思念那夜的妩媚月圆，
　　那份寂静，那份颓唐，
还有在心的告解室里的呢喃，
　　那离奇的告白一场。①

致欧皮克夫人

［凡尔赛，1853 年 5 月 14 日星期六］
我亲爱的母亲：
　　我从 5 月 11 日起就没回过凡尔赛；这就是为什么我今天不能把那封我

---

① 　这首诗在《恶之花》中的标题是《告白》（*Confession*），正文中部分词语和标点符号都略
　有不同。

跟你谈过的落款是 8 日的信带给你。再说，等我把信给你的时候，你也只会在信里看到我对自己的那些计划、大纲、工作内容的详述。我想起来你跟我说过，我可以在今天五点钟去看你，我会按时去的，而要是你改了主意，或是我会给你添麻烦，那就让你的女佣给我带句话，告诉什么时候到好。

夏尔

致欧皮克夫人

［巴黎］1853 年 6 月 27 日星期一

我今天上午的心情特别糟糕，特别不自在，高兴不起来，因而没有勇气去向你道别 ①，——我向你保证没有任何别的意思。你知道我精神里常有一些不可解释的突发奇想。再说，到你家里去看你总让我很不舒服。——我估计你明天不会动身。——你可否让人送一封信（地址是：特洛里夫人，拉莫街 13 号，转交波德莱尔先生，——她是昂塞尔先生的妹妹），告诉我一个见面的地方，让我们可以聊上一两个小时。

——若是一次晚餐或午餐，再或者是一次散步，那就太让人高兴了。但这算是一种奢侈，不必非要如此。我在今天五点要去这位夫人家。由于我目前不知道到哪里去收信件、稿件等东西才方便，她就好心做了我的信箱。

夏尔

你那 21 法郎让我笑开了花，也让我感动得不得了。——这里面的温情体贴确实是我没有料想到的。

夏·波

致欧皮克夫人

［巴黎］1853 年 7 月 1 日星期五

我一直都朦朦胧胧地期待着一个小惊喜，但我并不相信会有多么美

---

① 欧皮克将军将赴巴雷日做年度疗养，欧皮克夫人将陪同前往。

好。——老实讲，我现在很是开心，我在想，等两三天后有了办法弥补这六个月的无所事事，我就没有什么要抱歉的了。——说到自尊心的问题，这不算什么问题。——跟那些我们爱的和爱我们的人在一起，不可能有什么自尊不自尊的问题。

只不过你是过于慷慨了；——我可能只会接受你送给我的一部分；譬如说，我可能会只让你付三个月的房租；身体方面的问题，——我很了解自己，——用点药，再做几次蒸气浴，就可以解决。——我现在只担心一件事，就是我的那些债主千万不要把我那些珍贵的盒子和那些不起眼的纸张弄得稀乱，弄不好可能就毁了。

——我将在 7 月 15 日写信到巴雷日，是"留局自取"的邮件，而在到那之前的这段时间里，我有可能把自己的那些事情多少处理一下。——不过，我不应当让自己抱有幻想，好在年前的那段时间我状态甚佳，而接下来则需要好生对付才能弥补被糟蹋掉的日子。我要出版四卷残篇，只跟一个人签了合同 ①，钱我已经得过了。——我还会再找到一位出版商吗？我能不能让现在这位恢复对我的信心？我可能要到两个月后才知道。——另外我还打算写两个剧本，但我不被认为具有构思戏剧的才能。——接下来会发生什么，我真不知道。——确定的是，我今生今世对任何事情都不会再愿意随便应付，我要让意志占领我的整个人生。——我衷心向你表示感谢。

三个月后见。

夏尔

说到欧皮克先生，我求你不要过于殷勤，——甚至要少说话为妙。

致于勒·维尔特伊 ②

[巴黎，约 1853 年 8 月 10 日。维尔特伊用强硬语气要波德莱尔把先前借的那些书归还给他。波德莱尔用同样的语气回敬了他。]

---

① 指跟勒库库先生所签合同。
② 阿莱克西斯-于勒·维尔特伊（Alexis-Jules Verteuil, 1809—1882），时任法兰西剧院（le Théâtre-Français）行政秘书。

致于勒·维尔特伊

［巴黎］1853 年 8 月 12 日星期五

我亲爱的维尔特伊先生：

米尔库尔^① 先生来了我这里，以您的名义要我就此前给您写的一封信做出解释。米尔库尔先生肯定地说您根本没有要冒犯我的意思，鉴于他的解释，我毫不犹豫地向您表示我的歉意，并把我先前那封信视为无效^②。

请接受我的问候。

CH. 波德莱尔

汇 票（阿隆戴尔提供）

1853 年 8 月 18 日

［阿隆戴尔在讷伊开具的汇票，金额为 4900 法郎，系购画款和现金及利息；期限：1854 年 4 月底。］

承兑这笔肆仟玖佰法郎的款项，以现金支付。

CH. 波德莱尔-迪法伊斯

皮加勒街 60 号

汇 票（阿隆戴尔提供）

1853 年 8 月 18 日

［阿隆戴尔在讷伊开具的汇票，金额为 10000 法郎，系购画款和现金；期限：1854 年 4 月底。］

---

① 欧仁·德·米尔库尔（Eugène de Mirecourt，1812—1880），传记作家，与波德莱尔的朋友尚弗勒里有合作关系。

② 维尔特伊也于当日给波德莱尔写了一封致歉信。

承兑这笔壹万法郎的款项，以现金支付。

CH. 波德莱尔-迪法伊斯

皮加勒街 60 号

致 [尚弗勒里?]

[巴黎] 1853 年 8 月 21 日星期日

我最亲爱的朋友，不要把迟迟收不到我的回复只归咎于我，还要怪罪杜伊勒里宫和皇宫的那些守门人。另外，弗耶·德·孔什 ① 先生什么时候来外交部也没个准头儿。——我想您不会把我的致歉看作虚以委蛇吧。——我现在把弗耶·德·孔什先生的回复寄给您，希望能对您有用。

致以友好的问候。

CH. 波德莱尔

致纳达尔

[巴黎] 1853 年 9 月 18 日星期日

我亲爱的纳达尔，请尽力、尽力在明天我去看你的时候为我弄到一小笔钱，哪怕是少得不能再少。你知道我现在度日如年。请你原谅我老是给你添麻烦。等捱过这几天就再没有事了。

祝好。

CH. 波德莱尔

---

① 弗耶·德·孔什 (Feuillet de Conchet, 1798—1887)，原名菲利克斯-塞巴斯蒂安·弗耶 (Félix-Sébastien Feuillet)，时任外交部礼宾司官员。

致纳西斯·昂塞尔

巴黎，1853 年 9 月 24 日

这些文章写得实在糟糕。

您是否可以帮我下面这个忙？我需要就沃伦斯基[1]的某些学说进行一些研究。您知道现在找不到他写的书。

您可不可以找沃伦斯基夫人借个十天半月？您可以说，是您的一个朋友对这些材料极感兴趣；要是沃伦斯基夫人拒绝借书的话，那就问她愿不愿意卖。由于我手头现在没钱，如果她愿意卖的话，还请您告诉她我有偿付能力。

需要的书如下：

《人类知识的改进》(*Réforme du savoir humain*)，

四开本，两卷。

其中一卷是关于数学的，另一卷是关于哲学的。

还有：

《政治经济学的数学理论》(*La Théorie mathématique de l'économie politique*)。

需要注意的是这不是著作的准确原名。我只知道沃伦斯基有一本书是关于这方面的理论的。好像是包含在一本四开本的书中。但我觉得沃伦斯基夫人应该猜得到我需要的是哪本。

最后，请问问沃伦斯基夫人，通常怎么做才能找到她丈夫的一些著作，如：《拿破仑的政治秘诀》(*Le Secret politique de Napoléon*) 和《假拿破仑主义》(*Le Faux Napoléonisme*)。

我每两天去一趟鲁瓦广场。您要是这两三天见不到我，就托您妹妹给我传一句话。

祝好。

CH. 波德莱尔

---

[1] 霍恩·沃伦斯基 (Hoëné Wronski, 1776—1853)，波兰哲学家、科学家、神秘学家，长期旅居巴黎。他被认为是他那个时代具有最伟大思想的人士之一，巴尔扎克在 1834 年 8 月 1 日致韩斯卡夫人信中称他是"欧洲最强大脑"。沃伦斯基于 1853 年 8 月 9 日在讷伊市的一个镇上去世，而昂塞尔时任讷伊市市长。这封信的开头提到的"这些文章"应该是指悼念沃伦斯基的一些文章，有可能是昂塞尔先生让波德莱尔看的。

致奥古斯特·普莱-玛拉西

[巴黎，1853 年 10 月底]

[夏尔·巴塔耶 ① 于 1853 年 10 月 23 日就一张票据的支付问题写信给波德莱尔。波德莱尔在这封信的信纸上随手写下几行给普莱-玛拉西的文字。]

致欧皮克夫人

[巴黎] 1853 年 10 月 31 日星期一

我亲爱的母亲，我一直都在等你要么给我写信，要么去讷伊。昂塞尔先生可能已经跟你说了我要给你写信。我指望着他这么做，因为你知道我讨厌任何争论。

——我打算一直到三月份都不从他那里拿钱。他知道这件事。为了做到这一点，也出于一些我自己知道的原因，我可能要到五月份才去他那里。我跟昂塞尔先生约定好了，二月底以前不会从他那里拿一分钱，而且他还告诉我说不需要你带钱给他，至少不用全部带给他，他认为你直到三月份都可以充分帮助我。我不相信他说的，而且我也不愿意事情是这个样子。但我认为从你那里得到下面这些款项的钱不算是不合适，也不是没可能，这相当于是从你带给他的钱中取出来的，——他知道这一点，——他就是这样想的。

一、房租 40 法郎；但要到 11 月 9 日才付。

二、60 法郎用于解决衣服问题。我实在不能再等了。要是已经卖掉了，那算我活该，那我就得去买其他廉价的。因为我看上的那些大大超过了 60 法郎。

三、100 法郎，这让我整个 11 月只要愿意的话都可以待在家里不出门，省得一天天看着我这个月白白流逝。

夏尔

---

① 夏尔·巴塔耶 (Charles Bataille, 1831—1868)，法国诗人、剧作家和评论家，纳达尔的朋友。

我到 12 月还需要你的帮助吗？我想不会。——虽说我打不了任何保票，但我想的是好好做，不要让这样的事情发生。

有了那些钱，我基本上可以肯定一周后就能完成我那本可怜的书①！——条件是绝对关在家里不挪窝。——我还有将近三周时间来完成那些拖欠的文章——漫画、剧本大纲，等等……

不用说，我会在 9 日把你 8 日给我的钱的收据交给你，至于那些衣服，穿在身上就足以证明了钱的用途。

那我就只剩下 100 法郎，要靠这笔钱免除我整月东奔西跑到处借钱。

——听我说，有了钱，我不仅有可能在这月中旬以前完成我的书，而且还能跟书商完全重归于好，并且重新实施那些本该一年前就已完善的计划。

你要是现在不愿意交给送信的这个人 100 法郎，你要是想见到昂塞尔先生以后再说，那你先交给他你愿意给的，让我可以在家里对付两天、三天、四天，直到你来看我。

你要知道，我绝对不愿意出门，否则就没个完，——上餐馆每天要浪费掉我三四个小时。——必须是每天由我的看门婆子或某个女佣去为我买吃的。——我这一生中终于有一次可以知道一个月幽居不出的成效。——不要给送信的这个人付跑腿费。你要是不在家，他会把信留在你家里。你要是想看我，——那就除了今天，因为送信的这个人一回来，我就要去《巴黎》② 打听究竟什么时候刊发我的东西，——我从明天上午开始就不会再挪窝了，完全不会。——再见，并请尽量理解我说的这些有多么合理。

夏尔

送信人是一个值得信任的人，他为我跑腿将近一年了。

---

① 指答应交给勒库的爱伦·坡作品的译文。

② 《巴黎》(*Paris*) 是 1852 年 10 月 20 日创办的一份日报，1853 年 12 月 8 日被勒令停刊。波德莱尔在该报上先后发表了多篇他翻译的爱伦·坡作品：《泄密的心》(*Le Cœur révélateur*，1853 年 2 月 20 日)，《黑猫》(*Le Chat noir*，1853 年 11 月 13—14 日)，《莫蕾娜》(*Morella*，1853 年 11 月 14—15 日)。

致欧皮克夫人

[巴黎] 1853 年 11 月 18 日星期五

亲爱的母亲，我前天参加了一场葬礼 ①。我把身上的钱都给了，但份子钱高到 140 法郎，结果我还欠了 60 法郎，我当时保证在两天后也就是今天付齐。你应该猜得到，在向你求救之前，我已经把所有人都想了一遍。——我绝对不会在月底前去昂塞尔先生那里。——我求你了，千万不要给我写下面这样的话：做一个有条有理的人，身上总会留有足够的钱来应付这样一些事情……你要么干干脆脆地拒绝我，要么给我寄钱。

我不可能在月底前把钱还给你，但到了月底肯定能还。我也不愿意看到你写信嘲笑我的这个奢望。

我不需要看你那封长长的信就知道里面写了什么。再说，我自己早就已经下定了你想要求我下的决心。

说到我的生活，没有什么新的东西。

我有一些散篇在《巴黎》上刊发了。

其他一些将发表在《环球导报》② 上。

我那些诗，或至少其中几首，可能会发表在大仲马新办的报纸 ③ 上。

我跟昂塞尔先生约好了，未来的几个月里我每月只从他那里拿 100 法郎。

你不要来看我，我实在太痛苦、太狼狈，心情坏到了极点。——也许到了下个月，郁闷的心情会变得敞亮一些。

夏尔

---

① 据波德莱尔研究专家考证，波德莱尔参加的是让娜·迪瓦尔的母亲让娜·勒梅尔 (Jeanne Lemer) 的葬礼。寡居的勒梅尔夫人于 1853 年 11 月 15 日在巴黎贝尔维尔区 (Belleville，俗称"美丽城")磨坊街 (rue des Moulins) 15 号去世，于 11 月 17 日下葬。

② 《环球导报》(*Le Moniteur universel*) 没有发表波德莱尔的作品。

③ 大仲马所办的报纸《火枪手》(*Le Mousquetaire*) 上没有发表过波德莱尔的任何诗作。

致欧皮克夫人

［巴黎］1853 年 11 月 18 日

　　我衷心地感谢你；只不过我原以为你只能寄 50 法郎给我，但重读你的信，我发现你认为你给我寄了 60 法郎。——所以我恳求你赶快、赶快去邮局把那 10 法郎寄给我，因为你可能知道，无论是行政部门还是教会，出于各种借口的寄生虫习性和欺诈行为总是没完没了。

　　你要这样去做：去一家邮局，要一张 10 法郎的汇款单，填写：汇款人欧皮克夫人，寻南路（rue du Cherche-Midi）91 号；收款人夏尔·波德莱尔先生，皮加勒街 60 号。由你支付汇款费用。人家会给你两张单子。你保留小的那张，把大的那张叠起来放到一个信封里寄出，这样我碰到邮局就可以取到钱。可能是你糟糕的视力让你把两个 20 法郎和一个 10 法郎看成了 60 法郎。——反正你一直都清楚自己账上的钱，你可以查核一下。

　　每当我采用这种邮寄方式，我一般都会用一张纸把汇款单包起来，以免印在纸上的字让人透过薄薄的信封能猜到里面有什么。

　　再次感谢你。

夏尔

至于说月底还钱，你完全可以指望。

致欧皮克夫人

［巴黎］1853 年［11 月^①］19 日

　　我衷心地感谢你。我昨天上午做了这件事，我马上就把手上的 50 法郎寄给了贝尔维尔的区长，此前是他为我做的担保，我还告诉他说会在今天把剩下的 10 法郎寄给他。——至于说多给的那 10 法郎，你这个想法实在是很周到；这些钱可以让我闭门不出生活三天——只不过我不能答应你

---

① 　波德莱尔自己写的是"10 月"。但研究者们根据信中的内容，认为写这封信的时间当为"11 月"。

在 12 月 1 日给你寄还 70 法郎。我可以答应你至少寄还 50 法郎。

我给你寄的这三篇东西 ① 可能会让你开心。——不要把我这些报纸揉得太皱了，而且千万不要弄丢了；当我打算重印的时候需要把它们再寄给印刷所，而报社那边吝啬得很，根本不给作者免费样刊。

夏·波

致欧皮克夫人

［巴黎］1853 年 12 月 1 日十点半

我亲爱的母亲，我十分强烈且十分合理地想要在今天把房租付了。——我最初决定的是——直到昨天还这么想——先寄还给你 70 法郎，——其次，免除你这个月 40 法郎的负担。——但一方面是昂塞尔先生十分明确地拒绝给我钱，另一方面是我已经决定在我的东西刊发之前不向《环球导报》要钱。

我因此想要在今天，——如果不是不可能的话，就把这 40 法郎交给热利这个婆娘 ②，而且我始终相信有可能在两天、三天、四天后就把你那 70 法郎寄还给你。我以强烈的自尊心做保证。

你可能不大关心我为何如此坚持要今天付钱。你要明白，一个人每次因烂债缠身、走投无路而惊慌失措之际，只要他不欠房租，受到房东保护，别人就拿他没有办法。而这个婆娘今天就要拿到钱。——另外我没跟你说过我有十来天病得很重；这里的婆娘们都对我很好，精心照料我。——这非常管用。因为你知道，我很久以来都是孤零零一个人。

我现在虽然处境窘迫，但还是很乐意跟你说：1. 这对我很重要，——我可以认为我和出版商之间的和解已经搞定。2. 你过几天就会在《环球导报》上看到——你可能会收到——有几篇很长的东西，这会在本月给我带来 500 至 700 法郎；但这太少了！

---

① 指在《巴黎》上发表的 3 篇爱伦·坡作品的译文。
② 热利（Gély）是波德莱尔在皮加勒街 60 号租住处的经营者。

不要给送信的这个人付跑腿费。

我认为没必要花 20 个苏把收据寄给你。我会马上把它放到邮局。

你过几天将会看到我比现在更开心，这全靠挣到钱，全靠摆弄文学……我现在还很郁闷，不方便请你来看我。

严肃地说，我可以在 3 日或 4 日把钱寄还给你。

现在将近十一点了；我答应热利夫人十二点把 40 法郎给她。我之前还指望着昂塞尔先生。

请继续好好保存我发表的这些东西；只有等最后几篇发表后，我才会汇总起来寄给我的出版商。

我拥抱你，更感谢你。

夏尔

致欧皮克夫人

［巴黎］1853 年 12 月 10 日星期六

你要不是不可能的话，请给来人无论多少都行，用于为我买一点木炭，并且支付我家旁边的一个小裁缝——不是付全部，总额可能对你来说太多，要 40 法郎。今天跟他结一部分就可以了。剩下的我可能三天后再付。——我知道自己现在有多让你烦恼，有多让你厌倦，有多让你为难，你要是断然拒绝这一请求，我也觉得很自然。只不过就算在这种情况下，我还是要恳求你多多少少给一点儿，免得我不得不窝在床上用僵硬的手指写东西，而且也可以让我对付着过两三天。

我始终相信我会在本月把钱寄还给你。——由于我要认真打磨我的书，还要修改几篇东西，麻烦你把我那三篇发表的东西随你的信放到信封里。——另外我想让你告诉我，你下周哪一天可以来看我，因为我好久都没见你了。——你大可以放心，这不是什么圈套，不会涉及钱的事。

你知道，有一阵子以来，我尽量从昂塞先生那里少拿一半的钱。

要是你能答应我的请求，我衷心地感谢你，而要是不可能，那我也请求你原谅我给你添了烦恼。——你是不是已经通过邮局收到收据了？

夏尔

致奥古斯特·普莱-玛拉西

[巴黎] 1853 年 12 月 16 日星期五

我亲爱的玛拉西：

我请求您，我不会说迫切恳求，那会太出言放肆，——我只是请求您，——如果可能的话，——一收到我的信马上就去办，——赶快去邮局，——用邮政汇票的形式，——给我或多或少汇一笔钱。您看到的，我不会让您为难，——因为这显然不是一笔大款子的事。只是我想过几天消停日子，好把一些重要的东西完成，最终会在下个月带来切实的成果。

在我打算找您要一点钱的时候，我在我那些小纸堆里翻了一下，看看我此前已经欠了您多少。我找到的数目是 36 法郎。要是我弄错了，就请您告诉我，我猜您会当面告诉我的；因为尚弗勒里昨天跟我说您将在一月份来看我们 ①。

我不可能把这一年里我在生活中实实在在遭的那些罪统统讲给您听，这其中有些是由于我自己的过错，有些不是。虚度的一年。这种乱七八糟的生活诗篇不关您的事，您也不会感兴趣。您现在生活得如此安宁！而我呢，您猜得到，我的生活将永远都是由愤怒、死亡、凌辱并且尤其是对自己的不满构成的。我向您保证，我这样说并不是太夸张；我给您写这封信并没有丝毫过激的情绪。——我所知道的一切，我所感到的一切，就是在经历了我的愚蠢所导致的一连串倒霉事后，我浪费了整整一年，而我有四本书和三个剧本要写；这些作品都没有写，至少没有完成，——其中有好几种都已经支取了稿费，——我现在没有钱让我安心工作，不说是半个月，甚至连一天也不行。

附言：——无论有没有钱，都请立即回复我；但是，我的朋友，千万不要找一些敷衍傻瓜的理由搪塞我；我坚信您不会对我的事撒手不管。——另外——我亲爱的朋友，——千万不要想得太多，——这无济于我眼下的生活。

既然您一月份要来这里，我期待您会来看我，这自不用说。我将努力

---

① 玛拉西当时在外省城市阿朗松（Alençon）经营家族企业。

预先谋划，把您的钱放到一边。我只要得到一小段我所企望的空闲日子，就将在近期找《环球导报》发表一批东西，这会给我带来一大笔钱。

　　又及：——克利斯托夫几个月前给了我一份《阿朗松报》①，您在上面提到的那位译者兼热情的追随者终会成为"样板"。这就是所谓想多了。那份报纸还在我的纸堆里。

　　您还说我的那些范畴和心理解释难以理解，——更有甚者，如果我记得不错的话，——您说我没有任何哲学头脑。——稿子赶得急，再加上浪漫派那套鬼东西作祟，让我在那篇急就章中说得有点儿不清楚，这是有可能的；但新写的这一篇②——篇幅是以前的两倍——会在1月出版，将向您证明我是完全了解自己的。——依我看，我敢肯定您没有搞懂我们在谈论的这位天才。您自得其乐地抖机灵，大呼小叫地谈论一位您肯定不熟悉的人。——还有，您刊登的那篇译文③根本不能准确反映出《黑猫》的意涵和诗歌风格。但愿我对您的这个小小怨恨不会妨碍您能为我做的事。如果您的情妇还在您身边，如果她不会太恨我的话，——而且如果您认为合适的话，就请转达我对她的问候。

　　如果您寄钱给我，我谢谢您寄钱；如果您只是寄一封信给我，我也谢谢您花工夫回复我。

　　祝好。

CH. 波德莱尔

皮加勒街60号

---

① 《阿朗松报》（*Le Journal d'Alençon*）由玛拉西经营的企业印刷发行。玛拉西在1853年1月19日这期上刊登了一篇论及波德莱尔的文章，谈他对爱伦·坡作品的翻译和他1852年在《巴黎评论》上发表的《埃德加·爱伦·坡的生平及作品》以及即将在维克多·勒库那里出版的集子。玛拉西把爱伦·坡说成精神病人，并且对波德莱尔1852年那篇文章中的哲学部分颇有微词，认为"完全需要重写"。

② 指新写的《埃德加·爱伦·坡的生平和创作》（*Adgar Poe, sa vie et ses œuvres*）。这篇文章并未如波德莱尔所说在次年1月出版，而是到1856年才面世。先是《国家报》在1856年2月25日选登了文章片段，次月出版的《怪异故事集》（*Histoires extraordinaires*）收入全文作为全书序言。

③ 这篇随玛拉西的文章一并登出的译文并非出自波德莱尔的手笔。

致欧皮克夫人

［巴黎］1853 年 12 月 26 日星期一

要是你在家里见到来人，就写两句话回复我，并且给他点儿钱，因为我没有钱付给他。——要是你不在家，他会遵命把信留下，——我想的是，这样的话，你读了信后，就可以赶在今天把回信带给我；因为通过邮局寄信不会很快。

如果我向你承认说你的信放在桌子上两天都没有打开，请你不要责怪我；我以前还发生过在郁闷难当的时候过了三个月才把信打开的情况，而且你写的东西开始让我害怕，就跟出自我那些死对头之手没有两样，义正词严，要求这，要求那，没完没了，令我十分恼火。——不过我还是读了，老实跟你说，我还从来没有读过任何如此怪模怪样的东西。身为母亲，该有多大的怒火才会让你不久前通过邮局把你对一位你从来都没有读过的作家的语法问题的评说寄给我，才会让你近来认为我所有的痛苦就在于没有得到一双胶鞋。——天地良心，我无言以对。——事实上，根本就不是那么回事。——请你原谅我用这种语气跟你说话；——什么都逃不过我的眼睛；你自己看不到母爱中幼稚的一面，而我要是看不到这种幼稚中让人感动的一面，我是不会再给你写信的；——另外，这也是我的初衷，因为你上上封信写得那么狠、那么严厉，近乎粗鲁——完全不顾及我的惨况，——搞得我要是两天后就能弄到打算还给你的那 110 法郎，巴不得赶快通过邮局寄给你算了，一个子儿都不给自己留下；——但我还是要再对你说，在你写给我的那些奇奇怪怪的话中有一种深深的善意，这促使我向你倾诉我的那些伤心事，在你这里寻求依靠。——再说，你不是说过么，——这是唯一让我深受感动的话——"什么都不要对我隐瞒"。

我大概不需要跟你说我没有接受你那些离奇的赠言。我就像俗话中说的，打其他狗都忙不过来。至于说你担心我在贫困中会对自己疏于打理，你要知道，在我这一生中，无论是衣衫破旧还是生活体面，——我一直都要花两个小时来梳洗打扮。不要再用那些蠢话来弄脏你的信。

说到你对我的书发出的那些很正当但也很不讲理的没完没了的责备：这本书！——这本书要等到什么时候？——这些文章，——这些文章要等到什么时候？我只有一句话要说：经历过我这样生活的人才会理解我：——这才过了一个月，也就是说弄好这本书需要两倍的时间，——唉！我在这个月里没有休息到五天。

下面就是我要跟你说的事，——我看你的善意还没有死，——请放心，——今天不会涉及你的钱包，——再说，我知道你一分钱都没有。

要是我今天有一大笔钱，比如说100法郎，——我既不会拿去买鞋，也不会拿去买衣服，既不会去裁缝铺，也不会去典当行。昨天是要完成一件事情的最后期限，我把这件事情看成是一个必须履行的义务，就是为一位已经往生的妇人起葬和移葬，这位妇人曾给了我她最后的钱财，不嘟嘟囔囔，不唉声叹气，尤其是不会让人这样做那样做。我要给区长、然后给警察局长写信。地皮要花我86法郎，显然还会另加一些小费以及掘墓人虚报的费用。这些都比鞋子更要紧；——再说，我已经很习惯于对付肉体上的痛苦，我会很拿手地用两件衬衫垫在漏风的破裤子和破衣服下面；我还会很老练地用稻草甚至用纸板做鞋垫塞住鞋子上的洞眼，而真正让我感到痛苦的几乎只有精神上的痛苦。——不过还是得承认，我已经混到了这份田地，不敢做任何突然的动作，甚至不敢太多走动，生怕把身上穿的衣服撕破得更厉害。

我眼下不愿意清偿一分钱的债。我要把债主先拖着，直到我把书弄好。我有理由相信会在《环球导报》重新得到三个月前去那里时的那种礼遇；我的生活过得乱七八糟，都想不起来具体是哪天去的。——我想说的是，不要冻成冰棍，不要一边走路一边还要顾忌动作大不大，留下足够的钱好一口气毫不懈怠地工作至少半个多月，——这就是我的固有想法，——很长时间以来都是这样。不过——设想我把衣服都卖了而又必须买新的，只要有150法郎便足以解决以上所有问题。——但我不愿意径直登昂塞尔先生的门，他已经被我那些二十法郎的小收据烦死了，已经见惯了我在没有你放话的情况下找他要一些零敲碎打的小钱。不要通过邮局把你的话寄给他，这太费时间，——因为墓地一事刻不容缓，——如果替我送信的这个人见到你，——你可不可以直接交给他，——不用封起来，措辞要得体？我会在讷伊再见到他，因为，我再跟你重复一遍，除了找昂塞尔先生会让我浪费太多时间以外，我这身行头已经不允许我出门跑太远的路了。

也就是说要用100法郎，就像我刚才说的，100法郎用于添置衣物和其他东西，——另有50法郎要一分一厘用于吃饭。——这笔钱显然将由昂塞尔先生在几个月后收回，六个月，七个月，但有什么重要的？

——如果下个月——该死的年关！——我那些事情有起色，我看看能不能让你从房租的问题中解脱出来。——现在依我看，给你讲述这一切就是完成了一个义务。在打新的主意前，我先平静地等着你的回复。——我不喜欢给你唠叨那些伤心痛苦的事情，但就这么让你难过一下不是更好吗？——我需要你发句话，免得我要跟昂塞尔先生谈三个小时；要是你不肯给我一句话，我还真不知道接下来该做什么；但有一点是肯定的，在这件事情上我所指望的不是你的好心，而是你的英明。

夏尔

致欧皮克夫人

［巴黎］1853 年 12 月［26 日 ^①］星期一

真的，我亲爱的母亲，我十分抱歉让你难过了。你怎么可以这么在乎语言表达上的粗暴？你难道不知道我不可能不理解你身为母亲的重要性？事实上，我也是随着自己理智的增强，也就是说在最近这几年才很好地理解了你。但我的性情也同时变得乖张，让我有时候说话言不由衷。

我还是要感谢你；但同时我也必须对你说，你没有给昂塞尔先生一个明确的数字，这让我陷于一个十分尴尬的处境。——我看你是以为我的凄惨经历是耍花腔，是借口，——也可能是夸大其词。——然而，我特别留意告诉过你，地皮一事比满足我自己那些最紧迫的需求还更紧要。——你最好通过邮局给昂塞尔先生一句话。——这样我明天上午就可以给他写信，因为我不愿意也不能亲自去他那里，——我会明确告诉他说，他当天会收到你另外一封信。

还是对你感激不尽。

夏尔

---

① 波德莱尔自己在信上写的日期是"1853 年 12 月 6 日星期一"。日期显然有误，因为这年的 12 月 6 日是个星期二。如果是 12 月 5 日星期一，那也与信中内容对不上。故研究者们倾向于采用 26 日这个日期。

致欧皮克夫人

［巴黎］1853 年 12 月 31 日上午七点半

我准备了两封给昂塞尔先生的信，现在寄给你；你读了我的信就知道为什么。你就选你中意的那封，做出你喜欢的决定，然后把另外那封没用的撕掉。

***

我到底还是在星期二从讷伊收到了：1. 比要给美丽城区政府稍微多一点的钱；2. 开给昂塞尔先生裁缝的某种保证函一类的东西。——我看得出来这都是你对我不信任的结果，我为此十分尴尬。我之前已经预先把一张 250 法郎的收据寄给了昂塞尔先生，至于剩下的那 100 多法郎，我原打算去拉布吕耶尔街——离我住的地方只有两步路——花 15 法郎把当票上的东西赎回来，是我几个月前买的一些十分漂亮的衣物，之前人家已经典借给我 40 法郎。——这样花 55 法郎，我便能得到我所需要的全部东西，——除了一些鞋子和一顶帽子。——去他的裁缝那里着实让我反感透顶；我又不得不前往，这本来就已经是一件难事了，因为我一贫如洗的状况已经把我关在家里不出门一个多星期了，——插一句，这也让我领略了居家和工作的乐趣，——但这还不算，听我说，——还不得不把这种你不可能怀疑的穷困潦倒的样子展现在店里的那帮伙计面前，好像我是在接受昂塞尔先生的施舍，而且离开的时候还不得不在柜台上出示那张倒霉的纸条。这样的一件小事总是会让我回想起我所遭受过的所有屈辱。你可知道他这些年让我吃了多大的苦头。有一段时期，在他那个可怕的老婆、他那个丑八怪女儿和他那些可恶的淫棍儿子眼里，我这个人、我的各种看法和我的各种情感都是无休止嘲笑的对象。但那些有钱的宠儿从来都意识不到这些，毫无礼数可言。

最后，我支付了起葬和移葬的费用，远比我想象的要多：地皮 86 法郎，人工 10 法郎，木制围栏 25 法郎：共 121 法郎。在支付了洗衣服的婆子、看门的婆子并且买了一点木材后，我就分文皆无了。

我便只好这么待着，不愿意去昂塞尔先生的裁缝那里，也不能兜里没钱就去找我提到的那个人。可就在昨天，我没料到我典当的东西绝当了，我晚上要去一位朋友家吃晚饭，便顺道去了那个人那里，他告诉我说，由于没看到我在约定的时间过来，他就把那些东西取出来，把三件中的两件卖掉了。我没有抱怨的权利。我今天会派人上他那里把剩下的那件拿回来。这刚好是最必需的，是一条裤子。他会按 20 法郎把裤子卖回给我。——那几件东西几个月前可是总共花了我 120 法郎的。——我另外还想起来，我把一件做工很好的需要修补的大衣留在了原先住的"水塔"区。如果那东西还在，要花我 15 法郎。——我今天要让一个鞋匠来我这里，要花 12 法郎——一顶帽子要花 17 法郎。——我今天要用我自己的钱付给房东 40 法郎，而要是我手头实在拮据得厉害，你见到收据后要在 8 日为我考虑一下这笔钱。

20	
15	
12	
17	
40	
104	法郎

你看，我今天在准备给昂塞尔先生的两封信里向他要 150 法郎一点都不过分，100 法郎的收据他已经有了，我还要补给他一张 50 法郎的收据。

显然我还缺好些东西，尤其是缺一件过冬的大衣和一件普通的背心。要是能找回那件大衣，就可以不要背心。至于别的东西，我也许会到前面提到的那位裁缝那里去搞定。也就是因为这点，我才考虑再三，一直留着昂塞尔先生的那封信。但就算我要用到那封信，利用的限度也只会比他所明示的要低得多，而且我至少不会穿一身破衣服去那里丢人现眼。只有身上穿得还说得过去的时候我才会去。但有可能根本用不到那封信，而这正是我努力要做的。

这样算下来，我还剩 46 法郎，要一分一厘用于吃饭，并且争取用八天或十天时间弄完我那本该死的书。——昨天晚上我出门不在家，去打听我那些衣服的事情并且去一个朋友家吃晚饭，这期间昂塞尔先生来了，他让人转告我说要我今天上午去他那里。他想要向我宣布什么鬼东西？是什么让人难受的消息吗？是债主方面的什么旧事吗？但他怎么会想到让我去呢——且不说要浪费我整整一天，——要花 10 或 12 个法郎的车费，——还要让我一路上在烂泥巴和雪水中遭罪？

如果你采纳第一封信，就必须在里面加上一句你的话。如果你采纳第二封信，就必须径直派手下的人把钱带给我，并且把给昂塞尔先生的信封起来后让人送到邮局。——在第一种情况下，你要给送信的人解释他必须去那边跑一趟。

你呢，你至少在头脑里要想到，我的事情中还有典当行的部分。——你想象一下，昂塞尔先生让我十分尴尬，也让我十分害怕，以至于他到我这里来过两三次后，我就渴望搬家且不把地址告诉他。我脑子里想的是他坏我的名誉，跟一帮我周围躲不开的小人说长道短。

你给我写了一封十分伤心而又十分亲切的信，但信中始终带着你无可救药的过度反应。那位妇人死了，我几乎有些恨她。但我是任由她在最真正的穷困潦倒中死去的。难道是我发明了对所有往生者的种种固有做法以及那份尊重？那不过是纯粹的礼仪习俗的问题罢了。

——如果你愿意，我明天会把房租收据寄给你。——我不会像那些傻瓜一样对你说祝你新年快乐，因为你可能回答我说这是我应该对你做的。

夏·波

附言：——说到你信中最后那几句话，我想的跟你完全一样；我甚至想做得更过分，不只是要少拿，甚至是一点都不拿。这可能吗？

说到底，没有你的许可，我从来都没有擅自预先做过什么事情。

夏·波

我向你保证，我现在完全解脱了，我认为自己会——相对来说——开开心心地过十天。

致欧皮克夫人

［巴黎］1853 年 12 月 31 日中午

请让我摆脱困境并工作四五天。另外，从 1 日起直到 30 日我都不会出门。我必须不顾一切地狠狠工作，就像用火灸疗法医治身上的那些旧伤。——幸运的是送信的人在去那边之前先回到了我这里。你给的是 50 法郎而不是 150 法郎，这有可能导致昂塞尔先生犯一个新的错误，他也许给我寄的是 50 法郎而不是 150 法郎，并且他也许会固执己见，想不起收到过我一张 100 法郎的收据，而我并没有收到钱。我做了一处伪造，如果可以这样说的话，也就是说按照我对你的笔迹的了解，我在 50 前面加了一个 1。你的意图显然是受到了我那封信的引导，但由于你没有提醒他还欠我 100 法郎——你让我可能只会收到 50 法郎，结果就是今天什么都办不成。——天哪！为了穿件衣服，得使多少手腕儿，要花多少功夫！

就像我跟你说过的，我过几天会把他那张保证函寄还给他，我不会用那个东西。——或者就算我要用，也只是维持在很低的限度上。可能是 40 法郎。

说来说去，我认为自己之所以留着那个东西，是受到一种深深的不信任感驱使，心里想的是，他要是完全不愿意理解我的信和我那些数字，我至少还有机会有衣服穿。

谢谢。——话说回来，送信的人从讷伊回来之前，我一直都会担心。——在我今天上午写给你的数字中，我忘了还有必须给三四个人买的新年礼物。——这样，你自己估计一下，我必须付房租，以及部分衣服，以及新年礼物，——还不算我必须要留下几天的生活费——用 150 法郎我是不是会过得很舒坦。

夏尔

致费尔南·德诺瓦耶 ①

[巴黎，1853 年底或 1854 年初]

我亲爱的德诺瓦耶，您让我为您的小书贡献一些诗稿，一些关于"大

---

① 费尔南·德诺瓦耶（Fernand Desnoyers，1826—1869），法国作家和文学评论家。德诺瓦耶当时正在编辑《向 C.F. 德那古尔致敬。枫丹白露。风景——传说——回忆——幻想》（*Hommage à C.F. Denecourt. Fontainebleau. Paysages—Légendes—Souvenirs—Fantaisies*）一书，并为此向波德莱尔约稿。德那古尔（Claude François Denecourt，1788—1875）是拿破仑时代的老兵，一生致力于推广枫丹白露森林的价值，并将那里的森林打造成仙境般的游览胜地，被称为"枫丹白露的森林之神"。这本书的宗旨是汇编一些咏唱山野田园、花草树木等自然风光的作品。如果仅凭这一点是很难打动波德莱尔这样的城市诗人的，而波德莱尔最后之所以赐稿，主要还是因为这本集子的编者德诺瓦耶与他私交甚好。该书于 1855 年出版。

自然"的诗，不是吗？关于森林，高大的橡树，青葱绿翠，昆虫，——也许还关于太阳，对吧？可是您知道，我是不可能为植物动情的，而且我的灵魂对这种怪异的新宗教十分反感，因为我觉得这种新宗教对任何有灵性的人永远都会有一种我说不出是什么的冒犯 [1]。我永远也不会相信"众神的灵魂栖身在植物中" [2]，就算它居住在那里我也不在乎，并认为自己的灵魂远比在圣化的蔬菜中的灵魂更有价值。我甚至一向都认为，在百花盛开、春机盎然的"大自然"中，有某种恬不知耻且令人痛苦的东西。

　　看来要按您计划的本意让您完全满意是做不到了，我在这里寄给您的两篇诗稿大致表现了那些在晨暮时分纠缠着我的幻想遐思。在森林的深处，置身在有如神殿和教堂穹顶般的浓荫之下，我想到的是我们那些令人惊叹的城市，而在那些山巅上回荡的奇妙音乐对我来说就仿佛是在表达人世间的哀号。

夏·波

晨暮（二首）

暮

瞧那黑夜来临，这罪犯的友朋；
轻轻地来，活像一个同谋；——天空
像宽大卧房把帷幕缓缓合上，
急不可耐的人变成野兽一样。

是的，夜来了，亲切待人的夜晚
让人们的胳臂能够坦言：今天

---

[1] 英文：shocking。

[2] 这句引文只是大意。这句话连同前面提到的"怪异的新宗教"当是在影射诗人维克多·德·拉普拉德（Victor de Laprade，1821—1883），也就是圣伯夫1857年7月写给波德莱尔的《我想到的小小的辩护手段》中提到的"占据了森林"的那位，此人深受夏多布里昂和拉马丁影响，对宗教和自然的关联情有独钟，曾在《颂歌与诗篇》（Odes et Poèmes，1843）中写过这样的诗句："众神静穆的灵魂居住在植物中。"

又是一日辛苦劳作。——夜能减弱
剧烈疼痛带给精神上的折磨，
能安抚终日埋头苦研的学者，
能让累弯腰的工人上床安歇。

但空气中有一群邪性的精灵
像商人般从倦睡惝恍中苏醒，
飞来飞去，扑打着屋檐和门窗。
透过在风中摇动的朦胧辉光，
卖淫在大街小巷中燃起劲头；
像群蚁出穴打开一个个出口，
到处开辟出一条隐秘的道路，
仿佛正在试图偷袭敌方队伍；
它在污泥浊水的城市中蠕动，
像避人眼目偷吃食物的蛆虫。
到处都可听到厨房气喘声声，
剧场嘈嘈切切，乐队轰响沉沉；
在以赌博为佳肴的宴宾桌旁
围满婊子和骗子，她们的同党，
还有小偷不肯罢休，无情无义，
马上又要开始自己那套惯技，
偷偷破门而入撬开人家钱箱，
好吃好喝几天，添置情妇衣裳。

沉思吧，我的魂，在这庄严当下，
捂住耳朵，别听这嗡嗡的嘈杂；
在此刻，病人的痛苦愈发严重；
沉沉黑夜掐住了他们的喉咙；
他们走完人世，奔赴共同深渊；
医院回荡着他们的声声息叹；

不止一人不再找喷香的羹汤，
炉火边，——暮色中，——在爱人的身旁。

而且大多数都还从未见识过
家的甜蜜，也从未曾好好生活！

晨

起床号在军营的院子里回响，
晨风习习把一盏盏路灯摇晃。

这时候，邪恶的梦如群蜂飞舞
让棕发少年在枕上扭动不住；
灯火如血色的眼睛一眨一闪，
白色晨光中添一个红色斑点；
灵魂顶抗着暴躁、沉重的肉体，
模拟灯光与日光搏斗的大戏。
消亡之物的颤栗弥漫在空中，
像微风擦拭泪水纵横的面孔，
男人倦于写作，女人倦于爱恋！

一家一家开始升起袅袅炊烟。
欢场的女子闭上发乌的眼眶，
张着大嘴呼呼大睡，一副蠢样。
穷女人垂着又瘪又凉的双乳，
一边吹火，一边哈气暖和指头。
这时候，在饥寒交迫的环境中，
产妇们的痛苦变得格外深重；
远处的鸡鸣划破弥蒙的雾气，
像一股血沫噎住了一声抽泣；

寒雾茫茫，笼罩着千家和万户，
垂死的人挣扎在收容所深处，
长呼短吸终吐出最后一口气。

淫徒打道回府，终于力尽筋疲。

晨曦哆嗦前行，身披红衫绿衣，
冷清塞纳河畔，步履艰难迟疑，
昏沉巴黎醒来，揉擦惺忪睡眼，
手中紧攥工具，——辛勤卖力老汉。

夏尔·波德莱尔

致 ［费尔南·？ ①］ 德诺瓦耶

［1853—1854 年冬？］

您可要行行好，今天晚上过来看看我吧；我病了三天了，不得不回来待着；我感觉现在已经好点儿了，可以出门个把小时。

夏·波

致 ［佚名 ②］

［1853—1855 年？］

以下首先列出爱伦·坡各种著作的清单，出版社不一，但总体上构成

---

① 当时还有一位叫路易·德诺瓦耶（Louis Desnoyers）的作家也有可能是本信的收信人。但研究者根据这封信中表现出的朋友语气，倾向于认为本信是写给与波德莱尔关系更近的费尔南·德诺瓦耶的。

② 收信人不详。学界虽有多种猜测，但无定论。关于本信的时间，似乎不可能晚于1856年，因为信里的书目中没有列出雷德菲尔德出版社（Redfield）1856年出版的4卷本爱伦·坡作品集。

他的全部作品：

《故事集》　　　　　　　　　威利 &P.①

《怪异故事集》两卷本　　　　哈珀斯 ②

《乌鸦及其他诗歌》　　　　　威利 &P.③

[我不清楚该版本是否包括爱伦·坡的早期诗歌，另外，爱伦·坡有可能在该版本出版后又写有其他一些诗歌。]

《吾得之矣》　　　　　　　　C.P. 帕特南 ④

《文学论集》　　　　　　　　雷德菲尔德，纽约 ⑤

[书中包含有许多评论文章、他与许多作家的论战、《书边批识》（*Marginalia*）、《五十条建议》（*Fifty Suggestions*），以及一篇由格里斯沃尔德 ⑥ 撰写的长篇传记。]

《阿瑟·戈登·皮姆历险记》　　哈珀和兄弟，1838 年，纽约

[未署名。该书中的注释被认为是出自爱伦·坡先生之手。]

《贝壳学基础》　　　　　　　巴林顿 &H.⑦

[我不知道该书是否很重要，也不知道它是否只是一本伪托之作。我应该是在鲁弗斯·格里斯沃尔德的一篇文章中读到过，说爱伦·坡热衷于指责别人剽窃，而他却利用别人的书写成自己这本。——《贝壳学基础》（*Conchologist's first Book*）是一本关于各种贝壳的科学读物，配有一些插图，而且卖得极贵。]

----

① 纽约，威利和帕特南出版社（Wiley and Putnam），1845 年。

② 该书并非哈伯斯（Harpers）出版。当为费城：利和布兰查德出版社（Lea and Blanchard），1840 年。

③ 纽约，威利和帕特南出版社，1845 年。

④ 纽约，C.P. 帕特南（C.P. Putnam），1848 年。

⑤ 纽约，雷德菲尔德出版社，1850 年。该书补充了雷德菲尔德出版社此前出版的两卷本《作品集》。

⑥ 鲁弗斯·格里斯沃尔德（Rufus Griswold, 1812—1857），美国选集学家、编辑、诗人和文学评论家。

⑦ 费城，巴林顿和哈斯维尔出版社（Barrington and Haswell），1839 年。一般认为爱伦·坡只是这部作品的挂名作者。

***

以上这些在纽约都找得到，除非已经售罄。

***

下面是一些或全或不全的版本，可以称作作品选集。

《故事和小品集》

一本小书　　　　　　　　　　劳特里奇 &Co.，法灵顿街，伦敦 ①

《神秘、想象和幽默故事集》，两卷，克拉克、比顿 & Co.，伦敦 ②

[要当心英国盗版书。有许多印刷错误。诗歌和短篇小说混在一起。有时候连标题都被改掉了——放在最后这部书开头部分的作家生平是格里斯沃尔德那篇文章的缩写。]

《埃德加·爱伦·坡晚期作品集》

厚实的两卷，

由格里斯沃尔德、威利斯和洛厄尔编　　　雷德菲尔德，纽约 ③

该版本中既不包括《文学论集》，也不包括《阿瑟·戈登·皮姆历险记》。

另外我在里面也没有找到《失去呼吸》，这篇东西发表在爱伦·坡主编的《南方文学通讯》（The Southern Literary Messenger）上。这似乎意味着还有其他短篇小说被遗漏了。

同样，厚实的《文学论集》也许并未囊括他的全部评论作品。这是完全有可能的。

至于您给我说的雷德菲尔德出版社出版的另外一个三卷的版本，我从未见过，但我注意到《埃德加·爱伦·坡晚期作品集》两卷本和《文学论集》都是在这家出的，而且采用了相同的开本。您说的那个版本很有可能是两者的结合 ④。

---

① 该书由劳特里奇出版社（Routlegde & Co.）于 1852 年出版。

② 第一册由亨利·维兹特里和克拉克出版社（Henri Vizetelly et Clake and Co.）于 1852 年出版。第二册由克拉克、比顿出版社（Clarke，Beeton and Co.）出版，未标出版日期。

③ 1850 年出版。

④ 雷德菲尔德出版社在 1850 年先后出版了两卷本《埃德加·爱伦·坡晚期作品集》和《文学论集》。1853 年又将两者合并成新版的三卷本，并将原来放在《文学论集》前由格里斯沃尔德撰写的作家传记改放到了《故事集》第一卷的前面。1856 年又加入了《阿瑟·戈登·皮姆历险记》构成四卷本。

＊＊＊

从各版本情况来看，很难说有一个齐全的版本。依我看，必须接受出现两个版本的情况；——我起初认为最好是寻找最初的那些版本，也就是我前面给您列出来的那些。但是，除了爱伦·坡有可能后来又写了一些重要的东西外，我还知道他极其喜欢反复润色和修改，这样一来，任何后来的版本，正是因为是后来的，可以被认为更符合他的思想。

各版本情况大致如此，不存在一个单独的全本。

夏·波

致［夏尔·阿瑟利诺？①］

［巴黎，1854 年 1 月 1 日］

值此新年盛大的日子，我再次向您表达历久弥新的友情，并把玛拉西托我转交的一些小册子寄给您。

致欧皮克夫人

［巴黎］1854 年 1 月 3 日星期二

我本来想今天上午给你回一封长信，却完全不可能。我不得不出门，上哪里还不知道，反正是出去找一点儿钱。——我甚至还带上一些书，好去阅览室工作，因为既然一出门，我就不急着回家了。这样我就会把这笔钱——出去找的这笔钱留下来自己用，只等不用我出面有人把房租给付了。

不要付钱给送信的这个人。你这次千万别想只在信封里放一些值十个苏的钢镚。

----

① 收信人也可能是尚弗勒里。

我的的确确未能从我那 150 法郎中抽出钱来把即将到期的房租付了。由于我之前贸然答应过房东太太，她也深感遗憾。——就是她要收到我那 40 法郎。你要把这笔钱寄给她，——不用留一个字，——只消把钱用纸卷起来放进信封，并写明：

皮加勒街 60 号

热利夫人收，C.波德莱尔先生缄。

她正等着收这笔钱，会把收据留在我的写字台上；我晚上回去就会看到，明天会通过邮局寄给你。

我确实没有时间在今天上午就你给我说的事情一一作复。我没有把钱胡乱扔到窗外；我身上没剩一个子儿；但现在屁股不漏风、脚板不踩泥，就已经是天大的福气了。——我还没用到昂塞尔先生的那封信 ①。

我可能明天会给你写信，并把那张纸寄给你。

夏尔

致欧皮克夫人

［巴黎］1854 年 1 月 4 日星期三

我今天不得不向你表示跟昨天同样的歉意。——请放心，从今往后，或者至少在一段相当长的时间内，我都不会再向你要一分钱，而且只会向昂塞尔先生要原来从他那里所领取数量的一半。我要先去见《环球导报》的主编 ②，他大概认为我是一个不正经的人，我想要搞清楚我那些文章的着落，然后才会再给你写信。

可能三天以后吧。——房租收据附后。

夏尔

---

① 参见 1853 年 12 月 31 日上午 7 点半致欧皮克夫人的信。

② 时任主编是朱利安·蒂尔冈（Julien Turgan，1824—1887）。

致尚弗勒里

［巴黎］1854 年 1 月 14 日星期六

　　我亲爱的朋友，我昨天晚上在家里看到您的大作的推介书，当即就给您写了几句话，但今天上午又烧掉了，出于不知何种对别人的尊重，而且担心我那封在过于激动的情况下写的信会让您觉得有几分可笑，一方面是由于我在信里向您表达出的畅言无忌的友谊，另一方面是由于有好几个斤斤计较或吹毛求疵的意见——是按您的愿望——给您提出来的。最终，您看到我又重新写了。

　　我确实觉得您大作的标题很美。推荐书总体上措辞考究。一件对您十分重要的事情就从一些小格局中走了出来，您不会相信在这点上我是多么高兴看到您的大作出版。

　　但是，——从这里我开始吹毛求疵：

　　"不从生活中后退"是一个严重的法语错误。可以说：无惧于生活，——隐忍地生活，——被强迫着生活，——面对迫不得已的生活而不退缩，——但可以说"从某件事情中后退"！！！

　　"作者只有一个信仰：小说。"

　　这就像杜邦在说，我只有一个信仰：歌唱。

　　小说是一门比其他艺术都更有用也更美的艺术，但它不是一个信仰，就算艺术本身也不是。这只能算是浪漫派那套莫名其妙的调调儿。您是否记得有一阵子大家都写这样一些东西：我，我信仰艺术，——或者——我信仰美，这是我全部的信仰？——所谓信仰，是指佛教、基督教、赎罪，等等。

　　您是否真的认为，到了您这个年纪，凭您现在的实力，还用得着把维克多·雨果汪洋恣肆地赞颂最普通人的那一套又从坟墓里发掘出来吗？

　　而且，推介书通篇是不是还不由自主地对狄更斯和欧仁·苏那些大部头作品带有几分妒羡的关注？

　　"……故事的讽刺性标题"恰好不是您想要说的东西。不过，我承认我自己也不知道是否存在着与您的思想丝丝入扣的表述。

　　"……在中短篇小说方面最初发表的那些作品，1853 年发表的除外。"

按照公认的和被普遍采用的修辞学观点看，您怎么会认为《玛丽耶特小姐》① 和《德尔特伊》② 等是中短篇小说之外的什么东西呢？——要么，——是我自己完全搞不懂啰？——就算是这种情况，那也还是这个句子有错误。

再啰嗦一句。——我在思考您的事情时，显然跟您一样发现这样一点，六卷作品十年卖 25000 法郎，每卷每年给您带不来 420 法郎。再说，您要牺牲所有的其他出版形式。——总之，我说完了，——如果您愿意的话，别把我说的放在心上。我将在两三天后给您写几句话，谈谈您给我说的事情。——我打算想点办法，确保能够找到蒂尔冈。

祝好。

CH. 波德莱尔

致伊波利特·蒂斯朗 ③

[巴黎] 1854 年 1 月 21 日星期六

致蒂斯朗先生

我亲爱的蒂斯朗先生，我见到了布瓦耶 ④，他告诉我说您还记得我和我们的计划。从本月底开始，我就会摆脱烦人的冗务，我希望我们能够谈谈我们的计划。我对您明确承诺，我要为您写一出极其伤感的剧——可能会写得很艰难——其基本内容有想入非非、游手好闲、苦难、酗酒，还有凶杀。——如果您乐意给我写信，请一定要在信封地址旁边标上您名字的缩写。我有一个坏习惯，经常把那些不知何人写来的信撂在一边拆都不拆开。

---

① 全名《玛丽耶特小姐奇遇记》(*Les Aventures de Mademoiselle Mariette*)，由维克多·勒库多出版社于 1853 年出版。

② 全名《德尔特伊教授的烦恼》(*Les Souffrances du professeur Delteil*)，由维克多·勒库出版社于 1853 年出版。

③ 伊波利特·蒂斯朗 (Hyppolyte Tissenant, 1809—1877)，法国演员。

④ 菲洛克塞纳·布瓦耶 (Philoxène Boyer, 1829—1867)，法国作家。

要是拉费里耶尔大神^①有勇气，或肯屈尊出演一个老人角色，也就是在剧的前面部分是青年，在后面部分是老人，我为他准备了一个非常漂亮的东西。——另外，我也会把构思交给您，我相信里面也会有一个非常漂亮的位置留给您。

祝好。

CH. 波德莱尔
皮加勒街 60 号

致伊波利特·蒂斯朗

［巴黎］1854 年 1 月 28 日星期六

我亲爱的蒂斯朗先生：

我今天上午就开始给您写一封信，一封有点长的信，长到现在都还没写完^②。时间过得快，我担心您要出门，于是派这个人去找您，恳切地请求您今天过来看我；我不会离开自己的房间，六点以前一直在家。若不是我绝对不可能出门，我是不会让自己打扰您的^③。

祝好。

CH. 波德莱尔

我们的事情进展顺利。至少在跟我有关的那部分。——只要意外和时局^④不对我们造成障碍就好。

皮加勒街 60 号

---

① 阿道尔夫·拉费里耶尔（Adolphe Laferrière，1806—1877），法国演员，别号"拉费里耶尔大神"（le Divin Laferrière），喻其言行和以性虐著称的萨德侯爵（Marquis de Sade，1740—1814）多有相似，后者别号"侯爵大神"（le Divin Marquis）。

② 见同一天的下一封信。

③ 波德莱尔当时正全力准备《怪异故事集》，作品将从 1854 年 7 月 25 日起在《国家报》上连载。

④ 指当时法国与俄罗斯之间的战争迫在眉睫的局势。不久后，法国于 1854 年 3 月 27 日对俄宣战，加入克里米亚战争。

致伊波利特·蒂斯朗

［巴黎］1854 年 1 月 28 日星期六

我亲爱的蒂斯朗先生，我收到了您的一封信，信里满满都是夸奖的话。那就期待我配得上这些夸奖。——我们稍后会看到我是不是有理由值得赞扬；另外，我深感我是要完成对我自己的——但有一点必须说，是在您的鼓励下———次重大考验。——不用多久我就会知道自己是否有能力构思一出好戏。——正是为此，也是为了让您了解这出戏的构思情况，我给您写一封有点儿长的信，我好多天来一直计划着给您写这么一封信，却一拖再拖。

——首先，请允许我跟您说一件我将很高兴摆脱的事情，因为谈这样的事情近乎冒昧，虽然我们都是天使般的好人，但我们毕竟相识不久。——我那些文章，我那些倒霉的文章，我那些该死的文章，看样子在我手底下越拖越长，我还需要工作好几天，我不能离开书桌，不然就会推迟摆脱掉这份操心、尤其是领到一大笔钱的幸福时刻。然而，我眼下已身无分文，毫不夸张；像我现在这样闭门不出，20、25 法郎对我来说就意味着可以对付一个星期。要是这不会太搅扰您的钱包，——自不必说我会马上还给您，可能是在 2 月初的那几天，——而且——要是您完全有此好意，——不用把钱交给来人，您可以亲自带给我，——而且可以来看看我，——尤其是如果您没有钱的话。当一个人被关在家里，好朋友的来访就是——最开心的事情。

我回到我们那件让我念兹在兹的事情；我万分期望我们相处融洽，——我感到我可能需要您，而且我相信在某些情况下您会比我更好地分辨什么可能什么不可能。

——虽说事情重要，——但我尚未想好标题；——水井？酗酒？性恶？等等。

当我开始思考我这个主题的时候，我首先关心的是：剧中的主要人物应该属于哪个阶层，哪个行业？——我最终选定了一个繁重的、下层的、粗野的行业。锯木工。几乎是迫使我做此选择的是我知道有一首歌，曲调极其忧伤，而且我相信，只要我们在舞台上设置出普通的工作场所，或者尤其是像我所强烈期望的那样，我在第三幕中铺陈出歌舞酒馆或歌舞厅的场景，这首歌一定会带来出色的戏剧效果。这首歌粗简得离奇。是这样开始的：

> 没有什么更可爱，——
> 呼啦啦—嘿哟哟—呀啦索——
> 没有什么更可爱，
> 胜过锯木工。

更妙的是，它有近乎先知的口气，可以成为我们这出平民戏剧的《杨柳之歌》①。这位如此可爱的锯木工最后把自己的妻子投入水中，还对着这条美人鱼说了这样一通（太奇怪了吧！我假定有波浪声，还有音乐声，因为对我来说在这处之前还有一个空白）：

> 唱吧，美人鱼，唱吧，
> 呼啦啦—嘿哟哟—呀啦索——
> 唱吧，美人鱼，唱吧，
> 你有理由歌唱，
>
> 因为你有大海可以畅饮，
> 呼啦啦—嘿哟哟—呀啦索——
> 因为你有大海可以畅饮，
> 还有我的爱人可以饱食！

我有必要给当地的什么人写信，以便补足这处空白并找人谱曲。

我这位男主人公想入非非、游手好闲，他有着或者相信他有着比自己单调的职业更高远的向往，而且跟所有游手好闲的想入非非之徒一样，他陶醉其中。

妻子应当形象漂亮。——一个温柔、忍耐且深明事理的典范。

设置歌舞酒馆的场景，其目的是为了展现老百姓身上那些唱唱跳跳的天性，而这些天性常常是滑稽而又笨拙的。——我以前见过一些歌舞酒

---

① 意喻成功之作。《杨柳之歌》（*La Romance du Saule*）是莎士比亚戏剧《奥赛罗》第四幕中苔丝狄梦娜唱的一首歌。

馆，——我必须再回去看看。——或者我们最好一起去采风，——甚至有可能在那些地方找到一些现成的歌谣样板。另外，这样的场景也为剧中这场凄惨的噩梦增添一点轻松的色彩。

我不想在这里给您描述详细的剧情，因为过几天我会弄出一个合规合矩的剧本，还有待您分析，以便让我避免某些不恰当之处。我今天只给您几个要点。

开头两幕中满是贫苦、失业的场面，还有家里的争吵，——以及酗酒和嫉妒引发的吵斗。您待会儿会看到这种新元素的作用。

第三幕，歌舞酒馆，——已经与他分开过的妻子出于对他的担心，前来这里找他。——也就是在这里，他要她把见面定在第二天晚上，——星期天。

第四幕。犯罪，——经过精心蓄谋、精心设计。——至于实施过程，我会仔细给您讲述的。

第五幕。——（在另外一座城市。）结局，也就是犯罪的人受不了满脑子胡思乱想的纠缠而把自己暴露了。您认为这个怎么样？——有好多次我在读《判决公报》的时候，都被类似的案情震撼！

您看，全剧多么简单。没有什么复杂情节，没有什么出人意料的东西。只不过就是一桩罪案的发展过程，以及一种处境相继带来的一些结果。

我要引入两个新人物：

一个是锯木工的妹妹，一个喜欢各种饰带、廉价首饰、小咖啡馆和低级舞场的女子；——她不能理解自己嫂子的那套基督徒美德。——这是一个早早就败坏了的巴黎人的典型。

另一个是一位青年男子，——有一定财力，——从事着一份比较高阶的职业，——他深深爱慕着我们这位工人的妻子，——但他为人正派，并欣赏她的美德。——他会时不时悄悄塞一点儿钱给这个人家。

至于她呢，虽然有强烈的宗教观念，但在丈夫强加给她的种种苦难的压迫下，——她有时候也有点想念那个男子，忍不住会想入非非，幻想着自己跟他在一起过上了那种更温柔、更富裕、更体面的生活。——但她又很自责，把这种念头视为一种罪恶，与这种倾向进行搏斗；——我估计这里面会有某种富于戏剧性的因素。——您已经猜到了，我们这位工人将很乐意抓住妒火中烧这个借口，好对自己隐瞒起他怨恨自己妻子的地方，尤其是她的顺从、她的温柔、她的忍耐、她的美德。——不管怎么说，他还是爱她的，——但酗酒和贫苦已经弄坏了他的脑子。——另外值得一提的是，剧场的观众不熟悉这种十分微妙的犯罪心理，可能会很难让他们理解一种没有借口的残暴。

在这些人物之外，只有一些配角：可能有一个嘻嘻哈哈不正经的工人，爱着那位妹妹；——一些姑娘——一些经常出入戏园子——小酒馆——小咖啡馆的常客——一些水手，一些警察。

下面是犯罪的场面。——注意犯罪是预谋好的。丈夫先到了约会地点。地点是他选择的。——星期天晚上。——黑黢黢的路上或野地。——远处传来歌舞酒馆乐队演奏的声音。——巴黎近郊阴森凄凉的景色。——爱的场景，——尽可能悲伤，——在这位丈夫和他妻子之间；——他想求得原谅，——他想让她允许自己回到她身边生活。——他从来没有发现她是如此漂亮。——他真的动了感情。——他走过来，又走远，又走回来。这样可以让舞台空一次或两次——这按一般的说法是有违舞台规则的；但我才不管呢，——我相信这个空舞台，这个孤零零的夜晚景色，可以增添凄惨的效果。——他又变得几乎像是恋爱中的情郎；他想要她，他苦苦哀求，——苍白和消瘦让她显得愈发诱人，几乎可以说是春药一般。必须让观众猜到是怎么回事。虽然可怜的妻子也感到自己旧情涌动，——但她还是拒绝了在这么一个地方的这种野性的激情。——这拒绝激怒了丈夫，他把这种恪守贞洁归结于出了偷情苟且之事或是要维护一个情人。——"必须做个了断，——但我永远不会有这个胆量，——我不会亲自动手。"于是，一个天才的想法——充满了卑劣和迷信——在他心里生出。

他做出一副十分难受的样子，这并不难，他的真实情绪可以助他一臂之力；——"瞧，那边，在这条小路的尽头，靠左边，——你将看到一棵梨树（或一棵苹果树），——去为我找一个果子回来。"（注意，也可以找到一个另外的借口——我是随手写在纸上的。）

夜色昏黑，月影无踪。他的妻子消失在黑暗中，他从坐着的石头上起身，又把耳朵贴在地上听："听凭上天的安排吧！要是她能逃过此劫，那真要谢天谢地，——要是她掉进去，那是上天对她的判决。"

他给她指的那条路会让她遇到一口水井，几乎是与地面齐平的。

可以听到一个沉重的身体扑通一声掉进水里，——但之前有一声喊叫，——继续传来一声声喊叫。

怎么办？可能会有人来，——我可能会被，我会被当成凶手。——再说，她可是被老天判决的。——"啊！那边儿有石头！——一些做井沿儿的石头！"

他跑步离开。

空舞台。

随着一块块石头落下的声音越来越密，叫喊声越来越弱。——叫喊声完全停止。

丈夫重新出现："我没事了！——可怜的人儿，她可是遭了大罪！"

在整个过程中应当断断续续传来远处乐队的声音。——在这一幕的结尾处，一群群酒鬼和打情骂俏的女子——中间就有那位妹妹——一路唱着歌返回舞台。下面是对结局部分的简要解释。我们的这位男子逃跑了。——我们现在是在一个海港；——他想应聘水手。——他狂喝滥饮：小咖啡馆，水手的小酒馆，——有乐队的小酒吧。——这个念头：我没事，没事，没事——已经成了顽念，挥之不去。我没事，——我大可安心，——永远不会有人知道底细。——由于他一直喝酒，几个月来一直狂喝滥饮，他的意志也一直在减弱，——脑子里的顽念也通过一些高声说出的话暴露了出来。他马上就意识到了，试图通过纵酒，通过走路，通过跑步来自遣；——但他的步子奇奇怪怪，引起人注意，——一个一直跑个不停的人肯定是犯了什么事。他被逮住了；他于是——滔滔不绝、面红耳赤、口气夸张、巨细无遗——很快，很快，好像生怕没有时间讲完一样，他一五一十地招认了自己的罪行。——随后他就昏倒了。——几名警察把他抓起来，弄上一辆马车。

这很细腻，也很微妙，不是吗？但绝对有必要让人理解到这一点。——您一定要承认这确实太棒了。——可以让那位小妹妹重新出现在某家为水手开的吃喝纵乐的场所。

＊＊＊

再啰嗦两句：您在您那些头儿跟前说得上话吗？

鲁瓦耶[①]是不是真的硬要暗中合作？——我不会接受这样的事情。

---

① 阿尔封斯·鲁瓦耶（Alphonse Royer，1803—1877），法国歌剧剧本作家，1853—1856年间任奥德翁剧院总管，后改任巴黎歌剧院总管。

我愿为您效尽全力。我极度缺钱，这可以向您保证我的工作热忱。

　　　　　　　　　　　　　　　　　　　CH. 波德莱尔

您要跟我谈谈对上面这些的看法。我还有一个打算，把作品分成好多个短场景，不采用那种长长五幕的别扭划分。

　　　　　　　　　　　　　　　　　　　　　　　夏·波

不要毁了我这封信，它可以在某些情况下用作我们的记录或纪要。

致伊波利特·蒂斯朗

　　　　　　　　　　　　　　　［巴黎］1854 年 1 月 29 日

　　这样的话，我亲爱的朋友，那就把您说的这件珍贵的物品交给送信的这个人 ①（如果是黄金一类的东西，最好用纸包起来再放进信封，——我不想让送信的人知道他带的是什么东西，免得让我感到没有面子）。——请相信，您过几天过来把这个东西拿回去的时候，会看到我在为这个剧本全力以赴。我很愿意再重复一句，您帮了我的大忙；但我万分需要有人推动一下，甚至有可能的话恭维一下；因为这对我来说是一个全新的工作，连我自己都一直认为我将写出一个无法上演的作品。

　　祝好。

　　　　　　　　　　　　　　　　　　　CH. 波德莱尔

致让·瓦隆

　　　　　　　　　　　　［巴黎］1854 年 1 月 30 日星期一

　　我昨天请罗西耶 ② 吃过晚饭后，看到了您那本可爱的书 ③。说"可爱"，

---

① 蒂斯朗显然马上就答应了波德莱尔在上一封信第二段中提出的请求。

② 具体是谁不详。有可能是剧作家约瑟夫-贝尔纳·罗西耶（Joseph-Bernard Rosier，1804—1880）。

③ 指刚刚出版的《哲学刍论》（*Premières études de philosopjie*，1853）。

到目前为止，对我来说，这个词只适用于物质制作方面；因为我还没有通读里面的内容。另外，对这样一本书来说，那简直就是一个骂人的词。您尽可以相信，我会仔细阅读的。但我昨天晚上随手翻阅的时候，发现了一个奇怪的同音异义的文字游戏：您引用了一则寓言 ①，说主人要离开一阵子，把一些 Talents（钱币）留给自己的几个仆人，好让他们将本图利，而您又说：于是上帝将惩罚我们没有用它借给我们的 Talents（才干）产出硕果。这是哲学上的瞎胡闹 ②。

我已经在好几个人那里看到过您这本书，我当时就发誓一定要责怪您在派发的时候把我忘掉了。罗西耶向我证明说我完全搞错了。——既然我还有一些孩子气，我要提醒您，我的姓氏写法不是鲍德莱尔（Beaudelaire），而是波德莱尔（Baudelaire）。

CH. 波德莱尔

请向瓦隆夫人和她的父亲 ③ 转达我的敬意。——万分感谢。

皮加勒街 60 号

致欧皮克夫人

［巴黎］1854 年 1 月 31 日

我好些天来一直想着给你写一封长一点的信，因为我有好些事情要告诉你；但每天我都要跑东跑西，烦心事儿不断，忙得不可开交，只好把写信的事儿往后拖，结果就是一拖再拖。我也遇到点儿高兴的事，不久后就会大见成效；我到时候再讲给你听。但我经常错过世界上那些最美好的机会，也就没必要抱太大幻想。我可以用两句话告诉你是怎么回事儿：我在给奥德翁剧院写一部关于贫苦、酗酒和犯罪的五幕大剧。实情是我没有给

---

① 这则寓言出自《圣经·新约·马太福音》第 25 章 14—30 节。法语中，"Talents"是一个多义词：1、塔兰（或塔兰特），古代的一种货币单位；2、才能，才干。

② 瓦隆引用这则著名寓言的用意是要表明基督徒没有理由轻视科学。他在次日复函波德莱尔，为自己进行了辩护。

③ 瓦隆夫人的父亲拉扎尔·奥热（Lazare Augé, 1798—1874）是沃伦斯基的信奉者和弟子。

主事儿的讲我的剧情概要；但这部剧是剧场的台柱子演员要求我写的，可以说我是为他写的，而且事实上我巧妙地完成了这部巨制的架构，巧妙得连我自己都不敢相信。但没有必要抱幻想。现在需要先写出剧本，然后还有主事儿的，然后还有审查，然后还有 M……①，那是一个粗鲁的家伙。好在那位台柱子是一位票房演员；另外，他在主事儿的那里吃得开——至少我认为我猜得不错，最后，他肯定地告诉我说我的作品架构极好。

我求你别把我派的这个人留下；你改天再给我写信；另外，我明天会给你写信，把房租收据寄给你；我还等着这个人，要派他去一家报社送一篇文章②；还有，我必须去讷伊。你爽爽快快径直把 40 法郎③ 交给这个人就行了。

明天见，我拥抱你。

夏尔

致伊波利特·蒂斯朗

［巴黎］1854 年 2 月 1 日

您不会怨恨我吧，我亲爱的朋友，今天晚上没有来看您的《荣誉》④；既然我跟您讲过，您知道我这阵子忙得晕头转向，时间对我太宝贵了。无论去看演出是多大的赏心乐事，我最好还是处理手头这堆麻烦事儿，好好写剧本。

CH. 波德莱尔

我原本是打算找您要一些票的，但思前想后，觉得现在花几个小时对我来说是一件严重的事情。

夏·波

---

① 具体指谁不详。

② 直到 7 月 25 日，巴黎各种报刊上未见发表任何波德莱尔的东西。

③ 40 法郎是波德莱尔当时每月房租的价格。

④ 全称《荣誉与金钱》（*L'Honneur et l'Argent*），是法国剧作家弗朗索瓦·蓬萨尔（François Ponsard，1814—1867）创作的一部五幕韵文喜剧。1853 年 3 月 11 日在奥德翁剧院首演，1854 年 2 月 1 日被重新搬上舞台。蒂斯朗在该剧中的演出大获成功。

致欧皮克夫人

[巴黎] 1854 年 2 月 6 日

我亲爱的母亲，事情没有任何商讨余地，我必须不顾一切——不顾一切——你听到了吗？不顾一切，——就在今天之内，拿到 200 法郎的款子；我刚刚向昂塞尔先生提出申请；不是要让你来抵押担保这笔钱，而是用月底一篇文章的稿费来还他那里的账。他担心，他犹豫；有你一句话，他就不会犹豫了。因此，你要给我一句留给他的话，赶快，赶快，不要犹犹豫豫，不要给我写一堆哭天喊地的话。我这两天一直坐马车东奔西跑找这笔钱，我身上没有房租收据，而我原本应该是在四天前就寄给你的。我对你再重复一遍，还钱的事跟你无关；昂塞尔先生 3 月 5 日会代我领到钱。但我需要你的同意，不是别的什么。

我是在他的桌子上给你写这封信的，我会马上把这封信带到街区去。我要是拿不到这笔钱，那我真不知道自己会变成什么，我只有把自己的书全部烧掉，对什么都不管不顾，对造成的种种后果视而不见。我知道我让你心碎，用这样一些信来恐吓你；但处在我目前这种令人担忧的状况不可能给你写信多做解释，而在几天前我是愿意写给你的。我等着你的回复好返回讷伊。

C. 波德莱尔

我本月初收到的钱都用来还债了：我已经把证据交给昂塞尔先生了。

我刚刚在车里想了一下，首先，今天是你的星期一①；但我还是要请你想想我的动荡不安，打住喋喋不休的废话。——你看，涉及的是一件关系重大的事情。其次，在没有办法、实在迫不得已的情况下——我也许能够不用 200 法郎，而只用区区 120 法郎就把我那些事情搞定。——你给昂塞尔先生的信一定要封好，或者，要是信是交给我的，一定想到要方便我能转寄给他本人，免得我要到他跟前忍受一通语重心长的教训。——我会另外写一封信，就算暂时给你一些足够的解释。——救救我，这是最要紧的。

夏·波

---

① 在某些民间的法语表达中（如 "faire le lundi" "fêter saint Lundi" "célébrer la Saint-Lundi"，意为 "欢庆星期一"），"星期一"表示不用工作或是用来游乐的日子。欧皮克夫人一般也是在星期一接待访客。

致奥古斯特·普莱-玛拉西

［巴黎］1854 年 2 月 7 日星期二

我由衷地感谢您；不可能不允许让一位这么彬彬有礼地发出请求的人赊账。我已经好久都没读过卢坎 ① 的作品了。——至于长篇小说，我完全不了解。

我只不过会提醒尚弗勒里，他答应过您什么。

我下一次会给您写得更长一点；我眼下忙得焦头烂额。

祝好。

CH. 波德莱尔

另外，我没有任何要责备您的地方。您这封信中没有太多的胡思乱想。

致萨巴蒂埃夫人

［巴黎］1854 年 2 月 7 日星期二

夫人，我相信女人一般都不了解自己的影响力有多大，无论是朝好的方面还是朝坏的方面。要是不加区别地跟她们每个人都这么说可能会显得不慎重。但跟您说这个话则不会有大碍；您的心里满满都是善良，不会给自以为是和恶言恶行留一点位置。再说，您无疑已经听多了、听烦了阿谀奉承的话，而往后唯一还能恭维您的就是告诉您说您是善的化身，——即便您自己并不知晓，——即便您在熟睡的时候，——一句话，只要您活着。

至于这种玩匿名的胆小鬼把戏，我能对您说什么呢，我能找什么借口呢，只能说我一开始就做错了，接下来只好将错就错，于是就习惯成自然。——如果您愿意的话，请设想一下，我有时候被深深的忧思愁绪压得喘不过气来，而唯一的乐趣就是为您写一首诗，然后又出于单纯的心意要迫不及待地拿给您看，又生怕惹您不高兴。——这就是对胆小鬼把戏的解释。

---

① 卢坎（Lucain, 39—65），古罗马诗人，其著作《法尔萨利亚》（*Pharsalia*）被誉为是维吉尔《埃涅阿斯纪》（*Aeneis*）之外最伟大的拉丁语史诗。

牵引我前行，这双超凡的眼睛，
定是渊博的天使赋予了磁力；
神的弟兄，我的弟兄，迈步行进，
把钻石般的光芒照进我眼里。

它们把我从陷阱、重罪中救赎，
又带领我走上通往美的大道；
它们是我忠仆，我是它们顺奴；
我一生服从这活火炬的光照。

迷人眼睛，你们神秘之光闪耀，
如同蜡烛在大白天燃烧；——太阳
彤红，却盖不住这奇妙的火苗；

蜡烛祭奠死亡，你们歌唱甦生；
——你们前行，歌唱我甦生的灵魂，
你们是太阳不掩光芒的星辰。①

　　难道您不是也跟我一样认为，——美丽绝伦的女子，最优秀、最值得崇拜的尤物，——就拿您本人来说吧，——难道还能指望有比对她所行善事表示感谢的话更好的恭维吗？

致萨巴蒂埃夫人

　　　　　　　　　　　　　　　［巴黎］1854 年 2 月 16 日星期四
　　我不知道女人对自己有时候成为爱慕的对象是怎么想的。有的人会

---

① 本诗后来收入《恶之花》，标题是《活的火炬》(*Le Flambeau vivant*)，文字和标点略有不同。

说，她们大概会认为这是完全自然的，另外的人会说，她们大概会付之一笑。他们因此就想象女人只会爱慕虚荣或玩世不恭。对我来说，我感觉那些心地善良的人对自己的善举只会感到骄傲和幸福。我不知道是否有一天会得到这样一个无上美妙的时刻，跟您在一起聊聊您对我所具有的威力，聊聊您的形象在我头脑里创造出的历久不灭的光芒。在此刻，我只是幸福地向您保证，爱慕之情从未比现在更不带功利、更出于理想、更充满尊重，我暗怀着这份对您的爱，对您的温情尊重会让我永远把这份爱隐藏起来。

> 今宵你要说什么，可怜的孤魂，
> ——我的心，憔悴的心，要说什么话，
> 对那无比美丽、善良、亲爱的人，
> 是她神圣目光让你青春焕发？
>
> ——"我们自豪地把她的赞歌唱响，
> 什么都不比她的威严更和气。
> 那精灵的肌肤有天使的芳香，
> 她的眼为我们披上光华外衣。"
>
> "无论是身处黑夜和孤独之中，
> 也无论是在街头和人群之中，
> 她的身影像支火炬边走边舞。"
>
> "那身影有时说：我美丽，我吩咐，
> 为爱我的缘故，你只能热爱美。
> 我是守护天使，是缪斯，是圣母。"①

---

① 本诗后来收入《恶之花》，无标题，文字和标点略有不同。本诗在 1857 年《恶之花》第一版中是第 37 首，在 1861 年第二版中是第 42 首。

致欧皮克夫人

[巴黎] 1854 年 2 月 23 日

我亲爱的母亲，请一定大大地行行好，在今天把用于 3 月 8 日支付房租的 40 法郎寄出来，或是交给来人，他是旅馆的人。很显然到时候你就不用再付了，或者你要是觉得太多了，那就给一个路易 ①。我身上若没钱就绝不回去。一周以来我都在躲避暴风骤雨，逃到了现在这个地方（约克旅馆，圣安娜街 61 号 ②）。胆小怕事就是一件大大的蠢事，只会把一切越搞越糟。到了下个月，我很容易就能用我去讷伊领的钱把房租付了。我要用两句话给你解释一下，是什么在房租的问题上常常把我搞得焦头烂额，是因为好几个月以来我要付的不是 40 法郎，而是 100 法郎。我在同一栋房子里另外租了一个套间，一直让它空着，我把它租下来是考虑到我方方面面的事情马上就会大有起色。我最终还是把它退掉了，我眼下是得过且过。

我一直都不能见到你；我不能去你家里，你也不愿意过来。这真是太糟糕的盘算了，因为你也许不相信我有时候感到多么想要见到你。你是不会相信的，你会毫不在乎一种你认为是做做样子的亲切；瞧啊，还是和蔼点儿好，究竟是什么妨碍你今天来圣安娜街约克旅馆看我？我上午必须去《环球导报》；我想会在那里等很久，但两点钟肯定已经回到这里了。我求你这么做就像是求一个恩赐。但事实上我一直都见不到你，你固执地不让我见到你，你把这当成一种惩罚。

要么拒绝给钱，要么过来训斥我，甚至对我破口大骂，但至少要过来；千万不要同时拒绝这两件事情。

夏尔

但愿能见上你一面。因为有人告诉我说你要搬家。

---

① 法国旧时货币单位，一个路易合 20 法郎。
② 圣安娜街 61 号约克旅馆（hôtel d'York，61，rue Sainte-Anne），该址现为波德莱尔歌剧院酒店（Hôtel Baudelaire Opéra）。

致欧皮克夫人

[巴黎] 1854 年 3 月 8 日

　　我亲爱的母亲，我向你承认，你看到的随这封信附上的小书 [①] 只不过就是一个笨拙的爱的表示。我坚信你在里面会发现一些绝妙的东西；除了《早期诗歌》和放在最后的那篇有些平淡的《〈波利希安〉选场》[②] 外，你只会发现美和奇特。虽然我目前用不到这本书，因为我还有其他版本，但千万不要弄丢了，尤其不要借给别人。如你所看到的，这是一个十分漂亮的版本，你知道我收集这些不同版本费了老大的劲。有一点很奇怪，我不能指出来，就是虽然不是特别明显，但在我自己的诗歌和这个人的诗歌之间确实有着某种内在的相似，这是从气质和氛围方面进行的推断。

　　我明天上午去讷伊找昂塞尔先生，先向他要四月份才会给我的那笔钱。由于我不愿意看到他抠抠索索、老实巴交地斤斤计较而与他发生冲突和争执，又由于你写的东西具有绝对的权威性，我希望今天晚上回到住处的时候，——皮加勒街 60 号，——我几经斗胆在"油腻星期二" [③] 这天住回来了——我希望看到，听我说，写给我的几个字，是装在写有我地址的信封里的；——有可能我完全用不到；要是他办事爽快，我就用不到这封信；但要是他叽叽歪歪，那怎么办？每当他感到实在没有办法的时候，——他总爱拿一两个路易打发我，这么一点儿显然让我什么都做不了。然而，那件短大衣已经撑不下去了，——它已经比我原来想的多撑了两个半月，——我绝对需要去找点儿什么来替换它，——就在离我住处两步远的地方；——我不是要搞全套——这有什么用？——这要花太多的钱不说，我还想用余钱去搞点钱；其次——虽说我的房租从 100 法郎减到了

[①]　这本书是波德莱尔刚得到不久的《埃德加·爱伦·坡诗歌集》(*The Poetical Works of Edgar Allen Poe, with a Notice of His Life and Genius by James Hanny*, Londres, Addey and Co., 1853)。

[②]　《〈波利希安〉选场》(*Scenes from Politian*) 是爱伦·坡最终未完成的素体诗悲剧《波利希安》中已经写完的几场。该剧是爱伦·坡一生中唯一一部戏剧剧本。

[③]　"油腻星期二" (le Mardi Gras) 是一个天主教节日，在英语国家也称为"忏悔礼拜二" (Shrove Tuesday)，是封斋期前的最后一个星期二，也是狂欢节的最后一天。1854 年的"油腻星期二"是 2 月 28 日。

现在的 40 法郎，我希望明天跟房东太太把事情搞定。最后我还希望能够留上一点，够我工作好几天：这样算下来，不可能不达到 150 法郎。——各种衣物要花 91 法郎——房租 40 法郎——我将只会买一半的衣物。你几天前跟我说，你不敢询问我的账目状况；账目是这样的：从年初开始，我全数拿到了 1 月、2 月、3 月的钱。——另外还有上个月初那 200 法郎，要是我不能用那些一拖再拖的倒霉文章的稿费把这笔钱还上，或者要是我不减少去讷伊要钱的次数，这笔钱就得由你扛着。另外我还完全记得，你要求过我绝不要找你要钱。

　　既然你会收到《环球导报》[1]，你大概已经看到我未能加快那些倒霉文章的发表。我不可能下决心丢人现眼地向人家要预支稿费，尤其是还没有见到清样的情况下。我还要再去报社；但我要看看是不是还有必要跟《图画周刊》《巴黎评论》和《国家报》接洽一下。

　　说到你来看我的事，这会让我成为世界上最幸福的人。让娜从来都只是在大清早过来向我倒她的苦水；下午——每当我想要省点儿钱——我明天可能就会得到钱——我都会闭门不出。——有一大堆这方面的好理由。我想在本月里把拖欠的事情——文学上的拖欠——全部解决，特别是那个剧本，我想赶在奥德翁剧院演出季结束和蒂斯朗去外省之前完成。

　　要是你碰巧不能来我这里吃晚饭，要是这封我为了省钱不找人而亲自带给你的信到你手上太晚，让你不能在今天晚上把你写的东西寄给我，那明天一大早就寄。我想在昂塞尔先生午餐前赶到讷伊。——有可能所做的这一切都阻止不了我求钱心切，去《环球导报》借钱；但这个举动让我感到可悲，我还是很想再往后推几天。——你看，我亲爱的母亲，这封信里绝对没有什么让你伤心的东西。

　　我拥抱你，并恳求你永远不要怀疑。

CH. 波德莱尔
皮加勒街 60 号

　　今天晚上或者明天。——不要弄丢也不要外借那本书。

　　请你这几天来看看我，虽说一个或两个小时的交谈会对我有打扰，但我完全不会因为你的来访而乱了工作节奏。

---

① 官方为时任参议员的欧皮克将军订有这份报纸。

致圣伯夫

[1854 年 3 月 10 日左右，波德莱尔请求圣伯夫在《环球导报》主编蒂尔冈那里说项，想让该报发表他翻译的爱伦·坡的短篇小说。圣伯夫于 3 月 20 日写了回信。]

致欧皮克夫人

［巴黎］1854 年 3 月 13 日星期一十一点一刻

我——只是到了现在——估计是发生了一个误会；——你应该来看我的那天，我一直等你到晚上八点，——我还在想是一些什么原因，我想象你可能是已经答应了谁要在我这个街区吃晚饭，这样你就还是可以来的，尽管会很晚。那天之后，我又读了你的信，我相信看懂了你是想在来之前先收到我的一封信；当我收到你的信时，已经太晚了，你不可能及时收到我的回复。——另外，你要我给你写信谈谈我目前的麻烦，——但说什么呢？有什么用呢？——我预料的事情已经都发生了，——这一年里的好些时候，那位仁慈的昂塞尔先生只让我拿一些散碎的钱，还以为是在节流。他给了我 75 法郎，我既没用来付房租，也没用来买衣服。因为我需要的是 165 法郎。这样一来，我的麻烦非但没有缓解，反而加剧了。——有些人始终都不会明白，要是一个人需要 100 法郎，而你分五次按每次 20 法郎给他，你就没按他的要求帮上他的忙。——那些衣服可能已经卖出去了，我没敢去问。

我这就去让吕瓦 ① 那个混蛋闭上臭嘴；我不愿意看到他来折磨你。这是那群强盗里最卑鄙的家伙。但在采取某些手段之前，我想先咨询一下昂塞尔先生。尽管他是个老糊涂，但真遇到事情的时候，他的建议还是好

---

① 即勒内·吕瓦（René Lurois）。波德莱尔曾在 1850 年 1 月 10 致昂塞尔先生的信中提到过这位债主的名字。

的。你阅读完我借给你的那些英语诗歌后,先别忙着寄还给我,——因为好多作品我都有其他版本,你需要把这些东西以我的名义寄给卡佩[①]先生,皇后的装订工,多菲内街(rue Dauphine);——我忘了门牌号;但卡佩是一位在巴黎大名鼎鼎的工匠,这样写地址就够了。你加一句话——还是以我的名义,建议不要切边,几乎不切,要切也只是一丁点儿,——而且还要把那些在翻书时留下灰尘污渍或手指汗渍的书页弄干净。

至于如何装订,卡佩知道我那套想法。

另外,事情不着急。我也许会在那之前见到你。

我实在不理解这种畏手畏脚的毛糙做法,你不来看我就算了,也不提前给我打个招呼,——而且还刻意为之,——因为你认为就该拒绝帮我这个忙。你也许认为自己做得对。我为什么要怨恨你呢?事实上就该靠我自己摆脱麻烦。——至于你所说的"巨大的亏空",我相信有夸大的成分。无论这个亏空是多是少,都只能通过长期自愿不去讷伊领我的那份收入来填补。但要到什么时候呢?

拥抱你。

夏尔

致圣伯夫

[1854 年 3 月 15 日前后?]

我上一封信是不是惹您不快了?这个倒霉的想法在我脑海里挥之不去,让我坐立不安。

CH. 波德莱尔

---

① 卡佩(Capé,1806—1867)是当时巴黎最好的精装书装订工之一。

致欧仁·裴乐坦 ①

[巴黎] 1854 年 3 月 17 日星期五

先生：

我与您从未谋过面，也从未有幸与您交谈。有人跟我说您在最近的一篇文章中（《谈〈巴黎评论〉》②）提到了我的名字，这是我鼓起勇气给您写信的唯一理由。下面说说是怎么回事：——很长时间以来，从 1847 年开始，我一直在为一个人的荣耀竭尽全力，这个人同时是诗人、学者和玄学家：他甚至与此同时还一直是一位小说家。是我让爱伦·坡在巴黎名声大振的；有意思的是，其他人读了我写的作家传略和评论文章还有我的译文后也来了劲儿，纷纷关注他，但没有一个人——除了您③——愿意提到我的名字。这个世界上遍地都是愚蠢。再说，这些可怜的零散篇章也只是由于大家走火入魔才得以发表。几乎众口一词——这太"古怪"，太"怪诞"，太"恐怖"，太"难以琢磨"（为什么不说"太美"呢?）。——存在于我们这个美好时代的美好出版业可以方便我一举多得，我想在《世纪报》的"文学博物馆"栏目上再次连载。——德·特拉蒙④先生明确答应过我会提供帮助，他现在手上有八篇。当然，为了便于销售，我会删掉纯粹属于哲学或科学的段落。——倘若您愿意在德·特拉蒙先生和梯约⑤先生那里为我说句好话，那您就是报界最值得称道的特例。您的地位和您的名气会让您说的话有分量。——只不过，——我感觉对一个同行我可以无所不说，——在这件事上，要是见不到德诺瓦耶⑥先生那张脸也听不到他

---

① 欧仁·裴乐坦（Eugène Pelletan, 1813—1884），法国作家、记者、政治家。

② 裴乐坦撰写的《谈〈巴黎评论〉》(*La Revue de Paris*) 发表在 1854 年 1 月 16 日的《世纪报》(*Le Siècle*) 上。文中在列举和论述一系列作家的时候顺便提到了波德莱尔的名字。

③ 其实在这之前，巴尔贝·多尔维利（Barbey d'Aureville, 1808—1889，法国作家）已经在 1853 年 7 月 27 日的《国家报》上撰文，对波德莱尔迟迟不出版他的译文集表示惋惜。波德莱尔对此应该不会不知道。

④ 夏尔·德·特拉蒙（Charles de Tramont）是《世纪报》的董事。

⑤ 梯约（Pl. Tillot）是《世纪报》的总监。

⑥ 路易·德诺瓦耶（Louis Desnoyers, 1802—1868），法国作家，文人协会的创始人之一，并担任会长多年。1836 年参与创办《世纪报》，是其老板之一，同时担任该报文学部分的主编。

的声音最好。我向您保证，我对他没有任何恶意；他对于美的痛恨是出于天真，因为是无意识的，是动物性的和本能的；即便他是世界上最大的好人，但在文学方面，他永远都会是一个作恶的人。——您所从事的事业激起我对您个性的尊重，而正是这份尊重促使我斗胆给您写这封可能有些奇怪的信。

——先生，请接受我十分真诚的谢意，并且请您相信，我写给您的这句常用话语中没有写给大人物的类似句子中那种陈腔滥调。

CH. 波德莱尔

致欧皮克夫人

［巴黎］1854 年 3 月 25 日星期六

你想让我回复你什么呢？就是为了报答你永远的慈爱，我想让你美美地满意一次——但这在眼下基本上是不可能的。——谁知道呢？也许下个月吧。

你真是大错特错，以为我那些只增不减的麻烦事会妨碍我想你。你已经不可避免地融入了我想要获得成功和解救的全部梦想当中。

夏尔

致欧皮克夫人

［巴黎］1854 年 4 月 13 日星期四

你要是明天来看我，会让我成为世上最幸福的人；——你完全不用怕我的房东太太。

我九点半或十点必须出门，要去办一件必须办的事情；但两点钟肯定已经回来了。

——你 4 月 9 日那天想我了吗？满三十三岁这天是命数中的关键日子，它无情地提醒我要规规矩矩做人①。我本来想就此给你写一封漂亮的

---

① 波德莱尔出生于 1821 年 4 月 9 日，信中提到的是他的 33 岁生日。如果再联想到传统上认为耶稣基督是在 33 岁时受难的，那"33"这个数字就具有某种特别的意义。

信，但说什么呢？——你大概已经不抱什么希望了。——我昨天本来也打算把你的扇子寄还给你，但发生了一个意外让我没办成。

拥抱你。

夏尔

跑腿送信的钱已付过了。

致夏尔·阿瑟利诺

［巴黎（？），1854 年春？ ①］

我亲爱的朋友，我在经历了那么多忧愁和动荡后曾邀请您共进晚餐。但到六点的时候，人家赏脸要我留下来。——我接受了，但仍然期待能跟您见上一面。

——您和我都被菲洛克塞纳邀请明天一起吃晚饭。——我不想去。——您要是在场，就为我找一个理由。越普通越好。——就说波德莱尔病了。

祝好。

夏·波

我没有给《猫》② 造成任何损害和羞辱。

致萨巴蒂埃夫人

［巴黎］1854 年 5 月 8 日星期一

已经很久了，夫人，这些诗句已经写成很久了。——还是可悲的老一套，幻想和匿名。——是不是羞于这种可笑的匿名，是不是害怕这些诗句写得不够好，害怕技巧没有达到情感的高度，让我这一次变得如此犹豫和

---

① 这个时间是一个推断，因为波德莱尔在这段时期与信中提到的菲洛克塞纳·布瓦耶来往密切。但也不排除 1855 年和随后几年的可能性。

② 所指不详。

羞怯？——我自己完全不清楚。——我是那么怕您，才一直对您隐姓埋名，心里是这样想的，匿名的爱慕，——我们可以就此去问一问所有混迹于社交圈的那些利欲熏心之徒，这在他们看来显然是可笑的，——但说到底，这才是近乎纯洁无邪的，——不会产生任何搅扰，不会给人任何打扰，在道德上要远远高于幼稚而虚荣的追求，高于对一位已经心有所属——且可能担负着义务的女人的直接进攻。您难道不是这样一位女人，——容我带着几分骄傲说出这一点，——不仅是最被爱慕的女人之一，——而且还是所有女人中最被尊重的那一位？——我很愿意就此给您一个证明。——您会觉得好笑，——那就好好笑吧，只要您开心，——但不要说出去。——钟情的男人会嫉恨那个幸运的情人，那个占有者，——会认为他低级、碍眼，难道您不认为这是合乎人性的再自然、再简单不过的事情吗？——而就在不久前，我偶然碰到了那个人①；——如何跟您表达我当时的心情，——说出来不会滑稽，不会让您永远充满快乐的脸上发出淘气的坏笑，——我多么高兴看到一个可爱的人，一个可以让你喜欢的男人。——我的天！这么一些微妙的想法难道不是表示已经丧失理智了么？——为了做个了断，为了对您解释我的沉默以及我的狂热，那种近乎宗教般的狂热，我要对您说，当我整个人被卷进天然恶毒而愚蠢的黑夜之际，整个人深深梦想着您。这种激动人心而又荡涤心灵的梦想一般都会引发一个幸运的意外。——您对我来说不只是女人中——所有女人中——最有魅力的，而且还是一切值得痴迷的对象中最亲切和最珍贵的。——我是一个自私的人，我在利用您。——下面是我可怜的蹩脚文字。——要是我能确定这些关于爱情的高妙想法有一丝机会能在您可爱思想的隐秘一角受到欢迎，那我会多么幸福！——我永远都拿不准。

> 至亲女郎，至美女郎，
> 她让我心充满光明，

---

① 指萨巴蒂埃夫人的情人阿尔弗雷德·莫塞尔曼（Alfred Mosselman，1810—1867）。此人是具有比利时贵族血统的法国银行家和实业家。他从 1840 年代后期开始包养萨巴蒂埃夫人做其情妇，并资助萨巴蒂埃夫人每个星期日晚上呼朋唤友举办沙龙。戈蒂耶、杜刚、福楼拜、波德莱尔等都是该沙龙的常客。

翩翩天使，不朽偶像，
祝福她呀永世长青！

她弥漫在我生命中
好像氤氲咸味空气，
在我饥饿灵魂之中
注入爱好永恒情趣。

好似香囊永远新鲜，
蓬荜生辉满堂香气，
好似香炉永远装满，
夜里暗燃烟缕一丝，

殷殷爱心切切情谊，
你当如何吐露真诚？
——好似暗藏麝香一粒
在我心底直到永生！

至善女郎，至美女郎，
给我健康给我快乐，
祝福她呀万寿无疆，
天长地久永享欢乐！①

请原谅我，我不会向您要求更多。

---

① 本诗未收录进《恶之花》。后以《颂歌》（*Hymne*）为篇名发表于 1857 年 11 月 15 日的《现时》（*Le Présent*）。1866 年出版的《吟余集》（*Les Épaves*）收录了本诗。各版本的文字和标点略有不同。

致安托万·阿隆戴尔

[巴黎，1854 年 5 月]

我亲爱的阿隆戴尔：

我劝您，要是您想去看我说的那些表演绝妙的中国人，——要早早赶过去，——您要是没想去看上一场演出，那您就有可能搞不到下一场的座位，——我留给您的纸条只是剧场老板①的一句留言，不意味着预留了排号的座位。

***

我之前完全忘了今天和明天我都必须去同一个人那里吃晚饭，是《世纪报》的行政主管，——而您知道我是不是有必要去折磨他。

我今天晚上会给您写一封信，跟您清清楚楚地解释什么是我可以做的和我愿意做的，——可能的，——不可能的，——然后您写信告诉我怎么跟您那个佩尔杜塞②见面，——我必须战胜他，——在您的帮助下③。

请放心，祝万事顺意。

CH. 波德莱尔

在圣马丁门。

致欧皮克夫人

[巴黎] 1854 年 5 月 18 日星期四

我完全拿得准，今天，星期四，我可以派一个送信的人到你那里，不

---

① 马克·傅尔尼耶（Marc Fournier, 1818—1879），圣马丁门剧院（Théâtre de la Porte-Saint-Martin）的老板。

② 尼古拉·佩尔杜塞（Nicolas Perducet, 1763—1857），商人。

③ 阿隆戴尔为波德莱尔签署给佩尔杜塞的多份票据进行过背书，但这些票据没有被支付。一方面是波德莱尔没有清偿能力，另一方面他的司法顾问也禁止他支付。波德莱尔试图在他的老债主这里蒙混过关。

会带给你那些每个星期一①让你烦心透顶的事情。

要是送信人见不到你，他会留下信。

要是他见到你，让他转告我你是不是愿意、是不是能够、是不是高兴今天过来看我。——我只有一小会儿不在家，我要去《世纪报》的办公室取回我留在那里的一些书，在蒙马特街区，——只需要花我三刻钟。——如果你碰巧这段时间来，你可以耐心等我一下。——你会看到桌子上有一些书。

要是你不能来，那就告诉我什么时候可以来；在这种情况下，你可以交给来人一些钱。这个人我了解；我已经好多次托他带过钱。

我住到新地方好几天了，塞纳河街 35 号，摩洛哥旅馆②。我感觉很好：什么底楼的潮气，什么一开窗就闹翻天的"鸽子间"，什么险恶环境，什么没完没了的迎来送往，最后，还有什么闲散懒惰，这些可爱的东西通通都被摆脱了。我不用总要在兜里揣点儿钱，不用再为了吃饭每天出两趟门。我跟这里有一些约定，每月的开销基本上不会超过 140 法郎——包括住宿和餐食。

前天，16 日，我去了《立宪报》，找其中一位当家的要 1000 法郎（壹仟法郎）。他回答我说，他确实曾经答应过我，在付印前先预付给我一大笔款子，但既然我亲口承认活儿还没有干完，而且负责拟写销售日期、销售数量、版面价格等的那个人还没有拿出意见，所以他不得不让我先等着。我对此完全无以应答，只得甘心于继续工作，继续去折磨牵线搭桥的那个人。

我非常想买一点衣物，我缺得厉害，还想寄点钱给让娜，我原本打算从那 1000 法郎中拿出 300 法郎给她——本来是要在 16 日寄给她的。我猜你会带给我下个月（6 月 9 日）的 40 法郎。我自己用 20 法郎，给她寄 20 法郎，还得求她不要气疯了。——我禁止她来这里找我，我这么做是出于一种可耻的虚荣心。——我不愿意让人看到大家以为美丽、健康和优雅的我的女人，却原来是一副贫穷、多病和衣着寒碜的样子。

---

① 星期一是欧皮克夫人接待访客的日子。

② 塞纳河街摩洛哥旅馆（l'hôtel du Maroc，rue de Seine），门牌号有误，实际上是 57 号。

考虑到送信的这个人有可能见不到你，你可以在下午给我寄一句话。

但所有这些小纸片和所有这些送信的人都完成不了我的事情；我更愿意能见到你。

现在正在谈为圣马丁门剧院写剧本的事。

夏尔

致阿尔芒·迪塔克 ①

［巴黎］1854 年 6 月 3 日

迪塔克先生，我有一件事情一直悬着，您要是愿意出手相助，那您就是天大的好人。还是爱伦·坡的作品方面的事情，他的作品很长时间以来到处都受到排斥，尤其是受到安泰诺尔·乔利 ② 先生的憎恨。我刚见过拉盖罗尼耶尔先生 ③，他今天或明天要就此事跟米约 ④、塞日纳 ⑤ 和科恩 ⑥ 几位先生见面。但科恩和塞日纳两位先生完全不认识我，也完全不知道问题是什么。因此希望蒙您惠予在科恩先生那里为我说几句好话。——您知道，我在这方面遇到了好多奇奇怪怪的遭遇，——就说您的报纸吧，先是固执而轻蔑地拒绝了好几个东西，后来又责备我没有赶快发表。这个责备来自一位十分出色而且十分有魅力的作家，巴尔贝·多尔维利；——但说到底，这里面有什么东西戳到了我的痛处。如您所知，勒弗朗 ⑦ 先生在阅读手稿，他手上已经有大量东西了，随时可以开始发表。——如蒙您惠予关

① 迪塔克时任《国家报》和《立宪报》的董事。
② 安泰诺尔·乔利（Anténor Joly，1779—1852），多家报刊与剧场的创办人和老板。
③ 拉盖罗尼耶尔已不再担任《国家报》主编，接任他的是约瑟夫·科恩。
④ 波利多尔·米约（Polydore Millaud，1813—1871）是报界和商界的活跃人物，到处都说得上话。
⑤ 阿梅代·德·塞日纳（Amédée de Césena，1810—1889），法国报界人物，是《立宪报》的主要编辑之一。
⑥ 约瑟夫·科恩（Joseph Cohen，1817—1899），法国政论作家，1853 年接替拉盖罗尼耶尔成为《国家报》主编。
⑦ 信中提到的这位勒弗朗（Lefranc）具体身份不详，应该是《立宪报》或《国家报》的审稿人或校对员。

注我的事情，一定要记住我不愿意等连载。连载栏目大概已经排得满当当的了；再说我也不想打搅任何人。——我要的是"杂类"栏目和"新开连载"栏目。

一位天才作家像一个坏孩子一样被整个巴黎出版界排斥，这实在太可笑了。盗版、竞争和国际协定马上就要来了，而一直都没有人肯出手帮我，我呀，我可是首倡者。

请接受我的谢忱。

CH. 波德莱尔

致于勒·巴尔贝·多尔维利

[1854 年 6 月 3 日（?）。波德莱尔在信中抱怨多尔维利对他的责备。多尔维利在 1853 年 7 月 27 日的《国家报》上责备波德莱尔懒惰，惋惜不能及时读到爱伦·坡作品的译文。多尔维利收到信后当即回复了波德莱尔 ①。]

致阿尔芒·迪塔克

[巴黎] 1854 年 6 月 10 日星期六

我亲爱的先生，我刚刚犯了一个小小的过失，我想，没有造成什么影响，但如果您碰巧有机会的话，我还是要请您在今天之内替我弥补一下；我当时实在是因为明天有事而急需 100 法郎这样一笔数额不大的款子。我以为很自然可以找米约先生借，于是就十分天真地去向他借。事情本来进行得挺顺利，结果社里的一位职员过来跟米约先生说勒弗朗先生不认为事情已经搞定了，还说他手里的那些东西实在太古怪、太文学了 ②。——米

---

① 多尔维利回信中写明："星期六晚上。——收到您的信就回复了。"当年 6 月 3 日是星期六。据此可推断波德莱尔那封信的时间。

② 勒弗朗在几天后（6 月 13 日）给塞日纳的信中重申了相同的意思，认为"这位美国小说家的译作太抽象、太反常，不适合订阅本报的读者群"。至于是否刊发，他让塞日纳定夺。

约先生自然十分生气，我呢，我也就只能把这当成一场误会，我认为有必要跟您讲清楚这件事，免得好像是我自己不识趣。

您知道，塞日纳先生三天后会告诉我可以指望的是什么。您要尽量争取得到两期"杂类"栏目；科恩先生一定会很看重您的意见；但往最坏里说，那边 ① 会一直留着"新开连载"给我们。

万分感谢您在这件事情上的鼎力相助。——请相信我对您的忠诚。

CH. 波德莱尔

致欧皮克夫人

［巴黎］1854 年 6 月 25 日

我亲爱的母亲，我不得不、真的是不得不今天晚上请一个人吃晚饭；我这家旅馆的老板实在寒酸，我以前还不知道这么寒酸，饭菜简直不敢恭维，因而必须带这个人下馆子。我还得写信告诉这人别来我这里，——编了一个大谎言，什么不在家呀，生病了呀，——我自己也乐于有时候能够去外面吃饭，因为这里，真的，是太糟糕了。这家旅馆 ② 以前还有模有样，现在太恶心了。你知道昂塞尔要来，我会让他把你这个月寄给我的钱还给你。

（这家旅馆有多混乱，给你举个例子，最近有一天吃晚饭的时候，面包都不够。）

那我的事情呢？我的事情呢？你会问我的。事情还在一步步进展中。这就像是近东问题 ③ 似的；事情终于解决了。但天哪，代价太大了！我要亏 1300 法郎。也就是说，为了要赶快出版，我只得放弃本来的 2000 法郎

---

① 指《立宪报》。

② 指波德莱尔所住的塞纳河街 57 号摩洛哥旅馆。

③ 近东问题（la question d'Orient）是欧洲近代史上围绕奥斯曼土耳其帝国衰落而出现的一连串政治、军事及外交问题。就法国来说，主要指 19 世纪历届政府的对外干预政策，如：支持希腊独立（1828 年），远征阿尔及尔（1830 年），克里米亚战争（1853—1856 年）以及后来的远征叙利亚（1860—1861 年）等。

而只要 700 法郎。我可能明天会跟《国家报》和《帝国日报》签约，然后会像疯子一样以此作抵押去借钱。全书一个月后出版。——在那以前，你这几天会在《立宪报》上看到刊出三个大东西 ①。

这种不顺心也许是好事。我将不得不全力以赴搞我那些剧本 ②，以便能够借 1000 或 2000 法郎。

我求你啦，不要给我写一封通篇都硬邦邦冷酷无情的信。

夏尔

致菲洛克塞纳·布瓦耶

［巴黎］1854 年 6 月 25 日

我亲爱的抒情诗人，您估计得不错，昨天一定是发生了什么要紧的事才让我错过了这次见面；下面是我想要跟您说的：

一、我的钱没有到；但是会到的。

二、莱昂缇娜 ③ 真是个倔脾气。我确信我已经做到仁至义尽了。这样的情况已经有三次了。

第一次她就粗暴地打断了我，当最后我终于给她仔细解释清楚说这是一次家庭聚会，没有声张，而且布瓦耶本人似乎并不知情，——她回答我道：那么现在不算是没有声张了，因为我都知道了。布瓦耶要补送礼物给我就是为了弥补他的不识趣。他为什么要给我说那个事情 ④？

---

① 《立宪报》没有刊发任何东西。

② 波德莱尔当时计划中的剧本有《酒鬼》(L'Ivrogne)、《唐璜的结局》(La Fin de Don Juan)，可能还包括《胡扎尔侯爵一世》(Le Marquis du Ier Houzards)。

③ 莱昂缇娜 (Léontine B.) 是一位善于花言巧语、自吹自擂、八面玲珑的女子。布瓦耶跟她走得很近。

④ 信中提到的"家庭聚会"是为贵族小姐佩兰·德·贝卢诺 (Perrin de Bellune) 举办的 20 岁庆生宴。贝卢诺小姐的祖父在拿破仑帝国时期被授予元帅称号（1807 年），并被封为贝卢诺公爵（1808 年）。贝卢诺小姐的父亲是贝卢诺元帅的次子，继承了贵族爵位。布瓦耶特为佩兰·德·贝卢诺小姐的生日献诗一首，在诗的结尾处诗人自比是对劳拉一往情深的彼特拉克。莱昂缇娜对自己被晾到一边应该会感到几分醋意。

我知道这件事让您不安，我能理解。但我不能不说，莱昂缇娜有一种很不寻常的性格。既然她动不动就发倔脾气，我还是想劝您不要太在乎。说到底不过就是放宽心，不要钻牛角尖……

祝好；我今天晚上可能会去"咖啡馆"，但要在晚饭后。

夏·波

致欧皮克夫人

［巴黎］1854 年 7 月 21 日星期五

说真的，你是在用你巨大的想象力折磨我。切不可用夸张的方式来看事情。我是今天上午才读到你的信的。我要是回应的话，可能要写十页纸。我要应付的事情一大堆，有昂塞尔先生，他不可救药的麻木不仁让我备受折磨，有让娜，有剧本要写，有正在全力以赴的著作，有阿隆戴尔，他每天上午都用肉麻的声音对我说："瞧！还在睡呢！"——两个半月来一直都是这样——好像大家都不知道我习惯上午睡觉，——这些事情在我脑子里转来转去。写一封信已经变成一件苦差事，而我眼下没有权利花两个小时来写一封信。你那些病态的幻想大部分都是错的。——除了钱，还是钱，这是你信里唯一合我心意的东西。《立宪报》那边的事情实属幼稚；我自己把我那些东西拿回来了，而这件事将以一个有利的交换来补偿。看来你不读报纸，没有看到《国家报》上的确定预告，而这就是我眼下卖力工作的原因。——在关于我旅馆老板的事情上，你那些想象和你的自尊心是不对头的。这家旅馆就是混乱之家，我急于离开；但这个老板虽然老是找我要钱，因为他老是需要钱，却一直对我十分尊重；再说我已经给了他 235 法郎。

为了让我免得要写一封长信，你还是来看我吧，不要害怕旅馆老板，马上就来；你要是可以的话，你要是在家的话，请把这个人的跑腿费付了。——你要是不在家的话，那就吃过晚饭后再来，我几乎要到九点才出门去《国家报》，有时候十一点去盖泰①。——尽量带点儿钱给我；我会给

---

① 盖泰（Gaîté）是巴黎十四区的一条街名，位于这条街上的"盖泰剧院"（Théâtre de la Gaîté）当时正在上演由玛丽·多布伦（Marie Daubrun, 1827—1901）出演的戏剧。波德莱尔对这位女演员颇有好感。

你解释为什么。

　　我现在已经过了拟提计划的阶段，仅仅给你展示一下就会让你开心，你会这么说的吧，——我现在每天都在拼命实施，不得不一下子养成按部就班的工作习惯。

　　我这封信写得长了点儿，就像我跟你说过的，我更喜欢亲口给你讲述自上次我跟你见面以来所发生的事情，给你讲讲我近期的所有希望和目前的所有忧虑。

夏尔

致阿莱克西斯·维尔特伊 ①

［巴黎］1854 年 7 月 22 日

亲爱的朋友，我是不是有点过分？

两张票给我那位尊贵的夫人 ②，——我很久都不会再来麻烦您了。

祝好。

CH. 波德莱尔

致阿尔塞纳·乌塞耶 ③

［巴黎，1854 年 7 月 24 日？］

我亲爱的朋友：

　　我厚着脸皮来请您帮我一个大忙。事情是这样的：我明天开始要在

---

① 即阿莱克西斯-于勒·维尔特伊（Alexis-Jules Verteuil，1809—1882），时任法兰西剧院（le Théâtre-Français）行政秘书。

② "尊贵的夫人"具体指谁不详。有论者猜测可能指玛丽·多布伦。

③ 阿尔塞纳·乌塞耶（Arsène Houssaye，1814—1896），法国小说家、诗人和文人，自 1843 年起担任《艺术家》（L'Artiste）杂志主编，1849—1856 年任法兰西喜剧院（la Comédie-Française）董事长。

《国家报》①上发表一个相当重要的东西，而且还很长。出于各种我没有时间给您解释的原因，我不愿意在十五天内向《国家报》要钱；我没有收到过任何预付款。我不太知道为什么竟敢希望您可以借给我250法郎用几天。要是您钱包紧张，那就有多少算多少，因为我现在是身无分文，而且没时间出门。过几天我要给报社行政部门说的第一件事情就是把阿尔塞纳·乌塞耶先生借给我的钱寄还给他。——万分对不起，写得这么简单，我实在没有别的办法。送这张纸条的人会跟您解释纸条上写得怪或不清楚的地方。

祝好。

CH. 波德莱尔

致皮耶·安杰罗·菲奥伦蒂诺 ②

［巴黎］1854 年 7 月 28 日

我亲爱的菲奥伦蒂诺：

我这是第一次请您帮一个大大的忙；在我认识的朋友中只有您可以为我帮上这个忙。我十分需要一间看《星》③的包厢，但我又没有钱。

祝好，万分感谢。

CH. 波德莱尔

---

① 《国家报》7 月 25 日发表的是波德莱尔撰写的《献辞》(*Dédicace*) 和他所翻译的爱伦·坡的《崎岖山奇遇记》(*Une aventure dans les montagnes rugueuses*，英语原文是 *A Tale of the Ragged Mountains*) 开头部分。由此可推断出本信的时间。

② 皮耶·安杰罗·菲奥伦蒂诺 (Pier Angelo Fiorentino, 1806—1864)，旅居法国的意大利作家和音乐评论家。波德莱尔于 1846 年在《海盗—撒旦》杂志与其结识，并在同年发表的《1846 年的沙龙》中引用过他翻译的《神曲》。

③ 全名《北方之星》(*L'Étoile du Nord*)，是喜歌剧院 (l'Opéra-Comédie) 1854 年推出的一出歌剧，由旅居法国的德国作曲家贾科莫·梅耶贝尔 (Giacomo Meyerbeer, 1791—1864) 谱曲。

致路易-斯塔尼斯拉斯·戈德弗鲁瓦

［巴黎］1854 年 7 月 28 日

我亲爱的朋友：

我要求您好几件事。

一、您私人腰包里的 20 法郎，保证几天后还给您。

二、由于我不愿意在我写的东西发表一半以前就找报社要钱，所以要是八月份我缺钱，能不能以债权委托转移的方式在文人协会拿到一笔相当可观的款项？

三、我要求过禁止转载。这究竟意味着：明确禁止？——还是说，只针对那些跟我们没有协议的报刊？——最后，这种禁止的后果是什么？

祝好！

CH. 波德莱尔

塞纳河街 57 号

我想搞清楚禁止转载问题，这很重要，因为我以前认为转载能够减少我在您那里的债务 ①。

致欧皮克夫人

［巴黎］1854 年 7 月 28 日

阿隆戴尔刚离开这里。这家伙就像一个幽灵；所幸我当时躲在卫生间里。他等了好一阵子，勒帕日 ② 先生自己想到跟他说，之前有人来找我去印刷所了。我不可能回复你的长信，只能简单写两句：——是的，是的，一切都会顺利解决的；是的，只要你丈夫稍微开明一点，我和他之间的和解是可以做到的，而且大家都会很体面；是的，我知道我让你忍受的一切都是什么。

目前这段时间，我有些手足无措。有一大堆无所事事的人和恶人踏破门

---

① 时任文人协会总联络人的戈德弗鲁瓦没有任何回复被保留下来。波德莱尔去世时，欠文人协会 412.85 法郎。

② 勒帕日（Lepage）是塞纳河街摩洛哥旅馆的老板。

槛，整天整天地浪费我的时间——我要把自己关起来，离群索居。——晚上我要去印刷所——我不能再浪费时间，因为印刷所那边会赶上我的进度，事情进展得如此之快。你大概已经猜到了我遇到的那件荒唐事。那帮畜生24日四点决定刊发，却没通知我。结果外省的那个版本简直就像擦屁股的纸，是一个丑八怪。连巴黎的那个版本——我当时碰巧去了印刷所，所以连夜改了一些——也还是留下了一些严重的错误，特别是我十分在意的致玛利亚·克莱姆①的献辞中；例如：他呀，他将以自己的荣耀让您的名字万世流芳②。

我力争在两天内给你写出一份要点，一式两份，一份给你，一份给昂塞尔；请告诉他千万别把他那份弄丢了，你们会用得着的，这份要点向你们提供了讨论的内容，同时也向你们表明，在等待我的生活出现好的转机的同时，还是有必要做点儿什么。——我非常想一边进行这种劳心费力的讨厌翻译，一边挤出点儿时间来写我那些剧本。

啊！顺便一提！那40法郎呢？——今天可能吗？它们将进入旅馆老板的兜里，算是小小一点预付款。8月1日或5日有可能吗？

最多三天内写好刚刚提到的那份要点。

夏尔

我不会给送信人付跑腿费的。

致纳西斯·昂塞尔

［巴黎］1854年8月1日

我绝不会接受市政厅的差事③；从今天起，我必须回到专心工作的生活中。——我不知道从现在起到5日前我是否可以找到几百法郎来摆脱阿隆戴尔；但无论如何我不能一直都像是身无分文的玩家。——我向您要您手上已经有收据的那100法郎④；——我知道您已经被您给出的钱吓坏

---

① 玛利亚·克莱姆（Maria Clemm，1790—1871）是爱伦·坡的姑妈、岳母和养母。

② 在《国家报》上刊载出来的版本中，"他呀"和"自己的"两个表达被遗漏了。

③ 巴黎市政府提供的一些清闲职位让许多作家都很感兴趣。在行政部门有许多人脉的昂塞尔先生也许认为波德莱尔谋划这样一个职位。

④ 波德莱尔在1853年12月31日中午致母亲的信中提到过这100法郎的事。

了，就像其他人被自己收到的钱弄昏了头一样。100 法郎，这已经超过了您的能力。——那就干脆给 50 法郎。——我把给"好牧人"的字条 ① 弄丢了。——既然我这几天必须去见您（我找到了您的席勒的书），要是我没有找到那张条子，我请您再给我一份。——这 50 法郎是给我自己用的；那 100 法郎我已经给了勒梅尔夫人 ②。

　　我收到了我母亲一封长得要命的信，她没来看我就动身了 ③。

CH. 波德莱尔

致欧皮克夫人

　　[1854 年 8 月初。当月 14 日的信中写有这样的话："你可能没有读我的信：我在信中告诉你说，不间断的发表将会从 8 月 5 日算起的十五或二十天后重新开始。"]

致［奥古斯特·普莱-玛拉西？］

［巴黎］1854 年 8 月 4 日

　　我亲爱的朋友，我发表的作品让有良心的人害怕，让有才智的人惊恐，让聪明的同行大呼无聊。我被搞得摇摇欲坠。

　　因此请您出于善意和明智，给主编先生亲自撰写或找您那个地方的某位订阅者写一封能收到奇效的信以慰人心；——如果您本人没有订阅，那您就自己炮制一封那个人写的信。——我就不给您写太多了；因为我每天都忙得晕头转向。

---

① "好牧人"（Bon Pasteur）是一家服装店的名字。昂塞尔先生曾交给波德莱尔一份开给这家服装店的"某种保证函之类的东西"，也就是此处提到的"字条"。波德莱尔在 1853 年 12 月 31 日早上 7 点半致母亲信中提到过这件事。

② 指让娜·迪瓦尔。

③ 不清楚欧皮克夫妇是不是去了翁弗勒尔。1855 年 3 月 7 日，他们在翁弗勒尔买下了后来被波德莱尔称为"玩具屋"（Maison-joujou）的房子。

作品是一天写一点儿。这样一来，我每天都要写一期连载段落，并且还要修改第二天用的。祝好。

夏·波

请付邮资。

您难道不是当地文学界的精神领袖吗？

收　据（致《国家报》）

[1854 年 8 月 10 日。从《国家报》收到 90 法郎。签名：CH. 波德莱尔。]

收　据（致《国家报》）

巴黎，1854 年 8 月 10 日

今从《国家报》出纳处收到壹佰壹拾法郎，此为 1854 年 7 月所撰写作品的稿酬。

CH. 波德莱尔

致路易·乌尔巴赫 ①

[巴黎][18]54 年 8 月 11 日

亲爱的乌尔巴赫先生：

您可以把《论笑和漫画》② 的开头部分交给阿尔贝 ③ 先生，他明天会交

---

① 路易·乌尔巴赫（Louis Ulbach，1822—1889），法国小说家、戏剧家，同时也是报界的活跃人物，时任《巴黎评论》的主要负责人之一。波德莱尔在信中将其姓氏误写成 Ulback。

② 即《论笑的本质》和两篇关于"漫画家"的论文。这些文章未在《巴黎评论》上刊出，只是后来于 1855 年和 1857 年在较小的期刊上（《文摘》和《现时》）刊出。

③ 埃德蒙·阿尔贝（Edmond Albert，1821—?），法国出版商。他仰慕在当时尚未名声大噪的波德莱尔的才华，自费充当波德莱尔的秘书和管家，并为其处理冗务。在波德莱尔生命的最后几个月里他始终陪护在其身边。

还给我。其余部分都在我自己这里。我可以用几天时间通篇修改一下。不过，要是图书馆闭馆很长时间，有几个地方我就只好先空着，特别是关于外国漫画家的部分，待日后再补充。

祝好；请代为问候杜刚先生。

CH. 波德莱尔

总共五页。

还请修改一下我那句半截诗 ①。

致欧皮克夫人

［巴黎］1854 年 8 月 14 日

突然收到这一类的信，还怎么能安安静静地作诗、撰写关于绘画的文章、制定戏剧方面的计划，甚或从事翻译？——我昨天早上收到了这封奇怪的信，但我还是更愿意收到这封信，这好过那个老是在八点钟打断我睡眠的登门催命鬼 ②。——他与昂塞尔先生之间的会晤谈得很费劲，而承受痛苦结果的会是我。——请马上把他的这封信转交昂塞尔先生，另外，我从马尔利 ③ 回来的时候，会在抵达巴黎前去见昂塞尔先生。

我又为《巴黎评论》撰稿了。为了确保同时满足许多人，我会每天都同时写《国家报》用的东西和《巴黎评论》用的东西 ④。

你可能没有读我的信：我在信中告诉你说，不间断的发表将会从 8 月 5 日算起的十五或二十天后重新开始，——多亏了这次间断，我才能顾及一下其他东西。

---

① 大概是指《论笑的本质》第二部分中凭记忆写出的一句格言的最初形式。那个诗句出自法国 17 世纪作家博须埃（J.-B. Bossuet，1627—1704）：“智者只会颤栗着发笑。”

② 指阿隆戴尔每天上门追债。参见同年 7 月 21 日到欧皮克夫人的信。

③ 马尔利（Marly），法国摩泽尔省的一个市镇。不清楚波德莱尔去马尔利做什么，似乎是去见了某位剧院或报刊的老板。

④ 给《国家报》的是《怪异故事集》的译文；《国家报》上的连载于 8 月 5 日刊出最后一期后暂停，要到 9 月 13 日才开始继续连载。给《巴黎评论》的是论述笑和漫画的文章；参见上一封 8 月 11 日致乌尔巴赫的信。

由于我上个月在讷伊只拿了80法郎，我这个月就拿到了230法郎，尤其是还有连载中断的原因；——我在报社那边只领到了240法郎的预付款，——我两天前已经给出去了100法郎。

你给我写信大倒苦水并表示为难，我都仔仔细细地读了。但我还是指望你能心无怨气地在今天给我寄贰拾法郎（20法郎），其中我要留出5法郎去马尔利，是钱方面的事情；但我向你保证，我吃这趟苦不是为了阿隆戴尔。——至于另外那15法郎，我可以告诉你是怎么回事；跟一个女人可以谈论女人的事情：——有些女人是如此敏感、如此受难、如此正派，一点点抚慰就足以让她们坚韧地忍受痛苦。今天是玛丽①的节日。——我跟你谈起过的这个人每天演完她出演的愚蠢五幕剧后，夜里都要照料她不久于人世的双亲。我没有富到可以送她礼物，但今天晚上送她几枝花可以聊表好意。——我不再想要你那40法郎，——那些钱眼下对我没什么用。我更喜欢保留在遇到某些情况时向你求助的权利，就像这次这样，只要绝不超越得体的界线就好。你看我有多忙。——我确定，只要把一切都预先安排好，今冬将会有财源滚滚的大爆发。——今天是你那该死的星期一，——原谅我。

我深情地拥抱你。

夏尔

收　据（致《国家报》）

[1854年8月19日。从《国家报》收到15法郎，"所写附加部分（8月）"。签名：CH. 波德莱尔。]

致欧皮克夫人

[巴黎]1854年8月22日星期二

亲爱的小母亲，请交给送信人20法郎，以补足月底的40法郎。——

---

① 玛丽·多布伦。

自不用说，我不会再首先开口找你要什么。我已经不再在这里用餐了，不再在这里有任何开销，这让我始终得在兜里揣点儿钱。——再说，这样更好。确实有很长时间没跟你见面了；我这几天会约你在什么地方见上一面。说到爱伦·坡作品的连载，我相信显然是把弗雷德里克·苏利耶 [①] 的作品排到了我的前面，把我的东西推到了 9 月 15 日左右 [②]，也把余下要领的 600 或 800 法郎推到了 10 月 15 日左右。——这太难了；但没有任何损失。——说到第一部戏剧 [③]，还需要知道是不是可以得到圣马丁门剧院老板 [④] 的协作在他那里上演，是不是可以在 9 月初的那几天把它写完。

　　我又回到了《巴黎评论》 [⑤]，会领到将近 500 法郎。——这都是很少的；再说《评论》已经不再愿意预支稿费。

　　每当想到我那两个预告就把我搞得手忙脚乱，我就禁不住佩服那些有想象力的人，可以像魔鬼般轻巧地乐于增大自己的痛苦和窘迫。——我最关心的事情之一——你会看到我承担着怎样一些可怕的使命——就是要让一位女士 [⑥] 进入圣马丁门剧院，而这位女士却遭到剧院老板的老婆 [⑦] 的嫌恶——尽管这位女士跟她干的是同一个行当。

　　这种必须去外面用餐的生活很浪费时间，而且让我有时候得去阅览室或咖啡馆工作，——因为在这样的地方，我才可以真正工作。我什么时候才会有一个收拾房间的仆人和一个厨子——有一个家？

[①] 弗雷德里克·苏利耶（Frédéric Soulié，1880—1847），法国小说家、剧作家、评论家。

[②] 《国家报》8 月 5 日刊出最后一期《怪异故事集》后暂停连载，从 8 月 6 日起开始连载弗雷德里克·苏利耶的《那些未知的故事》（Les Drames inconnus）。《怪异故事集》于 9 月 13 日重又开始继续连载。

[③] 当指《酒鬼》。

[④] 指马克·博尔尼耶。

[⑤] 波德莱尔一直指望《巴黎评论》能刊发他的《论笑和漫画》，还不知道已被拒绝。

[⑥] 玛丽·多布伦当时在盖泰剧院演出，波德莱尔想让她进入圣马丁门剧院。

[⑦] 指苔尔芬·巴隆（Delphine Baron，1828—1860），法国女演员。她于 1844 年与马克·博尔尼耶结婚。她在 1847 年出演《金发美女》（La Belle aux cheveux d'or）中的侍从角色，而出演该剧女主角的是玛丽·多布伦。不知这是否引起她嫉恨玛丽·多布伦的原因。当马克·博尔尼耶的生意开始每况愈下近破产之际，她通过法律手段与丈夫分手并去了布鲁塞尔演出。后来她放弃舞台，开了一家服装店。

让-雅克①和马克西姆·杜刚②让我转达对你的万千问候。让-雅克怪得很，他不敢来见你。

请拥抱我，这总会让我感到幸福。

夏尔

致大巴隆③先生

[巴黎] 1854年8月23日星期三

亲爱的先生，您一向待人殷勤和蔼，一定不会拒绝给我两个观赏不朽的《沙米尔》④的座位。——其中有一位是女士。

我托向您转交本信的阿尔贝先生向您询问是否收到过马克·博尔尼耶的信，是否知道他要回来的准确日期。我将尝试开始为他工作。

祝好；请为我祈祷吧。

CH. 波德莱尔

要是他碰巧没有见到您，烦请把两张堂座票放到门房。不要在这封信上写两个座位；这些小小的用来过检票口的票让我非常头痛。

---

① 指让-雅克·勒瓦扬（Jean-Jacques Levaillant），波德莱尔的表兄。

② 杜刚曾和福楼拜一道于1850年在君士坦丁堡受到过时任驻土耳其大使欧皮克先生的接待。据杜刚后来回忆说，他在席间提到了波德莱尔的名字，引起了欧皮克先生的不快和欧皮克夫人的紧张。

③ 大巴隆（Baron père）曾在俄罗斯做全景画师，1835年带着儿子和女儿回到法国定居。儿子万桑-阿尔弗雷德·巴隆（Vincent-Alfred Baron）后来做了演员和圣马丁门剧院的物资总管；女儿苔尔芬·巴隆（Delphine Baron）也做了演员并成为马克·博尔尼耶的妻子。大巴隆在博尔尼耶的剧院中可能是做主管或监督之类的工作。

④ 《沙米尔》（Schamyl）是保罗·默里斯（Paul Meurice，1820—1905）创作的一部五幕剧，当时正在圣马丁门剧院上演。该剧讲述切尔克斯人的领袖沙米尔率领人民为谋求独立而反抗俄罗斯人的事迹。沙米尔在剧中被称作"不朽的沙米尔"。

致保罗·德·圣-维克多 ①

[巴黎] 1854 年 9 月 26 日星期二

先生，我想请您——虽然我还不认识您——我想请您帮我一个大忙。这个请求没别的意思，只不过是出于对下面即将提到的这个人的一种十分真诚的赞赏。对您来说，戏剧专栏不是什么劳心费神的苦差事，而是表达种种浪漫主义观念的良机，您是通晓浪漫主义的，但您怎么会在这次《火枪手》②复演时没有谈到鲁维埃尔先生③？——要是太晚了，要是您还没有看过，那就请您去看看吧，——我呀，我已经看过七遍了，——您会感到很享受的，我肯定。——鲁维埃尔先生让这部作品焕然一新。——要是碰巧他对我来说是美轮美奂，而对您来说这套手法、这种表演没有同样的价值和重要性，那就请您相信，我首先感到悲伤的就是看到自己的领悟力与您的领悟力完全不对路④。

我偶然得知我们在《国家报》上的连载能够博您一笑。可是，先生，实在太折磨人了！——我们已经是第三次、第四次、第五次中断。这些先生们听从于订阅者的瞎嚷嚷。这是一个颠倒的世界。我们只连载了十八期，而在我精选出来的总数中还有二十六期——这还不算我那个篇幅很长的序言，里面谈到的是那些有想象力的人在新教和商业共存的社会中的处境。——什么时候才是个头啊？——这次是用克莱芒·罗贝尔夫人⑤取代了一位触及一切问题的天才人物！——我今天晚上必须找个人好好抱

---

① 保罗·德·圣-维克多（Paul de Saint-Victor，1825—1881），法国文学批评家，浪漫派的热情拥护者。他从 1851 年起受雇于《国家报》，负责戏剧评论、美术书评和文学鉴赏专栏，同时也与其他多家报刊有着紧密联系。

② 《火枪手》(Les Mousquetaires) 是大仲马 1845 年根据自己的小说改编的戏剧。

③ 菲利贝尔·鲁维埃尔（Philibert Rouvière，1806—1865），法国戏剧表演艺术家。他在 1854 年复演的《火枪手》中出演莫尔敦（Mordaunt）一角。

④ 圣-维克多的看法与波德莱尔是一致的。他在 1854 年 10 月 23 日的《国家报》上写道：鲁维埃尔"可以说是以刀砍斧劈的锐利，雕琢出了这一活像身披铠甲的水牛般的硬朗形象"。

⑤ 克莱芒丝·罗贝尔（Clémence Robert，1797—1872），法国女小说家。波德莱尔在信中把"克莱芒丝"误写成"克莱芒"(Clément)。《国家报》从 9 月 27 日开始连载罗贝尔的《王后的忏悔神甫》(Le Confesseur de la reine)。

怨一下。——我今天上午去了泰奥菲尔①家，没见着人，这不就扑到您这里来了。

请接受我的美好情谊。

CH. 波德莱尔

致菲洛克塞纳·布瓦耶

[巴黎，1854年9—10月？]

我亲爱的菲洛克塞纳：

鲁维埃尔先生向您表示深深的歉意，不能满足您如此恭敬有加的愿望。昨天，没有比这更容易的了。

夏尔·波德莱尔

致阿尔芒·迪塔克

[巴黎] 1854年 [10月②] 4日星期三

阿尔贝先生可以向您汇报他拜访贝尔纳夫人的情况，这次拜访很是可笑。她甚至拒绝给我写信，因为我们让她伤心，可能勾起了她一些痛苦的回忆③。——还有，我不知道博雷尔·德·沃特利乌④先生怎么会掺和到这些事情中间来了。

---

① 指泰奥菲尔·戈蒂耶。

② 波德莱尔自己写的是9月，当为10月之误。

③ 贝尔纳夫人是小说家夏尔·德·贝尔纳（Charles de Bernard，1804—1850）的遗孀。夏尔·德·贝尔纳生前是巴尔扎克的热情追随者。他去世后，迪塔克曾希望在其遗孀处抄录迪塔克与巴尔扎克之间的往来书信。波德莱尔本人也一度热衷于研究巴尔扎克，并就此进行一些访谈。

④ 博雷尔·德·沃特利乌（Borel d'Hautelive，1812—1896），法国文献学家、历史学家。其兄贝特吕斯·博雷尔（Pétrus Borel，1809—1859）是诗人、作家、翻译家，别号"狼人"（le Lycanthrope），深受波德莱尔赞赏。

——您相信吗，虽然有一天您跟我在报社的时候当着我的面都已经发话了，但他们还是拒绝了我那几篇文章？我还有四期没收到：《莫雷娜》《梅岑格施泰因》《钟楼里的魔鬼》《死人或活人》[①]。至于日期，必须让阿尔贝先生去查了才能知道。是在 14 日至 30 日之间。

祝好。

CH. 波德莱尔

致居斯塔夫·勒瓦瓦索尔 [②]

巴黎，1854 年 10 月 13 日星期五

我亲爱的朋友：

我在一家小酒馆吃晚饭，偶然坐在一位并不认识的先生旁边，他跟我谈到您。我很稀罕听人谈到您，不能错过这个机会让您想起我的名字 [③]。——我准备了二十个关于您的问题。——我相信您过得很幸福；但愿您也祈祷有同样多关于我的问题，——而且越快越好。

CH. 波德莱尔

致泰奥菲尔·戈蒂耶

[1854 年 10 月 13 日，向戈蒂耶推荐玛丽·多布伦；见下一封致圣-

---

① 《莫雷娜》（*Morella*）、《梅岑格施泰因》（*Metzengerstein*）、《钟楼里的魔鬼》（*Le Diable dans le beffroi*）、《死人或活人》（*Mort ou vivant*）都是波德莱尔翻译的爱伦·坡短篇小说。其中《死人与活人》是波德莱尔最初自拟的标题，原作标题是《瓦尔德马先生病例之真相》（*The Facts in the Case of M. Valdemar*）。这四部作品在当年 9 月 17 日至 26 日的《国家报》上刊载。

② 居斯塔夫·勒瓦瓦索尔（Gustave Le Vavasseur，1819—1896），法国诗人、作家。波德莱尔跟他在 19 世纪 40 年代相识，曾有过一次并不成功的合作，参见波德莱尔 1843 年 2 月 11 日致欧内斯特·普拉隆信的注释。

③ 波德莱尔与勒瓦瓦索尔自"七月王朝"（1830—1848）结束后就再未见过面。

维克多的信。]

致保罗·德·圣-维克多

[巴黎，18]54 年 10 月 14 日星期六

先生，您一定会把我当成那种最冒失的推荐者，而实际上我还真不知道应该怎么做。——如果是要推荐鲁维埃尔①，那事情就简单了；——那可是一个才华洋溢的人物；——而今天，先生，我要推荐的是一位女士，简单一句话说，我衷心希望您能为多布伦小姐美言几句。——您本来应该今天晚上在盖泰剧院看一出大剧，也就是《猛禽》，但我认为要推迟两三天②。——我昨天给泰奥菲尔③写了一封言辞恳切的信，也是这个意思，我不知道自己今天怎么敢斗胆想要让您的笔为我的利益效劳④。

多布伦小姐是那种有时演得好有时演得坏的人，这要视风向、脾气、干劲或泄气而定。

在等待《国家报》什么时候愿意重新连载剩余的三十二篇的同时，——我会自费做一本漂亮的豪华小书，印五十册，里面有爱伦·坡的诗；这绝对是前无古人⑤。还用跟您说您的名字是交给印刷所的前十人之一吗？

此致万分歉意，并致万分感谢。

CH. 波德莱尔

---

① 参见 1854 年 9 月 26 日致保罗·德·圣-维克多的信。

② 玛丽·多布伦在盖泰剧院推出的五幕剧《猛禽》(*Les Oiseaux de proie*) 中出演德·盖兰德公爵夫人一角。该剧首演的确不是 10 月 14 日，而是 16 日。

③ 指泰奥菲尔·戈蒂耶。

④ 圣-维克多的笔的确"效劳"了。他在 1854 年 10 月 23 日的《国家报》上写道："我们不要忘记多布伦小姐，她在扮演德·盖兰德公爵夫人这个人物时如此哀婉，且如此自信；找不到从头到脚比这更高超和更自然的贵妇人了。"

⑤ 这一计划并未实现。

致纳达尔

［巴黎，18］54 年 10 月 17 日星期二

我亲爱的纳达尔，我不知道这是否得体，贸然在你的新生活 ① 中来打扰你，跟你谈一堆破事儿。实情就是，你要是可以的话，不是要大大地帮我一把，我想你也做不到，——而是小小地帮我一把，——那你就真是做了一个闪光之举。啊！大大地帮一把，那会是太美好了；——但为了让你自己宽心，想想什么叫作有大钱要赚——什么叫作没有财力去找钱。——我不知道你是否还住在同一个地方，总之我写的是老地址。

我恳请你，尽力而为，而如果我来得不是时候，不要怨恨我。

CH. 波德莱尔

致欧皮克夫人

［巴黎，18］54 年 10 月 22 日星期日中午十二点半

你的信把我着实吓了一大跳。——你都生病了，怎么还会想到明天中午要去特洛里夫人 ② 那里？——你所说的轻症霍乱厉害吗？

不过，我会中午十二点准时到她那里。——明天上午面对那个既拿不回他那些衣服也拿不到钱的裁缝，要是我知道我该怎么办，那我真希望魔鬼把我带走算了。

你的信中透着痛苦和疲惫。可以说显得有些心不在焉。

我要马上给昂塞尔先生写信，或者直接去特洛里夫人那里，请她告知昂塞尔先生几个小时后会降临到我头上的大麻烦。

说到那些报纸的事，你总是拿一些小事给自己弄一大堆麻烦。你可以把我记下的要点交给第一个上门的办事人，付十二期的款，他会很容易就把事情给办了。

---

① 指纳达尔的新婚生活。
② 特洛里夫人（Mme Trolley）是昂塞尔先生的妹妹。

这种轻症霍乱厉害吗？——你要格外小心，明天乘马车来，并且要裹得暖暖和和的。

你对我的所有那些责备是怎么回事，还有那个什么候见厅，还有欧皮克先生？我今天上午给你招来了什么新的麻烦？

既然你乐意明天中午到这边来，千万当心别着凉了。

夏尔

[随本信所附要点。]

前往书报商布列托先生的店面，

在歌剧院拱廊街，歌剧院对面，

或者

前往蒙马特街区《国家报》行政部门，

购买以下文章各两份：

（要在9月13日至9月31日^①之间去找）

1.《一桶阿蒙蒂亚度酒》

2.《悖理的恶魔》

　《装饰的哲学》　　　　　　　　同一期

3.《莫雷娜》

4.《梅岑格施泰因》

5.《钟楼里的魔鬼》

6.《死人或活人》^②

在新开的连载栏目里

　　总标题

《怪异故事集》

致保罗·德·圣-维克多

[巴黎] 1854年10月22日星期日

谢谢，先生；——在鲁维埃尔的事情上确实有个误会。我从来没有对

佩尔兰 ① 先生说过鲁维埃尔要参演《狄安娜·德·施弗里》 ②。——我是说过《狄安娜·德·施弗里》要取代《火枪手》，——后来人家又做了另外的决定，——您确实错过了一次属于最奇特行列的艺术展示。——鲁维埃尔的聘期只有两个月。——要是他一整年都遇不到一出能让他施展其独特才华的剧目，那他就会整整一年都领空饷，奥斯坦因 ③ 先生对他的好感还不至于到了不计剧院当家人利益的地步。我知道科莱 ④ 夫人和维尼先生正设法把他安排到什么地方，让他出演《查铁墩》和《昂克尔元帅夫人》 ⑤，而我担心他们不会成功，——原因很简单，——因为就我这方面来说，——我知道要是奥斯坦因先生手上有一出适合他的才华的好剧目，那就会很乐意留住他，于是我也就加紧干活，而且我已经跟他——也就是鲁维埃尔——谈妥了，要把一出关于"酗酒"的心理剧的那些初步要素给他，让他惠予支持并采纳。如果我成功写出——我是这么认为的，我也是这么希望的，——烈酒的恐怖，——如果奥斯坦因先生不采纳我的想法，——或者鲁维埃尔在其他地方忙得抽不出身，——我要等多久都可以，出演这部作品非他莫属。——我跟您讲这些是因为有些倒霉的家伙特别自负，总以为别人应当对他们的梦想感兴趣。

　　说到《怪异故事集》，——雷利蒂耶 ⑥ 是个好人，和蔼可亲——这中间可能也有一个误会。——事情一直都是按干一天得一天的节奏运行的，连载的数量并没有谈定，——我从来没耽误过时间，我要连载的东西总是提前一天就准备好了的，——每次中断刊载我的东西，甚至都没有人屈尊在头天晚上告诉我一声。——这样一来，当我在没有接到任何通知的情况

---

① 佩尔兰（Pellerin）是《国家报》印刷所的工头或校对员。

② 《狄安娜·德·施弗里》（*Diane de Chivry*）是法国作家弗雷德里克·苏利耶（Frédéric Soulié，1880—1847）创作于 1839 年的一出五幕剧。

③ 伊波利特·奥斯坦因（Hippolyte Hostein，1814—1879），法国剧作家、导演，并先后担任多家剧院的院长。他在 1849 至 1858 年间掌管盖泰剧院，让剧院大获成功。

④ 路易丝·科莱（Louise Colet，1810—1876），法国女诗人、文人。

⑤ 《查铁墩》（*Chatterton*，1835）和《昂克尔元帅夫人》（*La Maréchale Ancre*，1830）都是维尼创作的戏剧。

⑥ 雷利蒂耶（Lhéritier），具体身份不详，可能担任着《国家报》编辑部秘书之类的职位。

下看到一部很长的作品取代了我的作品，我自然会认为我的东西被送上了断头台，就是因为报社的当家人又有了什么可爱的心血来潮。我在这一行里的遭遇无以形容；说到钱的问题，我都不屑提及，——而人家可能还以为是贵了，——因为外省订阅者的那些瞎吵吵只不过是一个借口，而用以取代的作品有极好的行情才是唯一的原因。——每月省点儿小钱。——说到贵报的那些好办法，我给您举个例子，——您会相信有这样的事情吗？我从来都是非要死缠着他们才拿得到我自己连载的作品，——还有好几期没有拿到，硬是拒绝给我，而且要是很不幸再也买不到了，那我还得自掏腰包请人照借来的本子重新排出来，或者自己把缺的那部分手稿再重新做一遍。——不过我得说，我从您的信中得到了一点安全感，而且如果非要折磨那些誊稿的先生以重开印刷，那是马上就可以做到的。

现在我要恳求您不要把我这些抱怨向外声张一个字。报社从来都是险恶的洞窟。另外，往深里说，我相信我是喜欢受委屈的，这可以锻炼性格，而且我把它当成人生的积淀。

我曾怯生生地给您推荐过多布伦小姐，因为她给我的感觉是有时候也偶然显露出几分才华，——在她这件事上我真不知道该如何感谢您，我要怎样才能感谢您的美意？三言两语的赞赏能对她产生极美妙的效果。——先生，好多年以来，世人让我已经不习惯于受到礼遇和照顾，而当一个非凡人物对我做出善意的表示时，我真的是受宠若惊。

请接受我诚挚的谢意。

CH. 波德莱尔

致于勒·巴尔贝·多尔维利

[1854 年 10 月？波德莱尔在信中抱怨《国家报》中断刊载他翻译的爱伦·坡作品，并请多尔维利到迪塔克处为他说项。多尔维利的回信未标明日期，信中赞扬了波德莱尔的翻译，并肯定地说事情没有大碍。]

致伊波利特·奥斯坦因

［巴黎］1854 年 11 月 8 日星期三

先生：

倘若我不知道我是在对一位有识之士进言，那今天这个不寻常的尝试我做起来一定会忐忑不安和满腹狐疑。

我寄给您的这部让我费尽周章才搞到的作品，——图书馆不愿意出借，——《回顾杂志》也已经不在了，——几乎没有人知道；您有可能知道吗？——总之这个作品没有收进全集，甚至也没有收进遗作集，基本上只有那些收罗珍本的人读过 ①。好多年来我一直都有这样一个看法，那就是这个作品会在我们这个时代获得巨大成功；别人可能跟我不一样，想到的是法兰西喜剧院或吉姆纳斯话剧院 ②；但我看我所做的选择更好，首先是因为那位院长 ③ 出众的素质，而且尤其还因为——请允许我告诉您——他不循常规的风格。

我是这样想的：

奥斯坦因先生是巴尔扎克的生前好友。不正是您，先生，出色地把《后妈》④ 搬上了舞台？——巴尔扎克所期望的那种戏剧自有其不可多得的先驱，而这样的一部似乎当得起先驱之一的作品，奥斯坦因先生当然懂得其价值所在。

在那些拿津贴的剧院，什么也做不了，什么也成不了，什么也推动不了；大家都瞻前顾后、畏手畏脚。

接下来会让人好奇的事情就是去验证一下，那些大街上的、被人瞧不起的观众是不是真的完全不能理解和鼓掌欢迎一部具有绝妙影响力的作品，——我不愿意说"文学的"这个词，它属于我们这个时代难听的

---

① 波德莱尔此处提到的作品是狄德罗晚年创作的一出四幕喜剧《他是好人吗？他是坏人吗？》(*Est-il bon? Est-il méchant?*)，1834 年作为遗作首次发表在《回顾杂志》(*Revue rétrospective*) 上。

② 吉姆纳斯话剧院（Le Gymnase-Dramatique）是巴黎的一家剧院，创办于 1820 年。

③ 指时任盖泰剧院院长的奥斯坦因。

④ 《后妈》(*La Marâtre*) 是巴尔扎克创作的一出五幕"私密戏剧"，1848 年在历史剧院（le Théâtre-Historique）上演。当时历史剧院的院长正是奥斯坦因。

黑话。

我一向都认为，您的剧院佳绩不断，完全可以让您放开手脚进行一次辉煌的尝试，即便出现最坏的情况，《哥萨克人》和《野猪》① 的收益也大可对上演狄德罗的作品予以弥补。

我要是还想激发您的自豪感，我可以对您说，在这位伟大的作家身上丢点儿钱是值得的，但很不幸我不得不向您坦言，我确信是有可能挣到钱的。

最后，——我是不是要把话说完呢？——因为直到现在您都不认识我，我好像正在很不识趣地侵犯您的权力和职能，——我觉得有一位演员十分出色，既狂放又细腻，具有诗意的性格，一位在《火枪手》中令我眼前一亮的演员，——我完全不知道您是否持有跟我同样的想法——我要说的是，要是让鲁维埃尔先生扮演狄德罗笔下作为狄德罗本人化身的这个人物（哈尔都安），我估计他能让自己的才华得到全新的发挥，在这个人物身上，敏感的性情与讥诮嘲讽和最古怪的玩世不恭相映成趣。

所有的人物（这点颇为奇特）都实有其人。普乐蒂埃先生是海军部的高级公务员，他是很晚才去世的；我认识的一个人就见过他。

女性角色众多，都很有意思，很有魅力。

从严格意义上说，这部作品是狄德罗唯一一部极富戏剧性的作品。《私生子》和《一家之主》② 不可与之同日而语。

至于需要改动的地方，——我希望您的感觉跟我的一样，——我认为改动的地方会很少，只会涉及一些已经过时的表达，一些过去的法律方面的惯例，等等。换句话说，为现代观众着想，我认为耍几个时间上移花接木的花招并无大碍，这也许是件好事。

先生，现在请允许我借此机会向您坦言，我很长时间来一直梦想写一出恐怖之极又古怪之极的剧目，而在我可以琢磨这个剧目的那些难得的时刻，我眼前总是浮现出您那位奇特演员的形象。这是一部关于"酗酒"的

---

① 《哥萨克人》(*Les Cosaques*) 是盖泰剧院 1853 年 11 月推出的一出五幕剧；《野猪》全称《阿登山地的野猪，或古堡幽灵》(*Le Sanglier des Ardennes, ou le Spectre du château*)，是盖泰剧院 1854 年 7 月推出的一出大型五幕情节剧。

② 《私生子》(*Le Fils natureli*，1757) 和《一家之主》(*Le Père de famille*，1758) 是狄德罗的戏剧作品。

剧本。我是否需要跟您说，我的这位酒鬼跟其他那些酒鬼完全不是一回事？——先生，请接受我至深的敬意，并请允许我怀有美好的希望。

CH. 波德莱尔

塞纳河街 57 号

致文人协会主席

［巴黎］1854 年 11 月 14 日星期一 ①

主席先生：

　　要是理事会的先生们愿意让戈德弗鲁瓦先生预付给我一笔六十法郎的款项，那我会非常高兴。我是说"六十"；而实际上我也很愿意接受更多，就像我也会愿意接受更少一样，——我想，这就是对一种急迫需求的最好定义。戈德弗鲁瓦先生会告诉您我所欠甚少，只有 80 几个法郎。为了让我的冒昧显得不那么明显，我原本打算给您寄一篇漂亮的短篇小说；但除了很难获得刊载外，我昨天又发现准备寄给您的那篇超出了一万字。等过几天，也就是说一周后，我会把它换成另一篇文章。

　　主席先生，请接受我的深情厚谊。

CH. 波德莱尔

致欧皮克夫人

［巴黎，1854 年］12 月 4 日星期一

　　我亲爱的母亲，你大概不会感到吃惊，我这么久都一直没有感谢你完全出我所料地突然对我施以援手，你了解我非同寻常的生活，你知道每个日子都带给我愤怒、争吵、难堪、奔忙和苦活，我因而常常在半个月里把一些我认为必须要写的信推到第二天，这实在没什么让人吃惊的。今天

---

① 日期有误。1854 年 11 月 13 日是星期一，14 日是星期二。

呢，我是主动前来请你出手相助的。我确有必要得到这个帮助，因为多亏了我久已形成的这种奇怪的生活状态，向人讨要我需要的钱总是让我有一种叫花子要饭的痛苦感觉，你可以据此判断必须求人帮忙给我带来的是什么感觉。那可怜的一百法郎令我感动；它们让我得以对付日常生活，仅此而已；我要是把它们用到某件我所关心的大事情上，那就一点都留不下来了。我用这笔钱偿付了五六笔小债，都是在我居住的街区一直缠着我的债主。让我最感难过的是，看着那张你以为是一个天大援助的可怜汇票，我心里想到的是这对于你来说就是一种剥夺。

我今天的这些需要跟上个月完全一样。我是不是可以有衣服穿呢？我不会说：我是不是可以在大街上行走而不丢人现眼？我才不在乎这点呐。——而是说：我是不是因为没有衣服穿而应该上床躺下，赖在床上呢？我是不是终于可以在我必须得到一点安宁和自由的时候——因为我随时都可以不顾一切全力为报纸撰稿，我每天上午都等着清样，——是不是可以指望靠借几笔小债获得我需要的休息。最后，特洛里夫人跟她那个世界所有的女人一样是个蠢婆娘，就像你看到的，她选了这个好时候硬生生找我讨要她以前借给我的钱。这笔钱已经放在讷伊好久了，她随时可以去拿；但昂塞尔先生从来都一意孤行，认为让她等等才合适，结果拖了这么长时间，搞得她厌烦不已。我可没有好耐心，有天一大早，是有一阵子的事儿了，我又把这笔钱拿出来花掉了。

我两三天前见到了昂塞尔先生；他当时正要去你那里；我恳求他跟你部分解释一下那件事情，并且还特别叮嘱如果他有可能的话（如果他有可能的话！），为我做跟上个月同样的事情；但我确信他一点没跟你说这件事。——我跟他谈了我们今年的账目，谈了算一笔一劳永逸的大账的必要性，谈了在新的一年里只要费用不增加，那么算再大的账也没有意义；我责备他让你担惊受怕，我最后委托他替我照顾你。我又在他那里拿了一封给他裁缝的赊账信。——既然不能在他那里搞到钱，那我至少要保证自己想办法穿得体面一些……

老天爷，你们迫使我承受了一些怎样的屈辱，而且用诸如此类的凄惨事情来折磨像我这样的人究竟是怎样一种乐趣？

无论如何，我还没有用到那封赊账信；我真希望不要用到；因为说到底，用同样一笔钱可以买到更好的东西的时候却总是去新添置一些东西，这实在荒唐。只需要在我的裁缝那里预付一点款子，就可以拿回那些已经做好的东西。

我想在昂塞尔先生那里拿到跟上个月同样的款子（350 法郎），这笔钱中我要预付一部分给旅馆的老板娘，我要利用这次机会争取、强求、强迫给我结账，我已经要求好久了，而且还有一张我已经付的所有钱的收据。——我要在《国家报》领的全部的钱，无论是这个月的预付款，还是元旦时的终款，显然都将用在这上面；因为这个婆娘通知我 1 月 9 日搬走，我发誓从那个时候起我再不会让自己落入一个旅馆老板的魔爪。

我要重新回到同居生活去，1 月 9 日我要是不去勒梅尔小姐那里安身，就去另外一个人那里①。我必须不顾一切有一个家；这是唯一可以能让我工作和少花钱的方法。

昂塞尔先生说，我要是明年只在他那里拿 2400 法郎，那他可真就太幸福了。你知道我的意愿是只拿 1200 法郎。但他不相信。

我备受煎熬；我像等待弥赛亚一样等待完成一个校样。《国家报》已经找了我好几次了。——人家在重印我的书前生怕我有时候会让报社陷于尴尬。怎么会有人不相信像我这样一个生活得一塌糊涂的人才会严格做事？

一些朋友让我明白，我的那些戏剧计划人家正等着呢，而我要是不加快节奏，很可能会生出那种常令我痛心疾首、追悔莫及的变故。

最后，我在《巴黎评论》这边也拖延了——已经很久了。

始终有东西在敲击我的脑子。

——我现在想起一件事，它在我们上次见面时让我颇受震动——就是你以为我会在民事法庭②采取行动而表现出来的万分不安。的确，我是可以这么做的，——但我还没有愚蠢到尚无几分成功的把握就去这么做的地步。——很不幸，我不得不承认目前应该没有任何胜算。——总之，我认为我的人生从一开始就遭了天谴，而且永远都是这样。

---

① 指玛丽·多布伦。
② 波德莱尔数度想要向法庭申请取消针对他的司法监护。

我还忘了一件事情。我昨天，我今天上午有一笔很紧要、很紧迫的债要付；一封你写给我拿给昂塞尔先生看的信最早也要明天才能让我拿到钱——而且一想到跑这趟路要让我浪费一整天时间我就心生悲凉，因为昂塞尔先生虽说是最好的人，但他在交谈和时间方面是最鲁莽的；——因此，要是可能的话，我求你首先，甚至在寄给我拿给昂塞尔先生看的信之前，要是你认为这样做合适的话——因为有时候你会写一些很长的信——给我寄60法郎，我明天从他那里一出来就寄还给你；无论几点钟，办事的人肯定能够找到我，因为我正式答应过人家今天晚上九点要拿出一期连载的稿子，我这就马上开始。

我知道今天是星期一，是你接受访客的日子，我要对你说一千声对不起。为了不让你神经紧张，我叫送信的人不要等回信，把信交给你就行了。拥抱你。

夏尔

你说我经常都让你很难过；——而我所承受的惩罚就是必须写这些讨厌的信——解释，解释，——没完没了地解释，——我所受的惩罚足够多了吧。

致纳西斯·昂塞尔

［巴黎］1854 年 12 月 8 日星期五

我亲爱的昂塞尔，欧皮克夫人现在就在我这里，她在开销的数额和方式上又改主意了。也就是说，她请您惠予寄300法郎给我，——大写：叁佰法郎，——不算上欠特洛里夫人那笔，我可能在您之前付给她，至少付一部分。——我想，我亲爱的朋友，这不可能有任何讨论和浪费时间的余地；这300法郎应该二话不说径直交给我。可以这么说，我要是把这些钱扔到窗外随便糟蹋，那我往后可没脸再冒昧地向您要钱。——请您原谅我长期拿这些小事来烦您；我始终希望这是最后一次；我明天上午会亲自登门找您要这300法郎。——欧皮克夫人的决定是完全自发的，完全不需要我再三恳求。

祝好。

CH. 波德莱尔

我随这张收据附上您此前好心给我的赊账信，有了这 300 法郎，那东西就没用了 ^①。

夏·波

1854 年 12 月 8 日星期五

今从昂塞尔先生处收到金额为叁佰法郎的款项。

CH. 波德莱尔

致于勒·巴尔贝·多尔维利

［巴黎］1854 年 12 月 20 日星期三

我亲爱的先生：

　　我经常去到您那里想要握握您的手，但每次都无缘一晤；——我今天上午派人去您那里想要碰碰运气，请您帮我一个小忙。——我这一向精神愚钝、病气恹恹，完全没有什么可读的东西，而且另外我还答应过一位夫人，她很久以来都十分渴望读点儿什么，我让她读点儿您的什么东西；——您要是能交给来人您的随便什么作品，《指环》《浪荡主义》《日耳曼娜》《老情妇》《中邪的女人》^②，——我可不是爱丢书的人，——那您会让我开心死了。——如果送信人见不到您，如果您还在蹲班房 ^③，——那我就改天再派人去。

　　如果您愿意仁至义尽，麻烦您寄书来的时候附上您各种作品的清单，

---

① 欧皮克夫人添了几行字，确认儿子信中的内容。

② 《指环》全称《汉尼拔的指环》(*La Bague d'Annibal*)，1843 年出版；《浪荡主义》全称《论浪荡主义和布鲁梅尔》(*Du dandysme et de G. Brummell*)，1845 年出版；《日耳曼娜》(*Germaine*) 是一部在当时已经完成但尚未出版的长篇小说，后来在 1884 年出版时改名为《不朽之物》(*Ce qui ne meurt pas*)；《老情妇》应为《一位老情妇》(*Une vieille maîtresse*)，1851 年出版；《中邪的女人》(*L'Ensorcelée*) 1854 年出版。

③ 多尔维利常用"蹲班房"(*en prison*) 表示自己闭门写作。

写明各个书局的名字，——我需要这样一个清单很久了 ①。

您谈蒙斯莱 ② 的那篇大作搞得那个可怜的小青年神魂颠倒。他一方面开心不已，一方面又很难开心。我尽我所能说服他应该感到很开心才是。——要是谈的是我，我倒是很难开心得起来。再见，先生，请相信我永远是您的朋友和仰慕者。

CH. 波德莱尔

收　据（致《国家报》）

[1854 年 12 月 23 日。波德莱尔从《国家报》收到肆拾贰法郎，外加"1854 年 12 月连载（11 日和 12 日）" ③ 的伍拾法郎。签名：CH. 波德莱尔。]

致阿尔封斯·波德莱尔

［巴黎］1854 年 12 月 29 日

我亲爱的哥哥，我昨天晚上回家看到这封信，信中通知我的这件残酷的事情 ④ 令我大为震惊，信中说要我三点钟赶到枫丹白露。

这封信显然是准时投递到的，——到的时间是十一点，——但我是晚上才回到家里的。

我不知道这场不幸对你的打击有多大。我只是猜测会很巨大。至于安慰的话，我真不知道可以说些什么。——我们有好多年都没见过面了，我不知道为什么在我的脑海里，这场让你难过的不幸和我们之间的疏远同时都让我深感痛苦。

---

① 多尔维利在当月底的回信中满足了波德莱尔的这一愿望。

② 夏尔·蒙斯莱（Charles Monselet，1825—1888），法国小说家、诗人、剧作家。多尔维利谈蒙斯莱的这篇文章发表在 1854 年 12 月 7 日的《国家报》上。

③ 连载的是波德莱尔翻译的爱伦·坡短篇小说《与木乃伊一席谈》(*Petite discussion avec une momie*)。

④ 阿尔封斯的独子爱德蒙于当月 26 日离世。

我不知道能有什么更好的方法，只能向你保证我过几天会去握你的手并拥抱你，——因为我眼下冗务缠身。

我是否需要请你代我向你妻子转达我对她所遭受痛苦的感同身受之情？

夏尔·波德莱尔

致阿尔芒·迪塔克

［巴黎］1855 年 1 月 7 日星期日

我亲爱的迪塔克，向您转交这封信的人是塞纳河街 57 号的勒帕日夫人 ①，我请您愿意为她做我今天上午所求于您的事情。我已经答应这位夫人很久很久了，由于她急需用钱，我希望今天在拿不出钱的情况下给她一个严肃的保证。——在授权给她代我分三次领取 250 法郎（80，80，90）的情况下，我还会剩下足够多的钱。

请您亲口向她确认在本信第二页上的书面授权书。——您知道，我又见了雷利蒂耶，还去了印刷所。雷利蒂耶说是四天，排版的人说要八天。——您今天将会收到我跟您说过的那封长信。

祝好。

CH. 波德莱尔

致阿尔芒·迪塔克

［巴黎］1855 年 1 月 12 日星期五

我亲爱的迪塔克先生，您这么乐于助人又这么和蔼可亲，让人愿意请您帮忙。向您转交这张纸条的是阿尔贝先生，他十分渴望在您组建书局 ②的时候受雇于您。我觉得，无论您组建的方式如何，您都是需要雇用一些

---

① 摩洛哥旅馆的老板娘。

② 迪塔克组建的是“图书总局”（La Société générale de librairie）。

人的。那就请您给他留个位置，如果可能的话。——阿尔贝先生已经数度在出版业做事。——再说，有您在，每个人都会成为好兵。

全身心祝您安好。

CH. 波德莱尔

致阿尔芒·迪塔克

〔巴黎，1855 年〕1 月 13 日星期六

我亲爱的迪塔克，我确信，请您通过阿尔贝先生给我寄来我们上次见面时我向您要的那 25 法郎，并没有任何冒昧之处。——我此前要是能够来看您，我就这么做了。

由于我在精神上的确被《国家报》的磨磨蹭蹭搞得很恼火，要是八天后这些老爷还没有把书做出来，那我就把全文径直交给您，一半是印出来的，一半是手稿。——我马上就要动笔写序言 ① 了。但我说的这些都是说给您一个人听的，因为您要是再说出去，那些家伙就会揪住我的话不放。——我已经耐着性子等了七个月了，而我却被认为是暴脾气。

祝好。

夏尔·波德莱尔

致〔乌利耶兹〕夫人 ②

〔巴黎〕1855 年 1 月 18 日

我不知道如何称呼尚弗勒里姐姐的尊姓大名；我请她原谅我这种奇怪

---

① 即《埃德加·爱伦·坡的生平和创作》。《国家报》在 13 个月后的 1856 年 2 月 25 日部分刊发了该文。全文见于米歇尔·莱维兄弟出版社 1856 年 3 月出版的《怪异故事集》，此文为该书的前言。

② 乌利耶兹夫人（Madame Huriez，1817—1856）是作家尚弗勒里的姐姐。她的本名是约瑟芬-爱丽丝·乌松-弗勒里（Joséphine-Élise Husson-Fleury），因嫁给商人乌利耶兹而随夫姓。

的行事方法。我自己也在病中，不能马上前往向她询问她弟弟的消息，我是前天才听说的，昨天才得知新地址。我恳请她愿意向我说几句他弟弟目前的情况，并请她接受我至深的同情。

CH. 波德莱尔

致菲利克斯·索拉尔

［巴黎］1855 年 1 月 18 日星期四早上七点

我亲爱的索拉尔，看在上帝的分上，或者特别是看在能让我得到休息的分上，请交给这位正直的来人 20 法郎带给我。请相信，尽管我还欠着您 40 法郎，但我若不是待在家里完全动弹不得，——不是因为生病，请相信这点——我是不怕前往听您教训的，我会亲自向您要这些钱。我都会还给您的，索拉尔，还的那天我会带上两卷刚出版的书。如果您喜欢非同一般的东西，您会高兴的。——我会想办法让人家给我几本用纤维纸做的样书，是专门为我那些不卖自己藏书的朋友准备的。——有人告诉我说您现在花很多钱在书上。——您好幸福啊！——我有整整十年都没有在书上花钱了。——但您会这样说，这个答应送书的诺言就是一句玩笑话，是为了把给您的药丸裹上糖衣，为了给我的冒昧涂脂抹粉。

CH. 波德莱尔
塞纳河街 57 号

我相信您是很爱尚弗勒里的，我告诉您一个痛心的消息。他病得很重，让人十分担心，而且医生们不让探望。

致埃米尔·蒙泰居

［巴黎］1855 年 1 月 18 日星期四

我亲爱的朋友，我请您在比洛兹先生那里过问一下我的事情①。快乐

---

① 蒙泰居是《两世界评论》的撰稿人，他在社长比洛兹那里说得上话。

若让人久久等待就会大大失去其强度。另外，您知道，我就说一个让我失去耐心的原因：我急切地想要知道——因为我一直都知道得模模糊糊、很不全面——我的一大批诗歌会在读者中产生怎样的影响。

要是德·马尔斯 ① 先生的意见于我不利——这是有可能的——那就必须敦促比洛兹做出自己的判断，并且向他表明在任何事情上行事果敢的好处。总之，我对他的判断更有信心，他的判断要强于德·马尔斯先生，那个人在做一个决定（一个决定！）时总是会说：不过呢，——可能会，——但也许要看到，——有可能不够审慎，等等，总是显出一副优柔寡断的样子。

祝好。

CH. 波德莱尔

收　据（致昂塞尔）

［讷伊或巴黎］1855 年 1 月 29 日

今从昂塞尔先生处收到金额为伍佰法郎的款项，以补足欧皮克夫人同意他给我的壹仟伍佰法郎。

CH. 波德莱尔

致阿尔芒·迪塔克

［巴黎］1855 年 2 月 3 日

我亲爱的迪塔克：

现寄上目录 ②；您只需要读一下就可以明白里面的顺序和级别。

---

① 维克多·德·马尔斯（Victor de Mars，1817—1866），法国报界人士，时任《两世界评论》执行社长和编辑部负责人。

② 有可能波德莱尔当时是希望由迪塔克创办的图书总局来结集出版他翻译的爱伦·坡作品。

——我已经开始对连载的作品进行排序。

我自作主张给另外一位债主勒塞尔夫先生 ① 写了一份金额为 150 法郎的授权书。因此我要极其小心地在《国家报》那边留下 150 法郎。——亲爱的朋友，实在是对不起，我用这些个人的事情来烦您。——但请您相信，我这么做的确是事关紧要，而且中间还掺杂了一些微妙的东西，实在没办法不赶紧给人家一个什么保证。祝好，全心全意地 ②。

CH. 波德莱尔

致欧皮克夫人

［巴黎］1855 年 4 月 5 日

我亲爱的母亲，你几个月前把我的两封申辩信没有拆封就退回来了，所以我这次只好不把信封口就派人送给你。

几天前，由于我实在受不了我所过的糟糕生活，便请求昂塞尔先生借给我 1000 法郎，好让我安顿得像样一些。他起初似乎是同意的，后来又变了主意。我也就只好放弃，提出用我出书的稿酬自己支付部分家具。但在今天上午，我又请求他借我一笔数额不大的 350 法郎的款子，并向他保证我会以最确切可靠的方式把钱还给他。显然我眼下就只能将就着安顿一下了。一个月以来，我不得不搬了十次家，在四壁灰墙中生活，与跳蚤相伴而眠——我那些信（最重要的信）都被拒收——整个人在一家家旅馆之间晃荡；——我以前还做过一个大决定，无房可住时，我就去印刷所生活和工作。我的书是怎么写出来的，我现在怎么还没有病倒，我还真不知道。但我不能再这样下去了，主要是因为我必须非常主动地重新开始工作；不能设想倒霉的事情没完没了。出版商和我在时间上都很紧。《国家报》那边的活儿三天后干完，接着又必须开始干其他地方的活儿；而我却没有一个居所；因为我不能把一个没有家具、书都堆在地

---

① 勒塞尔夫（Lecerf），具体身份不详。波德莱尔在其书信中仅此一次提及这位债主。

② 英文：all yours very truly。

上的洞穴叫作居所。另外一方面，在等待最终安顿下来的同时，我必须处于相对而言日子无忧、心绪安宁的状态；因为我脑子里不可能装着一大堆邋遢烦人的俗务的同时去全神贯注地写出一本好书。——我是因为这个才向他要 350 法郎的（而事实上，他出于自己抠抠索索的习惯，今天上午给了我 100 法郎，但那对我来说完全无济于事）。要是他愿意的话（而我不相信他会愿意），他可以使用某种债权转移的方式，记在账上并通知对方 ①。总之，这属于某种凭证。我希望他会选最近期的方式，也就是与迪塔克进行债权转移，因为我打算这一个月都要靠《巴黎评论》②过日子。

可笑至极的是，身陷这许多让我身心俱疲、难以承受的动荡之中，我还必须作诗赋词，这对我来说，情何以堪……

……

致维克多·德·马尔斯

[巴黎] 1855 年 4 月 7 日

我亲爱的德·马尔斯先生：

我正在为《恶之花》准备一篇十分美妙的"跋诗"，希望能按时完成。我想对您说明以下此点，——无论您要选择哪些篇目，我都坚决要求与您一道编排这些诗的顺序，以使这些诗成为可以说是有连贯性的东西，——就像我们为第一部分所做的那样。

我会在 9 日或最迟 10 日带上我的"跋诗"去您那里。

这首跋诗（是致一位女士的）大致说的是这些：让我在爱情中安歇。——然而不，——爱情不能让我安歇。——纯真和善良让人恶心。——如果您想要讨我欢心并重新唤起我的青春欲望，那您就要心狠手辣、谎话连篇、放荡不羁、下流无耻，以及偷盗成性；——而如果您不想是这个样

---

① 波德莱尔多次用到这种把版权抵押给债权人的方法。
② 波德莱尔自 1852 年以来没有在《巴黎评论》上发表过任何东西。

子，那我就会带着心无怨怼的冷漠痛打您。因为我是讥言讽语的真正代理人，而我的病绝对属于不可救药的那一种。——这些，正如您看到的，是放出一朵用种种丑恶做成的漂亮的礼花，是一篇真正的跋诗，配得上那篇致读者的"序诗"，是一篇名副其实的总结全文的结语。

　　祝好。

CH. 波德莱尔

致欧仁·德拉克洛瓦

　　[巴黎，1855 年 6 月 5 日前后。波德莱尔给德拉克洛瓦寄去了自己 6 月 3 日发表在《国家报》上的一篇关于 1855 年世界博览会上德拉克洛瓦作品的文章。波德莱尔在这篇文章中对德拉克洛瓦大加赞赏。他在信中称自己在文章中还谈得不够。德拉克洛瓦 6 月 10 日回信表示感谢。]

致［奥古斯特·维图？］

［巴黎］1855 年 6 月 9 日

我亲爱的朋友：

　　您对我一向都极其和蔼可亲，我故而把下面这些事寄望于您。

　　我明天中午是不是要过来看清样，并带上我的第四篇文章①？——我完全不清楚。——我颠沛流离的生活把我搞得虚弱得很。我眼下正在做第

---

① 波德莱尔从《国家报》获得评论 1855 年世界博览会美术部分的机会。《国家报》5 月 26 日刊发了第一篇：《批评方法》；6 月 3 日刊发了关于德拉克洛瓦的那篇文章。但该报以批评过重为由拒绝刊发关于安格尔的那篇，该文后来于 8 月 12 日刊发在小杂志《文摘》上。信中提到的就是关于安格尔这篇文章的清样，当时报社正在讨论是否刊发。信中提到的第四篇文章可能是评论其他一些法国画家的，也有可能是评论英国画家的，因为在 5 月 26 日那篇文章的附言中曾预告要进行这方面的研究。第四篇文章跟第三篇一样，最终也没有在《国家报》上刊载。

三次灌肠。请您在跟科恩先生 ① 一起读了我的文章后，把清样寄给我。不能太信任能干的纪尧姆 ②，——也别太信任狡黠的佩尔兰，他错排连篇，大概倒是会讨伏尔泰的欢喜，因为他就是一个浑身挂满贝壳的朝圣者 ③。请把我这些话转告科恩先生，告诉他这是最后一篇针对一个人的文章，让他不要轻易行使一笔勾销的大权。另外，您很了解我的那些想法，请您跟他解释一下那些没说清楚的地方。还有，安格尔 ④ 老爹让我苦恼得不得了。

请再看看手稿。破折号和着重线已经很少了，但仍然还有几处。

CH. 波德莱尔

致弗朗索瓦·比洛兹

［巴黎］1855 年 6 月 13 日星期三

我亲爱的比洛兹先生：

我 5 月 30 日不合时宜地来打扰您，正是我跟迪塔克先生闹翻的那天，由于感到自己没有出版人了，所以我是来请您出手帮帮我，让我可以利用您可能对有些书局具有的影响力。——而到今天，我的情况变得更糟了，比以前还要严重。从星期天起，我就被《国家报》婉言谢绝了。我在那边遭受了整整一年的欺侮和戏弄。瞧，我现在终于摆脱了令我难受的《沙龙》；瞧，我现在自由了，却身无分文。我知道，按照惯例，要用某种文学礼物作为敲门砖才能在您这里登堂入室。但您有时候也有破例的情况。如果您不能为我破例，——（我认为这很正常，因为您总之已经帮过我一

---

① 时任《国家报》主编。

② 纪尧姆是《国家报》的排字工。

③ 波德莱尔在此玩了一个文字游戏：法语中，"贝壳"（coquille）一词与印刷术语"错排"（coquille）发音和写法完全相同。另外，伏尔泰在解释远离海洋的阿尔卑斯山何以会出现大量贝壳时，称这是身上披挂贝壳的朝圣者们留下的。

④ 让-奥古斯特-多米尼克·安格尔（Jean-Auguste-Dominique Ingres，1780—1867），法国新古典主义画派画家。

次实实在在的忙了①）那就请您只是预支给我一个样张的稿酬，如果可能的话您也可以多预支一点，是一部长篇小说，会很快完成，比您认为的更快。因为如果我就我翻译的爱伦·坡作品跟阿歇特出版社或米歇尔·莱维出版社谈妥了，那我就有一个月时间校改清样，——紧接着就会为您效劳。——我实在是已经厌倦了这十二年的漂泊不定。——那篇小小的解说显得古怪而慈祥，我是这几天才看到的，无论别人都说了些什么，我不认为写得不雅，它在我精神上产生了一种奇怪的效果。它让我重新一一检视以前的那些废纸，那些成堆的提纲和计划。哎呀！先生，我应当承认，我在里面没有找到太多的人类情感或是诸如此类的情感，——这算是我的耻辱吗？这算是我的光荣吗？我在里面看到的，几乎只是专注于引起惊奇和恐怖，承认这点倒是有几分可笑。不过，我手头有三四个材料，只要巧加利用便可以让您好生喜欢。但更多的是属于幻想类的作品，而不是风俗类的长篇小说。如果是风俗类的，我可能就在无意之中伤害您了；而幻想类在我看来则是可靠的阵地。

　　说到我这封信的直接目标，然而也是极重要的目标，您要做的任何决定都一定是好的。您不是发表了我的一些会让其他诗集却步的篇什吗？您不是甚至还从那时以来——我也是最近才知道的——大大方方地为我辩护吗？虽然我觉得自己当之无愧，但我还是应当感谢您；我要跟您说更好的事情；我之前就料想到您会这么做的。

　　虽然现在正是接近月中您最忙的日子，但我估计我六点钟登门拜访一次不会打扰到您。

　　祝好。

　　　　　　　　　　　　　　　　CH. 波德莱尔

　　维克多·德·马尔斯先生是把我的地址弄丢了吗？我没有收到 6 月 1 日这一期。

　　附言：——请您明白，我原本希望、原本坚信自己是不需要给您写这封信的，我原本的坚定意图就是，只有在带给您一篇漂亮而严肃的短篇小说时才会请您帮忙。但掌管文学圈子漂泊生活的魔鬼做出了另外的决定。

　　　　　　　　　　　　　　　　　　　夏·波

---

① 比洛兹担任社长的《两世界评论》于 6 月 1 日以《恶之花》为总标题发表了波德莱尔的 18 首诗。

致菲洛克塞纳·布瓦耶

[巴黎，1855年6月20日前后]

亲爱的抒情诗人：

我昨天听阿瑟利诺说，您来找过我去看英国人的演出①。这证明您没忘了我，而您大概不会相信我对此是多么感动。

我为今天上午去您那里没完没了地大倒苦水向您表示歉意，正如您猜到的那样，那是因为这个月跟迪塔克和科恩彻底闹翻造成的。但我还是勇敢地站稳了脚跟，我也会好好利用我那几篇《沙龙》。最后，我只好去揪住比洛兹这个大好人不放，所幸这还不十分困难！……

夏·波

附言：——爱伦·坡的书②马上就要上市了。终于！……——啊！我告诉您，我马上要去蒂耶里夫人③那里讨黄油和葡萄酒了。——我这几天一直在想，我可能会需要您的帮助，我准备写一篇谈谈各种戏剧趋势的长文。您知道，我对剧目方面的了解不深！

致文人协会主席

巴黎，1855年6月29日

主席先生：

我现在的情况是，我以前赖以为生的那家报纸④跟我一刀两断了；我前来向您申请一点儿钱。在我上一次致信我们的协会理事会的时候——我

---

① 当时有个英国剧团曾在巴黎的意大利人剧院（le Théâtre-Italien）演出过《麦克白》（*Macbeth*），并且还预告了一系列剧目的演出。

② 波德莱尔翻译的爱伦·坡作品集将由米歇尔·莱维出版社出版。出版合同将于1855年8月3日签订。

③ 蒂耶里夫人（Mme Thierry）是一家膳宿公寓的老板娘。布瓦耶曾在那里住过一段时间，过的是"纯精神"的生活，意指物质层面及其脏乱差。

④ 指《国家报》。

想已经有十八个月了①，我的申请被直接拒绝了。给出的理由大概是我尚欠 180 法郎——而且我没有写出适合转载的长篇小说。如果转载是偿还借款的唯一方法，那上面的理由这次也还是很说得过去的。但谁也说不准某一天，也许就在很近的时间，我不会授权戈德弗鲁瓦先生代我到一家书局或一家杂志社去领钱②。每个人都会发生今天需要钱而明天做成一笔好买卖的情况。再说，我相信自己最终必定能把协会的钱还上，而我只能说到这里，因为我不属于那种靠连载长篇小说赚取收入的作家。

我欠的小债有可能已经减少了；不过我向您承认这会让我大为吃惊。

主席先生，请您接受并请您让理事会的理事先生们接受我兄弟般的至诚之情。

CH. 波德莱尔

哎！我差点忘了具体数目。100 法郎当真是我所必需的。但我知道您可能不得不给我低于这个数，而我对您的尽力而为始终都不胜感激。

夏·波

致菲洛克塞纳·布瓦耶

［巴黎，1855 年 6 月底？］

我亲爱的抒情诗人，您知道相爱最深的人是从不见面的；您可千万不要怨恨我。尚弗勒里也是这样。

再说，我这一向的生活是一场持续不断的风暴，——而且还是变幻无常的风暴。什么都遇到了。

我请您帮忙的事项如下：请交给阿尔贝先生一些为我准备的图书目录，如果您有的话，——以及一份标明在法国出版的各个剧作的清单（您对此应该烂熟于胸）；——（不是要拉辛、莫里哀、高乃依、博马舍等人

---

① 波德莱尔的上一次申请实际上是在 7 个多月前。参见他 1854 年 11 月 14 日致文人协会主席的信。

② 这是波德莱尔惯用的债权转移的方法。

的作品）。要的是外国戏剧，——是一些个人的版本，如席勒的，如卡尔德隆 ① 的，等等。——另外是一些合并出版的版本，也就是合集。我强烈希望您告诉我一个里面有亚洲戏剧的。

　　阿瑟利诺问您好。

　　祝好。

CH. 波德莱尔

致埃米尔-弗朗索瓦·汤普利埃 ②

[1855 年 7 月 6 日。写在一张四开纸上。波德莱尔在这封信中谈到他翻译的爱伦·坡作品的出版问题。他语气坚决地坚持由自己来选择用哪些作品来偿还汤普利埃享有债权的债务 ③。]

致埃米尔-弗朗索瓦·汤普利埃

[1855 年 7 月 10 日。写在一张八开纸上，签名"CH. 波德莱尔"。波德莱尔在信中谈到他写的前言，认为"还不成熟"，还要进行修改。]

　　首先有一些具体的错误，另外我现在了解到许多新的材料。在新的序言中，只会保留几页而已。但总之，这足以让您对爱伦·坡的生平有一个总的概念……

---

① 卡尔德隆·德·拉·巴尔卡（Calderón de la Barca，1600—1681），西班牙戏剧家。
② 埃米尔-弗朗索瓦·汤普利埃（Émile-François Templier，1821—1891），法国书商和出版商。
③ 法国出版业巨头路易·阿歇特（Louis Hachette，1800—1864）此前购买了出版商勒库的资产，而勒库曾为爱伦·坡作品预付给波德莱尔一笔款子。汤普利埃是阿歇特的女婿和合伙人，自然成了这笔债务的新债权人。波德莱尔跟他的商谈进行得并不顺利。

致［奥古斯特·维图 ① ？］

［巴黎］1855 年 7 月 19 日

我亲爱的朋友，您若把您写的那些关于印刷术的文章送我一读那就太好了；我想您还会一并加上您那些关于书籍装帧、首饰和家具的文章。那些凶恶的家伙剥夺了我的清样，我是很偶然看到《国家报》的。

祝好 ②。

CH. 波德莱尔

塞纳河街 27 号

我刚刚很偶然地读到一篇文章。这让我想到向您要其他的文章。

致欧皮克夫人

［巴黎，1855 年夏 ③ ？］

亲爱的母亲，我十分感谢你。要是这个包裹里有你留给我的话，我本来是会很幸福的。但你可能是不是想要惩罚我，想要提醒我太经常忽视了你？

我不想用我的种种忧伤来让你担心和惹你厌烦。你只要知道没有一天我的双眼不望向你们的小屋，这就够了。

围绕着我的是怎样的虚空！怎样的漆黑！怎样的精神上的黑暗和怎样的对未来的恐惧！

我拥抱你并爱你。

夏尔

---

① 收信人的名字被剪切掉了。有论者基于以下两个原因确认收信人是维图：1. 在其他一些写给维图的信中也有剪切掉收信人名字的情况；2. 维图在 1855 年 6 月和 7 月为《国家报》撰写了一系列关于奢侈品艺术和产业的文章。

② 英文：All yours。

③ 欧皮克将军于 1855 年 3 月 7 日在翁弗勒尔（Honfleur）购买了一幢小屋，波德莱尔称之为"玩具屋"（Maison-joujou）。鉴于装修需要一定时间，本信也有可能写于 1856 年。信中提到的"你们的小屋"可以排除更晚的年份，因为欧皮克将军于 1857 年 4 月 27 日去世。

合　同（与米歇尔·莱维）

[1855 年 8 月 3 日]

一方：夏尔·波德莱尔先生，现居巴黎，塞纳河-圣日耳曼街27 号

另一方：米歇尔·莱维兄弟出版社，同样现居巴黎，薇薇安娜街乙2 号

共同约定如下：

夏尔·波德莱尔先生向米歇尔·莱维兄弟出版社出售其所翻译的爱伦·坡《怪异故事集》全部译文以及在印刷、发行和销售上的完全所有权；米歇尔·莱维兄弟出版社对此表示接受。

作品将分为两卷，包含十到十一张大幅印刷纸，出版时一卷书名为《怪异故事集》，另一卷书名为《新怪异故事集》。

在本书出售的报酬方面，夏尔·波德莱尔先生将从印制的每一册书——无论卖出与否——获得米歇尔·莱维兄弟出版社图书推广目录上所标价格的十二分之一。

本书在米歇尔·莱维兄弟出版社售罄一年后，夏尔·波德莱尔先生可以收回其所有权。

米歇尔·莱维兄弟出版社明确保留以其售价二十生丁的四开本发行波德莱尔先生本日向他们所售两卷中至少一半以上内容的权利，并且不向波德莱尔先生支付任何报酬。

米歇尔·莱维兄弟出版社保证首次印量达到一千五百册。

夏尔·波德莱尔先生若要发表埃德加·爱伦·坡任何作品的译文，必须首先提供给米歇尔·莱维兄弟出版社，后者有权拒绝或接受，并享有与本合同相同的条件。

本合同一式两份，公元一八五五年八月三日签订。

　　　　　签字　　　　　　　　　　　　签字

　　夏尔·波德莱尔　　　　　　　米歇尔·莱维兄弟

致菲利贝尔·鲁维埃尔

[1855 年 8 月 7 日前后。波德莱尔在信中请求鲁维埃尔为玛丽·多布

伦的事情向奥德翁剧院副院长瓦埃兹①说情。鲁维埃尔于 8 月 8 日回信，表示已就此事致信瓦埃兹先生。]

致乔治·桑

[巴黎] 1855 年 8 月 14 日星期二

　　夫人，我现有一要事相求，而您甚至都不曾听说过我的名字。要说尴尬的处境，那定然是一个默默无名的作家无奈要向一位赫赫大名的作家请求劳烦大驾。我本可以借助几位声名显赫的友人向您举荐自己，但这又有何益？我想，我要说的这件事本身比什么都更有说服力。再则，我认为有求于一位女士从来就不像有求于一位男士那般尴尬，而且，当有求于一位女士是为了另一位女士时，这便不再是一种屈辱，而几乎就是一种喜悦。虽然您的文学地位令人高山仰止，但我在致信给您之际并不感到太多的尴尬和羞怯，我希望当我向您承认这点时，不会令您不悦。

　　您的戏②即将在奥德翁剧院开始排练。鲁维埃尔，我最好的朋友之一，是一位天才演员，将扮演男主角。剧中有一个角色（鲁维埃尔的妻子）最初是准备给多布伦小姐的。——您还记得她吗？她曾在《克萝蒂》③中出色地扮演过一个角色。——大家基本上都已经同意了。纳里④想要这

---

① 居斯塔夫·瓦埃兹（Gustave Vaëz，1812—1862），法国剧作家。时任奥德翁剧院副院长，后来任巴黎歌剧院副院长。

② 乔治·桑的一出三幕话剧《法维拉大师》（Maître Favilla）将于 1855 年 9 月 15 日首演。

③ 《克萝蒂》（Claudie）是乔治·桑的一出三幕话剧，于 1851 年 1 月 11 日在圣马丁门剧院首演。玛丽·多布伦自 40 年代中期开始活跃于巴黎多家剧院，曾分别于 1850 和 1851 年在乔治·桑的《弃儿弗朗沙》（François le Champi）和《克萝蒂》中扮演角色。乔治·桑本人对她的印象不错。她在 1855 年 8 月 12 日致瓦埃兹的信中写道："我所了解的关于她的情况十分理想。她人漂亮，台词念得好。"当她听人说多布伦变得太胖，又于 8 月 23 日致信瓦埃兹："贝兰采尔不久前看过她在《哥萨克人》中的演出，她关于多布伦所说的跟你们提供的最新情况可不一样，这一点要弄清楚才好。我呢，一年前见过她，至于身材吗，一点不胖，其美丽无可置疑。她怎么会这么快就发福了呢？"

④ 夏尔·纳里（Charles Narrey，1825—1892），爱尔兰裔法国小说家、剧作家，奥德翁剧院的董事之一。

个结果，舞台监督坚持用她，瓦埃兹先生似乎也想要她；至于懂行的鲁维埃尔，他几乎跟我一样喜爱她。多布伦小姐目前人在尼斯，她是从意大利回来的，她的老板在那边破产了。她以前曾擅自离开盖泰剧院，各种缘由不仅大可原谅，而且甚至大可赞扬。——奥斯坦因曾放出话说，大街上的哪家剧院要是用她，他就要法庭上见，但他不会跟奥德翁剧院计较的。纳里先生负责解决这个难题，总之可以认为是已经解决了。——再说，要摆平这件事情，只需要花几个小时就够了。——昨天上午十点，我见了瓦埃兹先生，他还特意问我是不是都已经处理好了；我告诉他说，多布伦小姐乐意接受这个角色，但她希望增加一点酬金，就增加一点点；——夫人，数目少得我都不敢跟您说。瓦埃兹先生要我两点钟再去见他。到了两点，纳里先生受委托处理这件讨厌的事情，通知我说一切都已经取消了，没有任何商量的余地，已经太晚了，等等。——这里和尼斯之间只需要三天时间，而我想，奥德翁剧院要到 9 月 15 日才重新开门。

　　我需要对您说吗，夫人，我是带着何等的喜悦看到多布伦小姐荣归巴黎出演您的作品，并且在一家适合她的剧院弥补头一年造成的那些痛苦和变故？——我于是回话说，我在没有征询她本人意见的情况下代她接受剧院提出的条件。这扇庇护之门却对我关上了。

　　夫人，整个事情跟您的意愿和意见没有关系；正是这个简单的想法让我看到了一线得救的机会，所以才给您写这封信。我不仅有求于您的意见，一个有利的意见，而且还请求您，身为作者，身为主人，施加一定的压力，好废除那个我猜不到是从何而来的莫名其妙的压力。我恳请您——除非您已经有预先确定的计划——给这些先生写几句话，尤其是给鲁瓦叶先生。您看到的，夫人，我就跟那些不幸的人一样，对判官心怀不满，到处寻找苏丹；他们指望苏丹的仁慈和公正。——无论您应允我还是拒绝我，都请您千万不要把我斗胆采用的这个剑走偏锋的手段张扬出去。——我要是现在大谈我对您的仰慕和对您的感激，那就实在是太愚蠢了。我怀着几分不安的心情等待着您的回复 ①。

　　夫人，请接受我至深的敬意。

CH. 波德莱尔
塞纳河街 27 号

---

①　乔治·桑于两天后的 8 月 16 日就写了回信。

　　在寄出这封信前有一个小小的疑难让我踟蹰了三个小时，要是我给您讲这个至少能博您一笑，我也许可以赢得一点您的好感。——我不知道您的地址；我荒唐地想象比洛兹应该知道①。他当时正在改清样，一听到您的名字，就把我臭骂了一通。另外，我不知道怎样写您的尊姓大名为好；——桑夫人、杜德旺夫人还是杜德旺男爵夫人②？——我主要是怕令您不悦！总之，最后一个名字我感觉用于一位天才是不合适的。我想您一定是更喜欢让您君临于您这个时代的心灵和精神的那个名字的吧？

夏·波

致乔治·桑

［巴黎］1855 年 8 月 19 日

　　夫人，我 17 日收到了您美意满满的信③。看来我请您出手相助是做对了。我当即就给多布伦小姐写了信，把我未征询她的意见就做了的事情告诉了她，以便在那些先生由于您的出手而与她恢复联系时，她好知道该向谁致谢。至于我嘛，可以想象得到，他们是不会提到我的，看他们回绝我的那种有些粗暴和奇怪的方式就知道了。如果您有任何新的消息，夫人，无论是有利的还是不利的，都请您惠予给我写两个字。请接受我的谢忱和至深的尊敬之情。

CH. 波德莱尔

塞纳河街 27 号

---

① 乔治·桑与比洛兹之间由于意见不合，自 1841 年起就关系冷淡。

② 杜德旺（Dudevant）是乔治·桑的丈夫的姓。

③ 即乔治·桑 8 月 16 日的回信。信中写道："先生：这件事情本来是商定好了的。我不知道发生了变化，也不知道出于何种原因。我为多布伦小姐感到遗憾，如果我能够让剧院重新任用她，我一定效力。我马上就写信。谨致敬意。乔治·桑"。

致欧皮克夫人

[巴黎] 1855 年 10 月 4 日

　　我亲爱的母亲，我不知道您的地址，我只好让昂塞尔先生向您转交这封信。我随这封信还另外附了一封，我会感激您把它寄回给昂塞尔，用于说明和证明我这封信。这个月就跟每个季度的第三个月一样，实在太难对付了，而且，尤其难在我必须在一处新的地方安顿下来，而这就在 8 日。尽管昂塞尔先生拒绝预支给我钱，但我基本上睡得安稳，因为最紧迫的开销在我看来都应该可以用在米歇尔·莱维那里还可以领的钱去支付。米歇尔购买了我两卷书，基本上已经全部付给我了。还只剩有 300 法郎，我打算 6 日上他那里去取。但我前天看到他的一封信，他抱怨我行事拖沓、工作不得法，还说我改动的地方太多，让他在印刷所方面开销巨大，末了还威胁我说要让我自己支付这些费用。——在这样的情况下，我觉得 7 日不可能在他那里拿到钱，因为他都说了要把那笔钱扣着，抵押由于我工作不得法所引发的开销。他另外还想，而他有理由这么想，让那两卷书十一月就出版，——那是出版旺季，——他甚至到了每天两次派人来我这里的地步，要么是取清样，要么是取手稿。很显然，通过这种可怕的手段，我会及时做好准备的。但我不能在 7 日的时候流落街头，穷困潦倒，手里抱着我的书，身边又有紧追不舍的出版商。——更让人恼火的是，由于必须及时出版这两卷书，这就妨碍了我挣钱，因为我腾不出时间去做别的事情。要是没有那档子事儿，我会很容易为《两世界评论》写点儿什么东西的，等我一完成眼下这件不得不做的苦差事后，我就基本上会定期为这份刊物撰稿。再说《两世界评论》已经开始在做我的一本书，这份刊物能让我的生活过得去。只是够过日子而已。——至于债务方面，我还没有考虑到那上面去。那些债务将由剧院去支付。——最后，我发觉在我讲述我所遭受的种种折磨的过程中，我忘了告诉您事情的关键究竟是什么，我希望昂塞尔先生在 8 日前可以预支给我一笔钱，不是我所需要的那一大笔，那实在太多了，而只是 300 法郎；——甚至 200 法郎就足以应付那些最紧要的麻烦，让我得以加紧工作，让忧心忡忡的出版商平静下来。——虽然您不想再跟我有任何直接往来，但我的书一出版，我首先就会寄给您，您对此是不会诧异的。我的一位朋友送了我一些上好的纸，我会让人印几部豪华本。——但要在目前这种如此严重而又如此庸凡的焦虑不安中好好工作，实在是十分艰难和十分痛苦的事情。昂塞尔先生本就应该主动给我这笔小小的预支款。给您写信对我来说倒没有什么难受的。让我难受的是，永远收不到您的亲笔回信。

请允许我拥抱您。

夏尔

米歇尔·莱维还将出版（但在何时？）我的诗集，还有我那些评论文章。可能在十二月，《两世界评论》要出版我的一部长篇小说 [1]。

致保罗·德·圣-维克多

[巴黎] 1855 年 11 月 23 日星期五

我亲爱的朋友，我没敢为了维克多·雨果的两首小诗前去麻烦您；但我要回到这件事情上来，请您告诉我，我可以在什么时候、在几点钟过去见您而又不打扰您——除非您费心把那两首诗抄出来给我，——若是这样，就把它们交给来人。

祝好。

CH. 波德莱尔

致夏尔·巴尔巴拉

[巴黎] 1855 年 11 月 26 日

我亲爱的朋友，米歇尔先生 [2] 在许多方面都和蔼可亲。特别在谈到您

---

[1] 《两世界评论》只是在 1855 年 6 月 1 日发表过以《恶之花》为总标题的 18 首波德莱尔的诗。波德莱尔此处提到长篇小说根本就是没影儿的事，所谓出版一事可堪质疑。

[2] 指出版商米歇尔·莱维（Michel Lévy，1821—1875）。米歇尔·莱维很早就投身出版业，并于 1841 年与自己的两位兄长共同创办了米歇尔·莱维兄弟出版社。

的时候，他跟我说他知道《谋杀》^①是一个出色的东西，他会欢迎您去他那里。——他还问了我一些细节，想了解您有什么可以提供的。——我什么都没有对他说，连一个标题都没有提。您还是去他那里吧，十一点，或者五点半。

祝好。

CH. 波德莱尔

致欧皮克夫人

［巴黎］1855 年 12 月 20 日星期四

我亲爱的母亲，我有许多事情要跟您说，而昂塞尔先生会把这封信交给您，他是全都知道的。谢天谢地，他跟我经常交谈和讨论这些事情，不止是随时都这样，而且尤其这近两个月更是如此。

首先，我想要见到您。您已经一年多都拒绝让我见您了，我确实认为您的愤怒完全正当，理应让您好好解解气。在我跟您之间的这种状况中，有某种完全不正常的、完全令我感到耻辱的东西，您真的不能指望再这样下去。如果您对这个请求并不满意，那至少慷慨大度一回。我不是真的已经老了，但过不了多久，我是会变老的。我觉得您不可能坚持让这种状况继续下去；我遭受的各种各样的屈辱一言难尽，起码我不想遭受来自您这方面的。就像我前面跟您说的，就算您对让我跟您和解一事并不感到开心也并不抱什么信心，那至少也要慈悲为怀。昨天，想到马上就要离开（定在明天），我开始整理旧纸堆。我找到一大堆您的信，各个时期的都有，是在各种情况下写的。我试着又重读了好几封；每一封通篇都在谈纯粹物质方面的事情，真的是这样，好像借债还债就是全部，好像精神上的享受和愉悦无关紧要。而到了最后，一想到这些信竟然是出自自己的母亲之手，就让我陷入了最最痛苦的思绪当中。所有这些信代表着已经流逝的

---

① 全名《红桥谋杀案》(*L'Assassinat du Pont-Rouge*)，是巴尔巴拉在 1855 年出版的一部长篇小说。书中不具名引用了波德莱尔的一首十四行诗《今夜你要说什么，可怜的孤魂……》。

岁月，而且是荒废了的岁月。这种旧信重读马上就变得令我难以忍受。从某些方面说，没有比过去的日子更可憎恶的了。想来想去，我感到这样的状况不仅可怕和让人反感，而且甚至是很危险的。我的精神在您看来显然属于怪癖的一类，但不应该据此就得出结论说我在这种绝对的孤独和这种跟自己母亲的疏远中享受着某种病态的快乐。我想，我刚才在前面跟您说过，我会变老的；但还有更糟的。我们中的一个会先走一步，一想到我们会天人永隔不得相见，这确实让人悲从中来。您知道我极其厌恶任何的夸张说辞。我了解自己面对您时哪些方面做得不好；每次在我对某件事情感受强烈之际，我都害怕言辞夸张，强迫让自己用尽可能冷静的语气说出这件事。因此，当您透过我的言语推测背后有某种热切而强烈的愿望时，您的感觉是对的，因为我出于习惯性的矜持，可能并没有把话说完。——但首先，正如我刚才跟您说的，请答应我如下事情：其他的以后再说，也就是说先满足我物质上的需求，尽管我可能并不会完全满意。我已经有很长一段时间都一直在身体和精神上处于病恹恹的样子，而我想要放大招，一下子解决所有问题，让自己焕然一新，让身体和精神立即恢复元气。岁月日增，而身体和精神却无一增进，这实在是太痛苦了。

昂塞尔会跟您谈我的愿望，我甚至要说，谈我坚定的决心，要在一处已经找好有两个月了的住所最终安顿下来。这样一来，我几乎是一住进去就有房租要付，因为房子定好有两个半月了，但由于没交钱，我一直没能住进去。

我实在是厌倦了吃小馆子、住旅店的生活；这就是在残杀我和毒害我。我不知道自己是怎么挺过来的。

我厌倦了伤风感冒和头痛脑热，尤其是厌倦了每天必须出门两趟，还有风霜雪雨，还有遍地泥泞。——我一再跟他谈起这些；但他想要在同意我的愿望之前先征得您的同意。

我眼下什么都缺；因而要做的牺牲或要预支的数目比平时要大。但同时我也几乎是可以立竿见影地从中获取巨大的好处；首先，时间不会再荒废了。这是我的一个伤口，一个巨大的伤口；因为有某种状态比肉体上的痛苦更严重，那就是害怕看到自己日渐衰弱和颓丧，害怕看到在这种充满动荡不安的生活中，绝妙的诗歌才能、头脑的清醒，以及强劲的希望都消失殆尽，而实际上这些才真正构成我的资本。

我亲爱的母亲，您完全不了解诗人的生活是什么样子的，可能也就不大会理解那样的理由；然而那正是我最害怕的地方；我不愿意稀里糊涂地垮掉，不愿意看到自己老之将至还没有过上有规律的正常生活，我永远不会坐以待毙；我相信我的身子是极其宝贵的，我不是要说比别人的更宝贵，但对我自己来说是足够宝贵的。

再回到我安顿一事，我眼下什么都缺：家具，内衣，外衣，甚至锅碗瓢盆，床垫，连我的书也散落在好几个装订匠那里，我什么都需要，需要一切，马上就要。昂塞尔不大能照管得了如此复杂的事情，我让他搞懂了这点。再说所有这些开销都是环环相扣的。我的安顿取决于离开我目前住的这个地方的可能性。我的安宁完全取决于这次安顿得怎么样。——这些东西中有好些都已经订货了。再过三天一切都结束了。因为我明天必须离开塞纳河街，或者我得把我的东西全部留在那里（正在写的书怎么办？——还有印刷商！还有书商！）；假设我今天就拿到钱，我会在地上睡两三天，哪里可以工作就在哪里工作；因为我不能停下来。

我选定的住处在汤普勒大道街区，昂古莱姆街18号；房子很漂亮，尤其是很安静；我会作为一个正正经经的人住下来；终于！——就像我在前面跟您说的，这将让我真正恢复元气，我需要过一种绝对隐秘的生活，还需要完全的清心寡欲和素简无华。

我那两卷书终于要出版了，而且在新的一年里，靠《两世界评论》，还有靠昂塞尔，我能够在生活上过得去。这一点我不担心。我终于要有自己的窝了。您往后不会再受到现在这样的一些纠缠了。不再有理由这么做了。——我会特别小心，保证让这次新安顿的地方完全远离任何晦气。

啊！天哪！我差点忘了数目。是1500法郎，所有的事情将在三天时间搞定①。坦率地说，一个诗人的生活就要花这些；既不多也不少；我一遍又一遍算了五十次。这不多，但刚好足够。我特别给昂塞尔先生强调过，不要因为他的畏畏缩缩给我造成什么麻烦，不要搞出什么花招把这笔

① 欧皮克夫人收到本信后当即给昂塞尔写信，同意给1500法郎，称"这对他很重要"。但同时，她也对这件事情感到很生气，称自己"没有准备好跟他恢复关系"（见昂塞尔档案资料）。

钱分成若干次给我，那就完全失去了其本来的价值和用途；我必须快刀斩乱麻，要快！另外，就像我前面跟您说的，所有这些开销都是环环相扣的，就像是一个接一个的系列动作。说事关自尊和体面这样简单的问题，这是显而易见的。

一想到我所有那些花销有些是不得不花的，有些算是白花，忍不住花出去的钱既不带来快乐也不带来利益，我就气不打一处来。我刚才算了一下，今年从您那里、从昂塞尔那里、从《国家报》、从莱维出版社收到的全部金额；数额巨大，而我却生活得像头凶恶的畜牲，像条落水狗。除非我马上做出相关的重大决定，否则这种状况会永远持续下去，直到我的想象力随着我身体的衰弱而消失殆尽。

就在今天上午，我给昂塞尔说到一件我认为相当合理的事情。我跟他说：您是不是愿意让我去做许多不像我这么骄傲的文人所做的那种事情，也是我还从来没有在任何部委和任何政府机构做过的那种事情？去向某个让我恶心的大臣要钱，而这几乎是一种惯例；的确有一些这方面的基金。就我而言，我的骄傲和谨慎总是让我对这样一些手段敬而远之。我的名字永远不会出现在某个政府机关那些丑陋的废纸中。我宁愿欠所有人钱；我宁愿跟您争吵，折磨自己的母亲，无论这有多么痛苦。

您要是在所有人之后才收到我的书，千万不要生气。我想送您一本漂亮的。我会让人专门印三本。

至于我在文学上的那些小计划，——但您是不会有多大兴趣的，——我下次再跟您细说。——再说，新一年里的计划跟刚刚过去的这一年是一样的，是我倒霉的生活没能让我完成的。——一本评论（已完成）加诗歌（已完成），几乎已经卖出去了，——一部长篇小说和一部大剧。——我拥抱您——我不会对您说：我求您，——我要对您说：请您多一点儿勇气和信心。

夏尔

我明天必须离开；我本来今天就应该离开我住的这个街区。

总之，思来想去，我一向都很少向昂塞尔先生隐瞒我生活中的什么事情，我认为最好还是在把这封信交给他以便再转交给您之前，先向他通报这封信的内容。我估计您不会觉得这样做有任何得罪您的地方。他对我指出说，我向您表达的想要再见到您的强烈愿望可能在您看来没有伴以充分的歉意。但这些懊悔，这些歉意，不说都猜得到，是显而易见的：我用两封信两次给您表达了这些意思，而您却连信都没读。有些事情可以说很容易就想得到。难道您会认为我非要冒犯您、非要在您形成的对我实在错误的看法上面再火上浇油才开心？——我再次恳求您，请您慷慨大度一点，您会满意的。——等我一旦过上了有规律的生活，谁能阻碍我们每周至少见一次面或碰一个头？这样一来，我就可以向您汇报我的生活，再加上我请求昂塞尔最新给予的方便，让人心慌意乱的情况就再也不会出现了。

致纳西斯·昂塞尔

[巴黎]1855 年 12 月 21 日星期五

我昨天到了晚上才大着胆子回到自己的住处，并且去了平时去的那家餐厅，尽管当时心里很害怕[①]。然而平安无事，至少对我来说是这样。——当我回来的时候又犯头疼了，是讷伊的乡下环境引起的。吃晚饭的时候，我听说德拉克洛瓦先生被正经八百地任命了[②]。不过，我觉得我们今天上午应该在《环球导报》上看到这个消息。说到底，看到时不时有什么好事落到天才身上，这始终是一件令人欣慰的事情。您瞧，欧皮克先生这下子就不得不跟一位位卑言轻之辈平起平坐了。

我恳请您原谅我用我所做的事情来麻烦您和折磨您。我实在是害怕我已经渴望已久的东西与我失之交臂，故而今天上午就这个方面再次给您写信。您今天上午要见我母亲；如果她开始担心，而这是有可能的，请您一定要强调两点，而这两点都是真实不虚的：第一点是，全年都不会再发生额外要钱的情况，而第二点更为重要，就是一份快乐、一种出乎意料的幸福、某个幸运的偶然事件对一个人的性格和精神能够产生的神奇的影响。我至少是在为我自己说话；而我认为这对所有既脆弱又坚强的人都是如此。一个幸运的偶然事件，特别是在钱的事情上，可以给人带来一些焕然

---

① 害怕因欠债而被抓捕。
② 指德拉克洛瓦被任命为参议员。其实这是当时疯传的一则不实消息。

一新的能力。

　　我要花一整天收拾我的东西，以便明天上午只需装车就可以了。

　　那我就四点钟在帕尼斯 ① 那里跟您见面。

＊＊＊

　　我在到处找路易–菲利普 ② 时期王家博物馆的目录，里面包括西班牙馆和斯坦迪斯馆 ③。我猜您那里会有一份。

＊＊＊

　　您知道什么地方有卖上好的铁质大床的吗？要极简单的那种，就跟医院的床一样，——但要配床罩和床垫。我更喜欢这种，而不喜欢桃花心木做的难看的床，但家具商那里显然没有这种。

　　祝好。

CH. 波德莱尔

收　据（致昂塞尔）

[讷伊，1855 年 12 月 22 日。证明收到 1500 法郎预支款中的 460 法郎而写给昂塞尔的收据。]

CH. 波德莱尔

肆佰陆拾法郎。

---

① 帕尼斯（Panis）是广告策划和制作人。波德莱尔应该是在关心《怪异故事集》的推广一事。
② 路易–菲利普（Louis-Philippe，1773—1850），"七月王朝"时期（1830—1848）的法国国王。
③ 西班牙馆（le musée Espagnol）和斯坦迪斯馆（le musée Standish）是"七月王朝"时期设在卢浮宫内的两个展馆，藏有大量西班牙绘画。两馆在"七月王朝"覆灭不久后撤销。

致纳西斯·昂塞尔

[巴黎] 1855 年 12 月 24 日星期一

　　明天，星期二，您将接待勒梅尔夫人来访。请您凭我的一张收据交给她 500 法郎。那套房子有一半已经准备好了。这 500 法郎是用在我的房间上的。如果您有什么事情要跟我说，就让她带句话给我，因为我已经不住在塞纳河街 27 号了。为了强迫她要十分谨慎，我跟她说的是我在您这里只能领到 1200 法郎；可能还是先给您知会一声为好。——我在极度混乱中搬离了我原来的住处。由于整整浪费了五天时间，如果我把来见您和来读那封长信 ① 往后推几天，您不要吃惊。我要阅读的东西量很大，要花八天时间，还要写前言 ②，这都搞得我苦不堪言，尽管我现在终于生活得相对平静了！

　　我求您不要拿先前的那些困苦窘迫跟让娜开任何玩笑或是跟她提只言片语。那真的就太狠了。

　　460 加 500 等于 960。剩下的 450 将只是用于我的裁缝，我已经叫他来过了，另外还有一些诸如此类的开销。等我的工作有了一些起色，过上几天后我会再去找您。

　　我找一位严肃的人士询问了一下，我跟您谈过的那个计划有几分能行得通。这件事情正正经经有其关系重大之处。估计皮耶特里 ③ 先生和德·莫尔尼 ④ 先生将会介入此事。但我直到最后一刻都将在那上面保持最大的沉默。

夏·波

---

① 指欧皮克夫人写给昂塞尔先生的信。
② 指为《怪异故事集》撰写的前言《埃德加·爱伦·坡的生平和创作》。
③ 法郎士施尼-皮耶特里 (Franceschini-Piétri, 1834—1915)，拿破仑三世的宠臣，时任警察局长。
④ 夏尔·德·莫尔尼 (Charles de Morny, 1811—1865)，法国政治家、金融家，时任立法机构主席。1863 年受封为莫尔尼公爵。

致纳西斯·昂塞尔

[1855 年 12 月 25 日]

我将在三四天后去看您。我真的必须先工作一段再说。——别忘了我给您写的东西。

今日从昂塞尔先生处收到金额为五百法郎的款项。

CH. 波德莱尔

昂古莱姆街 18 号

500 法郎。

1855 年 12 月 25 日

致夏尔·巴尔巴拉

[1855 年底?]

我亲爱的巴尔巴拉：

我像一个吃苦受罪的幽灵般来到您这里。我东奔西跑就为了搞到 5 个法郎，您要是能在吃晚饭的时候给我带来，会让我十分开心的。——您要是觉得不舒服，钱可以在两天后还给您。——因为我们这就要去折磨米歇尔那家伙了。

CH. 波德莱尔

致夏尔·阿瑟利诺

[1855 年底?]

我冒昧地拿了您的钥匙。——我甚至觉得，由于实在太困，我还蹂躏了您的床。

我还告诉您的门房说，明天上午会有人带一个包裹来这里。您可否帮人帮到底，马上亲自把包裹送去一家好的典当行，力争得到 50 法郎？总之，多多益善。

　　您想象一下，我那个可恶的死房东对我厉害得很，搞得我昨天晚上都没敢回去住。

　　我之所以没让人把包裹带去我那里，撇开节省时间和少跑路不说，还有好些原因。——但其中有一个就是我觉得没有必要让那个该死的家伙猜到我对他的事情有多上心。

　　我津津有味地读了福尔提耶尔的小说①。

　　我亲爱的朋友，您什么都保存，但一想到要传诸后世，这些信就不署名了。

　　千万别忘了，为了这次典当，您需要一份证明您身份的文件。

　　我等您等到了将近7点半。

致夏尔·阿瑟利诺

　　　　　　　　　　　　　　　　［巴黎］1856年1月3日星期四

　　我亲爱的朋友，这是您的行李箱。送东西这个人的办事费已经付过了。——在他兜里有两把小钥匙和那把锁。——我过几天会把福尔提耶尔那本书寄还给您。您要是见到那位比尔坎大神②，请不动声色地提醒他要再找到蒙斯莱的《雷蒂夫》③。——过几天等您搬家了，是的，请一定把您的新地址写给我。

　　祝好。

　　　　　　　　　　　　　　　　　　　　　　　　夏尔·波德莱尔

---

① 指《市井传奇》(*Le Roman bourgeois*)，是法国诗人、小说家、词典学家安托万·福尔提耶尔 (Antoine Furtière，1619—1688) 发表于1666年的一部讽刺市井风俗的长篇小说。该小说于1854年再版，由阿瑟利诺撰写说明文字。

② 比尔坎大神 (le divin Bilquin)，具体身份不详。

③ 全称《雷蒂夫·德·拉·布列塔尼》(*Rétif de la Bretonne*)，是夏尔·蒙斯莱1854年出版的一部传记作品。雷蒂夫·德·拉·布列塔尼 (1734—1806) 是法国小说家，作品颇多，题材丰富，尤以情色作品著称。西文中"恋鞋癖"(retism，rétifisme) 一词即由其名而来。

致欧皮克夫人

[巴黎] 1856 年 1 月 9 日

　　我亲爱的母亲，我相信您一定以为我忘了给您写几句感谢的话——不是忘了；——实情是前阵子我被一大堆麻烦的和需要操心的事情缠得抽不出身；——实情是这些麻烦的事情、这种穷于应付的奔忙让我浪费了大把大把的时间，结果自然就是当我刚感到松了口气，又必须得马上把欠下的活儿补上。终于，我很久以来第一次得以安安心心地工作一阵子——但我差点儿忘了告诉您，我之所以拖延的真正原因是因为我想要把我的第一卷书 ① 随这封信寄给您。但书被推迟了，一拖再拖。我的书商 ② 疯了似的大呼小叫，不满意我在印刷所方面的花费，也不满意我的拖拖拉拉。但我决意永远如此行事，也就是说遵从自己的意愿——至少在文学上如此。等再过三天，我就终于可以开始我的第二卷书了。——我本来今天上午是必须要见昂塞尔的；我最终还是决定给您写信。等书的封面一做好，我就会马上寄一本给您，等稍后我要是能够如我所希望的那样得到几本用好纸印的，您就把旧的寄还给我换一本新的。——等第二卷搞定——这用不了我四个月，一个月足矣，——我将开始定期为《两世界评论》撰稿 ③。

　　您希望我读一下您写给昂塞尔的信；我读了，说真的，我认为昂塞尔已经开始理解我了，他害怕我会感到受不了。但我的同理心比他所认为的要好一些，应该看到这封信里有多得多的母爱细节，并非不会让我深受感动。一切真正的诗人的根本特性——请原谅我这种自豪感的小小发作，这是我唯一可以自夸之处——就是懂得走出自我，去理解与自己秉性完全不同的人。

　　只有一段话，我相信您在期待我对之做个答复，那段话令我格外吃惊，——一则是因为话里所表达的那些感情姗姗来迟，二则是因为所涉及

---

① 即《怪异故事集》。

② 指《怪异故事集》的发行人米歇尔·莱维。

③ 波德莱尔把事情想得太乐观了。他说的"第二卷"，即《新怪异故事集》，要到 1857 年才出版。《两世界评论》在这之后也没有刊载过他的任何文字。

的问题颇为奇怪：我想谈谈跟我哥哥有关的一些事情。我哥哥两次让我深受伤害，一次是您知道的，另外一次您不知情 ①。——我哥哥的罪过叫作愚蠢，仅此而已，——但这已经够多的了。——我从来都不会相信您居然想在这方面给我一些建议。——我喜欢那些知道自己在做什么的坏人胜过那些愚蠢的好人。我对我哥哥的反感如此之深，不愿意听到别人问我是不是有哥哥。世上最珍贵的东西只有诗意的精神和情感中的骑士精神。他在政治、科学方面见识平庸，他关于女人的那些看法愤世嫉俗，不懂得对她们就算不是激情相爱至少也应当殷勤相待，总之，一切的一切让他变成我的陌路人。——我现在还需要对您说如果有意外遇到的机会，我不仅不会恶劣地对待我哥哥，而且也丝毫不会让他难过？——倒不是因为兄弟情谊，而纯粹是出于礼仪。

请允许我拥抱您，再次向您表达我的感谢，您可以想象我是多么情真意切。

我住在：昂古菜姆-杜-汤普勒街18号。——我在寄那本书给您的时候，可能会给您写几个字。——我早些时候给您寄过一篇我一位朋友的传记 ②，是我写的，还有一篇可恶的关于我的文章 ③；昂塞尔告诉我说您什么也没收到。——太奇怪了。

夏尔

---

① 一次是阿尔封斯·波德莱尔站在欧皮克夫妇一边，同意为夏尔安排司法顾问。另一次应该是指 1841 年 1 月底夏尔要哥哥帮忙还债，而哥哥给他写了一封"冷酷无情又让人蒙羞的信"（见波德莱尔 1841 年 2 月 1 日致阿尔封斯·波德莱尔的信）。这件事欧皮克夫人不知道。

② 指波德莱尔为菲利贝尔·鲁维埃尔撰写的传记，载于 1855 年出版的《在世的戏剧艺术家新画廊》（*Nouvelle galerie des artistes dramatiques vivants*）。

③ 应该是指发表在 1855 年 11 月 4 日《费加罗报》上的一篇文章，作者是路易·古达尔（Louis Goudall）。文章是对 1855 年 6 月 1 日发表在《两世界评论》上总标题为《恶之花》的 18 首诗进行的评论，通篇充满批评语气且言辞甚为激烈，称这些诗歌诗句"拙劣"、灵感"浮夸"，是一种"尸体堆和屠宰场的诗歌"。

致阿尔封斯·图斯奈尔 ①

[巴黎] 1856 年 1 月 21 日星期一

我亲爱的图斯奈尔，我一定要感谢您送给我的这份礼物。我先前并不知道您这本书的价值，我必须冒昧地向您坦言这一点。

我前天心头郁闷，情绪相当不稳定，——严重到妨碍我思考的地步，——不得不把手头的一项重要工作停下来。——我不知道如何散心，便在早上的时候拿出您的书②，——是大清早。它吸引了我的注意力，让我得到平复和安宁，——就像读任何好书一样。

我很久以来都带着厌恶之情排斥几乎一切书籍。——同样，我很久以来都没有读到过如此富有教益又如此好玩的东西。——关于鹰隼和各种助人狩猎的鸟类那章是一篇杰作，——不可多得。

有些语句仿佛出自大师之手，仿佛是真理的呼喊，——洋溢着不可抗拒的哲学语气，如："每种动物都是一个神秘莫测的斯芬克斯。"又如在谈到相似性时："正如精神受到一种既丰富又简单的学说的估护而清静安闲、了无挂碍，看得透上帝万千造物中的奥秘！"

另外还有许多动人心弦的富有哲理意味的东西，还有对于户外生活的热爱，以及对于骑士精神和女人的尊重，等等……

确切无疑的是，您是诗人。长久以来，我都认为诗人是最高级的智慧者，是最杰出的智慧，——并且认为想象力是一切才能中最科学的才能，因为只有它才懂得普遍的相似性或某种神秘宗教所谓的应和。但当我想把这些东西印出来发表的时候，人家告诉我说我疯了，——还特别说我是耽于己见不能自拔，——说我憎恨那些学究是因为我自己教育缺失。——然而很肯定的是，我拥有哲学的精神，它让我能看清真相，甚至在动物学上

---

① 阿尔封斯·图斯奈尔（Alphonse Toussenel，1803—1885），法国作家。他热烈拥护和宣传法国哲学家、空想社会主义者夏尔·傅立叶（Charles Fourier，1772—1837）的哲学思想和社会主张（宇宙统一论，相似论）。波德莱尔在青年时代一度也是傅立叶的拥护者，但在经历 1848 年革命后整体上放弃了傅立叶的思想，但保留了其中关于"普遍相似性"的部分内容。

② 《动物的精神·鸟类世界·激情鸟类学》（*L'Esprit des bêtes. Le Monde des oiseaux. Ornithologie pazzionnelle*），法伦斯泰尔书局，1853—1855 年。

也是如此，虽然我既不是猎人也不是博物学家。——这至少是我可以引以为傲的地方；——您切莫像我那些坏朋友一样，切莫笑我自以为是。

都说到这儿了，——既然我已经进入到了跟您谈论一些重要话题，而且要是您的书没有激起我如此大的好感，我也不会有这么亲切的态度，——那就让我把话说完吧。

无限进步是个什么东西①！非贵族制度的社会又是个什么东西！在我看来，那就不是一个社会。什么是天生善良的人？有谁在哪儿见过吗？天生善良的人是一个怪物，我想说那就是一个神。——最后，您猜，什么类型的思想观念让我大为不满，我想说，让世界上有文字记载以来的理性大为不满。——一颗美好灵魂的纯粹的堂吉诃德主义。

还有就是像您这样的人！暂且不说像《世纪报》②的小编辑那样对德·迈斯特的大不恭，而他却是我们这个时代伟大的天才，——一位通灵者！——最后还有交谈的方式，以及总是让一本好书遭到毁容的那些行话术语。

从本书一开始就有一种想法让我耿耿于怀，——那就是，您是一位迷失于某个教派中的真正的有识之士。总之，——您有什么受恩于傅立叶呢？什么也没有，或者说只有极少。——就算没有傅立叶，您也会是您自己的样子。理性的人不是等傅立叶来到这个世界之后才懂得自然是一个词语，一个寓托，一个模子，一个压印，看您怎么说。我们知道这一点，并非是靠了傅立叶才知道的；——我们是靠自己、凭自己是个诗人而知道的。

我刚才点到的那些异端邪说，说来说去统统不过是那个现代大异端邪说的结果，就是用人为的学说取代自然的学说，——我想说的是，对"原罪"观念③的废除。

您的书唤起了我许多沉睡的想法，——而在关于原罪以及为观念赋予的形式方面，我经常在想，那些有害的、令人恶心的动物可能只不过是人

---

① 波德莱尔从19世纪50年代初开始阅读约瑟夫·德·迈斯特的作品，并受其影响怀疑所谓"进步"的观念。这种思想转变标志着他与自己在1848年革命前后所热衷的傅立叶主义和社会主义思想渐行渐远。

② 《世纪报》全称《世纪：政治、文学和社会经济日报》(*Le Siècle: Journal politique, littéraire et d'économie sociale*)，是1836—1932年在巴黎发行的一份报纸。波德莱尔因该报的伏尔泰主义思想倾向而数度加以讽刺。

③ "原罪"(péché originel)是德·迈斯特十分看重的观念。

身上那些邪恶思想的活动、成形和向物质生活的绽放。——所以说，整个自然的禀赋都有原罪的特征。

　　千万不要怨恨我的放肆和坦率直言，请相信我对您的忠实友情。

CH. 波德莱尔

收　据（致莱维）

1856 年 1 月 28 日

　　今从米歇尔·莱维先生处收到一笔五十法郎的款项。

CH. 波德莱尔

收　据（致莱维）

［巴黎］1856 年 2 月 6 日星期三

　　今从米歇尔·莱维先生处收到一笔五十法郎的款项，系《怪异故事集》的预支稿酬。

CH. 波德莱尔

致夏尔·阿瑟利诺

［巴黎］1856 年 3 月 13 日星期四

　　我亲爱的朋友，既然您觉得梦好玩儿[1]，我这里就有一个，我敢肯定不会让您讨厌的。现在是早上五点，这个梦还热乎乎的。要注意这不过是千百个围攻我的梦中的一个，而我用不着对您说这些梦古怪得很，它们总

---

[1] 阿瑟利诺 1854 年 10 月 8 日在《海盗-撒旦》上发表过一个题为《小腿》（*La Jambe*）的“至为奇怪的短篇小说”，讲述梦中所见。

体上的特点跟我从事的工作或我的经历完全无关，这促使我相信它们几乎是一种象形文字的语言，而我却没有解开它们的钥匙。

那是（在我梦中）凌晨两点或三点，我独自在街上漫步。我遇到了卡斯蒂伊①，我觉得他要跑好几个地方，于是跟他说我陪他去，顺便也搭车跑点儿个人的事情。于是我们叫了一辆车。我认为自己好像有义务给一家大青楼的老鸨送一本我刚出的书。我看着我手里的那本书，发现碰巧是一本淫书，这就向我解释了为什么务必要把这本书送给那个婆娘。另外在我内心里，务必送书其实就是一个借口，就是想顺便搞一个这家青楼里的姑娘，这意味着要是没有送书的必要，我是没有胆子迈进这样一家风月场所的。我没有对卡斯蒂伊透漏半个字，我在这家店的门口叫停了车，让卡斯蒂伊待在车上，答应不会让他等太久。按了门铃后，等我一走进去，我就发现我那玩意儿从没有扣好的裤缝里掉出来半截，我认为哪怕是在这样的地方，以这样的方式出现在人前也是有失体统的。另外，我感到两脚湿漉漉的，结果发现自己光着脚，是刚才踩到了楼梯下的一滩水。咳！——我心想，——在做事儿之前，还有在离开这家店之前，我要把脚洗干净。——我上了楼。——从此刻起，就再也没有书什么事儿了。

我走进一些相互连通的宽敞廊厅里，——灯光昏暗，——一副阴沉破败的样子，——跟迈进那些老咖啡馆、老阅览室或龌龊的赌场一个味道。姑娘们四下分散在这些宽敞的廊厅里，跟一些男人交谈，我看到这些男人中还有一些是中学生。——我感到十分忧伤，也十分紧张；我生怕别人看到我的双脚。我看了看脚，发现有一只脚上穿着鞋。——过了些时候，我发现两只脚都穿上鞋子了。

令我印象深刻的是，这些宽敞廊厅的墙上挂有各种各样的绘画，——都是有画框的。——这些画不全是色情的。——甚至有一些建筑绘画和埃及画像。由于我感到越来越紧张，又不敢去碰姑娘们，便乐于把所有画一幅幅看个仔细。

在一个廊厅的角落里，我发现了一个十分奇怪的系列。在一大堆小幅

① 伊波利特·卡斯蒂伊（Hyppolyte Castille，1820—1886），法国作家和政论家。波德莱尔1846年为《公众精神》撰稿时与之结识。

作品中间，我看到有素描，有缩微画，有照片。表现的是一些彩绘的鸟，羽毛十分光洁，眼睛生动。有时候又看到一些只有半个身子的鸟。——有时候表现的是一些怪物的形象，奇形怪状的，几乎没有形状，跟陨石差不多。每幅画的一角都标有一个说明。——某某女子，芳龄几许，于某年某月诞下此儿；——以及诸如此类的其他一些说明。

我于是生出这样一个想法，就是这种类型的绘画不大会是为了传达爱的观念而绘制出来的。

另外一个想法如下：这个世界上确实只有一份报纸，就是《世纪报》，才会愚蠢到在开一家青楼的同时又在里面设了一个医学博物馆之类的东西。——的确，我突然想到，是《世纪报》出资做这个窑子生意的，而医学博物馆可以从这份报纸对于进步、科学、传播启蒙思想的癖好得到解释。我于是思考了一下，现代的荒唐和愚蠢自有其神秘的用处；常可看到这样的情形，本来是为恶而做的事情，通过精神的运思，可以转化为善。

我欣赏自己身上哲学精神的正确。

但在这些怪物中间，有一个是活着的。是这家青楼里出生的一个怪物，永远站在一个底座上。虽然活着，但还是属于博物馆的一部分。他并不丑。甚至可以说他的脸长得漂亮，黝黑黝黑的，呈现出东方人的肤色。他身上有大片大片的玫瑰色和绿色。他蹲在那儿，但姿势怪异、身体扭曲。另外还有什么黑乎乎的东西像一条大蛇一样，好几次绕着他的躯干和四肢来回打转。我问他那是什么，他告诉我说那是从他脑袋里面长出来的一个畸形附属器官，是某种类似橡胶一样有弹性的东西，实在是太长了，要是把它像马尾一样挽在头上，那就太沉了，根本顶不住，——于是只得把它缠在身上，这反倒产生了更好看的效果。我跟这个怪物交谈了许久。他跟我讲了他的苦恼和郁闷。他不得不待在这个厅里已经好多年了，立在底座上供观众看稀奇。但最令他苦恼的是去吃晚餐的时候。他是一个活物，免不了跟这家的姑娘们一起吃晚餐，——他必须抱着他的橡胶附属器官，跟跟跄跄地走到餐厅，——到了以后还必须让它缠绕在身上，或把它像一卷绳索一样放在一把椅子上，因为要是让它拖在地上，它就会拉着他的头向后仰翻。还有，他个头不高，矮胖矮胖的，却不得不坐在一个身材高挑又好看的姑娘旁边用餐。——另外，他在向我解释这一切的时候倒不显得痛苦。——我不敢触碰它，——但我对他大有兴趣。

　　就在这一刻，——（不再是在梦中）我的女人在她房间里收拾家具弄出了动静，把我吵醒了。我醒来时感到困顿不支、形毁骸残、腰酸背痛、腿脚无力。——我估计是睡着的时候跟那个怪物的姿势一样是扭曲着的。——我不知道这一切是否让您跟我一样觉得好玩。我估计，米诺① 那个好人完全不可能从这里面找到什么道德上的附会。

　　祝好。

CH.波德莱尔

致欧皮克夫人

［巴黎］1856 年 3 月 15 日星期六

　　我亲爱的母亲，我今天上午在昂塞尔那里给您留了一本书；本来通过邮局寄给您更好。但因为我也要给他一本，无意间就把两本都交给他了。——这本书② 是三天前出版的，——您这本是我收到的三本之一；——可惜的是书很脏，不好看，我甚至还可耻地在封面上留下了乱涂乱画的痕迹。——我动手太晚，没有印制自用本。——但并无大碍，因为我已经注意到这一版中有许多错误，尽管我已经非常仔细了。——所以这一版很快就会过去的，等出第二版时我会给您一本更漂亮的。——一定要读一下那篇评述③；——这不是您熟悉的那篇。——里面保留的第一篇的内容不超过五十行。④——这一篇写出来就是要让人尖叫的。——而且，我是相当成功的；——因为我时不时会遭到一些混账年轻人的攻击。

　　我拥抱您。

夏尔

---

① 米诺（Minot），具体身份不详。

② 指《怪异故事集》。

③ 即作为该书前言的《埃德加·爱伦·坡的生平和创作》。

④ 《埃德加·爱伦·坡的生平和创作》与 1852 年的《埃德加·爱伦·坡的生平及作品》在文字和内容上都有巨大区别，可以看成新写的不同作品。

致奥古斯特·瓦克里 ①

［巴黎］1856 年 3 月 15 日星期六

我亲爱的朋友，我不会怀疑，——您要是可以插足新书目录方面，——您一定会借此机会就我出版的东西说句话，——还要说说我写的那篇评述，要是您还看得上眼的话；——我本来不会跟您谈这些，——但卡尔曼 ② 先生认为我还是应该给您打声招呼。——深感抱歉。

祝好。

CH. 波德莱尔

致于勒·巴尔贝·多尔维利

［1856 年 3 月 15 日前后，通知他说给他寄了《怪异故事集》，并请他写一篇书评。多尔维利于当月 25 日写了回信。］

致马克西姆·杜刚

［巴黎］1856 年 3 月 18 日星期二

我亲爱的杜刚：

我很高兴没让人给我印自用本。这一版错误百出，我很不满意。——还是等出新版吧。第二本样书送给您认为适合写书评的人。——但我更愿意您赏脸亲自动手修理我（万一您愿意不辞劳苦的话）。我至少可以确定

---

① 奥古斯特·瓦克里（Auguste Vacquerie, 1819—1895），法国诗人、剧作家。

② 卡尔曼·莱维（Calmann Lévy, 1819—1891），法国出版商，米歇尔·莱维之兄。他们于 1836 年共同创办"米歇尔·莱维兄弟出版社"。1875 年米歇尔去世后，卡尔曼将出版社更名为"卡尔曼-莱维出版社"（Calmann Lévy, Éditeur, 从 1902 年起写做 Calmann-Lévy, Éditeurs）。

是被朋友之手修理的，因为我认为对您来说有出手修理的必要 ①。

我听说您写了一篇出色的短篇小说。②

要是乌尔巴赫和皮查 ③ 二位先生这几天有闲工夫，我会给他们寄几本。

月底时您会收到几首爱伦·坡的诗，够一个或两个样张的量。

祝好。

CH. 波德莱尔

致圣伯夫

［巴黎］1856 年 3 月 19 日

我亲爱的保护者，呈献在您面前的这种文学可能不会激起您跟我一样的热情，但肯定会让您觉得有意思。有必要，也就是说我希望，让在美洲没有什么大不了的爱伦·坡在法国成为一位伟大的人物；我深知您正直果敢，爱好新奇的东西，因此还向米歇尔·莱维大胆承诺您会鼎力相助。

您可不可以给我写几个字，告诉我您是否会在《雅典娜神庙》④ 或其他什么刊物上写点什么？因为您要写的话，我会写信让拉拉尼 ⑤ 先生不要再找别人做这件事，——您的笔具有一种特别的权威性，正是我所需要的 ⑥。

---

① 在 1856 年 4 月 1 日《巴黎评论》的"新书览要"栏目中出现了一段赞赏波德莱尔所译《怪异故事集》的文字。一般认为那段文字出自巴尔贝·多尔维利之手。

② 《巴黎评论》在这年的 3 月 1 日那期上刊载了杜刚的《黑人宦官：穆斯林风俗》(*L'Eunuque noir, mœurs musulmanes*)。

③ 路易·乌尔巴赫和莱翁·洛朗-皮查 (Léon Laurent-Pichat, 1823—1886) 都是《巴黎评论》的主要负责人。

④ 《雅典娜神庙》全称《法国雅典娜神庙：文学、科学和艺术杂志》(*Athenaeum français：revue universelle de la littérature, de la science et des beaux-arts*)，是 1852—1856 年在巴黎发行的一份刊物。该刊物于 1857 年并入《当代评论》(*Revue contemporaine*)。

⑤ 路多维克·拉拉尼 (Ludovic Lalanne, 1815—1898)，法国历史学家和图书管理专家，自 1853 年起担任《法国雅典娜神庙》的执行主编。

⑥ 圣伯夫在 3 月 24 日的回信中答应为《雅典娜神庙》写篇短文，不是要谈爱伦·坡，而是评论波德莱尔的译文。

您看到在那篇评述的最后（这篇东西颠覆了一切关于美国的时髦看法），我预告要进行一些新的研究。我晚些时候会谈到这个怪人对科学、哲学和文学的种种看法。

我把自己诚惶诚恐的灵魂交到您的手中。

CH. 波德莱尔

昂古莱姆-杜-汤普勒街 18 号

要是报社社长也需要一本，那就让他派人去书店取。

夏·波

致夏尔·巴尔巴拉

［巴黎］1856 年 3 月 22 日星期四

我亲爱的巴尔巴拉，您抱怨我没给您寄我的书，您想多了。我是把书一本本取出来放到一边的，甚至没有给各家报社分发。我跟卡尔曼说把书给您，同时我一看到您刚出的书 [①] 就赶紧偷了一本。

迪塔克来这里了；我先前就已经通知过多尔维利，而由于迪塔克把书抓在手里，我看他是事先就已经知道的。我告诉他我在科恩 [②] 这个不学无术的家伙跟前特别强调过您的事情，但我也跟他说了，这个傻瓜从来不听我的建议，只是一味笑话我。于是迪塔克跟我说：最好还是告诉巴尔巴拉先生，让他到《立宪报》来见我。他带来这么好的消息对我们来说可是不可多得。

祝好。

CH. 波德莱尔

---

① 巴尔巴拉的短篇小说集《感人故事集》（*Histoires émouvantes*）刚刚在米歇尔·莱维出版社出版。

② 时任《国家报》主编。

致圣伯夫

[巴黎] 1856 年 3 月 26 日星期三

您要知道，这则小小的好消息 ① 会让我欣喜不已。阿瑟利诺已经告知拉拉尼了，只有在您不能写文章的情况下才会把书给另外的人。拉拉尼本人已经收到了一本。

我可以就您信中的其他内容给您提供几个可能会让您感兴趣的细节。

这卷出版之后还将有第二卷和第二篇序 ②。

第一卷编出来是为了吊住大众的胃口：手段花招，悬疑推理，无稽之谈，等等。《丽姬娅》③ 是在精神上与第二卷相关联的唯一重要的一篇。

第二卷中包含的幻想更为高级：各种幻觉，各种精神病，纯粹的怪诞，超自然主义，等等……

第二篇序中将包含对那些我往后不会翻译的作品的分析，尤其是还有对作者的科学和文学见解的解读。我甚至有必要就这个方面给洪堡 ④ 先生写封信，询问他对于一本题献给他的小书的意见；就是《吾得之矣》。

第一篇序您已经看到了，我试图在里面强烈质疑美国风尚，这篇东西在生平方面的内容基本上是齐全的。——我表面上只是想把爱伦·坡看成是耍手段的高手，但我将会极力回到他诗歌和小说的超自然特点上来。他只有在"耍手段的高手"这点上才是美国人。至于其他方面，基本上都体现出一种反美国的思想。另外，他竭尽所能地对自己的同胞进行了嘲讽。

---

① 指圣伯夫 3 月 24 日对波德莱尔在 3 月 19 日信中所求之事的回复。

② "第二卷"和"第二篇序"分别指《新怪异故事集》和《再论埃德加·爱伦·坡》。

③ 《丽姬娅》(*Ligeia*) 是爱伦·坡创作较早的一篇短篇小说，以第一人称的有限视角讲述了叙述者渴望与已故的爱人丽姬娅团聚的故事。作品因为诡秘的背景和怪诞的情节成为典型的哥特式恐怖小说。

④ 亚历山大·冯·洪堡 (Alexandre von Humboldt, 1769—1859)，德国自然科学家，涉猎科目很广，特别是生物学与地质学。洪堡晚年的宇宙思想 (Kosmos) 对爱伦·坡和惠特曼都产生过重要影响。爱伦·坡生平最重要的作品《吾得之矣》(*Eureka*) 和惠特曼的诗《宇宙》(*Komos*) 都是向其致敬之作。

　　可见，您提到的那篇东西 ① 在第二卷中。是地球毁灭后两个魂灵之间的一段对话。这一类的对话有三个，我将很乐意在第二卷付印前先把那几篇东西借给您看看。

　　现在，我要衷心地感谢您；只不过您如此亲切，这会让您跟我一道临危犯险。在爱伦·坡的作品后，还将有我自己的两本书，一本是论文集，一本是诗歌集 ②。因此我要提前向您表达我的歉意，另外我担心当自己不再以大诗人的声音说话之际，我在您眼里就依旧只是个乱喊乱叫、惹人讨厌的家伙。

　　祝好。

CH. 波德莱尔

　　我将在爱伦·坡第二卷后面放进几首样诗。

　　我坚信，像您这样细致入微的人一定不会责怪我提醒您注意埃德加·爱伦·坡这个名字的正确写法。"Edgar"后面没有"d"，没有分音符，也没有重音符 ③。

CH. 波德莱尔

致欧皮克夫人

［巴黎］1856 年 4 月 12 日

　　我亲爱的母亲，尽管您似乎特别不在乎我的事情，但我还是相信，我若非要让您在乎一下，还是会让您高兴的。我寄给您两份报纸；一份是《费加罗报》，这份报纸曾在几个月前用了七栏篇幅 ④ 来诋毁我，近期又认

---

① 圣伯夫在 3 月 24 日的信中让波德莱尔告诉他，哪里可以读到爱伦·坡的一部短篇小说，"在其中，临到最后一刻的人讲述世界末日来临之际的种种感受"。

② 参见 1856 年 12 月 30 日波德莱尔与普莱-玛拉西签订的合同。

③ 即不要把"Edgar"误写成"Edgard"或"Édgar"，不要把"Poe"误写成"Poë"。这些误写在当时的报刊上经常可以见到。

④ 指古达尔（L. Goudall）1855 年 11 月 4 日发表在《费加罗报》上的文章。这篇文章的篇幅实际上是 8 栏多一点。

为刊发书里的一个选段是合适的，同时还刊发了一篇文章，多有溢美之词，几乎到了让人消受不起的地步①。选段刊发在连载栏目，评论文章在第六页。另外一份是《国民议会》②，真不愧是德高望重、彬彬有礼的老糊涂所为。我一读就差点笑死了；总之，是一篇有利于销路的文章，再说销路本来就很好。——说到这份报纸，我请您千万别弄丢了。这可是名副其实的愚蠢玩意儿，我在写第二卷序言的"再论埃德加·爱伦·坡"时，也许会回应那些错误言论，这样的话，我需要眼前有那个东西。届时再找过期的报纸就太难了。

我记得有一次通过邮局给您寄了一期《费加罗报》——里面把您亲爱的儿子看得连小偷或罪犯都不如。我当时是希望您有勇气付之一笑的，而且我还附有一本我写的小册子③。——我提到的这些东西您都没有收到。为了不要再发生这样的事情，我大大地写了"夫人"二字④。

另外还有两则短文，总体上亲切厚道，但有些愚蠢，一则刊于《巴黎评论》4月1日这期，在最后的"新书览要"栏目，——另一则刊于《两世界评论》4月1日这期，在封底前一页的"新书览要"栏目，此外还有一些则无足轻重。不过，将会有一些出自正经人士之手的短文或文章刊载出来，如泰奥菲尔·戈蒂耶、多尔维利、圣伯夫和菲拉莱特·夏斯勒。

我不能确定愤怒是否能给人带来才华；但假设是这样，我应该是有一

---

① 《费加罗报》4月10日刊发了《瓦尔德马先生病例之真相》(La Vérité sur le cas de M. Valdemar) 的节选和勒让德尔 (Legendre) 撰写的一篇题为《爱伦·坡的书》(Le Livre d'Edgar Poe) 的文章。文章中称译者波德莱尔"头脑清晰、才智卓著、锐利如剑，既精确无误又明理达观，兼具一切必要的才能，令爱伦·坡的精神复活"。文中还为波德莱尔鸣不平，明确指出古达尔先前对波德莱尔的抨击甚为不妥，并且还提到米歇尔·莱维之所以决定不出版波德莱尔的诗歌就是受了这篇文章的影响。

② 《国民议会》(L'Assemblée nationale) 是 1848—1857 年在巴黎发行的一份"政治、科学和文学"日报。该报 1856 年 4 月 12 日这期的"文学闲谈"栏目刊发了阿尔芒·德·蓬马丹 (Armand de Pontmartin) 撰写的一篇题为《短篇小说家》(Les Conteurs) 的文章，文中不同意波德莱尔对爱伦·坡的某些看法。

③ 指载于《在世戏剧艺术家新画廊》中关于菲利贝尔·鲁维埃尔的传记。

④ 波德莱尔也许是担心如果不写明"夫人"，欧皮克将军可能会扣下邮件。

大堆的；因为我但凡要工作，向来都是在扣押和争吵、争吵和扣押之间进行的。——我注意到一应舞文弄墨的怪家伙，有主张民主的，特别是还有主张拿破仑主义的，没有任何一个愿意直击苦难和自杀的问题。——我一直都希望会有改观。——但还没有谁掉进我为他们设下的圈套里，但往后会有的。

有一个大消息！由于外力所迫，由于各种情况所致，我必须在下个月开始整理自己在戏剧方面的那些想法，——也就是说如果老天爷或债主们允许我这样做的话。

我要写的第二篇评述让我苦不堪言。必须要谈论宗教和科学；有时候是我学识不够，有时候是缺钱，或是缺少平静的生活，这几乎是同一回事。

我拥抱您，尽管您可能并不情愿。

夏尔

收 据（致莱维）

1856 年 4 月 14 日

今从莱维先生处收到一笔二十法郎的款子。

CH. 波德莱尔

致菲拉莱特·夏斯勒

［巴黎，1856 年 4 月底。波德莱尔就夏斯勒发表在 1856 年 4 月 20 日《论坛报》（*Journal des Débats*）上关于《怪异故事集》的书评向他表示感谢。］

致［佚名］

我不认为向您申请一些您在约里耶特 ① 的地皮股票有什么冒昧和奇怪之处。我说"一些"而不愿意明确数目，是担心申请得太少了。——要是有一份意外惊喜，我会更加开心，因为我从来都没有利用这些好方法轻而易举地为自己搞到钱。

先生，请接受我的谢忱。

夏尔·波德莱尔

昂古莱姆–杜–汤普勒街 18 号

致纳西斯·昂塞尔

我亲爱的昂塞尔：

我是要特别强调的。——我终于找到了去搞到自己所缺的那几百法郎的办法。——我重新开始为《国家报》弄一部长篇著作 ②。——人家会预付我钱；但在至少完成一半以前不会给我一分钱。《国家报》的老板米莱斯 ③ 过几天要来这边。我必须在他来的时候把几期连载稿交给报社。

---

① 约里耶特（la Joliette）是法国马赛港附近的经济中心地带。有论者据此推测本信的收信人很可能是于勒·米莱斯（Jules Mirès，1809—1871）。此人是法国银行家、金融家和报业大亨，开设有联合股票银行（Caisses des actions réunies）、动产信贷银行（Crédit mobilier）等，掌管《铁路报》（*Journal des chemins de fer*）、《小报》（*Le Petit Journal*）、《立宪报》《国家报》等多家报纸。他投资铁路、矿山和马赛港等。1856 年 4 月 20 日的《国家报》上转载了一篇已经在《铁路报》上发表过的文章，文中对米莱斯的投资计划及其金融结果大加赞扬。不过，对马赛港股票的认购在 4 月 5 日就已经结束了。

② 指爱伦·坡唯一一部长篇小说《阿瑟·戈登·皮姆历险记》（*The Narrative of Arthur Gordon Pym*）。该作品后来不是在《国家报》而是在《环球导报》上连载的，时间要到 1857 年 2 月 25 日才开始。

③ 即于勒·米莱斯，参见 1856 年 4 月 30 日致［佚名］信中的注。

有了150法郎，我就可以工作半个月，要是拒绝给我这些钱，就等于剥夺了我所需要的那1500法郎。

不消说，我会从这些钱也就是报社的这些钱中足足留出一笔，够一个月甚至两个月的用度而不用找您要钱。——正如我跟您说的，我刚写信告诉报社社长，我接受安排，并且会加紧工作。

祝好。

CH. 波德莱尔

现在连一行还没有写。

致保罗·德·圣-维克多

[巴黎] 1856 年 5 月 26 日星期一

我亲爱的朋友，我知道您还在病中，也就没有想要用我先前托您办的讨厌事项来更多地麻烦您。——但今天，——如果您感觉身体还行，如果您见到那个人①，——事情可能会更容易些。我想请米莱斯帮同样的忙，——请他私人帮忙；——但这次要以《阿瑟·戈登·皮姆》这个理由，是我将在《国家报》和《立宪报》上刊载的，需要让我花的工作量不超过二十五天。——既然米歇尔想出版一个第三卷，他会如愿以偿的。——您要是今天见到我明天要去见的那个人，您对我可谓功莫大焉，因为我开始有些不知所措了。

祝好。

CH. 波德莱尔

多尔维利托我向您问好。

---

① 具体指谁不详。

致欧皮克夫人

[巴黎] 1856 年 6 月 6 日星期五

我亲爱的母亲，我今天不得不违反您强加给我的、也是我自己强加给自己的规则：您可能不知道，虽然我不得不保留我在昂古莱姆街的住处直到下一个付款日，但我其实已经不住在那里了。我会在星期一或最迟星期二有一个可靠的地址。我的一本小书 ① 刚刚印了三千册，这会让我领到一些钱，而为了得到这次期望已久的休息，我会提前一个月把要付的开销都先付了。我要到星期一才能见到莱维先生。您要是能交给这个送信的人25 法郎，好让我在那之前可以出门买点儿东西、跑跑自己的事情，我会对您感激不尽的。——我为自己会惹您发脾气而深感难过；但我不想今天去招惹昂塞尔。再说我还有很多事要办。

爱伦·坡的第三本书 ② 就要弄完了，人家可能会在月底付钱；—— 现金支付，一手交钱一手交货，——我没有得到过比这更好的条件了。

您要是愿意留意一下下周三或周二的报纸（因为现在的报纸都是晚上出），会让我很开心，《国家报》上有一个关于我的大专栏，出自一位杰出作家 ③ 之手。看到一些褒扬我的文字，这大概会让您开心的。这并不多见。

但这还不是全部。还有许多事情，就算我不跟您说，您也可以猜得到。我心情沉重，上千件事情堵在心里。这已经是我第四次恳求您答应我拥抱您。我不懂到底是什么原因让您固执地拒绝见我。我向您提出这个请求不是要给您什么解释；——我向您提出的这个请求，就像是一个疲惫的、受伤的人想要得到某种快乐、某种补药、某种强身饮料。

您难道不能约我在特洛里夫人那里见上一面吗？ 在您认为合适的钟点——就在今天？ ——我会去的。

带这封信给您的人马上要回来见我。他是我刚才给您提到的那个文章作者的仆人，我今天上午就在他这里。

---

① 指再版的《怪异故事集》。据此可推测出再版的大致时间，同时也证明第一版《怪异故事集》获得了实实在在的成功。
② 指《阿瑟·戈登·皮姆历险记》。
③ 指巴尔贝·多尔维利。但多尔维利的这篇文章直到 6 月 18 号才在《国家报》上刊发出来。

我带着巨大的忧伤之情拥抱您。

夏尔

我不用再跟您解释今天上午那件事情（那25法郎）了吧，那纯属意外，是一个特例，丝毫不向您表明未来堪忧。

致欧皮克夫人

［巴黎］1856年［6月］6日星期五 [①]

您让我太难过了，——难过得不得了；我不会跟您讲，收不到您一个字是怎样的屈辱。——我想说的是，我一直深深渴望着拥抱您。您却狠心折磨我，或者您并不知道您会让我备受折磨。我再次向您发出我的请求。如果您碰巧一念之间相信我的真诚，您可以给我写几个字到昂古莱姆街（只是在星期一之前）。

夏尔

昂古莱姆-杜-汤普勒街18号。星期一之前。

致阿尔芒·迪塔克

［巴黎］1856年6月7日星期六

（给迪塔克先生提供的要点）

我亲爱的迪塔克，我刚离开米莱斯先生，我再次向他陈述了求助于他的必要性，不过仍然保留用后来的爱伦·坡的作品来偿还的方式。米莱斯先生记得我的信，但有些模糊。他只是跟我说："您去见迪塔克吧，请他

---

① 原信中，日期是写在信末的地址下面的。波德莱尔自己写的是"56年5月6日星期五"，但根据邮戳，根据"星期五"与"6日"的对应以及信中的内容，可以判定本信写于6月6日。

来跟我谈，这我就记住了。"

如您所知，我本来就是会喜欢《立宪报》的，尽管我当着您的面跟阿梅代·勒内 ① 先生谈过，但书稿完成后我还是要先请他过目，然后再交给科恩先生（我明确承诺过他）。这第三本（三十至四十期连载）是一篇单独的小说。因此也就是不可以中断的。

您之所以看到我坚持要找阿梅代·勒内先生，倒不是因为害怕科恩先生那边，尽管他一再说他发表这类荒唐的东西只是出于情面，——而是因为我有一个心病，老是想在我还没有涉足过的报纸上发表东西。——还有就是，我希望这部作品被广泛阅读。

眼下痛苦的是这个事情：我在斗胆见米莱斯先生之前，已经在各种麻烦的纠缠中荒废了两个月。现已临近最后期限，我想在尽力安排好各项事务后，马上把自己关到郊区，直到月底都闭门不出，一劳永逸地完成爱伦·坡的作品。

祝好。

CH. 波德莱尔

我还有另外的事情要跟您谈，但我希望这次把这个要点亲自交给您。

***

我请您千万不要跟科恩说您看到我把书给勒内先生了，免得搞僵我跟他的关系。有些人在权威问题上特别敏感，很容易就受伤了，再说我也不认为差点儿成为我的出版者的人会想害我。

收　据（致莱维）

1856 年 7 月 3 日

今从米歇尔·莱维先生处收到一笔二十法郎的款子。

CH. 波德莱尔

---

① 阿梅代·勒内（Amédée Renée, 1808—1859），法国历史学家、文人、报界人士。他当时与《立宪报》关系密切，后于 1857 年接替科恩出任《立宪报》主编，同时还担任《国家报》的主编。这两份报纸的老板都是米莱斯。

致欧皮克夫人

[巴黎] 1856 年 7 月 5 日星期六

　　我亲爱的母亲，经过所有这些您猜都猜得到的风风雨雨，我终于把我的第二本书完成并付印了，我已经开始弄第三本书了，第一期将刊载在本月 20 至 30 日的《环球导报》上 ①。这个东西我卖了个好价钱（2500 法郎），但我不能在 20 日之前去要钱。麻烦您告诉昂塞尔，请他预支给我200 法郎。——我不愿意让您掏今年好心资助的钱，我向您保证，到明年1 月 1 日，我从他那里的支出将不超过 2400 法郎。

　　我跟《国家报》确实闹崩了，我先前答应过把这本书给这家报纸；但更好玩的是，米莱斯先生认为我从他那里收到过 500 法郎，而我实际上从来没有收到过。我刚给他写了信，要让他知道这是哪门子玩笑。

　　我到时候不需要把《环球导报》的每一期寄给您，我估计您自己就会收到。——我疏忽了，没有把关于我的好多篇文章寄给您。我相信，我亲爱的母亲，您是不会发笑的，尤其是当有人说您儿子坏话的时候，——这种英雄气概比世界上的全部理智都要宝贵得多。——我没有回复您的那封长信；对于同样一些责备，我总是会以同样一些理由去回应；行动才更有价值。

　　我拥抱您。

夏尔

致欧皮克夫人

[巴黎] 1856 年 7 月 22 日星期二

　　我安顿下来已经好几天了，地方是伏尔泰旅馆 ②，位于伏尔泰滨河道，如果您想过来看我，会让我十分幸福；但我知道这是我的奢望。——我的

---

① 《环球导报》直到 1857 年 2 月 25 日才开始连载《阿瑟·戈登·皮姆历险记》。

② 伏尔泰旅馆（Hôtel Votaire）位于伏尔泰滨河道 19 号。波德莱尔将在这里住到 1858 年 11 月中旬。该处离《环球导报》的印刷所（伏尔泰滨河道 11 号）很近。

情况相当不好，接下去也一直会是这样。为了减少种种不安，我尽力做到有规律地工作。当真的做到了的时候，我将会是所有人中最骄傲、最安心的那一个；那我就得救了。——这一阵子，我的第三本书和第二本书齐头并进。第三本书将在主编《环球导报》的那个人回来时弄完。

我感觉跟昂塞尔有点儿闹僵了，——说真的，我甚至希望是这样。一向以来的关系让我感到厌倦和屈辱；去讷伊路上的每粒石子我都烂熟于心，这条路好多年来都令我厌恶。确定的是，我不会再去了。我甚至认为，我不会再去那里拿一分钱，——明天上午除外，并且要有您的许可。

昨天我跟他大闹了一场，——就为了几个小钱。——《环球导报》的主编在科特雷①，米歇尔·莱维在比利牛斯山的不知什么地方，——钱也远在天边！——我以为我可以不必拘谨，随便向他要个百把法郎（请一定注意，我没在旅馆用餐，因为旅馆太贵了，另外，我明天上午要等一包从纽约寄来的书）——就像我跟您说的，闹得相当激烈，而我相信经这么一闹，反倒纠正了我的弱点，就是我没有克制住而使用了某种我从来都不允许在我周围应该有的语气。我知道您的看法是我在自尊心上想得太多，而且凡是要钱就总是不对。但总而言之，我过得苦，我请您给我几个要拿给他看的字，我一大早找人送给他。我向您正式保证，这100法郎我很快就会还给他，或还给您，可能一周时间。我希望，如果我派到您那里去的人能见到您，您在把要给昂塞尔看的那封信交给这个人时，一定要把信放入写有我名字的信封里，以免他（我派的这个人）猜到这封信的用途。

事情也可以更简单，但我实在不敢跟您说，就是暂时先从您那里拿100法郎。这样我可以通过邮局写信给昂塞尔，让他马上把这笔钱寄还给您。

我过三四天再给您写信，不过另外一种类型的信，谢天谢地！因为这次写的这些让我深感惭愧。

昂塞尔成了牺牲品，我呢，我似乎是在扮演殉道者的角色。——我只看到一个可能的解决办法，那就是再也不去要一分钱，或者像这次一样，遇到必不可免的情况时，我拿了钱后马上寄还。

---

① 科特雷（Cauterets）是位于法国西南比利牛斯山区的一个温泉度假小镇。

　　我忘记跟您说了，我即将回到《两世界评论》，要带去点儿什么经过精心斟酌同时又很奇怪的东西；——或者是一本关于夫妻理想爱情的小说，——再或者是一本为死刑的神圣性进行辩护和解释的小说。

　　我拥抱您。

夏尔

　　您要是愿意过来看我，请让人通知我具体时间。

　　伏尔泰滨河道，伏尔泰旅馆。

　　我很倒霉，先前算错了，没有考虑到我的书会印得很薄，这样一来，我的希望就从 2500 法郎减少到了最多 1900 法郎，唉！

致欧皮克夫人

［巴黎］1856 年 9 月 11 日星期四

　　我亲爱的母亲，我希望您不要回复给我一封像您上次寄给我的那样的信。我最近这段时间遭受了太多的折磨、屈辱，甚至还有痛苦，不用您再来火上浇油。几天前——大概十来天前吧，——当时昂塞尔出门了，在南方转悠，我想到要给您写信，想求您寄一点儿钱给我，多少不论，好让我可以离开巴黎，出门散散心，好好清闲一段时间。但需要给您一个解释，我待会儿会告诉您我为什么没有这么做。只不过有一点，时过境迁，再加上我遇到的事情搞得我神疲体乏无力工作，现在就不再是消遣和散心的问题，而是要应付各种需求，而且是迫切需求的问题。我重新埋头工作，聊以自遣。但您知道，跟一帮粗人争来吵去实在让人恼火得很；但昂塞尔可能要在八天或十天后才来这里，而那个家伙，也就是我现在住的地方的房东，过分得很，就为了区区两百多法郎搞得我不得安生。米歇尔·莱维让我一天又一天等着签我们的第三份合同 ①；我的桌子上堆满了尚未校改的

---

　　① 指《阿瑟·戈登·皮姆历险记》的出版合同。这部作品在《环球导报》上连载后将由米歇尔·莱维兄弟出版社出版单行本。该合同将在同年 10 月 21 日签订。前两个合同实则包含在一个合同之内，即 1855 年 8 月 3 日签订的关于出版《怪异故事集》和《新怪异故事集》的合同。

清样，这个时候找他借钱显然不合适。那个家伙想明天就拿到钱。您看，我可以不用那么多钱先把他安抚下来，就用100或150法郎；而我满脑子想的都是用剩下的钱去看您①，不会待太久，就一天或两天，不会去您家里，您放心好了。我只是住旅馆；您过来拥抱我，然后我就离开。再说我还有好多工作要完成，我也不想在外面待太久。我显然应该等昂塞尔先生回来后马上去他那里拿钱。若是您给我寄钱，那我就不用为了清账还钱给他，但我会告诉他我做的事情。

正如我刚才跟您说的，尽管我非常想给您写信，尽管我当时以为您还在巴黎，但我还是没有写，因为我要给您的那些解释显然会引起您的烦恼，是一种出于母爱的烦恼，我怕自己承受不起。我的状态想必外人都看出来了，因为米歇尔·莱维看到我的这种时而沮丧、时而狂躁的状态，什么也没有问我，让我安安心心，甚至不再追着我干活儿。我跟让娜的关系，跟她十四年的关系断绝了。为了避免断绝这个关系，我做了一个人所能做的一切。这场撕裂，这场争斗，持续了半个月之久。让娜总是跟我顶嘴说我性格执拗，说我有朝一日会因为这个决定而感谢她。这真是妇人之见。我呢，我知道，无论我遇到怎样的好事，无论是找乐子、挣大钱还是满足虚荣心，我都会永远怀念这个女人。我的痛苦您可能不会理解，为了不让您觉得这种痛苦太过幼稚，我要对您坦言，我之前像赌徒一样，已经把自己的全部希望都押到了这个人身上；这个女人是我唯一的欢愉，唯一的快乐，唯一的同伴，而尽管这种暴风骤雨般的关系让人内心备受煎熬，我脑子里从来没有明确产生过要一刀两断的想法。事到如今，我已经完全心平气和了，——我仍然会在看到某件漂亮物品、某处美丽风景或无论什么好东西的时候，吃惊于自己无意中的想法：她为什么没跟我在一起，没和我一道欣赏这些，没和我一道购买这些？您看，我没有隐瞒自己的伤疤。跟您说实话，这个打击实在太大了，我用了很长时间才理解到工作可能会给我带来快乐，而且说到底，我是有一些责任要履行的。我在精神上面对的一直是某种永恒的东西：但那又能怎样？更别提我眼前模模糊糊蒙了一层，耳朵里面老是嗡嗡唧唧鸣个不停。——这种状况持续了相当长时

---

① 欧皮克夫妇当时在翁弗勒尔。

间，但现在终于结束了。当我那时候发现事情确实无可挽回，我陷入了一种莫名的狂躁：我连续十天睡不着觉，呕吐不止，还不得不避开人，因为我一直哭个不停。再说，我当时固执于心的是一种出于私心的想法：我看到在我前面的是没有家庭、没有朋友、没有女伴的无尽岁月，永远是与孤独和风险相伴的岁月，——没有任何东西可以宽心慰情。我甚至不能从自己的骄傲中获得安慰。因为这一切都是我的错误所致；我糟蹋自己，做事过分；我以折磨人为乐，反让自己备受折磨。我于是陷入到一种带有迷信的恐怖情绪中，我想象您生病了，就派人去了您那里；我得知您外出了，身体棒棒的；至少人家是这么告诉我的，但还是要请您写信亲自告诉我。

您可能只是觉得这个故事有点奇怪，还要继续讲下去吗？我从来都不会想到，精神上的痛苦会导致身体上如此难受的折磨，而捱过半个月后，人又可以像换了个人似的悠游于自己的事情。我现在是孤单一人，孑然一身，永远如此，这是很有可能的。——因为我在精神上不可能再对任何人有信心，甚至也包括我自己，而从今往后我只会在乎挣钱和虚名，只以文学为乐而别无其他。

我在昂塞尔出发前没能见到他。我知道他会路过波尔多，我给他写了一封要到邮局自取的信。我只是告诉他，等他回来的时候，我可能会请求他帮助这个不幸的女人，我给她留下的只是一屁股债，而且我毕竟只需要管我自己而不用再管别的事情，我完全可以让自己为这个奄奄一息的人破费一把。他的回复我看似乎并不赞成。这是一个可以长期往后推到另外一天再解决的问题。

爱伦·坡的第二本书和第三本书几乎将在同一个时间出版。

请赶快回复我；因为您很清楚，我给您写信，可不只是为了普普通通的钱的问题，虽然钱的问题确实也很麻烦。更倒霉的是，我估计接替昂塞尔的那位公证人也去南方了。我虽然还在工作，也只是心不在焉，我在精神上深感烦恼。还有些时候，一切的一切在我看来都是虚无。

我全心拥抱您。

　　　　　　　　　　　　　　　　　　　　　　　　夏尔

　　　　　　　　　　　　　　　伏尔泰滨河道伏尔泰旅馆

致欧皮克夫人

[巴黎] 1856 年 9 月 13 日星期六九点半

我亲爱的母亲，马上给您写回信对我来说是应该的。我衷心感谢您，主要不是为了那些钱，虽然那些钱可以让我摆脱一个大麻烦，并且能让我继续为《环球导报》写那本书，——而主要是为了您给我的信中所表达的那些感情。但您的信很长，我想要给您回复一封比我今天写的这封更好的信！由于您后天就要动身，我想到的首先就是要向您表达我的感谢之情。——我再跟您重复一遍，我先前没有预料到您会这么好，会写一封这么动情的信。

我拥抱您。

夏尔

合　同（与米歇尔·莱维）

[1856 年 10 月 21 日]

一方：夏尔·波德莱尔先生，现居巴黎，伏尔泰滨河道 19 号

另一方：米歇尔·莱维兄弟，也是现居巴黎，薇薇安娜街乙 2 号

共同约定如下：

夏尔·波德莱尔先生向米歇尔·莱维兄弟出版社出售其所翻译的《阿瑟·戈登·皮姆历险记》全译本以及在印刷、发行和销售上的完全所有权；米歇尔·莱维兄弟对此表示接受。

作品将由一卷构成，包含九张大幅印刷纸，出版时的书名是：[此处空缺，原文如此。]

在本书出售的报酬方面，夏尔·波德莱尔先生将从印制的每册书中——无论卖出与否——取得米歇尔·莱维兄弟出版社图书推广目录上所标价格的十五分之一。

在米歇尔·莱维兄弟出版社售罄本书一年后，夏尔·波德莱尔先生可以收回其所有权。

米歇尔·莱维兄弟出版社保证首次印量达到六千册。

夏尔·波德莱尔先生若要发表埃德加·爱伦·坡任何作品的译文，必须首先提供给米歇尔·莱维兄弟，后者有权拒绝或接受，并享有与本合约相同的条件。

本合同一式两份，公元一八五六年十月二十一日签订。

文中一个被划掉的词语无效。

夏·波

签字	签字
夏尔·波德莱尔	米歇尔·莱维兄弟

致欧皮克夫人

「巴黎」1856 年 11 月 4 日

我亲爱的母亲，我不愿意让今天这个日子①白白荒废掉而不给您写几行字，表示我从来没有忘记您。——就几行；——因为您知道我懒惰成性，结果就是到最后手忙脚乱赶一大堆活儿。——这就是我眼下的状况。——再说，我相信，您可以对我的命运充满信心。——您对我表达的那些担忧完全没有必要。——虽然钱的问题确实难办，但精神状况好得很，这是最重要的。——前段时间的那个变故②最初让我深受打击，这样的变故对缺乏想象力的人来说倒无所谓，但对我来说太恐怖了，不过，经此变故，我反倒获得了对生活的无穷兴致。——我正在写第二篇前言，也就是要用在《新怪异故事集》前面的那篇东西，您过几天就会收到。——至于第三本书，您会按期读到的，因为您收得到《环球导报》。

您不断向我表示，您希望看到我跟大家一样，看到我跟您好心为我列举大名的您那些老朋友配得上。您是否允许我对这样的想法莞尔一笑，就一笑而已？唉！您知道我是做不到的，我的命运将会是不同的。您为什么

---

① 11 月 4 日是波德莱尔和他母亲的主保圣人圣嘉禄（Saint-Charles）的瞻礼日。参见波德莱尔 1842 年 2 月 16 日致欧皮克夫人的信。

② 参见 1856 年 9 月 11 日致欧皮克夫人的信。波德莱尔在信中讲述了与让娜的关系断裂。

不像所有的母亲一样谈一下男大当婚的事情？

说真的，对这个女人^①的思念从来没有离开过我，但我跟成家立业之事已经彻底无缘，那只是虚诳和一堆空洞的诺言，我自感不能重新坠入心中那些同样乱七八糟的陷阱中。——那可怜的孩子现在疾病缠身，但我拒绝去看她。——她很长一段时间像躲瘟神一样避开我，因为她了解我可怕的坏脾气，不是使花招就是粗暴。——我知道她要离开巴黎，我为此深感高兴；虽然我承认一想到她有可能在远离我的地方黯然死去就不禁悲从中来。

长话短说，我如魔鬼般渴望享乐、荣耀和力量。我必须说，这其中常常——也不是太经常——不是吗，我亲爱的母亲？——包含着想要让您开心的愿望。

千万注意，往后不要再派像参议院传达员那样一些无聊的人来我这里了，那个叫托尼的家伙买债券受骗上当，在我这里一待就是三个小时，家长里短地废话连篇，我是发了狠心才让他打住的。

我全心拥抱您。

夏尔

写几句话谈谈您的身体状况吧，我求您啦。

致夏尔·阿瑟利诺

［巴黎］1856 年 11 月 4 日

我亲爱的朋友，我昨天晚上去了您那里，给您带去几支雪茄，好让您吞云吐雾礼赞我们伟大的主保圣人^②；但现在我已经自己把全部烟雾吞吐完了，结果到您那里就没有什么赏心怡情的东西了，只是跟您的门房大吵了一架。

请您凭着伟大的灵魂，今天上午把一个法郎包在一双袜子里，把袜子包在一条围巾里，把围巾包在一件衬衫里，然后把全部这些交到这个办事人手里。——如果我不把这些给我的洗衣婆子，那您的女佣就来拿回去

---

① 指让娜。

② 即圣嘉禄。

（不用另派办事的人）。

　　祝好。

CH. 波德莱尔

致路易-斯塔尼斯拉斯·戈德弗鲁瓦

［巴黎］1856 年 11 月 12 日星期三

我亲爱的戈德弗鲁瓦：

　　米歇尔这个人实在太精了，一定要等到第二本书出了之后才考虑给我（第三本书的）钱。我目前正在写这本书的前言，由于写得十分辛苦，这可能很要花一些时间。您这里是否可以掏出 250 法郎？其实，我非要不可的只有 200 法郎，但我有可能让人家还给您 250 法郎，好把我们小小的老问题一笔勾销。我只需要在合同下面添一笔："我请米歇尔还给戈德弗鲁瓦"，等等。您只需要让我第一个通知他就行，算是对我自尊心的宽宏大量。如果事情有可能办得成，那就请保留好这张贴了邮票的信笺，我会在 13 日或 14 日去见您；要是不可能，那就把信笺寄回给我。——我不认为我的这个请求有多冒昧；总之，我知道您会认为我致信给您是十分自然的事情。

　　祝好。

CH. 波德莱尔

　　要是这件事情今天不行而稍后又是可能的，就请写信告诉我一声。

致保罗·默里斯 [①]

［巴黎］1856 年 11 月 14 日星期五

亲爱的先生：

　　请允许我接受您有一次对我的惠赠，而我当时却小心翼翼地回绝了。

---

① 保罗·默里斯（Paul Meurice，1820—1905），法国剧作家、记者。波德莱尔在 1854 年 8 月 23 日致大巴隆信中提到的《沙米尔》就是默里斯的作品。

奥斯坦因眼下远在天边！——您要是能给我两个今天观赏您的《律师》①的座位，那我会很高兴的。

您可以把两张票交给带这封信给您的这个人，要是对您来说今天不方便，那就请您让他带句话，告诉我您哪天让我过来合适。

我会给您带上《新怪异故事集》向您表示感谢，因为您懂得欣赏任何东西。

CH. 波德莱尔

致欧皮克夫人

［巴黎］1856 年 11 月 26 日星期三

我亲爱的母亲，我没有在月初时给您回信，因为您那封信写得太狠了，真的太狠了。您总是太过于大谈所谓智慧，即所谓安身立命的智慧。

今天，我要恳求您让我通过昂塞尔得到一笔小钱，是马上就要的急需。我今年的钱眼下已经花光了，您要是不发句话，我不敢去找他。是80 法郎的事，您寄一句话给我，就说要 100 法郎。

我不太清楚是不是应该指望您；但说到底，给您写信后，我的焦虑会少一些。

我要到 12 月 5 日之后，在把书②寄给您的时候再给您写信感谢您。我相信现在就可以肯定地说，随着今年这个最残酷的年头结束，我的种种痛苦和种种焦虑也将会部分完结。明年的头三个月还是会忙于文学。等到了春天，我会去英国做一件跟艺术有关的事情。这件事情跟您很久以前曾经答应过我要和米尔拜尔小姐一起做的事情相类似（顺便说一下，她骗了我）——所以我这次是独自行事。——我可能下个月去面见大臣。我求您啦，但愿星期五上午能收到您的一句话。

我拥抱您。

夏尔

① 全名《穷人们的律师》(L'Avocat des pauvres)，是保罗·默里斯的一出五幕话剧，由奥斯坦因担任院长的盖泰剧院于 1856 年 10 月 15 日搬上舞台。
② 指《新怪异故事集》。这本书后来到次年才出版。

致奥古斯特·普莱-玛拉西

［巴黎］1856 年 12 月 4 日星期四

亲爱的朋友，我请您原谅给您写一封您可能认为没有用的信。我铆足劲儿要指望于您的记忆 ①。——一封从科尔佩伊 ② 寄来的信，贴的是蓝色邮票 ③，今天上午让我跳了起来，就活像是从阿朗松寄来的一样。——我跟米歇尔之间眼下正是最糟糕的时候 ④。因此请判断一下我是否要等您的……⑤

致奥古斯特·普莱-玛拉西

［巴黎］1856 年 12 月 9 日星期二

我亲爱的朋友：

没有什么比您的信更合理、更明智的了。事实上，这基本上就是米歇尔在确定书价 1 法郎并且印数六千册之前所给的条件。不过在您这里，我会要求做地道、高雅。

我现在可以向您承认，您的信让我太开心了。我曾经认为，——可别太责怪我，——您迟迟拿不定主意是因为您真的对我的才华没信心。再加上我之前的状况也是一团糟。有一天，我在跟米歇尔发脾气的时候，对他扬言说我有您可以依靠。

最后，那些票据（特别是 200 法郎那张）有如神明降临，来得正好。因为您走后我倒霉透了，《环球导报》那边决定先对刚刚过去的这一年的所有账目进行审核，《阿瑟·戈登·皮姆》的稿酬要到 1 月 15 日才付。第

---

① 波德莱尔一直在等待跟玛拉西签署《恶之花》的出版合同。

② 科尔佩伊（Corbeil）是位于巴黎东南 29 公里处的一个小镇。克雷泰印刷所（l'imprimerie Crété）在那里印刷《新怪异故事集》。

③ 邮票版面呈蓝色，面值 20 生丁，有拿破仑三世头像，用于邮寄巴黎与外省之间的信件。巴黎市内的信件用茶色邮票，面值 10 生丁。

④ 从前面几封信可以看到，《新怪异故事集》原本应该更早出版，有可能是波德莱尔的拖沓引起了米歇尔·莱维的不快。

⑤ 后面的文字由于信纸破损已不存。

一期最终将在 8 日刊行 ①。您猜得到我有多么焦虑，——而您也看得出我现在有理由感到满意。

我很高兴您打算要等到 2 月份才开始，而且我们先从诗歌着手。我会有整个一月份把非诗歌那本书里的三四篇东西投到多家，好挣点钱，同时，我们可以一块儿来编排《恶之花》的顺序，——一块儿来做，听见了吗？因为事关重大。我们必须做一本只用好东西做成的书：材料很少，却显得丰富，并且夺人眼目。您说的"民心众望"实在令我莞尔。没有什么民心众望，我知道，但有美不胜收的嬉笑怒骂，会让人好奇不已；另外，我们会有几篇文章发表在外国的杂志上。

我不知道您是否会把两本书包含在同一个合同里，但无论您是做一个合同还是做两个分开的合同，如果您不想让非诗歌那本书的书名空着，那就写上《艺术之镜》《审美橱窗》②或是您脑子里灵光一现的什么书名。等您要把书名提交给部里的时候，我们再按您的意愿进行改动。

我向您要求的同时也是您为我做的合同类型，要特别做好这样一点，就是不要让人以为您吃亏了，还有就是，如果书要重印，作者的未来收益要得到保障。

那么：两本书，印数一千，永远单价五个苏。

写上这样的情况，玛拉西在一年内不重印，波德莱尔可以自由处置。把您的一份或两份合同签名后连同票据寄给我；我也会把副本寄回给您。

请在您的信中加上一条对预付第一本书的意见（200 法郎）。

我不清楚您妹夫 ③ 在您的决定中占多大分量，我甚至不清楚他是否说话有分量。无论怎样，都请向他转达我的友谊，只要您觉得他很在乎礼节上那些该死的排场。还有一件事，我最终的住处要到 1 月 15 日才能落实。所以您可以来现在的住处找我，我会一直待在这儿直到 1 月 15 日，"钉"在这家以混蛋为名的旅馆，而哈文和莱翁·普雷之流却把这个混蛋视为一

---

① 事实上后来又推迟了。《阿瑟·戈登·皮姆历险记》是 1857 年 2 月 25 日开始连载的。

② 《艺术之镜》（*Miroir de l'art*）和《审美橱窗》（*Cabinet esthétique*）是后来《美学珍玩》（*Curiosités esthétiques*）一书的暂定书名。

③ 指欧仁·德·布鲁瓦斯（Eugène de Broise，1821—1907），法国出版商和印刷商。他在 1848 年娶了玛拉西的妹妹，后来与玛拉西在巴黎合办书局。波德莱尔的《恶之花》第一版（1857 年）和第二版（1861 年）都是在他们合办的书局出版的。

个伟大的诗人 ①。

　　您碰到拉克洛 ② 的和关于拉克洛的一切东西，请都替我收到一边。

　　您会在明天星期三上午收到本信；我要是能在星期四上午收到您的那包东西，我会很开心的。

　　我若不是怕您把我当成神经病或骄横之徒，我还会跟您聊聊我欠您的几个小钱。但您来巴黎的时候，您有的是时间大动肝火。

　　祝好。

夏尔·波德莱尔

　　您要是见到"阿使那驴" ③ 先生，一定要治愈他对于我的种种盲目迷信。

致奥古斯特·普莱-玛拉西

［巴黎］1856 年 12 月 11 日

　　亲爱的朋友，这是给您的收据。您的票据到了拉菲特街 18 号唐雷 ④ 那里，我认出他是一位中学老同学，他很乐意不计较票据超期了二十天。不过，他要我等两天。他要是把票据给我，那我就可以受用您的馈赠还有您的诚意了。

　　今从普莱-玛拉西先生（阿朗松的印刷和出版商）处收到一张为数 200 法郎的票据，此票据计入总值 500 法郎的四张票据，这是我们之间谈

---

① "混蛋"当指伏尔泰旅馆的老板。波德莱尔当时住在伏尔泰旅馆，他本以为会很快搬离，实际上后来又住了一年多。约瑟夫·哈文（Joseph Havin，1799—1868）担任《世纪报》的政治主编，是深受伏尔泰思想影响的自由派共和主义者。莱翁·普雷（Léon Plée，1815—1879）是《世纪报》的编辑部秘书。

② 拉克洛（Laclos，1741—1803），法国作家，小说《危险的关系》（*Les Liaisons dangereuses*）的作者。波德莱尔始终想撰写一篇关于拉克洛和《危险的关系》的文章，其笔记有一部分写于 1856—1857 年。

③ "阿使那驴"（Asinarius）是朋友们给阿瑟利诺取的别号。拉丁语"Asinarius"一词指"赶驴人"。阿瑟利诺本人接受了这个别号，并把自己画成坐着的驴子以自嘲。

④ 唐雷（Louis Tenré，1819—1895），法国银行家。《恶之花》出版后，波德莱尔曾签赠一册给他："致小唐雷先生，/ 同窗友情的纪念，/CH. 波德莱尔"。

好的印刷两本书的价格，每本印数一千册，一本是题为《审美橱窗》的非诗歌作品，另一本是诗歌作品，题为《恶之花》，都是普莱–玛拉西先生向我购买的，详细合同将以我们在 12 月 8 日至 10 日之间的往来信件为基础，于 1 月份生效。

CH.波德莱尔

祝好。

夏·波

欠　据（致库奇内）

1856 年 12 月 24 日

我将在明年一月二十四付给库奇内先生或他指定的人一笔贰佰法郎的款项，此为已收到货物的价值。

夏尔·波德莱尔
伏尔泰滨河道 19 号

200 法郎。

致欧皮克夫人

［巴黎］1856 年 12 月 27 日星期六

我亲爱的母亲，我深深感谢您的来信。透过您免不了的一大堆责备，我看到的是母亲的美好用意，以及我无缘得到的情感的表达。您的信太夸张了；——我没有生病；——书 ① 还没有出版；但很快就会出版的。——它已经制作出来了，——但由于我在钱上没完没了的窘迫，前言也就没完没了地拖着。——说真的，在这个问题上，您应该更宽容一些。——几天前我突然开始为《环球导报》工作，但后来，正如您看到的，我的位置先

---

① 指《新怪异故事集》。

是被阿布 ① 先生的《日耳曼娜》占了，后来又是另外一个连载。这第三本书原本应该在三天前就开始连载了。可能还要推迟一段不长的时间。

我再跟您重复一遍，我想用一种有说服力的方式再跟您重复一遍——也许我当面对您说比写信告诉您更好——您的信让我感动。我夜里工作，白天睡觉。您在十一点至三点之间一定能够找到我，这个时间合适。首先请给我写几个字谈谈您的身体状况，然后再让我激动一个小时，激动一天。——我没有马上给您回信，因为《环球导报》那边新发生的那摊子事让我进入了新的风风雨雨当中。

我全心拥抱您，我可以肯定地告诉您，您总是不断夸大您的种种担心。我那么爱您，不会丝毫向您隐瞒我的生活。

夏尔

致夏尔·阿瑟利诺

［1856 年 12 月？］

［波德莱尔在信中请求他的朋友赶快过来帮帮他，就起草一份与普莱-玛拉西的合同给他一些建议。］

致欧皮克夫人

［巴黎］1856 年 12 月 30 日星期二两点零五分

亲爱的母亲：

我请您给我一百万个原谅。我本来要像过节一样在今天见您，但一件突如其来的急事让我不得不在同一个时间出门，我给您写这个条子是担心您到伏尔泰旅馆白跑一趟。

---

① 爱德蒙·阿布（Edmond About，1828—1885），法国作家、艺术评论家，1884 年当选法兰西学士院院士。

请让办事的这个人带句话。

他的跑腿费已经付过了。

夏尔

明天见。

合　同（与普莱-玛拉西和欧仁·德·布鲁瓦斯）

[1856 年 12 月 30 日]

一方：普莱-玛拉西和欧仁·德·布鲁瓦斯先生，阿朗松的印刷和出版商

另一方：波德莱尔先生，文学家

共同约定如下：

夏尔·波德莱尔先生向普莱-玛拉西和欧仁·德·布鲁瓦斯先生出售两部著作，一部是《恶之花》，另一部是《美学杂俎》。

波德莱尔先生将于明年一月二十日提交《恶之花》手稿，二月底提交《美学杂俎》手稿。

每部著作印数为一千册。

在本书出售的报酬方面，夏尔·波德莱尔先生将从印制的每册书中——无论卖出与否——取得二十五生丁，即普莱-玛拉西和欧仁·德·布鲁瓦斯先生图书推广目录上所标价格的八分之一。波德莱尔先生不得以任何形式翻制上述两书中的全部或部分内容。

只有在库存不多而普莱-玛拉西和欧仁·德·布鲁瓦斯先生又拒绝重印的情况下，波德莱尔先生才可以将这两部著作或其中一部转让给其他书商。

本合同一式两份，签订于巴黎，公元一八五六年十二月三十日。

AUG. 普莱-玛拉西　　　　　　　　　　　　CH. 波德莱尔

收　据（致莱维）

[巴黎，1857 年 1 月 28 日。从米歇尔·莱维处收到 150 法郎，系"第一部《怪异故事集》第三次印刷的部分付款"。]

致奥古斯特·普莱-玛拉西

[巴黎] 1857 年 1 月 29 日星期四

您呀，我亲爱的玛拉西，不要以为我今天晚上给您寄的这一丁点儿东西是想开一个无聊的玩笑①。您应该可以猜到，我之所以有点赶不上趟儿，是为了养精蓄锐，要做一本我想精心打造的著作。我只需要一天时间来调整一下《大全宝典》②中的顺序，而我会在两天后用到这一天。——我近期会把《新怪异故事集》寄给您，我希望这第二篇序言也会像第一篇一样让您喜欢。——请向令堂大人转达我的敬意，向您妹夫转达我的友谊——他本来应该在星期六来看我的，但没有来。

祝好。

夏·波

收　据（致莱维）

[巴黎] 185 [7] 年 2 月 5 日

今从莱维兄弟出版社收到一笔五十法郎的款项，系第一部《怪异故事集》第三次印刷的部分付款。

CH. 波德莱尔

50 法郎

---

① 随本信一并寄出的是波德莱尔为《恶之花》撰写的致戈蒂耶的献辞最初版本。这篇献辞写于几天前的 1 月 25 日，但最终未被采用，因为里面有些文字过于大胆，如把诗集《恶之花》称作"收罗忧郁和罪恶的可悲的大全宝典"。

② 此处的《大全宝典》(Dictionnaire) 指的就是诗集《恶之花》。

致欧皮克夫人

[巴黎] 1857 年 2 月 8 日星期日

我亲爱的母亲，《环球导报》上关于"澳大利亚"的连载 ① 今天上午就结束了。下一步就会轮到我了。——在要连载的十八期中，我已经做好了十期，还差八期 ②。——星期六将全部弄完。——明天星期一，我会申请首笔 500 法郎的部分付款。——人家可能会拒绝我。——我想让昂塞尔借这些钱给我一星期。我下个星期将拿到 1000 法郎，我会马上寄还给他 500 法郎。我们还从来没这么做过，因为他从来都没想要这么做，因为他为人愚蠢，又幼稚，而且还狭隘得不行。其实，没有比这更简单和更容易的。——由于要他马上拿出 500 法郎可能会让他为难，那他能寄多少就赶快寄给我，并且明确告诉我哪天寄出剩下的。

您要理解，那 500 法郎我之所以连七天也不能等，是因为我遇到了一些大麻烦。明天星期一，我必须摆脱两笔或三笔大的债务。

我已经急不可耐地想要尽快离开这里住到别处去。但由于我来这里 ③ 就是为了更方便为《环球导报》做事，我打算只有在最后一期连载结束后才会离开。正如我刚才跟您说的，连载将在下个星期日开始。

您在六个星期前曾跟我说，您希望我永远不要找您要钱。没有比这更正当的了，我也记得自己以前的承诺；——我还曾暗自打算今年留 1500 法郎给昂塞尔，好减轻您的债务。——但眼下完全是另一回事。眼下是要有八天的遂心顺意，好让头脑焕然一新。

您责怪我没有回复您。说真的，您怎么会这么不大度呢？您难道猜不到我是在怎样的动荡不安中度日子吗？——想象不到有时候我自己的脑袋可以说不属于我自己，——想象不到我确实不能自由支配自己的时间？

---

① 连载的作品是《一位少年的澳洲书简》(*Lettres d'un mineur en Australie*)，其作者安托万·福舍里 (Antoine Fauchery, 1823—1861) 是波德莱尔的朋友。该作品同年由普莱-玛拉西和欧仁·德·布鲁瓦斯书局出版单行本，由邦维尔作序。

② 《阿瑟·戈登·皮姆历险记》后来将连载 24 期，但要到 2 月 25 日才开始，因为在福舍里之后又插了另一部连载作品。

③ 指伏尔泰旅馆，此处离《环球导报》的印刷所不远。

　　自上次跟您见面以来（那已经是很久以前的事了，我不知道您为什么要躲着我，我斗胆说，您为什么要赌气?），我已经完成了《新怪异故事集》，彻底完成了。我不清楚为什么米歇尔不马上让书上市。上个月底，我不得不亲自跑了两趟外省，纠缠和催促拖拖沓沓的印刷商①。

　　在一个很热的车间里待了一整天后，我到晚上十点在街上和铁路上着了凉，到家的时候感到极为难受。

　　我前天给另一个印刷商提交了《恶之花》的完整手稿。——我接下来要投入的新的苦差事（小说和戏剧）就只是要投给《环球导报》的那部长篇小说，还有四篇杂文，用以补足我的艺术研究系列，您知道，这个系列卖给了那位同样也买了《恶之花》的发行人。——所有这些会在 3 月底弄完；到那时，我将面目一新；我将会更幸福吧，唉!

　　至于我这两个月的进项，算是微薄，请您过目：

《环球导报》		1800 法郎
4 篇杂文		
其中　2 篇给《艺术家》		
1 篇给《环球导报》		
1 篇给某杂志		
估计　每篇平均 150 法郎		600 法郎
		2400 法郎

　　但我有 2000 法郎要立即支付。那我就只会剩下 400 法郎用于这两个月的开销。太难啦。

　　我今天整个晚上都要工作，并且会干个通宵；我明天上午会蒙头大睡，同时等着您的来访或是您的回复。

　　我差点儿忘了，还有一点普普通通但又有些重要的事情。我没有手帕，而我得了感冒。您是否可以给我弄三四条大手帕? 我随后会洗干净还给您的。

---

① 《新怪异故事集》在位于科尔佩伊的克雷泰印刷所印刷。参见波德莱尔 1856 年 12 月 4 日致普莱-玛拉西信中关于科尔佩伊的注释。

当我说我明天上午要睡觉，您猜我是想说我有多困。

我的愿望是，只有在我了结了全部那些相当于足足五大卷的旧东西之后，才去考虑巨大的收益和充足地偿付债务。——哪个神明会保佑我？但愿我的想象力历经耗费精力的种种烦扰而不熄灭！我想做最强者！这是我一遍遍告诫自己的，但只是有口无心地机械重复。那些比我更强的人难道就没有虚弱的时候？——啊，罢了！我希望我这封信开头写的不会阻碍您来看我。——我十分伤心地拥抱您。

夏尔

致欧皮克夫人

［巴黎］1857年2月9日星期一

我亲爱的母亲，我刚刚在三点整的时候收到您的来信，我这就马上给您写回信。

首先，我之前就已经预料到您会彻底拒绝介入到这件事里来；因而我并没有太不知所措。愿上帝赐予我灵感，让我在明天上午找到我今天上午需要的这500法郎！

给昂塞尔写信根本没用；您知道他这个人太愚蠢，不可能独自做出一个通情达理的决定；因而在没有您同意的情况下，我没有再给他写信。这个可怜的人完全毁了我而不自知，他毁了我的财产，毁了我的时间。而他永远都不会知道他亏欠我的有多么巨大。

至于您，我亲爱的母亲，我要向您承认，我一点也读不懂您的信，完全不懂，除非是指出某些放纵的地方需要改正，——这是我自己也完全知道的。——可怕的孤独和不尽的焦虑让我惶惶不可终日，而您却来信辱骂我。——真的，这太过分了。——话说得不仅不心平气和，还扯上了其他事情。

很可笑的是，我并不是在期待我所请求的那种帮忙（我已经感觉到您完全不会理解我的请求，我敢肯定您读不懂我的那些信，就跟我读不懂您的信一样），听我说，我是在期待几句赞扬的话，至少是一些对我的勇气和我的工作表示祝贺的话，在历经了那么多侮辱、那么多摧残、那么多不公后，我居然仍能坚持不倒，这让我简直成了一位殉道者，可能是全巴黎最奇怪的殉道者了。我还期待着几句充满温情和鼓励的话。但这些一点儿没有，一点儿没有。——真的，长话短说，我不能而且从来都搞不懂您脑子里究竟在想些什么，猜不出您究竟生活在怎样的氛围中。您有时在考虑一些小事时对我表现出的种种过于固执的病态症状，并不能让我心生愤怒，反而让我在这样的时刻感到完全没办法生气，一心只想统统原谅您。

我知道最后这几行字会让您多么受伤；您不会理解这些话，会以为是在挨骂。不过我向您保证，我懂得您的感情，我了解您的一片赤诚，我知道这片赤诚是我要向您偿还的一笔巨债。可是，伟大的主啊！您的这种感情是多么笨拙和伤人啊！

不过，有时候确实有必要实话实说，但在最艰难的时候收到一大堆辱骂的话（是的，就是辱骂的话），这真的是太残酷了。

还有，一个人只要很不幸地举了债，那债务就会像滚雪球一样没完没了，整个花费也不断增加，而没有任何东西可以让这个可悲的运动停下来。凡是欠了一屁股债的不幸的人都明白这个普遍真理。我觉得直到付清全部债务以前，我将一直生活在地狱中。我把这归咎于您，但我对您的爱并不因此而稍减。

我求您啦，如果您发现这封信有点儿苦涩，也要尽您所能对之加以谅解；这对您来说不难，您只需要想到我在这种已经持续了很久的处境里一直硬扛着就行。

我不愿意面见昂塞尔。我们的大小事情都将通过书信解决。这样您就没必要给他撑腰，因为他不会受到攻击。您很明白，这个蠢家伙消磨了我太多的时间和精力，让我不能不想着把自己还剩下的那点儿省着用。

信的开头我只是简单地告诉他：我想今年在他那里放 1500 法郎，我已经从他那里收到过 430 法郎，外加他已经为我支付的 120 法郎，我请他告诉我，他认为几月几日把差额寄给我合适，也就是 350 法郎。再没别的；——而他可不要按老习惯回答我。

我全心拥抱您，并请您告诉我哪天过来看我。

那 50 法郎（！）是母爱的表示，而那些手帕则是天才的体现。

夏尔

致奥古斯特·普莱-玛拉西

[巴黎][18]57年2月10日星期二

我亲爱的朋友，手稿已经在2月4日星期三交给杜普伊夫人[1]了；——如果您这么晚才收到，那可不是我的错。

我将在收到相当于《忧郁与理想》一半篇幅的长条校样的同时，也收到那包被牺牲掉而没有排版的篇什。您在这方面是有道理的。——但我之前就曾想到可以向您请教，因为我对这个不在行，只有在一句话或一个字被印出来时才能够判断其价值。

至于清样，为什么来这么一个小小的说教？我知道您有道理。但您似乎认为我是想要滥用。我要的是一份长条校样和一份排好版的清样。您受了我那句话的误导："总是两份清样"，也就是理解成了"总是两份相同的清样"，——目的是（有可能）向一些杂志或报纸提供某些引文——是在您售书之前，这只可能是您乐见的。

至于印刷方面的问题，我一点不在行，或者至少可以说我只是凭眼睛看着舒服不舒服。

我只是向您建议，在排版时不要吝惜空白，而且献辞的排版要用某种庄重的风格，您有出色的趣味，您会找到的。不过，可能最好的还是不要把一个现代气息十足的稿子弄得古意盎然和以红为美。不要搞得花里胡哨。

您说的让我大为吃惊：350至400页。我怎么也不会相信，特别是还用了八磅字[2]。

请给我解释一下如何通过邮局寄校样稿。我先前那些寄往科尔佩伊的校样稿都是米歇尔寄的。

我等不及想要见到您。

祝好。

夏·波

---

① 杜普伊夫人（Mme Dupuy）在巴黎开有一家书店，与普莱-玛拉西和德·布鲁瓦斯出版社有着密切的商务联系。

② 最终出版的《恶之花》用了八磅字，全书共256页，其中有8页未标页码。

说到手稿

杂俎，

对的。

八磅字在我看来显得太小，也不太厚重。

致奥古斯特·普莱-玛拉西

[巴黎][18]57 年 2 月 10 日星期二

我亲爱的朋友，我请您饶恕我今天又来扯八磅字的问题。您会说残忍的阿瑟利诺的残忍预言已经应验了。——我刚刚在两三份报纸上看了看八磅字。确实太小了，特别是对一本书来说，——三百页都用八磅字。您也许不中意您的九磅字；也许您的八磅字是一种特别的八磅字，看上去显得大。您是否可以给我寄几行诗的样本，六七行就行，排成八磅字和九磅字？——我向您保证不会再烦您。

祝好！

CH. 波德莱尔

致弗朗索瓦·比洛兹

[巴黎][18]57 年 2 月 11 日星期三

亲爱的先生：

我希望不再碰到您。您可能又会跟我发脾气。不要再跟我谈什么对您的义务；我烦透了，我不想听人谈什么义务。我会在某一天登门拜访，会像洋洋自得的人一样沾沾自喜；——您到那时候再来指责我吧。

在这段时间，请尽量从这篇新写的东西 ① 中弄出几页值得您采用的。

---

① 指《再论埃德加·爱伦·坡》，即《新怪异故事集》的序言。

切割，剪裁，截取。米歇尔不会找您要钱的。

　　我刚刚收到两个纸张上好的样本。我估计您会感谢我为您留了一本。祝好。

CH. 波德莱尔

致欧皮克夫人

［巴黎］1857 年 2 月 13 日星期五

　　唉！我亲爱的母亲，现在是我求您不要过来，最好这几天都不要来。《环球导报》那边在我写完最后一章的最后一行以前不愿意给我一个子儿。我只有到星期三这点儿时间——用五天时间来干需要花十五天时间才能完成的活儿——这要把人逼疯的。在这样的情况下，您不要责怪我闭门谢客——您的苦恼确实够多了，而我很抱歉总是给您增添新苦恼。

夏尔

　　请付这个人跑腿费；他是从福尔街过来的 ①。

致奥古斯特·普莱-玛拉西

［巴黎］1857 年 2 月 16 日星期一

　　我以为，我亲爱的朋友，这是一个您已经决定了的问题。所以我也就没有再回复您。我发现您用的八磅字（《阿朗松女人》②）漂亮，的确很符合英式板式。但我不知道您的九磅字是不是更好。（还要再加上一句，我始终对难看的薄薄一本小册子耿耿于怀。）

　　但我可以告诉您，好让您永远都不要拘束。遇到此类问题的时候，由

---

①　阿瑟利诺住在福尔街（rue Four）。

②　全名《阿朗松的新式女人：杂诗集》（*Alençonnaises nouvelles，poésies diverses*），是普莱-玛拉西和德·布鲁瓦斯出版社在这年初刚出版的一部诗集，作者是一位叫夏尔·马尔尚（Charles Marchand）的阿朗松诗人。

于您在这方面比我要懂行得多，所以只要每次不是我表示出彻底的反感，就按您的趣味来做吧。

我一直都想象您来巴黎会带上相当于《忧郁与理想》半数的长条校样——自然也会把已经改好的带走。无论如何不要忘记把那些被牺牲掉的篇什的手稿全部带回给我。

如果您能在自己的杂物间或橱柜里寻得一本或两本诗韵词典，那就带给我。我从来没有过这类东西。——校对时应当是个好东西。

祝好。

CH. 波德莱尔

致纳西斯·昂塞尔

［巴黎］1857 年 2 月 20 日星期五早上六点

我的朋友，我今天晚上会去找您，拿剩下的 3 月份的钱。我这一向努力扎在工作里。我被《环球导报》追得太紧。我每天下午都要在五点钟的时候带一大包东西过去，同时我还要校改清样，这还不算那些诗歌的清样。我要是今天上午来见您，那我一整天就都完了，而我这次不愿意让那 2000 法郎 ① 飞了。我是想过请一个办事的人来做，但您可能只会给他 20 法郎。您知道我现在每笔账都要记。

这个时间，也就是下午五点，不是很方便，因为我必须在同一个时间去报社，但用车的话也就没有大碍。我只是求您宽容一些，不要留我太久，要知道我在计较了我的钱之后，一门心思只想睡觉。

我请您原谅，这封信没付邮资。我手头没有邮票，而那些店还没开。

祝好。

CH. 波德莱尔

---

① 在 1857 年 2 月 8 日致欧皮克夫人信中，波德莱尔声称在《环球导报》上发表的《阿瑟·戈登·皮姆历险记》预计会得到 1800 法郎。

致奥古斯特·普莱-玛拉西

［巴黎］1857 年 3 月 7 日星期六

我亲爱的朋友：

这里有一封我写给您的信，日期是 3 月 1 日，原本应该是跟所有长条校样一起寄的，这些长条校样 3 月 1 日就已经弄好了。我将利用明天没有连载的空档把长条校样再看一下，星期一寄给您。

我同时会把第一个样张交给您。明天星期天，泰奥菲尔会去《环球导报》；我打算把献辞寄给您之前先让他看看 ①。

您在长条校样上会看到一些写给您的意见（特别是关于我的那两三个注释），说到这些注释，如果您采纳我的意见把它们放到后面，就必须保留这样的排版。

关于拼写的意见（复数和其他情况）；现代的还是古老的？我倾向于古老的写法，但要适度。

您会把样张和长条校样摆在眼前再看看，是吧？

我始终都对恐怖的薄薄一个小册子耿耿于怀。

我十分想看到结尾。

别忘了我对什么附页、接排、提醒符号等等一窍不通，而且我从来都不知道怎么折叠样张。

我很快就会带着给您的上一封信去让·雅克·卢梭街 ②。我完全希望让您再次允许这件事情 ③。

不要以为我有一个小时要浪费我就浪费掉。我已经开始为要给您的第二本书操弄剪刀和封信蜡了。说到这儿，我要告诉您，您的新标题好不拙劣 ④。可以跟阿瑟利诺理智和谦逊的精神等量齐观。我喜欢那些神秘的标题，或那些可以炸出动静的标题。

---

① 此处提到的是献辞的最初版。后来根据泰奥菲尔·戈蒂耶的建议进行了大改动。参见波德莱尔两天后（3 月 9 日）致普莱-玛拉西的信。

② 邮政总局位于让·雅克·卢梭街（rue Jean-Jacques-Rousseau）。

③ 允许寄修改好的清样。

④ 普莱-玛拉西就波德莱尔评论著作所建议的具体标题不详。

　　泰奥菲尔·戈蒂耶对什么都在行，他会为我做这个。

　　这是您要的《怪异故事集》。您要是放一个或两个片段在您的报纸上，戈德弗鲁瓦或米歇尔会来找您吵架吗？

　　我跟蒂尔冈在聊到一些大名鼎鼎的危险书籍（《马太教父》①、拉克洛的作品等）时，谈到了我和我的一位朋友可能需要受到保护的情况。他对我说："去认识一下梅里美吧。他在这些方面很强。"

　　您还记得那本关于"H.B."的小册子吗②？

　　祝好。

CH. 波德莱尔

　　在印刷第一个样张前，我很想先看看您用的纸张。您可能不会相信，您那种透明的纸张会害了您。

致米歇尔·莱维

［巴黎］1857 年 3 月 7 日

　　我亲爱的米歇尔，《新怪异故事集》的样书应该寄给以下几位先生：

　　萨索诺夫③（俄国特派记者）。

　　马克西姆·杜刚。

　　洛朗-皮查。

　　圣伯夫。

---

① 全名《马太教父，或五彩缤纷的人类精神》（*Le Compère Mathieu, ou les bigarrures de l'esprit humain*），1766 年出版，作者是亨利-约瑟夫·杜罗朗神甫（l'abbé Henri-Joseph Dulaurens 或 Du Laurens，1719—1793），书中有大量反映社会不公、世风败坏的内容。

② 指梅里美在 1850 年匿名发表的一篇缅怀司汤达的长文。标题中的"H.B."是司汤达的真名亨利·贝尔（Henri Beyle）的缩写。波德莱尔曾在 1851 年 1 月初致圣伯夫的信中也提到过这本小册子。

③ 尼古拉·伊万诺维奇·萨索诺夫（Nicolas-Ivanovitch Sazonov 或 Sasonoff，1815—1862），俄国人，自 40 年代起旅居法国，热爱法国文学。时任《莫斯科新闻报》（*Gazette de Moscou*）驻巴黎特派记者，并且也为另一份俄国刊物《祖国年鉴》（*Annales de la patrie*）撰稿。

菲拉莱特·夏斯勒。

A. 德·蓬马丹。

比利时独立人士（？）。

埃米尔·德夏内尔①。

奥热尔和莫莱尔②（《法兰西评论》）。

还可以给任何您想给的人，只要写一篇文章就行。但千万别给那些傻瓜。

我想在这几本样书上签名。

夏·波

关于夏斯勒，我有话跟您说。

祝好。

致奥古斯特·普莱-玛拉西

［巴黎］1857年3月9日

我的朋友：

这是给您的除病药膏，形式如下：

三份长条校样，里面有一篇要去掉，

两篇要新添加，

您的第一个样张，您没有再读一遍，因为我发现了好些奇怪的错误；

新写的献辞，是跟魔术师③一块儿讨论、商定和认可的，他很好地跟我解释说，一份献辞不应当是某种信条的宣示，再说，那样做的话会有弊

---

① 埃米尔·德夏内尔（Émile Deschanel，1819—1904），法国学者、教授，波德莱尔在路易大帝中学时的同窗。他当时由于政治原因正流亡比利时。

② 欧仁·奥热尔（Eugène Oger）和让·莫莱尔（Jean Morel）是当时《法兰西评论》（*Revue française*）的联合社长。

③ 指泰奥菲尔·戈蒂耶。波德莱尔在新版献辞里称戈蒂耶是"白璧无瑕的诗人，法兰西文学十全十美的魔术师"。

端，会把大家的眼光吸引到著作中有失风雅的方面并对之加以声讨。

明确下来：《美学珍玩》①。

我只有六期连载还要做②。您知道这意味着什么。——这些恐怖的连载栏目应当在上午十一点钟准备好，搞得我都神经痛了。

祝好。

CH. 波德莱尔

致圣伯夫

［巴黎］1857 年 3 月 9 日

我亲爱的先生，我把为您准备的那本《新怪异故事集》放在《环球导报》了，您宽宏大量，当不会为了"以为纪念"几个字后面加上的那个鲁莽问号而生气吧③。如果您能眷顾我，我会认为这是很自然的；您一直都对我善待有加；而如果您不能的话，我也会认为这是十分自然的④。

这第二本书比第一本的三分之二格调更高也更有诗意。——第三本书（目前正在《环球导报》上连载）前面将会增加上第三篇评述（!⑤）。

讲述世界末日那篇叫《艾洛斯和查米恩的对话》⑥。

第一本书刚刚第二次印刷，里面的主要错误都消除了。米歇尔知道应

---

① 波德莱尔用《美学珍玩》取代了先前的《美学杂俎》。

② 在这封信的日期后刊出的《阿瑟·戈登·皮姆历险记》的连载有 19 期。

③ 波德莱尔用铅笔在这本书的扉页上写道："送给十分亲爱的导师和朋友圣伯夫／以为纪念（?）／CH. 波德莱尔"。

④ 圣伯夫没有为《怪异故事集》和《新怪异故事集》撰写任何评论。不过他在 3 月 11 日给波德莱尔的回复中称准备就爱伦·坡表达"一点看法，一点想法或浅见"，但需要时间酝酿。

⑤ 波德莱尔后来在 1859 年 12 月 15 日致普莱-玛拉西的信中提到 3 篇自己评述爱伦·坡的东西："一、《埃德加·爱伦·坡的生平和著作》；二、《再论埃德加·爱伦·坡》；三、《终论埃德加·爱伦·坡》（手稿在翁弗勒尔）"。但有论者认为，这篇"终论"可能始终停留在计划阶段。

⑥ 《艾洛斯和查米恩的对话》（*Conversation d'Eros avec Charmion*）是《怪异故事集》中的一篇，写天体撞击地球引起毁灭性灾难的故事。波德莱尔以此证明他没有忘记圣伯夫曾在 1856 年 3 月 24 日的信中就《怪异故事集》向他提出的问题。波德莱尔当时在 2 天后（3月 26 日）的回信中做过简要答复。

该为您留一本。要是我没时间把书带给您，我会找人给您送去的。

承蒙眷爱。

CH. 波德莱尔

致阿道尔夫·加伊夫 ①

［巴黎，1857 年 3 月 10 日前后］

我很高兴不日内将把新印刷的少了好些错误的书送给您。

致欧仁·德·布鲁瓦斯

［巴黎］1857 年 3 月 15 日星期日

先生，我知道回复一封没有收到过的信有违惯例，但我认为在目前这种情况下我可以打破规矩。普莱-玛拉西先生是我很好的老朋友，他完全可以自主决定把我已经从他那里收到的两本书的稿酬偿还给出版社，且如果玛拉西先生自己也要求我偿还，我是会偿还的。至于说他跟我谈了这笔生意是基于充分的信任，而这却成了您进行没完没了指责的理由，我要提请您注意的是，先生，所有的契约都是基于信任，倘若不是基于信任，也就不会签约了。

奥古斯特·玛拉西向我提议说我可以先用全书的长条校样。我没有向他提过这个要求；我没有敢这么做；但我接受了他的提议；然而，是您这边拖延了。

先生，对一本我十分在意的书，您可能不知道什么叫慢工出细活。

至于第二本书，我明确回答过我的朋友玛拉西，说让我同时做三件事实属荒谬，因为这只能导致粗制滥造。我近日将会全力以赴弄第二本书。

---

① 阿道尔夫·加伊夫（Adolphe Gaiffe，1830—1903），法国报业人士和商人，深受报业大亨和金融家菲利克斯·索拉尔的信任，同时跟文学界人士往来颇多。

　　我相信我已经充分回答了第一个没完没了的指责。玛拉西知道或已经猜到我可能需要在工作时用到大量材料，他不是提供给我许多，而是全部都给我了。这是有道理的，因为我收到的材料越多，寄回去的也就越多，而且可以同时进行（解释拖延的理由）。

　　先生，我现在再来谈谈您的第二个没完没了的指责：波德莱尔先生的满篇涂改！您如果不想我满篇涂改，先生，那就不应当在玛拉西先生在巴黎的这段时间，把像您寄给我的这样一些马虎了事的清样寄出来。那些说明、还有那些我不得不为此加上的字眼，让我费尽辛劳；但我愿意提醒您注意这一点：您要是积极主动一些，少点儿粗枝大叶，您就不会遇到这么多麻烦，不会感到有必要（总是容易找到理由）进行没完没了的指责。

　　先生，请接受我诚挚的致意，并请向玛拉西夫人转达我的敬意，向奥古斯特转达我的友谊。

CH. 波德莱尔

致奥古斯特·普莱-玛拉西

［巴黎，1857 年 3 月 16 日或 17 日］

　　首先，我觉得把献辞整体上放下来一点也许会更好，让它位于页面中央；这一点我还是留给您来判断。——其次，我认为也许还是把"Fleurs"（"花"）这个字印成斜体为好，——用斜体的大写字母，因为这是一个一语双关的标题。最后，尽管每一行和每个字母都符合比例，（但每一个相对于其他的来说）我觉得还是太大了；我认为，您要是让每行都在字面上略微小一点儿，同时又始终保持相对的比例，那么整体上会显得更加雅致。只有"C.B."① 让我觉得小了一点。

　　——我注意到您编的页码没有包括标题页和扉页。这又是一个请您自行斟酌的事情。——请把做好的那个样张再寄给我。——另外我要告诉您：

---

① 作者名 "Charles Baudelaire"（夏尔·波德莱尔）的缩写。

同意付梓。

CH. 波德莱尔

致奥古斯特·普莱-玛拉西

［巴黎］［18］57 年 3 月 17 日星期二

我亲爱的朋友，我刚刚把第一个样张和一份付印样投到了邮局，但不包括献辞的编排；但突然产生的一个想法让我给您写下这么几句话：

献辞是不是不应当放在一切甚至标题页之前？我好像记得曾经看到过把扉页放到献词后面的。您懂的，所有这些小问题都交由您来处理。

我原本希望今天能够找到时间给您写一封长信，但没能做到，而且我还是第一次错过了我的连载。

多尔维利写了一篇关于《奇歌集》①的大文章（应当在今天刊发）。文章显然会是很奇特的，因为他跟我说过，他曾用最美丽的恭维话对您赞扬有加，而同时我也知道，这本书让他火冒三丈、怒气难消。

CH. 波德莱尔

致奥古斯特·普莱-玛拉西

［巴黎］1857 年 3 月 18 日星期三

我亲爱的朋友：

我回复您今天上午的来信如下：

首先，您发火很是荒唐。我们来说道说道，我亲爱的朋友，我从来没有对您说过我想要什么埃及字体，什么加粗的、英国的、瘦体的字，等

---

① 指邦维尔的《奇歌集》（*Odes funambulesques*）。这部诗集刚刚在年初由玛拉西出版。多尔维利的文章将刊登在 3 月 21 日的《国家报》上。文中对玛拉西称赞有加，而对邦维尔则有所保留。

等……我知道什么是统一，我在这点上总是跟您想法一致，而且我懂得字与字之间和谐的重要性；您跟我谈标题，我用献辞来回应您。

您跟我说：付印了。

您想说的是：印好了。

这份献辞不能被接受，而由于我的看法跟您的大异其趣——（我坚持认为有必要减少长度、高度，而如果您还更愿意的话，缩小所有字符的大小，让它们看上去不显得那么大）——我向您提出（您千万别发火）由我来偿还您这个样张的纸张和印刷费用。——但从今往后，请您不要在还没有得到"同意付梓"的情况下就开印。——我想知道这么搞要花掉您多少钱，您下个月 1 日就会收到。

在重新印刷时，请改正我寄回来的清样（样张）上标出的所有错误（"poëte"① 一词的写法和您那些引号除外，如果您非要坚持的话）。（至于我用的标点符号，您要记住，那可不只是为了标明意思，而且还标明朗诵的语气。）

至于那些做得不好的铅字，您说得有道理；但如果我眼力太好，那可不是我的错。

您看这就说得很清楚了；这个样张必须重做；费用由我来付，而您没有得到"同意付梓"就不要再让人印。——我今天晚上会把接下来的两个样张寄回给您。

您忠实的朋友
CH. 波德莱尔

回信，赶快，赶快。

不，别弄克雷比戎，另外那个已经够我忙乎的了，会让我大大地费心劳神 ②。

---

① 意为"诗人"。在法语中，"poëte"这种写法比较古旧，而"poète"的写法比较通行。

② 这句话里提到的克雷比戎（Claude Prosper Jolyot de Crébillon，1707—1777）是法国小说家，因其父为剧作家，故他本人也被称为小克雷比戎（Crébillon fils）。克雷比戎的作品因勇于揭露上流社会的虚伪和淫逸生活而屡屡遭禁。普莱-玛拉西当时计划出一版他的作品，并打算请波德莱尔为之作序。"另外那个"是指《危险的关系》的作者拉克洛，波德莱尔正准备写一篇论述他的文章。

致奥古斯特·普莱-玛拉西

［巴黎］1857 年 3 月 18 日星期三

我亲爱的朋友，我感谢您；我今天晚上收到了第二个样张和那一大包东西。事情现在会进展神速。

我今天还是没把我要跟您说的都写给您。

我现在只是匆匆给您写三四点意见：

一、您那些奇怪翻转的引号有必要从头用到尾吗 [①]？

二、我是怀着无限的爱在向您叮嘱我的献辞。东西要做得细小、雅致、匀称，让三四个主要部分更醒目一些。

三、您用的页眉标题不是跟第一行诗靠得太近了吗？在第一行诗跟页眉标题之间至少必须要有诗节与诗节之间那样的空间。

四、您的第二本书！我求您还是先让我完成手头的这本再说；否则，您会让我把诗歌加入白话，把白话加入诗歌，或者还加进去什么鸟类学或船舶驾驶方面的东西，这已经够让我头疼的了 [②]。谁妨碍过我让您从巴黎带走那第二本书呢？里面就只差三篇文章：《漫画家》[③]《鸦片》[④] 和《爱说理的画家们》[⑤]。但那些缺陷怎么办！还有那么多修改！还真不容易！

您在那边大概说了我不少坏话；但过几天您就会认为我多么有道理了。

---

① 在第一次清样中，有些法语引号"《 》"前面的"《"翻转成了"》"。这种现象在第二次清样中全部消除。

② 波德莱尔当时正在翻译《亚瑟·戈登·皮姆历险记》。

③ 论述漫画家有两篇文章，很早就已经写好了（这与还停留在想法阶段的后面两篇不同），将刊载在这年 10 月的《现时》上。

④ 这是波德莱尔第一次提到对鸦片的研究。他应该是在此前读到了英国作家托马斯·德·昆西（Thomas De Quincey，1785—1859）的《一位英国鸦片吸食者的自白》（*The Confession of an English Opium-Eater*），并受此影响于 1857 年萌生了改编这部作品的念头。后来完成的作品就是《人造天堂》（*Les Paradis artificiels*）。

⑤ 《爱说理的画家们》（*Peintres raisonneurs*）是后来《哲学的艺术》（*L'Art philosophique*）一文的标题之一。该文在作者生前未发表，作者去世后被收入《浪漫派的艺术》（*L'Art romantique*）。

　　至于那封信 ①，您可能做得对，把它销毁了；您肯定已经猜到，让我恼火的就是想到您妹夫冲您撒气，而且还可能导致我们之间这么好的老关系受到损害。

　　如果令堂还记得我，谨向她致以敬意。

　　请您把修改好的第一个样张拿给我看看。我之前给您"同意付梓"是为了让您得到一点安慰。

　　至于那些注释，必须要拿定主意，而如果您坚持要把书弄得乌七八糟，我将会发现一个混合办法。

　　行间空白要一致！

　　那些破了的字母，

　　等等，等等……！

您的朋友
夏·波

我估计还有时间来处理这些，事情不大，却并非不重要。

致奥古斯特·普莱-玛拉西

［巴黎，1857 年 3 月 20 日］

　　我亲爱的朋友，您这是好得过头了，您本人还有您建议而我却不愿意接受的克雷比戎。把这个交给蒙斯莱或巴布去做吧。在完成我们的第二本书之后，除了关心拉克洛外，我不会再写文章。我感谢您最后表达出的倍感遗憾之情，但我还是要借此机会提醒您注意，您一句都没有提到那个大问题。我已经向您提议过在下个月 1 日把纸张和印刷的费用偿还给您 ②；但那之后我又思考了一下，您可能把排字盘和铅字都已经拆掉了；如果是这样的情况，我也会偿还您重新排版的费用，不过要等到另外一次。——还是在这样的情况下，请您惠予把原先那个样张连同修改了的地方并且同

---

① 指波德莱尔 3 月 15 日致欧仁·德·布鲁瓦斯的那封信。

② 参见波德莱尔 3 月 18 日致普莱-玛拉西的第一封信。

时也把新的样张返还给我，以便我能够核对。——您不必生气，一定要接受我的提议。——您是否愿意我把爱伦·坡在伦敦出版的那本小诗集寄给您？里面有两篇献辞，其样式风格正是我先前试图给您指出的那种。

啊！您这个忙天荒地的苦命人，您是不是也在忙不迭地弄下面两个样张，也就是您今天上午（3月20日）应该已经收到了的那两个，您是不是在收到最新的纠错之前就已经开印了？若真是这样，那情况就更严重了，因为有几处明显错得离谱的错误。

那些长条校样进展顺利，昨天夜里弄完了一份。两天后将全部弄好。

祝好。

CH. 波德莱尔

致奥古斯特·普莱-玛拉西

［巴黎，1857年3月21日］

唉！我的朋友，我讨厌那些添换页，我想要的是重新做的样张；诚如您所言，我愿意拿出一笔荒唐而幼稚的开销（排版、纸张和印刷），而且我承认，由于您有十足的理由相信自己做得对，那我偿还您这笔开销就没什么可说的了。请相信我足够自律，可以攒出这笔钱放到一边。

您这次的新献辞更好了，好多了。

另外担心的几件事：

引号：——您误会了，我可怜的朋友；我看来基本上是认可的，我只是要求在长条校样中体系要统一，而且我原以为您会更喜欢那个其实您跟我一样都不太赞同的体系。——所以，如果您把那些叠床架屋的引号减少到必要的最低限度，就像您在今天上午（3月21日）的信中跟我解释的那样，那我要好好地谢谢您。——只不过，要让我知晓这个改变，以便我遵守这个最终的体系。

另外的不幸：您向我要的那两个样张是怎么回事，难道不是我看过后已经在19日寄回给您的那两个吗？——看来是邮局弄丢了，因为在您给我写最后这封信的时候，您本应该已经拿在手里了。

最不幸的是，您没有等那两个样张就又印刷了；因为这一次，——在两个样张中，——有好些明显的错误。

在需要重新排版的样张中，请一定纠正引号的问题，至于剩下的问题，要让排字工严格遵守寄回来的最新清样，遵守被我这个不幸的人当成是清样的东西。

说到您建议的那十五天的事情①，是的，这是一片盛情，——要等我把您的第二本书全文交稿之后。

您把我当成一个疯子；我倒是愿意看到您本人把自己的一本书在不尽如人意的状况下拿出去冒险。

谨致忠诚，并请原谅我的郁闷。

CH. 波德莱尔

致让·瓦隆

[巴黎] 1857 年 3 月 23 日

我亲爱的朋友，我由衷地感谢您②，倒不是因为您的那些溢美之词，而是因为您为我提供的一些很好且我会采用的想法。

说到我们的朋友尚弗勒里，您是不公平的。您还是读一读《两世界评论》上的一篇新东西，里面有一种别样的优美③。

请转告瓦隆夫人，我不可能忘记 29 日这个日子④。

祝好。

CH. 波德莱尔

---

① 有论者认为可能是玛拉西邀请波德莱尔到阿朗松小住半个月。

② 让·瓦隆在 3 月 20 日致波德莱尔的长信中称赞其为《新怪异故事集》所写的序言《再论埃德加·爱伦·坡》。

③ 此处提到的这篇东西是尚弗勒里发表在 1857 年 3 月 15 日《两世界评论》上的《若斯坎的感觉》(*Les Sensations de Josquin*)。作者在作品中以个人特有的幽默笔调讲述了自己的瑞士之行。

④ 当月的 29 日是个星期天。具体所指事项不详。

您有什么事要写信给我时，请在落款处的角落上标一个"*W*"①。

致奥古斯特·普莱-玛拉西

[巴黎，1857年]3月24日星期二

我亲爱的玛拉西，第四个样张我是今天上午收到的，现在已改完并签了"同意付梓"。长条校样是全都改完了的。我看工作基本上已经结束了。

但我还是很不放心，实难在从您那里收到以下几样东西之前就把手头的东西寄给您：

——第一个样张，根据返回的清样连同新写的献辞重新排版过的，上面签有"同意付梓"——包括这份清样，以便我能够核对。

——请肯定答复说您已经收到了我的全部信件，以及随后的那两个签有"同意付梓"的样张（第二个和第三个），并且您没有在收到同意付印前就开印。

——我想知道您是否已经在先前的清样中自行调整了引号的体系，就像我很乐意看到您这次所做的一样。

这次您又忘了给我寄两份清样，这让我不能伺候《艺术家》《法兰西评论》或《两世界评论》②。

至于费用的问题，您不必担心。——我会随着连载逐渐收到钱。要还您钱对我来说是最容易不过的事情。

祝好。

CH. 波德莱尔

请始终最仔细地核对最终的清样，——就是您在收到签有"同意付梓"的那份清样之后得到的清样。

---

① "W"是瓦隆（Wallon）的缩写。波德莱尔及其朋友们都经常使用这种方法，以便在收到信时一眼便能认出是朋友来信。
② 《艺术家》（5月10日）和《法兰西评论》（4月20日）刊载了波德莱尔的几首诗作。《两世界评论》未刊载他的任何诗作。

致奥古斯特·普莱-玛拉西

[巴黎] 1857 年 3 月 28 日

我亲爱的朋友，我用您的第一个样张让您生气了。我自己知道，逆耳忠言有多么招人恨，而且我也明白，说到底，我甚至无权给您提任何建议，因为您并没有给我寄您的书目①。

看过您的书目后，我要对您说，因为我有可能被扯进去，结果我非常高兴在里面既没看到拉克洛也没看到我的名字。

说正经的，我的朋友，您这是要贻笑大方的。塞戴纳②算什么？

还有毕耶弗尔③？

吉尔贝尔④？

让-巴蒂斯特·卢梭⑤？

勒萨日⑥（!!!），等等，等等，等等。

为什么没有《保尔和薇吉妮》⑦，以及《布封⑧选集》？

诅咒我吧，嘲笑我吧，并且这样说："那家伙掺和什么？"而我呢，我实在太看重您的成功了，不会不做出友好之举而任由事情进行。

我仔细注意到那些确实重要的名字：弗雷隆⑨，格罗斯里⑩，《詹森派》（天才的著作，特别是关于帕里斯的那些奇迹，必须同时是医生、哲

---

① 这份书目现已不存，应该是对计划出版的一套丛书的推介目录。在同年出版的邦维尔《奇歌集》封三，对这套丛书预告如下："将于四月出版：十八世纪文丛，／风俗与文学"。这套丛书可能包括大约 60 部作品，配有作家小传和注释。

② 米歇尔-让·塞戴纳（Michel-Jean Sedaine, 1719—1797），法国剧作家。

③ 毕耶弗尔侯爵（marquis de Bièvre, 1747—1789），法国作家。

④ 尼古拉·吉尔贝尔（Nicolas Gilbert, 1750—1780），法国诗人。

⑤ 让-巴蒂斯特·卢梭（Jean-Baptiste Rousseau, 1669—1741），法国诗人和剧作家。

⑥ 阿兰-勒内·勒萨日（Alain-René Lesage 或 Le Sage, 1668—1747），法国小说家、剧作家，尤以创作流浪汉小说《吉尔·布拉斯》（*Gil Blas*）著称。

⑦ 《保尔和薇吉妮》（*Paul et Virginie*）是法国小说家贝纳丹·德·圣皮埃尔（Bernardin de Saint-Pierre, 1737—1814）的代表作。

⑧ 布封（Buffon, 1707—1788），法国著名博物学家、数学家、作家，其代表作《博物志》（*Histoire naturelle*）奠定了他在博物学历史上的伟大地位。

⑨ 艾里·弗雷隆（Élie Fréron, 1718—1776），法国政论家、文学评论家。

⑩ 皮埃尔-让·格罗斯里（Pierre-Jean Grosley, 1718—1785），法国政治家、文人。

学家、历史学家、宗教幻想家），尼科莱，奥迪诺（这两位十分出色）[1]，舍弗里耶[2]，《杂录和奇闻》（"Uleyspiegel"这个词拼写错了[3]），腓特烈二世[4]，布罗斯[5]，德·梅朗[6]，马里沃[7]。

最理智的做法或许就是彻底销毁您的书目，并且让您的排版费用打水漂，再不济，如果您坚持要推出推介书目，那就按笼统一点儿的类别进行分类：

经济学家	秘术
理性哲学家	笑话与猎奇
宗教幻想家	小说家
共济会	旅行家（十分重要）

雷蒂夫[8]在什么地方？值得为他做一部出色且引人入胜的选编。

小说家这个类别是一个蕴含丰富的矿藏。——乌托邦主义者，宗教幻想家，出色的类别。

原则是必须搜罗珍奇和被遗忘的掌故，但又要好卖。

我不理解，像您这样的一位人士，真心热爱十八世纪，却又对之如此

---

[1] 让-巴蒂斯特·尼科莱（Jean-Baptiste Nicolet，1728—1796），法国演员、剧院老板，盖泰剧院的创建者。尼古拉-梅达尔·奥迪诺（Nicolat-Médard Audinot，1732—1801），法国演员、剧作家。

[2] 弗朗索瓦-安托万·舍弗里耶（François-Antoine Chevrier，1721—1762），法国作家、政论家，其作品以辛辣讽刺著称。

[3] 该书具体信息不详。"Uleyspiegel"这个字的正确写法应该是"Eulenspiegel"，指"捣蛋鬼提尔"（德语：Till Eulenspiegel），是德国14世纪出现的一个喜欢恶作剧的传说人物。他的故事被后世多位作家用来进行二次创作。

[4] 腓特烈二世（Frédéric II，1712—1786），普鲁士国王，史称"腓特烈大帝"（Frédéric le Grand）。他写有大量法文著作，是18世纪影响很大的一位作家。他1740年写下的《反马基雅维利》（*Anti-Machiavel*）在欧洲非常有名。在他当政时期，"德意志启蒙运动"得以开展。

[5] 夏尔·德·布罗斯（Charles de Brosses，1709—1777），法国历史学家、语言学家、作家、法官。

[6] 塞纳克·德·梅朗（Sénac de Meilhan，1736—1803），法国作家和行政官员。

[7] 皮埃尔·德·马里沃（Pierre de Marivaux，1688—1763），法国剧作家、小说家。

[8] 参见1856年1月3日波德莱尔致夏尔·阿瑟利诺信中对蒙斯莱传记作品《雷蒂夫·德·拉·布列塔尼》的注释。

见识贫乏 ①。——虽然我这个人是愚昧无知且孤陋寡闻的样板，但如果由我来做的话，我只需凭着自己对阅读十八世纪作品的记忆，可能就会做出一份光彩夺目的书目，——要么是在唯物论哲学家方面，要么是在巫术和各种神秘术的猎奇方面，要么是在小说家或旅行家方面。我敢打赌，只消取出拉哈普《学苑》② 的各章标题，就可以做出一个更吸引人的书目。

现在，我对您再重复一遍："怨恨我吧。"

我购买了一部好版本的《危险的关系》。要是万一您脑子里又跳出这方面的念头，我会去见盖拉尔和鲁昂德尔二位先生 ③，鲁昂德尔曾答应过我，让我跟作者的一位后人（孙子或侄孙）搭上关系，说他手上有几大包笔记。

我再重复一遍，碰到这样一些事情，必须要为自己留出许多余地，准备的推介目录要具备很大的灵活性，可以让人利用那些突发奇想的好点子，并且常常可以让人另说一套。所以，类别要宽泛一些。——我们将在哪天见德·布鲁瓦斯先生？我想要知道。——我没收到您的任何东西。

我对您再重复最后一遍，您要是对这封信感到不舒服，我是不会感到意外的，但我认为自己十分关心您的成功，不能不对您有所提醒。——销毁您的书目吧。

您忠实的朋友
CH. 波德莱尔

还有《印加人》，马蒙泰尔 ④ 的？您遗漏了，不是吗？

还有《克尼多斯神庙》⑤ ？

---

① 玛拉西后来放弃了他书目中的大部分选题。

② 《学苑》全名《学苑，或文学教程》（*Le Lycée, ou cours de littérature*），是瑞士出生的法国作家和文学评论家让-弗朗索瓦·德·拉哈普（Jean-François de La Harpe 或 Delharpe，1739—1803）根据自己12年在高中讲授文学课的教案写成的一部文学批评著作，全书18卷，于1798—1804年出版。

③ 盖拉尔（Joseph-Marie Quérard，1797—1865）和夏尔·鲁昂德尔（Charles Louandre，1812—1882）都是法国重要的书志学家。

④ 让-弗朗索瓦·马蒙泰尔（Jean-François Marmontel，1723—1799），法国作家、历史学家、百科全书派学者。《印加人》全名《印加人，或秘鲁帝国的毁灭》（*Les Incas, ou la destruction de l'empire du Pérou*）是马蒙泰尔的一部长篇历史小说。

⑤ 《克尼多斯神庙》（*Le Temple de Gnide*）是法国启蒙思想家孟德斯鸠（1689—1755）的一部灵感来自神话的小说作品。下面的《波斯人信札》（*Lettres persanes*）是孟德斯鸠的一部书信体小说。

还有《波斯人信札》?

让我们想想，您的书目要是落到沃尤和多尔维利手上会是什么情况 ①。

夏·波

致奥古斯特·普莱-玛拉西

［巴黎，1857 年 3 月 30 日星期一］

如您向我要求的那样，您将在后天星期三收到您的第四个样张，而不是第三个。星期四，您的第五个，到星期五，您的那些长条校样。我想全都再读一遍，我实在太担心有错误了。

您的信既不公平又不理智；要是邮局那边耽搁一下，样张星期三没寄达您那里，要是您就像威胁我的那样马上去印，您就会让我不得不补偿您的全部花费。那对我就太狠了，但我会成功应对的。

祝好。

CH. 波德莱尔

请仔细核对页码和罗马数字。

并请尽快把我的第一个样张寄给我。您答应过我是星期三。

致奥古斯特·普莱-玛拉西

［巴黎，1857 年 4 月 1 日或 2 日？］

收到本凭证和这个样张请通知我，而且，请您把我的第一个已经做好的样张 ② 寄给我。

我明天在寄给您的那些长条校样时，还会给您写一封关于《木乃伊传

---

① 路易·沃尤（Louis Veuillot, 1813—1883）是法国报业人士和文人。他和多尔维利都是恪守教规的天主教徒和读书界消息灵通的人士。他们大概会对玛拉西的书目极尽冷嘲热讽之能事。

② 指已经编好页码并经作者同意印刷而只等最后装订的清样。

奇》① 的信。

　　同意付梓。

C. 波德莱尔

致奥古斯特·普莱-玛拉西

［巴黎］1857 年 4 月 4 日

　　一、我的朋友，我刚刚收到第一个样张。我希望它没有开印，因为您那些工人在里面又搞出了一些新错误，例如把"poings"（拳头）搞成了"points"（点），等等。

　　二、您先前还是忘了把我强烈向您要求的东西寄给我：就是眼前的这个由我最后改好并且到得太迟的第一个样张。

　　三、我前天就为您的那些长条校样给您写了信。我想要了结跟《环球导报》那边的事情，而您也已经不止一次朝我转头；我再也不能回到这家报纸了。

　　四、您是否已经收到了您向我要的那两个样张？

夏尔·波德莱尔

致奥古斯特·普莱-玛拉西

［巴黎］1857 年 4 月 4 日

　　我亲爱的玛拉西，我请您大大原谅我又一次请您注意校对清样的必要性。我的眼睛只会注意到某些东西而看不到别的。

　　试举几例：

　　　　把 45 页搞成了 44 页。

---

① 《木乃伊传奇》（*Le Roman de la momie*）是戈蒂耶的一部小说，1857 年 3—5 月在《环球导报》上连载，次年出单行本。

还有 29 页的第三行诗

"guèreS"

该词与"vulgaire"押韵①。

我知道我大概又会让您十分恼火，但我也知道，您这人心胸宽广，不会不把您的恼火化为让您受益的东西。

我今天上午翻开蒙斯莱的第二本书，一下就看到了 213 页中注释的第一行：

保罗·德拉克洛瓦先生在一篇故事中

应为

保罗·拉克洛瓦先生②在一篇故事中

我知道，我跟您再说一次，这样糊弄人有多么令人厌恶；但我是很严肃地看待您的书局的，而且您又一次跟我承认过，您跟我一样认为，在任何的生产中，唯有完美才是可以接受的。

后天，我将完全属于您，我还要重新看您那些长条校样，而且我可能还会就您的推介目录再写信给您。

祝好。

CH. 波德莱尔

致奥古斯特·普莱-玛拉西

［巴黎，1857 年 4 月 16 日］

今天和明天是我在《环球导报》印刷所度过的最后两天③。我不跟您说更多的了。——我会在本月底带上《珍玩》的全部稿子去阿朗松。我

---

① 这个页码的错误没有被改过来，保留到了出版的书中。"GuèreS"在出版的书中改成了"Guères"。

② 书中的"保罗·德拉克洛瓦"(Paul Delacroix) 为"保罗·拉克洛瓦"(Paul Lacroix) 之误。关于保罗·拉克洛瓦，参见波德莱尔 1832 年 12 月 30 日致阿尔封斯·波德莱尔信中对《雅可布给孙子讲故事》的注释。波德莱尔少年时读过这位作家的作品。

③ 《阿瑟·戈登·皮姆历险记》在《环球导报》上的最后一期连载是在 4 月 18 日。

到了以后会马上离开您去里昂，然后再返回阿朗松。——您到时候就会看到"协作的成果"①。——您对 14 日收到第六个样张的新清样一定要仔细。——请把第一个做好了的样张寄给我。——您要读一读塔克西埃 ② 的栏目（《巴黎邮报》，新报纸）。

夏·波

蒂尔冈对您很满意，另外，如果在蒂耶里 ③（今天）的文章里面看到《奇歌集》被去掉了，我是其中的原因。

致奥古斯特·普莱-玛拉西

［巴黎，1857 年 4 月 22 日前后？］

我刚刚又有一个令人痛心的发现。算一算，每首十四行诗占两页，每六个四行的诗节占一页，五个五行的诗节占一页，七个或八个三行的诗节占一页，十个或十二个两行的诗节占一页，同时总是设定标题下面有两个诗节，而且总标题占两页，我们会刚好得到二百四十页。十个样张。——单独印刷的目录会再增加五页。——二百四十五页 ④。——可悲，太可悲了。——而且没有补救良药。而且我没有想要再写几首，再说那几首关于"死亡"的十四行诗构成了一个精彩的结尾。——希望最后三个样张能够在 10 日弄完。我们会有五天时间来做目录、封面和装订。我要是在《恶之花》⑤ 这一章里再加一篇，那关于"死亡"的十四行诗中就有两首会转

---

① 拉丁文：Concordiae Fructus。这是玛拉西书局徽标上的铭文。

② 爱德蒙·塔克西埃（Edmond Texier，1815—1887），法国作家、新闻界人士。塔克西埃在当天（4 月 16 日）的《巴黎邮报》上称赞那些来自阿朗松的书，认为印刷漂亮，纸张也用得好。

③ 爱德华·蒂耶里（Edouard Thierry，1813—1894），法国诗人、文学评论家。蒂耶里在 4 月 16 日发表于《环球导报》的书评中没有谈到邦维尔的《奇歌集》，但后来在 4 月 28 日的文章中评论了这本书。

④ 在最后出版的书中，目录有 4 页，正文的最后一页是 248 页。

⑤ 此处提到的《恶之花》(*Fleurs du mal*) 是诗集《恶之花》(*Les Fleurs du mal*) 1857 年版中第二章的标题。波德莱尔很有可能在这一章中加入了一篇作品，因为全书的最终页码比原来的计算多出了 3 页。

移到最后的样张或最终的添换页上，并且会跟目录一起印。——过一个小时，我会把您第八个样张的材料 ① 投到邮局。

＊＊＊

您固执地坚持用"pluviôse"（雨月）② 这个写法。——邦维尔的作品中有把"Baume"（香膏）写成"Beaume"的情况。我找不到了，但我很确定。

致奥古斯特·普莱-玛拉西

［巴黎］1857 年 4 月 25 日星期六

我亲爱的朋友，我刚才收到了这封令人吃惊的信，我花了好多时间就为了能够读懂。虽然我很感谢您发出那么多好听的抗议，但这封信向我证明了我们的关系业已发生变化。——在我们两个之中，显然我才是遭受最大痛苦的那个人；但我的性格倾向于一切高贵的品质，甚至倾向于隐忍。——我打算请您再帮一个忙（那些"暮色诗钞"③），这些是要在《美学珍玩》之后做的，也就是已经在篮子里的一个计划。

您向我要的那个样张 ④，您就会拿到。说到这儿，我要请求您（显然时间还来得及）在进行新的修改之前，先把一首《忧郁》中的一行诗替换一下，即：

厌烦，这了无生趣的沉闷之子

替换成

---

① 指要用于第八个样张编排页码的长条校样。

② 这是 1857 年版《恶之花》中第 59 首《忧郁（之一）》（*Spleen I*）的第一个词。波德莱尔倾向于用"pluviose"这个写法。他把清样上的"ô"圈起来，并在页边空白处写道："用'Pluviôse'还是'Pluviose'？"但这个问题被玛拉西或另外的人一笔划掉。出版的诗集中沿用了"pluviôse"的写法。

③ "暮色诗钞"（*poèmes nocturnes*）是波德莱尔最初对自己那些散文诗的叫法。1857 年 8 月 24 日的《现时》以《暮色诗钞》为总标题刊发了波德莱尔的 6 首散文诗。

④ 第六个样张。

　　　　厌烦，这了无生趣的沉闷之果 ①

这个改动表面上看无关紧要，但对我来说是有价值的。

　　您的那些长条校样明天会投到邮局。但您知道邮局的运行在星期天跟平时不一样。——因此很有可能您要到星期一晚上或星期二上午才会收到。请您愿意宽容这十二个小时的迟到。

　　我接下来会把《美学珍玩》一书中那三个尚缺的篇目 ② 写出（送《环球导报》《法兰西评论》《艺术家》发表）。如果您愿意让我从修改这本书的开头部分做起，我会照办。

　　泰奥菲尔·戈蒂耶以为我目前在阿朗松。——我确实想过，等最后一期的连载一刊发我就去找您。我想的是在您那里就跟在《环球导报》一样，落脚处要么是旅馆，要么是您的印刷所，而且下决心每次只专注做一件事，天天工作，直到弄完全部。但杂七杂八的种种原因妨碍了我出发。

　　泰奥菲尔前阵子问过我，想知道您是否打算出版《木乃伊传奇》。我没有就这个事情给您写一个字，因为我一直以为马上就会去阿朗松。——他很看重这本书，托我告诉您，书中痴女打情骂俏、蠢男装疯卖傻的那些东西统统都会删去，书中的整个语气会重新回到最初那种古风盎然的庄严。——末了我问他打算怎么跟您谈。他回答我说，促使他要来找您的，就是希望看到一种在印刷方面的纯粹和热忱，要配得上一本他所珍爱的书，——至于价格，他要求您能执行阿歇特出版社 ③ 的那些条文，1200 法郎，印数 4000 册，甚至 4500 册，甚至更多。

　　我回答说，唯一的麻烦就是您这边印刷量很有限。——他就此提出了自己的看法，说如果您觉得合适的话，您可以分成四次来印，是制版还是重排悉听尊便，但他坚持至少 4000 册这个数字。——把这笔钱分摊到 4000 册，这就相当于把您出的价钱分摊到 1000 或 1200 册上。——那对您来说就只有一个麻烦，就是要知道您是不是确实能够一次印这么多 ④。

　　我希望您能理解，鉴于我跟泰奥菲尔的关系以及我未及报答于他的那

① 《忧郁（之二）》（*Spleen II*）中的一句。

② 波德莱尔在同年 3 月 18 日致普莱–玛拉西的第二封信中就提到过还有 3 篇文章要写。

③ 阿歇特出版社（la maison Hachette）由法国出版商路易·阿歇特于 1826 年创立。

④ 戈蒂耶的建议看来未被采纳，因为《木乃伊传奇》是次年由阿歇特出版社出版的。

些帮助，要我亲自告诉他被拒的消息对我来说太痛苦了；您可以给他写信，要相信他气量宽广，容得下一切。——促使我应承下来谈这桩事情，是您曾对我表示过的对他的作品的赞赏。

祝好。

CH. 波德莱尔

致奥古斯特·普莱-玛拉西

〔巴黎〕1857 年 4 月 27 日星期一

我亲爱的朋友，我由衷地感谢您今天上午的来信；而事实上，这是把好话说绝了；由于我不会再给您发火的机会，您也不会再有机会去抚平伤痕。

眼下要做的事情是：

我今天晚上就把给您的长条校样（您的全部长条校样）投到邮局，已修改得十分仔细，这将让阅读清样成为十分轻松的事情。

我从后天开始动手写《美学珍玩》。其中真正要做的事情是：修改第一篇（《1845 年的沙龙》）；修改《漫画家》这篇文章（要发在《法兰西评论》上 ①），并且写出两篇新东西（《爱说理的画家们》 ②；——《人造的兴奋》 ③），所幸这两篇已接近尾声了。

总之，没有什么能妨碍我一天天把做好的东西都寄给您；但如果您想知道这本书的真正体量，那我就不得不先为您计算一下字数。

阿朗松的问题：

最后一期连载结束后，我用了五天时间来放松，在那几天里把钱都花光了。——我不仅必须去阿朗松，还必须去里昂；钱不是问题，因为我可以免费走全程；但留下一堆牵肠挂肚的事情就甩手走人我会很难受的，我

---

① 这篇文章没有刊发在《法兰西评论》上，而是分 2 次刊发在了《现时》上（1857 年 10 月 1 日和 10 日）。

② 即后来的《哲学的艺术》。

③ 《人造的兴奋》（*Excitations artificielles*）是关于鸦片和大麻的研究，是后来《人造天堂》的滥觞。

想还是先把手稿弄齐全。

因此，我是要去阿朗松的，但要稍晚一点，可能是在半个月后；在我去里昂期间，您把最初的几个样张排好。但要注意，虽然我认为手稿在半个月内弄不完，但如果您愿意的话，这并不妨碍我在 15 日之前把开头的几篇东西寄给您。

《木乃伊传奇》的事情让我不安，原因在这里：我担心您会在这件事情上虚荣心作祟；这笔买卖确实不错，开出的价钱跟您要的十分接近，几乎可以说是一样的；但泰奥菲尔惯于指望他那些书商，这些人担保一定卖出四千册。——您知道印数还可以再多一点。再见；我现在要去修改《反抗》《酒》和《死亡》① 那几章了。

CH. 波德莱尔

我浏览了《女像柱集》② 已经做好的样张。有一些错误实在离谱。您真的要当心。

我没有钱付我这封信的邮资，这就是为什么我要等到今天晚上才去寄《忧郁与理想》的最后部分，我当然会把剩下的也一并寄上。

最后一个样张一定要很仔细。

致奥古斯特·普莱-玛拉西

[巴黎，1857 年 5 月 2 日。波德莱尔寄回当天校改好的第一份清样。]

我可怜的朋友，这份清样 ③ 会搞得您心神不宁。但还是不及我那么厉害，因为我弄了一整天。另外您会看到，所有这些修改有多么棒。

[他还要求出版者对第二份清样要很仔细，要十分上心地改正可能还

---

① 这分别是 1857 年版《恶之花》中第三、四、五章的标题。这几章的内容是第十个样张和最后半个样张要用的材料。

② 《女像柱集》(Les Cariatides) 是法国诗人邦维尔的第一部诗集，于 1842 年首次出版。普莱-玛拉西和德·布鲁瓦斯书局于 1857 年再版了这部诗集，收入该社同年出版的邦维尔《诗全集》(Poésies complètes)。

③ 可能是第八个样张。参见下一封信。

残留着的那些错误。]

夏·波

致奥古斯特·普莱-玛拉西

巴黎，1857 年 5 月 6 日

但是，我亲爱的朋友，这可不是最让我感兴趣的；我之前曾在《莱斯波斯》① 的背面用红色铅笔写了一句话，想要知道我的第七个样张内容很多，是不是会顺利弄出来，还有是不是有必要让我再读一遍。有没有我的疏忽，有没有不合韵律的诗句，谁知道呢？或者还有改得不是地方的情况，这都可能造成贻笑大方的灾祸。改完之后您会核对吗？会重读吗？

我刚刚见了泰奥菲尔·戈蒂耶，他将把我的一组选篇交给《艺术家》②。我感觉他对您这边十分满意；他如此想要夸大《木乃伊》中他所说的"令人讨厌"的方面，这就让出书一事无论在谁那里都会被推到六个月以后。但您可能给了他某种没有说得太明白的优厚条件，因为他活像一个调皮的孩子一样十分开心地又谈到这件事情上来，他还跟我谈到《珐琅与雕玉》③，说这是一个闲着的东西，还说他在等您来巴黎之前拒绝任何人再版这本书。

他想在书里增加十首新作，跟以往的节奏一致。钱的问题倒是很容易解决，但他总是纠缠着要印得漂亮这个话题不放。

您的朋友拉尔希 ④ 可真算个大好人。最近这几天，我被六七份小报害惨了，是针对在《法兰西评论》上刊出的几个选篇 ⑤。我原本估计拉尔希

① 《莱斯波斯》(*Lesbos*) 一诗在第八个样张上。
② 《艺术家》杂志在 5 月 10 日这期刊出了波德莱尔的 3 首诗，并在注释中写道："这几个选篇取自《恶之花》，该书将在近日由普莱-玛拉西和德·布鲁瓦斯两位先生的书局出版。"
③ 《珐琅与雕玉》(*Émaux et Camées*) 是戈蒂耶 1852 年出版的一部诗集，后来多次再版，每次都有篇幅的增加。最终的定本于 1872 年出版。玛拉西于 1858 年出版过该诗集的一个版本。
④ 洛雷当·拉尔希 (Lorédan Larchey, 1831—1902)，法国词汇学家、图书馆长、杂志经营者。他于 1855 年创办《轶事评论》(*La Revue anecdotique*) 并掌管该杂志至 1861 年。
⑤ 《法兰西评论》在 4 月 20 日这期刊出了波德莱尔的 8 首诗。

看在您的面子上不会拉他的人马来凑这个热闹 ①。我希望《法兰西评论》②
不要再犯诸如此类的错误。

　　祝好。

　　　　　　　　　　　　　　　　　CH. 波德莱尔

　　今晚或明天，您将收到第九个样张；我就是知道这是多么必需的。

致奥古斯特·普莱-玛拉西

　　　　　　　　　　　　　　　［巴黎］1857 年 5 月 14 日四点

　　不，我的朋友，我今天还不会得到解脱，——要到明天才行，而您
呢，自然也要到两三天后才可以。

　　——我刀光剑影地与三十来个不到位的、令人不舒服的、不合辙押韵
的诗句搏斗。您相信我有邦维尔的那种灵巧吗？

　　——我收到了一份显然是他要用的清样，这可不是一个做得好的样
张。我由此得出结论，他也收到过我的，也就是第八个样张；——除非还
没有印出来。

　　——我今天上午收到了我的第九个样张；千万不要在把一个样张寄给
我以前让人进行修改。这只会导致一些错误。——我那段关于《反抗》的
按语 ③ 实在拙劣；我很吃惊您没有就这个问题指责我。

　　——我给您寄了多尔维利的一本小书。

　　——估计给您的包裹（第九个样张，连同"同意付梓"，——和用于
第十个样张的材料，外加您与目录一道印在四分之一个样张上的一小部
分）将在明天随早上的邮车寄出。

---

① 拉尔希掌管的《轶事评论》在 4 月 16—30 日这期上刊出了一篇短文，题为《女巨人影子
里的夏尔·波德莱尔先生》(*M. Charles Baudelaire à l'ombre de la jeune géante*)。

② 有论者认为，由于波德莱尔是在批评拉尔希，此处的《法兰西评论》有可能是《轶事评
论》的笔误。如果坚持《法兰西评论》这一说法，则可把这句话理解为波德莱尔针对该
杂志发表诗作所产生的结果而说的一句语带讥讽的反话。

③ 这是波德莱尔在《反抗》这个标题下面写的一段按语。虽然波德莱尔在最后一刻认为这
段按语"实在拙劣"，但它还是在 1857 年版的《恶之花》中被保留了下来。

还有我的封面① 怎么样了！！

祝好！

CH.波德莱尔

一千个对不起，没有付邮资。——我既没邮票也没钞票。

致奥古斯特·普莱-玛拉西

［巴黎］1857 年 5 月 16 日星期六

好了，别起急；您马上就能来巴黎了。——我快干完了，大概一个小时以后吧。

为改第九个印张我得要第八个。如果您打算印出全部三章，至少得把已修改过的第八个印张的毛边清样② 寄给我。

封面设计好了么？

还有目录？您可以开始着手了。

最后的几首：

> 94. 拾荒者之酒
>
> 95. 杀人犯之酒
>
> 96. 孤独者之酒
>
> 97. 情侣之酒

死亡

> 98. 情侣之死
>
> 99. 穷人之死
>
> 100. 艺术家之死

---

① 当指《恶之花》的封面。

② 毛边清样（épreuve à la brosse），指一种快速印制清样的方法。这种方法的缺点是较细的笔画很快就会变模糊。

祝好。

　　　　　　　　　　　　　　　　　　　　　　　夏·波

致欧皮克夫人

　　　　　　　　　　　　　　［巴黎］1857 年 5 月 20 日

　　我亲爱的母亲，昨天看到您在家里急于找一本悼亡经①，您那本还在翻新中（至少得三周才能搞好），我先把这本寄给您，外观稍差，但还说得过去。

　　您那本会彻底清理；所有污渍包括油渍都会清理干净。残破处也会尽可能认真修复。

　　今晚见。

　　　　　　　　　　　　　　　　　　　　　　　夏尔

书籍翻新的工费已付。

致奥古斯特·普莱-玛拉西

　　[此信应写于 1857 年 5 月下半月，在下封信中可以读到："信中我说我的脑子有了毛病，您竟拿来开玩笑。"]

致奥古斯特·普莱-玛拉西

　　　　　　　　　　　　　　［巴黎，1857 年 5 月下半月？］

　　可是，我亲爱的朋友，既然我让您那么不痛快，而且您那么想来巴黎，

---

①　欧皮克夫人于 1857 年 4 月 27 日失去了她的丈夫，但波德莱尔前几封信中并未提到欧皮克将军去世一事。

那就来吧，别在意我信末所言。我做的那些细致的修订就是确凿的保证，此外，我把清样和同意付梓通知寄给德·布鲁瓦斯之前先寄给您这份清样。

我着实搞不懂您昨天写给我的信和退回的长条校样。您的制版工太固执而且太粗心了。我的那些罗马数字一直都对。应该按照罗马数字的新顺序制版。而且我已经在 16 日那封信的最后按序号列出了目录。如果您的制版工还是按旧版排版，您可以让他参考这个目录。

为了方便您那些制版工，我又重新誊录了一遍《拾荒者之酒》，今天寄给您，他们可能会认为原来那个长条校样涂改得实在太不像样了。

现在您得把排印好的第九个印张寄给我了。

您来巴黎时请带上目录，先别印刷，我看过后再印。再有，我觉得同一页纸上似乎不大可能再印上最后一首或最后两首十四行诗。

祝好。

信中我说我的脑子有了毛病，您竟拿来开玩笑。

CH. 波德莱尔

您怎么还不给我看封面设计!!!!!!!!!!!!!!!!!!!!!!

夏·波

请把最后一页的完整抄件寄给我，而且您到了巴黎，德·布鲁瓦斯先生就会考虑这件事了。

致欧皮克夫人

［巴黎］1857 年 6 月 3 日星期三

我亲爱的母亲，我当时等瓦莱尔 [①] 来是等得有点儿不耐烦（跟您说起此事并非是为迟复道歉）；您知道我为什么要等他。我知道您肯定十分担心那些债务，所以对出售结果特别在意。今天上午总算等来了瓦莱尔：家具总共卖了 25000 法郎。瓦莱尔说全部卖掉以后（就是说再加上那些马、马具和马车）能凑一个整数 32000 法郎。我觉得这个数目不错，基本接近

---

① 瓦莱尔（Valère），欧皮克夫妇的男仆和管家。

您的心理价位，且足以让您的思绪甩开那些烦心不堪之事 ①。如果您绝对信得过我，就请告诉我行不行。——您不久前来信说我对您的态度有所改变，这种说法与其说是称赞还不如说是极其无礼，这说明您虽身为我母却根本不了解我。出售家什、您眼下的债务、您的身体、您的孤寂，这一切都与我息息相关；您必须明白，您的事无论大小，也无论要事琐事，没有我不关心的；这不仅是身为人子的责任，更是感情使然。

我想用寥寥数语说明自我的继父过世后我何以有那些行为或情感；您通过这些扼要的说明就能理解我对这天大的不幸所持的态度以及我今后的所作所为了：——这件事对我关系重大，它唤醒了我的责任。可怜的母亲，我以前对您有时非常无礼，而且不诚实；毕竟那时我还可以认为会有人为您的幸福担责，——而在那个人去世后，我的第一个念头就是现如今我已责无旁贷。我以前的放纵、冷漠、自私、粗暴和无礼，都是因为生活不规律导致的神智疯狂和孤独造成的，我今后再也不会这样了。——我要尽人子应尽的义务，为您的晚年生活创造一种特别的和崭新的快乐氛围。——其实这也算不上什么难事，因为您把我所有的计划能否成功看得那么重要。我只要做好自己的工作就等于办妥了您的事。

对我那些烦人的债务及个人的名望——追求这种名望至今对我可有可无，但日后再做会更加吃力——您大可不必过多烦恼。一个人只要每天都做好当做之事，所有人间苦厄自然也就化解了。我唯一要求您的就是（为了我）善自珍摄，益寿延年。

瓦莱尔还挺善解人意；我从未料到会从一个仆人口里听到他内心的想法；他说：您的母亲一定是深受打击且苦恼至深才想回到那边独自生活的 ②；好在她身体还硬朗。

他很吃惊要有那么多东西搬回翁弗勒尔（塞满了一大车），他认为您肯定不清楚这些东西该放在何处。

---

① 欧皮克夫人在出售了部分家具、马具和马车之后，可用于投资的资金约30000法郎，加上她的将军遗孀抚恤金和年金，年收入约为11000法郎。
② 欧皮克将军去世后，欧皮克夫人放弃了巴黎寻南路（rue du Cherche-Midi）的住所，返回翁弗勒尔定居，直至去世。

我天天都查《环球导报》①。但现在依然一无所获。这事让我有点儿心烦。国务委员会投票通过一项法令不是很快就能上呈皇帝签署么？或许是要遵循某种程序？我还是觉得推进得更迅捷些才是。

我刚从书籍修缮工的铺子里出来②。我保准您满意。整本书清洁如新。残破处也已重新修补，效果还说得过去；您肯定会对旧书翻新的手艺感到新奇。重新装订和封面精装还要再等十天。

再会，亲爱的母亲，请认真给我回信，请相信我绝对属于您，且只属于您一个人。

我下周可能会给您寄点儿我自己写的东西。

夏尔

您再给我说说墓地的事。我肯定会遵从您的愿望。

我刚刚得知年金法令不在《环球导报》发布，它已然发布在《法律公报》(*Bulletin des lois*) 的中缝里，日期是 1857 年 5 月 25 日。——我惊讶于您的姓竟如此拼写："Archenbaut"（阿尔岑博特）③。

致［古斯塔夫·鲁朗④］

［巴黎］1857 年 6 月 4 日星期四

大臣先生：

迄今为止，我的工作虽远不能满足我的需求，却始终可以让我避免这些令我生厌的资助申请，但今天，有些火急火燎的需求让我不得不向阁下求助，我希望能以"科学家与文学家支持与救济基金"的名义获得资助。

---

① 当时欧皮克夫人正等待一项确定其年金数额的法令。该法令确定欧皮克夫人的年金总额为每年 6000 法郎。
② 欧皮克夫人的悼亡经在这家书籍修缮工铺子里翻新。
③ 欧皮克夫人的闺名是卡洛琳·阿尔岑博特·德法伊斯 (Caroline Archenbaut Defayis)。与欧皮克将军结婚前她的签名始终写作 "C. Dufays" 或 "C. Dufaÿs"。
④ 古斯塔夫·鲁朗 (Gustave Rouland, 1806—1878)，法国政治家，时任国民教育与文化大臣。1857 年 6 月 16 日，国民教育与文化部向波德莱尔颁发 200 法郎补贴，以奖励他翻译的爱伦·坡作品《怪异故事集》。

我原本无心这样做，如果说出于什么考虑促使我改变初衷申请资助，那是因为我对阁下领导下的贵部抱有信心。这种善意的最新证明是支持与救济基金已下拨至文人协会，而我在过去的十二年里始终是该协会的会员，故而我希望我的申请能获批准。

现随函送上我已出版的主要作品以及即将出版的作品目录。

阁下，请接受我崇高的敬意。

夏尔·波德莱尔

已出版的作品：《拉·芳法萝》（*La Fanforlo*）、《1845 年的沙龙》（*Salon de 1845*）、《怪异故事集》（*Histoires extraodinaires*）、《新怪异故事集》（*Nouvelles histoires extraodinaire*）；

在各期刊发表的艺术评论：《批评方法》（*Méthode de critique*）、《安格尔与德拉克洛瓦》（*Ingres et Delacroix*）；

在《环球导报》的连载：《怪异故事集》第三卷[1]，等等……

即将出版的作品：诗集《恶之花》、《美学珍玩》、《关于阴谋家和宠臣的历史概述》[2]。

致奥古斯特·普莱-玛拉西

［巴黎］1857 年 6 月 6 日星期六

说真的，我亲爱的朋友，您怎么不给我写信？您就想让第十个印张、第十一个印张乃至诗集目录都错得一塌糊涂么？谁不让您把排印好的清样（业经修改尚未付样的）寄给我？按规矩应该提供给我的清样为什么总是寄得这么费劲？

祝好。

CH. 波德莱尔

您难道才收到那份修改过的目录么？

---

① 在《环球导报》连载的不是《怪异故事集》而是《阿瑟·戈登·皮姆历险记》。

② 据波德莱尔研究专家分析，《关于阴谋家和宠臣的历史概述》（*Aperçu historique sur le Conspirateur et le Favori*）可能是其散文诗《悲壮的死》（*Un mort héroïque*）的雏形。

致欧仁·德·布鲁瓦斯 ①

[巴黎] 1857 年 6 月 13 日星期六

（地址不详的烦请自行查找《地址通讯录大全》。）

泰奥菲尔·戈蒂耶：要第一个寄，而且要寄给他最好的一册，寄往格兰奇-巴泰利耶路（rue Grange-Batelière）24 号。

纪尧姆·基佐：寄往瓦尔-里奇（Val-Richer），您查查是哪个省。我觉得是卡尔瓦多斯省（Calvados）。要给他寄两册。——他肯定觉得应该给他两册 ②。

圣伯夫：寄往蒙帕纳斯路（rue du Mont-Parnasse）。

爱德华·蒂耶里：寄往阿瑟纳尔图书馆（Bibliothèque de l'Arsenal）。

蒂尔冈：不送。

《巴黎评论》：不送。

达洛兹：寄往《环球导报》，——最好查查地址。

于勒·巴尔贝·多尔维利：寄往巴比伦路（rue de Babylone）56 号。

菲洛克塞纳·布瓦耶：寄往巴克街（rue du Bac）111 号。请玛拉西别删掉这个名字。

德·蓬马丹：寄往《国民议会》（L'Assemblée nationale）③。最好查查地址。

路易·沃尤：寄往《寰球》（L'Univers）。最好查查他的地址。

---

① 这封信是向媒体发送《恶之花》的清单。《恶之花》已定于 1857 年 6 月 21 日发售

② 纪尧姆·基佐（Guillaume-Maurice Guizot, 1833—1892），法国作家、翻译家、文学教授，其父是弗朗索瓦·基佐（François Pierre Guillaume Guizot, 1787—1874），法国政治家和历史学家，曾任法国首相。故波德莱尔要寄两册。波德莱尔是经米歇尔·莱维介绍结识纪尧姆·基佐的。瓦尔-里奇的确是在卡尔瓦多斯省。

③ 波德莱尔与蓬马丹的关系始终不睦。蓬马丹曾批评波德莱尔翻译的爱伦·坡作品《怪异故事集》，波德莱尔在《新怪异故事集》的序言《关于爱伦·坡的新札记》（Notes nouvelles sur Edgar Poe）中不点名地对蓬马丹进行了回击。1857 年 9 月 19 日，蓬马丹在《目击者》（Le Spectateur）上撰文，诋毁爱伦·坡及其译者，并对波德莱尔因《恶之花》遭司法调查幸灾乐祸。后来他还在 1861 年 8 月 14 日的《两世界评论》上发表《1861 年的法兰西诗歌》（La Poésie française en 1861）一文攻击波德莱尔："这是个什么样的社会，这是个什么样的文学，居然把夏尔·波德莱尔先生选作自己的诗人？"

利梅拉克 ①：寄往夏约区（Chaillot），巴塔耶路（rue des Batailles）。

菲拉莱特·夏斯勒：寄往法兰西公学 ②。

雷根斯堡：寄往《论坛报》。最好查查他的地址。

勒孔特·德·利勒：寄往卡赛特街（rue Cassette）。门牌号不详。他将在《艺术家》（*L'Artiste*）发表《恶之花》书评 ③。

阿瑟利诺：将在《法兰西评论》发表书评 ④。

萨索诺夫：寄往圣雅克街（rue Saint-Jacques）221 号。他将在《祖国年鉴》（*Annales de la Patrie*）发表书评。

莫雷尔：寄往《法兰西评论》，在洛蒂桥路（rue du Pont-de-Lodi）。

比洛兹：寄往《两世界评论》⑤。最好查查他的地址。

拉科萨德：寄往《当代评论》⑥。最好查查他的地址。

国务大臣阁下：寄往杜伊勒里宫 ⑦。

贝勒蒂耶先生：国务大臣办公室主任。

国民教育大臣阁下。

---

① 利梅拉克（Paulin Limayrac，1816—1868）时任《宪政报》（*Constitutionnelle*）文学评论人。波德莱尔 1846 年 1 月 12 日在《海盗—撒旦》上匿名发表过一首十四行诗讥讽利梅拉克的小说《埃里克的影子》（*L'Ombre d'Éric*）。1857 年，利梅拉克也写了一篇抨击《恶之花》的文章准备发表，但他在得知波德莱尔即将遭遇司法追究后便撤下了这篇稿子。阿瑟利诺对利梅拉克此举颇为赞赏。

② 菲拉莱特·夏斯勒（Philarète Chasles，1798—1873）与下文提到的雷根斯堡（Ratisbonne，此人是维尼的遗嘱执行人）当时同在《论坛报》（*Journal des Débats*）任撰稿人，他似乎没有为《恶之花》写过书评。

③ 《艺术家》预告将要发表这篇书评但并未刊发。勒孔特·德·利勒直到第二版《恶之花》出版后才在《欧洲评论》（*Revue européenne*）发表了一篇书评（1861 年 12 月 1 日）。

④ 阿瑟利诺写了这篇书评，但由于诉讼未能刊发，直到 1857 年 9 月 15 日才发表。在此期间，波德莱尔将这篇文章以及被《国家报》（*Le Pays*）拒发的巴尔贝·多尔维利的书评一并收入了自己的《辩护文章汇编》（*Articles justificatifs*）。

⑤ 《两世界评论》并未发表《恶之花》的书评，但 2 年前的 1855 年 6 月 1 日该杂志首次以《恶之花》为名发表了波德莱尔的 18 首诗。

⑥ 就是这家《当代评论》后来发表了韦斯（Jean-Jacques Weiss，1827—1891，法国作家、编辑、政治家）攻击《恶之花》的文章。

⑦ 指阿希尔·富尔德（Achille Marcus Fould，1800—1867），时任负责皇室事务的国务大臣（ministre d'État et de la Maison de l'Empereur）。

古斯塔夫·鲁朗先生：国民教育大臣办公室主任（大臣之子）。

亨利·德·拉罗兹利先生：国民教育部（或许最好能送五册，每册都有我的签名——您知道这些礼物的用处①）。

威利斯②，寄往美国。

朗费罗③，寄往美国。

丁尼生④，寄往英国。

白朗宁⑤，寄往英国。

德·昆西，寄往英国。

维克多·雨果⑥，寄往英国。

如果我找不到上述诸位先生的地址，巴黎的英籍书商弗勒先生（M. Fowler）会负责寄出这几本书，他曾向我介绍过几家报道法国出版物的英国书刊。

***

现在，先生，你们两位当中若有一位身在巴黎我会非常高兴；闭门造书可不行。

至于那些海报，我要谢谢您；但这些海报显然是为商店橱窗设计的；我想和您分享一个我自认为很好的点子，也就是说：

---

① 当时波德莱尔正向国民教育部申请资助。

② 威利斯（Nathaniel Parker Willis，1806—1867），美国作家和编辑，曾聘用并保护过爱伦·坡，因此波德莱尔对此人颇为尊重。

③ 美国诗人朗费罗（Henry Wadsworth Longfellow，1807—1882）在当时的法国被认为是美国文学的代表；在美国，他也被认为是最了解欧洲文学的美国作家。波德莱尔很尊敬他。

④ 丁尼生（Alfred Tennyson，1809—1892），英国诗人。

⑤ 白朗宁（Robert Browning，1812—1889），英国诗人、剧作家。波德莱尔之所以拟将《恶之花》赠送白朗宁，可能和爱伦·坡曾将《乌鸦》题赠给白朗宁之妻、诗人伊丽莎白·巴蕾特·白朗宁夫人（Elisabeth Barrett Browning，1806—1861）有关。

⑥ 波德莱尔拟寄往美国和英国的这6册《恶之花》，除了送给雨果的1册有下落以外，其余5册可能均未寄出。在寄给雨果的那一册上有波德莱尔的献辞："献给维克多·雨果／夏·波"。1857年8月30日，雨果致函波德莱尔，感谢他寄赠《恶之花》。

要做一张巨大的海报（大到醒目）

分成如下所示的两个部分，其构图和颜色要格外生动，让人眼前一亮：

玛拉西和德·布鲁瓦斯书局

已推出：	即将推出：
《恶之花》	泰奥多尔·邦维尔诗歌全集
作者	以及
CH. 波德莱尔	泰奥菲尔·戈蒂耶
	《珐琅和雕玉》
《奇歌集》	增订版

这样，两组广告互成犄角，效果倍增，非常有用。——您考虑考虑吧；值得一试。

其次，就是确定张贴地点了。

玛拉西送给我六册上等纸印制的样书。

可我想要二十五册普通纸印制的样书，送给一些并不从事文学评论的朋友。——想要更多样书时我会以书店价格自购。

请代我握他的手，并请向德·布鲁瓦斯夫人和您的岳母大人致意。

祝好。

CH. 波德莱尔

请给我回信，切切。我要为《珐琅和雕玉》给戈蒂耶写信了。

致奥古斯特·普莱-玛拉西

［巴黎］1857 年 6 月 15 日

这么说，显然维克多 ① 是知道要分送的样书数量、我要让书店打包的

---

① 维克多（Victor）是巴黎玛拉西和德·布鲁瓦斯书局的职员。

数量以及我要签名的样书数量的。所以一定要让维克多按名单派发，这份名单我没有留底。

您没告诉我是否认同我制作海报的建议。

泰隆先生 ① 还未去拜访戈蒂耶。此外他会寄给您所托付的设计图样。只可惜他不同意降价转让自己的印张。

祝好。

CH. 波德莱尔

跌倒是缘于您总是抬眼望天，受伤害是因为您总是固执己见。

致路易·沃尤

［巴黎，1857 年 6 月 15—20 日期间？］

您说我孩子气，就因为我怕伤害您而没把自己的书寄给您。您看，我接受您的说法。几天前我让人给您寄去了《恶之花》。今天给您寄去《新怪异故事集》。过几天再给您寄第三本 ②。

祝好。

CH. 波德莱尔

致欧皮克夫人

［巴黎］1857 年 7 月 9 日星期四

我向您保证您无须担心我任何事；反倒是您让我特别担心，因为您寄给我的信里净是伤心事，这当然无法让您平复。您如果任由自己的感情侵蚀您，自暴自弃，肯定要病倒的，那将是不幸中更大的不幸，也是我最不

---

① 泰隆（Thérond）是玛拉西聘请为泰奥菲尔·戈蒂耶诗集《珐琅和雕玉》设计封面插图的雕刻师，他也负责为波德莱尔论戈蒂耶的那篇评述设计封面插图。

② 可能是指《阿瑟·戈登·皮姆历险记》。

堪忍受的烦恼。我不仅希望您能有所排遣，更希望您能有新的欢乐。——我能明显感到奥尔菲拉夫人（Mme Orfila）是位聪慧的女性。

您不必对我的沉默寻根问底，那只是某种萎靡不振罢了——惭愧的是这种萎靡不振经常不请自来，不仅妨碍我写作，甚至让我履行不了最简单的职责。所以我今天不光给您写信，还要把您的悼亡经和我的诗集寄给您。

那本悼亡经还未完全装订好；手艺最娴熟的装订工也有笨的时候，他们犯下了一些需要返工的小错。这让我很不高兴，不过您会满意的。

最早如您所知，我原本没打算送给您这部诗集（两周前就出版了）。继而琢磨，感到我的羞怯与您的过度拘谨同样愚蠢，因为您会从各种渠道听到对这本书的评价，至少会从我寄给您的评论中了解一切。我收到了十六册平装样书和四册精装样书。我留给您一册精装样书，您还没收到是因为我想包装好后再寄。——您知道，我一贯认为文学和艺术追求的是一种与道德无涉的目标，构思与风格之美于我足矣。这本书的书名《恶之花》便说明了一切，您会看到此书诞生于激情和坚忍之中，通篇掩映着阴郁与冷隽之美。而且所有负面评骘都恰好证明了这本书真正的价值。这本书的确会激怒一些人。——事实上我自己也担心会引发众怒，所以在诗集付梓时删去了三分之一的内容。——人们想否定我的一切，无论是我的创造精神还是我对法兰西语言的驾驭能力。我根本不在乎这些弱智行为，因为我知道这部诗集将以其品质和瑕疵，与雨果、戈蒂耶甚至拜伦那些最好的诗一道在文学公众的记忆中流传下去。——我只有一个请求：既然您与埃蒙一家住在一起，千万别让这本书落入埃蒙小姐手中。至于您常打交道的那位神甫 ①，倒不妨给他一阅。他看过后肯定会认为我彻底没救了，但不敢对您说。——现在有传言说当局要追究我；但什么也没发生。一个被巴黎的选举搞得焦头烂额的政府没工夫追究我这个疯子。

我上千次地请求您宽恕我所有这些孩子气的虚荣心发作。我很认真地考虑过到翁弗勒尔和您同住，但没敢对您说。我已经想过要一劳永逸地根除我的怠惰，在海边紧张地工作一段时间，远离一切无谓的琐屑事务；要

---

① 指让-巴蒂斯特·卡尔蒂纳神甫（l'abbé Jean-Baptiste Cardine），1856—1868 年为翁弗勒尔圣嘉德琳娜教区的本堂神甫。

么译出爱伦·坡的第三卷，要么创作出我的第一部剧本，总之，不管愿意不愿意，我都必须刻苦创作。

可是我的工作若离开了图书馆、印刷所和美术馆就无法完成。我必须首先完成的几本书是：

——《美学珍玩》，

——《暮色诗钞》①，

——还有《鸦片吸食者的忏悔》。

《暮色诗钞》要发表在《两世界评论》；《鸦片吸食者的忏悔》要发表在《环球导报》，这是一部新译，译自一位杰出的作家，这位作家在巴黎尚无人问津②。

但我对埃蒙先生必须有所顾忌（这就是我没有全说的理由）。他是您的朋友，而我又老是惹您不快。您认为我会忘记他在那令人痛苦的一天里③表现出的卑劣、粗鲁以及在我向他伸出手去时他的样子是何等粗暴么？他如此这般无非为了让您高兴，而这一天我在他面前感到的屈辱比您在这么多年里对我的羞辱加起来还要多。

——昂塞尔先生身体很好；您离开巴黎后我只见过他两次。他总是那么优哉游哉的；办什么事也总是慢条斯理，而且总是那么爱着他的妻子和女儿，从来没和她们红过脸。

我把这位不认识的先生的信退还给您。我不知道这位杜朗先生（M. Durand）是何许人。

我拜望我继父的墓地时吃惊地发现面对着一个空穴。我询问了管理人，他告诉我说棺木已迁入正式的墓穴中，并给了我一张表示方位的小纸条，这张小纸条我附在信中。——您献的花环（已被大雨淋落了）已精心地挪到了新墓穴前面。我在上面又加了一些花。

---

① 《暮色诗钞》（*Poèmes nocturnes*）是《小散文诗》（*Petits poèmes en prose*，即《巴黎的忧郁》）最初的题目，1857 年 8 月 24 日在《现时》（*Le Présent*）首发时用的是这个题目。

② 《鸦片吸食者的忏悔》（*Confessions du mangeur d'opium*）是《人造天堂》（*Les Paradis artificiels*）最初的题目，改写自英国散文家、文学批评家德·昆西（Thomas de Quincey，1785—1859）。该文后来发表于《当代评论》（*Revue contemporaine*）。

③ 指 1857 年 4 月 30 日，这一天是欧皮克将军的葬礼。波德莱尔由于没有改姓，未被列入亲属名单。

深情地拥抱您，亲爱的母亲。

夏·波

致奥古斯特·普莱-玛拉西

[巴黎] 1857 年 7 月 11 日

快，把所有书都藏起来，藏好；该有 900 册吧。——拉尼耶那儿还有 100 册 ①，这些先生十分惊诧我想拿走 50 册。我已经把这 50 册藏到了稳妥的地方 ②，还签有一份收据。剩下的 50 册只好去喂那些司法的看门狗了。

这就是给《费加罗报》寄去那几本书的报应 ③！！！！

这就是发行这本书没做到家的后果。如果您倾尽全力卖光这一版，至少我们还能宽慰自己在三周内售罄了所有的书，哪怕摊上官司也不失是我们的荣耀，还比较容易逃脱干系。

但愿您能及时收到这封信；信将在夜里寄出，明天四点您就能收到。查封还没开始。勒孔特·德·利勒通过瓦特维尔先生的渠道得知了这个消息 ④，只可惜晚了五天。

————————————

① 拉尼耶（Lanier）是一位书商。1857 年 7 月 4 日，他通知普莱-玛拉西说坊间流传着一则将要查封《恶之花》的传闻："今天我们派人给迪德维尔男爵（Le Baron d'Ideville）送去一册《恶之花》，他想买一本，说是这本书要被查封了。"迪德维尔男爵与第二帝国的某些官员有联系，查封的消息是他告诉拉尼耶书店送书上门的伙计的。

② 这 50 册《恶之花》藏在了阿瑟利诺家。

③ 1857 年 7 月 5 日，古斯塔夫·布尔丹（Gustave Bourdin，1820—1870）在《费加罗报》猛烈抨击《恶之花》，他在文章中怀疑作者的精神状态，谴责诗集"可憎""无耻""丑恶"和"可恶"，并得出结论说："没有任何理由能说得通一个三十多岁的人居然会去为这样肮脏的东西大做广告。"7 月 12 日，J. 阿邦斯（J. Habans）在《费加罗报》再次指控《恶之花》是"万人冢般的恐怖"，是"污秽的深渊"。学界通常认为，是布尔丹愚蠢恶意的评论导致了随后的司法调查；但也有观点认为早在 7 月 4 日就有了查封《恶之花》的传言，布尔丹的文章显然不太可能有如此能量；而波德莱尔则认为这篇文章"是内政部唆使的"。

④ 很难确定是哪个瓦特维尔先生通知了勒孔特·德·利勒，因为阿道夫·德·瓦特维尔先生（Adolphe de Watteville）和他的两个儿子奥斯卡（Oscar）和奥利维埃（Olivier）都是公务员，奥利维埃和他父亲在内政部工作——正是这个部下达了查封《恶之花》的命令——奥斯卡则在公共教育部。鉴于奥斯卡曾收到过一册普通纸印制的《恶之花》样书，通知人似应为奥斯卡·德·瓦特维尔，因为他是公共教育部合法书籍存放处的负责人。

　　我相信这就是《费加罗报》的那篇文章和那些荒谬的聒噪惹的祸。大家一害怕就有人要作恶了。

　　您先别声张，别吓着令堂大人，也别吓着德·布鲁瓦斯，赶快来，咱们商量商量。

　　我再给您写一封正式的信函，倒填上日期，您只要撕掉信封就行了①。

　　我刚才见到了拉尼耶和维克多，两个十足的蠢货，还觉得受到了羞辱，甚至无聊到要给新闻出版总巡视员在书店买书打折来拍他的马屁！！！

　　祝好。

夏尔·波德莱尔

　　我刚才还对拉尼耶先生说，我留下的那50本书反正是牺牲掉了，还不如把它们火速分发给还没拿到此书的小零售商手里去。可他拒绝了；他认为总巡视员买书时已经用鹰一般锐利的目光看清了还剩多少本。

致泰奥菲尔·戈蒂耶

〔巴黎，1857 年 7 月 11 日？〕

　　我亲爱的朋友，哪怕明天是个可怕的星期日，我也渴望你能听我倾诉两分钟。

CH. 波德莱尔
星期六晚七点

致欧皮克夫人

〔巴黎〕1857 年 7 月 12 日

　　我亲爱的母亲，两三天前我给您写过一封长信，而您，永远都比我守

---

① 波德莱尔的这封信没有保存下来。为了躲避查封，玛拉西于 1857 年 7 月 13 日向巴黎邮寄了一箱《恶之花》（200 册），后来流入市场。

时的您却没有回信。您是不高兴了么？

　　但愿您没有生气，因为我正被痛苦所折磨。

　　那封信里我忘了问您寄回去的钱是不是够用。

夏尔

致爱德华·蒂耶里

［巴黎］1857 年 7 月 12 日

亲爱的先生：

　　几天前我遇到（偶然地）蒂尔冈先生，我问他是不是有一篇关于《恶之花》的书评。他回答说：是的，当然。

　　首先，此事属实否？

　　其次，果真如此，我以个人名义请求您能让我亲睹此文且越快越好。星期二行不行，也就是说后天①？我向您保证，您这篇文章别提能给我帮多大忙了，因为我被过激的诽谤纠缠不得脱身，急需一位才华横溢的文学之士仗义执言，说明《恶之花》里都是以优美法文写就的诗篇。

　　祝好。

CH. 波德莱尔

敬上

---

① 爱德华·蒂耶里这篇为《恶之花》辩护的文章于 1857 年 7 月 14 日见报。阿瑟利诺回忆说，7 月 13 日他陪波德莱尔去《环球导报》，一直等到蒂尔冈从富尔德国务大臣处回来。富尔德为这篇文章开了绿灯。

致阿尔弗雷德·戴尔沃 ①

［巴黎］1857 年 7 月 12 日

我亲爱的戴尔沃，几天前，塞迪西耶先生 ② 来函索要一册《恶之花》，说是要发表书评。我谨出于对您的友谊，呼吁您不要发表这篇文章，无论出于疏忽或其他原因（我不知道撰稿人的名字）都有可能再次引发查封。

请您不要因为我以如此生硬的方式表达我的担心而怪罪我。您对我的友谊有可能让您漠视危险，而这种危险的确无处不在 ③。

祝好。

CH. 波德莱尔

致爱德华·蒂耶里

［巴黎］1857 年 7 月 14 日

为了向您表达我的谢忱，我（今天）一定要把这最后一本用高级纸印制的《恶之花》送给您 ④，是阿瑟利诺在一个抽屉里找到的。

啊！您终于为我向那些下流胚报了仇！结识您以前我还从不了解这种写作方法的威力：它既柔韧，又如波波浪涌绵延不绝；它既有所保留，却

---

① 阿尔弗雷德·戴尔沃（Alfred Delvau，1825—1867）是法国记者和作家，与波德莱尔于 1848—1850 年间在圣安德烈艺术街的一家乳品厂结识。他刚刚在 1857 年 5 月 20 日的《拉伯雷》(*Rabelais*) 上发表了一篇回忆文章："我们非常虔诚地聆听波德莱尔背诵他的诗并真诚地为他鼓掌，尽管他的诗接受起来不那么'温和'，不那么'温柔'也不那么'富于人情味'，但能给人以强烈的感受，让人惊奇，让人思考。"6 月 13 日，《拉伯雷》(*Rabelais*) 重新发表了波德莱尔的《玩具的伦理》(*Morale du Joujou*)。

② 塞迪西耶（Sédixier），本名约瑟夫·博西·费德里戈蒂伯爵（comte Joseph Bossi Federigotti），《拉伯雷》的老板兼总编辑。塞迪西耶是他的笔名。

③ 戴尔沃遵从了波德莱尔的建议，直到 8 月 22 日——即《恶之花》案开庭和审判后的第三天——才在《拉伯雷》上发表了一篇书评，文章充满了对《恶之花》作者真诚的同情。

④ 蒂耶里的文章在当日《环球导报》刊发，针对"伤风败俗"的指责为波德莱尔施辩，认为《恶之花》走的是"但丁的冷峻路子"。这篇文章完美契合了波德莱尔的期望，后被他收入其辩护文章汇编。

又有煌煌明示；唯有才智之士方能写出如此光芒万丈的雄文！

您的文章既富于灵性又充满政治智慧。您坚忍地面对天大的悲伤，而这的确是这篇文章所具有的唯一的道义，我是多么感激您呵！

没有您，也许再无人敢谈我在文学上的贡献，而只能谈论这些主题的恐怖了。

您着实对我过誉了；但这种评价无疑是雪中送炭。

我以满腔炽热的激情执您之手，我知道欠您的厚恩。

CH. 波德莱尔

致阿希尔·富尔德

[巴黎，约 1857 年 7 月 20 日]

这是我在得知《恶之花》将被查封后致国务大臣先生的信的抄件 ①。

大臣先生，我荣幸地致函阁下目的无他，只是想对您和《环球导报》表达的善意表示感谢；我不过是在例行职责，不承想却遭遇了一件不可理喻的倒霉事，这个不幸于您可能只是一件小小的不快，对我却是真正的痛苦。

《环球导报》曾为爱伦·坡文集第二卷发表过一篇卓越的书评 ②，我作为这卷作品的译者很是骄傲。蒂尔冈先生也已为文集的第三卷——一部令人赞叹的长篇小说（《阿瑟·戈登·皮姆历险记》）——开了绿灯 ③。最后，《环球导报》刚刚刊发了爱德华·蒂耶里先生为我的诗集《恶之花》——这部诗集正受到指控——撰写的一篇令人赞叹的文章。爱德华·蒂耶里先生以一种令人嘉许的谨慎清楚地表明，这本书只是为小众读者而写的；他仅仅以自身的高深学养称赞了这部作品的文学品质，并得出了令人赞叹的结论，称这部作品唯一的却又具有足够道德性的是绝望与忧伤。

---

① 波德莱尔致富尔德国务大臣的信没有找到，这份抄件是波德莱尔送给他的辩护律师用作参考的若干文件之一。抄件上没有波德莱尔的签名。

② 这篇书评出自爱德华·蒂耶里的手笔，发表于 1857 年 4 月 7 日《环球导报》。

③ 蒂尔冈只同意《环球导报》转载《阿瑟·戈登·皮姆历险记》。

大臣先生，除此之外我难道就不欠您什么情么？不，我还亏欠着您，不只是文学虚荣心这些次等的满足。我为了表达谢意踌躇良久，因为我不知道该怎么表达才合适。或许贝勒蒂耶先生跟您提起过，我的母亲欧皮克夫人离开巴黎前告诉我，她丈夫去世时没有给她留下任何财产，因此阁下您在国务委员会讨论此事时为她仗义执言①。我亲睹了我母亲写给您的一封特别致谢函②，而我自己却因为某种荒谬的腼腆惮于在信中加上我的感谢。我今天要借此机会就您做出的这件纯个人性的高尚义举向您表示深深的谢意。

昨天我打算给掌玺大臣写一份秘密辩护书一类的东西，但转念一想，我这样做几乎等于承认自己有罪，而我根本就不认为自己有罪。恰恰相反，我为自己创作的这部作品感到自豪，它通篇洋溢着"恶"的恐怖与可怕。所以我放弃了这个念头。如果必须为自己施辩，我知道该如何恰当地保护自己。

所以，大臣先生，在可能的情况下，我不该坦承我寻求您的保护么？我只能从您这里找到如此庇佑。您的思想以及地位使您成为文学和艺术的天然保护人。不幸的是文学和艺术从不认为自己获得了充分的保护。但请您相信，如果您无法给我提供这样的保护，我依然会把自己看作您的受惠者，为此请接受我诚挚的感谢和崇高的敬意。

大臣先生阁下，我是您非常谦卑、非常顺从的仆人。

致奥古斯特·普莱-玛拉西

[巴黎] 1857 年 7 月 20 日

说真格儿的，我需要立刻知道您哪天到巴黎。

在这儿，还没见到查封——阿朗松的查封行动开始了么③？

---

① 指国务委员会讨论确定欧皮克夫人年金一事。

② 此说不实，因为欧皮克夫人是在翁弗勒尔得知其年金确定一事的，而波德莱尔此时不在翁弗勒尔。

③ 查封行动已经开始，在阿朗松查封了印刷所，在巴黎查封了书局。

在这儿，在两位内阁大臣之间、在《环球导报》和内政部之间发生了意见分歧，阿巴图奇先生说：这么说，你们是想妨碍司法调查 ① ？

恳请您，没有我在场，切莫有什么反抗行为或去疏通什么关系，这可能会妨碍我的计划。

都怪您。——谁让您不及早把书卖掉。

祝好。

CH. 波德莱尔

请藏好这些信。

致欧皮克夫人

［巴黎］1857 年 7 月 27 日

我亲爱的母亲，在这个节骨眼儿上千万别怪罪我拖延给您回信。

请您去翁弗勒尔的报摊找一找 7 月 14 日星期四的《环球导报》，那上面有一篇赞扬我的文章；在这之后，我再告诉您阿巴图奇先生因为这篇文章去找富尔德先生的茬，并说什么"您为什么要为一部我们打算进行司法追究的作品大唱赞歌"时，您就会明白我夹在了三位内阁大臣的冲突当中。

富尔德先生发现不得不保护我。他会把我牺牲掉么？这就是问题所在。

比尤先生简直气疯了，他不准《国家报》刊登评论我的文章 ② 。这绝对不合法；因为我并没有被判有罪，只是被控有罪而已。——我要把比尤先生禁止刊发的那篇文章传送出去；我打算请一位朋友在他的印刷所里把文章印成长条校样 ③ ；一份送给富尔德先生，一份送给皮埃特里先生 ④ ，一份

---

① 实际上是在 3 位内阁大臣之间发生了分歧：一位是国务大臣富尔德，他是《环球导报》的后台，另 2 位分别是司法大臣阿巴图奇（Abbatucci）和内政大臣比尤（Billault）。

② 事实上，《国家报》的确没有刊发比尔贝·多尔维利撰写的《恶之花》书评。

③ 波德莱尔此时已经有意编纂一本《为〈恶之花〉作者夏尔·波德莱尔辩护的文章汇编》（Articles justificatifs pour Charles Baudelaire auteur des Fleurs du mal）。这本汇编共印了100 册，是波德莱尔的朋友唐迪-杜普雷（Dondey-Dupré）在其父的印刷所里印制的。

④ 皮埃特里（Pietri 或 Piétri），时任巴黎警察局局长。波德莱尔曾赠给他一册普通纸印制的《恶之花》："赠皮埃特里先生 / 作者的致意 / 夏尔·波德莱尔"。

送给调查法官，一份送给我的律师（我还没找），一份送给比尤先生本人。

我这边儿的有：富尔德先生，圣伯夫先生，还有梅里美先生（他不仅是一位著名的文人，而且还是参议院里唯一一位文人的代表①）、皮埃特里先生，一位非常有权势的高官，而且跟梅里美先生一样是皇帝的好朋友。

我这边儿缺一位女性；或许有办法让玛蒂尔德公主②介入此事，但我怎么也没想出办法来。

预审法官已经传讯过我了③。讯问了三个小时。我觉得他倒还和善。

送给您的那本样书已经重新精装了；我会把书安全地送达给您（查封已经开始了）。还有您的悼亡经也准备照此办理，因为我对通过邮局寄送精装书不大放心。您不用担心；翻修工的钱已经付了。

我本来不想把这些事告诉您；但坦率地说，这太荒诞了。——别像以往那样不必要地自寻烦恼，我的肩膀很结实。——别相信埃蒙先生。

您得明白，我去翁弗勒尔的计划会大大推迟。——不过，尽管这桩官司会占去很多时间，但我有四卷书必须完成：爱伦·坡作品第三卷、《暮色诗钞》（我自己的诗集）、《美学珍玩》（我自己的作品），还有《鸦片吸食者的忏悔》（译自德·昆西的一部作品）。另外，年底前我应该在翁弗勒尔开始创作我的那部剧本④和一部长篇小说了。

---

① 波德莱尔多少有些误解，不是误解了梅里美在感情上希望帮助他的意愿，而是误解了这位参议员对《恶之花》的评价。1857 年 8 月 29 日，梅里美在致德·拉罗什雅克兰夫人（Mme. de La Rochejaquelein）的信中写道："我没有采取任何措施去阻止人们烧毁您跟我说的那位诗人的书，我只是对一位大臣说，最好应该先烧掉一些别的书。我认为您说的是一本叫作《恶之花》的书，这部诗集非常平庸，没任何危险，其中有一些诗意的火花，这在一个尚不知生活之深浅却因为被一个女人欺骗而对生命感到厌倦的可怜的男孩子那里不足为怪。我不认识这位作者，但我敢打赌他一定既幼稚又诚实。这就是为什么我不希望这本书被烧掉的原因。"巴黎公社期间，梅里美住的房子发生了火灾，波德莱尔送给梅里美的《恶之花》荷兰纸样书被烧毁了。

② 波德莱尔与戈蒂耶、福楼拜、龚古尔兄弟、圣伯夫和其他一些人不同，他从未造访过玛蒂尔德公主（princesse Mathilde，1820—1904）的沙龙。

③ 传讯波德莱尔的预审法官名叫夏尔·卡缪萨-布斯罗尔（Charles Camusat-Busserolles）。波德莱尔写过一份《预审法官对我的讯问以及我的辩白》（*Sommaire de mon interrogatoire et ma justification devant le Juge d'Instruction*），现已佚失。

④ 波德莱尔曾计划创作两部剧本，一是《醉鬼》（*L'Ivrogne*），一是《胡扎尔侯爵一世》（*Le Marquis le 1ᵉʳ Houzards*），不知道这里说的是哪一部。

　　大家都劝我不要公开讲话，担心我控制不住火气。

　　大家还劝我找一个有名的律师，而且这个律师应该和国务部关系密切，比如说：谢克斯·戴斯唐热先生。

　　紧紧拥抱您，并请您把这一次的丑闻（它在整个巴黎闹得满城风雨）视为我好运的开始。

夏尔

　　不用再跟您说这本书还在卖吧，当然是地下交易，而且价格还翻了一番。

致古斯塔夫·谢克斯·戴斯唐热律师 ①

［巴黎，1857 年 7 月底或 8 月初］

　　亲爱的先生，请您也不要忽略《天使的堕落》② 那首诗中的不敬色彩。如果您愿意，我可以把那些段落找出来给您。

　　您完全可以（带着厌恶和憎恨）引用一些贝朗热的可爱的垃圾 ③，如：

《善良的上帝》(*Le Bon Dieu*)

《玛戈王后》(*Margot*)

《珍妮顿》或《珍妮特》(*Jeanneton* ou *Jeannette*)。

　　祝好。

夏尔·波德莱尔

---

① 这封短简夹在一册波德莱尔送给律师的普通版《恶之花》样书中，扉页上有波德莱尔的铅笔题赠："赠谢克斯·戴斯唐热先生 /CH. 波德莱尔"。官司结束后，波德莱尔又赠送给自己的辩护人另外一册以摩洛哥山羊皮重新装订的精装本。

② 《天使的堕落》(*La Chute d'un Ange*) 是拉马丁的一首诗。实际上，拉马丁的诗中也有一些可称为"对道德与宗教不敬"的段落。波德莱尔的律师从拉马丁的《绝望》(*Désespoir*) 中引用了大段诗句，但仅列出了《天使的堕落》一诗的题目。

③ 贝朗热刚刚于 1857 年 7 月 16 日去世，并获得了国葬的哀荣。沃尤在此前不久曾建议过波德莱尔："假如您必须为自己辩护的话，那您就说：在整个民族都在关心那个无赖的健康状况的同时，我们没有权利去追究《恶之花》的作者。"

致马克西姆·杜刚

[巴黎] 1857 年 8 月 6 日

我亲爱的杜刚，您曾以高尚的情怀准许我利用或滥用您的好意。那就请您为我帮个我无能为力的小忙吧。

欧内斯特·勒布鲁瓦先生 ① 会给您送去一封信——比我自己送给您好——我希望他能得到洛朗-皮查先生的支持，这位皮查先生当年曾相当冷峻地让我明白，我不是一个单纯的人 ②。

勒布鲁瓦先生具有让您喜欢的所有特质，我相信他会成为您的朋友。至少我这么想，因为我一直都认为我是您的朋友。

他既写中篇小说又写专栏文章，希望您能和他相处愉快，——我不再多写了，因为我很久都不知道《巴黎评论》的情况了，除了您，我谁都不认识。祝好。

CH. 波德莱尔

致 [古斯塔夫·谢克斯·戴斯唐热律师?]

[巴黎] 1857 年 8 月 16 日星期日

亲爱的先生，我期待着明天下午两点去拜访您。既然我们都同意见上一面，所以我正在认真准备您要求我提供的所有资料 ③，明天都可以给您带去。

我迫切地请求您别忘了读读《预审法官对我的讯问以及我的辩白》，并请您从头到尾读一读我寄给您的那两篇新文章：

---

① 欧内斯特·勒布鲁瓦（Ernest Lebloys）和特拉帕多（Trapadoux）曾是波德莱尔险些和阿尔芒·巴特（Armand Barthe）进行的一场决斗的证人，因为巴特打了波德莱尔一记耳光。这件事记载于蒙斯莱《我的文学回忆》(Mes souvenirs littéraires)，插图书店（Librairie illustrée），1888 年，第 129 页—132 页。

② 洛朗-皮查（Léon Laurent-Pichat, 1823—1886），法国政治家、诗人和文学家，时任《巴黎评论》社长，以连载福楼拜的《包法利夫人》而闻名。在皮查看来，波德莱尔不可能成为一个坚定的共和派。

③ 指波德莱尔撰写的《为我的律师准备的若干说明和文件》(Notes et documents pour mon avocat)。

　　一篇发表在《纪事报》上 ①，

　　另一篇发表在《现时》上 ②。

　　爱德华·戈普是个笔名，我会告诉您他的真名 ③。

　　请接受我真诚的友谊，您能关注这桩可恶的案子令我深受感动。

CH. 波德莱尔

致圣伯夫

［巴黎］1857 年 8 月 18 日星期二

　　啊！亲爱的朋友，我有些非常重大且棘手的事求您帮忙 ④。我原想给您写信，转念一想还是面谈更好；半个月来我就此事的想法一变再变；可我的律师（谢克斯·戴斯唐热律师）一定要我和您晤谈此事；如果今天您能拨冗三分钟跟我见个面就再好不过了。——在您家还是别处都行。——我不愿意贸然登门打扰。我永远都能感觉到，当我向蒙帕纳斯路 ⑤ 走去，要去见一位神奇的哲人时，他端坐在金色的郁金香花丛中，以号角般回响的声音向不速之客发话。

　　我的那本小册子 ⑥ 今天上午会送来；届时我会带给您一份。

最敬爱您的
CH. 波德莱尔

---

① 指爱德华·戈普（Édouard Goepp, 1830—？）1857 年 8 月 16 日发表在《纪事报》（*La Chronique*）上的文章：“他首先是一位艺术家，而且是一位严肃的艺术家，他的诗只面向小众……毫无疑问，这部诗集是很久以来都没有出版过的最美的书之一。”

② 指弗雷德里克·迪拉蒙（Frédéric Dulamon, 1825—1880）1857 年 7 月 23 日在《现时》（*Le Présent*）发表的为《恶之花》辩护的文章，后被波德莱尔收入其《为〈恶之花〉作者夏尔·波德莱尔辩护的文章汇编》。

③ 爱德华·戈普就是文章作者的真名，他有日耳曼血统。

④ 1857 年 7 月 20 日，波德莱尔收到圣伯夫的一封信，对如何撰写辩护状提出了一些建议。担任波德莱尔辩护律师的谢克斯·戴斯唐热（Gustave Chaix d'Est-Ange, 1832—1887）很希望圣伯夫能授权他引用这封信，于是圣伯夫又给波德莱尔提供了一份《我想到的一些小小的辩护手段》（*Pitits moyens de défense tels que je les conçois*）。

⑤ 圣伯夫的家在蒙帕纳斯路（rue Montparnasse）。

⑥ 指波德莱尔编纂的《为〈恶之花〉作者夏尔·波德莱尔辩护的文章汇编》（*Articles justificatifs pour Charles Baudelaire auteur des Fleurs du mal*），准备分发给文学界和法律界，共印制了 100 册。

致萨巴蒂埃夫人

〔巴黎〕1857 年 8 月 18 日星期二

亲爱的夫人：

　　您不会相信我无时无刻都无法忘怀您吧，是不是？自打这部诗集出版，我就为您精选了一册，如果您仍不中意外观可就不是我的错了，只能赖那些装订工，因为我叮嘱过他们务必要装订得精而又精①。

　　您能相信那些混蛋（我指的是检察官、公诉人之流）居然敢在他们指控的诗中放进那两首献给我心爱的"偶像"的诗么（《她的一切》和《致一位过于快乐的女郎》②）？后面那首可是被可敬的圣伯夫认定为诗集中最好的一首。

　　这是我首次以未加掩饰的字体给您写信③。若不是我被那么多事务与书信缠身（庭审定在后天），我就会利用这个机会请求您宽恕我那么多愚蠢和幼稚的行为。不过，您不是也报复了我一把嘛，特别是通过您那个小妹妹④？啊！那个小精灵！有一天我们碰到了，她冲着我咯咯笑并对我说：您是不是始终恋着我姐姐并且一直在给她写那些绝妙的书信呀？这下子真把我搞蒙了。——现在我明白了：首先，我越想隐藏起自己就越是藏不住；其次，在您迷人的面庞下隐藏着一颗不那么悲悯的心。情人是顽童，而诗人属于偶像崇拜者，在我看来，您的妹妹似乎还不是能理解永恒事物的那类人。

　　既然如此，我就甘冒被您取笑的风险，再做一次让那个小疯丫头开怀大笑的表白吧。请您把它想象为某种集梦想、友情、敬重于一体的混合

① 这册《恶之花》是波德莱尔为萨巴蒂埃夫人定制的精装本，用荷兰纸印刷，书脊是淡绿色的摩洛哥山羊皮，颇有詹森派风格，其精美程度可媲美波德莱尔送给欧皮克夫人的那册（两册书的书脊色彩不同）。

② 《她的一切》(Tout entière) 并未在指控名单内，被列入指控名单并禁止再版的是《致一位过于快乐的女郎》(À celle qui est trop gaie)。"被圣伯夫认定为诗集中最好的一首"的说法来自圣伯夫 1857 年 7 月 20 日致波德莱尔的信。

③ 以前波德莱尔写给萨巴蒂埃夫人的信都是匿名的，而且变换了笔迹。

④ 萨巴蒂埃夫人的这个妹妹名叫阿黛尔 (Adèle)，别号"贝贝"(Bébé)，波德莱尔曾给她画过一幅肖像。

物，再加上一千种孩子气的幻想却又不失庄重，那么您就会悟出一些连我自己都无法定义的真挚。

我无法忘情于您。据说有的诗人在一生中都将目光盯在某帧心爱的影像上。事实上，我相信（对此我特别在意）忠贞是天才的标志之一。

您不只是我梦中珍爱的一帧影像，您还是我执著的迷恋。当我干了一件蠢而又蠢的事时总会自言自语：天哪！她知道了会怎么想！当我做了某件好事时又会对自己说：总算做了一件能拉近我和她的距离的事，——我指的是心灵。

上次遇到您我太快乐了（尽管我不是有意的）！因为您不知道我是怎样小心翼翼地回避您的！——我告诉自己说：那辆车没准儿恰恰就是等她的，我最好还是另走一条路吧。——然后就听到了您的声音："先生，晚上好啊！"那声音太迷人了！那音色是多么悦耳又多么令人心碎呵！回家的路上我一直重复着，努力地模仿您的声音：先生，晚上好啊！

上周四我见到了那些法官。我不会说他们不英俊；而要说他们简直丑极了；他们的灵魂也一定像他们的长相一样丑恶。

福楼拜有皇后做后盾。我没有这样一位女性。几天前我突发奇想：也许您可以通过一些复杂的关系和渠道，给那些愚笨的脑瓜里灌输些有理性的话①。

法院开庭的时间定在后天，星期四上午。

那些怪物的名字是：

庭　　　长	杜帕蒂
皇家检察官	毕纳尔（厉害角色）
法　　　官	德莱斯沃
	德·蓬东·达梅古尔
	纳噶尔

第六轻罪法庭

这些琐事放在一边吧。

请您记住，有人在思念着您，他的思念中没有平庸之处，而且有点儿

---

① 据萨巴蒂埃夫人最后一位男友埃德蒙·里夏尔（Edmond Richard）回忆，萨巴蒂埃夫人确实找人为波德莱尔疏通过。但由于法院第二天就要开庭，那位朋友爱莫能助。

恨您能那么狡黠地快乐。

　　我热切地恳请您从今往后把我向您说的所有知心话都藏在自己心底。您是我恒久的伴侣，是我的秘密。正是这种亲近感给了我勇气，让我能以如此亲密的口吻向您表白，因为长久以来我就生活在这种亲近感当中。

　　再会，亲爱的夫人，我以我全部的忠诚亲吻您的手。

夏尔·波德莱尔

所有在第 84 页到第 105 页的诗都是献给您的 ^①。

致维克多·雨果

[此信写于 1857 年 8 月。1857 年 8 月 30 日，雨果给波德莱尔回信，感谢他"高贵的来信"和寄赠的《恶之花》。]

致萨巴蒂埃夫人

[巴黎] 1857 年 8 月 24 日星期一

最亲爱的朋友：

　　既然您那么喜欢伟大的恺撒那尊胸像 ^②，它在这儿了！这尊青铜胸像收藏在贝藏松博物馆，大仲马几乎立刻就搞到了翻制的石膏像。这尊胸像的照片只有三帧。这是其中最不赖的一帧。

夏尔·波德莱尔

---

①　波德莱尔献给萨巴蒂埃夫人的诗如下：《她的一切》(*Tout entière*)、《"今晚你有何言……"》(*Que diras-tu ce soir...*)、《活的火炬》(*Le Flambeau vivant*)、《致一位过于快乐的女郎》(*À celle qui est trop gaie*)、《反诘》(*Réversibilité*)、《告白》(*Confession*)、《心灵的曙光》(*L'Aube spirituelle*)、《黄昏的和声》(*Harmonie du soir*) 和《香水瓶》(*Le Flacon*)。这些诗构成了《恶之花》中的"萨巴蒂埃夫人组诗"(cycle de Mme Sabatier)。

②　这尊 16 世纪的意大利青铜胸像收藏于贝藏松博物馆，高 25 厘米。波德莱尔送给萨巴蒂埃夫人的是这尊胸像的照片。

致埃米尔·代尚

「巴黎」1857 年 8 月 25 日星期二

快，我四点之前先给您写几个字，表明我并非无赖。

我每天都对自己说：你是个无赖；可每天依旧是不堪忍受的奔波。

我最终还是没忍住，就把您的诗推荐给了一家杂志（《现时》）①。他们只能在征得您同意后才排版。

今晚我会给您写一封长信，我很高兴能从容地和您畅谈，您唤起了我的感激之情，唤起了我对您那高贵的一代人的尊敬。

您忠诚的

CH. 波德莱尔

致古斯塔夫·福楼拜

「巴黎」1857 年 8 月 25 日星期二

亲爱的朋友，快五点了，我匆匆写上数语，只是想对尚未回复您的深情来信表达歉疚②。可您要是知道我陷入了怎样一种无谓的事务中就好了！评论《包法利夫人》的文章还尚需数日③！一场可笑的冒险耽误了我生活中多少事呵！

那场闹剧星期四上演了。延续了很长时间。

最终结果：罚款 300 法郎，书局被罚 200 法郎，勒令删除诗集中的第

---

① 《恶之花》案宣判后，法国诗人埃米尔·代尚（Emile Deschamps，1791—1871）致函波德莱尔，用诗的形式表达了他的读后感。波德莱尔将这首诗推荐给了《现时》（Le Présent）并于 1857 年 9 月 1 日刊发。

② 福楼拜此前给波德莱尔写过两封信：一封写在 1857 年 8 月 14 日，是福楼拜得知司法调查后对他表示慰问；一封写在 1857 年 8 月 23 日，感谢波德莱尔寄去辩护状，并对其辩护律师提出了一些建议——但为时已晚：法庭已做出宣判。

③ 实际上，这篇评论直到当年 10 月 18 日才在《艺术家》上发表。

二十、三十、三十九、八十、八十一和第八十七首①。我今晚再把详情写给您。

祝好，这一点您知道。

CH. 波德莱尔

致奥古斯特·普莱-玛拉西

[巴黎，1857 年 8 月底]

亲爱的朋友，我要在六点去拜访毕纳尔先生和瓦伊斯先生②；最后四天有好多事要做，今天晚上我得和您商量一下，我若是不上诉，下一步该怎么走。

如果我同意立即上诉，罚款就不用交了③。

致萨巴蒂埃夫人

[巴黎] 1857 年 8 月 31 日

我把放在桌上的那堆幼稚的胡言乱语一扫而光了。至亲至爱的人呵，我认为那些东西对您有失尊重。——我又重读了您那两封来信，并且打算对它们做一个全新的答复。

我这样做是需要一些勇气的；因为我的神经非常痛，痛得想叫，而且醒来时还带着无法解释的道德上的不适感，这种感觉昨晚离开您家时就出现了。

……绝对少廉寡耻呵。

---

① 这 6 首被勒令删除的诗是《首饰》(*Les Bijoux*)、《忘川》(*Le Léthé*)、《致一位过于快乐的女郎》(*À celle qui est trop gaie*)、《莱斯波斯》(*Lesbos*)、《被诅咒的女人》(*Femmes damnées*) 和《吸血鬼的变形》(*Les Métamorphoses du vampire*)。

② 瓦伊斯 (Vaïsse) 是巴黎法院的总检察官。

③ 波德莱尔未提出上诉；罚款也未能免除，但从 300 法郎降为 50 法郎。

正是因为这个缘故，您对我来说才更珍贵。

我觉得从第一天见到您时我便属于您了。您愿意怎样待我都行，但我从身心到灵魂都属于您。

不幸的女人呵，我拜托您收好这封信！——您真的知道自己在说什么吗？有人会把那些本票到期无法清偿的人投入监狱；可如果有人违背了友谊和爱的誓言却从未受过惩罚。

所以我昨天就对您说：您要忘掉我，您要背叛我；让您开心的人早晚会让您厌烦。——今天我还要再加上一句：只有那个像傻瓜一样把灵魂的事情看得太严肃的人才会独自痛苦。——您看，我亲爱的美人，我对女性竟有如此可憎的偏见。——简言之，我在这方面缺乏信念。——您有一颗美好的心灵，可那毕竟是妇人之心。

您看，短短几天里我们的关系变化如天壤。首先，我们两人都害怕这会伤害一位有幸始终爱着您的绅士①。

其次，我们都对自身的风暴感到害怕，因为我们知道（尤其是我）有些解不开的死结②。

最后，最后一点，就在几天前，您还是一位女神，那样超凡脱俗，那样端庄秀丽，那样神圣不可侵犯，而如今您又成了女人。——要是万一我也不幸地拥有了嫉妒的权利该如何是好！啊！仅仅想一想都那么可怕！但和像您这样的人在一起——您的双眸对所有人都充满了微笑与优雅——会让人觉得自己是个殉道者。

第二封信中有一种庄重的口吻，如果我敢断定您理解这种庄重的含义，我本来是会非常欣赏的。永不相遇或永不分离③！这句话的正面意思是说最好从不相识，一旦相识了便应不离不弃。在一封告别信上，以这样一种口吻言说真是别有一番滋味。

当然，既来之，则安之。我是有点儿宿命论倾向的。但我最清楚的一点是，我厌恶激情，——因为我知道激情之下的所有无耻；——而拥有一个能主宰一生中所有艳遇的爱人的想法就显得过于具有吸引力了。

---

① 指供养萨巴蒂埃夫人的比利时银行家莫塞尔曼（Mosselman）。

② 指让娜·迪瓦尔，或许还有玛丽·多布伦。

③ 英文：Never meet or never part。

我不敢重读这封信；否则我可能会不得不做些修改；因为我太怕伤您的心；我觉得我性格中可憎的一面肯定暴露出来了。

我觉得不能让您就这样跑到那条肮脏的让-雅克·卢梭街去取信①。因为我还有很多别的话要对您讲。您应该给我写封信，告诉我一个办法。

至于我们那个小小的计划，如果有可能实现，就请提前几天通知我。

再见，我的至爱；您为何如此迷人，让我心生怨怼？您想想吧，当我从您的香肩和秀发中带走芬馥之际，也就带走了重回那温柔之乡的热望。唉，何等不可抗拒的痴迷呵！

夏尔

我决定把这封信亲自送到让-雅克·卢梭街去，因为我怕您今天就去。——这样，这封信就会早一些到那里。

致萨巴蒂埃夫人

［巴黎，1857 年 9—11 月？］

如果我见不到您，就把一些小品文留给您，都是我本来想推荐给您读的。

这些东西是从一个朋友那儿借的。

全身心地属于您。

致萨巴蒂埃夫人

［巴黎］［1857 年 9 月 6 日？］星期日

因为我觉得我可能见不到您，所以预先写几句话。

前天我来是想告诉您一些您知道但不会起疑的事，这就是：我始终为

---

① 卢梭街邮政总局有一个留局自取窗口。留局自取（poste restante），指一种让收件人不在家中收信而是去邮局自行领取信件的邮寄方式。

那些让您伤心的事沮丧和苦恼。

我原打算与您和莫塞尔曼先生共进晚餐的，但这种晚餐缺少优雅。因为您不能预知那位俄国绅士 ① 会不会喧宾夺主。——至少我认为如此。

祝好。

送上千万份友谊。

夏·波

致萨巴蒂埃夫人

［巴黎］1857 年 9 月 8 日星期二

亲爱的夫人：

我正在鲁维埃尔家里给您写信。他星期五首演的《李尔王》② 只能给我两张帝国马戏团剧院楼厅的座位。抱歉得很，因为我本来很想给您找一个包厢。楼厅的这两个位子显然还不错，如果莫塞尔曼先生肯和我同坐，您可以去泰奥菲尔 ③ 的包厢，剧院经理肯定会给他预留一个包厢的。

烦请您给我回个短信。

谦卑地吻您尊贵的手。

CH. 波德莱尔

致萨巴蒂埃夫人

［巴黎］1857 年 9 月 10 日

亲爱的夫人，演出提前了一天。

---

① 指 G.A. 库切列夫-贝兹博罗德科伯爵（comte G.A.Kouchelev-Bezborodko, 1832—1870），俄国作家、评论家和收藏家。

② 鲁维埃尔（Philibert Rouvière, 1806—1865），法国演员、画家。七月王朝期间，鲁维埃尔曾在奥德翁剧院演过《李尔王》。

③ 指戈蒂耶，他和萨巴蒂埃夫人是好朋友。

我没太明白怎么送这几张戏票。不过这几张票我觉得还不错。如果您想要，我就从自己住的地方去您那儿；如果您认为我和莫塞尔曼先生一起去您那儿更好，我也会按您指定的时间去您那儿的。

烦请您让人给我回个信；因为我今晚很晚才会回家。

您的

CH. 波德莱尔

致萨巴蒂埃夫人

［巴黎］1857 年 9 月 13 日星期日

亲爱的夫人：

我今晚无缘去您家与您共进晚餐了。我忙坏了，连星期天也要搭进去了。另外，还有一些无端的倒霉事搞得我心情糟透了，这些都会让我成为餐桌上的可怜虫——比往常还要可怜——虽然我从来也没有特别高兴过。

不过，我还是要去一下，给您道个晚安，并问候各位好朋友。——请您不要误解了我谦卑的歉意。

请向各位转达我的友谊。

夏尔·波德莱尔

致萨巴蒂埃夫人

［巴黎］1857 年 9 月 23 日星期五

亲爱的朋友：

我昨天办了一件傻透了的事。我知道您喜欢老物件儿和古玩，所以很早就看上了一只墨水瓶，您肯定会稀罕的。但我没敢写信告诉您。直到一个朋友打算淘换下来，我才下决心去买。却发现这个老物件儿破损了，有残缺——当时透过橱窗看它是那么漂亮——您说说看，我得多糟心。

那件大傻事是这样的：我没给商家留名片，也没有告诉您，就想让这物件儿魔幻般地落在您家：这事是我干的，冤有头债有主。您别怀疑他人。我只是到了今天晚上才想起干这桩傻事。

——请相信您虔诚的朋友和仆人对您的情感。

CH. 波德莱尔

致奥古斯特·普莱-玛拉西

［巴黎］1857 年 10 月 9 日

我亲爱的朋友，我推迟些时候再寄给您这张票据①，因为我想同时给您写一封长信，把我所有的不满都甩给您。——您会收到这封信的，只要给我两个小时——为了我的利益和您的利益！——您居然还嘲笑我，我亲爱的朋友——您就知道把自己的臭脾气往知己身上撒。

——您要是明白自己在这场可笑的外科手术中做错什么就好了②！我的不满虽然延迟了一段时间，但终究是要爆发的。我当然有这个权利，我要把所有的不满都甩给玛拉西。

我现在对您只有一个请求，而且是我的坚请（您采取这样轻率的举动我还能有什么办法！），那就是：在咱们两人未就下步举措达成一致前，千万别搞什么"替换版"。——或许给掉进坑里的那上百号蠢货中的某些人一本适当的样书作为补偿很有必要。

祝好。

请向令堂大人致意，并向我们的那些朋友转达我的友谊。

CH. 波德莱尔

---

① 这张票据随下一封信寄出。
② 指玛拉西拟对《恶之花》进行一次"外科手术"：撕去被判删除的几首诗，再重新排版制成"替换版"（cartons），以满足法院的要求。

欠据（致玛拉西）

巴黎，1857年10月9日当日

本欠据金额为300法郎。

明年一月五日，我将以等值现金或给付指定人的方式向书商和印刷商普莱–玛拉西先生支付三百法郎。

夏尔·波德莱尔

于伏尔泰滨河道19号

欠　据（致库奇内）

巴黎，1857年11月5日当日

明年一月五日，我将以与收到的货物等值的价值或给付指定人的方式向库奇内先生偿付二百法郎。

夏尔·波德莱尔

于伏尔泰滨河道19号

欠　据（致库奇内）

巴黎，1857年11月5日当日

明年二月五日，我将以与收到的货物等值的价值或给付指定人的方式向库奇内先生偿付二百法郎。

夏尔·波德莱尔

于伏尔泰滨河道19号

欠　据（致库奇内）

巴黎，1857 年 11 月 5 日当日

　　明年四月五日，我将以与收到的货物等值的价值或给付指定人的方式向库奇内先生偿付二百法郎。

夏尔·波德莱尔

于伏尔泰滨河道 19 号

欠　据（致库奇内）

巴黎，1857 年 11 月 5 日当日

　　明年六月五日，我将以与收到的货物等值的价值或给付指定人的方式向库奇内先生偿付二百法郎。

夏尔·波德莱尔

于伏尔泰滨河道 19 号

致皇后

［巴黎］1857 年 11 月 6 日

　　夫人，一个诗人只有在抱有天大自负时才敢贸然为一桩像我这样琐屑的案子[1]打扰陛下的清听。我不幸因一部名为《恶之花》的诗集而被判有罪，尽管该诗集的题目已显现出无比的率真，却还是未能让我获得足够的庇护。我自认为奉献了一部美好而伟大的作品，更是一部表达明晰的作品，却被认为太过晦涩，并判定我须重新制作，并删去几首诗（一百首中

---

① 波德莱尔在此使用的"案子"（cas）一词，波德莱尔研究专家们认为另有一层隐晦的含义。见波德莱尔 1866 年 1 月 23 日致普莱-玛拉西的信："'le Cas'（粪）这个词能用来指代 'le Cul'（腔）或 'la Pine'（屌）么？还是不能指代？该问题涉及形容恶魔。如果可能的话，请给我举个例子。"

要删去六首）。我必须承认，司法部对待我的礼数尚属周全，判决书中也首肯了我高尚而纯洁的写作意图。然而罚金和一些我搞不懂的开销却高得离谱，远远超出了俗话所说的"穷酸诗人"的承受能力。我有些朋友身居高位——他们都很尊敬我——在他们的鼓励下，同时我也坚信陛下的恻隐之心是敞向所有无论在精神上还是物质上遭受困厄之人的，所以，在经过十来天的踌躇和畏缩之后，我现在斗胆恳请陛下能赐我以您亲切的仁慈，并敬请陛下在司法大臣处为我斡旋①。

夫人，请俯允接受我诚挚的感情，我有幸成为了陛下最忠诚、最顺从的仆人与臣民。

夏尔·波德莱尔
于伏尔泰滨河道 19 号

致路易-尼古拉·拉柏蒂

［巴黎］［18］57 年 11 月 15 日星期日

我亲爱的拉柏蒂：

自打我把那封可怜巴巴的请愿书②放在您家以后就一直没再登过您的门。我盯着行政机关送来的罚款通知书③，发现已然过去二十天了。

我深感给您添了麻烦，内心着实不安。假如您认为明天下午四点无法安排我去拜访您，就烦请回信告诉我，在信封上写上我的名字放在瓦鲁瓦街④的门房即可。

我只能仰仗您为我在达玛斯-伊纳尔和皮埃特里两位先生处⑤斡旋了。

---

① 经过繁冗的程序之后，司法部大臣于 1858 年 1 月 20 日下令将波德莱尔的罚金从 300 法郎降为 50 法郎。其中，波德莱尔的辩护律师的父亲、时任皇家检察总长的古斯塔夫·路易-阿道夫·谢克斯·戴斯唐热（Gustave Louis-Adolphe Chaix d'Est-Ange，1800—1876）起了很大作用。
② 指波德莱尔 1857 年 11 月 6 日写给皇后的信。
③ 指波德莱尔被判缴纳的 300 法郎罚款。
④ 瓦鲁瓦街（rue Valois）是美术协会（Administration des Beaux-Arts）所在地。
⑤ 达玛斯-伊纳尔（Damas-Hinard）是西班牙语专家，时任皇后的秘书，负责皇后的信件往来。皮埃特里（Pietri）是时任巴黎警察局长皮埃特里的父亲弗朗切斯基尼·皮埃特里（Franceschini Pietri），他是皇帝内阁的工作人员。

祝好。

CH. 波德莱尔

致萨巴蒂埃夫人

［巴黎］［18］57 年 11 月 17 日

最亲爱的女友，我今天本想请您允准我去拜访您，让您继续在无意中扮演医生那个神圣的角色以疗我心疾。可刚刚有一位身披绶带的军官先生持信来找我，说是大臣今天要接见我 ①。这件事打乱了我的安排，让我很扫兴。

我不知道何时才能再享受到您的星期日，因为我已经开始了那件力气活，而我可能很难胜任这项工作 ②。

寄去几本我想推荐给您读的书。《中邪的女人》具有一种远胜于《一位老情妇》的品质。不幸的是我与您相处的时间太少，所以我担心您能否分享我的这种狂热——真的，那是一种古老的狂热，待您读毕后我再验证吧 ③。

请转达我对莫塞尔曼先生的友谊。

您忠诚的

CH. 波德莱尔

致乔治·弗勒 ④

［巴黎］［18］57 年 11 月 27 日

亲爱的先生，很抱歉我未能立刻跟您结账。

---

① 关于减少罚款的事。

② 波德莱尔已恢复了有规律的写作。但从他 1857 年 12 月 25 日致欧皮克夫人的信和 12 月 30 日致玛拉西的信来看，他似乎并未承诺创作新诗以取代被勒令删除的 6 首禁诗。

③ 《中邪的女人》(*L'Ensorcelée*) 和《一位老情妇》(*Une Vieille Maîtresse*) 是巴尔贝·多尔维利的两部长篇小说，分别出版于 1852 年和 1851 年。

④ 乔治·弗勒（George Fowler）是英籍书商。波德莱尔收藏的英国和美国书籍都购自他的书店。

这个月我病了两次；为了治病钱花光了。

我郑重保证下个月（十二月）结清欠款，虽然我不知道多少钱。但我觉得《环球导报》10 日以前还不会向我支付稿酬。

我被各式各样的麻烦所困扰，所以没找到您的信。不知道这封信是否回答了您来信中提到的问题。

您的

CH. 波德莱尔

我明天晚上去拜访您。

致朱利安·蒂尔冈

［巴黎］1857 年 12 月 9 日星期三

我亲爱的朋友，此即这顿饕餮大餐的头盘 ①。您想读的话很轻松就能读到，也就是说陆陆续续读到。——您每天都会收到一包厚厚的手稿，我估计到了 15 日就能全部完成。——我觉得整篇文章不会超过十到十一个版面，英文文本的单词大概是 188392 个；但您知道法文译本里没有那么多单音节词，所以一般会长一些。

祝好，并感谢您的友谊。

CH. 波德莱尔

我还没到书籍精装工那儿去，那儿还藏着几本《恶之花》②。

---

① 指改写自德·昆西的《一位英国鸦片吸食者的忏悔》(*Confession of an English Opium-eater*)，但《环球导报》没有接受。

② 这是波德莱尔婉拒蒂尔冈的一种说法，因为他在 1857 年 6 月 13 日致德·布鲁瓦斯的信中曾明确表示不赠送蒂尔冈《恶之花》样书。

致纳西斯·昂塞尔

阿朗松①，［18］57 年 12 月 17 日

我亲爱的昂塞尔：

我去了您家两次都没见到您。因为我有些准备工作要做，还要再购置一些物品，所以就自作主张去布朗歇先生②那儿拿了钱；——等我回去后，我的月度费用削减多少都依您。

我是在阿朗松给您写这封信的。

祝好。

CH. 波德莱尔

您害我坐车绕了一大圈儿。我们等了您好久。

致欧皮克夫人

［巴黎］1857 年 12 月 25 日圣诞节

我亲爱的母亲，今天晚上或夜里我会给您写封长信（唉，我要是有时间就好了！），还要给您寄去一件早已准备好的包裹。我说：要是我有时间就好了，是说好几个月以来我陷入了一种可怕的怠惰之中，一切工作都中断了；月初就堆在书桌上的清样至今也没有勇气执笔修改，总得过一段时间以后才能非常痛苦地从这种无精打采的深渊中解脱出来。

这些该死的节日所拥有的特权就是残酷地提醒我们时光在流逝，那时光中充满了多少恶，充满了多少悲伤呵！我今晚会在信里向您解释为什么我在下定决心为您养老送终之后又突然向您关闭了心扉，即便不能完全获得您的理解，至少您也会承认在某种程度上我情有可原。

没有感情的生活和无法工作的孤独的确太可怕了，但我敢断定您比我更勇敢，您比我更耐孤独。目前我的身心状态煞是可怜，以至于我妒羡所

---

① 波德莱尔当时在阿朗松玛拉西家做客。

② 布朗歇（Blanché）是接替昂塞尔的公证人。

有人的命运。

　　为您准备的那个包裹里首先是我今年下半年发表的一些文章（其中有一篇关于《包法利夫人》的书评 ①——这部小说曾遭到起诉，但最终被判无罪——我还因为这篇书评被检察官传唤，险些遭到追究）；其次是关于《恶之花》的一些评论；通过这些文章（到最后，这些文章太多了，赞不绝口的褒扬还是愚不可及的辱骂我都懒得再读了），您就能分辨出书中迸发的那些阴郁的闪光，其中蕴含着我的愤怒和我的忧郁；——最后是这本书，就是您曾不近情理地拒绝接受的这本书，当时我已被方方面面的攻击搞得焦头烂额，而您却觉得把您的呵斥加到侮辱我的大合唱中恰如其分。

　　我本来还希望在圣诞节期间把爱伦·坡的第三卷 ② 送给您，可就像我刚刚向您承认的，清样躺在我的书桌上已经一个月了，也没能让我摆脱自己痛苦的怯懦。

　　这本《恶之花》的样书是我的自存书；但我还欠着您的，因为我把要送给您的那本送给富尔德先生了。这是最后两册用荷兰纸印制的精装本。我会给自己找一本平装本。——为了让这本书能合法销售就必须再版，要增加六首新诗，代替被判删除的六首。一想到这件事，我就被自己的怠惰吓得发抖。

　　所以，这件包裹我会在今天晚上或最迟明天上午寄给您，同时还有一封更详细的信。

　　拥抱您，并恳求您从今往后更宽容些；我向您发誓，我最需要的就是您的宽容。若有人抱恙却无药可医，那就是我。

夏尔

致欧皮克夫人

［巴黎］［18］57 年 12 月 29 日

　　不，亲爱的母亲，我还是找不到片刻安宁来写那封打算写给您的

---

① 这篇书评发表于 1857 年 10 月 18 日的《艺术家》（L'Artiste）。

② 指《阿瑟·戈登·皮姆历险记》。

信。——我今天上午收到了您这封短信，一看开头我就担心您没有收到我收集的那些报刊和书。您收到的是两个包裹，对不对？一个里面装的是那些文章，另一个里面装的是那本书。

我今天夜里肯定还要再给您写封信，如果夜里送到邮局去，您明天晚上就能收到了，前提是早上有一班邮车，我不知道有没有。

我没料到这么快就收到了您的回信，我还得向您承认，我也没料到能收到这么一封如此温柔、如此热情的回信。

您觉得送给您的这一部够漂亮吧？

夏尔

致欧皮克夫人

［巴黎］1857 年 12 月 30 日

我的确对自己颇为不满，而且对自己的这种状态既惊异又很不安。我是不是该换个环境呢？我完全不清楚。是身体上的毛病弱化了精神和意志，还是恹恹的心灵让身体产生了怠惰，我还是完全不清楚。我能感觉到的只有无涯的气馁，难挨的孤独，还有对隐隐约约的不幸的持续恐惧，我对自己的力量完全丧失了信心，了无欲望，了无消遣。诗集获得的反常成功和引发的仇恨曾让我亢奋了一阵子，可过后又消沉了。您看，我亲爱的母亲，对一位以想象和虚构为职业的人来说，这种精神状态是相当严重的。——我不断自问：怎么会这样？这样能有什么好？这真的就是精神抑郁症——我当然记得我经历过类似的状态，过后又振作了，所以不该太担心；可我无论如何也想不起来我何曾消沉到如此地步，也记不得厌倦能拖累我如此之久。此外，这种无休止的绝望还来自我的穷困潦倒，来自因旧债而导致的争执与工作停顿（请您放心，这不是利用您的宽容向您求援。那些旧债因为各式各样的原因并未到期，我主要是想说我承认我的软弱和怠惰），来自我精神上的孤傲与那种不稳定且可悲的生活之间的失落与反感的对比，以及——我全说了吧——奇怪的呼吸不畅和肠胃不适，这些毛病已持续了一个多月了。吃饭后要么胃胀要么腹泻。如果精神能够治愈身体，那么努力而持续的工作也能治愈我，但必须想要这么做才行，哪怕是稍有意愿；——真是恶性循环。

如果能利用好整个一月份，我就能完成只有在巴黎才能完成的那些工作，这样我就可以在二月份去您那儿，搞一些新的创作，您能在翁弗勒尔或至少在勒阿弗尔帮我找一位剑术教师么？重练击剑 ① 可以满足体育锻炼的需要；——再有，在翁弗勒尔或勒阿弗尔能找到可以淋浴或洗冷水浴的浴室么？

我要非常简要地告诉您，不是我不想去您那儿（那时我不能去），而是我不想给您回信。我既怕让您伤心，又无法让您理解我。在我继父去世的第二天，您告诉我说，我让您蒙羞，而且您不让我动跟您一起住的心思（就在我想向您提出这一请求之前）。而且您还强迫我屈辱地向埃蒙先生示好。亲爱的母亲，您至少应当承认，考虑到您当时那可怜的处境，我是不是已经顺从了您的意志，屈辱地忍受了这一切？——可是，不久之后，在写给我那么多除了呵斥还是呵斥的信之后，在向我倾倒了那么多苦水之后，在指责我写了一本可诅咒的书（其实那不过是一部完全经得起推敲的艺术品）之后，您又邀请我去看望您，同时又让我明白，只要埃蒙先生不在，我就可以在翁弗勒尔住上一阵子，就好像埃蒙先生拥有向我关闭或打开我母亲家的房门的权利似的，而且最后您还不放心地叮嘱我到了翁弗勒尔之后不要举债——我的天呀！当时我既狼狈不堪又莫名惊诧，想不到我竟被看得如此下作。看看吧，您这封信在我记忆中留下了怎样持久的烙印。我不知道该怎么决定或该如何回复；读信后，我陷入了一种无法用言语表达的烦躁之中；两周之后，我还是茫然不知所措，索性就决定干脆什么也不做。

说实话，我亲爱的母亲，我相信您从来也不曾理解过我那令人不堪忍受的敏感。

——如今我们都异常孤独，异常懦弱，我相信我那位哥哥根本不会在意这些。我们是不是该尝试一下让彼此都能因对方而幸福呢？

我还要告诉您一件让人不那么开心的小事，我本来是很乐意瞒着您

---

① 　波德莱尔上中学时可能学过击剑。

的，如果这件事未预示可能发生其他类似差错的话。这项荣誉无疑该归功于那位埃蒙先生。——数月前，我在全景廊街（passage des Panoramas）发现了一幅我父亲的画（一幅裸女图，一个睡着的女人在梦中瞥见两具裸体①）。我想买，可身无分文，连定金也付不出；后来日常烂事接连不断，这件事就放下了。——您信不信这样的差错已发生过好几起了？——我父亲是个蹩脚的艺术家；但所有这些老物件儿都有其心理上的价值。

再见，亲爱的母亲，告诉我，您的身体怎么样？适应那边的生活了吗？您是否能为了我而保重自己，健康长寿？

拥抱您，想象您也在拥抱我。

夏尔

致奥古斯特·普莱-玛拉西

［巴黎］1857 年 12 月 30 日

我亲爱的朋友，我刚才收到了您托阿瑟利诺转交给我的信。

读过我的信后，假如您仍坚持己见，就请把那张欠据②退给我，我已经背书后寄给您了。

有个可恶的蠢货③给了我一张 500 法郎的票据，我让人拿去找唐雷贴现，唐雷未支付。我拜访了唐雷，希望他不再追究此事，说只要不找我麻烦就肯定还钱。但当我要求再宽限一段时间时，他对我说：我很乐意接受您的提议，作为交换，您还钱时要拿来一张由玛拉西签字的票据，因为您肯定是在为他工作；——我当然拒绝了，还硬邦邦地加了一句说，我之前的承诺还未兑现，所以我不能去向玛拉西先生求助。——因此，找他贴现这张票据（在我看来）存在着双重风险：第一，因为我是未能贴现这一后果的责任人；第二，我还是您的债务人。

---

① 这幅画后来再也没有找到。

② 这张欠据可能是指波德莱尔 1858 年 10 月 9 日寄给玛拉西的那张 300 法郎的欠据。

③ 指埃蒂安·梅利耶（Étienne Mellier），时任《现时》社长。波德莱尔 1857 年第二季度曾为这家小报撰稿。

所以，请您找自己的庄家贴现这张票据吧，就像我去求唐雷贴现一样，如果您也没辙，就再把这张票据退给我。

别，别再玩太多的梭子交易了①。我很快就会把钱还给您。到一月份那些新的文章就完成了，二月份您把清样寄到我母亲家。因为最晚六个星期后我就躲到那儿去了。我都快被您习以为常的那种您愿意享受的愤世嫉俗吞掉了。

再见面时我们应该谈谈账目。我从您那里拿到了850或750法郎（我记不太清楚了），而我给您交稿的也只有一部《恶之花》。

但这事不急。

至于《恶之花》，我还没有做出任何决定（我指的是莱维②），我的记忆中只记得您对我做出的承诺，即如果有必要，就当您没写过这封吵架的信。

此外您也知道，我决心从那桩案子中彻底解脱出来，我要重新创作出六首比勒令删除的那六首还美的诗。但诗的灵感何时才能再次惠顾我呢？请向令堂大人致意，并请转达我对德·布鲁瓦斯的友谊。

请马上回信。

CH. 波德莱尔

致阿尔芒·迪梅尼尔

［巴黎］1857 年 12 月 31 日

亲爱的朋友，新年伊始，请允许我给您找个苦差事。

您什么时候见到古斯塔夫·鲁朗先生（我觉得他想见您时您就能见到他③），烦请您提一提我，告诉他我有一件新的麻烦事（一个可怕的麻烦，

---

① "梭子交易"(la navette) 即"空头票据"(la cavalerie)，波德莱尔和玛拉西常靠这种非法的票据流通方法筹措资金。

② 作为爱伦·坡系列作品出版人的米歇尔·莱维并不反对出版《恶之花》，因为《恶之花》案结束后这部诗集反而更有名了。

③ 阿尔芒·迪梅尼尔（Armand du Mesnil, 1819—1903）是波德莱尔的朋友，时任国民教育大臣办公室副主任。

无法克服）逼得我只能再次求助于国民教育部。——这事儿出在今年六月或五月，是由于一个我也搞不明白怎么回事的错误，现已持续了六个星期。假如这一次我能马上收到一封寄给我的重要公函，即资助通知函，那我就能借助这份简短的公函从这个麻烦中脱身。亲爱的朋友，您要告诉我，我拜托您的事是否强您所难；——唉！此事涉及一笔区区 250 法郎的款项，我想尽办法都无法在 5 日前拿到这笔钱，而搞不到这笔钱我就不得安生。

同时我也希望免于书面请求，原因很简单，写这样一封申请函对我来说比创作一首诗还累。

拜托您把我的信呈递古斯塔夫·鲁朗先生并转达我的感谢，告诉他我请求他的接见。

我把信寄到部里去了，因为我不知道您的住址。

请向弗洛芒坦先生 ① 转达我上千次友谊。

CH. 波德莱尔

伏尔泰滨河道 19 号

致夏尔·蒙斯莱

［巴黎，1857 年底？］

我亲爱的朋友：

几天以来我一直想对您说，德·布鲁瓦斯那个蠢货现在肯定后悔了 ②，而我，如果能得到您的一篇书评将会十分高兴。

祝好。

夏·波

---

① 弗洛芒坦（Eugène Fromentin，1820—1876），法国画家、作家。

② 波德莱尔在这封短信里嘲笑了德·布鲁瓦斯的吝啬，因为他在给各报社分送《恶之花》样书时未送蒙斯莱（但波德莱尔 1857 年 6 月 13 日起草的赠书清单中也没有蒙斯莱的名字）。蒙斯莱是在很久以后才收到一册普通纸印制的《恶之花》样书的。另外，玛拉西致蒙斯莱的一封信似乎也证明了这一点："我很抱歉只能送给您一册《恶之花》的平装本，因为在检察院查封《恶之花》期间，所有精装本都被波德莱尔贿赂给了那些或多或少有些影响力的人。"

致泰奥菲尔·戈蒂耶

[巴黎，1857—1858 年？]

亲爱的朋友，我想在您下班前跟您说点儿事。您能告诉我大约几点或您希望我几点去《艺术家》拜访您？

CH. 波德莱尔

致萨巴蒂埃夫人

[巴黎][18]58 年 1 月 3 日星期日

请您原谅，我无法参加今天晚上那个美好的聚会！除了我生性不很开朗以外，我整天都在准备出发的行装，实在很累。我先去阿朗松，然后可能会去我未来海边的家 ① 看看。

请向泰奥菲尔和蒙斯莱转达我全部的友谊，并请转告福楼拜，他会收到我的信。

您最忠诚的

CH. 波德莱尔

致泰奥多尔·德·邦维尔

[此信写于 1858 年 1 月初，是对德·邦维尔 1 月 9 日来信的回复。]

---

① 1855 年，欧皮克夫妇在俯瞰翁弗勒尔的悬崖上买下一所房子，作为他们安度晚年的住所。其中二层有三间房顶倾斜的房间，其中一间后来成了波德莱尔的房间。这所房子被波德莱尔称为"玩具房"(Maison-joujou)。

致［塞尔沃？ ①］

[巴黎] 1858 年 1 月 11 日星期一

先生：

我如此坦率地直陈了我的困境，而您接待我又如此亲切，让我想忘掉您都难。请您相信，让您为难真令我难于启齿。

先生，请接受我真诚的感谢。

CH. 波德莱尔

伏尔泰滨河道 19 号

致欧皮克夫人

[巴黎] 1858 年 1 月 11 日星期一

我亲爱的母亲，您已经猜到我事务缠身、厌倦不已。我从未对您提及，因为对您有害无益。

而且，由于我的麻烦不断增多，我只能艰难前行，步履维艰；我的右腿肿了，不能打弯，而且刺骨地疼；有人告诉我说这是抽筋，也有人说是神经痛。

感谢您寄来的药物配方：我已经收好了，准备试试。另外，用了乙醚制剂以后胃疼的症状好多了，腹泻也因为服用鸦片止住了。但服用鸦片有很大的弊端。

您是说让我现在马上去那边？可您想没想过在此之前我有多少稿件要完成，又有多少钱要清偿。还有我曾经告诉过您的，有些稿件在那边难以完成。如果要把这方面的事完全向您解释清楚，不仅要写很长而且无用。

我向您再重复一遍，我已经下决心到翁弗勒尔定居；我希望能在二月初成行。从一月底开始我就把包裹和装有各种物品的箱子一一寄给您。

我必须挣出很多钱来才能摆脱巴黎。您不知道光是支付利息和执达员

---

① 塞尔沃（Eugène Servaux，1815—1890），时任国民教育大臣办公室秘书。1858 年 1 月 18 日，国民教育部给波德莱尔提供了一笔 100 法郎的资助。

的费用就有多少……我既没有勇气，又无巴尔扎克的才华，只有连巴尔扎克也会头疼的麻烦。

我只能支付最必要的开支，到最后一刻，我指望盖泰剧院的院长能为我已经着手创作的剧本借给我1000或1500法郎①。这些钱能帮助我解决最后那些问题。

我把准备到翁弗勒尔定居的打算告诉了几个朋友。所有人都说这是上上策。这个办法的确可以消除生活中的动荡和无谓的奔波，让我最终可以享受我酷爱的孤独。而且在巴黎时，即便有无数痛苦和莫名的折磨，我依然能够在并不勤奋的情况下挣出5000到6000法郎来，那么在宁静和美好的条件下，我坚信能挣得更多。

还有两个相当棘手的问题需要解决。一是我必须经常去巴黎，拜访报社的社长、杂志的主编和剧院的经理，解决各式各样的琐碎问题；这是一笔很大的费用，属于重复性支出，而且我很悲观地认为铁路部门非常小气，很难搞到优惠票。

二是又要害得您多花钱，因为要给我买书桌，这笔费用总得花。

您难道没看出《恶之花》里有两首诗与您有关，或至少是暗示了我们过去温馨生活中的一些细节？就是在您孀居的那段时期，它给我留下了奇特而忧郁的回忆②，——一首是《"我从未忘怀，在离城不远……"》(讲的是讷伊)，紧接着的另一首是《"您曾嫉羡过那善良的女佣……"》(她是叫玛丽埃特吧?)。我之所以未加标题也未做任何明显的提示，就是怕亵渎了这种温馨的家庭生活。

我写得太乱了。写的时候没注意。

再见。

　　　　　　　　　　　　　　　　　　　　　　　　夏尔

---

① 指剧本《醉鬼》(*L'Ivrogne*)。萨巴蒂埃夫人在一封信中证实，此时波德莱尔已开始为时任盖泰剧院院长的奥斯坦因创作这部剧本。

② 波德莱尔的父亲亡故后，孀居的母亲曾带着他住在巴黎市郊讷伊 (Neuilly) 的一所小房子——塞纳街3号，度过了一段短暂而难忘的时光。

致萨巴蒂埃夫人

［巴黎］1858 年 1 月［11 日］星期一

哎呀！您的信来了，或者说我三点钟一回来就交到我手里了。

但我得跟您说实话，这封信我昨天下午就拿到了，我不信自己居然成功了。剧院里我只认识鲁维埃尔 ①，但好久都未见到他了，而且我还知道那位比利翁先生 ② 对自己剧院的演员特别抠门。

请您别埋怨我。

夏·波

鲁维埃尔显然也只搞到了一两张票。

致萨巴蒂埃夫人

［巴黎］［18］58 年 1 月 12 日星期二

亲爱的朋友，假如莫塞尔曼先生看到的是我，那他一定是在一种悲摧的情况下看到的，我当时正在四处寻找一辆出租马车。服用了乙醚制剂和鸦片以后，胃疼和腹泻都好了，可又添了新毛病。我现在走路不便，很费劲；单独一个人下台阶时麻烦很大。更糟糕的是我还要到处跑，到处办事。更不要说这种可笑的痛苦比肉体的疼痛还让我难受。

不久后我会去拜访您，——但要等我不瘸了并且很惬意的时候再去；您了解我的原则。

我还要跟您说一件让我感到抱歉且无可挽回的小事。——上个月底我发现了两把折扇，或者说是两把典型的第一帝国式样的折扇，上面的画精美极了，——其中一幅是盖兰 ③ 画的《忒修斯与希波吕托斯》（*Thésée et*

---

① 鲁维埃尔曾在帝国大马戏团剧院（Théâtre impérial du Cirque）出演《李尔王》，演到 1857 年 9 月 28 日结束。此后他离开了帝国大马戏团剧院，也没有在其他剧院演出。波德莱尔写这封信时以为他还在剧院。

② 比利翁（Billion）时任帝国大马戏团剧院经理。

③ 盖兰（Pierre-Narcisse Guérin, 1774—1833），法国新古典主义画家，法兰西学士院院士。

Hippolyte）——我知道您酷爱这一时期的旧物，所以我打算送给您。可我竟然犯了错，总以为别人不具备我的法眼，那对折扇始终都会待在古董店里非我莫属。可等我再去时这两把扇子已踪迹全无了。

衷心感谢您在信中对我的文学生涯提出的卓越建议。这些建议很非凡（抽象且普遍），尤其它们来自一颗非凡的心，但在目前情况下，我向您保证，它们都是错的。在最终去那边定居以前，所有不能在那边完成的稿件都必须脱手。

请向莫塞尔曼先生转达我的友谊。

全部属于您的

CH. 波德莱尔

致［阿尔芒·迪梅尼尔？］

［巴黎］1858 年 1 月 16 日星期六

我亲爱的朋友：

我现在真的是一贫如洗。

难道与此事相关的一颗美好灵魂就不能立刻发出一封有大臣签名的通知函么？或者说这封通知函会被拒签？

祝好，很抱歉为此打搅您。

夏·波

致欧皮克夫人

［巴黎］1858 年 1 月 18 日星期一

我亲爱的母亲，我记得星期一给您写过一封信。鉴于您通常都极为守时，所以我现在有些不安。您病了么？还是我哪句话无意中冒犯了您？

夏尔

致欧皮克夫人

[巴黎] 1858 年 1 月 20 日星期三

我亲爱的母亲，我的信前脚走您的信就到了。

我的腿好了，我也不知道是怎么好的；但持续时间很长，而且特别痛苦①。

我刚刚在《环球导报》上看到内政大臣的一份报告，后面有皇帝关于查禁一家杂志和一家报社的敕令（《巴黎评论》和《观察家报》②）。这封信的开头几行可能会让您奇怪。这的确是一个孤立事件，不会引起上流社会的关注，但您可能没意识到其中涉及大量的利益关系；而我更担心的是这不过是一个新的时期的开始，甚至比刚刚过去的那个时期更缺少自由。皇帝在杜伊勒里宫的讲话极具威胁性；官员们的言论（如莫尔尼、特罗普隆和巴罗什③）则更为激烈。如果查禁报纸，如果对剧院和书店实行审查制度，我们还怎么活下去？

我没有多少时间给您写信；今天只跟您谈两件事。

其一，您上封信对我有一个极为奇怪的指责，您说我冷漠。

天呀！难道您就没有这种因孤独、不幸和需要不断控制自己的情绪而养成的习惯么？不幸的人也有闹闹情绪的自由，而这种长期的、易怒的、压抑的情绪不就是我身上的习惯么？

其二，您对我所知甚少，所以您才不知道我天生就需要隐藏起自己的所思所想。您可以把这种做派叫作浪荡主义（Dandysme），即对尊严的荒

---

① 这种症状显然与梅毒有关。

② 1858 年 1 月 14 日发生的意大利爱国者菲利斯·奥尔西尼（Felice Orsini，1819—1858）刺杀拿破仑三世事件引发拿破仑政府的强烈镇压。《环球导报》1 月 20 日刊登了查禁《巴黎评论》和《观察家报》的敕令。其中，查禁《巴黎评论》一事已策划很久（主要原因是该杂志连载了《包法利夫人》），但因福楼拜胜诉而未能得逞。此次刺杀事件发生后，政府便借机查禁了该杂志。

③ 德·莫尔尼伯爵（Duc de Morni，Charles de Morni，1811—1865），拿破仑三世的同父异母弟弟，时任法国众议院议长。特罗普隆（Raymond-Théodore Troplong，1795—1869），时任法国参议院议长。巴罗什（Pierre-Jules Baroche，1802—1870），时任法国国务委员会主席。

谬热爱——随便您怎么想，我发誓现在对您说的都是实话。——您的指责是不公正的。

——我十分感谢您的慷慨①，我会善加利用——作为新的一年的开始。但您的来信清楚地表明您很拮据。我恳切地请求您讲讲拮据的原因。是因为旧债么？还是因为慈善和施舍？——我非常关心这件事；我担心您上当受骗。

我希望您能从好的方面理解我的好奇心；其实您很容易就能想到，这绝不是要伤害您的自尊心，而完全是孝心的流露。

这封信就先写到这儿吧，很不连贯。请原谅，请让我拥抱您。

夏尔

致马克西姆·杜刚

［巴黎］1858 年 1 月 20 日星期三

我亲爱的杜刚：

我刚刚在《环球导报》上看到查禁《巴黎评论》的敕令。虽然很久以来我都能感觉到我并非您的朋友们的朋友，但我仍然希望有朝一日能用我的奇思异想、用我的小说和我的杂文把钱还给您②。我将以此向您证明，您的帮助、尤其是那些无私的帮助，我永远都不会忘怀。

我还要说，您的报纸被查禁让我悲伤（非常真诚的悲伤），对您本人的痛苦我感同身受。

您忠实的
夏尔·波德莱尔

---

① 没有找到 1858 年欧皮克夫人给波德莱尔的资助记录，1857 年的资助记录为 7313 法郎。
② 杜刚本人曾借钱给波德莱尔，直到波德莱尔去世后才得到偿还。另外，《巴黎评论》也向波德莱尔支付过预支稿费，但波德莱尔什么也没写。

致萨巴蒂埃夫人

〔巴黎〕1858 年 1 月 22 日

["有些忧郁的日子和时刻，所有人类的事情都出了问题……我满脑子想的都是，我只有在快乐的时候、只有在取得了重大进展的时候才去看望您"，等等。]

夏·波

致阿尔芒·迪梅尼尔

〔巴黎〕1858 年 1 月 24 日星期日

我亲爱的朋友：

我真等不及了。索梅先生 ① 可能会持此信去找您，他曾经大度地借给我 100 法郎。所以他将取代我去银行取这笔钱，如果必须由我签名我会陪他一起去。

给您添了那么多麻烦，万望见谅，恳请您能让发放补贴的时间越早越好。

祝好。

CH. 波德莱尔

索梅先生住在医学院路，门牌号码是……

致阿尔封斯·德·卡洛纳

〔巴黎，1858 年 1—2 月？〕

为德·卡洛纳先生准备的
我将要撰写的文章清单

一篇关于印度大麻的文章（咱们已有约定）。

---

① 索梅（Semé）是一位旧货商，他的商铺在医学院路（rue de l'École-de-Médecine）52 号，波德莱尔忘记了写上门牌号。

一篇关于哲学画家的文章（也就是那些将艺术归属于理性和思想的画家。例如让莫、谢纳瓦尔、阿尔弗雷德·雷特尔 ①）。

消失的博物馆和将建设的博物馆（西班牙、英国的博物馆，等等 ②）。

爱伦·坡的《吾得之矣》及其哲学（深度分析，由建议而来的建议）。

（关于印度大麻的文章正在撰写中，且进展顺利，您肯定会满意。我未收到过关于莫罗先生在拉弗里镇试验印度大麻的那本书。③）

致欧皮克夫人 ④

［巴黎］1858 年 2 月 19 日星期五

亲爱的母亲，二十天前你给我写了一封非常迷人的信（多年来这是你唯一一次以这种口吻给我写信），我还没给你回信。你一定非常难过和惊讶。对我来说，我一读到这封信就明白你还是比我想象的爱我，所以许多事都还可以补救，幸福的日子也指日可待。

你肯定会千思万想，想知道我为什么不回信，那你可能就不那么宽容了。事实是你这封如此亲切和充满母爱的信几乎让我伤心欲绝。我痛心地看到你真是如此渴望与我一起生活，可我又得让你伤心了，因为我还没准备好。

---

① 指《哲学的艺术》（*L'Art philosophique*）一文。这篇文章始终没有完成，其中某些札记收入了《浪漫派艺术》（*L'Art romantique*）一书。让莫（Anne-François-Louis Janmot，1814—1892），法国画家、诗人。谢纳瓦尔（Paul Chenavard，1807—1895），法国画家。阿尔弗雷德·雷特尔（Alfred Rethel，1816—1859），德国历史画家。

② 这篇文章的题目变过多次，在 1857 年底确定为《美学珍玩》（*Curiosités esthétiques*），但始终没有撰写。

③ 莫罗（Jacques-Joseph Moreau，1904—1884），别号"图尔的莫罗"（Moreau de Tours），法国精神科医生，著有《论印度大麻与精神错乱》（*Du haschisch et de l'aliénation mentale*）。波德莱尔最初研究印度大麻时曾在 1851 年抨击过莫罗博士的观点。拉弗里（La Folie），法国卡尔瓦多斯省的一个市镇。

④ 从这封信开始，波德莱尔又开始对他的母亲以"你"相称。

首先，我对米歇尔·莱维还不太放心，不敢把书稿[1]搁在他的印刷所里就离开巴黎。你了解我的性格，事无巨细样样操心。甩手一走我不放心，而且我不放心是有理由的。（这本书共八章，我正在校订第五章，剩下的再加把劲儿，十天之内就可以完成。）

其次你再想想，我现在过的日子多可怕，留给我工作的时间少之又少；加之离开前还有那么多问题要解决（这个月初，我不得不躲起来以免被抓，这一来就荒废了六天。在此期间我的书和手稿都留在住处。而这不过是上千桩琐事中的一桩）。

幸福近在咫尺，几乎触手可及，可就是抓不住！而且，不仅要知道幸福将至，还要知道必须给那位理应享福的人带去幸福！

在这种痛苦中，还要再加上一桩你也许不大理解的痛苦：当一个人的神经已被众多焦虑和痛苦折磨得近乎衰颓时，不管他的决心有多大，那个魔鬼一大早就溜进他的大脑里，给他灌输这样一个念头：何不休息一天并忘掉一切呢？晚上再干也来得及，可各种急事遽然间纷至沓来。——然后，到了晚上，一看积欠的事那么多，心里就发慌了；方寸大乱导致束手无策，而到了次日，同一出闹剧又准时上演，同样是开始时信心满满，同样是到最后信心崩溃。

我急于离开这座该死的城市，我在这儿受了那么多苦，失去了那么多时间。一旦在那边有了安宁和幸福，谁敢说我的心灵不会重新焕发青春？

我头脑中正酝酿着二十来部小说和两部剧本。我不想赢得什么善良而庸俗的声望，我只想击垮众生的心灵，就像拜伦、巴尔扎克或夏多布里昂那样震慑他们。我的上帝，我还有时间么？——啊！要是年轻时我就知道时间、健康和金钱的价值就好了！——还有那部该诅咒的《恶之花》，必须重新出版！为此我必须好好休整一下。我要凭借一己意志重新成为诗人；我要故途知返，再次发掘挖掘过的宝藏；我要重新梳理被认为挖掘殆尽的题材——我就是打算这样去服从那三位傻瓜法官的意志的，其中有一位叫纳嘎尔[2]！

---

[1]　指《阿瑟·戈登·皮姆奇遇记》。
[2]　这位名叫纳嘎尔（Nacquart）的法官的父亲是巴尔扎克的医生。

严肃、务实且不抱幻想地说，我在那边只要勤勉工作，不出两年我就能偿清所有债务，也就是说挣到比在这儿多三倍的钱；我太不幸了，你一年前干吗不为我做出这个绝妙的安排，否则我绝不会身陷那些巨大的麻烦当中！

至于《恶之花》，你就不必再夸我了，你的称赞已是我渴望的四倍 ①。——比利时有人想出版全本《恶之花》。这个问题很严肃，我不知道需要解决什么障碍，可能会很麻烦。——这儿的《当代评论》上刚发表了一篇文章，很可怕 ②。我会寄给你读一读。我很担心会予人口实。作为官方刊物的《当代评论》正采取一些重大步骤，对称赞过《恶之花》的《环球导报》展开攻击 ③。我去国务大臣那儿反映了这件事，而且为使我的报复更彻底一些，我向《当代评论》借了好几百法郎，作为我正在撰写的一篇文章的预支稿费 ④。我的良心让我觉得这事做得有点儿过分。这是我第一次向一些我打算伤害的人要求帮忙。但我现在太拮据了，这就算是我原谅自己的借口吧。

——最后还是回顾一下我的那些幸福的规划吧，我可以阅读阅读再阅读，而又丝毫不影响我的创作！我可以把每一天都用来重塑我的心灵！因为，亲爱的母亲，我必须承认，我可悲的教育已被我所有愚蠢的行为和困苦的生活中断了；但青春却在飞逝，我时常为岁月的流逝惶惶不安；可岁月是每时每分构成的，失去时间时我们只认为是片段的光阴，却从未算过总账。

这当然是个很棒的计划；而且我不认为它们是不切实际的，因为在翁弗勒尔我没有任何借口不实现这些计划。

我不希望你在读我这封信的时候以为我这么写只是出于自私。我最主

---

① 欧皮克夫人甚至在给阿尔封斯·波德莱尔的信中也称赞了《恶之花》。她说，虽然"那些画面有时稍显可怕和令人震惊，但还是具有很强的美感"并包含着"某些令人叹为观止的段落，语言纯净，形式单纯，从而创造出一种绝美的、诗意的效果"。她还称赞了波德莱尔翻译的爱伦·坡作品："作为独具风格的译作，其中包含着许多引人注目甚至令人惊叹的东西，""我从不知道他这么精通英语。"
② 1858年1月15日，《当代评论》刊发了一篇让-雅克·韦斯（Jean-Jacques Weiss，1827—1891，法国作家、编辑、政治家）攻击《恶之花》的文章。
③ 《环球导报》1857年7月14日发表过爱德华·蒂耶里为《恶之花》辩护的文章。
④ 指《印度大麻之诗》（*Le Poème du Haschisch*），这篇文章发表于1858年9月30日《当代评论》。

要的想法是这样的：我的母亲并不了解我，她过去几乎不了解我；我们在一起生活的时间有限。但我们必须找出几年时间来幸福地共同生活。

你还和我谈到了瓦莱尔。我第一次向你承认，几个月前我还想通过找寻仆人们身上的贵族气质来嘲笑我的母亲，可我确实不知道那桩讨厌的偷窃珠宝首饰的事。别太敏感了，别因为下人的行为伤害自己。你必须知道自己会被蒙骗，闭上眼，忘掉它就是了。

再见；现在四点半了；我全身心地拥抱你。这封信写得太潦草，但我已尽可能把字母写得大一些，省得你读起来太吃力。

夏尔

致奥古斯特·普莱-玛拉西

［巴黎］1858 年 2 月 19 日星期五

我亲爱的朋友，很抱歉我和德拉克洛瓦的商谈未获成功①。他的第一个拒绝理由是他在撰写那些评论时并未认真推敲，若再版就必须进行重大修改。可他现在没勇气修改。第二个理由很奇怪：西尔维斯特②找过他几次，动员他出版这些文章。所以，回绝了西尔维斯特就不能再同意由我做。"以我和西尔维斯特的交情，如果同意由你们来做，会让他痛苦的。"我给阿瑟利诺讲了这件事，阿瑟利诺说这样也没有什么不好，因为即便谈成了也不会给您带来多大收益。您自己掂量吧。

我翻了翻德·布罗斯那本书③。我非常不喜欢这位法官的胡言乱语。不过我还是很惊讶地发现他的文字中经常会有一种别致的精神。但无论如何都远不及戈蒂耶那几部关于西班牙、意大利和君士坦丁堡的作品。——

---

① 玛拉西打算把德拉克洛瓦评论米开朗琪罗、拉斐尔等画家的文章结集在《两世界评论》发表。波德莱尔受命去谈，但被德拉克洛瓦拒绝了。
② 西尔维斯特（Théophile Silvestre，1823—1876），法国文学评论家、艺术史家。
③ 指德·布罗斯（Charles de Brosses，1709—1777，法国法官、历史学家、语言学家和作家）的《1739—1740 年从意大利写给几位朋友的私人信件》(*Lettres familières écrites d'Italie à quelques amis en 1739—1740*)。这本书是玛拉西出版的。

回信时请告诉我"Foligot"一词是什么意思 ① ？

关于在比利时出版第二个第一版的事（正如我告诉您的，班斯布尔德看起来很想做），我考虑了您的反对意见，即比利时的这一版会对您计划中的法国第二版销售不利。我因为始终为缺钱所苦，所以我不希望看到您也有这种风险，但我向您保证我不会自行定夺。我会咨询某个人，也会咨询您本人，最终，如果最后一刻您仍持反对意见，我将不做任何决定。

关于我们谈过的那个大问题，那个残酷、紧迫的问题，如果您还没拿到那笔钱，就不必死等 ②。索性把唐雷的那张票据尽快寄给我，找一个到期前的方便日子贴现。如果您担心这张票据到期会让您难堪，那么对我来说最容易的办法就是展期。

请把我那张 350 法郎的收据找出来。

随信送上我的收据，我相信是您让我寄给您的。

亲爱的朋友，我必须让您明白整个这件事的紧迫性：

那张与一桩相当严重的官司有关的票据，多亏一位律师支招并在票据背面加贴了一枚印花才勉强延长了期限，但可能最后期限今天也已到期，如果您不能以您的慷慨承诺出手相助，我势必将被一出好戏、一出将耽误我所有工作的好戏困住。

另外，我一心想尽快去那边定居，所以我必须使出浑身解数去实现自己的目标。我必须跟您说（您别不高兴听），您的大方与爽快让我感到一种非常愉悦的惊讶。既然惊讶能为制造惊喜的人带来荣耀，也就能为感到惊讶的人带来愉悦（无论阿瑟利诺会怎么说），所以您就以自己为荣吧。

关于留在阿朗松的那些样书以及印制替代版的事，我求您什么都不要做，除非我们两个人达成一致。

祝好。

夏尔·波德莱尔

伏尔泰滨河道 19 号

如果有钱，就别通过邮局寄。

---

① "foligot"一词是勃艮第方言，意思是"傻瓜"或"没有头脑的人"。

② 玛拉西刚刚继承了一小笔遗产。

致安托万·雅科托

亲爱的先生：

决心和必要性最终战胜了羞怯；您说我可以指望您的斡旋，并让我等您两个星期，您看我已经等了两个多星期，什么也没干。这能向您证明我因伤害了自己善良的母亲而感到的痛苦了吧。

我还是回到先前我们之间的对话，并扼要说明一下我目前的状况。——欧皮克先生去世后，我感到我肩膀上又多了一份责任，一份沉重的责任。我母亲并不孤独时，我有权在一己痛苦中自娱自乐。但如今她孤身一人，我就再也不能只顾及自己接连不断的麻烦、自己的名誉和声望，而要成为她的挚友，也可以说，成为我母亲唯一的朋友。我感到了这一切，而且，——您看，我的记忆力还不错吧，——我之所以选择您作为中间人，是因为当我们在我继父的葬礼上相遇时，可以说，在那么多人当中，我没获得我应得的同情与尊重，——只有您以一种极为友好和家人般的口吻对我说：您现在可以去和您的母亲共同生活了，我希望如此。——不幸的是，事实并非如此。我还未就这个问题开口之前，我母亲就向我申明，她永远不会和我一起生活。事实上我一直期待着她的提议。但她目前那可怕的精神状态让我觉得我必须忍受并忽略这种屈辱。我只有下定决心等待而且再也不向我母亲要钱，——而且，从今往后，那都应该是我最起码的职责。

在那以后，在我那场官司期间，我和我母亲之间曾飘过一小片乌云，但很快就消散了，无须再提。

就在最近，我母亲主动向我提出，希望我去看望她。您可以想象，我怀着天大而真诚的喜悦接受了这个提议。——我只是简单地要求她给我一点时间，让我完成一些我已着手但在翁弗勒尔无法完成的工作（这是真的），我自己也下决心赶快多挣一点钱，好解决一些让我不得不滞留巴黎的麻烦（出于自身的敏感和印象中对她过于冲动的性格的了解，这一点我没跟她说）。——目前我的工作差不多完成了，但金钱上的麻烦还没有着落。

二十天以前（我原来把前往翁弗勒尔的时间定在 2 月 1 日），我收到了我母亲的一封亲情来信，这封信让我泪流满面——已经有多少年我没有收到过这么亲切的信了！——她说，她在等我，——请您综合判断一下我的急切和她的焦躁，您说我能不急么?!

目前的情况是：

昂塞尔是一位善良的朋友，但我只能赞美他的心灵却不能夸他的头脑。（这一点我们俩知道就行了。）若我以自己的名义请他做一件这个世上最明智的事情时他会坚拒，而当我以我母亲的名义请他做一件荒唐事时他却会同意。

现在就有这样一个非常棘手的问题需要了结：虽然我有那么多麻烦，可我也赚了些钱。我想知道我能否每年、每季度或每个月给我母亲一点儿补贴。但她考虑到我目前的尴尬处境没有接受；目前她是拒绝的，但我完全明白，不久后，在我能有收益的某个时期，她会非常自豪地接受我的钱。您完全理解我说的，对不对？

总之，从现在起，出于道德方面的考虑，我决定在几个月甚至一年之内远离一切挣钱的机会，以便能在数日内去翁弗勒尔定居。因此，亲爱的先生，我请您以雄辩的口才说服我母亲，让我从昂塞尔那里一次性获得一笔一年的费用，这笔费用最迟将在一年内偿还，我绝不会从他那里再拿一文钱，同时我将其他收入都留给自己，至少能给自己省下 6000 法郎的开支。

这 2400 法郎将在数天之内（最多十天）用于支付我不打算到了翁弗勒尔以后再清偿的所有债务，并支付一些必要的费用（包括我急于腾退的现住房的租金 ①，以及需向出版商、书籍精装工、购书和无须列举的其他商铺支付的费用，还有我尚未支付的律师酬金 ②）。

正如我告诉过您的那样，最初我打算申请的金额更多；但我觉得还是

---

① 波德莱尔此时还住在伏尔泰滨河道 19 号的伏尔泰旅馆。

② 不过波德莱尔曾送给其辩护律师一本精装的《恶之花》，书脊上包着绿色的摩洛哥山羊皮，并在扉页上以大写字母写下了如下献辞："赠《恶之花》的辩护人 / 古斯塔夫·谢克斯·戴斯唐热。"这部赠书如今是博扎斯镇谢克斯·戴斯唐热图书馆（Bibliothèque du Bourg de Bozas-Chaix d'Est-Ange）的镇馆之宝。

适可而止，我不想申请超过一年的费用，简言之，动身之前我还可以从一位出版商和《当代评论》预支一笔额外款项。

这样一来，那个可怕的、仅有的、唯一重要的、我至今尚未解决的关于工作和安宁的问题，是不是就可以得到解决了呢？顺便说一句，我母亲可是从来没有想过或大致猜测过这个宏伟蓝图与生活中恼人的拮据之间存在的残酷矛盾。

目前还有另外两个严重的问题。

第一个也是最残酷的问题是：实际上，——我想简单直说——我有点儿像是在滥用我母亲的同情心，似乎是在进行着某种情感敲诈。——这才是让我思忖良久、徘徊了两个多星期的真正原因。我实际上是害怕人家怀疑我缺乏高尚情操，就是这一担心让我踌躇不前。

关于这一点，我必须这样说：虽然我真正的兴趣是前往翁弗勒尔并在那儿定居——这一点快要实现了——但并不仅仅是受兴趣驱使。即便我在那儿没有任何个人的利益，没有钱，没有安宁也没有工作，我还是要去，您听好了，我要和我母亲住在一起。

第二个问题——这个问题您有权问我（而且可以相当严肃地诘问），因为您承担着斡旋之责——是：

您确定自己会在翁弗勒尔定居么？如果您突然感到厌倦或者一时兴起又回到巴黎，并在不久后因为借债而出现新的厌倦，而这种厌倦正是您原想逃避的，那么我作为斡旋者，作为自以为对您有所帮助却没想到给您又添新乱的人，是否可以不必因此而自责呢？

您看，该想到的我都想到了。

我会这样作答：——我憎恶巴黎，憎恶我在那里度过的十六年痛苦生活，这种痛苦生活是实现我毕生计划的唯一障碍。我下定决心定居翁弗勒尔，首先是为了让我母亲高兴，但那也是我自己的利益所在，因为从今往后再也没有什么能让我再住到巴黎去了；——即便我清偿了所有债务，这一天很快就会到来——即便有众多虚荣而浮华的欢愉在巴黎候着我，——即便我又能发笔大财（顺便说一句，这太离谱了），——最后，即便我在母亲身上、在她性格里发现一些令人痛苦的不和谐音（这一点我估计不怎么离谱），我可以保证，出于子女对父母之爱，我也完全可以忍受。——

我永远会住在我那间蜗居里。

亲爱的先生，我还要再说上几句：——我一定要过上这种我的一个朋友正在过着的隐居生活，这位朋友的名字我就不提了，他由于跟他母亲的共同生活而觅得了足够的精神上的安宁，使他最近得以完成一部极美的作品，并一下子功成名就 ①。

我母亲有一个很棒的、我曾大声嘲笑过的本事，现在我很希望自己也能有这个本事。那就是有条不紊，有条不紊的头脑能创造出自由。我有理由相信通过与她的接触我能变得有条理起来。

昂塞尔则有另外一个本事，那就是优柔寡断、怀疑和拖延。他因为不懂得如何在有决定权的情况下及时帮助我而让我蒙受的损失已接近十五万法郎。所以我希望他不要再给我找碴添乱，不要再斤斤计较，不要再妨碍我，不要在我尽快逃往我最终的隐居之所时再剥夺我依自己的意愿使用这笔款项的自由。

如果他有怀疑，如果他不相信我会把全部收益在一年内都托付给他，我将明确表示我只动用其中的三分之一用于支付计划外的旅行。但我知道我会把所有款项都托付给他。

现在，我要以绝对的坦诚向您申明，我的耐心和意愿如此坚定，所以我决定，即便您这项友好的使命不能成功，我也要用高利贷彻底解决这个问题。这样做很烦，很难，且成本高昂。但我会成功的，因为有志者事竟成。但愿您能为了我而不让借高利贷这样的蠢事发生。

亲爱的先生，请允许我提一个小小的建议为您略尽绵薄。我觉得应该以某种方式让我母亲读到这封信，她会猜得出我无暇写进去的言外之意。这样，您就可以把那些对我有利的极好理由与您的悲悯之心以及作为我家老朋友的权威统筹发挥。依我之见，您对我母亲的友谊会促使您助我成功实现我的计划 ②。

您肯定记得我干过的所有蠢事，但仍请您相信我真诚的感谢，而这些

---

① 指福楼拜和他的小说《包法利夫人》。

② 安托万·雅科托在收到这封信的第二天（1858年2月21日）即写信给欧皮克夫人通报此事，并附上了波德莱尔的信。

蠢事如果不能让我（在高兴的日子里）发笑，就一定会让我在糟糕的日子里发怒。对那些帮助过我的人，我终生没齿不忘。

　　请向雅科托夫人转达我友好的敬意。

夏尔·波德莱尔

致奥古斯特·普莱-玛拉西

［巴黎］1858 年 2 月 21 日

我亲爱的朋友：

　　我非常感激地接受您的道歉，而且不得不承认您的理由很精彩。不过我还是想看看该死的蒙斯莱和巴布怎么说①。

　　看来今后若要请您在票据方面帮忙，就得先给您寄上签过字和备过案的委托书，以保障您的权益。

　　您以为把比利时版的自由决定权给我就算是补偿我了，我可不接受。我不是一个没原则的人，那不是一个可以干蠢事的理由。

　　我只看到了一个条款可以调和您与我的利益，那就是要求比利时出版人承诺在四到五个月之内售罄这一版。但这个前提您不觉得很荒唐么？

　　我会再和班斯布尔德谈谈，但鉴于我们讨论过的某些需要考虑的因素，我相信这桩生意已经没戏了。

　　抱歉，这封信没贴邮票。

　　德·布罗斯的那本书里有一种可怕的精神。

夏·波

---

① 蒙斯莱和巴布作为玛拉西的撰稿人，均参与了"梭子交易"。巴布签发的期票规定，当受益人没有义务在到期日之前支付银行手续费时，玛拉西必须在该票据到期前将相应款项汇往巴黎。玛拉西知道这几笔票据的到期日，所以这次他没有办法帮波德莱尔的忙。

致欧皮克夫人

[巴黎] 1858 年 2 月 26 日星期五

我亲爱的母亲，这封让我忐忑等待、又让我骤然欣喜的信，产生了和得知噩耗一样的后果。你能感觉到我心旌摇动，因为过去两天里我几乎无眠。

昨天和前天心里也很乱，没法给你回信。

我太不自信能够成功，所以还是找了一个放高利贷者。那人要我先付一年的利息 800 法郎。并要求按月或按季度还款。我告诉你这件事只是想证明我渴望离开这里的想法有多么迫切。我刚刚给那个无赖写了信，告诉他我不再需要他的服务了。

我也给其他一些我打算在出发前清偿的人写了信，告诉他们我会在下周把钱还给他们。

终于，终于，有人理解我了！如果这一次我再把握不住这最后的机会，那只能说我的意志和头脑都迷失了，而且将不可救药。

啊！是时候了！我希望从这次定居中获得一切：安宁，工作，还有健康。因为我知道我病了，而一个病人的想象力再丰富也依旧是个病人。那些长久的恐惧，那些喘息和那些心悸，尤其是睡眠时的那些喘息和心悸，还会有么?

我收到钱的十天后就该在翁弗勒尔了。我打算只寄三个箱子；首先是寄书。——另外两个箱子比较麻烦，因为不好包装，是我的书桌和灯。但我又不想卖掉。

你怎么能觉得我会冒险去拜访昂塞尔，而不是由你告知他我的计划、你的意愿和我追求的目标? 我敢打赌，他接到你的信后会照办，他不会不办，但会办得慢之又慢。这种拜访让我恐惧。我确信我将不得不去拜访他好几次，这会浪费掉我许多时间；而我自己的时间已少得可怜！你想象不到你过去给我资助时有多少次都被他扣减了数额，而且还只能一点儿一点儿支付。我丢掉的不仅是时间，到手的钱也被他大打折扣。

你不知道去讷伊拜访一次对我来说意味着什么。那是难以忍受的不安，是令人厌烦的不确定；然后还要谈数个小时的政治和文学，直到我已开始走神才能进入正题。这位正派的昂塞尔绝不会知道我已诅咒过他多少次了。

他想去哪儿取钱就去哪儿取钱，而让我写的收据暗示我每月只能从他那里拿走 50 法郎，直到全额还清为止。当然，我的做法还是比较谨慎的；尽管起初我比较莽撞的想法是一文钱不要就一走了之。

我知道我的账户（自 1857 年 1 月起）有一笔预支的 400 法郎。十四个月里才预支了这些钱毕竟不算多。从现在起到 1859 年 1 月可以动用的还有 1600 法郎左右，他要分八次扣除这些钱，每次 150 法郎，也就是 1200 法郎。明年也一样，是 1800 法郎。所以说，到 1860 年 1 月 1 日我就不欠钱了。（因为我忘了跟你说，是你的特邀推动我为了获得更多的安宁而申请了 3000 法郎。我稍后再给你解释。）但从现在到那时该有多少幸福的事啊！我的天！我都等不及了。

昂塞尔以后每月只要寄五十法郎到翁弗勒尔就行了。

我和雅科托先生的谈话是这样的（顺便告诉你，我昨天向他致谢了）：——他说，你打算和您母亲要多少钱？——3000 法郎就够了。——然后，由于担心不能成功，我变得更加小心翼翼，因为我知道毕竟在动身前还可以从《当代评论》或其他渠道找到欠缺的 600 法郎。但我的工作进展缓慢，而且还骚动焦躁；于是我改变了主意。总之，手里有 3000 法郎就能干很多事，就能干成很多事，但必须自我检点，而且不能乱花钱。

旅行会花掉多少钱？邮资又会花掉多少钱？

（《鸦片吸食者》那篇文章和《当代评论》的钱都跑不了；到时候自会支付。此外，在我动身之前，从明天上午开始，我每天都干到下午两点以加快进度，外出和办理其他事务都放在两点到五点。）

我可能自己把爱伦·坡的第三卷带给你。

现在就是那些债主的问题了。

我不愿意你和这些疯狂的恶人打交道。

目前的紧迫事项就是清偿 3000 法郎。

至于那些老债主，这些年迈的老虎中最多有一两只每年会醒上一次。不过你总认为我永远挣不到钱。可以这么说，我有时能一下子就挣 2000 法郎，然后就是空白，也就是说挣钱的路又断了。所以关键问题是把握好自己，这一点我从来都做不到或不知道怎么去做。

你还以为我会告诉所有人：要想追捕我就到我母亲家去吧。出发的事我不会告诉任何人，除了《两世界评论》《环球导报》《当代评论》，还有一位剧院经理①，还有米歇尔·莱维，也就是说，我只告诉我用得上的人，因为他们要给我付钱。

往巴黎寄钱的事我委托给了诉讼代理人马林先生。最近一些事让我很赏识他的能力。昂塞尔太懒又太忙。

亲爱的妈妈，现在已到了该把信投递出去的时候了。

我差点儿忘了房间的事。亲爱的母亲，你事事为我着想，你想让我事事满意，你真是太可爱了。有个窝儿！有个干净的窝儿就行了！

你怎么能想象我会去抢占一位逝者②的房间呢？你要相信我不可能动这种鬼心思，——我若不是对事事都绝对满意，那也太忘恩负义了。

不过，说老实话，还有个问题，我两个月以来每次下笔时都想问又不敢问：从我的房间能眺望大海么？不行的话也就只能如此了。

要不要买一两个书架放书？

亲爱的好母亲，你肯定还指望我能迸发更多的、远比强烈更甚的快乐。但更好的办法是我面对面地亲口向你表达我的感激之情，而最好的表达就是兑现自己的计划。

还有一句重要的话。我强烈要求所有事项一次性完成，以免浪费时间，以便能让我快捷办事，且亲自去办。

我不想让昂塞尔知道所有事。对你说是另一码事。如果你愿意，我什么都可以告诉你。这才叫公平。

全身心地拥抱你。

再见③。

夏尔

---

① 指盖泰剧院的经理奥斯坦因。

② 指欧皮克将军。

③ 但波德莱尔直到1859年1月才去翁弗勒尔。从他的窗子可以望见塞纳河入海的喇叭形河口湾。

致［亚历山大-路易·库奇内？］

[巴黎] 1858 年 2 月 26 日星期五

先生：

如果不是我案头工作忙，我本可以去拜访您而不是给您写信。

元旦前几天见到您时，您就该和我说您要起诉我；那样我还可能在最初两个月里还您一些钱，而现在却筹措不及了。

几天前我的财产被查封了，人身也受到限制。现在我要走了，我要做几次旅行①。每个月初我会回来一趟，还是住在伏尔泰滨河道 19 号。

烦请您以书面形式通知拉比特先生②，请他暂时中止起诉程序，至少两个月。

他告诉我您急需用钱。

动身之前我会去拜访您；如果我能从第一笔旅费中挪出一小笔或不多的钱还给您，我会很高兴，但我不会以此作为抗辩；因为我相信对我而言一切都是公正的。

我旅行的目的是为了找到比我在这儿所能调动的更多的资源，现在我很苦恼，也很烦躁。您明白了，是不是？所有诉讼都应以防止债务人破产的正面效果为目的。

您认识我已经很久了，应该知道我渴望清偿所有债务。事实的确如此，所以我才在上次见到您时确切地告诉您说欠您的债很快就会清偿，不是今年夏天就是今年秋天。

顺致崇高的敬意。

CH. 波德莱尔

---

① 波德莱尔可能想去阿朗松监督《阿瑟·戈登·皮姆历险记》的印刷。

② 拉比特（Labitte）可能是巴黎民事诉讼法院（Contentieux de Paris）的一位办事员。

致［佚名？］

［巴黎］1858 年 2 月 26 日星期五

亲爱的先生：

我前几天派人给您送去了欠您的 70 法郎中的 40 法郎。我很奇怪您的收据上却写着收讫字样。余下的部分我会在下周给您送去。

祝好。

CH. 波德莱尔

致欧皮克夫人

［巴黎］1858 年 2 月 27 日星期六［上午］

我真的美了三天；那总是因为有所得，否则难得这么高兴。无论如何我都要真诚地感谢你。但这不过是一个美丽的梦。——我没有放弃去翁弗勒尔的想法。我的渴望与日俱增。但我要带着自己的钱去，而且要在摆脱麻烦后再去。

求你，我亲爱的母亲，千万别生气。我肯定会去那边的，但何时，我不知道。为了这个目的，我什么都会做。——我今天上午收到了你那封满篇沮丧的信；这样一来，我昨天寄给你的信以及那些详细的解释都泡汤了。

我不得不为我即将陷入的麻烦赶快找到对策。这次的麻烦比以往更严重。因为正如我告诉你的那样，我下周要和好几个人见面，而我又拒绝接受其他人赞助的钱。这就足以让我急得抓狂。

但这个麻烦再可怕却还不是最坏的。你肯定已经给昂塞尔写信了，他会来找我的，并且会以其效劳烦死我，只有看到我拒绝他的钱，他才会搁置我的拒绝而向我提供服务。他会用那些讨厌的谈话恶心我。而我太需要安宁了！他会强行渗透我的内心，强行介入我的事务，强行抠出那些麻烦的底细。一想到他要来，我的痛苦就变成了愤怒。他一旦看到我决心拒绝他的一切劝告时便总以"对我有用"这种老掉牙的借口千方百计让我难受。我不能用逃离巴黎的办法躲开他，这种药比生病还要命。他会强行介入我的事务，就像他在我的官司庭审时所做的一样。他会强行与我的朋友们谈话，而这些人他根本就不认识，就因为他有爱揽事与掺和他人事务的癖好；我的朋友们总是问我这位高个儿先生是谁？你的事他怎么好像全知道？此时我总是要用眼睛瞟他，生怕他连累我或让我出丑。——我希望这些细节能让你对他的言行有所了解。

所以，求求你，如果你还没给他写信就千万别写了；如果你已经写了，那就再写一封，告诉他你的决定和咱们俩的约定作废。我要生活，我不想让昂塞尔这个害人精偷走我的时间和我的安宁！——我的安宁！

我要埋头工作。既来之则安之吧！我会随时告知你我的计划的进展情况，如果有所进展的话。

我求求你，亲爱的母亲，我宁愿下地狱也不愿此人干涉我的事务，你不要因此而记恨我。借高利贷都比找他强；可就是有点儿晚了。

我指望你能告诉昂塞尔别再瞎掺和了。既然我能拒绝他的钱，我就有权拒绝他的服务。

我从没和他发生过什么重大争执，也没骂过他。但这种情形或许会发生；一旦发生了，我就只能为此羞愧和悲哀，但造成的伤害却已然成为既成事实。

所以，请你想想看，我去翁弗勒尔最大的乐趣之一，就是能躲开他。

温柔地拥抱你。

夏尔

还有一点你也没想过，假设我接受他的干预，就不得不耗费可怕的时间，而且和他打交道不跑上五十趟啥都办不成。

你看，你想让我高兴，却惹了多大的麻烦。我又读了一遍你的信，我明白伤害已然造成了，因为昂塞尔肯定和我同时收到了你的信。为了避开他的骚扰，我会写信告诉他说我就留在巴黎，而且我完全不需要钱。用这个办法也许能让我得到安宁。

现在，我要再次向你保证，我会尽可能快地去和你会合。

夏·波

出于两个理由，我又第三次重读了我的信。我知道你读这封信时会感到苦恼；我恳请你不要生我的气。我知道我在做什么，我知道我的考虑是对的。我知道我宁愿遭受最痛苦的折磨也胜过和昂塞尔见面。

我向你发誓，为了能去翁弗勒尔，为了能躲开他，我会竭尽全力。——我给你写的信是非常真诚、非常纯洁的。可这些节外生枝令我不快。这事就先说到这儿吧，请你相信，痛苦和动摇改变不了我良好的初衷。

致欧皮克夫人

［巴黎］1858 年 2 月 27 日星期六［将近中午］

我是听了丹纳瓦尔先生（M. Denneval）反映的事情后写这封信的，他是我住的这个府邸的房东。

昂塞尔先生前天跑来对我进行了一次秘密侦查，他说您不会给我钱，说如果您说了要给我钱您就是在撒谎，就像您不断地对他撒谎一样，还说他曾给过您 500 法郎让您转交给我作为部分预付款（我一年半以来从未收到过昂塞尔的 500 法郎）。

波德莱尔先生有没有接待过女人呀？——还有一连串无耻的问题（他回来得晚么？……等等……）。

所以说昂塞尔先生是个卑鄙的混蛋，我早上给你写信时还说过不要让他掺和，就是怕有这种危险，果不其然，他又重操旧业了。

此外他还声称他不会付一文钱，说根据他的经验我一个子儿也不会还。

昂塞尔是个大混蛋，我要当着他妻子和他孩子的面抽他耳光，我要在四点钟（现在两点半）去抽他耳光。找不到他的话我会等着。我发誓这事该有个了断了，而且是个可怕的了断。

夏尔

致欧皮克夫人

［巴黎，1858 年 2 月 27 日星期六］下午四点

旅馆房东因为告知我这些事而后怕，他刚到我房间来恳求我别动手

（显然担心损害他的债权。他不知道我拒绝了原本给我的钱）。

昂塞尔还说——看来是他听房东回答说：可是波德莱尔先生经常给我付钱呀，而且是大数目。——别逗了！这怎么可能？波德莱尔先生从来没付过钱，他根本没钱！

不过，我今天不去讷伊了。

我打算瞅准机会再报复。

你委托过他去诽谤和侮辱你的儿子么？——夏尔·波德莱尔先生，简而言之，他的名字纯洁无瑕。

我要他赔礼道歉。

我要他真诚地道歉。

我要严厉地谴责他。

除了 500 法郎那件事 ①，他还扯了一大堆谎。

你在我既不知情也不告知我的情况下把我托付给了一个什么样的怪人呀？

让你难过我很伤心，但我要报复。

夏尔

假如昂塞尔不向我当众赔礼道歉，我要去揍他，我要揍他的儿子，人们将会看到一个法定监护人跑到法庭控告夏尔·波德莱尔先生揍了他并打伤了他。

致欧皮克夫人

[巴黎][18] 58 年 2 月 27 日星期六下午五点

明天上午又要让你破费支付邮资了。我没钱了。

亲爱的妈妈，您真该理解我的处境。我什么时候才能无忧酣睡呀！

直说了吧，不会是你让那个蠢货来当密探的吧（我刚知道是前天的事）？不会是你想了解我的生活习性，想知道我会不会在外过夜，会不会在安顿下来后在一群下人中间甘居下流，甘冒让自己变得可笑的风险吧？

---

① 波德莱尔反复提到这件事。其实这笔 500 法郎的款项早在 1857 年 2 月 19 日就由欧皮克夫人给了波德莱尔。

不会是你想知道我会不会自毁名节吧（我，我今年三十七岁了，我有自己的名望，要不是某种误解耽搁了我实现自己的目标，我早已非常幸福了）？否则他怎么会说我一个子儿也不会还、他也不会给我一文钱呢（你显然已告诉他让他给我钱）？等等……等等……

　　给你造成痛苦我深感内疚。我有工作要做，但现在我必须找几个证人，因为我要跟昂塞尔好好干一仗，要么就是跟他儿子。那小鬼已经足够高了，可以跟我干一仗了。——我要求明确无误的道歉，我要求他真心表示遗憾；我希望这一切能在我选中的两三个证人面前进行。——如果他做不到，我就要动粗了。——我需要什么样的证人？谨慎的和忠诚的！他们必须是我能向他们敞开心胸的人，我要告诉他们，我，我在我母亲非本意的默许下，受到了我法定监护人的侮辱，他跑到我的旅馆前厅，干了一件龌龊的勾当。我又想到，我那些最好的朋友大部分都已成婚，家有妻儿，不大可能接受这件困难重重的任务！但我决心已下，一定要像每十年才会从我内心喷发出致命的怒火一样把这件事推向极端。这事该有个了结了。我不过是要求给我帮个忙，而且已经获准了，可我非但没得到帮助，反遭到莫大羞辱，不仅不帮我反而加害于我，而且是变本加厉的伤害，我能接受这样的结果么？

　　他不仅语言粗鄙，还掺杂谎言。很久以来（你，你是知道的）我都是靠工作所得支付自己的花费的；给过我500法郎有什么值得吹牛的？我用过什么借口从昂塞尔那里拿过500法郎？而且这可能么？去年我拿到过11000法郎，其中只有3000法郎是从昂塞尔那儿拿的，其余都是我的工作所得或是向朋友借的。

　　这太下作了。我要他道歉。那本该让我最终获得安宁的3000法郎我根本不在乎。我要他道歉。我眼里充满了愤怒的泪水，我能感到身体里胆汁翻腾几近呕吐。这事该有个了结了。你不觉得自己受到侮辱了么？还有，是你下令让这个下流胚如此行事的么？他是从什么地方生出来的，怎么会生出这种人来？我难道终生都注定要受他的侮辱么？如果你不能从他那里得到足够的道歉，就让我按自己的方式在三个证人面前报复他吧，其中应该有雅科托先生，因为此事他全程参与了。我觉得他是个明智的人，举止得体，追求快乐。至少我觉得他很有礼貌，在他问我各种问题时已充分地证明了这一点。

　　可怜的、亲爱的妈妈，我知道你的脾气，你会难过。但坦率地说，这真是我的错么？我一无所取，我什么都不要；还能要我咋样？我，我要他道歉，我要争到这个道歉。

夏尔

致欧皮克夫人

［巴黎］1858 年 2 月 27 日星期六

　　我一定要让你知道你把我托付给了什么人；今天上午的这件事肯定事态严重。还有另一件事：

　　几个月前我打算从某人手里得到某样东西，便请他给那个人写一封推荐函。他寄给我一封密封了的推荐函。我素来知道他有些不地道，就用热气揭开了封皮，读了那封信（满腔厌恶！），才知道他居然对那个人说不要去做任何我拜托他的事。——我又熟练地重封了封皮退给他，并对他说，我给朋友写推荐函时从来没有封口的习惯，那才是惯例，并对向他说教表示道歉。——我刚刚又想起了这个讨厌的故事。

　　他必须向我道歉；他不道歉我的愤怒就永无止息。

　　拥抱你。

夏尔

　　我要马上把这个令人作呕的故事说给雅科托先生听，因为他也参与了此事。我要让这个蠢货丢人现眼，我要让所有人都知道我沦为这个蠢货的牺牲品已经多久了。

致欧皮克夫人

［巴黎］1858 年 2 月 27 日星期六

　　再写一封信；但只为我今天上午以来的名誉施辩。

我担心你不懂这件事以及我后面几封信的重要性。

我昨晚写的信和你今晚（星期六）将要收到的信，都是对我星期二晚上收到的信的答复；在那封信里（我的信），我已经下意识地有了预感，我担心他会对我造成伤害，所以才拒绝那个卑鄙的人掺和进来。

在今天上午我的第一封信中，也就是明天（星期天）上午你将收到的信中（那封信是对我今天上午收到的你的来信的答复），我已明确拒绝了一切，因为我已预见到这个蠢货会招惹麻烦。

两个小时后我就明白这个麻烦已然造成了，所以开始愤怒，这种愤怒超越了所有预想。

后来的信则没有其他目的，只是想让你了解这种无耻。

我已经就我打算做的事咨询了两个人。在人家家里打一个老人，这不太好。——但我必须获得赔礼道歉；——假如他不赔礼道歉该怎么办；——至少，我应该当着他妻子和他全家的面告诉他我是怎样看待他这种行径的。

可如果再遭侮辱怎么办？

天啊！你把我推进了何等尴尬的境地！——我必须稍事休息了，我现在只想休息。我都做了些什么，会让人家就这样剥夺了本该属于我的权利？

我要再次对你说，这些信显然会令你痛苦，我为此感到痛心；但说真的，我对这个混蛋做过什么，对你又做过什么，为什么这些屈辱要落到我的头上？

这个人不诚实、不正派，也没有荣誉感，他在吞噬我的生命，而你居然选择这样一个人作你的心腹；你出于母亲的担心，出于想帮助我的愿望让他承担了一项本该谨慎从事的事务，而我又是那么信任你。

拥抱你。

夏尔

干了那么多蠢事之后他居然想要房东把这次谈话对我保密。上帝啊！他真有这么蠢吗？

致欧皮克夫人

［巴黎］1858 年 2 月 28 日星期日

亲爱的妈妈，这是我就这个可悲的事件写给你的最后一封信。因为我不能再让自己的愤怒惹你烦。

首先，在整个这件事中你显然是无辜的。我怎么会怀疑你想干这样可怕的事呢？你搞错了；——你被骗了。——既然你对我的决心感到如此高兴，显然就不想害我。剩下的我就搞不懂了。——自打我昨天上午写了第一封信也就是我那封拒绝信以后，我拒绝了一切，尽管明天开始的一周会很可怕，但我仍充满勇气和耐心地做出了这个决定，可我突然得知，那个无赖还要按照他固守的恶习行事。

如果他坚持要来拜访并对我说：我给您准备了钱，但不包括您必须由自己偿还的债务，其余的我本人都愿意给您；这一点我们要达成共识；——这虽然令人不快，但还算正直。——除此之外他还能做什么！但是，不，我现在仍然满怀厌恶，仍然怒火满腔，我不愿意再这样下去了。

我怎么能去和这样一个身份与地位远低于自己的下等人妥协并自掉身价呢！——还有那些让人恶心的对话！还有那句一文钱也不付的威胁！还有那个什么都对我保密的请求！

现在只有一样事要做：收到我的信后你肯定就已经这样做了。——别再给他写什么了，除了一句话，告诉他我再也不需要他的钱了。他的钱！而我，我在信中忽略了与你探讨这一共同关心的问题，自以为一切都板上钉钉儿、顺理成章！犯下这个错误的原因就在于错把那个唯利是图的小人当朋友，——和瓦莱尔①那个故事如出一辙。

现在，我就要委屈自己重蹈新的苦难了，而这个苦难因为发生的一切和希望的丧失更加严峻。我不知道能不能筹集到必要的钱，——而且，何时？

歇歇以后（相比较而言），我就会马上和他彻底了结这场争执，这是非常严肃的事，我向你发誓一定要了结。

---

① 瓦莱尔（Valère）是欧皮克夫妇的仆人和管家，曾偷窃欧皮克夫人的珠宝首饰。

天啊！他还跑到谢克斯·戴斯唐热先生的事务所去散布那些可恶的流言蜚语，——其实就是想结识人家；——完全是下人的那种无耻。

可怜我昨天还梦想着充实的工作和修改清样！还想着在动身前把我不甚放心的那部第三卷向莱维先生交稿！这一天过得可真是够爽的！就像我想象前往翁弗勒尔的旅行那么爽，可没想到代价竟如此沉重。——这一切还有个完么？

啊！亲爱的妈妈，我不是责备你；这些年来我给你做过那么多解释，可你执意信赖这个人却从不相信我。你现在能明白愚蠢的头脑和由此而来的愚蠢的心灵给我们带来的风险了吧？

还有那些针对我的无礼指控！——我撒过谎么？我有必要撒谎么？要说我有点儿玩世不恭还差不多！谁会选这种飞短流长的人当自己的心腹？

昨天以我晚上发烧和神经痛而告结束。终于，今天早上，我痛痛快快地大吐了一场，现在轻松多了。天气不那么冷，所以我到外面呼吸了点儿新鲜空气。

能够工作的人该是多么幸福呵！我是何等艳羡地凝望他们呵！

再见。给我写信。

夏尔

致欧皮克夫人

[这封信写于 1858 年 3 月 2 日；请参见下一封信。]

致欧皮克夫人

[巴黎] 1858 年 3 月 3 日

我刚刚重读了你最后两封信（28 日和 1 日的），尽管昨天已安排和决定了一切，但我仍觉得——我对麻烦早就习以为常了——会出现新的障碍。重读这两封信后我就明白了，你还指望着昂塞尔而且还给他写了信，所以他还会写信来烦我，或跑来烦我。他要来，这不可能，因为我不会让他进门，雅科托先生来看我时我还以为是昂塞尔，就没让他上楼。——我去雅科托先生家时，为慎重起见先派了人去打听昂塞尔在不在。因为我害怕这次会面是个陷阱，害怕我只能接受和解。我已经平静下来了，但我不相信任何人，我希望在我和他之间除了冷淡再没有其他关系。动身之前我会通知他把对账单寄给你，也就是说，把到目前为止我和他之间的账目往来都寄给你。你在哪封信里告诉过我说他忙不过来；我说我知道；总之不会很多。他可以从五月份起每个月寄给你 200 法郎或每个季度 600 法郎，由你交给我。

雅科托先生一开始激烈地责备我不该如此过激，随后问我要抱怨什么。我首先谈了那个该死的讷伊太远，谈了昂塞尔忙于各项琐屑事务却从来不能正确和及时地做他应做之事，谈了他恶劣的思维习惯，谈了他的轻率、他的粗心大意，最后又谈了他所有那些不仅伤害了我还激怒了我的小伎俩。不过我谈得非常冷静，没有过火。我又补充说，他将我排除在所有商议之外的该死习惯依旧是个障碍，至少应该让我用自己的账单核对一下，再说对我来讲那也不是难事，因为十四个月以来我逐日准确地记录下了每天的花销，同时记录了所有进项。

雅科托先生问我，如果他取代昂塞尔，我是否愿意接受他的监护。我告诉他我非常乐意接受，没有什么比向您做出这一保证更自然不过的了，只可惜我确信昂塞尔不能以有效和正派的方式从事这项工作，否则我本来也是能接受其监护的。

这次谈话达成了一些共识，我昨天告诉你了。

那些债主被我笃定的神态和写给他们的信所诱惑，所以我现在不得不找出上千种权宜之计，好让他们再等数日或数个小时。

我昨天写信告诉过你，我已准备了 900 法郎。

我绝对需要 3000 法郎或更多。我的债务清单早就准备好了；昨天又和雅科托先生分析了一次。

这件事情上昂塞尔光干蠢事。他如果出价 600 法郎，那些债主早就接受了。我和旅馆老板事先已达成一致；他将立即收到 800 法郎，这笔款项将寄存在马林律师处。假如我动身前动用了那笔 900 法郎的话，他还会收到一笔钱，而其余的则尽可能晚些时候清偿。昂塞尔这种庸俗的谨慎实在要不得。

如果没有新的麻烦，如果从星期五就开始清偿，那我15日就应该在翁弗勒尔了（只要精神上安宁一些，所有的拜访、对账、购物、制衣，所有这些事十天内都能完成，而且也不会影响我每天的工作，因为我绝没想到会有这些难关和混乱）。

如今一个刻不容缓的问题是：钱在哪儿？如果在昂塞尔那儿就必须拒绝，我会留在巴黎，直到有新的安排，他一分钱也不许动，而且你永远也不要同意向他要钱，让他把钱放到雅科托那儿去（除非他同意预付3000法郎，而且我一旦到了翁弗勒尔你就让人还给他）。

这一切都太微妙了；这完全是为了让你高兴，也是为了我去翁弗勒尔的渴望才让我冷静地等待至今。我的怨恨并没有完全平复，它驱使着我总要干出点儿事来，哪怕冒牺牲一切的风险，并把彻底断绝与他的关系视为我能接受的顶级乐事。

但你是不会如此考虑的；我不知道为什么，但我会接受这个结果，也就是说，这次分手不是我造成的。

你还说我指责你。这太离谱了。你帮了我那么大的忙，为我提供了庇护，我感激你还来不及，怎么会指责你？

我只是为我受到的伤害难过，为你向我隐瞒的某些事情难过，为你有些事情未告知我就贸然行事难过。

我再说一遍：债务清单已做出来了；用那3000法郎会让我尴尬；我更乐意用那900法郎；没有雅科托先生的同意或与他协商什么都不能支付；对大部分支付，我的介入也只是发表一下个人的意见；而且在某些情况下，我只有在听取了他的意见后才会支付。

这是给你的收据。

现在就指望上帝的恩典吧！——如此简单之事竟如此累人！我很烦，我只想工作。

全身心地拥抱你。

夏尔

致欧皮克夫人

[巴黎]1858 年 3 月 4 日星期四

　　我终于不用像个被驱逐的小偷似的离开了，也不必把我事业上的烦恼一股脑抛给那个疯子——在第戎时我有一次委托他为我付一笔账，而他居然闹剧般地被人坑了一把 ①。但凡我心情不好之时，这些引人发笑的轶事就会雨点儿般纷扬飘落。

　　我中午去雅科托先生家。

　　我认为有几件事必须打消你的顾虑。

　　首先是那些老债主。——如果法律像你想象的那样，就没人愿意接待亲戚朋友了 ②：即便你家里有我个人的财产，无论是家具还是绘画，都不得扣押。

　　如果我在巴黎的某栋未以我自己名字租用的住宅里有动产，在此情况下，债权人负有证明这是假定还是谎言的举证责任。你怎么不猜猜我是怎么知道这些的？那都是我可怕的生活教给我的。

　　雅科托先生让我变更了自己的计划；他说您只能指望那 3000 法郎并以此作为本钱，要等您个人的 900 法郎再动身就太麻烦了。——所以我们会格外谨慎地行事。

　　两三天以后，我会把您的灯具托运回去。我把它放在装裱工家里了，我欠他 50 法郎，我还要取回我父亲的肖像，这幅可怜的肖像也和我一样习惯了搬来搬去，还有两幅热鲁兹 ③ 的肖像画，是赝品。其中一幅肖像，就是你觉得难看的那幅是佳作，我不明白欧皮克先生怎么能容忍他家里的藏品会处于这样一种糟糕的状态。

　　我会拆下水粉画的画框以方便运输，那些难看的画框我打算卖掉。

　　然后就要操心那些书了。我在四个地方有书：我家里、两个书籍精装工家里和一个书商家里。我可能要把它们放进一个箱子（全都是书）。

　　那位可怜的雅科托先生还要为他的忠诚做出牺牲。他还得去做些采购

①　参见波德莱尔 1850 年 1 月 10 日致昂塞尔的信。

②　历史上，在有关债权人起诉债务人的法律方面，曾有过限制人身自由的条款。

③　热鲁兹（Jean-Baptiste Greuze，1725—1805），法国肖像画家。

的事。或者他自己去，或者和我一起去。但最重要的工作即核对账目的工作落在了我的头上。

还有一个箱子装满了各种杂物，很难包装。

你还认识其他办事认真且手脚麻利的人吗？

我还得去修我那只表。它彻底不走了。你必须知道我怕丢掉你送给我的任何东西。

尽管有你那些信在，奇怪的是我还是丝毫也放心不下；总觉得还会有一场大难。——昂塞尔很奇怪这么长时间没看见我，于是写给我一封满是尴尬和不情愿的信。我觉得是他的妻子朱丽叶——虽然也蠢得像一只鹅——让他明白了自己的行为不那么地道。我是这么认为的，因为我知道他对他妻子无话不说。——我害怕会跟他起冲突，就没回信。

我现在不写了，我只是想让您知道我正在干什么。那些代表已偿付了债务的凭证正在雅科托先生的家里越堆越高。

使劲拥抱你。

夏尔

我还有几件事要补充，然后还要再拥抱你。这一持续了整整十天的无序——在此期间我只写了几封信——仅源于如下错误的推理：

　　我的儿子不会把对他母亲的承诺看得那么认真，而且他什么也不会偿还，而与昂塞尔的一项安排将会让他认真对待。

这句话应该这样说：

　　我的儿子终将玩弄昂塞尔于股掌之上，且想方设法不还钱，但对他日渐困顿的母亲始终信守承诺。

我觉得这样说可能更清楚。

再有，昂塞尔那个疯子也在坚持，他总以为没有他一切都会乱套。

我有一次曾用大写给你写过一封信。我平日的字体一定让你看起来很吃力。

给他的信一定要用蜡封，至少要像我做的那样用面糊封口。我给你解释过，谁都可以用水拆开一封没有封印的信，然后再巧妙复原。

我在这儿和其他地方都收到过这类开过封的信。什么事都得考虑周全。

致欧皮克夫人

［巴黎］［1858 年］3 月 5 日星期五［上午］

我亲爱的母亲，这件事真的和我无关，完全无关。这两位先生 ① 有可能会晤，极有可能，但和我无关，我的房门早对昂塞尔关闭了，我拒绝他来拜访，我终于可以躲开他了，也不必直言我对他那种行径的看法了。——我中午要去拜访雅科托先生，他昨天整天不在家，估计是去那边 ② 要钱去了。

我们对待昂塞尔已经很谨慎了，尽量不给他写信，你给他的信都通过雅科托转，显然雅科托先生在择机告知他条款变更之事；他跟你一样不打算谈旅馆房东那件事和其他蠢事；为照顾昂塞尔的自尊心，他只会告诉他部分事实，即他因离巴黎很远且事务缠身，完成这项困难的工作会力不从心，而这显然会伤害到我。——简而言之，这也就够了。

我实在不明白你在旅馆房东那件事上到底想说什么。

我告诉过你昂塞尔跑去旅馆以前我就已经和房东谈妥了，与昂塞尔提供的那个文本没什么差别。

我告诉过你我已经核对过那两份对账单，因为在过去的十四个月里我每天都记录下当天的花销。

我告诉过你我已经付讫 2000 法郎房租，这 2000 法郎是我付的，是我的钱，我挣的钱，是我从《环球导报》和其他地方的劳动所得，反正不是昂塞尔给的。

他从来没有、从来没有给我预付过钱；你很清楚，我不会让他掺和我的事。

顺便说一下，此人对我们俩达成的共识没有实现而且也没收到最低承诺感到奇怪。

还有很多人觉得奇怪。我每天都说我明天去，明天去，明天去，或者说另有人会拜访您，给您送钱去。

---

① 指雅科托和昂塞尔。

② 指讷伊。昂塞尔住在讷伊。

目前我处境中最可怕的是，自打十一天前承蒙你同意由我支配这笔钱以来，十一天里我绝对是一无所成，只是在全神贯注地试图理解这整个奥秘，只写了几封信；这个乱七八糟的事情让我陷入了某种尴尬的境地，这种窘境迫使我再也无法如我之前拒绝这3000法郎。

还有那些讨厌的清样！还有那些对我大喊大叫的印刷所老板！还有米歇尔·莱维写给我的那些咄咄逼人的信！

我已经雇用了马林先生，因为他是一个诚实而有礼貌的人，昂塞尔就不是这样。马林先生很早就知道我对昂塞尔的看法。

还有什么可以说的？我的脑子坏了。我还得继续宽容地避开昂塞尔，甚至在动身以前我绝不想见到他。

拥抱你，如果你为这些事感到痛苦，就请你想想我正在经历些什么。

夏尔

昂塞尔怎么可能十一天都弄不到钱？确有这种可能，如我揣测的那样，他根本就不想掏钱。

我们之间已经商量好了，从昂塞尔开始寄钱给我们的那一刻起，你会每月给我50法郎供我支配，我也可能不常用这笔钱。

我的意思是说，需要支付利息时（因为我不知道你要用什么办法筹措这笔钱），就按你的想法办。

***

又及：

不过，我可不想让人家觉得我是个疯子或骗子。

我在这座府邸 ① 已经住了二十个月了。

我欠房东4000法郎。

已经付了2000，每次付一大笔，或500，或600，从来没用过昂塞尔的钱。

我有十四个月以来的每日开支记录。——我觉得昂塞尔什么都没做；另外，他来此以前我们就已经谈妥了所有条款。

---

① 指伏尔泰旅馆。

致欧皮克夫人

［巴黎］1858 年 3 月 5 日星期五［下午］

我亲爱的母亲，请你原谅，因为我要对你说的话很简短、很明确。我刚从雅科托先生家出来，这封信可视为我与他谈话的梗概。

让我快速回顾一下整桩事情：十一天以前，我母亲借给我一笔钱，足以让我去和她重逢。

昂塞尔拒绝将这笔钱交到我手里（顺便说一句，这事干得太不地道了）。

所以我拒绝了一切。

其间，昂塞尔的所作所为更坚定了我的决心。

雅科托先生介入了，自荐取代昂塞尔的角色。

现在我们要问：钱在哪儿？钱是以证券形式存在的，昂塞尔卖掉它才能拿到钱。

然而，昂塞尔这十一天来都干了什么？他去了一趟我住的旅馆。那是怎样的一次拜访啊！

我跟雅科托先生打赌说，昂塞尔什么也不会做，什么证券也不会出售，而且什么也不想做。这就足以解释他做出的决定，那就是他打算什么也不付，什么也不给我。

另一个问题是：昂塞尔是否持有出售这份证券的委托书？

如果他没有这份委托书，他应该立刻把这份证券寄给雅科托先生。

雅科托先生和你的想法一样，即闭口不谈我和昂塞尔之间的个人争执，只谈他远离巴黎，只谈他在市政厅的工作繁忙，这就足以解释为何要请一位离我家只有两步远的家族友人来取代他。你想想，那段时间里我们都吵成什么样了！就我而言，我信守了承诺，因为担心事态进一步恶化并使自己陷入暴力行为当中，我已避免与昂塞尔发生任何接触。

我刚刚丢掉了十一天。

这还不是全部。

我以承诺而暂时搁置的追债行为会即刻重启，肯定又会增加费用，用于构建翁弗勒尔和睦生活的钱以及购物费用必然减少。

我默默地忽略了仅与我个人痛苦有关的考虑；我要什么没什么，我什么都做不了，只能等待。

总之，我信守了诺言。

雅科托先生推崇个人自由，可他为了让你和我能幸福地重逢，已经牺牲掉了自己好几天时间。

根据你的愿望，昂塞尔本人已提出将此事移交他人管理。

那么，现在的麻烦在哪儿？为什么这笔钱不交给雅科托先生？

昂塞尔本应为摆脱这一责任而感谢我们所有人。

***

雅科托先生不能担负重新安排这笔定期收益的责任。因为他不是法定监护人。这样做有可能构成侵权，即构成对昂塞尔反对向我提供赞助或借款这一职权的侵犯。只能由昂塞尔重新安排这笔这笔定期收益。

***

这封信其余部分与目前的事务无关；下面数行只不过为你日后的思考提供一些素材。

雅科托先生问了我好几个尴尬的问题：

——这十四年来您靠什么过活？

——靠昂塞尔给我提供的钱生活，碰到较大麻烦时则需征得我母亲同意后才能向我支付超出的金额，但她的慷慨有时也无济于事，因为必须考虑给我这笔钱的用途；——所以这几年来我只有靠工作才能增加一些收入。

——您欠了多少钱？

——至少 30000 法郎。

——召开家庭会议时您欠多少？

——15000 或 20000 法郎。

——既然债务是两种性质，为什么召开家庭会议之前没有清偿所欠债务，而且，既然要弥补损失，为什么昂塞尔没用您剩下的财产将本图利？

——这我就不知道了；我指责昂塞尔够多的了；我不想再指责他。而且我只是指责他的性格。

——您是否想过要召集一次新的家族理事会会议，请其提供进一步的建议？

——想过。我曾经拿这个事敲打过几次昂塞尔；但我的懒散和对生意的厌恶最终占了上风。另外，就目前而言，我母亲的意见和我一致，我必须尽一切努力避免发生冲突。

＊＊＊

我说的就是这些。最后一页涉及昂塞尔 1844 年时的义务，我们俩必须保守这个秘密。

有件事你再想想吧；逝去的每一天都在增加我的痛苦和麻烦。没有你十一天前的承诺我至少还能生活，并把时间用在偿还一些零星债务上。在我只想提醒你有必要正确推理时，你却还说我怪罪你。

全身心地拥抱你。赶快让我解脱吧。

夏尔

雅科托先生和我把方方面面都考虑到了，偿还了大额债务和我的购物款后，我还得在他手里留些钱应急。

致欧皮克夫人

［巴黎］1858 年 3 月 6 日星期六

我可怜的母亲，你这个大秘密终于露馅了。——最初是说让昂塞尔借给我 3000 法郎。——然后，是你。——最后，既不是你也不是他，是我要在昂塞尔的允许下出售我自己的年金，而这就是他如此强硬且嘲笑我们所有人的原因。

你把我托付给了他，也一并托付出去了你自己的意愿。

我不给他写信。我明天上午去他家。我懂得控制自己的情绪。我坚决认为应当把钱放在雅科托先生处。——这一点我绝对想这么做，而这一次我希望你不要放弃自己的那部分责任。

我是在雅科托先生家给你写这封信的。必须放弃让雅科托先生去请求昂塞尔同意他介入这一想法。——你没考虑过你让我做的这件事多么不光彩，而且你无权强求他人也这样做。雅科托先生是在竭力帮助我们，但他没有任何义务去请求那个老疯子原谅。

我绝对坚持我说过的和我主张的一切。

钱只要能放在雅科托先生家，我就去那边拜访一次昂塞尔。

现在干吗要去拜访？有什么意义呢？

只要不造成任何不幸就行！

拥抱你。

夏尔

致欧皮克夫人

[巴黎] 1858 年 3 月 7 日星期日

我亲爱的母亲，我要告诉你我刚刚干了一件不怎么样的事：今天上午我从一个朋友、一位外省的印刷商 ① 那里收到 700 法郎——因为我和他长久以来就有确定和一致的合作——我用这笔钱从一位银行家那里赎回了一份可能导致他和我被起诉的票据，并清偿了去年 8 月那场官司的费用尾款。——我变得如此不幸，十四天没完没了的商讨以及要以自己的承诺去安抚所有讨债者这些事让我心力交瘁，而且我还临时挪用了人家托付给我的 700 法郎。这件事本身并不太严重，但如果 10 日昂塞尔还不把钱寄给雅科托先生的话就会变得非常严重了。——我会因背信而犯罪。

刚才，几乎就在同时，我收到了你 3 月 6 日的来信。——事实上，无法相互理解和相互倾听令人心碎。

首先：

我从来、从来没有指摘过昂塞尔的正直。我指责他没有能力。

---

① 指玛拉西。

　　我提供给你的那些观察 ① 说明：1844 年时为什么不把我的旧账偿清，即便这意味着要用那些有回报的投资来填这个窟窿？为什么对我在十四年里背负的那些债务不闻不问，而对这些债务的担心毁了我的心灵，有些债务还不可避免地要承担利息 ② ？

　　但是，我求你，现在不要挑明。要绝对保持缄默。

　　还有一些事难以理解。

　　这么说，除了我，谁都知道那笔说不清道不明的 500 法郎是怎么回事吗？

　　我把这个说法和他对旅馆房东所言做了比较，他对房东说给过我 500 法郎支付房租（效果不错），并叮嘱他别信我说的话，因为我总撒谎。这次谈话可真是垃圾呵！

　　我从来没有收到过昂塞尔的 500 法郎，这两年绝对没有，那段时间他给过我 1500 法郎，让我和让娜·勒梅尔小姐一起去买家具——当时我正打算住到圣殿大道去 ③ 。

　　我只能以某种方式来理解此事：可能是你把日期弄错了，你想写 1857 年或 1856 年，而不是 1858 年。但这样还是解释不了什么，除非是一笔余款，你想用这笔余款在 1857 年时彻底补足你已同意承担的预支费用。

　　我再说一遍：由我本人支付给旅馆的那 1800 法郎或 2000 法郎来自两位书商 ④ 或《环球导报》，绝不是昂塞尔的。

　　但对这样一个当着三个人的面指控我撒谎的人，我还能怎么想呢？

　　总之，太难以理解了。

　　而且我接受任何人的钱都写收条。

　　你很快就会收到那幅难看的肖像 ⑤ 了，装裱一新，我会配一个漂亮的

---

① 参见波德莱尔 1858 年 3 月 5 日致欧皮克夫人的信。

② 事实上，波德莱尔的那些债务并未发生利息，而且昂塞尔在他去世后还大大削减了那些债务的总额。

③ 圣殿大道（Boulevard du Temple）是巴黎第三区和第十一区的分界道路，得名于曾设立于此的圣殿骑士团。

④ 指玛拉西和莱维。

⑤ 指热鲁兹的肖像画。

画框作为礼物送给你。

你的悼亡经坏了就寄给我；我反正要从装裱工那里取回所有的书，该修的我都让他修一下。

我今天上午没再去昂塞尔家。总之，我表现得不错，因为你的信来得正是时候。

拥抱你。

夏尔

你就衬衣的事唠唠叨叨，那我只得再买几件了。我过日子始终是盘算好了又推倒重来。看来雅科托先生和我又得拨出一笔可观的购物款。——求求你，你就别掺和这些俗事了。

你一直没搞懂邮票的事，往外省寄信只要两张黄色的邮票或一张蓝色的邮票就足够了 ①，除非超重才需要再贴一张，所以先要在家称重才好准确计算邮资。而且邮资不足也只需支付差额。

夏·波

700 法郎那件事显然让我后背发凉。我猜想（因为面对昂塞尔前必须考虑周全）钱（我的钱）来得有点儿太迟，这种情况很讨厌。

我会小心翼翼保管好钱，约定的时间前我 5 个法郎都不会动。

致奥古斯特·普莱-玛拉西

［巴黎］1858 年 3 月 7 日星期日

一

啊！我太担心了。

但是，我亲爱的朋友，您的记忆力太糟糕了。

您跟我说这件事的时候，我就一份一份给您寄过去了，因为那三份 350 法郎的票据制作得都不太标准。只用了两份，总额 700 法郎。

---

① 黄色的邮票面值 10 生丁，蓝色的邮票面值 20 生丁。

二

您说得有道理，但我们的情况很简单。

用 500 法郎印刷那两部作品 ① 可以印 1000 册，售价 2 法郎。——不管德·布鲁瓦斯老爹怎么说，我还是要说，考虑到我惹的麻烦，这两部作品每部所需金额都不会超过 250 法郎；

那么，余下的 250 法郎

加上 350 法郎（我会给您收据）

总计 600 法郎。——我还会提供给您一些不同的作品。

三

我没滥用您慷慨的承诺，比利时那件事我什么也没做；我发现此事太严重，不能独自采取行动，至少在和您沟通前不能自行其是。这个问题不用再顾及那个小小的班斯布尔德。——您只要相信我就行了。——总之，我认为在法国这个问题上会对我造成损害。——所以说必须做出选择，而我只有在通知您以后才会做出决定。

祝好。

夏·波

致欧皮克夫人

[巴黎，1858 年 3 月 8 日]

一切都结束了，全都彻底清偿了。

我将在 14 日动身，最晚 15 日。

我被羞辱、愤怒和侮辱所淹没。然而二十年来我已然麻木了。——我今天上午终于去了讷伊。但昨晚临睡前我决定让昂塞尔为我十六年来的痛苦赎罪。

---

① 指《恶之花》和《美学珍玩》（*Curiosités esthétiques*）。但《美学珍玩》波德莱尔始终没有向玛拉西交稿。

我手持一份年金证券从讷伊去了一位证券经纪人那儿。我终生都会记得办事员那种可怕的口气，他说："您就是夏尔·波德莱尔先生么？（证券上，我的名字后面写着：昂塞尔，法定监护人）"人家告诉我说，想在明天晚上（明天9日）拿到钱，今天就必须拿到昂塞尔先生的签名。你看，我又不得不返回讷伊去绑架昂塞尔。真累！终于办成了。那个证券经纪人已提前办好了，今天已全部支付。两张收据都在昂塞尔先生手里。

出门时我陪他去了弗瓦咖啡馆①。在那儿我碰到了米歇尔·莱维和一位当过众议员的朋友。我和米歇尔聊了一笔大生意，打算出版一部伟大的新版爱伦·坡。昂塞尔太好奇，他耐不住性子要结识这个愚蠢的（却又非常富有的）犹太人，于是便上前和米歇尔搭讪。米歇尔说不认识他。此时我拿起自己的帽子溜了。我想他一定会如此这般回答莱维：*我是讷伊市的市长和波德莱尔先生的法定监护人！！*

他就是这么跑到戈蒂耶家去的；他就是这么跑到让娜家去的。他跑到那个可怜的残废女人那儿搞什么鬼？还有一次在音乐会上他看到我和一位女士在一起，就千方百计坐到我们旁边才算完。他干吗非得这样？人家问我"这位先生是谁"时我脸都红了。

啊！我太痛苦了！我要报复。我曾经以上千种方式表达对他的蔑视，但他没反应。

我实在是太不幸了。给我写信。

夏尔

致纳西斯·昂塞尔

[巴黎，1858年3月8日。参见下一封致欧皮克夫人的信。]

---

① 弗瓦咖啡馆（café de Foy），即著名的王宫咖啡馆（café du Palais-Royal），18世纪下半叶开业，1863年停业。

致欧皮克夫人

［巴黎］1858 年 3 月 9 日星期二

亲爱的母亲，我相信这下你的情绪该平复了。

我昨天写给昂塞尔的信很得体。和解是得体的。

我去他家时，他又跑到我家来了。我对那些流言蜚语实在太腻烦了，不想再费神去核实昂塞尔是不是为了申斥那个丹纳瓦尔才来的。

昂塞尔告诉我，他正式否认大部分质疑。我自然不会拿他的话去与某个商人的话比较轻重。说到底，他身上的那个毛病永远改不了，就是那种幼稚的、外省人的好奇心，以及与众人一起说长道短的习性。

那 500 法郎的错儿在你。是 1857 年，这笔钱好像用来填补了旧预支款里的一小部分窟窿。昂塞尔为了给我解释清楚就对我说：您想想吧，这事和您母亲答复您那 6500 法郎时的情况如出一辙。——不必再操心这事了，反正说好了，动身前我要核对一下 1857—1858 两年的账。

刚才我拿着年金证券去了一家证券经纪人事务所；后天昂塞尔和我将在转让办公室签署转让协议，然后昂塞尔会把明细账交给雅科托先生，由雅科托先生汇款。

我忘了告诉你，他声称他从未说过为某一特定目的给过我 500 法郎。

此外我相信他可能很乐于甩掉这些琐事。事实上，在处理我的麻烦前让我不停地奔波在去讷伊的路上或者训斥我的主意都很愚蠢。他告诉我这是他的主意。

从现在起我会非常忙；因为总算有了点儿安宁，我想在安排自己事务的同时开始工作。这将会持续几天。——如果到头来裁缝干活还是太慢，我会先把衣物寄回翁弗勒尔。但我相信所有事情都会很快得到解决。

全身心地拥抱你。

夏尔

他叮嘱我一定要对你可爱一点儿，和蔼一点儿；我觉得他有点儿多余。

致欧皮克夫人

[巴黎][18]58 年 3 月 19 日星期五

求求你，亲爱的妈妈，别再给我写那些幼稚的信了，而且你要记住，我无处不在，与所有人同在，特别是与那些帮助过我的人同在，我要成为他们那样的人。

钱的事进展顺利，除了一些争吵。

工作的事出错了。有几页清样丢了。印刷所老板一个月前就在等着这几页清样。插图也未能成功 ①。我不得不为补救这些事去雅科托先生处要了点儿钱，然后出发去科尔贝伊 ②，在印刷所干两天，直到工作全部完成。——拥抱你。

夏尔

致安托万·雅科托

[1858 年 3 月底。参见下一封致欧皮克夫人的信。]

致欧皮克夫人

科尔贝伊，1858 年 4 月 1 日

我在这儿始终没挪窝儿。我觉得还得再干三四天，我是 19 日来的，我记得。——我很烦！很烦！

我估计明天或后天能干完修改清样这件乏味的工作，然后就可以回巴黎处理其他事务和安排动身的事了。

---

① 波德莱尔曾希望出版一套插图版爱伦·坡文集，并在扉页放上爱伦·坡的肖像。

② 科尔贝伊（Corbeil），法国马恩省城镇名，承印《阿瑟·戈登·皮姆历险记》的克雷泰印刷所（imprimerie Crété）坐落于此。

无论如何，我还是很高兴来到这里；否则这个讨厌的第三卷永远也完不成。可是，天呀，我真烦呵！

尽管我对所有文字方面的事都极为认真，但对这最后一卷还是不甚满意。我总觉得还能做得更好。

我在这儿收到了从巴黎转来的两封信，其中一封我只得写信给雅科托先生求他帮我解决。

一回到巴黎我就给你写信。

天呀！这种没有家、没有朋友、没有适合内心的生活让我何等悲惨！——你想象不到这儿的客栈有多龌龊，根本没法看。和这儿比起来，我在巴黎的陋室简直就是宫殿了。

这一切都让心灵变得麻木，变得愚蠢，变得绝望。

全部属于你。全身心地拥抱你。

夏尔

致欧皮克夫人

［巴黎，约 1858 年 4 月 10 日］

你只猜对了一点：关于埃蒙先生那件事你吓到我了。——我想知道里面到底有什么问题。有一天你就这个问题给我写过一封短信，而第二天上午八点雅科托先生就来了，他对我说，比较得体的办法是我在埃蒙先生家放上两张名片。

这下子，我就猜到了这个小阴谋，所以我平静地对雅科托先生说：请您拿上两张我的名片，等您去埃蒙先生家散步时就把这两张名片放在他家。

说真的，我不明白这一切能说明什么。大家是不是都以为面对这么一个近乎讨厌但又是你朋友的人我会失态？我真像个疯子么？

时间有点儿紧，已经五点半了。——两三天后我再给你写信。

过去几年里我寄给你的那些文章、小册子和杂志等等……你是不是一直保存着？还是已经毁了？如果丢了倒也没什么大不了的。但最好没丢。说不定什么时候我就急需查一篇旧文章。

全身心地拥抱你。

夏尔

致奥古斯特·普莱-玛拉西

［巴黎］1858 年 4 月 13 日星期二

我亲爱的朋友，我一周前就回到巴黎了，准备开始重新修改《鸦片吸食者》，马上。

我希望您能在今晚（星期三）邮车出发前回复我，告诉我您哪天来巴黎，我好在您抵达之前完成书稿。我们会即刻办妥那份讨厌的委托书[①]，好让我能动身去翁弗勒尔，同时您有兴趣的话也可以读一读这部杰作。

我是在科尔贝伊收到您的信的。我在巴黎一张版画都没找到；这就像是一件落在车站里的包裹。至于手稿[②]，我早就建议您整理好我那些票据，然后我就可以一门心思帮您淘换您想要的任何东西了。

您的罚款数额降低了么？拉柏蒂没给您帮帮忙么[③]？

祝好，并请向令堂大人转达我的敬意。问德·布鲁瓦斯好。

CH. 波德莱尔

《阿瑟·戈登·皮姆历险记》已经开始装订了，如果您对不是由您出版的书也有兴趣，就请读读这本书。

我昨天到内政部谈那 270 本书的事去了[④]。结果不太好。再谈吧。

[①] 波德莱尔为了还债而向玛拉西借钱，承诺以出版《鸦片吸食者》所得偿还玛拉西，并签署了这份委托书，授权玛拉西享有这部作品的收益。

[②] 波德莱尔的爱好是收集版画，玛拉西则喜欢收集手稿。

[③] 拉柏蒂（Louis-Nicolas Rapetti，1812—1885），法国法学家，玛拉西的朋友，曾任《拿破仑一世书信集》（*Correspondance de Napoléon Ier*）编辑委员会秘书。

[④] 指被查扣的《恶之花》样书。

欠　据（致库奇内）

巴黎，1858 年 4 月 26 日

明年 8 月 15 日我将以与收到的货物等值的价值或给付指定人的方式偿还库奇内先生伍佰法郎。

夏尔·波德莱尔

1858 年 4 月 26 日

于伏尔泰滨河道 19 号

应付：500 法郎。

致萨巴蒂埃夫人

［巴黎］1858 年 5 月 2 日星期日

喏，亲爱的朋友，这就是我跟您提过的那本小书，肯定您会喜欢 ①。

您可真坏，居然不留给我片刻时间容我对星期日和昨天在您身边领受的快乐感谢您！

您那位与众不同的奈莉女士 ② 离开我时做出了一桩外国女人才会做的幼稚事。我还没来得及告诉车夫我的地址，她就把钱付了，她见我有些恼火，就说：太晚了，付完了！——然后又以那种与众不同的速度飞身冲上旅馆宽大的楼梯，只见她和她的裙子飘飞。

我的一切都属于您；——我要像一个老伙伴那样拥抱您，我永远喜欢当这样的老伙伴。（伙伴一词有些虚幻；它太俗了，而且不够温柔。）

夏·波

---

① 　这本"小书"指莱维出版社 1857 年新版《怪异故事集》。

② 　奈莉（Neri），本名爱丽莎·奈莉（Elisa Neri），萨巴蒂埃夫人的女友，据说是一位奥地利中尉（葡萄牙国王派驻维也纳代办的儿子）的女儿。她的生活经历很复杂，当过女演员、交际花，甚至可能还当过间谍。这位女骑士一样的人物激发了波德莱尔的灵感，写出了那首著名的十四行诗《西西娜》（*Sisina*），他甚至还想以她为主题创作一部短篇小说《有理性的疯子和追求冒险的美女》（*Le Fou raisonnable et la Belle Aventurière*）。

致于勒·巴尔贝·多尔维利

[这封信写于 1858 年 5 月 12 或 13 日。巴尔贝将于 1858 年 5 月 15 日在《觉醒》(*Le Réveil*) 上发表一篇评论或毋宁说抨击爱伦·坡的文章《波希米亚之王》(*Le Roi des bohèmes*)，波德莱尔写此信以示抗议。5 月 14 日巴尔贝回信为自己辩解，声称该文与他在 1856 年 6 月 10 日在《国家报》上发表的评论爱伦·坡的文章基调一致。]

致欧皮克夫人

[巴黎] 1858 年 5 月 13 日星期四

我从没见过编故事能编得这么有鼻子有眼的。而鼓吹与你重逢符合我的利益的点子又是何等妙不可言！这我太明白了；但我之所为，是为一种更高尚的情感引领使然。

所以，我从未改变过主意。所以，请你不要在信末落款：你可怜的母亲，也不要责备我因为非常担心你而频频给你写信，还有就是，我如果不关心你也就不给你写信了。亲爱的母亲，所有这些事都同样不公平。

我始终很担心你，而且从未改变过主意。

我错就错在没有随时告诉你我做的事，更错在从科尔贝伊返回时没有直接去翁弗勒尔。真的，为了作品出版的事 ① 我不得不返回巴黎待三四天；但我好像已经开始了我由衷向往的那种平静的生活。

我用两句话来解释我推迟动身的原因：

这部作品已经上架了，我肯定还得滞留几天。——除此之外，我还要在巴黎写完《鸦片吸食者》，更重要的是要在动身前从《环球导报》拿到 1000 法郎（但《环球导报》的人还在磨蹭，因为这部作品的怪异让他们害怕），或者从另外一家小杂志拿到 600 或 500 法郎；我想用这笔钱清偿一些零星债务，我跟你说过，我必须这么做。——更麻烦的是我需要梅里

---

① 指《阿瑟·戈登·皮姆历险记》。

美先生帮忙的那件事（还有另一件更重大的事①），可梅里美先生一直不在巴黎，前天刚从英国回来。

我绝对没有改变过主意。你在那边又胡思乱想些什么？——至于那件更重大的事项，请允许我再保密几天；我不喜欢你在众多事情上给我出主意；我喜欢我行我素；如果失败了，也不过给你讲讲我的失败而已。

所以，一旦《鸦片吸食者》有了安排，我就写信告诉你，并确定最终动身的时间。

为了向你证明我一直惦记你，两天前我给你寄了几本目前正在热议的英国作品，至少我认识的人都在谈论这几本书。

这么说，你注意到我在《当代评论》受到攻击了②？我亲爱的母亲，那些人都是头脑简单的白痴、笨蛋、无脑；他们根本无法揣测我脑袋里思考的这个充满项目和计划的世界。

顺便说一句，《当代评论》现在对我就是个祸害。他们老跑到我家里跟我要稿子③，还预支给我 300 法郎稿费。我要是要求他们预支 1000 法郎就好了；那样他们就不会来打扰我了。

三四年来我见惯了这些辱骂。——我有时寄这些东西给你是想让你开心；但你的感觉不会和我一样。——说实话，我得承认，那些攻击我的人绝对想不到我的大脑有多么牢固、多么强健。简而言之，我几乎没自诩过我能做些什么。让人心痛的怠惰呵！令人厌恶的遐想呵！当我想到实现自己的理想时那种磨蹭，它和我坚定的内心形成了何等鲜明的反差呵！——所以我必须去翁弗勒尔定居。

这位古斯塔夫·福楼拜——就是你跟我要他作品的人——是我的好朋友，他初试牛刀就一战成名。虽然我们之间没有什么联系，但都曾在报刊上遭到过攻击。——他当然认识你，他常和我谈起他在君士坦丁堡受到的

---

① 此处所谈，可能是波德莱尔想去一家大剧院当经理或是希望得到荣誉勋位的事，这两件事都需要梅里美帮忙。关于这两件事，可参见他 1858 年 6 月 9 日和 8 月 22 日致欧皮克夫人的信。

② 指 1858 年 1 月 5 日韦斯（Jean-Jacques Weiss, 1827—1891, 法国作家、编辑、政治家）在《当代评论》撰文攻击《恶之花》一事。

③ 指《当代评论》向波德莱尔约稿（《论印度大麻》）一事。

热情款待 ①。

致奥古斯特·普莱-玛拉西

[巴黎] 1858 年 5 月 14 日星期五

我亲爱的朋友，出版《鸦片吸食者》一事仍在拖延，可能还要再拖延一段时间；您知道我对《环球导报》以及该报在是否刊登《鸦片吸食者》一事上的优柔寡断有什么看法。

我正急不可耐地等梅里美回来，他对此事成败至为关键。他昨天终于回来了。假如我使出浑身解数而《环球导报》依旧模棱两可，那就只剩下《法兰西评论》了，可惜的是若在《法兰西评论》发表就拿不到 1000 法郎了，最多能拿到 600。

这样一来就没法把委托书寄给您了，只能烦请您在我签名的地方签上您的名字。

贴现这张票据时我已经住在我母亲那里了，我计划 6 月 10 日动身。您明白我绝不会允许拒绝贴现的丑闻出现。所以您一定要静悄悄地做。

地址写"翁弗勒尔"就行了。我母亲的房子不在城里的某条街上，而在一个偏僻的地方。您如果乐意，也可以在地址的最后一行加上"欧皮克夫人家"字样，但有这个必要么？

我知道催账的事让您反感；而这是我们自己造成的。我当时用这个办法首先是因为急需支付一笔款项，其次是因为唐雷先生用一张您的票据克扣了我 100 或 200 法郎以弥补艾蒂安·梅利耶那桩蠢事造成的亏空 ②。

所以说，我亲爱的朋友，我毫不遮掩地向您坦白，我指望您的友谊。

除了最近一直病恹恹以外，没什么要说的了；总是消化不良、忧郁、腹泻。

两年来我始终鼓不起勇气整理那些凌乱的文稿，也没找您想要的那些

---

① 1850 年 11 月，福楼拜和杜刚一起去东方旅行，欧皮克夫妇曾在君士坦丁堡邀请他们共进晚餐。

② 关于此事，可参见波德莱尔 1857 年 12 月 30 日致玛拉西的信。

手稿。不过我大概知道能送给您哪些手稿：有德拉克洛瓦的、圣伯夫的、居斯蒂纳的（关于《恶之花》的书评），还有一封乔治·桑的，我在上面写满了恶评。但还是应该找出来。

我寄给了您一本《阿瑟·戈登·皮姆历险记》，但不是我去邮局寄的。您收到了么？

那么，就烦请您通报一下您最近所做的事情以及检察院对查封的那270本样书都做了什么吧。

明天一整天时间足够您办理贴现和给我写信了，对不对？另外，在不甚打扰时请考虑一下我的迫切需求。

拉马德兰 ① 让我提醒您送给他一本《帕延家族》②。

祝好。

CH. 波德莱尔

致奥古斯特·普莱-玛拉西

［巴黎］1858 年 5 月 16 日星期日

可是，亲爱的朋友，您怎么不想想寄给我一份数额相同的票据呢？委托书到了以后也请赶快寄来。赶快寄给我。我得遵守唐雷的规矩。

然后，我还要向您重复我的问题：您能告诉我您与阿朗松检察院谈出什么结果了么？

至于合同 ③，书一旦出版就该考虑了。

祝好。

CH. 波德莱尔

---

① 拉马德兰（La Madelène）是兄弟俩，哥哥于勒·德·拉马德兰（Jules de La Madelène，1820—1859）是法国作家，弟弟亨利·德·拉马德兰（Henri de La Madelène，1825—1887）是波德莱尔的朋友，后创办《新巴黎评论》（La Nouvelle Revue de Paris）。此处不知指哪一个。

② 指刚由玛拉西出版的巴布的中篇小说集《无辜的帕延家族》（Les Payens innocents）。

③ 指第二版《恶之花》和《人造天堂》的出版合同。该合同于 1860 年 1 月 1 日签订。

　　我现在确信,《美学珍玩》将在下个月 15 日完成。您不会被工作压弯了腰吧?

致［佚名?］

亲爱的先生:

　　您得尽快把那个女厨子打发走。我绝不会告诉您原因。不过我以后可以告诉您。

　　到目前为止,我始终未能满足令堂大人的要求,还没有为她物色到一个合适的人,因为令堂曾请我通过旅馆的人为她物色一个。我个人认为这不是找到好厨子的办法。

　　祝好。

夏尔·波德莱尔

致圣伯夫

［巴黎］1858 年 5 月 18 日星期二

　　我觉得此时拜访您可能不合适,对吧? 因为您今天有要务在身[①];——但四点以后去或许能见到您。总之,别考虑我想法如何,如果您晚上还有事要忙,那就像打发一个挚友一样打发我走就是了。

　　祝好。

CH. 波德莱尔

---

① 圣伯夫从 1858 年 4 月开始在高等师范学校任教,授课工作需要更多时间研究和阅读,而且还得为《环球导报》撰稿。

致奥古斯特·普莱-玛拉西

［巴黎］1858 年 5 月 19 日星期三

我亲爱的朋友，感谢您的承诺，那我就不客气了。几天以后我把委托书寄给您。——我得搁置几天《鸦片吸食者》去写《论印度大麻》，这篇文章必须在 22 日交稿，而这就是当您在阿朗松无法贴现我的那张票据时我请您给我寄一张您的票据的原因，以便我在巴黎为您贴现。对您的谨慎我无可指摘。——唯一的看法是：——您跟我说一朝被蛇咬，十年怕井绳。我知道您指的是什么，但这与我无关。我不可能为他人的愚蠢承担责任 ①。

我有段时间曾和一位烫金装潢师 ② 走得很近，当我批评他无所顾忌和不讲章法时，他回答说："您为什么要约束我，就因为您是我朋友么？"在我看来，难道因为我是他的朋友，我就得把更多的荣誉和尊重倒贴给他那些不检点的做法么？ 我当然不是把您比作那个烫金装潢师。但有时您对我的友谊驱使您对我横加苛待，就像目前这种情形一样，让我无端代人受过。

烦请您寄给我一张可以在翁弗勒尔贴现的 600 法郎票据。

是的，《美学珍玩》6 月 15 日就能完成，最近的一个偶发事件让我觉得这本书的销路一定很好。

我再问一遍：检察院的人都对您说了些什么？ 您是怎么应对的？ ——您打算把书放在哪儿印，是在您那儿还是在巴黎？ ——真是见鬼了，我左一遍右一遍写信问您就是想知道这件事，可您就像个没事人似的。

《鸦片吸食者》这个月底完成，《美学珍玩》15 日完成。

祝好。请向令堂大人致意。

CH. 波德莱尔

---

① 指某个参与玛拉西和波德莱尔"梭子交易"的人。
② 似指烫金装潢师和镶框师让-巴蒂斯特·塞尔维（Jean-Baptiste Servais），其店铺在圣路易岛路（rue Saint-Louis-en-l'Ile），曾参与创办《艺术之友公报》（*Bulletin de l'ami des arts*）。

致 [阿尔封斯·德·卡洛纳]

[巴黎] 1858 年 5 月 27 日

先生：

很抱歉，这是个误会。21 日那天我觉得好像不能按时交稿了，所以就没再写，并跑到阿梅罗先生 [1] 那儿想让他告诉您别等我，不过，您愿意的话我会尽快完成。您昨天的信我收到了。

我希望这篇文章 [2] 足够精彩，让我能借此表达对我拖延的歉意；这次您一定能提前半个月收到稿件。为表明您的事我一直放在心上，我马上就把已经完成并无需修改的部分寄给您，剩下的月底前肯定交稿。

如果您有话要对我说，就让送信的人带给我好了。

祝好。

CH. 波德莱尔

致《费加罗报》社长维尔梅桑

[巴黎] 1858 年 6 月 [9 日]

先生：

6 月 6 日的《费加罗报》[3] 上有一篇文章《明天的人们》(*Les Hommes de demain*)，里面写道："波德莱尔先生听到《沉思集》作者的名字时说：——雨果！这个雨果是谁？我们认识这个叫什么……雨果……的人么？"

维克多·雨果先生的地位如此之高，根本不需要来自某某人的钦佩；但一句从随便一个什么人嘴里说出的听起来很愚蠢的话，到了我口中就成

---

① 阿梅罗（Constant Améro）是《当代评论》的管理层人员和编辑部成员。

② 指《论印度大麻》。

③ 实际上，这篇充满了恶意的文章发表于 1858 年 6 月 9 日的《费加罗报》，作者让·卢梭（Jean Rousseau, 1829—1891，比利时作家、艺术评论家和编辑）在文中声称，"波德莱尔先生在'浪漫主义的怀抱'中养育成人后，其余生始终在诋毁浪漫主义。" 6 月 9 日，波德莱尔在给他母亲的信里说了这件事："我刚刚给《费加罗报》写了一封答复信。"

了一句不可能让人接受的可怕的话。

文章作者进一步给自己的影射添油加醋：如今的波德莱尔先生以诋毁浪漫主义为生，以嘲弄"青春法国派"① 为生。其不良行为的动机不难猜测；正是昔日若法尔② 的傲慢，驱使如今的波德莱尔否认他的各位恩师；但这足以让他拉大旗作虎皮。他真的有必要往其他人身上啐唾沫么？

用扼要的法语解释这句话，就是说，夏尔·波德莱尔先生是一个诋毁自己青年时代各位恩师的忘恩负义之徒。依我看，我的翻译还淡化了这段话的恶意。

先生，我认为该文作者是一位尚不知如何区分什么当写什么不当写的年轻人。他声称密切关注我的言行举止；他显然是处心积虑掩人耳目，因为我从未见过此人。

《费加罗报》精力充沛，为了跟踪我可谓不遗余力，但可能会对一些心怀恶意之徒或不了解贵报特点的人——正如贵报的编辑不了解我的性格一样——产生误导，就好像一旦我想请求曾经审判过我的法庭切实维护我的权益时，贵报肯定能获得司法的宽大处理似的 ③。

请您注意，作为批评家（纯文学的），我持十分自由的立场，我甚至更喜欢直言不讳。因此，贵报如果能找到一种比之过去对我的批评更深沉达观的方法（只要不说我是个不道德的人），我将置之度外并乐得优哉游哉。

先生，我还想借此机会告诉您的读者，所有关于我相似于那些无人能够比拟的某个时代的作家的玩笑话，反倒让我有了一种应有的虚荣心，并且我内心中对那些曾以其友谊和忠告提携我的前贤充满了感激和敬爱之情——

---

① "青春法国派"(les Jeunes-France) 是 1830 年前后聚集在贝特吕斯·博雷尔、奈瓦尔和戈蒂耶周围的一群年轻浪漫派作家和画家的团体。1831 年 8 月 30 日的《费加罗报》首次称该团体为"青春法国派"，名字取自 1829 年 6 月至 9 月出版的一份法国报刊《青春法国》(La Jeune France)。

② 指戈蒂耶 1833 年发表在《青春法国派·讽刺小说卷》(Les Jeunes-France, roman goguenard) 上的一部中篇小说《丹尼尔·若法尔》(Daniel Jovard)。丹尼尔·若法尔是该小说中的人物。

③ 波德莱尔始终认为对他的攻击——特别是 1857 年 7 月 5 日—12 日期间的攻击——是当局与《费加罗报》之间密谋的结果。但实际上自 1855 年 11 月 4 日路易·古达尔 (Louis Goudall) 首次攻击波德莱尔以后，针对他的攻击就屡见不鲜。

简言之，正如该文作者正确指出的那样 ①，我的一切都应当归功于他们。

先生，请接受我崇高的敬意。

夏尔·波德莱尔

致欧皮克夫人

［巴黎］1858 年 6 月 9 日

我亲爱的母亲，明天会有人上门向我索要 600 法郎。因为我好久以来就设想住在那边了，——可总是推到下周！所以我今晚按时寄给你 600 法郎 ②。请你告诉来人：波德莱尔先生的确会来这里，大概在二十天以后。他现在仍住在巴黎伏尔泰滨河道 19 号。然后问他是否需要我把钱汇往翁弗勒尔，还是我在巴黎支付给他，也就是说他要到巴黎来找我要。这件事不会给你添太多麻烦，而且很好理解。

如果你白天出门，就把上面那些话写在纸上交给你的女仆，由她交给来人。

过几天我要和《当代评论》签一份合同 ③，根据这份合同，《当代评论》每年向我支付 3000 法郎稿酬，以换取十二篇文章（至少十二篇）。很显然，我会立即获得一笔可观的预付款。但这个条款并没有让我高兴起来，反而让我近乎悲伤；因为我觉得这个条款会影响我和《两世界评论》的关系甚至会发生争执。

你会在 15 日或 30 日读到我的第一篇文章 ④，这篇文章给我带来了无

---

① 《费加罗报》1858 年 6 月 13 日刊登了波德莱尔致维尔梅桑的信，同时刊登了让·卢梭的公开回复。让·卢梭在这封回复信中写道，他是在公开场合即"勒贝勒蒂耶长沙发咖啡馆"(Divan Le Peletier) 亲耳听到波德莱尔攻击雨果的，"那是四年前，在同一个地方，他卓越的朋友库尔贝先生刚刚说完米开朗琪罗根本不存在以后，他便说了这番话"。由此可见，正如《恶之花》案的起诉状中指出的那样，"现实主义"成了指控波德莱尔的理由。

② 波德莱尔 1858 年 5 月 19 日致玛拉西的信中写道："烦请您寄给我一张可以在翁弗勒尔贴现的 600 法郎票据。"

③ 这份合同于 1858 年 10 月 12 日签署。

④ 实际上，《论印度大麻》过了 3 个月后才在《当代评论》上发表。

尽痛苦。因为最近这些日子以来，巨大的痛苦、无尽的焦虑都给我的创作带来困难。我觉得我要上吊了。甚至孩子气地求助于泻药。

我错了，我本该从科尔贝伊一回来就赶紧逃到你家去。要是如此，我现在早就充满欢乐而且身体健康了。

我终于获准可以享受翁弗勒尔-巴黎的免费往返车票。但似乎每次动身前都要提前申请，所以必须非常细心才行。还有一些大麻烦我没告诉你。我被一位作家极其粗暴地攻击了，而我根本始料不及。还有，我差点儿和另一个人（一位朋友）因为一篇评论爱伦·坡的文章发生争执。再有，在上周日的《费加罗报》上我再次遭到卑鄙的对待。我刚刚给《费加罗报》写了一封答复信。——但我很后悔。——我本应该保持我一贯的尊严而不是屈从于那些人。

你有时觉得我不惦记你的念头真是奇怪。我经常想念你，甚至可以说是不断地想念你。有时我也会想起你信中所说的埃蒙先生那些事，这确实让我有些担心。如果他竟敢以邻里的亲密关系为借口劝我这样那样，或是脱口甩出什么伤人的话来，那对我该是多大的折磨呵。很显然，我这是自怜成性夸大其词了，但即便如此，为了能让你高兴，我也会像俗话所说的，"往自己的酒里兑些水"，也就是说克制自己温和一些，这样做没多大困难，你知道我在这方面是很有能力的。

明天晚上（10 日）给我写几个字，一定要在五点前写。

你们那边太幸福了，大海驱散了热气！这儿如果能有那样的工作环境简直就是奇迹了。这儿的白天让人筋疲力尽，晚上也得不到缓解。

全身心地拥抱你。

夏尔

还有一个挫折，是关于我脑袋里的一个想法 ①。不过还是将来由我自己讲给你听吧，要写起来可就太长了。

---

① 不清楚这件事是指去当剧院经理还是争取荣誉勋位？请参见波德莱尔 1858 年 5 月 13 日和 8 月 22 日致欧皮克夫人的信。

致欧皮克夫人

[巴黎] 1858 年 6 月 11 日

天啊！你没理解我信里说的事：

我请你说的是：

我还没有在翁弗勒尔定居。

我请你向人家提供我的住址（伏尔泰滨河道 19 号），这肯定是在说我要对自己所做的事情独自承担全部责任。

我请你告诉我的是我是否应该把钱汇到翁弗勒尔并且汇给谁，还是此人应该到巴黎来找我要。

仅此而已。我之所以把你的地址告诉人家，就是想请你在你知道了来人的姓名而且知道了这笔钱要汇给谁以后，就让人告诉他我将在二十天内到达翁弗勒尔，而且这笔钱将由我来支付（《鸦片吸食者》那篇文章就是用来清偿债务的）。

这么简单的事你都没搞明白，反而用了三页纸试图说明我是想指望由你来替我还债。现在我发现我太草率了，我得好好反省一下。你肯定觉得我冒失、愚蠢、自私而且忘恩负义。

我求你，按我要求的去做，仅此而已。

你对我说的埃蒙先生的事令人震惊，而且你从未怀疑过。等我们一起生活后，我必须时刻保持警惕，以免让他落入这种无所顾忌的风险之中。

亲爱的母亲，很抱歉让你担心了。我没想让这事牵连你。——无论如何你要明白，我从来没有过让你替我还债的想法。

我对你的要求不多。我只是希望避免被人追讨，好找出时间完成写作并落实签约问题。拥抱你，并再次对你表示歉意。但你搞错了。

快点儿，给我回信。

夏尔

致阿尔封斯·德·卡洛纳

［巴黎］1858 年 6 月 11 日

的确，先生，您太过苛责了，至少我这么认为 ①。除了责备我漫不经心以外，您就不想想会不会有其他原因？比如说，材料多得来不及梳理，或者，看法太多，或者，我病了？这最后一条可是真的。

要不要在您不在的时候再给您写封道歉信？还是写给埃尔维先生 ②？——他的地址我忘在您桌子上了。

我是不是还需要让打算拜访您的巴布先生告诉您他见到了我病得很重？

一想到您将对我这位新撰稿人感到满意，甚至可以忘掉他不守时的毛病，我还是很欣慰。您的那篇文章撰写顺利。

祝好。

CH. 波德莱尔

致圣伯夫

［巴黎］1858 年 6 月 14 日

亲爱的朋友，我刚刚拜读完您评论《法妮》③ 的大作。还要对您说这篇文章多么迷人、多么不同凡响么？还要对您说我从中窥见了一颗巨人般的、勃动的心灵，同时又是一颗最细腻、最委婉、最具女性之美的心灵么？（我接受您对女性之美的见解，而且打算去读读斯多噶派的作品。但，虽说必须尊重您的权威，我还是认为不应该将彬彬有礼、骑士精神、神秘倾向、英雄主义——总之是那些虽本质夸张却又最具可爱与正直品格的阳刚之美——一笔勾销。）

---

① 波德莱尔再次推迟了《论印度大麻》的交稿时间。

② 埃尔维（Édouard Hervé，1835—1899），《当代评论》编辑部的秘书。

③ 1858 年 6 月 14 日，圣伯夫在《环球导报》撰文称赞欧内斯特·费多（Ernest Feydeau，1821—1873，法国小说家、考古学家）的小说《法妮》(Fanny)。

　　在您面前我可以表现得放肆一些；因为您洞察入微，任何小伎俩都难逃您的法眼。好了，不说了！这篇雄文让我感到了一种可怕的嫉妒。——人们对洛埃夫-威玛斯 ① 和他对法兰西文学的贡献已经谈得够多的了，我怎么就找不到这样一位勇敢的人对我也说说同样的话呢？

　　能量过人的朋友呵，我要怎么做才能从您那儿获得这种赞誉呢？其实我要的不是您的偏袒。您原来不是曾对我稍有馈赠么 ②？《阿瑟·戈登·皮姆历险记》是不是也可以成为您再撰写一篇综述的绝妙借口呢？乐于在各领域探幽的您可否也涉猎一下爱伦·坡呢？

　　您一定会想，这个请求一定与我行将拜访贝勒蒂耶 ③ 有关。一个人兜里有几个钱时，会去和老情人共进晚餐并忘怀一切；可有些时候，当你满脑子都是那些蠢人对你的谩骂时，就只能去恳求老朋友圣伯夫帮忙了。

　　真的，我最近就确确实实陷入了这种困境当中（请您原谅，我这可是头一次这么丢人现眼）且百口莫辩 ④。

　　我知道您很忙，日程很满，时间都被教书、写作和各种事务占掉了。但如果不能时常给您的仁慈和善意增加点儿压力，我还能到哪儿去找您这位仁慈的英雄呢？再有，如果不常常念及勇者的美德，遭到坏人诋毁时又能从哪儿获得慰藉呢？

　　最后，我要像往常一样对您说，您无论做出什么决定，都是美好的。

　　祝好。我爱您，甚于爱您的书。

CH. 波德莱尔

---

① 洛埃夫-威玛斯（François-Adolphe Loève-Veimars，1801—1854），法国作家、翻译家、历史学家和外交家，比较文学的先驱之一。七月王朝时期，洛埃夫-威玛斯曾向法国读者译介了大批德语作家特别是霍夫曼（Ernst Theodor Amadeus Hoffmann，1776—1822）的作品。

② 圣伯夫曾称赞过波德莱尔翻译的爱伦·坡作品《怪异故事集》与《新怪异故事集》。

③ 贝勒蒂耶（Pelletier），时任国务大臣办公室主任。

④ 指《费加罗报》载文攻击波德莱尔蔑视雨果一事。

致欧内斯特·费多

[巴黎] 1858 年 6 月 14 日星期一

先生：

收到您的书^①当晚我就读了一遍，清晨时又读了。这当然是一本好书，紧凑、扎实，所有部分都组织有序，而且将长存于世。它给我的印象如此生动，以至于我迫不及待地要给您写信，而不必在乎我只在我们共同的朋友家有幸见过您一面，也不必在乎我是否与您如此熟悉。我正在写的这封信完全是我当下的感受，就像是一篇真正的书评，如果不是我必须在第十页搁笔的话，这封信会超过四十页。既然我只是想感谢您这份真正的礼物以及您带给我的所有快乐，所以我觉得写十页可能更合适、更严谨。随后的日子就这样一天天过去了，总是烦恼不断，而我也总是不断地把自己的工作挨到次日。

我把我手头的这本借出去了，让它能传递起来。我听到了一些幼稚、无知和尖刻的评论，而且，尽管您的书分寸适度，我还是听到了言不由衷的虚伪尖叫。（喜欢这本书的人中有几位在问有没有另外的、用好纸印刷的版本^②?)

总之，您有权为此感到自豪。您具有惊人的分析能力。您为这一分析赋予了一种回环往复和抒情的语调，那语调是紧张不安而又无所事事的人所必有的，唯有亲身经历过爱的人才会有。

过去我只在您的《四季》^③中读过几首迷人的散文诗，我从未想到您在表现现代性方面能如此才华横溢。

我梳理了这本书，分析了它的结构，直到发现或自认为发现了您创作这本书所借助的方法。我确信自己没错过任何东西，无论是思维艺术还是

---

① 指费多的小说《法妮》(*Fanny*)。波德莱尔对这部作品秘而不宣和真实的看法可见其 1858 年 12 月 11 日致欧皮克夫人的信。很显然，是圣伯夫对《法妮》的称赞让波德莱尔出于结交一位一夜成名的作家的想法而写出了这样一封赞美信。

② 这本书是用连史纸印刷的。费多没有回答波德莱尔提出的这个问题。连史纸，即中国纸 (le chine)，又称连四纸、连泗纸，原产于江西和福建。

③ 《四季》(*Les Quatre Saisons*) 是费多的散文诗集，出版于 1858 年。

文体艺术（现代性的优雅、巴黎的风光、苦难的形式以及当代人的享受模式）都没有错过。

我和那些以有伤风化为托辞替您惋惜的人不同，我赞赏您作品中那种有分寸的表达——这种表达增强了恐惧的深度——和令人啧啧称奇的出色技巧。——实在不可能更好地表现爱情和通奸这两种幼稚与轻浮的小事的可怕效果了。还有那位真诚无限的情人，他相信自己就是丈夫，因而潜移默化，变得像严肃的动物那样可笑，自己却浑然不觉！

但您是否真的知道那位丈夫、那位渴望成为生活中所向披靡的大力士的人最后果真如愿以偿了么？您是否真的知道这位胜利者拥有获得成功的全能恩典，而且让人充满幻觉地喜欢他而非喜欢另一个？

我很想知道乔治·桑是否读过这本小书，也很想知道她从这本书中受到了什么冲击①。

——我得忙我自己的活儿去了。我荣幸地请您接受我友好的敬意。您想都想不到您笔下的女主人公是何等生动。

夏尔·波德莱尔

致［亚历山大-路易·库奇内或莱沃律师］

［1858 年 6 月 20 日。这是一封致路易·库奇内或夏尔·莱沃律师的短信。在这封信里，波德莱尔要求与库奇内核对账目。］

致纳西斯·昂塞尔

［巴黎或讷伊］1858 年 7 月 2 日

我亲爱的昂塞尔：

这么说来，如果我理解正确的话，这是我们都清楚的七月份的账目。

---

① 费多在给波德莱尔的回信中摘录了乔治·桑对其作品的赞誉之辞。

我现在很想知道，自 1857 年 7 月以来我的花费是否已超过 2218 法郎，这是我目前的收入统计。

我很高兴星期日去拜访您。

您的
CH. 波德莱尔

致阿尔封斯·德·卡洛纳

［巴黎］1858 年 7 月 3 日［星期六］

我相信，先生，明天，星期日，我将很高兴地为您送去最后几章。但愿这几章略带哲学味且情绪激昂的文字足够令人愉快。

另外还有借书一事！这本书应该很容易找到；可惜图书馆不借给我。您能给瓦特维尔先生打个招呼么？

《杀手的历史》

作者：哈默先生

法译本 ①。

祝好。

CH. 波德莱尔

致夏尔·阿瑟利诺

［1858 年 7 月 5 日］

……

——您看，我亲爱的朋友，至少像我对您说过的……对我还有点儿用。

……

---

① 《杀手的历史》(*Histoire des Assassins*)，作者：约瑟夫·冯·哈默 (Joseph von Hammer)，其法译本于 1833 年出版。波德莱尔曾在《论印度大麻》第二章中提到过这本书。

致欧皮克夫人

[巴黎] 1858 年 [7 月] 13 日

可是，亲爱的小妈妈，你疯啦；是我该为只有自己才懂的怪异行为向你道歉四万次并上千次地感谢你的宽容。只是，要说我有错，你也得承认你总像一个快乐的、无忧无虑的、把自己的全部时间都奉献给朋友的人那样写信。不过你很清楚我的命运不佳。我需要奇迹，我要创造奇迹。——你怎么不猜猜三个月来我何以没有陷入新的金钱麻烦？——喏，你佩服我吧！——这一次，我自己爬出来了，没借一文钱。

我告诉过你的关于未来的合同以及给我的开价都是真的。第一篇文章之所以推迟在《当代评论》上发表，那仅仅是因为我想这么做；想再看看、再读读、再重写和再修改而已。

说点儿正经的吧，几天以后你会收到第一批家什，因为我不愿意只随身携带一个简单的箱子去你那儿。第一批是书——你把它们整齐码放在你想让我住的房间里即可。

我会再给你写信，拥抱你。

夏尔

就让雅科托一家安静会儿吧。再说他们也不在家。

致圣伯夫

[巴黎] 1858 年 8 月 14 日

是否可以去您身边为我自己补充点儿热量和力量？您知道我对那些颓丧者和服用兴奋剂的人抱有什么看法。所以说，如果我打扰了您，那只能归咎于您的品格，更是我的软弱作怪。我就像需要用一场淋浴清洁全身一样需要您。

CH. 波德莱尔

致亚历山大-路易·库奇内

［巴黎］1858 年 8 月 16 日

兹委托库奇内先生领取我在《当代评论》文章稿酬中的伍佰法郎；本委托书一经签字，即取代 1858 年 8 月 15 日到期的那份等额欠据。

夏尔·波德莱尔

自 1858 年 8 月 15 日起，

手续费与利息亦由本人支付。

夏·波

致库奇内-瓦伦丁的委托书 [①]

1858 年 8 月 15 日

致阿尔封斯·德·卡洛纳

［巴黎］1858 年 8 月 17 日

亲爱的先生：

拜访您之前（未完成全部文稿并付梓前——大概在明天或后天吧——我不准备去拜访您），我想就一件受托之事请您帮忙。

最近有一位爱德华·卡尔代先生（Édouard Cardet）要去拜访您，他是我的好友，渴望能去您那里工作。我着实不解他为何要找人推荐，他自己完全可以毛遂自荐。您会见到一位睿智人士，有教养，国立宪章学院毕业，刚从彼得堡查阅大量法国历史资料回来。这可能就是他想为您工作的原因。我手头若有您的地址，他早就去拜访您了，可惜我没有。我给您他的地址以备不时之需，他自己肯定也会给您。

历史研究是他的本行；但聊天中他向我介绍了冬宫的所有法国绘画藏品。不知道有无法国作家看过这些绘画？反正我从没读过这方面的介绍。

---

① 库奇内将这张 500 法郎欠据背书转让给了一个叫瓦伦丁（Valendin）的人。

上千次地致意。

CH. 波德莱尔

我刚刚读了《阿瑟·戈登·皮姆历险记》的按语①。很出色，或者可以这样说：很平和。请代我谢谢埃尔维先生。

爱德华·卡尔代，普罗旺斯路（rue du Provence）6号。

致欧皮克夫人

［巴黎］［18］58年8月22日星期日

亲爱的母亲，我求你不要觉得我的信可笑或夸张；你愿意的话就权当我精神衰弱好了，总之，它都是我经常想念你的证明。——过去几天里我总梦见你，老实说，这些梦令人不快。但昨天梦到你病了，还看见我在伺候你。说实话，我真的有点儿不放心了。明天，星期一，请你给我写封信（这样我就能在星期二收到）告诉我你是否康健。

现在想训斥我就请你打住。现在不是时候。

我会再给你写信，告诉你我都做了什么以及正在做什么。

刚刚过去的8月15日没有我获得荣誉军团勋位的提名②。我不知道是否跟你讲过，去年有这种可能，但由于《恶之花》的官司就一直延后了。再说，坦率地讲，今年的提名者让人生厌，我很高兴没凑进这一批和这帮子人为伍③。

再见。我非常爱你。

夏尔

---

① 《当代评论》1858年8月15日刊发《阿瑟·戈登·皮姆历险记》时，前面有一篇按语。
② 这可能就是波德莱尔1858年5月13日和6月9日致欧皮克夫人信中所说的"大事"。
③ 这一年获得荣誉军团勋位的是法国小说家、诗人亨利·米尔热（Henri Murger，1822—1861）和小说家、剧作家于勒·桑多（Jules Sandeau，1811—1883）。

致泰奥多尔·杜赛索瓦

〔巴黎，1858 年 9 月 1 日或 8 日星期三？〕

这事包在我身上，今晚六点就会有消息，我跟奥布里埃先生提过这件事，两天前也和泰奥菲尔·戈蒂耶先生说过 ①。

CH. 波德莱尔

〔星期三 十一点〕

烦请杜赛索瓦先生将我哥哥的详细地址写信告诉我。

致阿尔封斯·德·卡洛纳

〔巴黎，1858 年 9 月 2 日。波德莱尔在这封信中谈到为《当代评论》撰稿事。他将这封信的抄件寄给了卡洛纳让他再重新读读。〕

您很清楚，虽然我很自信，但既然与贵刊首度合作，我还是很想知道您的印象 ②。

致阿尔封斯·德·卡洛纳

〔巴黎〕1858 年 9 月 8 日

亲爱的先生，今天上午的坏天气让我无法亲自把稿子带给您。稿子还未杀青，但今天肯定完成。进展很快，我进行了修订和反复修订，您大可放心。文稿有所增删，很多地方都已用红铅笔标注。——您不清楚的那个部分从第 35 页开始。

请您关注那个合同 ③。当时和您谈这个问题时，我模糊地觉得这么做

---

① 此事与波德莱尔撰写戈蒂耶评述有关。奥布里埃（Xavier Aubryet，1827—1880，法国文学家和编辑）时任《艺术家》社长，戈蒂耶任总编辑，杜赛索瓦是印刷商。

② 指《论印度大麻》。卡洛纳的"印象"导致波德莱尔又开始重新修改这篇文章。

③ 指波德莱尔即将与《当代评论》签订的合同。

可能对我有用；现在我的想法已经很明确了，我会解释给您听。就我目前的处境而言，我不能错失任何摆脱困境的机会。

如果按我预计的那样今天寄给您最后几页，明天我就可以继续撰写《鸦片吸食者》了，肯定很快就能完成。从现在到月底，我每天都会给您送去几页稿子。

我确信您完全可以在不违背自己原则的前提下把这篇几近完整的文章送到印刷所去。请您记住，不完成最后几页我就不出门，但肯定今晚完成。

您的

CH. 波德莱尔

致亨利·德·拉马德兰

［巴黎，1858 年 9 月 15 日？］

达洛兹今晚动身，——外出一个月。

所以您要去见蒂尔冈，——每天的下午一点均可。

达洛兹全都读了；他很喜欢这个东西，而且他认为已安排停当。

蒂尔冈只读了第一部①。

祝好。

CH. 波德莱尔

致夏尔·阿瑟利诺

巴黎，1858 年 9 月 20 日

我亲爱的朋友：

既然您和巴布一直有联系，又知道他家的地址，那就麻烦您转告他，

---

① 蒂尔冈与达洛兹同为《环球导报》的社长。1857 年 12 月 9 日，波德莱尔将《鸦片吸食者》的第一部分交给了蒂尔冈，显然他更希望这部作品能在《环球导报》这份官方报纸上发表，但后来还是发表在了《当代评论》上。

德·卡洛纳先生想确切知道巴布何时可以提供给他一篇评论文章或一部中篇小说，二者均可。德·卡洛纳先生眼下没有别的要求，也就是说，他只要求巴布给他出具一份明确日期的承诺函。否则他声称要让人通知《法兰西评论》不准再刊发巴布的文章①。这算不算是一个很严重的威胁我不得而知。我只是向您如实转告他的话。私下里说，我担心巴布要是不满会干出什么蠢事来。所以回一封信总比不吭声或玩消失要好。请您好好给巴布解释，我之所以违心接受这个委托完全出于对他的友谊。

祝好。

CH. 波德莱尔

致保罗·芒茨 ②

[巴黎] 1858 年 9 月 29 日星期三

亲爱的先生：

您必须原谅我一次，仅此一次。《当代评论》把我抓得死死的，论戈蒂耶那篇文章才写了一半。我得到下星期二才能继续写，一个白天就能写完③。——还有论漫画家的文章在印刷所，那两篇最有意思④；请您相信，您屡屡都能原谅我的不守时，我真是不好意思，但我希望能写出对泰奥菲

---

① 巴布无疑收了卡洛纳的预付稿费却不交稿。卡洛纳为了惩罚巴布的背信行为采取了报复手段，凡是巴布签名的付款委托书一概不支付，而此举导致玛拉西陷入了财务困境。

② 保罗·芒茨（Paul Mantz, 1821—1895）是法国艺术史家，波德莱尔的同龄人，只比波德莱尔小几天。他于 1844 年投身《艺术家》（L'Artiste），开始时从事文学评论，后转向艺术评论，曾先后为《巴黎评论》（Revue de Paris）、《法兰西评论》（Revue française，当时波德莱尔也为该杂志撰稿）、《美术报》（Gazette des Beaux-Arts）撰稿，但始终与《艺术家》保持联系。作为德拉克洛瓦的超级崇拜者，保罗·芒茨曾在 1859 年沙龙期间撰文，热情赞美德拉克洛瓦。

③ 实际上，《论泰奥菲尔·戈蒂耶》（Théophile Gautier）这篇文章写了很久，直到 1859 年 3 月才发表。

④ 指《论几位法国漫画家》（Quelques caricaturistes français）和《论几位外国漫画家》（Quelques caricaturistes étrangers），分别发表于 1858 年 10 月 24 日、31 日和 12 月 26 日的《艺术家》。这 2 篇文章曾于 1857 年 10 月在《现时》（Le Présent）上发表过。

尔和您来说都足够优秀的一篇文章。

阿瑟利诺的那本书（《双重人生》①）我肯定要写书评。写完论戈蒂耶那篇的第二天我就动笔。

祝好。

CH. 波德莱尔

致阿尔封斯·德·卡洛纳

[巴黎][18]58年10月4日星期一

先生：

这个月的1日我没有去拜访您，2日和3日也没去，因为我得亲自给您送去这一大摞稿纸，但到现在我还不敢确定今晚能否完成②。随着稿子的进展，我发现咱们谈过的那个问题越发重大；我确信刊登三个版面才够有趣，而您的习惯是乐用两个版面。我曾想过把这篇文章一分为二，每个部分刊登两个半版面。但对于一整篇文章来说这个办法不尽如人意。

6日我绝对能完成的话可否在15日发表？请您注意，放在哪个版面都可以，我绝没有占地盘的想法。

我终于可以明天一大早去拜访您。

如果我是个植物学家，我会在这儿画一朵美丽的花作为签名：勿忘我。您知道我指的是什么。我要退租的房子和我要新租的房子都留着呐③。

我又看了一遍我的文章④；觉得还很糟糕。它既不丰富多彩，也不令

---

① 阿瑟利诺的中篇小说集《双重人生》（*La Double Vie*）刚刚由玛拉西出版。波德莱尔的书评直到1859年1月9日才在《艺术家》上发表。

② 指《鸦片吸食者》（*Un mangeur d'opiun*），即《人造天堂》（*Les Paradis artificiels*）。《当代评论》是8开格式，因此一次性发表该文需要16个版面。最终该文于1860年1月15日和31日分两次发表，题目是《一位鸦片吸食者的狂喜与苦恼》（*Enchantements et tortures d'un mangeur d'opium*）。

③ 波德莱尔要退租的是伏尔泰旅馆。他将在11月底或12月初租一个公寓，位于巴黎博特里斯路（rue Beautreillis）22号，与让娜同住。

④ 指《论人造理想：印度大麻》（*De l'Idéal artificiel. —Le Haschisch*）。该文发表于1858年9月30日《当代评论》。

人惊奇。这得赖您。想到必须契合永恒与出色的主旨，我就得不断抑制自己的文思。您如果愿意，我还可以改得更好；别生我的气，我也没怨您，请相信您这位忠实的撰稿人和朋友。

CH. 波德莱尔

合　同（与卡洛纳）

[1858 年 10 月 12 日，波德莱尔与阿尔封斯·德·卡洛纳为社长的《当代评论》签订撰稿人合同①]

致欧皮克夫人

[巴黎] 1858 年 10 月 19 日星期二

我亲爱的母亲，我明天上午动身去勒阿弗尔，坐七点二十五分的火车，或者八点二十五分的火车。坐第一趟（七点二十五分的）要到三点四十分才到勒阿弗尔；坐第二趟（八点二十五分的）一点十五分就到了；但我担心这两个时间和渡轮②的出发时间不一致。

无论如何晚上九点我也到了。这次我只能拥抱拥抱你，聊会儿天。然后马上就要出发，月底前我就回来并最终定居。

再会。拥抱你。

夏尔

---

① 这份合同没有找到。1858 年 12 月 10 日波德莱尔在致玛拉西的信中谈过一点，似乎是波德莱尔承诺每年向《当代评论》提供 12 篇文章，而《当代评论》每年向他支付 3000 法郎。
② 从勒阿弗尔去翁弗勒尔必须在塞纳河喇叭形河口湾处乘坐渡轮方能抵达。

致欧皮克夫人

［巴黎］［18］58 年 10 月 23 日星期六

你或早或晚会收到第一个包裹，都是书。月底前你还会收到其他东西。如果 31 日那 300 法郎还未汇到，我会写信告诉你要你帮我给谁写信。因为届时我还没有新的通信地址，可能得放在另一家旅馆转给我，这种情况大概会持续三天左右，这几天我会住在朋友家。你去邮局打听打听应该用哪种邮寄方式，是保价信还是挂号信。

我把书商卡斯代尔（Castel）的欠据寄给你，背面有"付讫"字样，你能看见。这张欠据尚未进入流通；所以还能追回来。

慌乱中我未能以适当方式感谢你令人钦佩和迷人的举动。我以后会以各种方式向你表示感谢。

你打开那些书的包装，放在我的书桌或橱柜上，别扔在地上。我会提前告诉你我回来之前不希望你动的包裹。

全身心地拥抱你。

夏·波

我明天把布朗歇先生 ① 的收据寄给你。

你的红肠不好吃。

致欧皮克夫人

［巴黎］1858 年 10 月 27 日星期三

是的，我收到了你的钱（300 法郎），我为此很伤心。

今天上午我收到了你那封关于安排新房间的信。

这个改造很有创意；但需要多长时间？

---

① 布朗歇（Blanché）是讷伊昂塞尔公证人事务所的继任人。他曾借给波德莱尔 300 法郎，欧皮克夫人答应替他偿还。

***

我 23 日那封信你还没收到么？还有那个小箱子也没收到么？

***

匆匆忙忙地拥抱你，我再给你写信，写得长点儿。

31 日前别把信寄到博特里利斯路去。

你为我那些细节的安排令人惊喜，让我真是感动，我不用再跟你说这些了吧。我都快脸红了。

回信时请告诉我你是否收到了那封信（23 日的）和那个箱子。

夏尔

这是布朗歇先生的收据（已清偿）。

致欧皮克夫人

［巴黎］［18］58 年 10 月 29 日

我亲爱的母亲，就像我告诉你的那样，我真心赞叹你对我的关心和为我做的事。但真的不必热心得连排气阀都要换。我担心你这项现代化改造不一定成功。要想去除烟味打开窗子即可。另外我非常可能只在花园里和饭后吸烟。我正在装一个新箱子。拥抱你。

夏尔

没必要花那个钱，而且还可能破坏了天花板。

致欧皮克夫人

［巴黎］［18］58 年 10 月 31 日

你可以给我继续写信了。新的住处从明天上午开始起租，我不再按月租了，是按天租。

下面是你将收到的箱子：

两箱书；

一箱卡片和往来信函，

一箱日常换洗的衬衣。

最后一个箱子当然不会托运，我随身带回去。每次你可以告诉我：我收到了一个箱子。

所以，先搁置你那个换排气阀的美妙想法吧。你就不怕我像一艘蒸汽轮船那样颠来颠去么？

至于地板，活动地板更可取。

再次感谢你为我做的所有那些可爱的安排。我都快脸红了。

至于我的手，确实越来越不灵活了，但不是风湿病；因为不疼。——全身心地拥抱你。

夏尔

致奥古斯特·普莱-玛拉西

［巴黎，约 1858 年 11 月 1 日］

别放弃那个爱伦·坡插图版的计划。阿瑟利诺说您会放弃这个计划。我向您承认我也觉得您有可能会这么做。现给您寄上几份精选的手稿，其中一些确实很珍贵，其他的价值不那么大。

我想说，其他手稿的价值在于很可笑。

夏·波

致奥古斯特·普莱-玛拉西

［巴黎］［18］58 年 11 月 3 日

我亲爱的朋友，我昨晚见到了圣伯夫大叔。他在找和夏庞蒂埃签订的合同，想了解自己的权利，找了半天还是没找到。您下次来巴黎时可以好好和他聊聊。见面时我再跟您细说这次长谈。只说三件事：首先，他对您关于出版插图版的想法 ① 非常振奋。——其次，鉴于夏庞蒂埃不重视销售，鉴于他拥有以原开本再版的权利，圣伯夫希望能出版一部全新版本以弥补您的劣势（提价竞争）：他又改写了很多地方，还增加了一些新的典型，比如说，露易丝·拉贝 ②。——最后，他问我您印刷所里的工人们能否认真而充分地校订清样。您看，有此癖好的疯子非我一人。

亲爱的朋友，此事开局严峻。如今我作为您和圣伯夫的朋友想对您说，我对您有些担心。您想没想过，这样一部由作家重新修订并由您完美打造的版本，其售价将不得不比夏庞蒂埃版贵三倍、而其流通的对象却只能是那些自己的藏书室里还没有这本书的人？我说贵三倍可能有些夸张，但更贵是逃不掉的。

我相信您现在一定很恼火，因为我在寄给您的那些手稿里偷偷夹带了您威胁要起诉我的两封信。事实是，让您重读这两封信令我开心。可包裹寄走后，我猜想您还是会惦记我跟您提过的那些手稿。——最终，为弥补这种无心冒犯，我现在把钱拉·奈瓦尔的手稿 ③ 寄给您；品相不是很好，但很难得。

我估计您会喜欢克利斯托夫和费多的手迹。极其珍贵。奥斯坦因那幅有魅力，但并无理性 ④。

把信送给别人不是好事。我真心希望您别连累我，也别对人说："波德莱尔先生送给我一封您在什么什么样的情况下写给他的可笑的信。"

别放弃插图版计划。咱们一点儿都不用急。因为您知道还有第三篇序

---

① 指圣伯夫《十六世纪法国诗歌与戏剧批评史》(*Tableau historique et critique de la poésie et du théâtre français au XVIe siècle*) 一书出版插图版一事。这部作品于 1828 年由索特莱 (Sautelet) 出版，1843 年由夏庞蒂埃再版。1858 年，玛拉西希望再版这部作品，但并未签约。1861 年玛拉西出版了第一卷（主要是圣伯夫的诗），但其余各卷并未跟进。

② 露易丝·拉贝 (Louise Labé, 1524—1566)，文艺复兴时期活跃于里昂的法国女诗人。

③ 没有人知道奈瓦尔曾给波德莱尔写过信。波德莱尔送给玛拉西的这份手稿可能是奈瓦尔写给其他人的。

④ 玛拉西热衷于收藏名人手稿。这几封信，一封是波德莱尔的朋友、雕塑家欧内斯特·克利斯托夫 (Ernest Christophe, 1827—1892) 1855 年 6 月中旬写给波德莱尔的信，一封是费多 1858 年 6 月 15 日写给波德莱尔的回信，一封是奥斯坦因 1854 年 11 月 11 日写给波德莱尔的信。

言要写 ①，现在还未完成。这一版绝不让莱维出。

您给我开具的名字里我最中意邦吉伊先生。我还想到了南特伊 ②。

还忘了一件事。我对圣伯夫说："如果夏庞蒂埃看到玛拉西这部修订本后也要求再版怎么办？"——他回答我说，夏庞蒂埃作为一个商人无权要求比他所拥有的更多的东西，而且，他，他圣伯夫会这样回答夏庞蒂埃："口味变了。我现在想让另一家书商出版。"的确，这个回答很清楚。

我始终在忙活我的两个新住所；因为我要弥补十六年来的无所事事。一个在博特里利斯路，一个在翁弗勒尔。我去看了那个地方。房子高耸在悬崖之上，花园本身构成了一个小环境。这一切都让人惊讶瞠目。这的确是我需要的。不过这周我还是住在伏尔泰滨河道。

祝好。

夏·波

致奥古斯特·普莱-玛拉西

[巴黎，约 1858 年 11 月 5 日]

魔鬼附体 ③

金乌罩上了黑纱一片 ④。
灵魂的太阳呵！请像它蒙上黑暗；
随意睡觉吸烟，请切记阴沉无言，
完全浸入厌倦的深渊；

---

① 波德莱尔有过撰写第三篇爱伦·坡评述的打算，但最后没写。

② 邦吉伊（Octave Penguilly-l'Haridon，1811—1870），法国画家、雕塑家和插图画家。南特伊（Célestin Nanteuil，1813—1873），法国画家、雕塑和插图画家。波德莱尔在其《1946年的沙龙》（*Salon de 1846*）、《1859 年的沙龙》（*Salon de 1859*）中曾评论过他们。

③ 《魔鬼附体》（*Le Possédé*），后收入 1861 年第二版《恶之花》第 37 首，正文的个别词语略有变动。

④ 黑纱，指日蚀。

　　　　这样我很喜欢！倘若你今天
　　　想如蚀后的星辰走出黑暗，
　　　在疯狂充斥之地神气活现，
　　　那好！出鞘吧，可爱的短剑！

　　　就让你双眸中燃起烛火之焰！
　　　就让欲望在莽汉的眼中点燃！
　　　你灵动或病恹，我全都喜欢；

　　　无论黑夜朝霞，全凭君调遣；
　　　我周身振颤，神经无不呼喊：
　　　爱你别西卜呵，崇拜亿万年 ① ！

夏尔·波德莱尔

把这首诗为我印出来吧（别出错），发表在您的报纸 ② 上。

我现在相信我不仅能补齐那六首，还能再创作出二十首。

致阿尔封斯·德·卡洛纳

［巴黎］［18］58 年 11 月 10 日星期三

亲爱的先生：

　　虽然又让您久等，可我还是不太满意自己写出的东西。我明天晚上或后天上午再去拜访您。

　　《鸦片吸食者》可以在 30 日发表 ③ 。

　　我向您保证，想在一个逼仄的空间里清晰描述一部异常繁复的书而又不疏漏任何细微差异并非易事。您会注意到这点；它与《论印度大麻》那

---

①　别西卜（Belzébuth），《圣经·新约·马太福音》中的鬼王。

②　指《阿朗松报》（Journal d'Alençon），玛拉西是该报的所有者。

③　这篇文章到 1859 年 1 月才发表。

篇文章的口吻不同；（看上去）更从容，也更生涩。传略的细节占据了很大篇幅；这些细节饶有趣味之外，对理解这位鸦片吸食者那种纯个人的幻觉又是必不可少的关键所在。咱们就等着德·昆西先生给您的报社写信致谢吧。

CH. 波德莱尔

开始写论画家那篇文章了；您同意的话我想把这篇文章叫作《思考的画家们》（*Les peintres qui pensent*）①；其中略带一点调侃口吻，可以为这个题目添点儿彩。对您的朋友让莫先生，我将用一种别致的笔法（也就是说从我的记忆和他的诗集出发）展开评论，假如我们以后发现需要验证某些事情的话，我就到里昂走一趟。

《暮色诗钞》②也开始写了。

新版《恶之花》也已着手了；等可以整版发表时我再给您。法庭只要求我替换六首诗。我可能会创作二十首。那些新教的倡导者③一定会不无悲哀地注意到我就是一个不可救药的天主教徒。不过我会认真筹划，好让这些诗能被读者理解；——免得有时被贬之入地随即又捧之上天。借助此法我才能潜入邪恶的激情当中。只有那些绝对抱有恶意者才不懂得我诗中的那种有意识的客观性。

您无须担心一心三用会乱套。这也是进行创作的一种方法。

祝好。

CH. 波德莱尔

也许我会请您允许我在《思考的画家们》的结尾选用《幽默十四行诗》④里的几首诗来评价那些画家。所有这些里昂人都顶天立地；他们无意间团结在一起。我了解里昂。无论画家、诗人还是哲学家，他们看起来都很相类。

---

① 即《哲学的艺术》（*L'Art philosophique*）一文。

② 《暮色诗钞》（*Poèmes nocturnes*）是《小散文诗》（*Petits poèmes en prose*，即《巴黎的忧郁》）最初的题目。

③ 这句话的矛头直指韦斯，因为韦斯就是在 1858 年 1 月 15 日的《当代评论》上发表了攻击波德莱尔和《恶之花》的文章。

④ 指约瑟凡·苏拉里（Joséphin Soulary）的《幽默十四行诗》（*Sonnets humouristiques*）。

致奥古斯特·普莱-玛拉西

［巴黎］1858 年 11 月 11 日星期四

我亲爱的朋友，我收到了您的感谢，这种感谢令我惶恐。寄给您一首未发表的诗绝对是为了讨您喜欢，我完全可以把它简单归类到已创作完成的诗稿并随便交由哪家报刊发表，况且我也不信区区一首十四行诗能让您在蒙受《恶之花》之辱后再添新耻①。仅仅是想讨您高兴而已，真不懂为何这般受辱，竟能让您像沃尤那样把我的诗比作"秘密的贝朗热"②。可见您隐而欲言的刺儿话不外乎是把"别西卜"换成"屎"、把"可爱的短剑"易作"屌"吧？察觉到这一点后，我笑了。

总之，您是一吐为快了。但何等神秘的力量竟能驱使您放胆辱骂自己最亲密和交往最久的朋友，这才是唯一重大的问题。所以，但凡看到您又结识新雨时就得盘算一下，多少年以后他才够得上挨您臭骂的资格。

米歇尔·莱维也有这种独特的癖好；但至少他本就愚蠢。还有德·布鲁瓦斯，他也能对邦维尔说出"阿朗松市长问我们为什么总要发表《颂歌》（Odes）那样的废话"。

如果是其他像您这样的明白人，他会这样写：感谢您的馈赠，但您的才华有可能殃及一家外省的报纸。如果这样写，方显得您目光足够睿智。您不能在信中以连连失礼逼迫一位老友和您吵架。

请您相信，我哪怕对您稍有嘲弄也是为您好。最近这些日子您的确有些麻烦，但您听好了，这不是我的错。我向您保证，我已经受够了您内心这种病态言语的折磨，而我的许多熟人不知道您身上竟还有那么多可取之处，只会把您当作您的替身，当作一个没教养的人。您如果现在想找茬吵架，悉听尊便。

好了！我说完了，我尽责了。

祝好。

CH. 波德莱尔

---

① 玛拉西拒绝在《阿朗松报》上刊登《魔鬼附体》一诗。

② "秘密的贝朗热"（Béranger secret），指只能偷偷流传的淫秽歌曲。

请向令堂大人转达我的敬意。

我是在昨天午夜收到您这封信的，可真够漂亮的。我离开家已经几天了。

致奥古斯特·普莱-玛拉西

[巴黎] 1858 年 11 月 13 日星期六

衷心感谢，这种友谊宣示我并不需要，我从不怀疑您的友谊。

但还是言归正传吧：这种总要说反话到底是何心态呢？

祝好。

夏·波

若您还未读过《中邪的女人》①，就请读读布尔迪里亚的重印本吧（由"新书局"再版）②。我刚刚又重读了这本书，觉得比初读时还出色。

致欧皮克夫人

[巴黎][18] 58 年 11 月 17 日星期三

你傻了，你真傻了，我的藏书曾是这些书的三倍，而且极其出色。今年我因为急用钱把那些书卖了。你看到的只是零头。箱子上面有卡斯代尔的名字，我有不少书当时就寄放在他那里（作为抵押；因为我欠他的钱。——那张 100 法郎的欠据就是证明）——我当然得把家里的藏书都寄给他，请他代为包装。我当时很着急，害怕没钱时又想卖书。这就是为什么有三个箱子而不是一个。因为是陆续包装的。这就说清楚了。你就老是这样胡思乱想让自己遭罪。还弄得我心里不是滋味儿。能让自己遭罪得有

---

① 《中邪的女人》(L'Ensorcelée) 是巴尔贝·多尔维利的一部长篇小说。

② 布尔迪里亚 (Achille Bourdillat, 1818—1882)，法国书商和出版家，他开办的"新书局" (Librairie nouvelle) 曾是莱维的竞争劲敌，后竟争失败，成了莱维的分号。

多大本事[①]！

我把《中邪的女人》给你寄去，你会同意我的想法，这本书令人赞叹，尽管风格稍显沉重忙乱。但你的看法有些幼稚。

我仍在工作，我打算少睡点儿觉赶进度，结果陷入了嗜睡症，睡了十二个小时。看来再也不能像过去那样没日没夜地工作了。

你把那些书分门别类摆放；就是说，把有关联的放在一起——小说；——英文书；——哲学类，等等。

再见。你要向我保证别再胡思乱想了。

夏尔

但愿你那个细木工匠没用剪刀碰坏什么东西。

致欧皮克夫人

[巴黎][18]58 年 11 月［18 日？］星期四

我亲爱的母亲，简单说吧：你又让我难受。

没有，没有，没有，没有，根本没发生过你担心的事。（你老说二月；其实你想说的是四月。）

我很高兴壁炉修完了。我想马上动身；既然你什么都想知道，我现在就告诉你我要做些什么：

四天在巴黎（文学事务与拜访）。

一天去阿朗松。

一天回来。

一天在巴黎，订三个新箱子。

然后动身。

一天在勒阿弗尔。

一共九天。

---

① 欧皮克夫人以为这些书都是波德莱尔最近购置的，所以很担心。

看到你忧心忡忡真让我难过。你的想象力太可怕了，你让人难过的本事着实了得！

到阿朗松处理各项事务的当天上午我就给你写信。请快点儿把信中那些训斥我的话都擦掉吧，写那么多责备话会败坏你让我回家的兴致的。

我很困惑。你本该知道我有方方面面的事情要联络，并且还要考虑很多事。

全身心地拥抱你，并请你不要担心。

CH. 波德莱尔

我有点儿迷糊，签名的时候还以为是写给别人的。

致路易·布耶 ①

［巴黎］［18］58 年 11 月 30 日

我亲爱的朋友：

我受人之托告知您，明天您将在《当代评论》上读到一篇评论您剧本的美文 ②，而且《当代评论》随时恭候您的光临。

祝好。

CH. 波德莱尔

致奥古斯特·普莱-玛拉西

［巴黎］1858 年 11 月 30 日

我亲爱的玛拉西：

随着彻底离开巴黎的日子越来越近，您如能告诉我打算何时来巴黎，

---

① 路易·布耶（Louis Hyacinthe Bouilhet，1822—1869），法国诗人，福楼拜的挚友。

② 路易·布耶创作的戏剧《海伦·佩隆》（*Hélène Peyron*）于 1858 年 11 月 11 日在奥德翁剧院首演，11 月 30 日的《当代评论》发表了埃米尔·夏斯勒的剧评。

我将不胜感谢。

烦请您今天就答复我。

您的

CH. 波德莱尔

伏尔泰滨河道 19 号

致奥古斯特·普莱-玛拉西

［巴黎，1858 年 12 月 3 日］

［摘要。波德莱尔请玛拉西再给他提供足够多的钱，以应对库奇内夫人的讨债以及可怕的执达员……］

我又继续创作《鸦片吸食者》了。在此情况下，请您立刻把那些德国绘画 ① 托付给一位朋友。是文学翻译，对不对？

致奥古斯特·普莱-玛拉西

［巴黎］1858 年 12 月 7 日晚九点

我亲爱的朋友，您曾让我欢喜若狂，现在又让我难过至极。您信中所言天经地义，不容辩驳，唯有结尾（那个权宜之计）欠妥 ②。

然而我还是要答复您这封信，因为它不过是在重复我们（您和我）都曾预料到的那些反对意见，而我也希望能提出这些反对意见，以便您轻易就能注意到。

首先，两件事：第一，我要是能完成全部稿酬项下的所有工作，就用不着请您帮忙了。第二，请您注意，我从不掩饰这是您在帮我一个大忙；

---

① 波德莱尔对德国绘画很感兴趣，特别是阿尔弗雷德·雷特尔的绘画《1848；死者之舞》（*La Danse des morts en 1848*）。

② 玛拉西希望波德莱尔能根据与《当代评论》签署的合同向他提供一份还款委托书。

但与此同时您也得理解，对我来说这是一个安全攸关的问题，即我可以立即享受这种安全并因此确保更积极地工作。此事难道不具有某种价值或至少是某种道德价值么？如果将来您让我去做某件困难的乃至有风险的事时，我也会尽力而为。

现在回到您的信上来。我对您说过，扼要地说就是："我要履行一项合同；期限是六个月；我授权您领取合同项下的收入，而且，如果我出现怠惰或去世这类情形，我留给您一份关于您的票据的收据，您可以从我的其他收入中获得清偿。"

我承认，无论上述哪种情形出现都不能绝对保证您和我的票据截止日期完全相符。（您的信只关心这种可怕的相符。）您在交谈时提及的这个对您来说的确很严重的问题时我回答说，我只能寄希望于您的热忱和卡洛纳对我的文章做出的承诺：有文则发、随到随发。

还有几句话：我告诉您的没有一句假话；我对您说的话您一句都不该怀疑。所以，为了能让我获得我渴求的安宁，请您再试着想想其他办法。

比如说：能在我母亲家获得清偿的我的票据（这样能增加一点儿小小的保证，不用害怕我母亲拒付），而且，无论如何，玛拉西毕竟是背书的责任人，我可以提供两份相关的委托书，虽然这话听起来有点儿离谱。

还用告诉您可以对我开火，就像您曾经想做的那样么（我刚刚想到了这种无聊的行为）？还用告诉您我只是简单地请求您要做正确的事么？

既然您思维古怪，我必须恳请您不要断章取义，也不要只看挖苦话或温情话。

您的错误在于以非难轻率的行为来掩饰或摆脱自己的恐惧。为什么您要我为那些非我之错担责呢？

祝好。回信请寄博特里利斯路22号，立刻。您想象得出我现在是什么状态。

夏·波

请向德·布鲁瓦斯问好，什么都别对他说。

如果回信地址不写博特里利斯路22号，很晚我才能收到您的回信。

致奥古斯特·普莱-玛拉西

［巴黎］1858 年 12 月 9 日晚六点半

我亲爱的朋友，今天上午我就等您一句话；——要么就是今晚，——为撰稿之事我明天必须去拜访卡洛纳。——没有您的答复我该如何作答？您的答复要点显然将引导我和他的谈话。索性痛痛快快写一个漂亮的"不"字；不，不能用我的票据，不能用您的票据，也不能用卡洛纳的票据；那样的话，我会很高兴。有一点明白无误，收不到您的信，我明天绝不去卡洛纳家。

祝好。

夏·波
博特里利斯路 22 号

致奥古斯特·普莱-玛拉西

［巴黎］1858 年 12 月 10 日

我亲爱的朋友，谢谢您；我几乎因发愁和担心病倒了。想想看，我的生活中正有一处迷人的住所虚我以待，而我竟因为一些可怜的债务去不了这个迦南地！

看来我今天没去卡洛纳家是做对了。有了您的信我就可以放心地去了，而且我想做的事情都希望放手让他做。

我的合同在旅馆的书桌里。我明天去找出来。但明天白天我得忙着搬走所有文件，所以您后天只能收到合同，至于您要求我提供的对账单，我只能在见过卡洛纳以后才能提供。

放款人——唉，要是有放款人就好了！——渴望得到这份合同的保证是可以预料的，这样可以防止我用同一份票据借两次钱。这种不信任很自然，但欠厚道。

随信送上我自己记的账目：

我收到（一年前卡洛纳借给我的钱）	350	法郎
交稿（《论印度大麻》）	400	法郎左右
剩余	50	法郎左右
		均为现金

10 月 12 日签订了合同。

我收到 500 法郎（票据）。

《鸦片吸食者》（3 章）已交稿。

合同要求明年 4 月 12 日前交稿 15 篇。还差 12 篇，——这 15 篇文章中的一部分（6 篇）每篇 200 法郎。

其他每篇 250 法郎。

$$6 \times 200 = 1200$$
$$9 \times 250 = 2250$$
$$3450$$

其中扣减应分期支付的票据	500
剩余	2950

理智地讲，以我目前的精神状态，我每月最多能写四篇。——卡洛纳最多能发表两篇（400 或 500 法郎）。

我是不是还得另外写一封这样措辞的信：如果我去世了，我请求我的母亲和自然继承人欧皮克夫人清偿某人依据该份合同借给我的款项若干？

预防措施不错，但就是丢脸。

我没见过您说的《费加罗报》上的文章。我根本不在意，就像我不在意《高卢人》和其他那些只配揩腔的小报文章一样——正因为我的诗表现的是更忧伤、更严肃的东西，所以那些文章就显得尤其可恶 [1]。

我大概会就从西班牙购回的那些油画 [2] 写篇小文。

---

[1] 1858 年 12 月 9 日，《费加罗报》发表阿尔弗雷德·戴米（Alfred Demi）的文章《本周闲话》（Cancans de la semaine），其中讥讽了波德莱尔。同年 10 月 31 日《高卢人》（Le Gaulois）的一篇文章提到了波德莱尔，但算不上攻击。

[2] 卢浮宫刚从西班牙购得 5 幅名画。

我亲爱的玛拉西，让咱们做得更好。我将尽一切努力为我们提供足够的安全。

祝好，并请原谅我昨天的失礼。

明天是 11 日。

我和卡洛纳 12 日见面。

12 日您会收到合同。

13 日您会收到对账单。

CH.波德莱尔
博特里利斯路 22 号

致奥古斯特·普莱-玛拉西

[巴黎] 1858 年 12 月 11 日

我亲爱的朋友：

我只能仰仗您尽力助我离开巴黎了，我在这儿靡费太多，且荒废了我九成光阴。

我今晚把合同寄给您了。您收到了么？

我昨天那些详尽而准确的解释补足了必要的信息。——现在就差卡洛纳确认我的账目并说句话了。我明天晚上就寄给您。

时光飞逝！如果您 13 日上午收到这个东西，那留给我的时间所剩无几了！

您还没告诉我打算用什么法子帮助我实现我的愿望[①]。——您不用担心我惊慌失措。

厚谊不言谢。那些属于里瓦罗尔派和尚福尔派的人是不喜欢说这样的话的[②]。

---

① 波德莱尔想就与卡洛纳签订的合同跟玛拉西借钱。

② 里瓦罗尔（Rivarol），或指法国保皇派作家安托万·德·里瓦罗尔（Antoine de Rivarol，1753—1801）。尚福尔（Chamfort），或指法国诗人和伦理学家塞巴斯蒂安-罗什·尼古拉·德·尚福尔（Sébastien-Roch Nicolas de Chamfort，1741—1794）。

祝好。

夏·波

合同中有不少文学方面的条款（例如不许给某些报社投稿）是可以违反的；我和他 [①] 有约在先。

明天我会利用这次拜访告知他我们打算请他发表属于《杂文集》(Variétés) 里的文章和诗。

我想，如果我们（您或我）打算用票据来解决这个问题，就可以一直让卡洛纳提供票据而由您贴现，这样就可以创造出那种"相符" [②]。只要让他看到我工作守时即可，但我明天不会和他谈这件事。

致欧皮克夫人

［巴黎］1858 年 12 月 11 日

我亲爱的母亲：

我又给你寄了一个新包裹；因为所有拖延都不意味着我放弃了自己的目标。

你不用给我写信，如果写了就请寄到博特里利斯路 22 号。不过你的信寄到时我可能已经在阿朗松了。

明天我去伏尔泰旅馆处理最后几件事。

我还要再寄给你四件包裹，但要在阿朗松短暂停留回来以后才能装箱或打包。

我那篇《鸦片吸食者》让我很不放心。我担心做了一件招人恨的事。真没有必要拿出那么多精力让不了解毒品的人了解毒品。

你收到的米什莱夫人的《爱情》 [③] 获得了巨大成功，女性的成功；我还没读过，不过我能猜到这本书肯定倒胃口。

---

① 指卡洛纳。

② 参见波德莱尔 1858 年 12 月 7 日致玛拉西的信。

③ 米什莱夫人（Athénaïs Marguerite Michelet，1826—1899）是法国历史学家于勒·米什莱 (Jules Michelet，1798—1874) 的夫人，其长篇小说《爱情》(L'Amour) 刚刚由阿歇特出版社出版。

《法妮》也是一本大获成功的书，其实让人极度生厌，极度生厌。

而《幽默十四行诗》则是一本迷人的书。

我身上如果还能剩点儿钱，会给你带回一些新年礼物。

全身心地拥抱你。

　　　　　　　　　　　　　　　　　　　　　　　　　　　夏尔

致阿尔封斯·德·卡洛纳

　　　　　　　　　　　　　　[巴黎，1858 年 12 月 15 日星期三]

亲爱的先生：

　　我们明天晚上（星期四）动身①，比我预想的早很多。这样也好。但往返票呢？

　　如果我的事务需要我在阿朗松停留三到四天，我会带着需要写的东西。就像没离开巴黎一样。

　　我发现德·卡洛纳夫人很喜欢浪漫故事，所以我今天上午冒昧地把《阿瑟·戈登·皮姆历险记》和《我们这个时代的一位英雄》②寄给了她。

　　玛拉西渴望与您结识；但他的拜访绝无个人目的。既然您好心帮助了他，他当然乐于领受。另外请您别忘了提醒两位沙托利斯基先生，他们在这场官司中的表现极有可能事与愿违，败坏他们的声誉③。

---

① 波德莱尔 1858 年 12 月 16 日和玛拉西一起离开巴黎，在阿朗松停留了 12 天，12 月 28 日或 29 日回到巴黎，随后又在 31 日去了阿朗松。

② 《我们这个时代的一位英雄》（*Un héros de notre temps*）是莱维出版社 1856 年出版的一部俄罗斯短篇小说集，与波德莱尔翻译的爱伦·坡作品属于同一书系。

③ 玛拉西于 1858 年 5 月出版《洛赞公爵回忆录》（*Mémoires du duc de Lauzun*）以及路易·拉库尔（Louis Lacour）对这部回忆录所做的注疏。检察机关以有伤风化为由对该书提起诉讼，但被法院驳回。然而沙托利斯基亲王以诽谤罪起诉了出版商，因为回忆录的部分章节涉及沙托利斯卡公主。1859 年 1 月 26 日，第六轻罪法庭判处路易·拉库尔 3 个月监禁和 100 法郎罚款，判处玛拉西和德·布鲁瓦斯一个月监禁和 500 法郎罚款。玛拉西和德·布鲁瓦斯提起上诉，要求判处他们同样 3 个月监禁，他们愿意入狱服刑，但请求降低罚款数额。1859 年 10 月 21 日该罚款从 500 法郎降到 200 法郎。因卡洛纳通过其婚姻跻身俄罗斯–波兰上流社会，故波德莱尔有此说项。

祝好。您若有回信请交给来人。

夏・波

致奥古斯特・普莱-玛拉西

[巴黎] 1858 年 12 月 30 日

我亲爱的玛拉西：

一切都是为了做得更稳妥。为减少迟延（我那些个人的小物件 ① 将在 4 日出售），请提供给肖瑟皮耶 ② 两份委托书，《当代评论》一份，《恶之花》和爱伦・坡（全三卷 ③）一份。

细节我就不谈了。您可以读一下唐雷的信。他写了四行。

我今晚或明天动身。这次没带送给你妹妹的礼物 ④，请别生我的气；我两三天以后再带。

卡洛纳刚刚为费多的一部十五章的新小说付了 10000 法郎 ⑤。我发了一通火；但这更像是一种投机！

祝好。——展期是必要的。

夏・波

没有银行接受贴现。全怪您的《洛赞公爵回忆录》或者说您的拉库尔，唐雷没把所有事一次做完。

九个月内清偿 ⑥。

记着提醒我把和萨索诺夫会面的情况告诉您。

---

① 不清楚波德莱尔出售了些什么"个人的小物件"，因为他没有通过公开拍卖出售这些物品。

② 肖瑟皮耶（Antoine Chaussepied）是阿朗松的两位业务代理人之一，是土地信贷银行（Crédit foncier）的客户评估师。

③ 指莱维出版社出版的三卷爱伦・坡作品。

④ 可能是送给玛拉西的妹妹的一份新年礼物或生日礼物。

⑤ 指费多的小说《达尼埃尔》（Daniel），《当代评论》1859 年 1—4 月连载了这部小说。

⑥ 唐雷可能拒绝了为这份清偿期为 9 个月的票据贴现。他已经知道玛拉西被告上了第六轻罪法庭，他担心对玛拉西的罚款可能会影响他自己的资金流。

致欧皮克夫人

[巴黎][18]58 年 12 月 31 日

我亲爱的妈妈：

我正在沙特尔（Chartres）车站餐厅给你写信。我不得不在阿朗松耽搁了十二天。我已经回到巴黎，今天上午再赴阿朗松。我肯定会从阿朗松给你寄几件漂亮的彩陶，让你从中挑选中意的。

我星期一回巴黎。

拥抱你，并共祝我们新年好。

夏尔

你收到那个装满小册子的大箱子了么？

致阿道夫·勒马雷夏尔 ①

[1858—1859 年？] 星期日

我亲爱的勒马雷夏尔：

下面提到的事情我只能求得您的合作。我对您提到的那个人只给了我一个极为简单的答复：因为您本应在 8 日收到钱，所以我特别不好意思；——您再说是我承诺的也完全没有意义。另外我也做不到。

所以我只能向您提议展期半个月；再说让我 9 日还钱也没有意义。——我明天一大早就去您家，带着展期的欠据。——您完全可以高枕无忧，——不能马上去找您我深表歉意。我现在圣路易岛（l'île Saint-Louis），在杜米耶家，最近这几天他差点儿死了 ②，我正陪着他的夫人。晚餐后我还要去长沙发咖啡馆。——我再重复一遍，您完全无须担心您的债权。

---

① 阿道夫·勒马雷夏尔（Adolphe le Maréchal，1823—1875），法国地方志学者，出于对戏剧的喜爱而结识波德莱尔。波德莱尔曾向他借过几次钱，但都数额不大。

② 杜米耶（Honoré Daumier，1808—1879），法国画家、雕刻家，擅长讽刺漫画、石印画及雕塑，其讽刺画驰名全欧。杜米耶生病一事在他的传记中也没有记载，唯有波德莱尔这封信披露了此事。

既然我今晚不能去找您，那咱们明早见。

CH. 波德莱尔

致阿尔芒·迪梅尼尔

[1859 年初？ ①]

致阿尔封斯·德·卡洛纳

阿朗松，1859 年 1 月 1 日

亲爱的先生，我把在火车上遐想的成果寄给您。我迫切恳请您在 15 日的《当代评论》上刊发此诗。我不想让您的读者忘掉我。

在这首骷髅诗 ② 中您会看到我努力的成果，我在粗俗嘲讽的古代骷髅之舞中融入了中世纪的寓言形象。

＊＊＊

我会给您带钱来，而且多多益善，使您能摆脱所有责任。我要与您精诚合作。我的朋友玛拉西也在竭尽所能，将自己的友情与商业责任协调起来。

他刚刚告诉我他给您寄了一册精选的增补本《珐琅和雕玉》，以及一册简装本，供您馈赠您中意的撰稿人。

有件事玛拉西先生不会对您说，我敢说，就是请您想着沙托利斯基那件事；那个小竖子拉库尔为了洗白自己，发疯了，找到了公主的好几封信。这些高高在上的年轻人怎么就不明白，不会有人觉得他们的祖母爱上了一位法国军官有什么不理性？那根本就不丢脸。

---

① 波德莱尔的这封信可能是一封申请资助的信，因为他在 1859 年 1 月又收到了一笔补贴。也可能是为陷入官司的玛拉西向迪梅尼尔求情。

② 指《骷髅之舞》(*Danse macabre*)。这首诗的灵感来自欧内斯特·克利斯托夫的一幅雕塑草图，1859 年 3 月 15 日发表于《当代评论》。

＊＊＊

这个装诗的小包裹丝毫不影响我将从翁弗勒尔给您寄出的（更令人惊讶的）大包裹。如果您喜欢这首十四行诗 ① 和那首《骷髅之舞》就请告诉我。——请向德·卡洛纳夫人转达我的敬意。

夏·波

我星期一到巴黎。

致阿尔封斯·德·卡洛纳

［巴黎］1859 年 1 月 8 日星期六

亲爱的先生：

我想请您帮我一个天大的忙，您看，我一点儿都没有不好意思；我们现在已相知甚深了。

您付我的首笔预支款比《论印度大麻》应付的要多。第二笔预支款与行将交稿的《鸦片吸食者》（这篇文章可视为第一篇文章的姊妹篇）大致相抵，——若再加上已向您交稿的几首诗的稿酬，您的预支款已不足以偿付我交稿的文章了。我有理由相信您对我已经有足够的信心，这让我可以向您申请第三笔预支款，此即请您帮的那个大忙；一个大怪物 ②：1000 法郎，这笔钱足以帮助我逃出巴黎。您知道一年来我始终不渝追寻的就是这一目标么？我感到深深的厌倦；我全部时间都荒废在了无谓的奔波中，我甚至担心在那个我和您说过的陋室里完不成《鸦片吸食者》的最后几页。

我知道，像我这样预支款一到手就花掉，再接下来勤奋工作还债实在不是一个好习惯；但我一直都是这么做的：无论是跟玛拉西、米歇尔·莱维合作，还是为其他报刊撰稿。再说我真是迫不及待想逃离这座城市，因为欧皮克夫人在等我，但为了不让一位孤独老妪担心，我的麻烦和迟迟不走的原因都没有吐露给她。

---

①　可能是《西西娜》（*Sisina*）。

②　拉丁文：monstrum ingens。

您知道，写完《鸦片吸食者》之后我就要写《理想主义的画家》[1]了。我跟您说过这个题目。善与美的极度混淆，本世纪诸方面都狂悖且不合理，在艺术上更是如此。在缪斯和艺术的眼中，任何追求纯艺术理想的人都是异端。所以我要像分析病人那样阐述理想主义的画家；他们偶尔显露出某种天才，但这种天才也是病态的，等等……等等……

《理想主义的画家》完成之后是诸多形形色色的文章，这些文章从来没有过也永远不会有，它们既非黄金也非白银。只是小说或诗歌。既然是敞开心扉给您写信，那就请允许我对小说的主题有更多思考。我想让我永恒的命题能在小说中别开生面：让道德追求善，让科学追求真理，让诗歌乃至小说只追求美。不懂得将自己的才能与既定目标相结合的人不是哲学家更非艺术家；有时我觉得您有些畏首畏尾，这让我有点儿心寒。如果能看到您更加大胆和富于创新精神，如果我觉得能仰仗您且能得到您的支持，我还可以向您奉献一系列振聋发聩的中篇小说，其风格既非巴尔扎克也非霍夫曼，更非戈蒂耶，甚至也不是爱伦·坡风格，尽管他是所有人中的王者。

能走到那一步，我就提前告知您和我续约。250法郎[2]对一个只能依靠产钳呕心沥血创作的大脑来说远远不够。这种头脑须具备运筹和分析能力，所以往往进展缓慢且常常不能令自己满意。我就属于这群人之一（这种人非常罕见），他们坚信任何文学作品甚至评论文章都必须在认真创作和谨慎操控下才能完成。一切作品莫不如此，哪怕是一首十四行诗；您想想看，这得多劳心！

我相信我已对您知无不言；我永远成不了富人，我拥有的只有孤寂中的才华。给您写信之前（我担心提出稿费预支问题可能会打乱您的财务安排），我想到过给一位拥有支配文学资助经费的大臣写信。但尽管我在这方面非常谨慎（这样的资助过去几年我只申请过两三次），我还是要向您说明，首先，比我还穷的文人大有人在，其次，申请资助的过程非常缓慢，最后，坦率地说，政府部门的资金也很匮乏。

---

① 《理想主义的画家》(*Peintres idéalistes*) 即《哲学的艺术》(*Art philosophique*) 一文。
② 卡洛纳与波德莱尔签订的合同中规定，波德莱尔每篇文章的稿酬是250法郎。

请朋友帮忙时应当感谢朋友曾经帮过的忙。对我来说这正是个天赐良机，我不仅要谢谢您乐于助人，还要感激您和我之间业已存在的良好的文学关系。当我打算为《当代评论》撰稿也就是您邀我加盟时，有不少人多次向我表示过不安和厌烦。可如今，在这个帝制派的大本营里，《恶之花》的作者竟能享受到比其他任何地方都更大的表达自由，这不是一件好事么？您还会赋予我更大的自由，是不是？

喔呦！这封信很重要。——我没打草稿。——全身心遵从您的吩咐，并请向德·卡洛纳夫人转达我的敬意。

CH. 波德莱尔

对账单

［巴黎，1859 年 1 月 9 日］

已审阅并确认本对账单，结转给昂塞尔先生的余额共计四百八十八法郎九十六生丁。

CH. 波德莱尔

致波利多尔·米约

［巴黎］［18］59 年［1 月］10 日星期一

先生：

我想请您以您众所周知的善意——我还从未领略过这种善意——帮我一个小忙。有两位银行家拒绝为我贴现一张由书商开具的非常有信用的记名票据，其借口（非常恶劣）是这张票据要在九个月内清偿。三个月清偿显然比九个月清偿要好。可我需要这笔钱去一个有人等着我的地方，在清静中度过一个冬季，而如今我却在巴黎荒废时间。

我希望您还记得我的名字，我曾经是《国家报》的一位老撰稿人。

既然我已斗胆请您帮忙，那就不妨再烦请您在《新闻报》^① 的小说家中为我留一个位置。我若能动身，两个月后我可以腾出时间为您创作一种全新的短篇小说种类。

先生，请接受我崇高的敬意。

夏尔·波德莱尔

（《恶之花》《怪异故事集》等作品的作者）

致波利多尔·米约

［巴黎］1859 年 1 月 10 日星期一

先生：

我把今天上午和您谈到的那张票据寄给您。我今天又遇到了雅奈先生^②，他推心置腹地问我：这张票据没问题吧？所以我要解释一下今天上午没有谈到的情况。

玛拉西先生拥有阿朗松的一家印刷所、一家报社和两家商号，在巴黎销售他在外省出版的书籍。我需要的资金太多，他提供不了。为减少现金支出，他给了我这张票据，以换取我在下述三家出版社应获得的收益：1. 他的出版社，2. 米歇尔·莱维的出版社，3. 德·卡洛纳先生的出版社，即《当代评论》。您可以在这三家机构的广告和出版目录中找到我的名字。

我现在人在巴黎，但实际住址在翁弗勒尔，和我母亲欧皮克夫人生活在一起；就是我背书中写的那个地址。我还有一个问题想问您，您对该问题不会有兴趣而我们非常感兴趣：如果我们太早拿到钱，该存放何处才能至少收回跟利息相等的钱？

我离开您的办公室后得知玛拉西先生已抵达巴黎，他是为《洛赞公爵回忆录》一案而来的；我埋怨他清偿期限过长。但他不想松口^③。

---

① 波利多尔·米约（Polydore Millaud）是一位银行家，也是《新闻报》（*La Presse*）的老板之一。

② 雅奈（Pierre Jannet，1820—1870），法国藏书家、目录学家，《欧洲评论》的撰稿人，玛拉西的挚友，后于 1862 年 7 月接任《轶事评论》（*Revue anecdotique*）社长。

③ 这张票据由玛拉西签字，清偿期限为九个月，波德莱尔想用这张票据偿还唐雷，但唐雷以清偿期限过长为由拒绝贴现。

先生，请接受我崇高的敬意。

CH. 波德莱尔

致波利多尔·米约

［巴黎］1859 年 1 月 10 日

先生：

我感到十分不快，只能在没有您帮助的情况下自行解决此事了，而我原本指望由您解决，所以才请您帮忙，尽管它不属于您的义务。

我此信的第二部分是想让您知道，您让科恩先生（M. Cohen）回复我，我就不得不和一个我根本不认识的人打交道。

这两种情况下我都希望并渴望得到您本人的答复。

先生，您不要见怪，如果我需要再请您帮忙时，我会让人告诉您的代理人，让他跟我的代理人办理此事。

先生，请接受我崇高的敬意。

夏尔·波德莱尔 ①

致奥古斯特·德·夏蒂雍 ②

［巴黎，1859 年 1 月中旬？］

这是 20 法郎。——很抱歉今天只能还给您这么多。——请记得问候小咖啡馆 ③ 的所有人。我不在巴黎。

---

① 结果波德莱尔又拖了 15 天后才去翁弗勒尔。
② 奥古斯特·德·夏蒂雍（François-Joseph-Auguste de Châtillon，1808—1881），法国画家和雕刻家。
③ 指奥德翁广场（place de l'Odéon）的布鲁塞尔咖啡馆（Café de Burxelles）。

致爱德华·戈普

[巴黎，1859年1月中旬？]

我亲爱的戈普：

如果请您在三天内通读此书①，并在聊天时为我概括一下全书大意，这要求是否太冒失？

我要动身去翁弗勒尔了，在那边写作一定很惬意。

我要去买版画了，这是第三次②。

万分抱歉，万分感谢。

[致奥古斯特·普莱-玛拉西？]

[巴黎，1859年1月下半月？]

我亲爱的朋友：

给您的按语③写好了，15日发表。

请您留意我的包裹，请写上：易碎品④，卡尔瓦多斯省，翁弗勒尔，欧皮克夫人收。

我想您肯定会十分满意这篇按语。

祝好。

夏·波

---

① 可能指发表在《当代评论》上的一部德国作品——戈普是德国文学专家。

② 不清楚波德莱尔要去买什么版画，但肯定不是居伊的作品，因为波德莱尔对居伊作品产生兴趣是在1859年12月。

③ 指波德莱尔应玛拉西之约为戈蒂耶诗集《珐琅和雕玉》而写的按语。

④ 这个包裹是波德莱尔1858年底到1859年初在阿朗松逗留期间为欧皮克夫人购买的彩陶。

致奥古斯特·德·夏蒂雍

翁弗勒尔，1859 年 1 月 27 日

我亲爱的朋友，昨晚我收到了国民教育部的一封信。我马上要给大臣和古斯塔夫·鲁朗先生写几个字[①]。

至于您，您以如此高效告知我这个消息，仅仅感谢是不足以表达谢意的，今天我要感谢您多次向我表达出的友谊，也感谢您在我动身前夜告诉我这个喜讯，我会记住这一天的。——全身心地听候您的吩咐。

CH. 波德莱尔

我刚才写在信封上的名字好像有一个拼写错误——请您原谅。——若有人写错我的名字，我是会耿耿于怀的。

既然迎来送往是您工作的常态，工作之余若您仍有闲暇从事雕刻，不妨考虑在高品质印章的手柄上雕刻些哥特式的阿拉伯纹样。

致古斯塔夫·鲁朗

翁弗勒尔，1859 年 1 月 27 日

大臣先生：

我谨冒昧地给您写几句话，我不仅要感谢您颁发给我文学补贴，更要感谢您表现出的仁慈。

我的朋友们为我申请该资助的同时，希望我能为那份新创办的杂志[②]撰稿。对此我不得不回复说，我将继续为德·卡洛纳先生撰稿，除非在此次他决意坚持到底的斗争中彻底败北，我跟他关系密切不仅因为我们之间有合同的约束，更因为他良好的为人。蒙受阁下恩惠之时，我这个小小的

---

① 夏蒂雍刚刚在国民教育部谋得一个职位。1 月 22 日他通知波德莱尔国民教育部决定为他颁发 300 法郎补贴。颁发补贴的正式通知是 1 月 25 日发出的。

② 指《欧洲评论》（Revue européene）。这份杂志是政府支持创办的，目的是制约不怎么听话的《当代评论》。该杂志由奥古斯特·拉科萨德（Auguste Lacaussade）担任社长。鲁朗大臣收到这封信后转给了拉科萨德。

解释在许多人看来也许多余甚至不甚得体。我尽管从未蒙您接见，但我想，您一定是赞赏这种情感的。

大臣先生，请再次接受我的感激和深深的敬意。

CH. 波德莱尔

致一位裁缝

[巴黎，1859年1月底或2月1日。参见下一封致阿瑟利诺的信。]

致夏尔·阿瑟利诺

翁弗勒尔，1859年2月1日

我亲爱的阿瑟利诺：

我到了，已经妥善安顿下来了。我要好好赚钱了，再没有什么借口不好好工作了。

我刚刚给咱们那位裁缝写了信，跟他说了实情，告诉他我把他的名字和账单已经转交给了一个我经常从他那里取钱的人[1]；——说我原本以为此人新年时已经把钱还给他了，可我刚刚核对完账目，发现还欠着他的钱，所以就不便再提更多的要求了；说既已如此他就是告状也得不到偿还的，要等我的债务清零后才能再还他钱，也就是说要等到三月底；并说这段时间里我会尽力还他一点儿钱。

我的信还有另一个目的。就是祝贺您发表了《吕西安·S.》[2]。我在这儿只读了一遍。这可真是一鸣惊人呀！真让人羡慕嫉妒恨！遗憾的是太短了，我的朋友，还是太短了。犹如一部长篇小说的删节版。但还是有很大

---

[1] 指昂塞尔。

[2] 《吕西安·S.》(*Lucien S.*) 是阿瑟利诺的一部短篇小说，连载于1859年1月10日和20日的《法兰西评论》。

区别。

是不是莱利奥的妻子去世了？您就不担心他会从中找些什么麻烦么[①]？

祝好。

夏·波

我在手头的几份报纸中搜索玛拉西案的结果，但没有找到[②]。

卡尔瓦多斯省，翁弗勒尔

请向萨索诺夫、巴布、拉马德兰和卡尔代转达我深厚的友谊。

我二月中旬或月底去看您。

致奥古斯特·普莱-玛拉西

翁弗勒尔，1859 年 2 月 1 日

终于！我彻底安顿下来并为履行所有义务准备就绪了；我是说：不能再为不好好工作找借口了！

我尚未得知您那个案子的结果。请回信告诉我；我极想知道；我关心您的钱袋有多种原因，我可不管您服膺的那些自私论的理论家说些什么，反正其中至少有一个原因不是出于自私。

我刚刚又提醒了德·卡洛纳别忘了发表那篇《珐琅和雕玉》的按语。

祝好。请向德·布鲁瓦斯转达我的友谊，并请向令堂大人和令妹致意。

CH. 波德莱尔
卡尔瓦多斯省，翁弗勒尔

---

① 阿瑟利诺对波德莱尔担心的这个问题没有作复，但他在《吕西安·S.》这部短篇小说里描写的"戏剧性场景"的确是"对饮水派和莱利奥的回忆"。所谓"饮水派"(les buveurs d'eau)，是指 19 世纪巴黎拉丁区的一个崇尚波希米亚生活方式的艺术家群体，因为他们在咖啡馆里除了能买一杯咖啡以外，再无足够的闲钱为自己买上一杯酒。莱利奥(Adrien Lélioux) 是"饮水派"的成员之一。

② 指《洛赞公爵回忆录》案。参见波德莱尔 1858 年 12 月 15 日致卡洛纳的信。

致阿尔封斯·德·卡洛纳

翁弗勒尔，1859 年 2 月 1 日

亲爱的先生，这下子我彻底安顿好了，开始听候您的吩咐。

15 日以前您一定会收到完整的《鸦片吸食者》，我又重新对这篇文章进行了改写、阅读、修订和誊抄。

《骷髅之舞》何时发表？

我在这里收到了公共教育部的一封公函，告诉我那个小问题已经解决了。我有理由说那是个小问题，因为只能解决很小的问题。

我不用再跟您说我离开巴黎之前去了两三趟公共教育部，他们跟我谈了您的事吧？如果我告诉您我回答了什么，您可能会以为我吹牛。——请您把《骷髅之舞》的清样寄到我这儿来吧，因为我 2 月底之前不会去巴黎。

卡尔瓦多斯省，翁弗勒尔
夏尔·波德莱尔

这样就够了。

如果您能拿出五分钟时间告诉我您的情况、报社的情况以及您的期望①，我会非常高兴的。请您相信，我这种好奇心不只是考虑个人的利益。

从现在开始，您每月至少能收到我两篇文章。

请问埃尔维先生好。

请向德·卡洛纳夫人致意，并请转告她我上次有幸见到她时，她那些友善的话让我非常感动。

夏尔·波德莱尔

目录页如果还有空余的地方，就请刊发《珐琅和雕玉》的按语吧。

---

① 卡洛纳希望能继续获得政府的支持和资助。

致泰奥多尔·杜赛索瓦

[巴黎，1859 年 2 月初。参见波德莱尔 1859 年 2 月 27 日致小戈蒂耶的信。]

致于勒·巴尔贝·多尔维利

[翁弗勒尔，1859 年 2 月 2 日或 3 日。波德莱尔在信中给巴尔贝·多尔维利寄去了三首诗的手稿，第一首是《远行》(Le Voyage)，第二首是《信天翁》(L'Albatros)，第三首可能是《骷髅之舞》。]

致奥古斯特·普莱-玛拉西

翁弗勒尔，[18] 59 年 2 月 4 日

我亲爱的朋友：

请您把那些裁决理由 ① 剪下来装进信封寄给我。

您真幸福，有一位古罗马气质的母亲。我的母亲碰到这类事情肯定就跑到施害者那边去了。

那 1000 法郎的损失真让人窝心！

请就《当代评论》的事写几个字给我，告诉我您认为走势如何。

请寄给我您写的评论爱伦·坡的第二篇文章，就是我还没拜读过的那篇 ②。

我又为《恶之花》写了一首新诗：《远行者》③，献给了马克西姆·杜刚；我想尝试着能像尼科莱那样越来越有力 ④。

---

① 指《洛赞公爵回忆录》案的裁决书。

② 玛拉西评论爱伦·坡的第二篇文章没有留存下来，目前所见只有他 1853 年 1 月 9 日发表在《阿朗松报》上的一篇评论，并附有《乌鸦》的译文。

③ 《远行者》(Voyageurs) 是《远行》(Le Voyage) 一诗最初的题目。

④ 尼科莱 (Nicolet)，指法国演员、盖泰剧院的创办者让-巴蒂斯特·尼科莱 (Jean-Baptiste Nicolet，1728—1796)，他始终以其作品的不断创新赢得观众。

现在，谈谈咱们的事吧。

感谢您提供的信息。这些消息很宝贵。

致阿尔封斯·德·卡洛纳

[翁弗勒尔] 1859 年 2 月 11 日

我亲爱的社长：

一、我寄给您的这件包裹能向您证明，如果您在 12 日收到，那您的包裹肯定是 10 日才从巴黎寄出的 ①。时间对得上吧?

二、您删掉了我的献辞让我甚为遗憾 ②。您的信送到时，克利斯托夫先生给我的信也送到了，他告诉我他不仅完成了那具骷髅的雕塑，还制作了一尊精美的小雕像 ③。我的确应该在这首小诗前面写上他的名字以示感谢。请您放心，克利斯托夫先生非常优秀，他的名字不会辱没您的杂志。他是那尊著名雕塑《哀伤》(*La Douleur*) 的作者（这尊雕塑现藏万国博览会），另一尊卓越的雕塑收藏在卢浮宫。

三、第一节。——我删掉了那个阳性名词（即"骷髅"，这个词现在看不到了），代之以一个阴性形容词"活灵活现"(fière)，立刻就容易理解了。

第十二节。——您选择修改这一节是不对的。首先，前一节已有了一句"恐怖之念布满你眸中深渊"。再改成"充满恐怖的双眼"就重复了，显得我太没想象力了。

"尤物"(gouge) 一词的选择可谓完美，它是唯一一个来自古老语言且适用于骷髅之舞的词汇，可以说是骷髅之舞的当代表达。风格上完美统一。最初说"一个美丽的尤物"时，只是说某个女人很美，后来"尤物"一词的意思变成了"随军妓女"，在那个时代，士兵们可以没有随军神甫，而后勤辎重队伍中却不能没有随军妓女，否则就拒绝行军。当时甚至还为

① 这件包裹里寄的是《骷髅之舞》的清样。

② 这段献辞"献给雕塑家欧内斯特·克利斯托夫"后来在发表时保留了。

③ 欧内斯特·克利斯托夫是在 1859 年 2 月 10 日的信中告知波德莱尔他完成了这 2 件作品的。后来波德莱尔在《1859 年的沙龙》(*Salon de 1859*) 一文中特别介绍了这 2 件作品。他的另一件作品《哀伤》(*La Douleur*) 曾在 1855 年沙龙展出。

此订出了规章，允许这种随时随地的逸乐。所以说，死神不就是追随万邦大军的那个"尤物"么？不就是一位其拥吻绝对令人无法抗拒的随军妓女么？色彩、对比、隐喻，一切都对。您的批判意识那么敏锐，怎么就猜不出我的意图？

请您再把目光投向第 50 行的"勒夫莱斯"（Lovelaces）一词 ①。如果是个普通名词，"L"就要写成小写的"l"，后面以复数的"s"结尾。如果是一个想用来偶尔归纳概括的专有名词，根据语法规则，就要写成大写的"L"，后面没有"s"。简言之，"Lovelace"在这首诗里就相当于交谈时使用的普通名词，所以我建议写作小写的"l"，并以复数的"s"结尾。

《骷髅之舞》中的"骷髅"不是某个人，而是某种寓意。在我看来不应该大写。其寓意众所周知，即：世界这列火车系由死神所驱动。

您告诉我说一切顺利。那太好了，因为我见过的一些人可不希望您顺风顺水。

请问埃尔维先生好。请向德·卡洛纳夫人致以我最亲切的友好问候。

不用把献辞写进目录。一加标点符号就不美观了。

致泰奥菲尔·西尔维斯特

翁弗勒尔，1859 年 2 月 1 日

您和我，咱们俩可是久违了！什么怪念头让您把自家的地址写在了报纸上！那要罚款 300 法郎呐 ②！我已经见到了。

我在这儿收到了与我同住的那位女士 ③ 寄来的您那篇出色的演讲 ④。我

---

① 勒夫莱斯（Lovelace），英国 18 世纪小说家塞缪尔·理查逊（Samuel Richardson，1689—1761）的小说《克拉丽莎》（*Clarissa*）中的英俊浪荡子。

② 指邮寄印刷品的某条规定，该规定当时仍然有效。

③ 指让娜·迪瓦尔，她仍居住在博特里利斯路 22 号。

④ 指法国文学评论家、艺术史家泰奥菲尔·西尔维斯特（Théophile Silvestre，1823—1876）1859 年 1 月 19 日在伦敦艺术协会用法语发表的演讲，这篇演讲刊登在 1 月 21 日英国艺术协会的会刊上，题目是《从十八世纪下半叶到今天的英格兰艺术、艺术家和工业》（*Les Arts, les Artistes, et l'Industrie en Angleterre depuis la dernière moitié du XVIIIᵉ siècle jusqu'à ce jour*）。

亲爱的朋友，这篇演讲真棒。远比我以前读过的您的文章更强。通篇洋溢着自信和灵气，且拿捏到位，风格也很宏大。

那些现场问答和致辞很让我开心。不是每个法国人都能口若悬河，这一点我们都知道。您可是其中的佼佼者。让我大为惊诧的是有个人竟声称斐拉克曼 ① 的作品并非模仿，而是纯粹的创造。

您应该把这篇文章和我们所有的朋友分享。大家一定会非常喜欢。我把我的那份寄给玛拉西了，请您再给我寄一份，我想收藏。

您有时间的话可以在《艺术家》上读读我写的论戈蒂耶的文章。我已经写完了。可能会在从今天开始的第二个星期天发表 ②。——还有我在《当代评论》发表的《骷髅之舞》以及去年 10 月发表在《当代评论》的《艺术家的理想》 ③。

您忠实的朋友

CH. 波德莱尔

卡尔瓦多斯省翁弗勒尔

通信地址这样写就可以了。邮局知道我住在哪儿。

致奥古斯特·普莱-玛拉西

［翁弗勒尔］1859 年 2 月 13 日

我亲爱的朋友：

鉴于您一而再、再而三地就您目前的处境诉苦，我就再说一遍我已经对您说过的话：如果您因可能出现的无法清偿而陷入被剥夺的境地，我一定会及时用其他文章的收入弥补您的损失。而且我会积攒起从其他地方收来的钱。关于月底要支付的那 80 法郎，我再给您写几个字。——现在大家都把我忘了；在某处我有 300 法郎，另一处也有 100 法郎，在某处有

---

① 斐拉克曼（John Flaxman，1755—1826），英国雕塑家和插图画家。波德莱尔在《1846 年的沙龙》中曾讥讽过他。

② 这篇文章直到 1859 年 3 月 13 日才发表。

③ 波德莱尔记错了。1858 年 9 月 30 日发表在《当代评论》上的是《论印度大麻》。

150 法郎，另一处还有 150 法郎，这些应该付给我的钱至今未付。人一不在，那些人就乐得优哉游哉。

您把我写给迪梅尼尔的信从阿朗松寄走了么？——这封信很重要 ①。

还有您那篇评论爱伦·坡的文章呢？您以七年前的方式评论爱伦·坡很合我的意。谢谢 ②。

我终于收到了《骷髅之舞》的清样。据卡洛纳说，他目前一切顺利。

一旦完成了《美学珍玩》我就通知您，然后动身去阿朗松，您不必费心款待我。——我已经完成了那篇戈蒂耶的研究文章。我认为他肯定满意，您和我们所有的朋友也一定都会满意。

祝好。

CH. 波德莱尔

请向令妹和令堂大人转达我的敬意和友谊。至于德·布鲁瓦斯（您永远不会因为我的错误落进他的彀中），请用您满是诗意磁力的双拳使劲轮番拍打他的后背和太阳神经丛。该方法可视为一种咒语，根据高级魔法 ③的仪轨，被强大意志加持过的所有咒语都有助于成功。但这种痛苦而有益的手术并不妨碍您向他转达我的问候。——再谈。

CH. 波德莱尔

致奥古斯特·普莱-玛拉西

［翁弗勒尔］［18］59 年 2 月 16 日

我穷怕了，怕自己一不留神干出什么蠢事，所以刚刚把您的 1035 法郎交给了我母亲，说是一笔存款。

---

① 这封信没有找到，可能是波德莱尔申请资助的信，也可能是为陷入官司的玛拉西向迪梅尼尔求情。

② 玛拉西曾在 7 年前的 1853 年发表过一篇评论爱伦·坡的文章。

③ 高级魔法（haute magie）即黑弥撒（la Messe noire），是撒旦信徒在举行撒旦崇拜活动时用动物或人献祭以鼓励魔鬼的一种仪式。波德莱尔在其《意料之外》（*L'imprévu*）一诗中描写过这种仪式。

我得责备您。您这张票据怎么没填上日期？这太蠢了。

如果三月初我还是凑不够 80 法郎寄给您，就给您寄去一张可在此地清偿的小额票据，您很轻松地就能贴现。

亲爱的朋友，所有人都忘了我。这种无礼让我发怒，我真觉得我该去一趟巴黎了，亲自夺回这儿的 300 法郎、那儿的 250 法郎、还有哪儿的 150 法郎，等等……应该回复而不吭声真是让人发火。

您那篇爱伦·坡的文章呢？

出版拉梅桑杰尔的第三版 [①]？您不会相信这些轻浮的东西——不仅图画而且文字——对我会有什么用吧？

您跟我讲的那些判决很奇怪 [②]。在此我要举出那位被诅咒的伏尔泰的例子就能说明问题。依我看，只要丈夫不以决斗方式表达愤怒，通奸行为就会沦为一种常态。

我收到了《骷髅之舞》的清样；对玛拉西先生来说这 15 节诗只值 3 法郎。但您知道卡洛纳还没收到《鸦片吸食者》的修改稿，所以这代表着我还欠他 500 法郎。——但这能成为他肆意删改我的两节诗的理由么？

您看这一节：

> 你这无鼻舞女，娼妓般难缠，

（"娼妓"一词就其本质而言已然令人惊悚，而死神就犹如这个追随万邦大军、让人无法抗拒的随军妓女）

> 对趋避躲闪的舞客大言不惭：
> 骄人的宝贝，尽管打扮光鲜，

---

① 拉梅桑杰尔（Pierre de La Mésangère，1761—1831）原是一位神甫和文学教授，复辟时期放弃圣职，转而在多家报刊如《妇女时尚画报》（*Journal des dames et des modes*）开设专栏，介绍时尚与风俗。这种以优美文字加精彩插图的方式吸引了波德莱尔，开启了其后来对时尚与风俗画家的研究。

② 此处所说的判决可能是玛拉西讲给波德莱尔的一些阿朗松法院对通奸案的判决书。

　　难掩尸味儿乱窜，尸骨霉烂！
　　等等……

他竟然要改成：

　　——充满恐怖的双眼
　　——深奥的油膏药丹 ①

　　如果这东西还能看，真不知道它看上去能像个啥。
　　在他拿到《鸦片吸食者》之前，请您别跟他要钱（《论印度大麻》那篇文章还有 60 法郎小额结余。）
　　如果您喜欢我那篇论戈蒂耶的评述（在《艺术家》上大约占二十五栏），那我们能不能出版一册精美的单行本？这篇文章和爱伦·坡那篇文章显然都收录不进《美学珍玩》。这样一来，哪怕赚不到 100 法郎而只有 50 法郎，也能降低一点儿我对您的可怕债务。另外还可以考虑利用戈蒂耶和贝勒蒂耶对蒂尔冈的影响力，让《环球时报》转载这篇文章。还可以让乌塞耶把肖像借给您 ②。
　　我亲爱的朋友，我现在心情糟透了，我没带鸦片来，而且也没钱支付我在巴黎的药剂师 ③。

夏·波

---

①　在波德莱尔的坚持之下，卡洛纳最终未改。
②　戈蒂耶肖像的版权在爱德华·乌塞耶手里。
③　由于肠胃病和越来越严重的梅毒，鸦片已成为波德莱尔不可或缺的药物。为此他偷偷去找了翁弗勒尔的药剂师。这位药剂师是后来成为著名幽默大师的阿尔封斯·阿莱（Alphonse Allais，1854—1905）的父亲。他的遗孀阿莱夫人后来回忆道："我常常在药店里见到诗人。他看上去很老，但人非常亲切，而且举止极为优雅……他已经习惯了服用鸦片，他求我丈夫给他开药，但阿莱先生每次都只给他作为一位有良知的药剂师知道必须限量的剂量。"

致夏尔·阿瑟利诺

[翁弗勒尔] 1859 年 2 月 20 日

我亲爱的朋友，麻烦您告诉我《骷髅之舞》是不是已经发表了？给克利斯托夫的献辞是不是也在上面？这首诗应该在 15 日那期上发表。德·卡洛纳一个字都没告诉我，我可是早就把清样寄给他了。

您能不能去一趟杜赛索瓦印刷所，告诉他赶快印出戈蒂耶那篇文章的清样？那篇文章是以魔鬼般的速度赶出来的，所以我必须从容地再看一遍。再说我寄清样时本就有点儿拖期，如果再拖就会耽误按期发表。他们排版的时间已经够多的了；请提醒他们必须把所有东西都寄给我（长条校样和原稿），包裹要交叉捆绑并加上标签：商业文件，收件人：某某先生，寄件人：某某先生，并支付邮资。同时还要提醒他们不管这篇文章有多长，都要一次性全文刊载，这对于读者、报纸和我都十分重要。这篇文章就是为一口气读完而写的。请向卡尔代、瓦隆、萨索诺夫、巴布和布瓦耶问好。告诉拉德兰我写了一首伏尔泰式的狂悖的诗[1]。我可能会为此脸红。幸亏这首诗是用抒情体写的。

如果我昨天晚上就收到清样，后天肯定就能寄回，现在就只能星期日再寄回去了。

还有一件事：您试着帮我从爱德华·乌塞耶那儿搞到一整套用连史纸精印的梅里翁版画集（巴黎景观）[2]。就像桃丽娜[3]说的，用它来装饰我们的房间。您当然不能说是我要的；我可以自己买。人家现在已经原谅了我迟延交稿[4]，我觉得这事不会太难。

我将于三月初去巴黎，去给莫雷尔送一大摞稿子：《乌鸦》以及那篇

---

① 指《远行》。

② 阿瑟利诺在回信中告诉波德莱尔他未能完成委托。直到 1859 年 3 月 16 日爱德华·乌塞耶才让印刷所挑了几册梅里翁版画集送给波德莱尔。爱德华·乌塞耶（Édouard Houssaye）是阿尔塞纳·乌塞耶的弟弟，曾于 1852—1859 年间接替阿尔塞纳·乌塞耶担任《艺术家》的社长，后负责管理过《美术报》（*Gazette des Beaux-Arts*）。

③ 桃丽娜（Dorine），莫里哀喜剧《伪君子》（*Tartuffe*）中的人物。

④ 指波德莱尔论戈蒂耶的文章迟延交稿。

有名的、让您害怕的论文《写作方法》[1]；一篇论西班牙绘画的文章（论卢浮宫新购置的几幅西班牙油画；虽然他[2]已经就此事在《法兰西评论》上发表过一些东西[3]，但还是可以接受的）以及几首《暮色诗钞》[4]。

一千次地请您原谅跟您说了这么多我的事。不过我的确需要聊天。再说也没机会聊天，我在这儿都不会聊天了。——我和玛拉西通信较多，据他说，他回家时受到了凯旋般的欢迎。他告诉我说，他的家就像一个古罗马家族。

您说又碰上了新的麻烦、别人正准备拿鞭子抽您的那个梦让我很开心。

您呢，现在在做什么？——身体怎么样？这儿挺冷的。别人告诉我说这儿的天气很暖和。这儿的确没有巴黎冷，却是另外一种情况。无论冷热，都很潮湿，从来没有干燥的时候。所以我感觉更冷。

还有那个完美的怪物，那个老坏小子，他怎么样？这个知道如何讨人喜欢的坏家伙[5]。

当地逸闻：在花园里干活的工人们跟我说，很久以前有人发现市长夫人在一间告解室里和人偷情。告诉我这个事是因为我曾问过为什么没有弥撒时圣嘉德琳娜教堂总是关着。好像在此之后本堂神甫就采取了措施，以防出现亵渎事件。那女人很讨厌，好像屁股很大（她），她最近告诉我说，她认识为先贤祠三角楣画壁画的画家。这个发生在神圣之地的外省偷情故事是不是有点儿古老的法兰西淫秽故事的经典趣味？

别把这个故事讲给那些能传回翁弗勒尔的人，谁都知道你是从我这儿听到的：那我可就不得不逃离这个安宁之所了。

从那时起，市长就总要把画在他家门上的绿帽子擦掉。

至于那位本堂神甫[6]，本地所有人都认为他是一位正直的人，几乎算

---

[1]　指爱伦·坡的《创作的哲学》（*The Philosophy of Composition*）。波德莱尔翻译了这篇文章，并以《一首诗的缘起》（*Genèse d'un poëme*）为题发表于 1859 年 4 月 20 日的《法兰西评论》。

[2]　指《法兰西评论》的社长莫雷尔。

[3]　关于从西班牙购进的几幅名画，戈蒂耶和克莱芒·德·里斯（Louis Clément de Ris，1830—1882，法国博物馆学家）均分别在《环球时报》和《法兰西评论》上发表过评论。

[4]　指《巴黎的忧郁》。

[5]　指巴尔贝·多尔维利。

[6]　指让-巴蒂斯特·卡尔蒂纳神甫（Jean-Baptiste Cardine），他在 1856 年—1868 年间担任翁弗勒尔圣嘉德琳娜教区的本堂神甫，是欧皮克夫人的朋友。

是一个出色的甚至是博学的人。

我写了一首长诗，献给了马克西姆·杜刚，这首诗会吓到大自然，特别是吓到那些对进步感兴趣的人。——请向您全家人致意，给我写信。

您忠实的

夏尔·波德莱尔

请代我和邦维尔握手，告诉他我对他的小运气感到高兴①。

啊！我的天！还有沃尤那棵树！玛拉西可拔不动②。

致圣伯夫

[翁弗勒尔] 1859 年 2 月 21 日

我亲爱的朋友，我不知道您是否已收到了这期《法兰西评论》。我因为担心您读到它，所以要对第181页有关《恶之花》的几段文字表达我的异议，作者尽管才华出众，但他对您的评论毕竟有失公允③。

有一次，某份报纸指责我对古典浪漫主义大师忘恩负义④，那篇下三滥文章还貌似公正地说我受恩于那些大师。

这次，当我读到这几行让人不舒服的文字时，我就想：天呀！圣伯夫了解我的忠贞，可那些打听到我认识此文作者的人会认为是我怂恿他写出这几行文字来的。——事实恰好相反，我和巴布有过数次争吵，我总是劝他像您一样只做该做和能做的事。

不久前我还和玛拉西谈起过您给予我的这种我引以为傲的伟大友谊，

---

① 阿瑟利诺告诉波德莱尔，邦维尔病得很重，并刚刚获得一笔1200法郎的生活补贴。

② 巴布 1859 年 2 月 10 日在《法兰西评论》发表散文《黑树》(*L'Arbre noir*)，以"柏树之灵"(*L'âme du cyprès*)讥讽《寰球》(*L'Univers*)和路易·沃尤所持的守旧的天主教立场。

③ 1859 年 2 月 20 日，波德莱尔的朋友、评论家伊波利特·巴布 (Hippolyte Babou, 1824—1878) 在《法兰西评论》发表文章，不点名地批评圣伯夫不仗义，说他在当局起诉《恶之花》时没有勇敢地站出来为波德莱尔说句公道话："这位正派人可以去赞美《法妮》，却对《恶之花》保持沉默。"波德莱尔对朋友此举十分恼火，生怕圣伯夫以为是他怂恿的，所以赶紧写信向圣伯夫解释。

④ 指让·卢梭 (Jean Rousseau) 1858 年 6 月 6 日在《费加罗报》上攻击波德莱尔的文章。

我从中获得了众多善意的规劝。那怪家伙让我不安生，我真该给他看看您在我那场官司中写给我的长信——这封信或许可以作为《恶之花》再版时的一篇序言。

我又为《恶之花》写了不少新诗，相当独特。在这儿，在安宁的状态中，我又文思泉涌了。其中的一首（《骷髅之舞》）将发表在 15 日的《当代评论》上。因为我既是该杂志的合同撰稿人，又有某种英雄主义的浪荡子气质，所以我打算继续站在失败者一边 ①。所以，如果关于德·卡洛纳的处境或者那家新杂志有什么新的信息，就烦请您及时告知我。

我不知道是否有人 ② 已就此事咨询过您！或者您对此有何看法？我的看法是，那位比洛兹老爹 ③ 肯定很高兴，而且在文学方面，尤其对君主制而言是再好不过了。远比来一个什么委员会要好。

您看，我就像个找不到人聊天的人似的喋喋不休。请原谅。

您的那位柯勒律治我还没忘 ④；可我已经有一个月没收到我的书了，而且校订 2400 页的爱伦·坡作品也是相当琐碎的工作。

祝好，如果您有时间，就请给我写信。

夏尔·波德莱尔

卡尔瓦多斯省翁弗勒尔（地址这样写就可以了）。

那个老坏小子（多尔维利）还好吧？

致马克西姆·杜刚

［翁弗勒尔］1859 年 2 月 23 日

我亲爱的杜刚，我记得在什么东西上记下过您家的地址。可还是丢

---

① 指德·卡洛纳。在《当代评论》（*Revue contemporaine*）与另一家新创刊的杂志《欧洲评论》（*Revue européenne*）的竞争中，政府支持《欧洲评论》。

② 指时任《欧洲评论》社长的奥古斯特·拉科萨德（Auguste Lacaussade，1815—1897）。他原是圣伯夫的秘书。

③ 比洛兹（François Buloz，1803—1877），《两世界评论》（*Revue des deux Mondes*）的老板。

④ 圣伯夫似乎曾就爱伦·坡对柯勒律治（Samuel Taylor Coleridge，1772—1834，英国诗人和评论家）有何评论咨询过波德莱尔。

了。所以我把这个包裹寄到萨巴蒂埃夫人家了 ①。

很久以来我就盘算着写点儿什么能配得上您的东西，作为我钦佩您的才华的证明。我是否成功了得由您说了算；但是否那种让您喜欢的成功才最重要。如果您不喜欢这首小诗那种始终如一的拜伦式腔调，如果（比如说）您不高兴听我调侃"进步"或者认为这首《旅行者》不过平庸尔尔，或者还有什么看法，就请径直告诉我而不必为难；我会为您另外写一些同样洋溢着喜悦的东西。出于良心的考虑，在征得您的同意写上您的名字之前，这首诗我还不能发表。

我不得不把这首诗寄给《当代评论》，但还没有人读过。我没指望卡洛纳会喜欢，那样我就可以随意把它发表在随便哪家刊物上了，只要这家刊物不是太差就行。下面就是这只怪物 ②：

（略）

夏尔·波德莱尔
卡尔瓦多斯省翁弗勒尔
来信写这个地址即可。

致夏尔·阿瑟利诺

［翁弗勒尔］1859 年 2 月 24 日

我亲爱的朋友：

在外漂泊的人总不情愿被人遗忘。所以我寄给您一首熬夜写成的诗，而且还不得不寄给德·卡洛纳（我对此甚感抱歉）。我满心希望他拒绝发表。您若见到杜刚，别跟他说我把这首诗寄给了您。

巴布狠狠玩了我一把。他总觉得下笔就得搞点儿恶作剧才行。我刚刚收到圣伯夫的一封长信。如果预感到会伤害同伴，即便知道真相也应该避而不谈。巴布非常清楚我和圣伯夫大叔走得很近而且非常珍视他的友情，

---

① 参见波德莱尔 1859 年 2 月 24 日致萨巴蒂埃夫人的信。杜刚给波德莱尔的回信也是通过萨巴蒂埃夫人转交的。

② 拉丁文：Monstrum ipsum。

所以碰到这个于他不利的事情时，对我来说，我很难闭口不谈自己的观点。——这是我的想法，您肯定能理解。

一个字都别对巴布说。他会乐坏了。因为他胡闹成功了。

还没收到杜赛索瓦的回信 ①。这可有点儿怪了。

祝好，全心全意地，——就像夏斯勒说的那样。

夏·波

您肯定知道西尔维斯特在皇家艺术协会做了一次非常出色的演讲吧。

我在这儿还看到那个坏小子写的一篇论夏多布里昂的迷人文章和对德·马塞卢斯先生作品的分析 ②。他没漏掉那个要点：你将成为马塞卢斯 ③。

致圣伯夫

[翁弗勒尔，1859 年 2 月 24 日]

万分感谢您卓越的来信。

这封信让我如释重负。但我觉得您还是太过敏感了。如果我哪天能置身于您这样美妙的境界，我肯定心如磐石。我刚刚读到那个坏小子写的一篇论夏多布里昂和德·马塞卢斯先生的有趣文章，俨然一位严厉的判官。

他没漏掉那个极容易疏漏的要点：

你将成为马塞卢斯！

---

① 波德莱尔十分关注《论泰奥菲尔·戈蒂耶》一文，但尚未拿到文章清样。

② 1859 年，莱维兄弟出版社出版了德·马塞卢斯伯爵（Lodoïs de Martin du Tyrac de Marcellus，1795—1861，法国外交家、旅行家和古希腊研究专家）的作品《夏多布里昂及其时代》（*Chateaubriand et son temps*）。巴尔贝·多尔维利于 1859 年 2 月 22 日在《国家报》上发表了一篇对这部作品的书评。

③ 典出《埃涅阿斯纪》（*l'Énéide*）第六歌：在冥界，埃涅阿斯（Énée）的父亲安喀塞斯（Anchise）在同族后代中寻找年轻的马塞卢斯（奥古斯都大帝的侄子），并对埃涅阿斯说："你将成为马塞卢斯！"（拉丁文：Tu Marcellus eris！）但马塞卢斯当时并不在。这一习语是说，上天的允诺未必实现。波德莱尔认为巴尔贝·多尔维利的观点非常犀利。

然而对巴布而言（对我来说，您不相信我心胸狭隘至为重要），我觉得他心目中还是觉得您太过重要了。他给我的印象就属于那类下笔就要搞点儿恶作剧的人。属于学校里那类调皮捣蛋的学生。

祝好。

CH. 波德莱尔

致阿尔封斯·德·卡洛纳

翁弗勒尔，1859 年 2 月 24 日

我亲爱的社长：

那篇补偿您的文章尚未完成 ①。哎呀！我走时可是有言在先，承诺要给您写更多文章的。您可以看到，大海的缪斯还是非常适合我的。另外，我这回可是听从了德·卡洛纳夫人的建议的。她不是说让我多给您写点儿诗么 ② ？

CH. 波德莱尔

致佩尔兰

翁弗勒尔，[18]59 年 2 月 24 日

我亲爱的佩尔兰 ③，您的来信有点儿尖刻，而且是由与我同住的女士 ④ 打开的，这太让人不爽了。

我的答复如下：首先，我很高兴与您分享对商人和银行家的蔑视。

---

① 指《鸦片吸食者》。

② 波德莱尔将《远行》和《信天翁》寄给了卡洛纳，但卡洛纳并未发表，而是催他多写点文章。

③ 佩尔兰（Pellerin）是《国家报》清样校对组的负责人，波德莱尔 1854—1856 年间为该报撰稿时曾跟他借过钱。

④ 指让娜·迪瓦尔。

其次，我很惊讶您竟然想不到清样校对员不是商人，而是伙伴。

最后，您要明白，哪怕是商人我也得还债。我三月初要去巴黎，从两三家报社收一点儿钱，我当然忘不了您。

我在这儿过的是没钱的日子。所以兜里没有钱。

这位尼加拉瓜的比利是那个大字不识的老相识比利么①？

祝好。

CH. 波德莱尔

致奥古斯特·普莱-玛拉西

［翁弗勒尔］［1859 年］2 月 24 日

（一个永远难忘的日子，对您这样一位市郊老居民来说肯定极为珍视。）

……寄给您一首诗，不用告诉杜刚。我这就给他寄去……

您看，海风对我是有好处的。

祝好。

致萨巴蒂埃夫人

翁弗勒尔，1859 年 2 月 24 日

亲爱的朋友，我是个天字第一号记不住门牌号码的人。杜刚二十次给了我他的地址，可我还是忘了。

总给您添乱却不向您表达敬意实在太不礼貌，是不是？所以我要借这个机会发自内心地拥抱您。

格丽丝小姐②原谅我了么？不管她原谅与否，都请您代我紧紧握她的手。

---

① 这位贝利（Belly）不是波德莱尔在《1859 年的沙龙》里评论的那位法国风景画家莱昂·贝利（Léon Belly，1827—1877），而是曾提议开凿巴拿马地峡的工程师菲利克斯·贝利（Félix Belly，1816—1886）。

② 欧内斯塔·格丽丝（Ernesta Grisi），女歌唱家，戈蒂耶的伴侣。此时戈蒂耶正在俄罗斯旅行。

还有您的妹妹 ①，如果您能见到她。

还有莫塞尔曼，他是一位智者。

还有福楼拜，如果他在巴黎。

也别忘了那位聒噪不止的雷耶尔 ②。

还有小泰奥菲尔 ③。

我所以斗胆谈及握紧格丽丝小姐的手，是因为我为她的戈蒂耶写的那篇文章早就交稿了，交了好久了。可我就是拿不到排版清样。我的拖延症似乎已经传染给了别人。——哎唷！还忘了一件大事。请狠狠揍一顿那个嘻嘻哈哈的西西娜 ④；可我担心您不是她的对手，她比您健硕多啦。千万次的友谊。

夏尔·波德莱尔

致亨利·冈代尔 ⑤

［翁弗勒尔，约 1859 年 2 月 25 日］

亲爱的冈代尔先生：

我没有巴布的地址。所以请您告诉他，"玛拉西可拔不动！"那句话是我对有待确定的惊叹号的惊讶形式的诠释。至于那几个"哦！"或"啊！"表示的是高兴还是不高兴？我就不知道了。

对我来说，我发现这篇东西除去沃尤一词以外都非常美（尤其因为我惧怕任何住所），音符尖锐，具有某种穿透力。

---

① 萨巴蒂埃夫人的这个妹妹名叫阿黛尔（Adèle），别号"贝贝"（Bébé），波德莱尔曾给她画过一幅肖像。

② 雷耶尔（Ernest Reyer，1823—1909），法国作曲家，瓦格纳的狂热爱好者。波德莱尔使用"聒噪不止"（Tintamarresque）一词形容雷耶尔，是指有人曾奚落雷耶尔对瓦格纳的热爱。

③ 指戈蒂耶的儿子小戈蒂耶，波德莱尔在此以开玩笑的口吻将"Théophile"（泰奥菲尔）写为"Théophiles"，读起来就像是"泰奥菲尔的儿子"。

④ 西西娜（Sisina），本名爱丽莎·奈莉（Elisa Neri），萨巴蒂埃夫人的女友，波德莱尔曾为她写过一首著名的十四行诗《西西娜》（Sisina）。

⑤ 亨利·冈代尔（Henri Cantel）是最早追随波德莱尔的崇拜者之一。《恶之花》案期间，他曾于 1857 年 7 月 21 日致函波德莱尔，对《恶之花》表示钦敬。

印好以后别忘了我。

祝好。

CH. 波德莱尔

翁弗勒尔在卡尔瓦多斯省，不在滨海塞纳省（Seine-Inférieure）。

致小泰奥菲尔·戈蒂耶

［翁弗勒尔］1859 年 2 月 27 日

我亲爱的朋友，请帮我个忙：我那篇研究令尊的文章已经交稿三个星期了，可我今天上午还在等清样。说是在等着令尊回来审定。那些人[①] 真是疯了。

泰奥菲尔走前跟我说过：我绝对信任你。你写什么都错不了。枝节问题就去问我儿子。

另外，格丽丝小姐也对我说，泰奥菲尔很高兴能在圣彼得堡看到这篇文章。

正因为我让自己等了又等，而泰奥菲尔又旅行在外，所以这篇文章现在必须发表并寄给他。我觉得我有足够的才能和友善处理好这篇作品。

写作这篇文章时我激情满怀，下笔如飞。这是我特别在意需要重新斟酌所有文字（而且必须同步）的另一个原因。既然《艺术家》这个天体又重回阿尔塞纳星座（我是今天上午才知道的[②]），那就请您看看杜赛索瓦和阿尔塞纳都做了些什么吧。实际上原因无他，就是新管理层跟我过不去，毕竟我这是在自寻烦恼！我再说一句：无论占多少版面，全文必须通篇一次性发表。我就是如此构思和撰写本文的。

见到格丽丝小姐请她看看此信。

祝好。

CH. 波德莱尔

---

① 指《艺术家》管理层。

② 指阿尔塞纳·乌塞耶重新担任《艺术家》社长一事。阿尔塞纳·乌塞耶（Arsène Houssaye，1814—1896），本名阿尔塞纳·乌赛（Arsène Housset），笔名阿尔弗莱德·穆斯（Alfred Mousse），法国作家，《艺术家》杂志（L'Artiste）的创办人，后任《新闻报》（la Presse）主编。

卡尔瓦多斯省，翁弗勒尔。（地址这样写就可以了。）

这一切真是烦人。首先，我总有许多想法不时喷涌而出，等送来清样时还有没有就不好说了。其次，我之所以全力以赴，不单单为了让泰奥菲尔满意，也为了满足自己的虚荣心！最后，我也不知道为什么，我总觉得阿尔塞纳对令尊、对我没有什么深情厚谊。总之就是不想让我痛快。

再有：您得自己查查所有文稿是否连贯。

我摘录一段阿瑟利诺的信：

"他让人答复我说，只有泰奥菲尔看过以后——他四月份回来——您才能拿到清样。"

我把这句话告诉了杜赛索瓦，当时我以为泰奥菲尔回来了。

"这些先生认为，除非把清样交给戈蒂耶的儿子，否则不能发表。"

这正合吾意。

"另外，我还听说阿尔塞纳打算等泰奥菲尔回来以后再发表您的文章。"

荒谬！

致奥古斯特·普莱-玛拉西

[翁弗勒尔，1859 年 2 月 28 日]

啊！圣伯夫-巴布那桩公案真让您说中了。几天前收到的一封圣伯夫的信把我惊到了。看来他深受打击。他不信我会怂恿巴布做这种事，我必须还他这个公道。我跟他说，《恶之花》案期间他写给我的那些称赞的话和建议都存放在您那里，我们打算用这些材料（有待发挥）撰写第二版《恶之花》的序言。

巴布或者是想帮我一把（这种帮法有点儿笨），或者给我搞点儿恶作剧，或者是想延续某种冥冥恩怨。我把这种不快告诉了阿瑟利诺，他回信说单凭圣伯夫大叔为此写给我一封长信就值了，我没什么可抱怨的。

您还没有告诉我您打算怎样安排那 1035 法郎。这笔钱不支付我是不会动身去巴黎的。

您说巴布这事让我有多么不爽，再加上《费加罗报》上的那篇无耻的文章①，那篇文章说我一生都在嘲笑浪漫主义大师，而我的一切都受恩于这些大师。

您能不能找到德比古尔的两幅版画，以便前后呼应②？

价格大致多少？

这么说，维涅尔的店搬走了？不在我们一起去过的那个蒙奈路了么③？

还有《艺术家》！现在的社长不是爱德华·乌塞耶了，换成了阿尔塞纳·乌塞耶。报社里一拨人想把清样寄给戈蒂耶审定，另一拨人想等他四月底回来再说！可戈蒂耶动身之前跟我打过招呼，说定稿的事我说了算。

到头来我的稿费却没人惦记（100法郎，大致占25栏）！这世界真糟透了。

祝好。

CH. 波德莱尔

您的嗓子怎么样了？

欧内斯塔·格丽丝原来跟我说过，出于多种考虑，戈蒂耶表示很高兴能在彼得堡读到我的文章，所以现在这事就更让人讨厌了。

您都想不到圣伯夫在信里都说了些什么。十二年来他似乎把巴布所有不善意的表现都拉了清单。

看来这位充满激情的老头儿实在是得罪不起。

对我来说，这件事更危险的麻烦在于，巴布看似为我帮腔，其实是冲着助我良多的某人来的。他让我在其中充当了一个什么样的角色呀！而且大家都知道我和《法兰西评论》关系不错！

① 指让·卢梭1858年6月5日在《费加罗报》发表的攻击文章。

② 波德莱尔想在论居伊那篇文章的首尾用两幅菲利贝尔-路易·德比古尔（Philibert-Louis Debucourt，1755—1832，法国画家和版画家）的版画，其中一幅《新娘的小步舞》（Le Menuet de la mariée）创作于1786年，另一幅《城堡里的婚礼》（La Noce au château）创作于1789年。这两幅版画的构图相似。

③ 维涅尔（Vignères）是版画商，他的商店有两个门，一个对着蒙奈路（rue de la Monnaie），另一个对着巴莱特街（rue Baillet）。

致圣伯夫

[翁弗勒尔] 1859 年 2 月 28 日

我亲爱的朋友，我得知您让玛拉西把您写的有关《恶之花》的东西寄还给您①。玛拉西有些错愕，况且他还在病中。这样的信有两封：其一，是一封表达友谊和赞扬的信；其二，是一份辩护提纲，是您托人在我那个官司开庭的前一天转给我的。有一天，我和玛拉西一起为所有诉讼文件分类，他请求我把您的信都交由他保存；我对他说我还想用时（不是想誊录抄件，而是想写点儿评述和说明）他对我说：还有一层理由。您随时都可以在我这里找到这些文件。把这些文件放在出版商处万无一失。

我还记得曾对玛拉西说过：如果我能亲自为自己辩护，如果我知道如何就这篇提纲进行发挥（一个律师不可能理解这样的提纲），那我肯定就能胜诉。

我绝对不能理解《法兰西评论》何以会发表这样一篇不着调的文章。那位社长看起来还像是一位有教养的年轻人。谁都知道您提携过不少年轻人。莫雷尔先生② 怎么不提醒一下巴布，也不考虑可能会对我造成伤害，就贸然把这篇文章捅出来呢？

我没对玛拉西说这件事，但他通读了这篇文章，而且他的看法比您还要激烈。

我 4 日或 5 日去巴黎。您若能确定我可以何时去拜访您，就麻烦您写几个字，寄到博特里利斯街（rue Beautreillis）22 号，迪瓦尔夫人收。我住在那儿。

祝好。

CH. 波德莱尔

---

① 此事还是和巴布的文章有关。圣伯夫 1858 年 2 月 23 日致函玛拉西，让他把自己 1857 年 7 月 20 日写给波德莱尔的信或抄件寄给他。玛拉西寄给他一份抄件。

② 莫雷尔（Jean Morel），时任《法兰西评论》社长。

致菲洛克塞纳·布瓦耶

[翁弗勒尔，1859 年 3 月 1 日或 2 日。参见波德莱尔 3 月 4 日致菲洛克塞纳·布瓦耶的信。]

致西蒙尼斯·恩皮斯 ①

[巴黎，1859 年 3 月初？]

董事先生：

您知道我很低调，因为您不会听到人家提起我。如蒙您为持信人提供贵院演出的两个好座位 ②，我将不胜喜悦。

先生，请接受我衷心的谢意。

CH. 波德莱尔

致菲洛克塞纳·布瓦耶

[巴黎][1859 年 3 月 4 日] 星期五

我亲爱的布瓦耶，这封信寄走后我得到巴黎去一趟。

我可能只待两三天，也许再多几天。无论怎样我都会找时间去看您。我刚才见到了阿尔塞纳·乌塞耶。发表的问题解决了；但我没敢跟他谈稿费问题。

至于英文摘要问题 ③，如果我星期一能在《法兰西评论》收到您的答复——我星期一一大早要去那儿修改清样 ④——您就一定是最伟大的人

---

① 西蒙尼斯·恩皮斯（Simonis Empis，1795—1868），时任法兰西喜剧院董事。

② 波德莱尔回巴黎期间想带让娜去看一场演出。

③ 布瓦耶以其对戏剧的博学而闻名。波德莱尔大概是问了布瓦耶一些英国戏剧方面的问题，以便继续撰写他计划中的关于戏剧趋势的文章。

④ 指修改《一首诗的缘起》（Genèse d'un poème）的清样。这篇文章 1859 年 4 月 20 日发表于《法兰西评论》。

了。——祝好。

CH. 波德莱尔

收　据（致杜赛索瓦）

巴黎，1859 年 3 月 12 日

今收到杜赛索瓦先生代阿尔塞纳·乌塞耶先生支付的一百法郎，该笔金额系一篇泰奥菲尔·戈蒂耶评论文章的稿酬。

夏尔·波德莱尔

致文人协会主席

〔巴黎〕1859 年 3 月 26 日

主席先生：

　　一场痛苦的意外事故把我困在了巴黎，我现在回不了家。我需要一些钱来应付这骤至的不幸。我相信您和我协会的朋友们一定不会拒绝这个300 法郎的请求 ①。

　　主席先生，请接受我崇高的敬意。

CH. 波德莱尔

致奥古斯特·普莱-玛拉西

〔巴黎〕〔18〕59 年 3 月 26 日

我亲爱的朋友，您昨天（25 日）应该收到那张票据了吧，但应该是在晚上六点。可您今天上午的信却让我不安。您得马上给我回信说几

---

①　文人协会最终借给波德莱尔 150 法郎。

句。——我星期三才走。

　　我见到了德·布鲁瓦斯，他因为被剥夺了政治权利而责备我 ①，跟我说他已经写信给您，请您不要印太多论戈蒂耶那篇文章，因为该文的风格太巴黎化了 ②。我不知道他在什么地方又听到了什么，是说巴黎以外没人知道戈蒂耶，还是说巴黎以外没人能理解该文。我从未强求过超量印刷；但印量也不能少到可笑，而且我也不愿意您是出于客套，凡是我的作品就印。

　　这篇文章持续引发热议。像是个怪胎。而在代什内尔 ③ 看来，发表该文就是在引发众怒。您怎么看？请告诉我。

夏·波

　　我会在翁弗勒尔收到维克多·雨果的信 ④。

致让·莫雷尔

〔巴黎〕1859 年 4 月 1 日

我亲爱的莫雷尔：

　　没错，是明天 ⑤。因为我不能老待在巴黎。我得回去干活了。

　　我 15 或 16 日还要来巴黎。烦请您马上寄一份《法兰西评论》（最新一期，就是刊登了诗的那期 ⑥）给马克西姆·杜刚，地址是罗歇路（rue du Rocher），我不知道门牌号，但那条街上的人应该都认识他。

　　再寄一份给爱丽莎·奈莉女士，地址是卡斯蒂廖纳路（rue Castiglione）10 号。

　　费用记在我的账上。

---

① 因《恶之花》案的审判而导致的后果。

② 玛拉西打算出版《论泰奥菲尔·戈蒂耶》的单行本。

③ 代什内尔（Techener）是出版《新书公告》（Bulletin Bibliophile）的书商。

④ 雨果这封信后来作为序言收入《论泰奥菲尔·戈蒂耶》，但现在这个单行本的第一版已经见不到了。

⑤ 波德莱尔大概是想在回翁弗勒尔前再从莫雷尔处拿点儿钱。

⑥ 实际上《法兰西评论》1859 年 4 月 10 日才发表波德莱尔的那 3 首诗，即《西西娜》（Sisina）、《远行》（Le Voyage）和《信天翁》（L'Albatros）。

我不在巴黎期间（该期间结束时我将向您奉献两部作品，《吾得之矣》或是《暮色诗钞》），麻烦您帮我找一张方便时参观沙龙的票。我觉得您可以不必担忧，让印刷所开始工作。

祝好，全心全意地，就像夏斯勒说的那样，如果他也给您写信，您应该知道这句话。

夏·波

我觉得在这种情况下应该写成：向上帝保证全心全意 ①。

致阿尔封斯·德·卡洛纳

巴黎，1859 年 4 月 7 日

我亲爱的朋友：

请您休要怪我，我看您有点儿拿不定主意，所以就自作主张给了《法兰西评论》。

请您放心，您的《鸦片吸食者》和《画家》② 五月上半月肯定完成。

祝好。——请向德·卡洛纳夫人转达我的敬意。

CH. 波德莱尔

致伊西多尔·萨勒斯 ③

［巴黎，1859 年 4 月中旬？］

我亲爱的萨勒斯，我得走了 ④。如果您帮不了我就请直说；如还有希

---

① 拉丁文：tuus ex toto corde。

② 指《哲学的艺术》(L'Art philosophique)。

③ 伊西多尔·萨勒斯（Isidore Salles），当过《海盗－撒旦》的撰稿人，是波德莱尔的朋友，后任内政部新闻、出版和书店业管理处处长，曾为波德莱尔争取过内政部的资助。

④ 波德莱尔原计划 4 月初返回翁弗勒尔，但由于 4 月 5 日让娜·迪瓦尔中风而滞留巴黎。让娜·迪瓦尔被送进杜博瓦疗养院（Maison de santé Dubois），5 月 19 日出院。

望我就给您留下一个人的名字①，他可以把钱转交给疗养院院长，或者请您直接寄给我：卡尔瓦多斯省，翁弗勒尔（地址这样写即可）。但还有一个问题：怎么给您收据？

您的
CH. 波德莱尔

致泰奥菲尔·戈蒂耶

[翁弗勒尔，1859 年 4 月 21 日。波德莱尔向戈蒂耶推荐了一位可以租借其作品的画家加里普伊②。]

致奥古斯特·普莱-玛拉西

［翁弗勒尔］1859 年 4 月 29 日星期五

我亲爱的朋友：

泰奥菲尔·戈蒂耶？——这是增加的一句新的献辞。

这篇文章您已经有了吧；那就不用再寄给您了。

您得好好为这篇文章造造势，让它看起来像一本值得尊敬的小册子。

肖像已落实了吧③？

《鸦片吸食者》一文终于写完了；即将发表。咱们得再出版一本小册子：《鸦片与印度大麻》（*L'opium et le haschisch*）；副标题：《人造理想》（*L'Idée artificiel*）；在《当代评论》上发表，共五章，差不多算得上

---

① 指马林律师。

② 加里普伊（Jules Joseph Garipuy，1817—1893），法国画家。波德莱尔在 1859 年的沙龙画展上与之结识。

③ 玛拉西即将出版波德莱尔《论泰奥菲尔·戈蒂耶》的单行本。此处提到的"献辞"和"肖像"等都和这册单行本的出版有关。

是一本书了 ①。我们对这样一本小册子的销路还是有把握的，然后再以同样的方式推出那部可怜的、由若干艺术评论组成的《美学珍玩》，但要等《1859年的沙龙》（已完成，今晚或明天交稿）发表后再出版，然后再推出《论几位西班牙画家》（*Peintres espagnols*）和《论几位理想主义的画家》（*Peintres idéalistes*）②，我准备五月份开始写。

很高兴了解了您对戈蒂耶的看法。您还记不记得这篇文章在《艺术家》上发表时有不少印刷错误，所以我应该再帮您校订一遍清样（在翁弗勒尔）；如果您能马上寄过来，我一小时就能改定；我现在有时间。

在巴黎读到的几封信让我觉得您有些泄气。如果您灰心丧气，那真正的危险就会来了。我不希望您因为这点儿鸡毛蒜皮的小事就乱了阵脚 ③，您要知道，我这样说并非自私，而是出自友谊。有段时间里您的事业还是有声有色的。好时光还会再度降临，而且不会太难。

我不知道什么时候会去阿朗松。不过我有些重大消息和重大计划要解释给您听；但有点儿长。请向您全家转达我的友谊。

关于《德·拉莫特-瓦鲁瓦伯爵未刊回忆录》，您回信时务必把最新情况告知我 ④。

信末我还要跟您说一件重要的事：我回到这里就是想抓紧工作，以弥补因那桩严重事件 ⑤ 让我在巴黎耽误的时间。

---

① 《人造理想》（*L'Idée artificiel*）是《人造天堂》最初的题目。它确实是一本书，共304页，1860年春由玛拉西出版。

② 《1859年的沙龙》于1859年6月10日开始在《法兰西评论》连载，而《论几位西班牙画家》和《论几位理想主义的画家》均未完成。

③ 指波德莱尔和玛拉西经常靠一种非法的票据流通方法即"梭子交易"（la navette）来筹措资金一事。这种交易随时会将玛拉西推到破产边缘。

④ 指玛拉西1858年出版的《钻石项链事件：德·拉莫特-瓦鲁瓦伯爵关于其生平与时代的未刊回忆录》（*Affaire du collier-Mémoires inédits du comte de Lamotte-Valois sur sa vie et son époque*）。波德莱尔担心玛拉西因这本书的出版再次受到司法追究。钻石项链事件（Affaire du collier）是1780年代法国国王路易十六治下发生在宫廷里的一起神秘事件，王后玛丽·安东尼特被牵连其中。有人暗示王后参与了欺诈王室珠宝匠的一款非常昂贵的钻石项链的犯罪活动。王后的名声本来就受到各种小道消息玷污，而在这次事件中则被彻底摧毁。该事件是导致法国民众对君主制幻灭的众多历史事件之一，并与其他原因一起使民众对君主制的不满在法国大革命中达到顶峰。

⑤ 指1859年4月5日让娜·迪瓦尔中风一事。

　　您会在 30 日（星期六）收到这封信和这张票据。我必须在 5 月 3 日向疗养院支付 120 法郎，另支付护理员 30 法郎。我现在去不了巴黎。所以请您在星期六（明天）贴现这张票据，该票据将在翁弗勒尔我母亲家清偿（不会发生拒付情况）。然后，一到星期日，您就把这笔 150 法郎（一张 100 法郎的钞票，一张 50 法郎的钞票，或汇票亦可）寄给市立疗养院 ① 的那位院长先生，地址是圣德尼市郊路（faubourg Saint-Denis）200号。请您在信中说明，您是代表波德莱尔先生支付让娜·迪瓦尔小姐膳宿费的，120 法郎是膳宿费用，30 法郎交给病人，由她自己支付给护理员。收据交迪瓦尔小姐即可。

　　这些事会给您带来诸多麻烦，但我相信您的友谊。我不想让人家把我那位瘫痪病人赶出医院。她自己或许愿意离开，但我希望等尝试过所有治疗方法后再说。

　　当然，信要用挂号寄出。这封信星期日寄出，2 日就能到巴黎，正好是医院账单到期的前一天。

　　那张票据（原来我承诺的是一个月清偿，后来我根据自己的收入情况改成了两个月清偿）总额是 160 法郎。这样就余下 10 法郎，用于支付贴现费用。剩下的钱您可以用小额汇票寄到翁弗勒尔来。

　　顺便说一句，我母亲刚刚为上次那张票据支付了超过 1035 法郎，但还差多少我想不起来了。谢谢您那些时尚雕版画。

　　祝好。

CH. 波德莱尔

我还有些事要告诉您；但我今天有二十封信要写。

　　请明天给我回信。

　　您能相信德·卡洛纳那个蠢货读到《远行》时竟失声大叫起来么 ② ？自打他确信经营好转以后 ③ ，又变得吹毛求疵了，成了超级主编。他居然死乞白赖纠缠我，让我给他提供几首新诗。他得不到。《鸦片吸食者》会交给他发表，我对他说过，6 月份有两篇长文要交稿，不过他得付现金

---

① 市立疗养院（Maison municipale de santé），即杜博瓦疗养院。

② 《法兰西评论》1859 年 4 月 10 日发表了波德莱尔的《远行》（*Le Voyage*）一诗。

③ 政府将原拨付给《欧洲评论》的补贴拨付给了《当代评论》。

（要么票据，要么现金），当然是支付给您。

我又为《恶之花》创作了几首新诗①。这几首新诗掷地有声，犹如玻璃店里的瓦斯大爆炸。不管那娘娘腔的德·卡洛纳说什么，这几首我也非要发表在其他期刊上不可！

快给我回信。——同情我吧，爱我吧，因为我很愤怒，对发生在我身上的一切，对我读到的一切，——对我所做的一切我都感到不满。

既然招您烦，就得说点儿什么博您一粲。您要知道，为了平复心情，我刚刚重读了《罗马盛衰原因论》（这可是二十五年来第一次）、《世界历史演讲录》还有《纳切兹》②！我就这样变成了我自己世纪的敌人，以至于一切对我来说似乎都无比崇高。

每当您太沮丧时就像我这么做好了。

关于《美学珍玩》，我还想再说几句：如果做成两卷出版，就等于把我们自己放在火上烤，很快就会像那部《被漠视和被遗忘的人》一样③；而单卷出版则很容易被市场消化。

您读过那个老坏小子赞美《米雷约》的文章了么④？谈到米斯特拉尔先生时他可没忘了提到那个无可避免的双关语：

> 一个昵称一样美丽的名字！
> 一位令人叹为观止的诗人！

---

① 波德莱尔新创作了《天鹅》（Cygne）《七老翁》（Sept Vieillards）和《小老妇》（Petites Vieilles）。

② 波德莱尔25年前曾让他母亲给他送去几本孟德斯鸠的著作。《罗马盛衰原因论》（Considérations sur les causes de la grandeur des Romains et de leur décadence）和《世界历史演讲录》（Discours sur l'histoire universelle）是孟德斯鸠的作品，《纳切兹》（Les Natchez）是夏多布里昂的作品。

③ 指玛拉西1857年出版的一部蒙斯莱的作品《被遗忘与被漠视的人：十八世纪末文学众生相》（Les Oubliés et les dédaignés, figures littéraires de la fin du XVIIIe siècle）。这部作品出版后市场反映冷淡。

④ 指巴尔贝·多尔维利1859年4月27日在《国家报》上发表的对法国诗人弗雷德里克·米斯特拉尔（Frédéric Mistral，1830—1914）以普罗旺斯方言创作的史诗《米雷约》（Mirèio）的书评。

致奥古斯特·普莱-玛拉西

［翁弗勒尔］1859 年 5 月 1 日

首先我要衷心感谢您的守时和善意。

关于《泰奥菲尔·戈蒂耶》：

我不想放弃扉页上的肖像。德·布鲁瓦斯要么马上把稍后印制的扉页提前印制，要么我单行本的扉页就用《珐琅和雕玉》扉页上的肖像。可是色调复杂的版画该如何印制印张？能不能用某种间接材料（稍后可以移除）遮住不想印刷的部分？肯定会有这么一种办法的，只是我不了解。然后再用比较怪诞的字母印出题目。总之得印两次，红黑两色的装饰分色印制。肖像是销售成功的保证。

两段献辞是相互呼应的，那位品性正直、好为人师的拉普拉德肯定是读过这一期《艺术家》的 ①。一个小点子就有可能让我们摆脱困境。反面意见也未必就绝对可恨。

我什么时候能收到清样？在《艺术家》上发表时有很多错误。

关于《鸦片和印度大麻》：

一本漂亮的小书。我指望靠它提高发行量。您会满意《鸦片吸食者》的；这是一篇出色的、充满戏剧性的文章。总页数：在《当代评论》上发表时是 80 页。我确信能畅销。

关于卡洛纳：

卡洛纳会顺利的，我知道，他不让我告诉您原因 ②。我念念不忘您那3000 法郎 ③。我现在的处境是这样的：扣除《骷髅之舞》的 45 法郎稿费，我还欠着他 500 法郎。——《鸦片吸食者》（我现在正在重读）一旦交稿，还您的钱就会陆续到账。正是为您着想，我才要求他做出承诺，只要我在6 月和 7 月交给他两部短篇小说，无论刊否他都会立刻用现金或票据支付

---

① 第二段献辞最终没有保留，因为它影射了刚刚接替去世的缪塞成为法兰西学士院院士的拉普拉德（Victor de Laprade，1821—1883）。众所周知，波德莱尔不喜欢缪塞，曾抨击他的诗"充斥懒洋洋的优雅"。

② 似乎波德莱尔曾为卡洛纳向迪梅尼尔或萨勒斯求过情。

③ 这是波德莱尔对玛拉西的欠账总额。

稿酬。——这样一来，您还会认为我是个忘恩负义之徒或傻瓜么？但我的诗绝不再给他。

您告诉我又重读了我的那些诗。如果您再重新读一读爱伦·坡的《创作方法》（发表在《法兰西评论》上）更好。

您的信让我难过。我发现您心神不定，忽冷忽热。我要是能去阿朗松早就去了，不是为了消遣，而是为了让您振作起来。您现在总是摆弄那些政治宣传的小册子，却忘了花上 5 法郎买本书或者看场演出才是人的本性。所以，虽然您为出版我的书过分热心，但我根本不会为受到如此礼遇而感恩戴德。我的《恶之花》将永存于世；我的评论文章会有销路，也许不会售罄脱销，但始终会有市场。

哪怕战争从意大利 ① 打到莱茵河，人们还是会想读读文学方面的论争或小说的；尤其是当所有人都失去理智的时候，清醒方能彰显优势且为极大的优势。我和您的想法截然不同，我对您忽视与文学相关的事情为您担忧。

《当代评论》上的 80 页如果变成书，应该有 250 页。

您没完没了地谈您的债务。我相信只要有所创新就能解决问题。但我不太了解您的业务，所以给不了您任何建议。

给我回信，可能的话别太伤心，而且请始终保持友善。请向您的家人致意。

CH. 波德莱尔

《米雷约》的作者米斯特拉尔是一位以方言入诗的诗人，深受阿道夫·仲马 ② 的影响。那个坏小子对米斯特拉尔先生并非完全未开化深表遗憾；他在书评中谈到他痛苦地发现米斯特拉尔懂法语。另外，如今时兴的就是这种难懂的或莫名其妙的东西。

＊＊＊

期待您的回信。文本行距要尽可能宽。

CH. 波德莱尔

---

① 意大利为伦巴第摆脱奥地利统治而进行的第二次独立战争刚刚开始。马真塔战役（La Bataille de Magenta）和索尔费里诺战役（La Bataille de Solferino）分别于 6 月 4 日、6 月 24 日打响。

② 阿道夫·仲马（Adolphe Dumas，1805—1861），普罗旺斯文艺复兴的先驱之一，与大仲马和小仲马没有任何亲缘关系。

致奥古斯特·普莱-玛拉西

翁弗勒尔，1859 年 5 月 4 日星期三

我亲爱的朋友，请您本人立即写封信给市立疗养院院长，地址：圣德尼市郊路 200 号，确认经由阿朗松铁路邮局寄给他 150 法郎（迪瓦尔小姐的费用）已经寄出。

您还要给铁路公司经理写封投诉信。

昨天，3 日，什么都没寄到[①]。

我指望您的信能让疗养院院长再耐心等待数小时，而在此期间钱就能到账。

医生刚会诊过病人，认为不宜出院，所以此事更令人遗憾。

我要是有钱就电汇了。

问题可能是粗心大意，如写错地址。

但我认为铁路公司经理和圣德尼市郊疗养院院长要到 6 日上午才能收到您的信。而人家 3 日就在等钱了。

为稳妥起见，您是不是可以把铁路公司的收据装进信封寄给圣德尼市郊 200 号的疗养院院长？

又给您添麻烦，但您想想我该多担心！——所以咱们还是指望《论戈蒂耶》吧。优雅和变形的字母必须得找；由谁找呢？我再想想。

我亲爱的朋友，祝好。

夏·波

显然，不用电报的话，阿朗松铁路管理部门只能明天（5 日）才能向您做出您所需要的解释。您汇钱时没给那位经理写一封说明函么？

致奥古斯特·普莱-玛拉西

［翁弗勒尔］1859 年 5 月 8 日星期日

亲爱的朋友，我要为自己愚蠢的抱怨向您深表歉意。那个可怕女人

---

① 波德莱尔刚刚收到让娜口授的一封信说未收到膳宿费。其实钱已经寄到了。参见波德莱尔致玛拉西的下一封信和 1861 年 3 月 17 日致欧皮克夫人的信。

的来信（不是她自己写的，她没这个本事）骗了我，说她什么也没收到。——她那可怜的、因犯病而更笨了的脑子居然能想出这么一个收两次钱的"把戏"，殊不知很容易就会露馅儿。4 日那天，我打算在你找到那笔汇款的下落之前先向我母亲借 150 法郎应急，我母亲为此跟我大闹了一场，我也不甘示弱针锋相对。结果我母亲病了。而我打那天也卧床不起，胃肠梗阻，那个随着天气变化来去无踪的头痛症也发作了，像针扎一样疼得我夜里睡不着觉。

这都是发火和起急惹的祸。这种状况必须结束，无论工作、金钱还是天气其实都是一回事。

再次向您致歉，抓紧时间给我回信吧。您的信绝对是宽慰我的灵丹妙药。

您建议翻译那本奥地利作品是个绝妙的主意 ①；请告诉我销路如何；别忘了这件事；也别忘了《珐琅和雕玉》的卷首插图。

祝好。

夏·波

对梅毒绝不可掉以轻心。我彻底治愈前曾多次复发。

反正您要在医院服刑 ②，索性借此机会根治此病。

那我是不是写信就要往医院寄了？

您得提醒迪沃 ③ 别写错我的名字。

如果您在纸板箱或橱柜里发现一幅神话故事的雕版，而且字母上还饰有花纹（通常是荷兰语的斜体大写字母），你就可以把它当作某种说明或告诫。——真的要请那个迪沃帮忙？

夏·波

---

① 玛拉西建议翻译的这本书是《1848—1849 年的意大利乡村》(*Campagnes d'Italie de 1848 et 1849*)，作者是舍恩哈尔斯将军（*général Schoenhals*），由小戈蒂耶翻译，当年即由玛拉西出版。

② 玛拉西因出版《洛赞公爵回忆录》(*Mémoires de Lauzun*) 而被判有期徒刑一个月。

③ 迪沃（Duveau），玛拉西聘请的雕版师。

致纳达尔

翁弗勒尔，1859 年 5 月 14 日

一

我的好纳达尔，我犹如一颗苦楚的灵魂。我母亲外出几天，我竟傻乎乎让她走了也没要些钱，我现在独自一人，吃喝倒是不愁，可要买那玩意儿 ① 却分文皆无，诸多麻烦都是它害的。我想你若是不太为难的话，就麻烦你用邮政汇票给我寄 20 法郎来（哎，立刻!），你要是同意不嘲笑我的承诺，我下个月 1 日就还给你。我的确打算那个时候去一趟巴黎。你记住，下午五点以前寄出回信，我后天上午就能收到了：卡尔瓦多斯省，翁弗勒尔，夏尔·波德莱尔收；地址这么写就可以。

为了让你对我的麻烦有些概念——仅凭此点你就可以原谅我如此可笑的需求——请你想象一下我需要去勒阿弗尔逛几小时（至少你别以为我是想去放荡），但没有我想要的那玩意儿就做不到。

二

此地有一间咖啡馆，偶尔能看到你的报纸 ②，所以我乐见疯狂、不公、对蠢货们的爱抚以及构成纳达尔另类品位的所有怪癖在我眼前翻翩而过。最近你把爱伦·坡和霍夫曼搞混了，遭到了那些曾对猫情有独钟而至今不渝的人对你大加嘲讽。你要知道，爱伦·坡作品里除了被挖掉一只眼并被吊死的那只猫以外就没有猫了，后来收养的那只也是个独眼龙。并且见证了罪案的发生 ③。此外我不理解你为什么最近会心血来潮，大肆谬赞那个比利时或波兰的诗人 ④，还强行甩给我一个讨厌的词。被视作"腐尸王子" ⑤ 让我很难受。你根本没读过我的一大批东西，那里面写的净是麝香

---

① 似指鸦片。

② 指《开心报》（*Journal pour rire*）。

③ 指爱伦·坡的短篇小说《黑猫》（*Chat noir*）。

④ 指布鲁塞尔刚刚出版的一部诗集《危机》（*La Crise*），作者是塞斯劳·卡尔斯基（Ceslaw Karski），波德莱尔不喜欢这位诗人。

⑤ 纳达尔 1859 年画过一幅漫画：戴着绿色手套的波德莱尔凝视着被许多苍蝇围着的一具腐尸。

与玫瑰。而你这疯子在画完这样一幅漫画后一定还在想：我这样做会让他
爽透了！

三

你若是个天使，应该去结识一个名叫莫罗（Moreau）的人，他是个
画商，地址在拉斐特街的拉斐特府邸（Hôtel Laffitte，rue Laffitte）。（我很
想与他结识，因为我打算撰写一篇研究西班牙绘画的文章。）请你求得此
人同意，把戈雅的一幅绝美的油画《阿尔巴女公爵》（*La Duchesse d'Arbe*）
拍摄下来并制成图片（绝对是戈雅，绝对是原作）。戈雅画作的复制品
（原尺寸）都在西班牙，戈蒂耶看到过。其中有一幅，女公爵身着民族服
装，戴着吊坠，裸体，以同样的姿势仰卧。俗里俗气的姿态给画作平添
了几许魅力。借用你那些讨厌的粗话，我会说这位女公爵活脱是一个怪
胎；面露凶相，头发梳得像西尔维斯特，胸脯掩住了腋窝，目光散乱地向
上仰视。你若是个富有的天使，我会建议你买下这几幅画；这个机会千载
难逢。你想想吧，犹如波宁顿或德韦里亚那种优雅与冷酷的统一①。画作
主人要价 2400 法郎。对一位酷爱西班牙绘画的爱好者来说是小意思，但
对一个要还债的人来说还是一笔巨款。他向我坦承是从戈雅的儿子手里购
得的，这个儿子正处于可怕的麻烦当中。——你要是跟那个人说要制作多
幅图片他肯定不敢同意，因为你的名声太大。再说一般的人也不太懂得戈
雅的作品之美，所以你只做两幅即可，一幅留给自己，一幅给我。如果能
行，注意尺寸不要太小。否则画作的特点不突出。

我特别不愿意把这些都写下来，因为你读这些建议时会像个疯子一样
发笑。——但我还没写完。

四

那位画了好几幅狩猎图的德国画家是何方神圣？那几幅画可谓精美绝

---

① 波宁顿（Bonington），或指理查·帕克斯·波宁顿（Richard Parkes Bonington，1802—1828），
英国浪漫派风景画家。德韦里亚（Devéria），或指同为法国画家的两兄弟阿希尔·德韦里
亚（Achille Devéria，1800—1857）和欧仁·德韦里亚（Eugène Devéria，1805—1865）。

伦，不可方物，古比尔 ① 正在卖他的画。有人建议我给他写封信。我可不想找玛拉西、迪沃那样的熟人为我翻译的爱伦·坡作品、我的《鸦片与印度大麻》、我的新版《恶之花》和我的《美学珍玩》设计封面。

　　如果能借你广泛的人脉帮我找到阿尔弗雷德·雷特尔 ② 的个人资讯，我会非常高兴，他是《1848：死者之舞》（*Danse des morts en 1848*）、《善良的死神》（*La Bonne Mort*）和《霍乱首次侵袭歌剧院》（*Première Invasion du choléra à l'Opéra*）的作者。你认识克瑙斯么 ③？他应该对此有所了解。

＊＊＊

　　我现在愁死了；出版《美学珍玩》之前还有数篇绘画方面的文章要写（最后几篇！），而现在我正在写关于沙龙画展的文章，可我还没去看过画展。好在我手里有一份目录。除了猜测都画了些什么要费点儿神以外，这倒是一种极好的方法，我建议你也不妨试试。褒贬适度才能不偏不倚。

　　还用告诉你所有建议中只有那张邮政汇票才是当务之急么？

五

　　我亲爱的朋友，求求你，不要在信封上用你惯用的方式调侃我。

　　祝好，并请原谅我打扰了你那可恶的雷打不动的生活。

CH. 波德莱尔

致纳达尔

翁弗勒尔，1859 年 5 月 16 日

　　我亲爱的朋友，既然你不拿长信开玩笑，那你还能收回你的钱；因为我眼下有两个小时闲暇。我先要致谢，不仅谢你那 20 法郎，更要谢你信中的一句优美迷人的话。这句话犹如宣示笃诚而牢固的友谊。这种温情真让我有些受宠若惊。

---

① 古比尔（Goupil）是一位著名的画商。

② 阿尔弗雷德·雷特尔（Alfred Rethel，1816—1859），德国画家、版画家。

③ 克瑙斯（Ludwig Knaus，1829—1910），德国画家。

　　既然你夸了我，我的虚荣心就让我借此机会寄给你几首你肯定没读过的诗 [1]，我希望能用这几首诗和其他若干首尚未发表的诗让我那本枯萎之书重焕青春。你会发现我很少接受批评，而且牢守自己的习性。

　　现在来谈你的信。

　　如果卡尔斯基先生的诗（是他吧 [2]？）真的很美，你就该帮我找一本，但据我所知，巴黎无处售卖。

　　——是的，我真心盼望你能和莫罗谈妥，我深信你也会欣赏自己制作出的这些非凡画作的复制品。

　　你不清楚根据雷特尔作品制成的木版画么？《1848 年：死者之舞》现在的售价是 1 法郎（六幅）、《善良的死神》（*La Bonne Mort*）和《霍乱首次侵袭歌剧院》的售价好像是 7 法郎。一位德国书商经销这些画，他也卖德国版画，地址在大王宫附近的里沃利路 [3]。有人告诉我说雷特尔曾经为某座教堂（可能在科隆）画过壁画；也有人告诉我他已经死了；还有人说他关在一家疯人院里。我知道上述那些作品，我想知道除去其个人资讯外，他还有没有其他的版画作品。

　　里卡尔 [4] 向我提起过这位我不闻其名的德国艺术家，他声称这位画家在插图和设计卷首插图方面具有非常独特的才能。所以必须要看到这幅《狩猎》。

　　当然，我的确想到了多雷 [5]；我记不起是因为常常从他的天才中发现孩子气才在深思熟虑后婉拒了他，还是因为他不招玛拉西待见而拒绝了他。而且我也不确定他是不是不招玛拉西待见。

　　我不久将要出版的书或单行本有：

　　——关于爱伦·坡所有评论文章的合集；其中有一幅爱伦·坡的肖像（我负责为这幅肖像提供必要的细节），四周环绕着代表其主要构思的寓意

① 波德莱尔将《骷髅之舞》、《西西娜》、《远行》和《信天翁》寄给了纳达尔。

② 卡尔斯基（Karski）是一位波兰诗人。

③ 这家书店名为"博内·舒尔茨书店"（A. Bohne et Schultz），地址在里沃利路 170 号（rue de Rivoli）。

④ 里卡尔（Louis-Gustave Ricard，1823—1873），法国画家。波德莱尔与他在萨比埃蒂埃夫人家结识。

⑤ 多雷（Gustave Doré，1832—1883），法国插图画家、版画家和雕塑家，波德莱尔曾想邀请他为其作品集和论爱伦·坡的文章设计卷首插图。

性构图——大致类似于耶稣受难图，受难图的中心是基督的头——如果可能的话，这一切应表现出狂热的罗曼蒂克。

——《鸦片与印度大麻》：富于预言性的卷首插图表达出我笔下首要的欢乐与痛苦。

——关于美术与文学所有评论文章的合集。我认为玛拉西不会同意放上卷首插图。

——第二版《恶之花》。扉页上有一个树状骷髅，双腿和肋骨形成树干，伸出的双臂在枝叶和花蕾处交叉，呈绽放状，庇护着一排排插在温室小罐子里的有毒植物。——我是在翻阅亚森特·朗格卢瓦 [①] 的骷髅之舞的故事时萌生此念的。

再说说多雷吧。他在表现云彩、风光和房屋方面有非凡的才能，使画作具有了一种确凿的超自然品质，会为我的作品增色；但是，形象！在他最好的画作中也总是有些幼稚的东西。你说到《神曲》[②] 真让我吃惊。他怎么会相中这样一位最严肃又最忧伤的诗人呢？再说你也看到了，我正想采用一种最古典的、却又以超浪漫主义方式处理过的封面插图方案。

最后，老实说，物色过的画家中我最中意的是邦吉伊和南特伊。但我不知道邦吉伊能否应我之邀，至于南特伊，我担心他不会屈尊俯就，也担心他在为维克多·雨果效力之后是否还能重拾往日激情。但此二人在契合我的品位、赋予作品浪漫情调方面极具优势，而且能藉某种夸张来回应本世纪的无知与淡漠。

但最重要的是目前还不能确定他是否能够获得体面的报酬，若在此时就去拜访一位杰出的艺术家，并让他从事一项对我来说很困难的、不起眼的工作，恐怕不太合适。

以上这些想法，如蒙你在为我保密的前提下打探一下虚实，我在此先向你预致谢意。

还有沙龙展，哎！我对你扯了一点儿谎，就一点儿！我去过一次，就一次，我想去发掘一些新奇的东西，可收获不大；对小有名气或我已知其

---

① 亚森特·朗格卢瓦（Eustache-Hyacinthe Langlois，1777—1837），法国画家、版画家和作家。

② 纳达尔在回信中建议波德莱尔请多雷为他设计封面插图，并告诉他多雷正在为《神曲》创作插图。

名的那些艺术家，我靠记忆或翻翻说明书就足够了。我再说一遍，只要能
摸准这些画家的个性，此方法不赖。

除了真值得关注的作品外，你还可以留意一下左后方的那个大厅，全
是无价的宗教作品，在那儿有两幅小型油画。

一幅：第 1215 号展品，《遣使会的修女》（Les Sœurs de charité），作者
阿芒·戈蒂耶。

另一幅：第 1894 号展品，《三钟经》（L'Angélus），作者阿尔封斯·勒
格罗。——风格虽非高雅，但极具感染力 ①。

我在雕塑展区还发现了一尊可称之为罗曼蒂克花饰雕塑的作品（在花
园 ② 的一条小径上，离出口不太远），漂亮极了：一个年轻的女孩和一具
如圣母升天图般高高在上的骷髅；骷髅正在亲吻那个女孩。部分骨架的确
看不到，仿佛包裹在裹尸布中，但能感觉到。——你相信么？我把雕塑作
品目录逐页逐行地翻看了三遍，居然找不到与其有关的任何说明 ③！创作
出这尊漂亮雕塑的那个家伙绝对应该将其命名为《爱神和白葡萄酒烩肉》
（Amour et gibelotte）或另一个类似于孔特-加利克斯 ④ 风格的名称，因为
我在书中苦搜不得。麻烦你帮我找出来；我想知道主题和作者的名字。

关于那几幅阿尔巴女公爵的油画，我想再说一遍，你如果不是太拮
据，真应该以适度的价格拿下。

既然你觉得可以在信末谈点儿政治，那我就说几句。我已经二十次告
诫自己切莫再对政治感兴趣，可一碰到严重问题时，好奇心和热情又死灰
复燃。我关注意大利问题好久了。早在奥尔西尼事件 ⑤ 之前就关注了。在

---

① 阿芒·戈蒂耶（Amand Gautier, 1825—1894），法国画家、版画家。阿尔封斯·勒格罗
  （Alphonse Legros, 1837—1911），法国画家、雕塑家，后移居英国，1861 年曾为波德莱
  尔的《怪异故事集》创作过 8 幅版画。
② 1859 年的沙龙举办地为爱丽舍宫（palais des Champs-Élysées）。
③ 这尊雕塑名为《永远与绝不》（Toujours et jamais），作者是雕塑家埃米尔·埃贝尔（Émile
  Hébert）。后波德莱尔在其《1859 年的沙龙》中批评作者为"这样一尊可爱的雕像"起了
  "这样一个谜一般的名字"。
④ 孔特-加利克斯（François Claudius Compte-Calix, 1813—1880），法国画家，以屡屡为其
  作品起怪名著称。
⑤ 指 1858 年 1 月 14 日意大利爱国者菲利斯·奥尔西尼（Felice Orsini, 1819—1858）刺杀
  拿破仑三世事件。

这方面，若说拿破仑正在执行奥尔西尼遗言是不公平的。奥尔西尼是个诚实的人，但操之过急了。皇帝对此事已考虑良久，并且对来到巴黎的所有意大利人也承诺多多。我赞赏他识运认命；这个命运拯救了他；如今他开始考虑莫尔尼、中央铁路公司和博蒙-瓦西以及前不久还让我们关注的那四万件脏事了 ①。你瞧，这位皇帝漂洗干净了。亲爱的朋友，你会看到人们很快就会忘掉 12 月的恐怖。简而言之，他偷走了共和国一场伟大战争 ② 的荣誉。——你读到于勒·法弗尔上月底、上月初还是 5 月初在立法院的那次演讲么？他明确提出了革命的必要性和必然性。立法院主席和各部大臣都没有打断他。他似乎在为皇帝说话 ③。而辩论到加里波第 ④ 时，当那位虔诚而蒙昧的德·拉图尔子爵 ⑤ 说法国不需要这样的联盟以自污时，主席（施耐德 ⑥）便打断了他，对他说一位议员无权诋毁法兰西的盟友，无论这些盟友来自何方。

　　我亲爱的朋友，政治是一门无情的科学。你不愿认清这一点。如果你是一名耶稣会士和革命者，既然所有真正的政治都必须或难免成为真正的政治，那么对冷落一边的朋友来说你也就不必有太多的遗憾。我知道你讨厌我的观点；但请你告诉我，你注意过由德·加富尔 ⑦ 先生出版的《约瑟夫·德·迈斯特外交书简》（*Lettres diplomatiques de Joseph de Maistre*）中的宏论么？顺便说一句，此部书简将教宗视为小丑。那真是在控诉奥地利！这些书信都保留在皮埃蒙特，选了一个合适的时间发表了出来。

---

① 指法国中央铁路公司（le Grand Central）丑闻，很多政治家如莫尔尼（Charles de Morny，1811—1865）、博蒙-瓦西子爵（Vicomte de Beaumont-Vassy）等都卷入其中。

② 指意大利第二次独立战争。

③ 于勒·法弗尔（Jules Favre，1809—1880）在担任奥尔西尼的辩护律师后于 1858 年当选巴黎市议员。他是最坚定的共和派，坚决反对帝制。1859 年 4 月 30 日他发表了一场著名的演说，呼吁法国为意大利的自由而战。5 月 3 日，法国向奥地利宣战。

④ 加里波第（Giuseppe Garibaldi，1807—1882），意大利爱国志士、军事家，意大利建国三杰之一。

⑤ 德·拉图尔（Gustave de La Tour），时任第二帝国立法院议员。他也是《当代评论》的撰稿人，波德莱尔应当认识他。

⑥ 施耐德（Eugène Schneider，1805—1875），法国工业家和政治家，时任第二帝国立法院副主席。

⑦ 加富尔（Camillo Benso Conte di Cavour，1810—1861），意大利政治家，统一后的意大利王国首任首相，意大利建国三杰之一。

我只能把事情往好里想：皇帝荣耀等身，被所有人祝福，但麻烦将出现在胜利之后 ①。

对于你所有个人的伤感，我的朋友，听天由命吧，接受吧。

等我去你家时再把我那些堆积如山的伤感讲给你听，你会垂怜我的。我真心相信除了少数聪明、富有（而且没有家室拖累！）的年轻人以外，没人知道如何享受自己的幸福，生命本身必定是无边的痛苦。

祝好。

夏·波

现在你如果想乐，就像我一样去读读利梅拉克、维图和格拉尼耶·德·卡萨尼亚克那些文章吧 ②。就好像他们要去意大利掐死革命的九头蛇似的。实在是不必要的伪善。

致纳达尔

［1859 年？］

童仆 ③ 在冥界

（他像那些羞赧的人一样轻松地走了进来。）

他随即要求宣读冥界的规矩，并试图抓住那些坏了规矩的鬼魂。

---

① 波德莱尔像所有伟大的诗人一样是一位先知：拿破仑三世背着盟友撒丁王国与奥地利签订《维拉弗朗卡预备和约》（Les préliminaires de Villafranca）后，遭到意大利人民的反对，法国的内政外交陷入困境，甚至天主教会也撤回了对政府的信任——意大利独立战争成为法国反帝制的导火索。

② 波德莱尔提到的这 3 位出版家都是拿破仑三世的拥护者：保兰·利梅拉克（Paulin Limayrac, 1816—1868），时任《宪政报》主编，爱伦·坡作品的爱好者；奥古斯特·维图（Auguste Vitu, 1823—1891），时任《国家报》社长，波德莱尔青年时代的朋友；格拉尼耶·德·卡萨尼亚克（Granier de Cassagnac, 1806—1880），1858 年创建《觉醒》（Réveil）。

③ "童仆"（Clergeon）是吕希乌斯-内斯托尔·松戎（Lucius-Nestor Songeon, 1818—1889）的别号。他是波德莱尔在里昂王家中学读书时的同学，后来在巴黎的波希米亚文人圈中与纳达尔结为好友。

从首次集合起他就严词告状，声称有人改变了大火。

这在所有该下地狱的鬼魂中引发了可怕的抱怨，说他们都觉得已经够热了。

瞎说！童仆说。

他还告状说，一些本不该在这里的人也滑入了地狱，他们最多只能到炼狱。他说，我们只要同等的人；每个人都必须证明自己是十恶不赦的恶棍！

我想我有足够的头衔给大家示范！

他犯了众怒，被推进了无底深渊，但很快他就以罕见的敏捷重新爬了上来。因为他希望能博得普洛塞庇娜①的青眼，而这种渴望所赋予之力与攀爬的难度成正比。

他滑过唯有他自己才知晓的缝隙，现在就等着冥后从那道小门出现了。

他跟着冥后走过那条隐蔽的楼梯，一进房间就往五斗橱上扔了 15 个法郎，于是尾随其后的鬼魂就忘了把他搜出去。

这是给您的，小东西！他吼道，声若洪钟。像我这样一个该下地狱的人知道如何羞辱一个背叛了丈夫的冥后！

普洛塞庇娜六千年来从未见过这样的恶棍，她想逃回自己的家。

可童仆却没给她机会；他要利用最后几秒钟；他要羞辱普洛塞庇娜；他要给她打炮，不然就会忘了拉丁语。他猛扑过去，把鸡巴插进她的眼睛里。

普洛塞庇娜发出一声撕心裂肺的哭嚷！！！！！

冥界的一切都乱了套。童仆对自己造就的乱象感到满意，他把拳头抵在自己的屁股上，用难以模仿的假声喊道：哈！哈！

然而冥王普路托（他其实是个好孩子）问他为什么干出这等蠢事，童仆手插马甲答道：

我相信在冥界证明自己高贵向来不会错；哈！哈！——如果我错了，我准备（高傲而屈从地）接受您对胆量超出您意料者的任何惩罚。

冥王好心地把他在争斗中掉在地上的眼镜还给他。

---

① 普洛塞庇娜（Proserpine），罗马神话中冥王普路托（Pluton）的妻子。

没有人责怪他，甚至被弄瞎一只眼的普洛塞庇娜也很满意地说：这家伙好有趣！可童仆觉得还是赶快溜走为妙。

他挪动着脚步，仿佛在撼动山脉。他逃了！逃了！

在劫后余灰的平原上，他发现纳达尔正在采集蝾螈，他边跑边喊：

快跑吧，勇敢的纳达尔！没有你我们也赢了！

因为他坚信自己把普洛塞庇娜干了！

你看，十五年之后①，灵感还在！

致让·莫雷尔

[翁弗勒尔，1859 年 5 月底？]

巴黎的幽灵 ②

这拥挤的城市！是梦魇的故乡，
光天化日之下就能与鬼魂相撞！
诡秘横流，就仿佛林木的汁液
在巨无霸般狭窄的管网内流淌。

有天早上（冷清的路！幽暗的
天光！雾影将两旁的房屋抻长，
房屋似堤岸，伫立在长河两旁，
阴暗的布景与演员的灵魂相仿，

肮脏而浊黄的雾霾弥漫在街巷），
我紧绷了神经，像演主角一样，

---

① 松戎是 1844 年 3 月在巴黎与波德莱尔重逢的，波德莱尔和纳达尔订交也是在 1844 年，所以波德莱尔说是"十五年之后"。

② 《巴黎的幽灵》是《七老翁》最初的题目，正文与 1861 年第二版《恶之花》略有不同。

一边走一边与疲惫的心灵争抗，
在隆隆的郊区车辚马嚣中奔忙。

突遇一位老翁，鹑衣土黄，
竟然和下雨前的天色相仿，
他本可获得雨点般的施舍，
若不是他双目中闪露凶光。

他的眼珠子仿佛浸过胆汁，
犀利的目光竟然寒若冰霜，
硬硬的尖须似出鞘的利剑，
与那犹大的胡须一模一样。

他背不驼，腰已弯，脊梁
与双腿恰形成直角的形状，
手中拐杖再配上狰狞面相，
使得他笨拙的举止和步履

如三足犹太人，又似瘸腿狼。
在雪水泥泞中，他满身泥浆，
破靴子像在死人堆碾踏游荡，
冷漠人世，莫如说敌意满腔。

紧跟的老翁尖须驼背，鹑衣手杖，
仿佛来自相同地狱，是相同模样，
这对百岁的双胞胎，怪异的魍魉，
迈着同样的步幅走向未知的方向。

难道我成了魔鬼暗算的对象？
还是我命运多舛，注定遭殃？

须臾之间我连数了七遍，那
阴险老翁的数量竟成倍增长！

或许有人会笑话我过度紧张，
那是他未受亲情威力的震荡，
想一想吧，这些老态龙钟的
怪物，神色竟呈现永恒之光！

我满心焦虑，怕再有第八个、
第九个登场！如此致命相像！
我想逃离这永恒的父子一体，
于是我转头逃离这地狱现场。

我像愤怒醉鬼眼前重影晃荡，
跑回家，关上门，心中恐慌，
愁伤情，方寸乱，病恹卧床，
那神秘荒诞使我心遭受重创！

我的理智徒劳地想收回地盘；
肆虐的高烧却让我迷失方向，
我的灵魂跳呀跳，跌跌撞撞，
像无帆破船在无涯苦海飘荡！

……发表这首诗时每行都得在意（倘若您打算发表），因为我能想到
的是该诗之质量不足以验证创作之艰辛。这是我尝试的新系列的第一首，
我怕是已成功地超越了诗歌本身的极限。

《秀发》一诗完全没有印刷错误让我非常高兴，所以我又立即给您寄
去这个包裹 ①，而且您完全不必再寄清样给我修改。

---

① 《秀发》(*La Chevelure*) 发表于 1859 年 5 月 20 日《法兰西评论》。"这个包裹"指《七老
   翁》和《1859 年的沙龙》第一部分。

再有，如果明天有哪位撰稿人去您的办公室，就请麻烦您问问他，那组漂亮的雕塑（一具骷髅举起一个女孩）是什么主题？作者何人？我在雕塑目录里找了四遍也猜不出是哪个。

……

祝好。

CH. 波德莱尔

致奥古斯特·普莱-玛拉西

［翁弗勒尔］1859 年 6 月 13 日

您总不给我写信真不好；因为，此地，我根本不闻人语声。——那本奥地利的书怎么样了①？

请告诉我您对我那篇评论沙龙的文章有何看法。还有论戈蒂耶那篇？——《鸦片和印度大麻》不久后就可以向您交稿了，然后，完整的《美学珍玩》也会在新版《恶之花》之后交稿。

最后要写一部短篇小说，构思如下：一个游手好闲的人发现了一桩阴谋便开始追踪，直到爆炸发生的前一天，他用掷硬币的方法来决定是否应该向警察局报案②。

剧本之事进展顺利③，为此我得去趟巴黎。

我一直惦记着您那 3000 法郎。我觉得 9 月份有望还清（见面时再给您解释）！

去巴黎真的没什么可害怕的么？真的没什么可担心的么？我指的是那张 19 日到期的 430 法郎的票据（是 430 法郎吧?），您答应过在巴黎替我展期。我要是有盖了章的公文纸就寄给您了，但我觉得您还是希望由一位我们共同的朋友签名。最合理的办法是您直接开具一张账单寄给我母亲，但金额务必不能错。这种琐事还是很重要的。

---

① 指《1848—1849 年的意大利乡村》（*Campagnes d'Italie de 1848 et 1849*）。

② 这部短篇小说《阴谋》（*La Conspiration*）最终未完成，只有一个提纲。

③ 指《胡扎尔侯爵一世》（*Le Marquis du Ier Houzards*）。

我要到月底才能有钱，我说的是那张 160 法郎的票据。是 160 法郎，对吧，而且肯定是 6 月底吧？——我全指望您了。如果拒付，您就可能和德·布鲁瓦斯发生冲突，我在此如果出现一次拒付，我母亲就会把我赶出家门。但我还是希望直到年底我的工作状态都能如此良好。

上千次问候您的家人。——您回信以前我不会离开翁弗勒尔。

有朝一日如果不再玩梭子交易，那日子该多么美好啊！

您知不知道，虽有您的承诺，我还是放不下心；因为我绝对身无分文。

祝好。给我回一封长信。

夏·波

致欧皮克夫人

［巴黎］［18］59 年 6 月 29 日

我亲爱的母亲，你要是写信，请寄到《法兰西评论》，地址是洛蒂桥路 6 号（rue du Pont-de-Lodi）。

我已经狠狠折腾过昂塞尔，好让他准时寄给你至少 160 法郎；另外的 68 法郎我马上寄给你，我自己还要再给你带回些钱。现在我可以告诉你为什么 29 日你手里必须有这笔钱的实情了，因为我必须在 30 日或 1 日有人去翁弗勒尔讨要这笔钱时支付给玛拉西 160 法郎。昂塞尔向他的诸神发誓一定会在 29 日晚上经由铁路邮局汇出这笔钱，那你明天下午两点就能收到。我今晚要去他家晚餐，如果他真的忘了，我就拉着他直接把钱送到车站或邮局。要是你明天下午两点没收到，就必须立刻给他写信索要，四点以前寄出。你知道他总是磨蹭。

我还没拿到《法兰西评论》的那 600 法郎；拿不到这笔钱我都不敢去找昂塞尔，这笔钱我要亲自寄给你。我累得要死，而且已经换了两个住所。

全身心地拥抱你。

夏尔

致保罗·默里斯

[巴黎，1859年6月底或7月初？]

我亲爱的默里斯：

我深感羞愧和抱歉，一大早就因为咱们共同的朋友莫雷尔而打搅您。出版人不在，律师不在[①]，朋友们也不在，所以我必须找点儿钱候着他们！如果您能借给我50法郎（或更少）让我捱过四五天，您就帮了我的大忙了。但此事可能会让您犯难，想到此我更加羞愧难当。

祝好，上千次道歉。

我给您写信而未去拜访是因为我知道您日理万机，而我本人也必须待在原地工作。

CH. 波德莱尔

阿姆斯特丹路迪耶普旅馆

致伊波利特·马林

[巴黎，1859年7月初？]

亲爱的先生：

我今天上午在您家签发了一张应付票据。

我现在巴黎。

烦请您寄到：阿姆斯特丹路22号。

祝好。

CH. 波德莱尔

---

① 指马林律师。参见下一封致马林的信。

致欧皮克夫人

［巴黎］［1859 年］7 月 4 日星期一晚

我真不知道该用什么方式跟你说话。我就像个殉难者，没资格抱怨。

我极度不悦，我所以还活着，你根本就不知道深层原因。

我强迫你干什么非法勾当了？这个贝克尔 ① 多半就是个贼，他放过高利贷，卖过版画，倒腾过债券，这种人绝不可能成为你的供货方。

我刚支付给马林 520 法郎。我今天晚上动身去阿朗松。有空就在旅馆的桌子上写作。

我要到 10 日或 15 日 ② 才回翁弗勒尔，因为首先要解决剧本 ③ 问题。但那跟你又有什么关系？你又在乎什么呢？

夏尔

来吧，尽管如此，我还是要拥抱你。

致菲尔曼·梅亚尔 ④

［阿朗松］［1859 年］7 月 6 日

先生，我在阿朗松，和我的朋友奥古斯特在一起，我刚刚在《巴黎的法兰西》⑤ 上浏览了您的精心之作。我若不能欣然回绝您说我的那些恭维话，那我也太孤陋寡闻了。不过我还是想提醒您，我既不干瘪也不瘦削，更不像《费加罗报》极力鼓噪的那般让人反感。至于那些差劲的、来自幼

---

① 贝克尔（Becker）是波德莱尔的一个老债主，放高利贷者。

② 波德莱尔滞留巴黎是因为又遇到了玛丽·多布伦；个中缘由可参见波德莱尔 1859 年 11 月致庞森·迪泰拉伊的信。

③ 指《胡扎尔侯爵一世》。

④ 菲尔曼·梅亚尔（Firmin Maillard），生平不详。玛拉西刚刚出版了他的作品《1857—1858 年的巴黎报刊轶事批评史》(*Histoire anecdotique et critique de la presse parisienne：1857—1858*)。

⑤ 《巴黎的法兰西》(*France parisienne*) 系波德莱尔笔误，应为《巴黎新闻报》(*La Presse parisien*)。

稚脑袋瓜的传闻轶事，全都是我的朋友、画家、德拉克洛瓦的学生弗雷的快乐发明①。

　　有人向我本人描绘过这样一位极讨人嫌的波德莱尔先生，对我的虚荣心来说，这种胡编乱造全无愉悦可言！不过请您相信，先生，对这样一篇发表在报纸上、以恭维莱松-勒迪克先生②的方式奉承我的文章，我不可能置若罔闻。

CH. 波德莱尔

　　再说一句，您若接受的话也可以叫作建议：在此类将生平与批评不分青红皂白一锅煮的轻浮作品中，永远不要暗示一个男人可能会因为放荡而毁了自己的身体。再者说，无论是谁，肉体的欲望永远不可能产生独创性。

　　请原谅我这个简短的附言。

致欧皮克夫人

［巴黎］1859 年 7 月 20 日星期三

　　我给你写封短信。你寄到《法兰西评论》的两封信收到了，没有及早回信是因为我有三四天没去。

　　我的事接近谈成了。——除了棘手的稿酬问题。——我清偿了上千法郎紧急债务，但我挣得更多，不过我已然适应了外省的生活，因此每天花费 20 到 30 法郎让我难受得要命。未解决那个剧本问题③之前我不会离开巴黎；这个问题我另外写信告诉你。——巴黎能不来就不来。不仅花销太大，更严重的是思维不敏锐，精力不集中。我变得粗心大意，头昏脑涨，思维迟钝；你知道我已经习惯了放松而耐心的思考，习惯了这种幸福的

---

① 弗雷（Forey），或指莱昂·弗雷（Léon Fauré, 1819—1887），法国画家，德拉克洛瓦的学生。

② 莱松-勒迪克（Léouzon-Leduc, 1815—?），似为斯堪的纳维亚国家问题专家，菲尔曼·梅亚尔在其作品中以奉承的方式嘲讽了莱松-勒迪克。

③ 指《胡扎尔侯爵一世》。

日子。

你不难理解这种情况下我的日程不可能精准。必须承认，在这个该死的城市里，四处弥漫着热气、光照和灰尘，想找个人都得跑好几趟。这样一来写作就没时间了，而想回家的渴望日益强烈——巨额花销让我苦恼，更让我苦恼的是糊里糊涂荒废时光。

你的第二封信深深打动了我。你知道我并不多愁善感（至少在外表上）；因此你可以把我的信当作肺腑之言。在那么多真正的悲伤和沮丧之中，能亲身感受一种善良和仁慈的关注实为温馨之事。你信中表现出的所有母性的疯狂甚至你说你在酿制苹果酒（这事并不急）也让我感动。你有如此仁慈而细腻之心，可为何有时又那么不明事理？

最后十来天（因为我肯定 8 月初回家，提前三四天会通知你）我会第三次努力挣一大笔钱，还要和日内瓦的一家新杂志 ① 签订合同。不幸的是帝国马戏团剧院的新经理 ② 去了诺曼底。你能想得到，与那桩大买卖有关的计划将大大推迟。

更糟糕的是，政局风雨如磐，痛苦无比，令人担忧。你无法想象皇帝在每个人心中造成的混乱以及缔结和约 ③ 的灾难性影响。

《法兰西评论》也遭遇了不幸 ④；你会连续收到两期，其中一期是我写的沙龙那篇文章的最后部分。

我爱你并拥抱你，再次感谢你的后一封信。

我住到月底：阿姆斯特丹路迪耶普旅馆。这儿的条件要多差有多差。

CH. 波德莱尔

---

① 指日内瓦《国际评论》(*Revue internationale*)。

② 指帝国马戏团剧院经理伊波利特·奥斯坦因。该剧院 1862 年改名夏特莱剧院（Théâtre Châtelet）。

③ 指法国与奥地利 1859 年 7 月 17 日签订的《维拉弗朗卡预备和约》(*Les préliminaires de Villafranca*)。

④ 《法兰西评论》1859 年 7 月 20 日刊登完《1859 年的沙龙》的最后一章后停刊。

收　据（致克雷佩）

[巴黎，1859 年 7 月 21 日]

今收到克雷佩先生为七篇文学评述支付的预付款五十法郎 ①。

CH. 波德莱尔

阿姆斯特丹路迪耶普旅馆

以及翁弗勒尔

致卡西米尔·纪德 ②

[巴黎，1859 年 8 月 9 日？]

先生：

要是我没有习惯闷在家里直至完成向克雷佩先生承诺的七篇评述（至少 20 页），我早就有幸结识您了。我相信明晚就可以把剩下的文章向您交稿。巴尔比耶、戈蒂耶和博雷尔那几篇也完成了，但我还不太满意。我现在派人把定稿的几篇评述给您送去，如蒙您把那 110 法郎的微薄稿酬交送信人带给我，我将不胜感谢。

我肯定明晚会把剩下的几篇评述给您送去。

顺致崇高的敬意。

收据附后。

CH. 波德莱尔

阿姆斯特丹路迪耶普旅馆

---

① 波德莱尔最初为欧仁·克雷佩（Eugène Crépet，1827—1892）主编的《法国诗人》(*Poètes français*) 第四卷撰写了 7 篇评述，分别是巴尔比耶、博雷尔、戈蒂耶、玛瑟琳·代博尔德-瓦尔莫、杜邦、莫洛、雨果，但克雷佩拒绝了其中 3 篇（巴尔比耶、博雷尔和莫洛），于是波德莱尔又写了 3 篇（勒孔特·德·利勒、勒瓦瓦索尔和邦维尔），总共 10 篇。

② 卡西米尔·纪德（Casimir Gide），书商，《法国诗人》一至三卷的出版人。

致欧仁·克雷佩

[巴黎] 1859 年 8 月 4 日星期四

我亲爱的克雷佩，我已经如约完成了您要的七篇评述，每篇都是按您要求的体裁和风格构思的。您知道我答应过等您；但听说您还有一个星期左右才能回来。因此请允许我给纪德先生写信索要稿费。我尽可能计算得准确，每篇评述大概占一个版面稍多。麻烦您回信写几个字，我好持函去拜访他。要是没完成我肯定得等您回来，不会去索要另一半稿费的。这样我可以稍稍休整一下。我会把稿子放在纪德先生处，等您回来后一起审读。这些事我们的确都谈过。请将我的信视为对您的尊重。我若在后天（6 日）能收到您的回信，您就一定非常可爱！——这种可能性是存在的。

祝好。

CH. 波德莱尔
阿姆斯特丹路迪耶普旅馆

致奥古斯特·普莱-玛拉西

[巴黎] 1859 年 8 月 7 日
于阿姆斯特丹路迪耶普旅馆

修改清样 ① 我只需要一天时间。——还有那两篇献辞！——现在就差维克多·雨果的信了，请寄到《艺术家》编辑部交给我，那些贼根本没给我寄到翁弗勒尔去。

***

您的指责不当且无礼。我始终惦记着您和您那 3000 法郎，甚至辗转难以入眠。——您的 400 法郎会按时到账的。——等有了准信儿我会给您

---

① 指《泰奥菲尔·戈蒂耶》一文的单行本。雨果的信将作为这篇文章的序。

写一封长信。

*　*　*

德拉克洛瓦不在巴黎。他曾约我见面，我没去成；星期一他又走了。——素描我会给您找到的，而且一定是一幅好素描 ①。

*　*　*

正当我暗自悻悻于那四部作品 ② 缓慢进展之际，又得知了您新的不幸 ③。这件事何时了结？如何了结？祝好。

快给我回信。

夏·波

我和米歇尔·莱维为《吾得之矣》吵了一架。我全文翻译了这本书，并想交给您出版。

戈蒂耶的单行本请您千万别出错。

致保罗·默里斯

［巴黎，约 1859 年 8 月 7 日？］

我原本打算手呈此信，却又不想打搅您。

我打算离开五六天，所以想请您像不久前那样再帮我一把 ④。——我

---

① 玛拉西想收藏德拉克洛瓦的素描，他托波德莱尔帮他找一幅。

② 指第二版《恶之花》、《人造天堂》和两卷批评文集。

③ "新的不幸"，指玛拉西出版的《圣茹斯特传》（*L'Histoire de Saint-Just*）被法院勒令销毁。该书的作者是法国律师、作家、历史学家和政治家欧内斯特·哈梅尔（Ernest Hamel，1826—1898）。圣茹斯特（Antoine Louis de Saint-Just，1767—1794），法国大革命时期雅各宾专政的核心成员，以其美貌和冷酷被称为"恐怖的大天使"（l'archange de la Terreur）或"革命的大天使"（l'archange de la Révolution），热月政变后试图为罗伯斯庇尔辩护而被投入监狱并被处死。

④ 指借钱。

到了阿朗松以后肯定还给您。

雨果先生的信没寄往我母亲家。我现在就寄希望于邮局的死信了。

祝好。

CH. 波德莱尔

收　据（致纪德与克雷佩）

［巴黎］1859 年 8 月 9 日

今收到纪德先生和克雷佩先生为七篇文学评述预付的稿酬一百一十法郎。

110 法郎。

CH. 波德莱尔

致欧仁·克雷佩

［巴黎，约 1859 年 8 月 15 日］

我亲爱的克雷佩：

烦请您告知您的誊写员中那位手最快、脑子最聪明的阿尔贝先生（M. Albert）的名字、地址和报酬标准。

他的字漂亮且很少出错。

请向克雷佩夫人转达我的敬意。

CH. 波德莱尔

致欧仁·克雷佩

［巴黎，约 1859 年 8 月 25 日］

我亲爱的克雷佩，这篇文章我看过了，又润色了两遍。我打算再稍微做些修改；所以我想请您同意印制出长条校样。这样，依我的习惯读起来会很清楚。

　　然后我就可以安心地离开巴黎了。

　　三份清样，每篇文章一份。

CH. 波德莱尔

请您放心，我不会做太大的修改。

　　您什么时候打算译介英国文学 ①，欠您的 260 法郎 ② 就能还给您了，不是藉文学批评，而是靠纯粹的翻译。

　　巴尔比耶和莫洛的诗还有待选择，我没指明要哪一首。

　　巴尔比耶的诗可以考虑《诱惑》，这首诗一直没有再版 ③。

致奥古斯特·普莱-玛拉西

［巴黎］1859 年 8 月 27 日星期六

　　一直没有《吾得之矣》的新消息，米歇尔不在。除了我的序言外可能还有一篇巴比内写的序 ④。——那位画商莫罗明天回来。如果人家把戈雅那几幅画降到 1200 法郎。我该怎么答复 ⑤？——德拉克洛瓦一直没回来 ⑥。

　　这 2500 法郎是很久以前为应对不时之需而准备的。我仰仗您的智慧，如同您有赖于我的忠诚。——我会在 9 月份通过奥斯坦因和卡洛纳补足差额。我会尽力赚到 1500 法郎。

---

① 参见波德莱尔 1859 年 10 月 31 日致欧仁·克雷佩的信。

② 在写这封信之前，波德莱尔已为撰写《法国诗人》的评述先后预支了 50 法郎（1859 年 7 月 21 日）、110 法郎（1859 年 8 月 9 日）和 100 法郎（日期不详），总计 260 法郎。

③ 《诱惑》（Tentation）是巴尔比耶诗集《讽刺诗》（Ïambes）中的一首，但再版时被删除。波德莱尔非常喜欢这首诗。

④ 巴比内（Jacques Babinet，1794—1872），法国数学家、物理学家和天文学家。波德莱尔曾想请他为《吾得之矣》写一篇序言，后因故中止。

⑤ 参见波德莱尔 1859 年 5 月 14 日和 16 日致纳达尔的信。

⑥ 德拉克洛瓦当时在斯特拉斯堡。

——卡洛斯·德洛德先生（瑞士的那家杂志 ①）下月初来巴黎。我会立刻要来《吾得之矣》的所有稿酬再转给班斯布尔德。只不过 4 日是个星期天，所以 3 日那天这 400 法郎必须到手。

——应付给我母亲的那张汇票是 430 法郎么？无论如何请全额寄给她，省得还要她帮我补足。然后请您给她写一封说明函。

——《泰奥菲尔·戈蒂耶》付印前，请再等等雨果那封不见踪影的信，如果实在找不到，我只能厚着脸皮请他再写一封。——您读到他的拒绝声明了么 ②？

祝好。

夏·波

晚些时候我们再对账。

使用那些票据时请别忘了填上日期并转交给我。

收　据（致克雷佩）

［巴黎］1859 年 8 月 30 日

今收到克雷佩先生 205 法郎，该笔款项将以《吾得之矣》的手稿或其他作品相抵。

CH. 波德莱尔

致奥古斯特·普莱-玛拉西

［巴黎，1859 年 9 月 1 日或 2 日？］

德洛德先生到了！他星期日（4 日）会给我 400 法郎。我原先预计能

---

① 卡洛斯·德洛德（Carlos Derode），《国际评论》的所有人和社长。

② 在法国对奥地利作战胜利后，法皇拿破仑三世自恃已足够强大，遂于 1859 年 8 月 15 日颁布了大赦令，赦免流亡海外的反对者。8 月 18 日，雨果发表声明："我忠于我对良心许下的诺言，我将自始至终与自由一同流亡。自由回去时我才回去。"波德莱尔亲手抄下了这份声明。

拿到 1000 法郎或至少能和我提供的作品对等的稿酬。

　　我打算像个书呆子似的只给他相当于 400 法郎的稿子，等他付够了钱，再把剩余的稿子给他。我讨厌被愚弄。您能信么，我居然没办法从印刷所和莫雷尔那儿把《1859 年的沙龙》的最后三十页弄回来 ①？（您能看得出潜在的风险 ②。）

　　准确地说，我的期望值高于 400 法郎。您的票据应该已经偿付了；我想请您允许我挪用 100 法郎；您若不愿意，我也会乖乖地把 400 法郎交给班斯布尔德。

　　15 日我再告诉您奥斯坦因的最新消息。这件事对您和我来说远比德·卡洛纳重要 ③。

　　——莫罗要价 1200 法郎（票据支付），给我们三天时间考虑。——您打算中止这桩买卖么？我能找到的借口就是说您打算再等等看，而且只付现金。

　　马上给我回信。

　　祝好。

夏·波

致［阿尔封斯·德·卡洛纳］

［巴黎，1859 年 9 月 2 日］

　　今天，9 月 2 日上午，我收到一封逼肖您的笔迹的信 ④。我料想其中会有令人不快之事。可能说的还是躺在我书桌上的稿子（还未修改，颜色已经像鸦片一样泛黄了）⑤。我既没时间也不希望再加剧我的悲伤。等过了这

---

① 1859 年 7 月 20 日，莫雷尔把《法兰西评论》最后一期打包卖给了书商奥布里（Aubry）。

② 指不能掌握自己著作权的风险。

③ 波德莱尔指望奥斯坦因能接受《胡扎尔侯爵一世》剧本并预付稿酬。

④ 波德莱尔认为有些信会带来晦气，所以收到信后扔在桌子上不打开。

⑤ 指《鸦片吸食者》。这篇文章直到 1860 年 1 月才在《当代评论》发表。

几天再听候您的吩咐吧。——我告诉您，这几首诗 ① 都已经修改过了，都修改过，您别再像修改《远行》那样 ② 擅动这些诗。祝好。

夏·波

收　据（致卡尔曼·莱维）

今收到卡尔曼·莱维先生四十法郎（若不能偿还时请记入我的稿酬账户。）

CH. 波德莱尔

致奥古斯特·普莱-玛拉西

［巴黎，1859 年 9 月 2—13 日期间］

我亲爱的朋友，我迫切、迫切地需要一份《论泰奥菲尔·戈蒂耶》的纸质清样，纸要尽可能薄 ③。

忘了告诉您，每行的间距要宽一些 ④；我说得不是这份清样，这份清样要尽可能轻。

我 16 日给您写信告知 3000 法郎的筹措结果。目前您只需要知道卡洛纳会向您伸出援手就行了。——金额我不知道。——《巴黎的幽灵》15

---

① 可能指《七老翁》(Les Sept Vieillards) 和《小老妇》(Les Petites Vieilles)，这两首诗 1859 年 9 月 15 日发表于《当代评论》；也可能指《秋之十四行诗》(Sonnet d'automne)、《秋歌》(Chant d'automne) 和《面具》(Le Masque)，这三首诗 1859 年 11 月 30 日发表于《当代评论》。

② 当时波德莱尔由于合同的约束而不得不把《远行》交给卡洛纳，但卡洛纳始终迟疑不决，所以波德莱尔将这首诗给了莫雷尔，故《远行》并未发表在《当代评论》，而是发表在了《法兰西评论》上。

③ 波德莱尔索要这份清样是要寄给雨果，并请雨果为该文作序。

④ 波德莱尔习惯在每行之间进行修改。

日见报。

我相信德拉克洛瓦回来了。您的事我不会忘。

我跟您说，我答应送给亨利·布拉兹一册《恶之花》，他承诺帮助我和他大舅子比洛兹和好 ①。

祝好。

夏·波

致奥古斯特·普莱-玛拉西

［巴黎，1859 年 9 月上半月］

我的好朋友：

现在五点了。

我还来不及给您写信。

我夜里给您写信，您准备票据。

雨果那件事未落实之前千万不要下厂印刷。

我找不到他那封信了。我得马上再给他写一封。

祝好。

夏·波

致奥古斯特·普莱-玛拉西

［巴黎］1859 年 9 月 19 日

……奥斯坦因那儿还是没有消息。结果会有的。我坚信雨果的信也快到了。

至于欧仁·德拉克洛瓦，我昨天和前天见到他了。他没给我素描。他

---

① 亨利·布拉兹（Henri Blaze de Bury，1813—1883），法国音乐学家和德语文学专家，《两世界评论》社长比洛兹（François Buloz，1803—1877）的妹夫。

想送您一幅油画，而且要专门为您绘制。他对我说："既然您要取悦一位朋友，而他还是您的出版人，我一定要尽心画得更好。我画室里现在只有一些用于创作的速写。这件事我不会忘，等灵感来了，我会尽快画出来给您。"我向您承认我有点儿不好意思；不过我会记着这件事，争取在离开巴黎时拿到（10月10日 ①）。

祝好。

致奥古斯特·普莱-玛拉西

［巴黎，1859 年 9 月 22 日或 23 日］

［一封电报 ②。］

致维克多·雨果

［巴黎］1859 年 9 月［23 日］星期五

先生，我需要您帮个大忙，我祈求您的善意。几个月前我写了一篇相当长的文章评述我的朋友泰奥菲尔·戈蒂耶，不曾想引发了群愚的讪笑，所以我觉得应该做一本小册子佐证我写作此文从无悔尤。——我请报界同仁寄给您一期，不知您是否已经收到。我从我们共同的朋友保罗·默里斯先生处得知您很友善地给我写了一封回信，但这封信至今也没有找到，《艺术家》推测可能是寄到了我原来的住所——而我早就不住在那儿了 ③——而没有寄到我现在所住的翁弗勒尔，要是寄到翁弗勒尔就不会丢

---

① 后来波德莱尔又写信催过德拉克洛瓦。1859 年 12 月 13 日，德拉克洛瓦给波德莱尔回信说，他很抱歉还没画。

② 这封电报没有保存下来。之所以知道有这样一封电报，是玛拉西在 1859 年 9 月 23 日致波德莱尔的信中写道："我刚刚收到了您那封可怕的电报。"波德莱尔在这封电报里向玛拉西表示他无法给他寄钱，而且卡洛纳去了威尼斯。

③ 指伏尔泰旅馆。

了。您的来信是否与那篇文章直接相关我不得而知，总之，我感到非常遗憾。——那可是一封您写来的信呀，先生，我们差不多已经有二十年不曾谋过面了①，而我总共见过您两回，那该是一封多么让人欢愉又珍贵的信呀！——但我必须向您解释我何以会如此失礼，为什么在没有写信、没有问候、没有致意也没有关心的情况下仅仅给您寄送了一份印刷品。我刚才谈到的那些蠢人中的一位（此人太过聪明，我愿意称之为"挑刺儿"②）对我说：什么！您居然会恬不知耻地把这篇文章寄给雨果先生！您不觉得这样做会惹他讨厌么！这实在太蠢了。那好吧！先生，尽管我知道天才自然包含着所有批判性思维和所有必要的宽容，但我还是怯场了，没敢给您写信。

　　现在容我给您解释。我熟谙您的作品，您那些序言表明我越过了您就道德与诗之联系所陈述的一般理论。但是，在人们已被厌恶之情弄得远离艺术、被纯粹功利的观点搞得昏头昏脑的当下，我认为强调其对立面并无大碍。我说得可能有些过火，却是为了获得足够的效果。最后，即便我的思考中掺杂亚细亚式的宿命论，我依然认为自己情有可原。我们生活的这个可怕的世界令我对孤独和宿命情有独钟。

　　最重要的是我想把读者的思绪带回那个美妙的文学时代，在那个时代里您是真正的王者，而且您有如固存于我精神世界中的快乐的童年记忆③。

　　关于本文主角那位作家——我是在藉其名阐发我的重要思考——我可以私下向您坦承，我对他惊人头脑中的缺陷再清楚不过了。想到他时，我每每为上帝不肯对他无限慷慨而悲伤。我没说谎，我不过是回避了一些话题，隐匿了一些想法。如果要我去对簿公堂，如果我绝对真实的证言有可能伤及这位蒙大自然恩宠和我心挚爱的人，我向您发誓，我一定会自豪地

---

① 参见波德莱尔1840年2月25日致雨果的信。波德莱尔在《法国诗人》评述雨果的那篇文章开篇便回忆了他与雨果的几次交往。从雨果那方面看，1869年3月他在写信感谢阿瑟利诺寄赠《夏尔·波德莱尔的生平及其作品》时写道："与其说我认识波德莱尔，还不如说我与他是迎头相撞。他常常冒犯我，所以我也不得不常常和他发生摩擦；关于这些事我很愿意和您谈谈。我对您书中的所有赞美都有所保留。"

② 波德莱尔在其《1859年的沙龙》中将此类人称为"挑刺儿派"（l'école des pointus），专指那些缺乏想象力和创意、仅以所谓"博学"去复制古代场景的画家。

③ 波德莱尔在《论泰奥菲尔·戈蒂耶》第三章中详尽地回忆了这个"美妙的文学时代"。

说谎。——因为情感远在律法之上，因为友情就其本质而言难言对错、难以驾驭。但在您的面前，我根本没必要撒谎。

我需要您。我需要一个比我和泰奥菲尔·戈蒂耶的声音更如雷贯耳的声音；您的声音当之无愧。我想受到庇护。无论您屈尊写些什么给我，我都会谦卑地印刷出来。我请求您不必为难。如果您觉得校样 ① 里有些内容有待商榷，请您放心，我也一定乖乖地原样呈现而绝不会自认有失脸面。源自您的批评不也是一种荣耀、一种友好的表示么？

随信附上的诗句 ② 在我脑海里已酝酿许久了。第二首模仿了您的笔意（请嘲笑我的放肆吧，我也在自嘲），是我在重读了您诗集 ③ 中的几首诗后而作的，您的这部诗集将如此广博的仁慈与如此动人的亲情交织在一起。我有时在画廊里会看到一些蹩脚画家临摹大师的拙劣之作。好坏不说，他们在其模仿中总会不知不觉地放进自己本性里的某些或伟大或猥琐的东西。这或许（或许）就是我胆大妄为的托辞吧。俟《恶之花》再版时——新版《恶之花》中的诗将比司法勒令删除的诗多三倍——我将荣幸地将那位诗人的大名书写于这几首诗的开篇，而那位诗人的作品曾给予我诸多教诲并赋予我的青春岁月如此多的快乐。

我还记得您在《恶之花》案时写给我的一句特别的赞语，您把我蒙受的羞辱定义为一种褒奖 ④。我当时还不是很理解，因为其时我仍对损失的时间和金钱愤懑不平。但是今天，先生，我完全懂了。我对我曾经蒙受的羞辱感到莫大的惬意，而且我知道，从今往后无论我发表什么类型的文学

---

① 指《论泰奥菲尔·戈蒂耶》单行本的长条校样。

② 波德莱尔在信中附上了《巴黎的幽灵之一：七老翁》(*Fantômes parisiens—I. Les Sept Vieillards*)、《巴黎的幽灵之二：小老妇》(*Fantômes parisiens—II. Les Petites Vieilles*) 两首诗。这两首诗发表于 1859 年 9 月 15 日的《当代评论》。波德莱尔重新手抄了这两首诗，并加上"献给维克多·雨果"的献辞，而在《当代评论》发表时并没有献辞。后来的第二版《恶之花》出版时保留了献辞。1859 年 10 月 6 日，雨果给波德莱尔写了回信，信中写道："当您写作这两首摄人心魄的诗——《七老翁》和《小老妇》时，您在干什么？感谢您将这两首诗题献给我。您在做什么？您在前进。您在进步。您为艺术的天空带来人所不知的可怕光芒。您创造了新的颤栗……"

③ 指雨果诗集《东方集》(*Les Orientales*)。

④ 雨果的这封信写于《恶之花》案宣判后的 1857 年 8 月 30 日。

作品，我依旧是这样的怪物和狼人 ①。

不久前大赦令颁布后无人不在谈您的大名。您能原谅我当时确曾有过片刻不安么？我四周的人都在说：维克多·雨果终于可以回来了！——我知道这些话是那些正直的人的心声，但我不敢恭维其判断力。您的声明让我们松了一口气。我非常清楚，诗人们值得拿破仑家族尊重，而维克多·雨果之伟大绝不亚于夏多布里昂 ②。

有人告诉我说您住在一所地势很高、充满诗情画意的房子里，住所的高度与您思想的高度相匹配，狂风和海水的撞击让您感到快乐。您永远不会满足于这种伟大。还有人告诉我您也有些遗憾和思乡之情。这种说法可能偏颇。但果真如此，只须在我们可鄙的、无聊的巴黎，在这个类似于纽约的巴黎城里待上一天，您的思乡之苦就会彻底打消。我若不是还需要在这里履行一些义务，也一定会去闯荡天涯。——再见，先生，如果您温馨的家里时而会仁慈地提及鄙名，我将无比幸福 ③。

CH. 波德莱尔

清样您不用寄回。——我还要在巴黎待上一段时间，地址是阿姆斯特丹路迪耶普旅馆。

致奥古斯特·普莱-玛拉西

［巴黎］1859 年 9 月 25 日星期日

您实在是太过着急了，这么急就寄给我这么一大堆蠢话 ④。

首先，我什么都没偷您的！我是不是该认为您绝对疯了？"您动没动那笔钱？您如果动了，那我就无话可说了，尽管根据咱们的口头和书面协议，那笔钱是我的；但我会把这件事告诉德·卡洛纳先生，等等。"等您到

---

① 参见波德莱尔 1859 年 7 月 6 日致菲尔曼·梅亚尔的信。
② 夏多布里昂曾坚定地反对拿破仑一世。
③ 雨果 1859 年 10 月 6 日给波德莱尔回了信，这封信在玛拉西出版的《论泰奥菲尔·戈蒂耶》单行本上被印在篇首。
④ 这封信是波德莱尔回复玛拉西 8 月 24 日的信的，但那封信佚失了。

巴黎时，德·卡洛纳也肯定从威尼斯回来了（显然您忘了这个细节），您可以要求查我的账，证明我一个苏也没挪用过。再说了，他也不会同意。

他和我之间有约定，这个月他肯定会帮您。——交稿，支付稿酬。——可某晚他突然去了威尼斯。我知道他已经把这件事告诉了埃尔维。但德·卡洛纳不在，空有这些安排却都无法实施，而我，我本人，我可不屑于去找什么董事比歇先生 ① 谈我们的秘密。我现在什么稿子都没交。——一篇手稿在翁弗勒尔，另一篇在我的写字台上，第三篇已经动笔 ②。——等您到巴黎后我尽可能同时交稿，我会商定本月能交稿的所有文章并和您一起对账。

至于米歇尔·莱维，他很少再版旧书，我已经不关注他了。您信里的意思看来是不打算出版《吾得之矣》了，我原本想用这本书来减轻那个傻瓜莫雷尔给我造成的麻烦，——或者也许还有更优先要办的事。

下面是我打算前天写信告诉您的内容：

一、咱们见面时，我会给您一封信，授权您（一次或两次）从卡洛斯·德洛德先生处获得我还未支取的《吾得之矣》稿酬 600 法郎（可能更多）。——600 法郎。

二、我在十月份的后三周交付德·卡洛纳先生的文章自然会折合成稿费支付给您（以票据或现金方式）。我欠他 500 法郎。——他可能欠着我 200 法郎诗歌稿费。这样就只剩 300 法郎了。我写的《鸦片吸食者》可以值 600 法郎。我刚刚提到的另外两篇可以值 800 法郎。由此我可以假设《当代评论》会付您 1000 法郎。

三、最后是我经常跟您说的，我将从奥斯坦因那儿获得一笔巨款；我将亲自交给您一半。

这一切都将在本月 30 日之前实现。

这笔钱的确还不足 3300 法郎。——却是我目前希望的极限了。

我们必须见到卡洛纳。他的生意进展顺利，我会让您看我的账，而您会后悔写给我的那些大蠢话。

---

① 比歇（F. Bichet）是《当代评论》的董事。
② 一篇是《鸦片吸食者》，另一篇是《哲学的艺术》，第三篇不详。

《法兰西评论》出售了。不知道买家是谁。只知道部里想买，然后将其不起眼的价值输送给《欧洲评论》。我相信莫雷尔又干了若干件新的蠢事。他从没打算过去拜访一下部里的人，我原本可以让那些人帮他一把的，没想到我也跟着躺枪了。

——我需要两张票据（立刻），各410法郎。您能相信我这是想拿这几张票据去找您的蒙斯莱^①么？他可是从来没办理过贴现的，还有人说他破产了。这两张票据，一张我打算拿去找唐雷，另一张找热利斯。他们可能会觉得我们缺400法郎。管它呢？

——我还得和您说一说德拉克洛瓦。我为您做的事甚至都不敢给自己做。我觉得您至少应该去拜访他一下（每个星期日的下午两点）。首先，您得记住他说过的话："既然您希望我能让您的一位朋友高兴，那我一定要尽心画得更好。所以，我要专门为他画一幅画。"其次，您的拜访应该让他觉得您已经等急了。您要明白他从不欠我什么，我也不能总为几幅版画打搅他。——最后，我找到了一个能让您和他保持联系的妙招；请记住，他这些年来一直在编纂一部艺术词典，我见过一部分手稿。

您会在我家拿到您的票据，我也可以寄给您^②。

您到了以后我会给您读几段您的信——当然是在寒暄之后——因为我不认为您真的想威胁我。

雨果的回信肯定在周二或周三寄到，我确信回信一定很优美。

您收到克利斯托夫和布瓦耶的票据^③了么？

我的那两张票据（2500法郎）怎么样了^④？

如果已经用了，一定要把日期告诉我。

这很重要。

---

① 这位蒙斯莱是波德莱尔和玛拉西的朋友夏尔·蒙斯莱的父亲。

② 指波德莱尔不想去找银行家老蒙斯莱贴现的那820法郎。玛拉西在第二天（26日）把这两张票据寄给了波德莱尔。

③ 雕塑家欧内斯特·克利斯托夫和诗人菲洛克塞纳·布瓦耶都参与了波德莱尔和玛拉西的"梭子交易"。

④ 玛拉西已贴现了一张500法郎的票据，准备再贴现一张1000法郎的票据；还剩两张各为500法郎的票据。玛拉西承诺把这2400法郎在9月28日汇给波德莱尔，以便他能在29日收到这笔款子。

听候您的吩咐。

CH. 波德莱尔

请您想着亨利·布拉兹的事 ①。

——总有人跟我要《恶之花》。还有人跑到莱维书店找我要。

——很不幸，蒙泰居出现了躁狂症症状 ②。

收 据（致克雷佩）

1859 年 9 月 26 日

今收到克雷佩先生为我的文学评述预付的稿费四十法郎。

CH. 波德莱尔

致奥古斯特·普莱-玛拉西

［巴黎］1859 年 9 月 27 日星期二

迪多和热利斯商行给我贴现了 400 法郎。而唐雷对我说：我可以贴现这张 400 法郎的票据，而那张 1500 法郎的票据您只能去找美术街 ③ 贴现（看来他在追踪这张票据）。这样到期日之前您送来 1100 法郎即可。

用标准的法语解释，这句话的意思就是说拉斐特街如今比寻南路还要

---

① 亨利·布拉兹（Henri Blaze de Bury，1813—1883），法国音乐学家和德语文学专家，《两世界评论》社长比洛兹（François Buloz，1803—1877）的妹夫，波德莱尔想请玛拉西助其出书。

② 蒙泰居（Émile Montégut，1825—1895）是法国比较文学学者、波德莱尔的朋友。"狂躁症"（manie）一词从临床意义上讲就是"精神错乱"（folie），因为比洛兹的女儿刚刚拒绝了他的求婚。蒙泰居的朋友们都很关心他的精神状态。

③ 美术街（rue des Beaux-Arts）9 号是玛拉西和德·布鲁瓦斯的书局所在地。他们的书局原来在布奇街（rue de Buci），因《恶之花》案和《洛赞公爵回忆录》案而元气大伤，不得不迁至美术街。

谨慎 ①。

这一切对您来说没什么损失，不守时的全部责任（那 400 法郎）由我承担好了。

请把钱寄到迪耶普旅馆（邮资请付讫，好让我不必再花钱。我会注意这封邮件）。这笔钱务必寄给我本人，周四我会准时在家等候铁路邮局的投递员上门。寄给阿瑟利诺总会有些麻烦（他胃病又犯了）②。我再说一遍，只有等到上午九点，从乡下回来的班斯布尔德才能拿到那笔余额（100 法郎）。您想想我得多担心。至于我，无论我怎么写信折磨阿瑟利诺都一无所获。

所以马上要办的是：

唐雷处	1100 法郎
班斯布尔德处	1500 法郎
加上 5 日提前的	200 法郎。

祝好。

我急于见到您。

夏·波

我想，这都是 30 日那天的事。我是在一家咖啡馆给您写信的！所以那张 800 法郎的票据没法寄给您。

莫雷尔找您的麻烦了么？

他还在写信跟我胡扯。有两三个人想出手相救，我知道他没把杂志卖掉（从印刷所老板处得知的），尽管他写信告诉我卖了。更糟糕的是，我看到杂志停刊了，就写了二十多封信 ③，想让他把《1859 年的沙龙》的最后一章清样还我（最后还是西蒙·拉松 ④ 答应把清样还给我），还有我的一

---

① 迪多银行（Banque Didot）在寻南路（ru du Cherche-Midi）11 号；小唐雷商行（Tenré fils et Cie）在拉斐特街（rue Laffitte）13 号。莱昂·热利斯银行（Léon Gélis et Cie）在里沃利街（rue de Rivoli）63 号。

② 头一天晚上玛拉西曾问过阿瑟利诺的地址，他想把这 2400 法郎寄到阿瑟利诺家而不是迪耶普旅馆。

③ 这些信至今没有找到。

④ 西蒙·拉松（Simon-Raçon），巴黎的印刷商，第二版《恶之花》便是他受玛拉西和德·布鲁瓦斯委托印制的。

份手稿 ①。您知道我为什么对这份手稿这么上心。——答案是明摆着的。

＊＊＊

我们共同努力，从德洛德先生那儿拿到最后几百法郎吧。

致勒内·班斯布尔德

[巴黎，1859 年 9 月 29 日]

亲爱的先生：

寄上 1500 法郎，以清偿我的朋友玛拉西以票据方式借给我的同等数额的金钱，这张票据将于明天（30 日）或后天（1 日）到期（美术街）。

还剩下一笔小额借款（200 法郎），我 4 日把现金给您送去。

祝好。

CH. 波德莱尔

请把收据寄给我，票据放在您手里，稍后再交给我或交给玛拉西。

致保罗·默里斯夫人

[巴黎] 1859 年 9 月 29 日星期四

夫人：

我要离开巴黎几天 ②；那这件您慷慨允诺的慈善工作就留给您了 ③。附函中所列的几件事如果办不成就干脆撕掉算了。

首演之前我肯定回来 ④。

---

① 指爱伦·坡小说《离奇天使》(*L'Ange du bizarre*) 的翻译手稿，后收录于《怪异故事集》。

② 波德莱尔打算去翁弗勒尔。但随后他又放弃了这个计划。

③ 默里斯夫人自告奋勇在波德莱尔外出期间照顾让娜。

④ 指保罗·默里斯的六幕话剧《波希米亚国王及其七座城堡》(*Le Roi de Bohème et ses sept châteaux*)。该剧定于 1859 年 10 月 21 日在巴黎悲喜剧院 (Théâtre de l'Ambigu-Comique) 首演。

期待默里斯先生能给我留一册《历代传说》①。

夫人，请接受我的敬意和上千次感谢，并请原谅我给您带来的麻烦。

CH. 波德莱尔

致奥古斯特·普莱-玛拉西

［巴黎］［18］59 年 10 月 1 日［星期六］

我要对您说的所有事项如下：我知道，维克多·雨果本周日将寄出他的回信。我请他做的是一件要事。——我相信他不好拒绝我。我将两首《巴黎的幽灵》题献给了他，其中第二首我真的是在模仿他的风格。再者，我给他写了一封长信，解释了事情的原委，——同时向他承认第一封信丢了。——不过我的确不清楚经伦敦驶往根西岛的班轮如何和何时才能送达我的信；但最晚星期一也该到了②，他会在明天给我回信。——您肯定明白，如果此信很有分量，对咱们的单行本的销售一定大有裨益。——现在请您考虑以下两件事：一是字行要隔得宽一些，二是要准备肖像。——我好像记得您就布拉克蒙的版画肖像写过一段文字③，那么这幅肖像也当照此办理。

——您说的这些先生我不认识，除去菲利普·德·谢纳维埃尔，拉孔布先生依稀还有印象④。——我不相信谢纳维埃尔能取代优雅而传奇的霍

---

① 指雨果诗集《历代传说》（*La Légende des siècles*）（初集）。

② 波德莱尔以为雨果 9 月 26 日就能收到这封信，但事实上雨果 27 日才收到，因此他的回信也不是 10 月 2 日星期日，而是 10 月 6 日星期四。

③ 《论泰奥菲尔·戈蒂耶》1859 年 3 月 13 日在《艺术家》发表时，戈蒂耶的肖像使用的是布拉克蒙根据纳达尔的一幅照片创作的版画，玛拉西在下面写了一段文字："布拉克蒙先生创作的肖像为本文做出了卓越的补充。"而单行本上的戈蒂耶肖像使用的是泰隆（Thérond）的作品而非布拉克蒙的作品，因此玛拉西对这段文字进行了修改："这幅由版画家创作的肖像表现出了亲切的风格。"

④ 玛拉西在前一天的来信中说他和谢纳维埃尔、拉孔布等人共进了"一顿霍尔巴赫男爵式的晚餐"。霍尔巴赫男爵（Paul-Henri Thiry, baron d'Holbach, 1723—1789），法国唯物主义哲学家，原籍德国。菲利普·德·谢纳维埃尔（Charles-Philippe de Chennevières, 1820—1899），法国艺术史家和作家，波德莱尔青年时期的朋友。拉孔布（Francis Lacombe），法国政论家，刚刚由玛拉西出版了一部《第一帝国时期的法国和德国》（*La France et l'Allemagne sous le premier Empire*）。

尔巴赫夫人，拉孔布先生也不可能有霍普老爹的奇思妙想 ①。既然我觉得您想成为加利亚尼 ②，那么我想知道谁会充当狄德罗的角色。

——您寄给我的论戈蒂耶的清样还是有排版错误，这份清样如今在根西岛。既然我现在有点儿工夫，我想提请您注意，贵社仍在以某种可悲的方式延续着排版错误。以戈蒂耶的《论巴尔扎克》（*Honoré Balzac*）为例，我昨天在贵社印刷的一份海报上就发现用漂亮的大写字母把"ACTUELLES"（当前的）印成了"ACCTUELLES"。

——莫雷尔停刊一事极大地动摇了迪多和热利斯两位先生对我的信心 ③。他一会儿来信说他卖掉了杂志，一会儿说还没卖，一会儿说暴风雨耽搁了他来拜访我，一会儿又说他鼓足勇气出发了且在途中，一会儿说请我保持对他的尊重，一会儿又说他不能给我地址，等等……类似的蠢话让我意识到，我有时因不果断而让朋友们遭了罪，同时也给自己带来不少伤害。我最终从他那里要回了《离奇天使》并立刻转给了埃尔维，德·卡洛纳先生仍未回来 ④。

——关于德拉克洛瓦，我们得找个星期天下午两点去拜访他；争取让他表态何时才有灵感为您画那幅画，而且还要和他谈谈文学。

——我还是想出版《吾得之矣》。米歇尔没见到《国际评论》寄来的第一期是绝不会谈出版的。我又不能要求从《国际评论》要回清样。您看，世上最微妙的玄学就是这样因为印刷错误而变得愈加晦涩迷离。

——等我为您给德洛德先生写了信以后，您得和他商定支付时间，而且时间必须准确无误。

——《历代传奇》除了仍有些新派的疯狂，看上去显然比《沉思集》更像一本书。

——阿瑟利诺动身去圣路易府邸度假了。令人赞叹的高雅。

---

① 霍普老爹（père Hoop），狄德罗 1759 年在霍尔巴赫男爵家做客时认识的一位苏格兰医生。

② 加利亚尼（Ferdinando Galiani，1728—1787），意大利经济学家。他长得很丑，但像猴子一样活泼——波德莱尔这句话是对玛拉西的半奉承半调侃。

③ 参见波德莱尔 1859 年 12 月 13 日到玛拉西的信。

④ 最终《离奇天使》未能在《当代评论》发表，1860 年 2 月 17 日发表在了《新闻报》（*La Presse*）上。

奉上这份手稿，给您做个礼物 ①。

不知道这位先生是不是想跟我决斗。

杜刚先生也收到过类似的信，风格雷同却全然不知出自谁手，他还给这个陌生人写信做了解释。——我和他性格迥异，我宁愿保持缄默。

祝好。

CH. 波德莱尔

您应当再版蒙泰居最后那两部作品 ②。——一旦忙起来，或许能分散他的注意力。

您知道，我当时多担心从莫雷尔那儿要不回《1859 年的沙龙》的最后一章！西蒙·拉松最终承诺给我两份清样。

致保罗·默里斯

［巴黎，1859 年 10 月 9 日？］

我亲爱的朋友：

包裹的两端各有一条用墨水画出的粗线条，注明寄给雨果先生。您如果认为必要就请告诉他。

麻烦您通过瓦克里先生 ③ 了解一下我那个很重的包裹（里面有我的信、文章清样和诗）是否已经安全抵港。因为十六天已经过去了，印刷所急等他的文字付梓。

若雨果先生出于某种原因无法满足我的愿望，一定会设法告知我。否则我只能认为是出了某种意外。

祝好。

CH. 波德莱尔
阿姆斯特丹路迪耶普旅馆

---

① "这位先生"名叫布泰利耶（Boutaillier），他读到 1859 年 9 月 15 日刊登在《当代评论》上的《七老翁》一诗后致函波德莱尔，对他大加指责。

② 玛拉西在 1857—1858 年分别出版过蒙泰居的两部作品：《论法兰西精神》（*Du génie français*）和《当代文论：道德与历史的自由观》（*Éssais sur l'époque actuelle, Libres opinions morales et historiques*），可能已经售罄，故波德莱尔建议玛拉西再版这两本书。

③ 瓦克里（Auguste Vacquerie, 1819—1895），法国诗人、剧作家，雨果的挚友。

致奥古斯特·普莱-玛拉西

[巴黎，1859年10月10日。玛拉西返回阿朗松前，在蒙帕纳斯火车站咖啡馆写信询问德拉克洛瓦的地址，波德莱尔在玛拉西的来信上写下德拉克洛瓦家的地址后又将原信送回玛拉西：]

菲斯滕贝格街（Rue Fustemberg）6号。

祝好。

夏·波

致欧皮克夫人

[巴黎] 1859 年 10 月 10 日

这件东西你可能有兴趣[1]。

收好吧，像其他我寄给你的东西一样。

你收到的《1859年的沙龙》最后一章只是清样，还未出版[2]。那家小杂志停刊了。

当时我陷入了巨大的麻烦当中。

现在好多了，尽管还很伤心。

写剧本对我来说是一个全新的行当。前两幕进展顺利[3]；之后再也写不下去了。

可能的话就请你相信，我之所以没给你写信，只是因为我不满意自己。

为减轻你的厌倦而寄给你的东西体现了我的爱心，你本可以向我略表谢意。

你收到想看的《当代评论》了么？该杂志每月1日和15日出刊。如果该刊偶尔忘了寄给你，就请来信投诉（邮件上之所以写着我的名字而不

---

① 不知何物。

② 《1859 年的沙龙》最后一章已由《法兰西评论》出版，但被该刊社长莫雷尔打包卖给了书商奥布里（Aubry）。

③ 指《胡扎尔侯爵一世》。

是你的，是因为按规矩我作为作者可以只付一半邮资）。你收到《历代传说》了么？一本精美的书，刚刚出版。这个维克多·雨果可真是不知疲倦啊。

《无辜的帕延家族》收到了么？

泰奥菲尔·戈蒂耶的《巴尔扎克》收到了么？

还有《马尔蒙》①！

蒙泰居的评论集呢②？

还有我的清样③？

全身心地拥抱你。

你为我的戏剧事业打算向上帝祈祷很好笑；但来自你的一切总是美好的。

夏·波

致维克多·雨果

［巴黎］1859 年 10 月 10 日

千万次地感谢您④，先生。您把我当作男子汉，而这正是我之渴求。该怎么感谢您呢，我现在还不知道，但我会找到好办法的。

我今晚在默里斯先生家晚餐，我们最大的喜悦就是谈起您。

我刚刚拜读了您的《历代传说》。我感受到了某种非同寻常的东西；就像那个鸦片吸食者看到一个个国家、一个个种族、一个个时代列队从他

---

① 这 3 本书都是玛拉西出版的：《无辜的帕延家族》(Les Payens innocents)，巴布著，1858 年出版；《论奥诺雷·德·巴尔扎克》(Honoré de Balzac)，戈蒂耶著，1859 年出版；《1814 年马尔蒙的叛变》(La Défection de Marmont en 1814)，拉柏蒂著，1858 年出版。马尔蒙（Auguste de Marmont，1774—1852），法国元帅和贵族，1814 年负责巴黎城防时向反法联军投降，投靠路易十八。

② 指蒙泰居的《当代文论：道德与历史的自由观》(Éssais sur l'époque actuelle, Libres opinions morales et historiques)。

③ 或指《论泰奥菲尔·戈蒂耶》的清样。

④ 波德莱尔终于收到了雨果的回信。

眼前经过并走进了他家卧室的墙壁一般①。

祝好。全身心地听候您的吩咐。

CH. 波德莱尔

收　据（致莱维）

[巴黎，1859 年 10 月 10 日]

[摘要。波德莱尔在这份收据中写道，"为首版《吾得之矣》(1000 册以及 10% 的增印②) 补足 10 法郎……"，也就是说，莱维出版社首版《吾得之矣》多印刷了 100 册。另外在附言里波德莱尔又写道，最初的 140 法郎"已写入另一份收据中③"。]

致奥古斯特·普莱-玛拉西

[巴黎，约 1859 年 10 月 10 日]

我照抄了手稿上的标点符号④；应该调整么？请别忘了把抄件和清样寄给我。

也别忘了用拳头猛击德·布鲁瓦斯的太阳神经丛。这对于清样校对和排版进度是必需的。这就是语言和艺术的呼声。来吧⑤！

（后面这几行可别印出来。）祝好。

夏·波

---

① 雨果当时并未理解波德莱尔在说什么。1860 年春天，波德莱尔将《人造天堂》寄给了雨果，雨果在 7 月 19 日的回信中说："我终于读到了这部了不起的《鸦片吸食者》。"

② 指出版社为弥补损耗或赠阅而多印的书，这部分加印的书出版人无须向作者支付版税，一般占印刷总数的十分之一。

③ 实际上，莱维直到 1863 年 10 月 25 日才出版了《吾得之矣》，而且在此之前波德莱尔向莱维让步，以总额 2000 法郎向莱维卖断了他翻译的全部 5 卷爱伦·坡作品。

④ 指雨果 1859 年 10 月 6 日给波德莱尔的回信。这封信作为《论泰奥菲尔·戈蒂耶》一文的序言印在了单行本上。

⑤ 拉丁文：Ite。

致欧皮克夫人

[巴黎，1859 年 10 月 12 日]

"我们的信走岔了"是什么意思？

你哪天给我写的信？

我觉得我们久未通信了。

要不要我去邮局问问？1 日的《当代评论》你收到了么？

全身心地拥抱你。

夏尔

致欧皮克夫人

[巴黎，约 1859 年 10 月 15 日]

信找到了。原来是送到《法兰西评论》去了。

你这封信相当苛刻。你怎么会以为我想放弃可行的计划，——不想回到你身边，还有其他疯话？——说实话，我花了不少钱，而且和银行耍滑头搞贴现让我身心俱疲。放高利贷的真正收入就在于此。但这一切总会有个了结，会有个圆满的结局。——我相信月底就会有最终的好消息（或坏消息）。如果是好消息，那出戏 ① 明年春季就能上演了。

你总以为我会忘恩负义，——荒唐！——而且你还忘了，在长期的游手好闲和放荡之后，我下一步必须充当父亲和监护人的角色（这很痛苦也很滑稽）。它不仅涉及开销，更是为某个神经衰弱的人 ② 着想。

人家告诉我有一种茶很棒，我打算给你寄一些（至少半公斤），下次吧。

10 月 30 日或 11 月 15 日的《当代评论》上还有我的作品 ③。

我为爱伦·坡作品增加了第四卷（《吾得之矣》，哲学作品）。

那本论戈蒂耶的小册子就要出版了，序言是雨果的信，我确信会印制

---

① 指《胡扎尔侯爵一世》。

② 指让娜。

③ 1859 年 10 月 30 日的《当代评论》发表了波德莱尔的《秋之十四行诗》、《秋歌》和《面具》。

得很精美。

　　小册子的封底上预告了我即将出版的不少作品，这些作品都非常前卫，而且基本完成了。有些早就完成了。①

　　在那几本不同的作品中（都是我代你挑选的，你肯定喜欢），你会发现某种题材。你对《历代传说》的评价让我很惊讶。可能是那些经常出现的断断续续的、碎片化的诗句以及叙事性多于抒情性的风格让你觉得很累。但雨果的诗从未如此别致、生动和令人震撼，比如说《拉特拜耳》(*Ratbert*) 的开篇（安科纳会议）、《兹姆-兹兹米》(*Zim-zizimi*)、《罗兰的婚礼》(*Le Mariage de Roland*) 和《西班牙公主的玫瑰》(*La Rose de l'Infante*) 那几首诗，只有雨果本人才拥有这种耀眼炫目的才华。

　　我会尽力给你找一本《论泰奥菲尔·戈蒂耶》的单行本；不过我觉得你对此类东西不会太上心。

　　尽管我经常麻烦在身，但还是设法做到了正常支付旅馆费用，省得退房时遭遇尴尬。这已经很不错了，是不是？

　　温柔地拥抱你。

夏·波

致奥古斯特·普莱-玛拉西

[巴黎，1859 年 10 月 19 日]

　　我亲爱的朋友，您应该寄来的那些清样 ② 无论遵照什么规律我都应该收到了。可现在已经五点了，我还什么都没有收到。

　　您的来信 ③ 我都像纪念册一样珍藏着。我也没忘了 11 月 20 日卡洛纳

---

① 预告包括了第二版《恶之花》、《鸦片与印度大麻》、《美学珍玩》、《文学主张》(*Notices littéraires*) 和《马基雅维利和孔多塞：哲学对话》(*Machiavel et Condorcet, dialogue philosophique*)。

② 指《论泰奥菲尔·戈蒂耶》单行本的清样。

③ 玛拉西在 10 月 18 日的信中也谈到《论泰奥菲尔·戈蒂耶》的清样修改问题。

那件事①。

　　能给咱们贴现的人如今只剩下唐雷（他因为您的官司总给我脸色看）和迪多-热利斯还没有办。

　　不过我会谨慎地和他们打交道的。

　　您肯定能找到某种方式在标题中突出雨果而无须再写什么俗套话。

　　祝好。

夏·波

　　您能不能一下子把所有的②都寄来？

　　封底的出版预告请仔细再仔细。

致保罗·默里斯

［巴黎，约 1859 年 10 月 20 日］

我亲爱的默里斯：

　　麻烦您发发善心别把我忘了，如果您愿意或力所能及，就请再慷慨一回，好歹再给我一张票，我想陪个人（一位女士）③一起去看。不过您别为难。

　　祝好。——请向默里斯夫人致意。

CH. 波德莱尔

致欧仁·克雷佩

［巴黎］18［59 年］10 月 31 日

我亲爱的克雷佩：

　　我最晚四点半动身去纪德先生家，带着早就写就的莫洛和杜邦那两篇

---

① 参见波德莱尔 1859 年 11 月 15 日致玛拉西的信。

② 指从事"梭子交易"贴现所需的全部资金。

③ 保罗·默里斯的六幕话剧《波希米亚国王及其七座城堡》（*Le Roi de Bohème et ses sept châteaux*）定于 1859 年 10 月 21 日首演，波德莱尔想带让娜一起出席。

评述（还差两页）。

这么长时间没和您联系，因为我刚刚度过一段艰难的时期。

我准备在誊清的稿子上重新修订这些评述，改好以前我不会离开巴黎。

我这个月还有点儿时间。您曾热情地约我写一部或几部悲剧，我现在还能应约为您创作么？这样的话我就可以把欠您的钱还给您了，这些钱我已经拖欠了三个月，实在是羞愧难当。

祝好。

CH. 波德莱尔

致欧皮克夫人

［巴黎］1859 年 11 月 1 日

我一定详细写信告诉你我的事务，我甚至觉得很快就会有好消息告诉你。

至于那个茶，你弄错了；我寄给你的是一款茶的样品，一款非常有名的茶，不要放其他配料，也不要掺和其他劣质茶，就是纯着喝。我根据你的反馈就能知道这款茶是不是名副其实。

请你放心，我不会冷酷到让你独自过冬的。

真是感谢你对我的事务有如此强烈的好奇心。——我现在坚信，我之所以经常不幸福，很大程度上是我自己的错。——只要我健康且有耐心，我就能证明天生我材必有用！

你看不清楚的那个词是"茶"。好像还有另外一款，但价格是半公斤600 法郎。那到底会有什么名堂？也许人家就是想吊我胃口。——我给你寄的这款茶价格适中（一公斤48 法郎，半公斤30 法郎），人家管它叫卡拉瓦纳茶（thé de caravane），据我的一位朋友说，这种茶时好时坏。茶商本人也有可能出错。有你的反馈我就能知道是否还买同一款茶。

离开巴黎前我会细心打听经营东方草帘和草席的商号，并去询价。

现在，我要托付你几件事：

我的纸箱和文件一定要按照我摆放的样子原封不动。我生怕女仆们瞎倒腾。

那堵隔墙前面（面向庭院的）什么都不要放，容易受潮。

我寄给你的所有那些和文学有关的东西——小册子、杂志、报刊、清样——你都要收好，千万别毁掉。很多时候我都留不下副本。我那些评论沙龙画展的文章（我离开巴黎后，那些近期发表的文章都寄到了翁弗勒尔，有些是已经出版的小册子，最后的那篇是清样）都是如此，我发表在《当代评论》上的诗等等也是如此。

最后，请你帮我在书架右边放平装书的地方找一本很小的单行本（马图林的《伯特伦》①，英语）和另一本稍大的单行本（马图林的《伯特伦》法译本，由诺迪耶和泰勒翻译）。

你用比较宽的带子把这两个单行本分别缠起来（不用放进信封），一直缠到能遮住封面；这样做比寄信所花的邮资少很多；寄往迪耶普旅馆。（书里面不要塞信，否则会惹来官司。）然后让你的女仆按印刷品支付邮资后寄出。

现在，我要全身心地拥抱你并感谢你。

夏尔

尽管你视力不好，还是请你把其他小册子都好好放在原处，别弄乱；请原谅我这样叮嘱你。

致奥古斯特·普莱-玛拉西

[巴黎][18]59 年 11 月 1 日

页码问题怎么解释？第一章是怎么编页码的②？

另一件事：每当我在金钱或文学方面出现失误时，无论是不守时还是拖延，您对待我就像个上帝似的，而且我并不像西哈诺③笔下的人物那么

---

① 马图林（Charles Robert Maturin, 1782—1824），爱尔兰小说家和剧作家。《伯特伦》（*Bertram*）是马图林 1816 年发表的一部剧本。法译本于 1821 年出版，译者是泰勒（Taylor）和诺迪耶（Nodier）。

② 指《论泰奥菲尔·戈蒂耶》。

③ 西哈诺（Savinien de Cyrano de Bergerac, 1619—1655），法国作家、哲学家。

强壮，所以您也没必要整天打我，打一分钟就行了。

　　您觉得现在为早已完成的一篇小文章花八天时间进行版面设计真的很合理么？出于多种考虑，我对尽早出版此书兴趣更大。

　　今年年底，也许就是本月底，我可能再向您交出四部作品：《恶之花》《美学珍玩》《兴奋剂》① 和《文学主张》，还不算一本小册子（《乌鸦》和《一首诗的缘起》）。但按您这个速度出齐这四部作品得用四年（假设每本书有十章，则每三天一章），而这样好的文本用四个月时间出版绰绰有余。

　　我和米歇尔还未就《吾得之矣》达成一致。要是我知道翻脸能拿回前三部，我肯定和他翻脸。

　　请回复一两个字。

夏·波

致奥古斯特·普莱-玛拉西

［巴黎，1859 年 11 月 1—15 日期间］

　　送上清样 ②。

　　我今晚就给您写信，绝对有求必应。

　　至于莫雷尔，除了已经告诉您的以外，我还要告诉您，首先，既然他已破产，您将从他那里获得所有权利；其次，从奥布里的报纸 ③ 得知，《法兰西评论》的所有库存均以固定价格出售给了奥布里。所以说，莫雷尔是把《法兰西评论》所有库存的销售权转让给了奥布里。

　　祝好。

夏·波

---

① 《兴奋剂》(*Excitants*)，即《人造天堂》(*Les Paradies artificiels*)。

② 指《论泰奥菲尔·戈蒂耶》。

③ "奥布里的报纸"名为《书商通讯》(*Bulletin du bouquiniste*)。

关于《法兰西评论》的说明

[巴黎，1859 年 11 月 1—15 日期间]

位于多菲内街（rue Dauphine）的奥布里书局（La librairie Aubry）从《法兰西评论》社长莫雷尔先生手中买下了所有库存期刊。我们注意到，其中有我的作品：

《埃莉奥诺拉》（*Éléonora*），

《耶路撒冷的故事》（*Un événement à Jérusalem*），

《一首诗的缘起》（*La Genèse d'un poème*），

（《乌鸦》以及两篇评述，一篇是爱伦·坡的评述，一篇是我的评述），以上均译自爱伦·坡。

加上：

　　一些诗歌，

再加上《1859 年的沙龙》。

（共四期，每期皆有独立标题，最后一期莫雷尔没有出版，直接卖给了奥布里先生。）

夏·波

致庞森·迪泰拉伊

[1859 年 11 月初，波德莱尔致函庞森·迪泰拉伊，举荐玛丽·多布伦①。庞森·迪泰拉伊于 11 月 6 日给波德莱尔写了回信。]

---

① 自 1857 年春天以来一直没有消息的玛丽·多布伦在 1859 年 8 月又出现在了波德莱尔的生活中。此前她一直与邦维尔一起生活，后来可能去了外省演出。她的出现肯定是波德莱尔滞留巴黎的原因之一。1859 年 8 月 6 日，她在盖泰剧院出演《荒原大盗》（*Les Pirates de la savane*）中年轻美丽的寡妇海伦·摩拉莱丝（Hélène Moralès），直至 11 月 1 日。11 月初，波德莱尔致函庞森·迪泰拉伊（Ponson du Terrail，1829—1871，法国小说家），向他推荐玛丽·多布伦，并收到了让他振奋的回信。但该月底玛丽·多布伦又跟另一个剧团去了尼斯，还带上了病重的邦维尔。从此波德莱尔再也没有见过她。这次爱情的复苏令他写出了《秋歌》（*Chant d'automne*）一诗，发表于 11 月 30 日的《当代评论》，而此后他所感受到的几乎致命的嫉妒又使他写出了《致一位圣母》（*À une Madonne*），发表于 1860 年 1 月 22 日的《闲谈》（*La Causerie*）。

致欧仁·克雷佩

[巴黎，1859 年 11 月初]

可是这篇评述[1]已经写完了，而且是以最大的克制写出的；我今天上午就完成了；我在今晚或明天就把这篇和杜邦那篇一起带给您。我跟您说过，我希望用这篇评述的最后一部分去平息旅馆老板的不耐烦，而且我是马上就恢复了写作的。

其他的[2]我再也不想写了，再也不想写了，再也不想写了！！！！！！

您的

CH. 波德莱尔

致欧皮克夫人

[巴黎，1859 年 11 月 15 日]

你的想象力真是太不一般了[3]！

我只能从你没好气儿的说明中寻求解释和答案了。

第一，你没问这是一份什么性质的文件。

第二，你没问这位银行家的地址（在说明我不在家之后）。

最后，这家银行出于什么鬼心眼儿，竟想在我缺席的情况下要你签字，用这等鬼主意折磨你的神经！

因为，不可能随便某个人向我开出票据并嘱托银行要你接受，那只能

---

① 可能是指莫洛那篇评述。克雷佩拒绝了波德莱尔撰写的 3 篇评述（巴尔比耶、莫洛和博雷尔）。其中，拒绝巴尔比耶和莫洛是出于意识形态方面的考虑，因为波德莱尔在评论巴尔比耶时批评他混淆了艺术与诚实和道德，在评论莫洛时指责他缺乏天才与知识，而且有一种幼稚的反教会倾向。至于曾经是鼓吹民主的青年、又持狂热的共和思想的博雷尔，则是克雷佩出于个人品位而拒绝的。

② 指其他评述。

③ 此事令欧皮克夫人不知所措：一家当地银行请她代表自己的儿子接受一张票据——正如玛拉西 11 月 16 日致波德莱尔函中指出的那样，这的确是一张票据，是玛拉西从波德莱尔的一个朋友处拿到的。

是个梦，是纯粹的疯狂。

票据绝不会在到期前出示；所以不可能是票据。此外你也认得我的笔迹。

票据还差一个月到期就跑来要我签字且在我缺席的情况下要你签字。这属于一种预防措施，只是想知道我是否确认凭证有效并予以接受。但他们无权要求你签字。——这种预防措施用得很少且仅限于汇票，我不能为此责怪银行家；可能是某个我并不欠他钱的人开具给我的汇票。

这应该是一张汇票。

这份承诺函我没有另装信封，为的是邮戳可以证实其真实性。你没告诉我那位银行家的地址，所以你得派人给他送去。

说真的，我亲爱的母亲，要不是我猜到依你的性格你会实打实地忧心忡忡，这一切都会让我发笑。

除《马基雅维利和孔多塞》还未动笔外（这本书我要在翁弗勒尔完成），小册子上预告的所有作品均已完成，明年开始逐月出版，每月出版一册。

评述完成了。《吾得之矣》完成了。

等等，等等……

我没寄给你日内瓦那家杂志出的这一期，因为你理解不了我在那儿发表的这部作品（《吾得之矣》），加之那帮蠢货犯下的那些讨厌的印刷错误，让这部作品更加晦涩难懂①。

你在我的两个房间里搬动家具让我很担心。等我回去时再看吧。

我寄给你的茶恐怕还是不对。我觉得可能是我当时看到的另一款茶。

你对那本小册子满意么？我不是说我。我是想问玛拉西出版的这本小册子的形式、风格、纸张如何？

（欠玛拉西的钱会还上的。预告的五本书里有四本由他出版，每本印1100册，我欠他的钱至少能减少1100法郎。）

拥抱你，求你别再疑神疑鬼了。

夏·波

1859 年 11 月 15 日

---

① 这一期《国际评论》出版于 1859 年 10 月。

致翁弗勒尔那位银行家的说明

（事由：关于普莱-玛拉西先生向波德莱尔先生开具的票据）

我十分清楚这张由奥古斯特·普莱-玛拉西先生（阿朗松的印刷商和巴黎的书商，地址分别在阿朗松兵器广场和巴黎美术街9号）开具给我的壹仟法郎的票据，它将于12月12日到期并将在翁弗勒尔偿付。目前我无法从巴黎赶赴翁弗勒尔签字；但我完全承认并接受与我有出版业务往来的玛拉西先生开具的这张票据。我将于12月初返回翁弗勒尔，该票据将于12月12日偿付。

此前我在翁弗勒尔曾数次偿付玛拉西先生的票据，而采取这种预防措施并要我做出承诺尚属首次。

CH. 波德莱尔

翁弗勒尔	巴黎
纽布尔路	阿姆斯特丹路22号

致奥古斯特·普莱-玛拉西

［巴黎］［18］59年11月15日

我亲爱的朋友，您上封信的建议非常合理，除了一个比较奇怪的条款以外，我全都接受：即两年后再版 ① 那个条款。如果每本书不到两年就售罄了怎么办？——所以还是300法郎，印1100册。合同可以更新。四本书年底交稿。——既然德·布鲁瓦斯付样前即付一半，那么又将有一笔600法郎回到您的口袋并减轻我的债务。

我还没谈德洛德先生，我估计12月15日前统统收回余下的稿子有难度。

---

① 波德莱尔和玛拉西正就1860年1月1日将要签署的一份新合同协商文本。

　　我见到了德·卡洛纳。我完全相信他的承诺。他会给您一张票据，但不是 20 日，而是下个月 1 日，因为他希望借此逼我给他交稿。我跟您说的这一切都确凿无误。他的票据将获得全额偿付。他肯定要用这笔钱支付 12 月 15 日的两笔 410 法郎（比尤①重返内政大臣职位对他的业务有利）。

　　用一张克利斯托夫的票据去抵阿瑟利诺手里的布瓦耶的票据（800.50 法郎）。

　　用一张布瓦耶的票据去抵克利斯托夫的票据（750.75 法郎）。

　　这两张票据的到期日都是 12 月 10 日。

　　现在还差 1500 法郎。在我母亲家，在翁弗勒尔。我必须找唐雷和热利斯贴现。如果您不喜欢唐雷就只能去找热利斯了，但字得由您签。

　　有人去我母亲家要她签字接受一张显然是 12 月 10 日到期的票据（接受什么?），我不知道这是一张票据。我从巴黎寄去了承诺书。

　　现在有可能——我是说可能——在本月底或下月 10 日以前把奥斯坦因支付的 1000 法郎汇给您。

　　这样，即便出现最糟糕的情况，我的债务也将减少 800 法郎。只有元旦那天还需要 600 法郎。这 600 法郎四个月以后才需要。

　　德拉克洛瓦又走了。不知道送您的画他是不是画完了——或者他要在乡下画。

　　《吾得之矣》基本归您了。那个人真无赖②！我支付了肖像的费用③。请回信。祝好。

夏·波

　　除了论西班牙绘画、论德国绘画和论居伊那几篇文章以外④，《美学珍玩》已经完成。

　　《鸦片和印度大麻》已完成。

　　除四五首诗外，《恶之花》已基本准备就绪。

---

① 奥尔西尼刺杀事件发生后，比尤曾有一段时间不再担任内政大臣。
② 指米歇尔·莱维。
③ 其实《吾得之矣》中没有爱伦·坡的肖像。
④ 波德莱尔原来打算就卢浮宫收藏的几幅西班牙油画写一篇评论，后来这一想法发展为两篇文章：《哲学的艺术》（*L'Art philosophique*）和《现代生活的画家》（*Le Peintre de la vie moderne*）。

评述全部完成，甚至进行了修改。

这些文稿就在我的书桌上。

但这些都应该等到第四卷时再说，因为先要找地方发表出来。

我以前为以防万一寄给您的那些票据，您是不是为了解决麻烦都用光了①？您别急；我觉得这很自然，可以理解。——另一个故事。——为《美学珍玩》支付的那250法郎是否包含在应在翁弗勒尔偿付的那1500法郎当中？

致奥古斯特·普莱-玛拉西

[翁弗勒尔，1859年11月？一封不完整的信，写在16开纸上，2页。与某次销售有关；波德莱尔叮嘱要照顾一下书商。]

致阿尔封斯·德·卡洛纳

[翁弗勒尔？1859年11月24日。波德莱尔在信中谈到《论泰奥菲尔·戈蒂耶》。]

"……到了月底，我能不能带着《鸦片吸食者》的手稿去拜访您并和您聊聊天？"

致欧皮克夫人

[巴黎][18]59年11月26日

亲爱的母亲：

12日的那1000法郎你就放心吧。我在翁弗勒尔永远不会有丑

---

① 参见波德莱尔1859年8月27日致玛拉西的信。

闻。——我已经攒了 700 法郎。——1 日要偿付 500 多法郎。——我明天就通过铁路邮局汇回去，我有钱。

　　你真是一千倍的好，一千倍的迷人。我欠你太多恩情了。但你别指望我对其他人 ① 也像待你一样友善。——我后天写信时再详细解释我正在做什么和即将做什么。

　　我带了六条我说过的那种餐巾到巴黎。有一条在旅馆里被偷了。

　　全身心地拥抱你。——你比我好一千倍，而且比我还要年轻。

夏·波

致欧仁·德·布鲁瓦斯

［巴黎，1859 年 11 月 29 日］

我亲爱的朋友：

　　《立宪报》明天或后天将刊登一篇书评；所以送给格朗基尤先生 ② 一本样书似乎不太失礼。书评的作者齐迈尔先生（Georges Zimmer）是《立宪报》编辑部的一名编辑。

　　还有，销售情况如何？

　　还有，送戈蒂耶的样书？他抱怨说还没拿到。

　　还有，送杜刚的样书？

　　还有，我的样书？

　　祝好。

夏·波

---

① 　指埃蒙。

② 　指《论泰奥菲尔·戈蒂耶》。格朗基尤（Alcide-Pierre Grandguillot，1829—1891），时任《立宪报》（Constitutionnel）社长。

致伊波利特·代博尔德-瓦尔莫 ①

[巴黎][18]59年11月30日

亲爱的先生：

我们的一位朋友克雷佩先生正和纪德先生合作编纂一部非常有趣的大型出版物。这部出版物是有史以来法国诗人的一条诗歌长廊。每位诗人都有一幅肖像和几首诗。我受托为您那位可爱的母亲讨还公道，我相信我会按时交稿。克雷佩先生担心夏庞蒂埃先生 ② 不够大度。如果和他商谈版权时遇到难题，您能否协助解决？同时，出于同一目的，您能否把保罗·德·缪塞先生 ③ 介绍给克雷佩先生？

先生，请接受我的友谊和真诚。

CH. 波德莱尔

致欧仁·德拉克洛瓦

[1859年11月底？波德莱尔在这封信中询问德拉克洛瓦答应送给普莱-玛拉西的画作是否已经完成。参见波德莱尔1859年11月底或12月初致玛拉西的信。]

----

① 伊波利特·代博尔德-瓦尔莫（Hippolyte Desbordes-valmore）是刚刚故去的法国女诗人玛瑟琳·代博尔德-瓦尔莫夫人（Mme. Marceline Desbordes-Valmore，1786—1859）的儿子。瓦尔莫夫人的诗歌经常描述哀愁和伤感并表现从痛苦中汲取的力量和美，故被法国诗界誉为"哭泣的圣母"。

② 热尔韦·夏庞蒂埃（Gervais-Hélène Charpentier，1805—1871），法国出版家，时任《国内外评论》主编。

③ 保罗·德·缪塞（Paul de Musset，1804—1880），法国文学家，法国诗人阿尔弗雷德·德·缪塞（Alfred de Musset，1810—1857）的哥哥。因巴布负责撰写阿尔弗雷德·德·缪塞的评述，故波德莱尔有此一问。

致奥古斯特·普莱-玛拉西

[巴黎，1859 年 11 月底或 12 月初]

好啦！这是您要的抄件①。

请再寄回给我，最好把《吾得之矣》也寄回来。

这张票据不着急贴现。我开具这张票据只是作为预防措施，以防万一。

誊写员正在誊抄准备向卡洛纳交稿的四章②。我明天向他交稿；我手头已经有一些了。

我得到了德·卡洛纳的正式承诺③。

您既然 3 日到 10 日在巴黎，那就请您 5 日或 6 日来做客吧；我很高兴您能光临，在您的支持下我们能在一起做更多的事。您 10 日到 15 日期间都可以去贴现。如果贴现的是迪朗蒂④的票据，则仅用于我们共同的业务。

我 8 日（正是时候）将写信给德洛德（我不满意他报价的 200 法郎），要求他付清《吾得之矣》的全部稿酬；要求他把该付给我的钱都汇给我，以及一封授权函，授权玛拉西先生刊印他未能在日内瓦发表的《吾得之矣》的余下部分。

我刚刚写信给德拉克洛瓦，想知道送您的画是否已画好。还没有回复。他总是这样忽上忽下地变主意。

戈蒂耶和杜刚一直在索要《论泰奥菲尔·戈蒂耶》的单行本。

卡洛纳争取补贴的事没有什么新进展。他现在似乎正在扩大征订。《欧洲评论》经大臣许可后转给了丹迪⑤，但只给了 60000 法郎补贴而不是 120000 法郎。

---

① 指第二版《恶之花》中增补的诗。

② 指《鸦片吸食者》。

③ 指卡洛纳承诺 12 月 1 日向玛拉西提供票据支持一事。但卡洛纳直到波德莱尔的《鸦片吸食者》交稿后才给玛拉西开具了票据。参见波德莱尔 1859 年 12 月 13 日致玛拉西的信。

④ 迪朗蒂（Louis Émile Edmond Duranty，1833—1880），法国小说家和艺术评论家。

⑤ 丹迪（Henri-Justin-Édouard Dentu，1830—1884），法国出版商和书商，《欧洲评论》的发行人。

至于我的情绪，悲伤，凄凉！我很厌倦，并以惊人的速度蔓延到厌恶所有事和所有人。

我想，最终除了我母亲和您之外，我再无朋友了。

说到祭司一词 ①，让我想起来给您讲一个我差点儿和卡洛纳翻脸的故事，结果险些殃及他对您的承诺。

祝好。

夏·波

致维克多·雨果

[巴黎] 1859 年 12 月 7 日

先生：

以下诗句系为您而作，是一边想着您一边写的 ②。不能以您峻厉的眼光去评判这些诗句，而应当投之以您父辈的眼光。我日后还要修改润色欠妥之处。对我来说，重要的是遽然阐明一场变故、一幅图景所涵盖的全部暗示，以及在目睹一只遭逢困厄的动物时，如何将思绪转向所有那些我们所爱的、如今却已不在或依旧受苦的人，转向所有那些被剥夺且无可挽回的人。

请把我这一小小的象征视为对您天才的钦敬，以及我对您的友谊的微薄见证。

夏尔·波德莱尔

一种情有可原的虚荣心驱使我向您提出一个小小的请求。我知道默里斯先生给您寄去了一期《国际评论》，其中有一篇关于《历代传说》的书评。同一期中还有爱伦·坡的一首诗的片段 ③，谈的是关于世界的诞生和

---

① "祭司"（pontife）一词出现在《面具》（Le Masque）一诗的第 7 行，在《当代评论》发表时卡洛纳要求波德莱尔改为"苏丹"，被波德莱尔拒绝。

② 波德莱尔将《天鹅》（Le Cygne）一诗手抄后寄给了雨果，并在第二版《恶之花》中将该诗题献给他。雨果 12 月 18 日给波德莱尔回信："您的《天鹅》是一个意象。与其他真实的意象一样，它极具深度……您的诗句如此透彻，如此有力。"

③ 指波德莱尔翻译的爱伦·坡《吾得之矣》片段。

毁灭。我非常担心您会心血来潮想读读此诗。我不仅担心满篇的印刷错误，更担心您会因此留下对爱伦·坡及其译者的可怕印象。不用说，我会要求出版商重印这首诗，一定会给您预留一册样书。我个人尤爱此诗，我不希望作者和我因为印刷商的愚蠢而在您眼前丢脸。——职事之由，请原谅我这种惶惧的虚荣心。

致欧皮克夫人

［巴黎］［18］59 年 12 月 8 日

我亲爱的母亲，你实在太严厉也太折磨人了。你上一封信不是还说我在强迫你独自面对（那是你的说法）票据清偿问题，又说我的朋友玛拉西（他背着他妹夫和母亲借给我 4000 法郎，而且为了我而面对审判毫无惧色）像是放高利贷的？我不能总给你写长信，因为有那么多工作要做，有那么多事要奔波，而且没有车。你说你一想到要在你家偿付 1000 法郎就烦躁不安。那么请你想想我这十八年来是怎么熬过来的！

我滞留巴黎是因为那部剧本很糟糕，我已经计划重写，而且只有等我和大马戏团剧院 ① 签了约、并向那些专为此类作品提供贷款的人借到 3000 法郎后才会回那边去。

《文学主张》完成了。《恶之花》基本完成了。《鸦片和印度大麻》后天完成。《美学珍玩》月底完成。《吾得之矣》（爱伦·坡作品的第四卷）一周内完成。将要在翁弗勒尔创作的是《马基雅维利和孔多塞》，这件事拖了好久了。

你还忘了我这个浪子如今已变成监护人和慈善修女了 ②。

我再给你写信。拥抱你，并感谢你为我的小巢费心。

11 日你会收到 1000 法郎（经铁路或邮局）。

夏·波

你看，我一点儿时间都没浪费。

---

① 波德莱尔始终在向大马戏团剧院经理奥斯坦因推荐剧本《胡扎尔侯爵一世》。

② 指照顾中风卧床的让娜。

致欧皮克夫人

［巴黎］［1859 年］12 月 10 日

我今天上午要见的客人还有一位没来。我通过铁路邮局汇回 800 法郎，如果铁路公司用的还是原来的运行时刻表，你明天中午前后就能收到。邮资已付。

明天我再用挂号信给你寄回 200 法郎，肯定在 12 日早上八点寄到。

800 法郎我已经记账了。

拥抱你。

夏尔

明天，也就是说再过一会儿。我指的是那 800 法郎。

致奥古斯特·普莱-玛拉西

［巴黎，1859 年 12 月 10 日星期六；参见波德莱尔 1859 年 12 月 11 日致玛拉西的信末。他提醒玛拉西寄给欧皮克夫人 500 法郎。用于偿付将于 12 月 15 日到期的一张票据。玛拉西 12 日回了信。］

致特鲁塞尔

［巴黎，1859 年 12 月 10 日星期六或 12 月 11 日星期日。特鲁塞尔 (Troussel) 是翁弗勒尔的执达员，波德莱尔给他写信，拜托他告诉欧皮克夫人，请她放心。］

致奥古斯特·普莱-玛拉西

［巴黎，1859 年 12 月 11 日？］

我亲爱的朋友，您的财务缺口让我胆寒。我同样也焦头烂额。您在翁弗勒尔还有两笔410法郎和一笔500法郎要偿付；哪天？我不知道。这张票据能给您帮点儿小忙；很容易贴现，因为在阿朗松现在没有或已几乎没有波德莱尔签字的票据了。

德·卡洛纳的票据是开给您还是开给我？请立刻告诉我。金额可能多于800法郎，您可以在14日那天贴现。您知道即使我把钱都寄给您，我也会请您在这笔钱里帮我一个忙，因为我确信德洛德履约在即。

《鸦片与印度大麻》终于要出版了。这样我们就可以在1月开始准备出版一本新书了。我们可以（稍后）让德·布鲁瓦斯根据交稿进度全额付款。——这样对您是有帮助的。

如果您能在没有我和卡洛纳的情况下自行偿付翁弗勒尔的那笔500法郎当然更好。

您收到我昨天（星期六）那封信了么？

祝好。

夏·波

致奥古斯特·普莱-玛拉西

［巴黎，1859年12月13日］

我亲爱的朋友：

送上《鸦片吸食者》的稿酬，此外元旦前《论风俗画家居伊》和《论德国、英国和西班牙绘画》也将交稿并以同样方式获得稿酬。

德·卡洛纳先生绝对不想让他的管理层人员有其他想法，所以票据开具的仍是我的名字，签字后的收据请您寄给我。

请您当天就贴现这张票据。因为我要向您坦白一件苦恼的事。就在我本应起诉莫雷尔 [①] 并因为他而被追索的那段时间，热利斯先生对我说："我不想起诉您，但您必须在某日之前提供给我另一个人的签字以取代这位无法清偿债务的先生。"此即历经漫长思想斗争之后那张820法郎票据

---

① 参见波德莱尔1859年10月1日致玛拉西的信。

的命运 ①，因为我必须为收回《吾得之矣》清偿这笔钱。您一定能猜得出我的焦虑和愤怒。明年开始，我向德·卡洛纳交稿的每篇文章稿酬都必须高于50法郎，以弥补这820法郎的损失。

请您用挂号信而非铁路邮局把这820法郎寄给班斯布尔德或热利斯先生（必须在上午八点寄到），他的地址是寻南路11号。

更糟糕的是，我在交稿时只能悉数告知德·卡洛纳这些情况，并向他说明此事何等急迫。更不用说莫雷尔做的那些蠢事——我都告诉过您——使我不得不打这张票据的主意。您的责备再苦涩我都只能咽下。

德·卡洛纳先生元月5日会赚得盆满钵满 ②。所以他的预付款很可能不再用票据了。

为稳妥起见，我明天（14日）上午再跑一趟热利斯那儿，告诉他15日到期日那天的还款可能会耽搁数小时，让他不要担心。这方面您可以放心。

最后还要告诉您，我干了一件疯狂的事。虽说我很穷您也缺钱，但我还是自作主张从居伊那儿为您和我购买并订购了一批漂亮的版画，但您无须惊慌。因为他不知道您的名字，届时您如无钱可付，我将支付全部费用。

您要记住，我正在发奋工作，所以您要宽容我。——（恰与您信中所言相反：除了《恶之花》以外，其他的我都能在一月份向您一揽子交稿。但我能确信自己可以创作出那三首新诗么?）

阿瑟利诺是个傻瓜。菲洛克塞纳是通知过他的 ③。

祝好。

夏·波

别撕开这张两联收据，请原封不动地寄给我，我得交给德·卡洛纳，他约我15日共进晚餐。

---

① 这820法郎就是波德莱尔在征得玛拉西同意后准备分拆成两笔410法郎的那张票据，参见波德莱尔1859年9月26日和27日致玛拉西的信。

② 可能是指《当代评论》获得了政府的补贴或杂志增订带来了新的收益。

③ 参见波德莱尔1859年11月15日致玛拉西的信："用一张克利斯托夫的票据去抵阿瑟利诺手里的布瓦耶的票据（800.50法郎）。"

　　我从奥斯坦因那儿一个子儿也没拿到，我原本可以从德洛德那儿拿到
1100 法郎，而现在只拿到区区一笔预支款。

　　您得明白，卡洛纳的那些票据已经转到了阿朗松 ①，所以您可以认为
他已经大大强化了自己的地位。

致维克多·雨果

巴黎，1859 年 12 月 13 日

　　先生，我非常高兴地得知梅里翁先生 ② 与他的出版人和朋友德拉特尔
先生 ③ 打算寄给您一册表现巴黎若干景点旖旎风光的版画集，这两位先生
中的一位绘画并镂版，另一位——也是个艺术家——精美地印制出了这些
版画。我将借此机会提供一篇美术评论的片段，您的大名将再次诉诸于我
的笔端。您正在流亡中；这岂不正是问候您的良机么？

＊＊＊

　　……④

　　不仅海景画阙如，而那是一个多么富有诗意的种类（我不把在水上进
行的战争当作海景）！而且有一个种类也是如此，我很愿意称之为都市风
光画，也就是说，产生于大量的人和建筑物的聚集的崇高和美的集合，在
生活的荣耀和磨难中变得年迈衰老的首都的深刻而复杂的魅力。

　　几年前，一个强有力的、奇特的人，据说是位海军军官，对巴黎的最
优美的风景开始了一系列的腐蚀铜版习作。梅里翁先生以其线条的艰涩、
细腻和稳健使人想起了旧时的那些优秀的蚀刻师。我很少看到一座大城市
的天然的庄严被表现得更有诗意。堆积起来的石头的雄伟，手指着天空的

---

① 这句话的意思是说，卡洛纳的票据已由玛拉西在阿朗松贴现。

② 梅里翁（Charles Meryon，1821—1868），法国版画家，曾为海军军官。

③ 德拉特尔（Auguste Delâtre，1822—1907），法国画家、版画家、插图画家和印刷商。

④ 下面的几段文字是波德莱尔从《1859 年的沙龙》中亲手抄录并寄给雨果的。译文引自郭
　　宏安（译）：《美学珍玩》，上海译文出版社 2009 年版，第 336—338 页。

钟楼，向着苍穹喷吐着浓烟的工业的方尖碑，正在修葺的建筑物的神奇的脚手架，在结实的躯体上运用着具有如此怪异的美的时兴设计，充满了愤怒和怨恨的纷乱的天空，由于想到了蕴涵其中的各种悲剧而变得更加深邃的远景，组成文明的痛苦而辉煌的背景的任何复杂成分都没有被忘记。如果维克多·雨果看见了这些极好的画，他是应该满意的，他又看见了并且恰当地表现了他的

> 忧郁的爱西丝，戴着面纱！
> 蜘蛛把巨大的网编织，
> 各民族在里面挣扎！
> 提水的喷泉着了魔！
> 不断胀满的乳房，
> 世世代代前来，从中吸取思想！
>
> 暴风雨裹着的城啊！ [①]

　　然而一个残忍的魔鬼缠住了梅里翁先生的头脑，一种神秘的疯狂搅乱了那些既坚实又卓越的能力，他的刚刚出现的光荣和他的创作都突然中止了。从此，我们一直焦急地等着这位奇特的军官带给我们新的慰藉，他曾经在一天之间就成了一位强有力的艺术家，他告别了大洋上的庄严冒险，来描绘最令人不安的首都的阴郁的壮丽。

　　也许我还在不知不觉地服从着年轻时的习惯，仍然怀念浪漫派的风景画，甚至十八世纪就已存在的幻想的风景画。我们的风景画家们是些太过分的草食动物，他们都不愿以废墟为食，除了弗洛芒坦等少数人外，天空和荒原使它们害怕。我怀念那些大湖，它们代表着绝望中的静止，那些大山，它们是从地球登天的阶梯，从那里望去，一切显得巨大的东西都显得渺小了，那些城堡（是的，我的犬儒主义竟至于此），那些倒映在死水塘中的筑有雉堞的修道院，那些巨大的桥，那些住着残存者的尼尼微人的建

---

① 引自戈蒂耶的诗。

筑，总之，我怀念一切假如不存在就应该创造出来的东西！

……

总之，我在风景画中只发现了一些规矩的小才子，他们都很懒于想象。至少，我没有在他们那里，没有在所有那些人那里看到表达得如此单纯的凯特林 ① （我打赌他们连凯特林是谁都不知道）的荒原和草原的自然的魅力，没有看到德拉克洛瓦的风景的超自然的美，也没有看到像天空中的神秘一样流动在维克多·雨果的素描中的那种壮丽的想象。我说的是他的墨汁素描，因为很明显，在诗的方面，我们的诗人是风景诗之王。

夏尔·波德莱尔：《1859 年的沙龙》

致阿尔封斯·德·卡洛纳

［1859 年 12 月 14 日？］

我亲爱的德·卡洛纳，我可是头一遭要抵制您了，因为我坚信从文学观点上看我是对的。不过您带给我的尴尬还是远少于我的惊讶。

我们提到的引文具有一种永恒而独特的美感，此外这些引文（折磨 ②）和后面的那些引文（快感）之间有着必然的对应关系。

我相信，能让我们达成一致的唯一途径就是我所做出的承诺，即以尽可能简约的方式弥补《叹息》 ③ 的缺失。

祝好。

夏·波

---

① 凯特林（George Catlin，1796—1872），美国画家。

② 波德莱尔的《鸦片吸食者》改写自德·昆西《一个英国鸦片吸食者的自白》（*Confession d'un mangeur d'opium anglais*）的第一部分。此处所谈的是《鸦片吸食者》第四章《一位鸦片吸食者的狂喜和痛苦》（*Enchantements et tortures d'un mangeur d'opium*）的修改问题。该文 1860 年 1 月 15 日和 31 日连载于《当代评论》。

③ 指德·昆西《一个英国鸦片吸食者的自白》的第二部分《来自深处的叹息》（*Suspiria de profundis*）。这一部分波德莱尔并未改写。

致尚弗勒里

　　　　　　　　［巴黎，1859 年 12 月中旬］上午十一点或下午六点

我亲爱的朋友：

　　迪朗蒂告诉我："尚弗勒里买了一些居伊的作品。"我碰巧走进了皮加勒广场（Place Pigalle）那家奇异的商店（纯粹是灵感使然，迪朗蒂没给我任何提示），并问："您是不是卖给尚弗勒里几件居伊的作品？""是的，先生。他还说就是给您买的。"——于是，我在想象中向您致谢，并恭候那几件作品。

　　您是不是还有一本书要带给我 ① ？

　　　　　　　　　　　　　　　　　　　　您忠诚的

　　　　　　　　　　　　　　　　　　夏尔·波德莱尔

致阿尔封斯·德·卡洛纳

　　　　　　　　　　　　　　　［巴黎，1859 年 12 月 15 日］

我亲爱的朋友：

　　咱们的信走岔了。我刚收到您那封告诉我要对文章进行剪裁的信；我今晚要去拜访您，但脑袋因为一直写作而昏沉沉的。

　　我想象得出您想要什么。我对您唯一的请求是，您若打算剪裁，请务必注明剪裁之处，以便我（能为自己）保留全稿。

　　我再说两句：首先您的信中有一个错误；您从来是只见树木不见森林。

　　其次我对您说过，第二部分是德·昆西在病态的幻觉和自相矛盾的治疗之后写出的，这一部分充满阴翳、神秘异常，在此，一位六十岁的男人因其奇怪的卫生习惯，在鸦片的作用下任其想象力自然而然地回忆起了自己的孩童时代而非青年时代。

---

① 指尚弗勒里刚刚在玛拉西出版社出版的新作《自然之友》（*Les Amis de la nature*）。

这一部分 ①，哪怕是只言片语，都从未被译成法文，原因很简单：不可译。唯有我自己能在此类困境中怡然有得。

这两个部分之间的差异是相辅相成的，犹如两部《浮士德》之间的差异一样。

祝好。

CH. 波德莱尔

致欧皮克夫人

［巴黎］［18］59 年 12 月 15 日

你太慷慨了。我还在犹豫该不该接受；这要取决于我月底的资金状况。三个月前我在这里订做了一些上等服装；但服装的自然磨损远快于翁弗勒尔。此外我还必须考虑十七年来你给我或借我的数千法郎，现如今我不仅不能再借，而且是应该偿还的时候了。

你在信中忘了告诉我你是否收到了（肯定应该收到了）从阿朗松汇来的、用于偿付 15 日到期票据的那 500 法郎。我希望我那躁动的神经今天能平静下来。

德·卡洛纳那儿还要发表几首诗，都是新创作的，我认为这些诗相当新颖 ②。而 31 日的《当代评论》将要刊发散文，是《鸦片吸食者》的第一部分 ③；这篇文章太长，无法一次刊发。

——很容易就能猜到你觉得难以理解的问题是什么。——星期六我还差 200 法郎。星期一是付款日。各机构和银行星期日都关门，我考虑可能会晚。我记得法律规定债务人的偿付时间可以延迟到第二天的中午。所以我写信给特鲁塞尔，请他通知你放心，我还告诉他，余款将以挂号信方式而非铁路邮局寄送，使之能在中午前寄达。——至于 6 月份的那张票据同

---

① 指《来自深处的叹息》。

② 这几首诗是《致一位圣母》(À une Madone)、《天鹅》(Le Cygne) 和《劳作的农夫》(Le squelette laboureur)。

③ 由于卡洛纳要求对《鸦片吸食者》进行剪裁，实际上第一部分 1859 年 12 月 15 日就刊出了。

样简单。虽然我觉得等我几天后回到翁弗勒尔时再偿付也没问题，但还是有点儿冒失地给特鲁塞尔留下了一张票据。此举动极为草率，因为若有人发现了该票据（比如说特鲁塞尔的继任者），便极有可能要求我二次付款。所以我要借此机会告诉他把那张票据转交给你。

坏消息是，我大概不得不起诉米歇尔·莱维了，因为他不同意在《文学主张》(玛拉西书局出版的《论泰奥菲尔·戈蒂耶》那部单行本的封底已发布了出版预告）里收录两篇我评论爱伦·坡的文章，这两篇文章原来在两卷本《怪异故事集》的篇首。

有人 ① 送给我几幅精美的版画和漂亮的水彩画。我想用来装饰我的房间。水彩画（画家是一个非常古怪的人，是普雷西奥西 ② 的朋友，但比他强得多）描绘的是土耳其的生活场景，这几幅我留给你。——热鲁兹那两幅头像 ③ 我也会带回去。

再见，拥抱你。

夏尔

我还在想着 500 法郎那件事；务必要提防某些员工的疏忽。有一天玛拉西寄给我 3000 法郎，铁路员工就忘了送来。

我把 1859 年 12 月 15 日的信接着写完：

我还梦到了这样一件事；

那是我的亲身经历：我本应在中午前后就收到从梅恩便门火车站 ④ 送来的这笔钱。

等到下午五点钟我着急了，就跑去了。人家告诉我说没有寄给我的钱。我要求查阅登记簿。也没有我的名字。可我手里的信能证明钱已经寄来了。我发火了，要求当着我的面打开箱子。结果，在一个黑暗的旮旯里找到了一个写有我名字的密封钱袋。我用身份证取走了这笔钱。我当时因为有急事要办，所以没来得及投诉他们。

---

① 指尚弗勒里。

② 普雷西奥西（Amadeo, comte Preziosi, 1816—1882），法国画家。

③ 指热鲁兹的两幅肖像画。参见波德莱尔 1858 年 3 月 4 日欧皮克夫人的信。

④ 梅恩便门火车站（barrière du Maine），即今蒙帕纳斯火车站（gare Montparnasse）。

　　你应该带着我的信和玛拉西先生的说明函去铁路邮局索要这 500 法郎（就在勒阿弗尔船运公司对面，白马酒店旁边）。这种管理失当实在令人难以想象。我还想起让娜住院时也发生过膳宿费不到账的事 ①。你必须和这些人据理力争。

　　关于特鲁塞尔，你赶快拿着我的信把玛拉西那张票据要回来。

　　这样就不会有麻烦了。

　　此事关系重大，首先牵扯到我在翁弗勒尔的处境，其次牵扯到玛拉西的处境，他年纪轻轻便操持起两家商号，他母亲绝不容忍他做事不严谨。

　　最后还牵扯到贷款——这方面的事你一窍不通——你要知道，如做事不严谨，一次差评就足以让所有银行对你关闭贷款的大门。

　　我也确信这笔钱是按时寄出的。但我还是非常担心。——更糟的是，玛拉西因为家族事务外出了。

夏·波

　　按理说，你应该在星期日中午前后收到这 500 法郎。

致奥古斯特·普莱-玛拉西

［巴黎］［1859 年 12 月］14 日晚七点

　　您大可不必以责备别人宽慰自己。您是一位非常慷慨的朋友，总之，无论在多么令人不愉快的情况下，您都可以绝对指望我的忠诚。

　　但您匆忙外出时忘了将您签过字的收据寄给我，该收据既证明我收到了《鸦片吸食者》的稿酬，也证明我将这笔稿酬转给了您。我明晚要去德·卡洛纳家晚餐，他肯定先要问我是否收到了这张收据。

　　那会是何种新的不幸？

　　我们得商量一下和米歇尔·莱维打一场官司的可能性。这场官司牵涉《文学主张》《乌鸦》《离奇天使》《埃莉奥诺拉》和《耶路撒冷的故事》。

---

① 当时波德莱尔在翁弗勒尔，参见他 1859 年 5 月 4 日和 8 日致玛拉西的信。

明天我会见到班斯布尔德。

快回信。

夏·波

致勒内·班斯布尔德

［巴黎］1859 年 12 月 15 日

我亲爱的班斯布尔德：

我从玛拉西的信中得知如下信息：

"我把这 820 法郎直接寄给班斯布尔德，这张票据应在阿朗松偿付；

"但请注意，我因为急着动身，不得不委托我的仆人去办理贴现。

"所以请您去一趟书局，确认一下那 1640 法郎是否全部到账，并在必要时通知热利斯先生。"

***

我留下了玛拉西的信，因为还要作为收据出示给送交 820 法郎的那个人并转汇阿朗松。

玛拉西没说他的仆人会通过铁路邮局还是寄挂号信。因为送达时间是不一样的。

今天需要偿付的是：

一张来自唐雷的 410 法郎票据；

一张来自热利斯的 410 法郎票据；

一张来自热利斯的 820 法郎票据。

热利斯的地址：圣父街（rue des Saints-Pères）12 号。

请回信。

CH. 波德莱尔

致奥古斯特·普莱-玛拉西

［巴黎］［18］59 年 12 月 15 日

　　我收到了我母亲的一封信，说她已偿付了那笔 1500 法郎，但她完全没有提是否收到了为 15 日（也就是今天）准备的那笔 500 法郎款项（她的信是 14 日写的，但几点写的不知道）。——我刚刚把说明寄给了班斯布尔德，也把热利斯和迪多商行的新地址（圣父街 12 号）告诉了他。班斯布尔德让人简单回了个信（在上午十点半），说他会处理好这些事。

　　提供给卡洛纳的几首诗中，那首风流许愿诗他不打算发表①，说是怕得罪了他的读者。我又把《天鹅》和那首新诗《骷髅农夫》寄给了他。一旦完成了《多罗泰》（关于波旁岛的回忆②）、《野女人》（对一位小情妇的说教）和《梦》③ 的创作，并就序言问题写信给沃尤以后（这个我们还要一起讨论），《恶之花》就万事俱备了。

　　现寄给您那几篇评述（基本是全部），但还不能马上出版，因为有一部分先要在纪德出版的那部现代诗选④ 中发表。

　　这本书由以下文章组成：

　　一、爱伦·坡的生平及其作品；

　　二、再论爱伦·坡；

　　三、三论爱伦·坡（手稿在翁弗勒尔）。

　　（这三篇文章是我和那个无耻的米歇尔争执所在。不过我和他的合同中只规定了我可以使用一定数量的原始资料而未提及作家概述。另外按常

---

① 拉丁文：ex-voto。指《致一位圣母》(*À une Madone*)。

② 波旁岛（l'île Bourbon），即今留尼汪岛（l'île Réunion），法属海外领地。1841 年波德莱尔外出游历时曾在该岛停留，结识了一位名叫多罗泰（Dorothée）的姑娘，为她写下了脍炙人口的散文名篇《美丽的多罗泰》(*La Belle Dorothée*)，收入其散文集《巴黎的忧郁》，后又以同一题材写出了倒装体十四行诗《遥远的地方》(*Bien loin d'ici*)。

③ 这两个题材后来均写成了散文诗，即《野女人和小情妇》(*La Femme sauvage et la Petite-maîtresse*) 和《诱惑，或情爱、财神与荣耀》(*Les Tentations，ou Éros，Plutus et Gloire*)，收入其散文诗集《巴黎的忧郁》。

④ 指欧仁·克雷佩主编的《法国诗人》第四卷，但这本书直到 1862 年才出版。

识来说，我是可以在个人作品中再版评论和传记部分的。）

（——此外还有关于《乌鸦》等等的争执。）

四、泰奥菲尔·戈蒂耶（一），（已出版）。

五、泰奥菲尔·戈蒂耶（二），+①。

六、皮埃尔·杜邦（一），乌西奥出版社（Houssiaux）出版，+②。

七、皮埃尔·杜邦（二），+③。

八、勒孔特·德·利勒，+。

九、代博尔德-瓦尔莫，+。

十、奥古斯特·巴尔比耶，+，

十一、埃热西普·莫洛，+。

十二、贝特吕斯·博莱尔，+。

十三、古斯塔夫·勒瓦瓦索尔，+。

十四、鲁维埃尔（在《艺术家》发表）。

凡带有小"十"字标记的文章我都让人为您誊抄了一份；请告诉我您的想法。今天寄给您的所有东西都别丢掉。（唯此为真正的副本。）

关于《恶之花》，我希望能像雨果作品出版时一样，让人们尽可能地关注这个新版本；新书上架销售首日，所有和我们有关系的报纸都应该刊发一首从未发表过的诗。

《鸦片吸食者》太长，要分成两次发表：12月31日发表第一部分。

请您惦记着我昨晚写给您的信。

您说的这个不幸是什么意思？在您家里出了变故④的这个时刻，您却认为我的文学个性难以忍受、让您厌烦。

---

① 指波德莱尔为欧仁·克雷佩主编的《法国诗人》所写的戈蒂耶评述。

② 指波德莱尔1851年为杜邦的《歌与歌谣》（*Chants et chansons*）所写的序言。

③ 指波德莱尔为欧仁·克雷佩主编的《法国诗人》所写的杜邦评述。以下（除鲁维埃尔外）均系指波德莱尔为欧仁·克雷佩主编的《法国诗人》所写的诗人评述。

④ 这个"变故"与玛拉西的弟弟爱德华·普莱-玛拉西（Édouard Poulet-Malassis）出走毛里求斯岛有关。

劳作的骷髅 ①

解剖学的绘图板
散落在尘嚣堤岸 ②，
诸多死者的图册
如木乃伊般长眠，

解剖图是老艺术家
严谨和知识的血汗，
虽然主题晦暗，
却也播扬美感，

人们目之所见——令
神秘的恐怖更臻完满，——
仿佛剥掉皮的骷髅
犹如农夫一样耕田。

忍气吞声的庄稼汉，
椎骨用尽气力千般，
似用剥了皮的肌肉，
深耕细翻这块农田，

说，要何珍稀收获，
从坟堆逃出的囚犯？
你们用力拖拽，想
把谁家的仓廪装满？

---

① 该诗正文与 1861 年第二版《恶之花》的文字略有不同。
② 指巴黎塞纳河畔拉丁区的旧书摊。

你们是否想要证验
连坟墓也难保长眠？
（可怕明确的征象，
那可真命运多舛！）

就让虚无当面背叛，
让死神将我们欺骗，
让一切都周而复始，
唉！我们或许永远

被迫在某个陌生的国度，
把苦涩大地剥个底朝天，
在我们赤裸淌血的脚下
再插上一把沉重的铁锹？

祝好。

夏·波

致一位誊写员

[1859 年 12 月 15 日。参见波德莱尔同日致卡洛纳的信。]

致阿尔封斯·德·卡洛纳

［巴黎］1859 年 12 月 15 日

此信是想告知您，玛拉西因忙于家族事务忘了寄给我他签名的收据，也表明我已将票据寄送给他并已按我们约定的用途付款 [①]。我刚刚又给他

---

① 参见波德莱尔 1859 年 12 月 13 日致玛拉西的信。

写了信。

我刚刚给那位誊写员写了信，告诉他如果来不及就赶快把我自己的手稿 ① 送来。这样我就可以今晚或明天去拜访您。

还有几首诗可以和《天鹅》一起发表。我手头还有三首诗要写：首先是《多罗泰》(描写热带的自然之美；吟咏理想的黑色肌肤之美)；其次是《市集上的野女人》(写的是对一位小情妇的说教，因为她总臆想着自己何其痛苦)；最后是《梦》(写财神、爱神与荣耀之神在一个人的梦里诱惑他，却遭他拒绝，此人醒来后说：如果我醒着的时候他们来诱惑我，我可没有那么理智!)。

CH. 波德莱尔

致阿尔封斯·德·卡洛纳

[巴黎，1859 年 12 月 16 日]

我认为这些标题都不错。标题越新颖越好，只要别和被我称作"双关语"或"找茬儿"之类的题目（比如《布鲁图斯，放开恺撒吧!》和《狮子的晚年》②）类似即可。

一个梦的世界。

一个梦的宇宙。

内心世界。

万应灵丹及其危险。

灵丹妙药。

万灵药及其危险。

---

① 指《鸦片吸食者》的第二部分。

② 《布鲁图斯，放开恺撒吧!》(*Brutus! Lâche César!*) 是法国剧作家约瑟夫-贝尔纳·罗西耶 (Joseph-Bernard Rosier，1804—1880) 创作的一出独幕喜剧，其中布鲁图斯是一个门房的名字，恺撒是一条狗的名字——波德莱尔在《1859 年的沙龙》中举过这个例子。《狮子的晚年》(*La vieillesse du Lion*) 也属于类似的文字游戏，可能与拉封丹的寓言诗《狮子老了》(*Le Lion devenu vieux*) 有关，当时曾有人以"狮子的晚年"隐喻夏多布里昂。

忘忧果的危险。

万灵丹的快感与危险 ①。

夏·波

致卡洛斯·德洛德

[巴黎][18]59 年 12 月 16 日

这一次不会拖延。

清样，请寄来。

《吾得之矣》的清样?

那几首诗的清样 ②，请寄来（如果您已经印了），

我还要做些润色。

我收到最后一期清样后再确定是否应该在勘误表中增加一些内容 ③。

祝好。

CH. 波德莱尔

致奥古斯特·普莱-玛拉西

[巴黎][18]59 年 12 月 16 日

我亲爱的朋友：

我原打算星期三下午五点去车站咖啡馆。可我早上、白天和晚上都要工作。而且总是身无分文。对我来说，穿越巴黎归来犹如一次奥德赛之旅，尤其当我的书桌上还有未完成的文稿时。

所以还是请您晚上六点来我旅馆吧，贵客登门不能无美膳，我当天上

---

① 波德莱尔建议的这些题目均未被卡洛纳采用，最终仍以《一位鸦片吸食者的狂喜和痛苦》（*Enchantements et tortures d'un mangeur d'opium*）为题刊发。

② 不清楚波德莱尔向《国际评论》提供了哪几首诗。

③ 《国际评论》上发表的《吾得之矣》错误百出，不得不增加勘误表。

午就去订餐。

评述我就不寄了。相见时面呈。

啊！居伊！居伊！您要是知道他带给我的痛苦就好了！这个古怪成癖的人简直谦逊到可以暴跳如雷的地步。他得知我要写一篇关于他的文章时就跑来和我干仗了。

祝好。

夏·波

致让娜·迪瓦尔 ①

翁弗勒尔，1859 年 12 月 17 日当天

我亲爱的姑娘，你不要因为我突然离开巴黎没去看你、也未能对你稍有照料而怪罪我。你知道我因为担心你已经多么心力交瘁。加之我母亲已经知道了我那笔要命的 5000 法郎债务已经到期，其中 2000 法郎须在翁弗勒尔偿付，这件事也让我坐立不安。其实她也很郁闷。幸亏一切都摆平了；可你想想，头一天还差着 1600 法郎！幸亏德·卡洛纳慷慨相助，我们才逃过一劫。——我向你发誓，几天后我就回来了；我必须和玛拉西重新和好，而且我的纸箱子还在旅馆里。以后我不想总待在巴黎，太费钱了。最好是常来常往，但只待几天。同时，如果我有个把星期不在，而我又不希望你在目前的状态下哪一天身无分文，那时你就写信给昂塞尔先生。我知道我已经预支了不少来年的月度费用，但昂塞尔先生虽然多虑，却还是相当慷慨的。这点钱也许够用到我回来为止，而且新年前后我就能弄到钱。你把这张月度费用收据放在另外一个信封里，既然你不敢用左手写字，那就让你的女仆来写地址。别忘了写上雷沃尔特大街（avenue de la Révolte），在奥尔良公爵小礼拜堂对面。你知道他总是早出晚归。所以，除非一大清早就把信寄到他家，否则寄到了也没有用。——你星期日就能

---

① 这是迄今所见唯一一封波德莱尔致让娜·迪瓦尔的信，因为让娜误将该信与各种收据混在了一起，才使这封信得以保存下来。

收到这封信，但你要注意，只能到星期一再寄给他，因为星期日他全家都要外出做弥撒。——我知道玛拉西星期三要去巴黎。所以我得赶紧去找他。——我发现我的房间大变样了。我母亲一分钟都闲不住，她布置了我的房间并做了装饰（她认为这就是美化）。——所以我很快就回来了，而且，假如能如我所愿弄到一点儿钱，我会尽力让你开心的。——信纸不够了，我就在下面直接给昂塞尔写几句话。——我翻遍了画展的说明书，还是没找到那个画家的地址。你如果不想让昂塞尔读到上面的内容，就把信撕成两半，只留下收据即可。——对我来说倒无所谓。——路上滑，出去时一定要有人陪着。——别把我的诗和文章弄丢了。

收　据（致昂塞尔）

[翁弗勒尔] 1859 年 12 月 17 日

今收到昂塞尔先生支付给迪瓦尔女士的四十法郎。

CH. 波德莱尔

1859 年 12 月 17 日

致阿尔封斯·德·卡洛纳

[翁弗勒尔，1859 年 12 月 17 日]

您的人烦死我了，我都没想起来问他是要新抄件（今晚您就能收到了）还是誊抄后的手稿的剩余部分，这个稿子我昨天上午已经寄给马尼奥达斯先生 ① 了；我让给您送信的小孩子捎话给您，希望您同意我这样办，以便加快进度 ②。

---

① 马尼奥达斯（Magnodas）这个名字在《波德莱尔通信集》中只出现过一次，可能是承印《当代评论》的杜比伊松（Dubuisson）印刷所的监工或职员。

② 波德莱尔可能是在寻找一种可以避开卡洛纳吹毛求疵的审查的办法。

我会携带此书去给您解释为什么如此划分章节。第一部分（《一个鸦片吸食者的自白》）涉及青年时代的记忆、鸦片的快感（这一部分您已经有了），鸦片的折磨（您已经有了一部分）与康复，或至少是他让我们觉得已经康复。——第二部分（《来自深处的叹息》）涉及童年的回忆以及对童年时代的敏感解释，《牛津的幻影》，即在大学时期吸食鸦片的体验。您要明白，这是一个沉迷于鸦片的老人透过心灵之镜看到的童年和青年时期。

请允许我不用拐弯抹角地告诉您，您选择的题目远不如我给您提的建议；您不过是在用一种更简单的方式重复提要，我认为俗不可耐，而我建议的题目却能以一种激烈的方式跃入眼帘。

灵丹妙药一词借自原书，很棒。

您太爱发火了。您得注意。

您忠诚的
夏·波

寄给杜比伊松印刷所的那一部分已经重新润色过了。

致奥古斯特·普莱-玛拉西

［巴黎，1859 年 12 月 19 日］

我亲爱的朋友，我是不是星期三晚六点在旅馆等您，请告。

我们要讨论一下那四本书的现状：

关于合同（已达成一致）；

关于资金方面的困难；

关于寄给沃尤的那篇序言；

关于米歇尔·莱维；

关于居伊的版画。

最后我还想就捉弄一下日内瓦那个恶棍听听您的建议。星期三上午回信即可。

祝好。

CH. 波德莱尔

致保罗·默里斯

[巴黎，1859 年 12 月 19 日？]

我亲爱的朋友：

今晚我能在您家留宿么？这个纸箱装满了我想拿给您看的素描①。虽说默里斯夫人是一位真正的大智慧者，但您未过目之前我还不能拿给她看。

CH. 波德莱尔

致卡洛斯·德洛德

[巴黎，1859 年 12 月 20 日]

——今天是 20 日，我还没有拿到第五期②。

——如此说来，我这次还是拿不到清样。

——我跟您说，您真的让我很没面子。

不仅《哲学的艺术》必须修改；连那几首诗也被印刷商搞得面目全非。我逐字逐句核对了一期，几乎满篇错讹。

祝好。

夏·波

我原本还有些诗打算给您，可是，天呀！这下子把我搞怕了。

总之，无论您想干什么或改什么，也无论您是否寄清样给我，我以为您最好还是什么都不要发表了。

致阿尔封斯·德·卡洛纳

[巴黎，约 1859 年 12 月 20 日？]

我亲爱的朋友：

综合考虑，那三首丢掉的诗③就不要再发表了。

---

① 指居伊的素描。
② 指发表了《吾得之矣》的《国际评论》第五期。
③ 指《致一位圣母》《天鹅》和《骷髅农夫》。但这 3 首诗并未丢掉。

请把清样 ① 寄给我，越早越好。您知道我喜欢面对清样沉思若干时辰。
祝好。

CH. 波德莱尔

致保罗·默里斯

［巴黎］［18］59 年 12 月 21 日

我亲爱的朋友，我今晚想把新到手的一摞可怕的素描 ② 拿给德·卡洛纳和玛拉西看看，好让他们对我即将撰写的文章有个概念。麻烦您把那个纸箱寄给我吧。

您收到德拉特尔送给雨果的版画集了么?

请向默里斯夫人致意。

CH. 波德莱尔

致奥古斯特·普莱-玛拉西

［巴黎］1859 年 12 月 23 日星期五

亲爱的朋友，我今晚和居伊先生共进晚餐，他来找我是想说（老实说，他太优雅了）明晚（平安夜）他要去朋友家做客，得给朋友们送些小礼物。

所以我将为他的圣诞节支付大约 60 法郎，这笔钱先挪用您的，新年时还给您，或者在 1 月份用一张卡洛纳的票据还给您。我明天（24 日）上午九点去您那里。

祝好。

夏·波

我明天把评述带给您。

---

① 指《鸦片吸食者》的清样。
② 波德莱尔所说的"可怕"（affreux）是从道德意义上而言的，因为居伊画的这些素描都是妓女。

致欧皮克夫人

[巴黎][18] 59 年 12 月 28 日星期三

虽说你没有给我写任何东西，我相信你也会中意我的新年礼物。你是我新年之际必须履责的第一人。那幅水彩画是我从那个怪人手里淘换来的唯一一幅充满东方风韵的画作①，我会就这幅画写一篇长文（作为《美学珍玩》里的最后一篇文章）。

没有什么新的消息。可能只有一件小小意外让你不快。我昨天和前天又对《鸦片吸食者》做了许多修订，所以 30 日可能发表不了，要推到 15 日了。不过我相信这一部分会很有意思。——玛拉西先生到巴黎了，我们商定从 2 月份开始每个月出版一本书。这样的话 1 月份就要出第一本②，与《当代评论》基本上同步。——《恶之花》（第二版）的封面插图，即那些花饰和尾花，已请人开始设计了。清样的修改将在翁弗勒尔进行。所以我确信明年要出版五本书③。但愿这几本书的出版能在精神上改善我的处境。因为钱的问题还要另想办法。与米歇尔·莱维的协商也要稍后才能解决，反正《文学主张》的出版排在最后。——刚刚出差回来的那位玛拉西书局的店员④说大家都在询问第二版《恶之花》何时出版。这是个好兆头。

等那位新经理对我的新计划做出决定后我就可以回家了⑤。我完全有理由希望他会做个好决策。有了第一个决策就能有一大笔钱了。

我满脑子的设想都是重大而严肃的。较之往年，新的一年我不会再做那么多蠢事了，但能做的也只是我计划中的四分之一。如果这些计划还未实现就残废了或脑子坏了，该怎么办！

如果你身体康健，如果你很爱我，如果你对我的命运充满信心，就请

---

① 指居伊的水彩画《手持阳伞的土耳其女子》（*La Femme turque au parasol*），现藏小王宫博物馆（*musée du Petit-Palais*）。

② 指《人造天堂》（*Les Paradis artificiels*）。

③ 根据波德莱尔 1860 年 1 月 1 日与玛拉西签订的合同，前 4 本由玛拉西出版。后增加第 5 本《吾得之矣》，由米歇尔·莱维出版。

④ 指班斯布尔德。

⑤ "新经理"，指奥斯坦因，他刚从盖泰剧院经理调任皇家大马戏团剧院经理。"新计划"，指《胡扎尔侯爵一世》。

给我写信吧。

现在，亲爱的母亲，求你帮个大忙。你上次想给我的那 200 法郎（我最后一件事安排妥后会带给你另外的 60 法郎）请寄给我吧，用密封信，贴五张邮票，向邮局申明且在信封上用大写和小写注明金额。这封信 30 日我就会收到，准备用于如下用途：

一半将遵你所嘱。也就是说，购买现成的内衣、手帕、袜子和衬衫。此事十分急迫；我缺得太多了，不能再指望留在翁弗勒尔的；今年秋天在巴黎订制的外衣还够。如果能像我相信的那样从日内瓦或大马戏团剧院经理处再获得一大笔钱，我动身之前还会再买几件。

另一半将用于购置新年礼物、支付旅馆仆人的小费以及给我常去拜访的一位朋友（我经常在那儿晚餐）① 送些礼物。这样我就会和所有人一样有尊严，不会让人觉得我很穷。

——至于胶靴，有钱我也不要！太难看，而且危险。

最后再买点儿鞋和领带，等等，200 法郎绰绰有余。

全身心地拥抱你，而且，尽管我希望能有名声，但依然很伤心。

我又写了一沓子诗，现在不写了，一是我还有更紧迫而见效快的事要做，我指望这些事情能有结果，二是我的多产能力远未终结，三是我在翁弗勒尔开始创作的三首诗还要在翁弗勒尔完成 ②，同时还要为《恶之花》写一篇序言，这可是一项大工程，不能授人以柄，绝不能让那个如此愚蠢、如此恶意的司法机关有可乘之机。

你要是觉得那幅土耳其女人不好看（如果你这样认为）就直说好了，不必为难，因为我知道你对美术欣赏不太在行，但这丝毫也不影响我对你的爱和尊重。

夏尔

你不用把留在翁弗勒尔的内衣寄给我。我在此地不会久留，没必要寄；不然我回去时又多一件行李。再说我还要买些东西带回去，因为那边的选择余地有限且做工很差。——现在又要增加很多东西，而我又那么喜

---

① 指萨巴蒂埃夫人。

② 指波德莱尔 1859 年 12 月 15 日致玛拉西和卡洛纳的信中提到的《多罗泰》《市集上的野女人》和《梦》，但最终均未完成。

欢轻装旅行，所以如果衣服太多我就会卖掉。——这还没包括装版画和油画的纸箱。

致［夏尔·阿瑟利诺］

［巴黎，1859 年 12 月底？］

我亲爱的朋友，为了那四卷已预告过的作品，我该把所有文章和诗歌收集起来交给玛拉西了。您能在自己的故纸堆里找到下列作品么：

《艺术家》上的：
　　《决斗》。
　　《鲁维埃尔传》。

《当代评论》上的：
　　《论印度大麻》。
　　《骷髅之舞》。
　　《秋之十四行诗》。
　　《秋歌》。
　　《面具》。

《法兰西评论》上的：
　　《秀发》。
　　《1859 年的沙龙》。

费尔南·德努瓦耶的《1860 年年鉴》[①]，还有其他一些文章如《论笑的本质》《论几位法国漫画家》《论几位外国漫画家》《玩具的伦理》，等

---

① 由法国文学家、批评家费尔南·德努瓦耶（Fernand-Félix-Emile-Arthur Desnoyers，1826—1829）主编的《巴黎 1860 年年鉴》（*Almanach parisien pour l'année 1860*）收录了《骷髅之舞》一诗。

等。——最后，您家里还有没有我偶然散佚的作品？

以上作品我原来都有，但没有备份。一旦借给别人就弄丢了。

祝好。

夏·波

我忘了是不是告诉过您，如果咱俩的名字出现在同一份报纸或同一份杂志上，或者刊物上有您感兴趣的别人的作品，您只需撕下与我有关的页面即可。

致阿尔封斯·德·卡洛纳

［巴黎，1859 年底或 1860 年初？］

我估计您现在已经因一己焦虑而原谅我了。造成这种迟延有诸多原因，主要原因有二：一是翻译天文学那部作品 ① 很急，与您的时间发生了冲突；二是您对变动、调整和删减的癖好让我无所适从。我对秩序的热爱正是因此而发生了动摇。——我向您发誓，我已经细细思考过这一切；折磨我之前，恳请您三思。

请想象一下，如今，在创作自己喜欢的东西之前，我要先告诉自己说，他不会喜欢这个，那会是一种什么情景？我以自己的人格担保，我这个话可不是在开玩笑。

祝好。

夏·波

致欧仁·克雷佩

［1859—1860 年］

我亲爱的克雷佩：

如您所知，我费了好大劲儿才找到皮埃尔·杜邦的《船歌》(*Barcarolle*)。

---

① 指《吾得之矣》。

您也可以试试，看能不能比我做得更好。这是我要交稿的最后一篇评述了，我正抓紧完成。

祝好。

夏·波

致阿尔封斯·德·卡洛纳

[1859—1861 年]

[波德莱尔在这封信中请德·卡洛纳介绍他与画家欧仁·拉维耶 ① 结识。]

致爱德华·戈普

[1859—1861 年]

我亲爱的戈普：

我对您说过，拉维耶先生将在 21 日举办一场画展并出售他的作品。根据您介绍给我的情况，我建议《欧洲评论》能拨冗为他做一则简介，并发布画展的消息。

祝好；我知道您乐于助人；而且您了解拉维耶先生的才华。

CH. 波德莱尔

与普莱-玛拉西和德·布鲁瓦斯的合同

[1860 年 1 月 1 日]

签约双方：

夏尔·波德莱尔，文学家，现居翁弗勒尔（卡尔瓦多斯省）；

---

① 欧仁·拉维耶（Eugène Lavieille，1820—1889），法国画家，柯罗的学生。

普莱-玛拉西与德·布鲁瓦斯，印刷商与出版商，现居巴黎和阿朗松（奥恩省）。

夏尔·波德莱尔先生同意将下述四卷作品以每卷印刷 1500 册的方式出让给普莱-玛拉西与德·布鲁瓦斯：

《恶之花》（第二版，新增 20 首诗）；

《鸦片与印度大麻》；

《文学主张》；

《美学珍玩》。

上述四卷作品每卷三百法郎，一半在每部书稿交稿时支付，另一半在最后一卷付梓时支付。

波德莱尔先生已先期预支了二百五十法郎①，此外，普莱-玛拉西和德·布鲁瓦斯先生出版《论泰奥菲尔·戈蒂耶》单行本时尚欠其三十法郎，因此波德莱尔先生通过上述文学作品可获得的金额减少为九百八十法郎。

自上述作品发行之日起，波德莱尔先生向出版商提供为期两年的出版年限。此期限结束后，双方将以同样条件续签本合同，若出版商拒绝续约，则波德莱尔先生自动恢复其著作权。如果上述作品在约定的两年期限前即售罄，则本合同自出版商售罄之日起自动更新。

本合同签署后，此前在普莱-玛拉西和德·布鲁瓦斯先生与波德莱尔先生之间签署的所有协议特别是关于出版《美学珍玩》的协议均即行废止。

本合同一式两份，双方各执一份。

夏尔·波德莱尔

1860 年 1 月 1 日

---

① 这 250 法郎是玛拉西在 1856 年 12 月 30 日合同签署之前支付给波德莱尔的。

致奥古斯特·普莱-玛拉西

[巴黎，1860 年 1 月初？]

我亲爱的朋友：

您信中所说的一切都非常好。

我现在每日奔波。所以为您准备的所有东西都还未付邮。

我马上给比歇先生写信，让他把每一期都寄给您 ①。

卡洛纳的折磨我受够了；这是我第三次被迫和他吵架了。《鸦片吸食者》第二部分已被他改得面目全非，而他今天上午的来信还在继续胡扯。他就像一个外省的乡巴佬省长，对艺术和文学再也没有感觉了。

夏·波

致阿尔封斯·德·卡洛纳

[巴黎，波德莱尔 1860 年 1 月 4 日和 8 日致卡洛纳的信。]

致阿尔封斯·德·卡洛纳

[巴黎][1860 年]1 月 5 日星期四

我亲爱的德·卡洛纳：

今晚是否去拜访您我犹豫良久。担心和您发生争执令我却步！我想还是给您写封信，明确告知您我的想法，而且我向您保证，我写这封信时对您毫无怨恨，希望您相信我。

我相信，我不会减少对您的友情，但我要告诉您，哪怕您再亲切、再热忱，除了我已经同意的修改之外，我不会再屈从于您的清规戒律。当

---

① 指《当代评论》刊载有《论印度大麻》和《鸦片吸食者》的每一期，玛拉西出版《人造天堂》需要参照这些文章。

然，向您提供《鸦片吸食者》的全稿依旧是我的责任。

的确，我将继续履行协议，直至十二章交稿为止（《鸦片吸食者》已基本完成，其中八章将向您交稿）；但您的优柔寡断、剪裁、改动可以休矣。也就是说，在我将相当于稿酬的那十二章文字交稿以后，无论您完全接受还是断然拒绝，我都确信自己已获得了自由。

还要提请您注意，我在说出这些让我难以启齿的话时是何等慎重。我的名声和才华足以让我免遭那些传统意义上的总编辑的小小困扰。我向您发誓，在我十分敬重的人当中，您是第一个折磨我的人。

今天上午又是如此！文章的开篇我已考虑良久且准备就绪。我终于觉得这个开篇以其庄严足以媲美一支管弦乐队的最初几个节拍①。然而，突然！您觉得最好在篇首插进一段悼念死者的按语②。

悼念一位我读过他十本书而他可能写过三十本书的人！

悼念一位某文学流派的代表人物！却只用二十行按语！——您判断一下吧，您要写的是何许人？

作为总结，我要重申：

人到了一定年龄、具备了某种学识以后，一定要摆脱这种清规戒律。您伤害我也必然伤及自身；我既已承诺删去第二部分中的两段文字（虽然我将这两段文字视为人所能写出的经典），我一定会做。然后，我就要反抗了。

您可以把我的信随便拿给哪位朋友看看（当然应该是个有识之士），您就会知道人家将对您说些什么。

——祝好，顺便说一句，您不要乱猜疑。

——如果真要发生此类的关系破裂，如果我发现自己还欠着您的钱，请您相信我一定偿还。

CH. 波德莱尔

---

① 参见《人造天堂·鸦片吸食者》第一章的开篇《婉转的措辞》（*Précautions oratoires*）。

② 德·昆西刚刚于 1859 年 12 月 8 日去世。

致［奥古斯特·普莱-玛拉西］

［巴黎，1860年1月5日］

我星期一动身①。麻烦您想着居伊先生那件事②。我估计，我觉得，星期一您就能拿到德拉克洛瓦的画了。

祝好。

夏·波

5日（星期一）

致欧皮克夫人

［巴黎，1860年1月7日星期六］

拟办之事清单

一、向日内瓦③要钱并寄给你（今晚或周一）。

二、去三个地方拿钱（约800法郎）。

三、在印刷所修改《鸦片吸食者》第二部分（必不可少）。为了这一部分，我和德·卡洛纳先生发生了令人厌倦的争吵。我刚刚收到他的一封和解并道歉的信，显然是在他妻子的影响下写的；尽管如此，我还是担心第二部分出现差池，所以最好去看着点儿。

四、为那部剧本④的每个场景制定详细的计划，写一封信确定上演日期，动身前借3000法郎，并确定这笔钱的用途。

五、写信给玛拉西安排每笔付款，以确保我不在巴黎期间每笔钱都能按期支付（此类票据不会再去翁弗勒尔偿付）。

---

① 指动身去翁弗勒尔，但再一次推迟。

② 波德莱尔为玛拉西买了几幅居伊的画。

③ 指发表《吾得之矣》的日内瓦《国际评论》。后面说到的"第四卷"也是指《吾得之矣》。

④ 指《胡扎尔侯爵一世》。

六、向日内瓦索要新一期的清样以及第四卷（爱伦·坡）手稿剩余部分的抄件，我对那些人没有足够的信心，所以不能不带着手稿的副本去巴黎。

七、收到那些钱并偿付了翁弗勒尔拒绝承兑的那张票据 [①]、你的 260 法郎 [②] 和需要在巴黎清偿的各种债务以后，若还有足够的钱，我就订制两三身衣服。

八、最后是修复我父亲的肖像和热鲁兹的两幅肖像画，再为大约五十幅素描或油画打包装箱。这些物品我动身前就会托运，你若收到第一件包裹就知道我快要到家了。

在巴黎经历了如此动荡的生活之后，若能将那么多性质不同的大事小事尽快完美收官，你真觉得是一件很容易的事么？

请好好地理解我吧，别生气。假设我今晚要去做客并照常待到深夜一点才回家，那明天早上我一定会困顿不堪，于是整个上午就丢掉了。

一封债权人的来信，一场文学方面的争执，一次无用的、把我抛在离家几公里以外的奔波，——于是一整天就丢掉了。

我直觉你今天在等我；你误会了。——我猜想你很难过；我希望能详细地向你解释，而且我肯定惦记阿朗松的来信，玛拉西在催要新版《恶之花》的序言和《人造天堂》（鸦片与印度大麻）的献辞。——依此类推，总是如此；而岁月却在流逝，只有做到了想做的事情的四分之一时，我才可能会有权自豪。

我还忘了，我今天必须把阿朗松寄来的那四本新书的出版合同抄录下来 [③]。

我有些担心为这些作品中的第一卷（《人造天堂》）所写的献辞。文字中有太多的高傲、狂妄和蔑视，我隐约觉得自己有些可笑。此事让出版商依自己的品位去斟酌吧。

我把一开始要说的话作为结束。你上上封信让我很惊讶。我是说过我

---

① 参见下一封波德莱尔致卡洛纳的信。

② 参见波德莱尔 1859 年 12 月 28 日致欧皮克夫人的信。

③ 波德莱尔 1860 年 1 月 1 日与玛拉西和德·布鲁瓦斯的合同是通过双方各抄一遍并签字的方式订立的。

要开始托运行李了，但必须要等那部剧本有了结果才行。我是说过要把钱汇给你而不是自己带。——远离你、远离温馨洁净的家让我备感折磨，以至于我不止一次想跑回去待上一周以寻求慰藉。我想过很久怎样才能摆脱这种长时间的别离，我觉得最好的办法就是常来巴黎，但每次只待三到四天，用这三四天时间足够办妥二十来件事了。你想想你今天上午的来信吧，你说你留意着从勒阿弗尔驶来的每一艘轮船，这让我情何以堪！——我要寄给你的不是一部《哈姆雷特》，而是《莎士比亚全集》。拥抱你。

夏尔

致阿尔封斯·德·卡洛纳

［巴黎］1860 年 1 月 8 日星期日晚

亲爱的先生：

我在巴黎无意中见到了您 2 日的来信。所以我 4 日写给您的信并不是答复。那封信是预料到您会反对而本能地写给您的。我是很认真地对您说这个话的，我也很认真地想请您帮个忙。我的信用可能不足以为那张票据展期。我承诺向您提供足够的文章（15 日以后立刻开始）以维护您的权益；等过上一段时间，等我依靠自己持续的耐心摆脱困境后就开始给您还钱；但正像我在信中所言，您是不是对我还没有足够的信任，所以才不实实在在地向我预支稿酬，非得等我交稿或文章产生价值后才给我多次预支的权利？

祝好。请向德·卡洛纳夫人及其表妹 ① 转达我的敬意。

CH. 波德莱尔

又及：我因为一连串的麻烦几乎要病倒了，不幸的是，正如我告诉您的那样，这些落在我头上的麻烦其实都应该与我无关。

---

① 指莱奥卡狄娅·博古斯塔瓦·泽勒乌斯卡（Leocadia Bogustawa Zelewska），1838 年生于华沙，后嫁给了欧内斯特·费多。

致奥古斯特·普莱-玛拉西

[巴黎] 1860 年 1 月 8 日星期日晚

我今晚写给您的内容都值得大书特书。

梅里翁寄来了他的名片，于是我们就见面了。他对我说："您住的那家旅馆肯定是因为店名吸引了您，我估计与您的喜好有关。"——于是我看了看他寄来的信，那信封上写的是"忒拜旅馆"①。

他在一幅大型版画上②用一大群掠食鸟取代了一只小气球，我提醒他说，在巴黎上空画一大群老鹰似乎不合情理，他答道："那些人（皇帝政府的人）经常在那儿放飞老鹰，并根据某种仪轨探讨有何朕兆——这些都是白纸黑字印在报纸上的，连《环球导报》也提到过……"

我必须说，他毫不掩饰自己对迷信行为的崇尚，但他拙于解释这些迷信行为，而且他能看到无处不在的巫术。

他指着另一幅版画③对我说，新桥的一段桥体投射在岸边侧壁上的阴影恰好就是狮身人面像的轮廓，——他说他当时根本没意识到，到后来才发现了这一异象，他还记得这幅素描是政变前不久画的。那位亲王如今就是在位的那个人，他的行为和长相都最像斯芬克斯。

他问我读没读过爱伦·坡的短篇小说。我告诉他说没有人比我更懂爱伦·坡了，而且我是有充分理由的。于是他便以非常强调的口吻问我，我是否相信这个爱伦·坡实有其人。而我，我自然会问他若无此人他会把这些短篇小说的作者归于谁。他回答我说：归于一个非常精明、非常强大且无所不知的文人社团。他其中的一个理由是这样的："莫格街。我画了一幅莫格街的素描④。一只猩猩。常有人把我比作一只猴子。这只猴子谋杀了两个女人，母亲和女儿。我也是，我在精神上谋杀了两个女人，母亲和女儿。我始终认为这篇小说暗示了我的困境。如果您能找到爱伦·坡创作这部小说的具体日期（假设没有任何人帮他写），看看这个日期与我的奇

① 忒拜（Thèbes）又译"底比斯"，古希腊名城，斯芬克斯的传说发生于此。

② 指梅里翁的版画《兑换桥》（*Le Pont-au-Change*）。

③ 指梅里翁的版画《小桥》（*Le Petit Pont*），不是另一幅版画《新桥》（*Le Pont-Neuf*）。

④ 指梅里翁的铜版画《莫格街》（*La Morgue*）。

遇是否吻合，我将非常高兴。"

他怀着景仰之情对我提到米什莱的《圣女贞德》①，却断然否认这本书是米什莱写的。

他最关注巫术；但他是以一种怪诞的方式解释这种巫术的，这种解释足以让一位巫师笑翻。

您别跟那些心术不正的家伙一样嘲笑这些事。我可不愿意去损害一个有才华的人……

在他离开后我扪心自问，像我这样一个在精神上和神经上本该有一切可能成为疯子的人怎么居然没变成疯子。于是我郑重地向上苍表达了我虚伪的感激之情。

居伊和我完全和解了。他是一个可爱的人，充满了智慧，而且跟所有文人一样并不无知。

夏·波

致奥古斯特·普莱-玛拉西

[巴黎，约 1860 年 1 月 10 日]

一、我马上寄给您《文学主张》，我没时间再读了。

二、我马上抄录那份合同。

三、我写信给比歇先生，让他寄给您《论印度大麻》和第一期《鸦片吸食者》。

（让他给您寄前六章，或至少是《当代评论》已经发表的——我认为《鸦片吸食者》的第一部分已付梓。）

四、我正在琢磨献辞的事。

五、请试着选择一个好题目，最好是再拟出一个更好的。

六、您信中说的一切都很合理。但情形有所变化。比如说，我可以承

---

① 指法国历史学家于勒·米什莱（Jules Michelet，1798—1874）1841 年出版的《法国史》（*Histoire de France*）第五卷。

担在翁弗勒尔偿付那唯一一张 1500 法郎票据的责任。我需要您在阿朗松贴现卡洛纳的那张票据。最后，我可以在 2 月 15 日之前都汇给德·布鲁瓦斯，不是为了两卷，而是全四卷。

七、我记录下了所有到期票据的日期，甚至都记在心里了。那张 100 法郎票据（最后一张）的到期日是 3 月 20 日。

八、我动身的日期可能推迟。但通知您之前我哪儿也不会去。

九、请认真记账以便于核对。

十、罗马数字应作为移行符号与副标题一起使用，《论印度大麻》和《鸦片吸食者》均应如此。

当然应该做个目录。

夏尔·波德莱尔

我觉得书名还是叫《人造天堂》最为真实。

致奥古斯特·普莱-玛拉西

［同日］

书名

万灵丹。

万灵丹的危险。

灵丹妙药 ①。

妙药灵丹。

灵丹妙药的快感与危险。

危险的天堂。

下地狱者的天堂。

食莲者。

人造天堂。

---

① 希腊文：φαρμακον νεπενθες。

无论选用哪一个,《印度大麻和鸦片》都要作为副标题。"印度大麻"应该放在前面。

请一定为我做一本漂亮的书。

一切都要好。

夏·波

请如实告知我您对这篇献辞的想法。

《美学珍玩》也有一篇以类似的忧郁和放肆的口吻写出的献辞(献给尚弗勒里)。

您确定的那个《文学主张》的书名不理想。

致奥古斯特·普莱-玛拉西

[巴黎] 1860 年 1 月 13 日

我亲爱的朋友,愿意等您就等吧。真可悲[①]!

强烈推荐我的献辞。请注意我没留副本,重写对我纯属折磨。

感谢您有关卡洛纳的那些(或真或假的)信息。我会睁大双眼,并争取在 2 月 15 日以前拿到那些新文章的稿酬[②]。

您的梅毒让我不放心。我那个治疗梅毒的详细记录还在您那里么[③]?您如果感觉踝关节乏力甚至肿胀,千万不用担心,碘化钾会清除掉全部毒素。而且会让您食欲大增。

祝好。

夏·波

---

① 似指居伊之事。参见波德莱尔 1860 年 1 月 5 日致玛拉西的信。

② 指波德莱尔与卡洛纳发生争吵后,卡洛纳的态度有所缓和。

③ 这份治疗记录后来没有找到。

致欧皮克夫人

[巴黎] 1860 年 1 月 13 日

我亲爱的母亲，你还是不理解我的做法，当然会觉得可怕。

我的解释很简单。就是吵架，与日内瓦那帮人吵翻，粗鲁，暴烈，等等。我一吵，那些人就付钱了。稿酬问题有眉目了，他们马上付我稿酬，还要寄还我的手稿，除了待出版部分。

我让马林先生给我解释了翁弗勒尔那个执达员的说法 ①。该做的都做了。我现在就是等钱，我再重复一遍，我和那帮可笑的家伙吵架，就是要让他们承诺付钱。你一定能猜得到我是腻烦透了才这么干的。——全身心拥抱你，求你别埋怨我。

夏·波

致欧皮克夫人

[巴黎][18]60 年 1 月 15 日星期日

哎呀！不是的。真的不是。我给你写信只是想扼要地告诉你日内瓦那笔钱肯定能拿回来（至少 400 法郎），因为我狠狠地和那帮人大吵了一场。账目问题自然也就解决了。他们要退还我索要的手稿并付给我已发表部分的稿费，另外文章的最后部分要付现金。所以你真的是不理解我。我自己一直在为翁弗勒尔发生的一切而内疚。

我还要推迟四天再动身；但事情不能再拖。我求你去请戴斯玛莱先生 ② 帮忙。无须告诉他这笔钱的用途，除非你想咨询接下来的问题。过五六天后还钱给他，我可以在回来以后向他当面致谢。

很显然，那位执达员出于对你的尊重而没有采取行动。从来没见过哪个执达员能等上半个月而不作为的。——我把这个东西寄给你，以便你能

---

① 参见下一封致欧皮克夫人的信。

② 戴斯玛莱（Desmarais），翁弗勒尔的公证人。

正确理解。

下面是马林律师手写的应付账款：

317 法郎	25 生丁	——这就是那张票据 [①]。
14 法郎	18 生丁	——（严格说来，应该只有 12 法郎，是我应承担的罚款。）
4 法郎	40 生丁	——这就是拒付的代价。
总计： 335 法郎	83 生丁	

我上千次地请你原谅我让你陷入此种肮脏细节当中。除了拒付产生的手续费（4.80 法郎 [②]）以外，还有一笔对非正常票据的罚款，即专门针对非正常使用小额票据实施的罚款。法律对此类不检点行为的罚款总额为 36 法郎，并规定该罚款由票据签署者分摊。这张票据上有三个签字人；所以我应该而且只愿意支付 12 法郎。可那位执达员像所有执达员一样，一上来就让我支付全部费用，还对我说：那 24 法郎您自己去向另外两个签字人要吧。而这本应该是他的责任。

请你注意（这一点很重要），此类拒付也包含对我的权利的承认，是拒付行为本身所承认的权利，所以让我缴纳 14 法郎 18 生丁的罚款仍多收了我 2 法郎；对此我必须抗辩。

我和马林查阅了法律中关于拒付的有关条款，即：

1850 年 6 月 5 日法令中关于非正常票据的第 4 条和第 7 条规定。

不用再跟你说了吧，这个世界上有人无缘无故拒不向我支付 400 法郎稿费，却让我（藉你之手）去偿付戴斯玛莱先生。

***

你今天上午读了《鸦片吸食者》么？我正在修改第二部分，明天晚上

---

① 这张票据是波德莱尔开具给伏尔泰旅馆老板丹纳瓦尔的（波德莱尔 1856 年 7 月至 1858 年 11 月居住于此），金额为 317.25 法郎。欧皮克夫人为波德莱尔偿付了这笔钱，加上罚款和手续费，共计 337.59 法郎。

② 此系波德莱尔的笔误，应为 4.40 法郎。

交稿。

***

你的《莎士比亚全集》已经挑好了。只等那 400 法郎到手就买下来。

***

我前天遭遇了一次奇怪的危机。我当时正在外面办事；空腹。感觉脑袋里突然痉挛了。有位好心的老太太不知用什么法子帮我缓了过来。可刚觉得有些轻快时，危机再次降临。恶心，浑身虚弱，头晕，每上一级楼梯都感觉要昏过去。几个小时以后，症状消失了。我昨晚回家了；感觉很好却很累，就像刚刚结束了一次长途旅行似的。

那个执达员名叫勒孔特（Lecomte），家住河堤路（rue Chaussée）11 号。

要是他不高兴，可以传唤我去主教桥区（*Pont-l'Évêque*）民事法院。真倒霉！

今天，星期日，显然还没有什么不幸发生。

拥抱你；我求你相信那绝不是我的错。我后天再给你写信。

夏尔

我那次不幸的经历（后面那个）还有个细节相当有趣：当时我并未失去知觉，还生怕人家觉得我喝醉了呐！

致欧皮克夫人

［巴黎，约 1860 年 1 月 20 日］

除了感谢之外，除了对我造成的以及你能想象到的所有麻烦和不便真诚道歉之外，你还想让我写些什么？

但你也应该知道，这类事情是头一次发生，此前我已在翁弗勒尔偿付了几千法郎的票据。

你要我做出承诺，我觉得没有比认真履行和遵守诺言更好的选择。从今天起我要践行这一诺言。票据还是会有的。——但我肯定提前一周就安排妥帖。你渴望让我明白你的健康对我来说无比珍贵。嘻！我的老天！我再明白不过了！一想到哪天会深陷孤独我就恐惧得发抖。即便名声也弥补不了我一直渴望且无缘体验的那种普通家庭的情感生活。

无论发生什么情况，也无论你觉得我的生活多么杂乱无章，多么难以理解，你都要明白，我已经走到了这一步，青年时代我就意识到，要想在某一行当出人头地，就必须牺牲一切，哪怕是激情和欢乐。我绝对能忍受这方面的一切艰难困苦。最后，你给了我两年时间还清我的债务。的确只剩下一年了，但我觉得今年开局良好；我觉得我能主宰自己的笔，能主宰自己的思想，我的头脑也清晰有序。如果每天都能魔鬼附体，那我绝对是想这样做的第一人。

你光知道发火了，忘了告诉我你觉得《鸦片吸食者》是不是很好看，是不是很容易理解。

你提醒我注意基本卫生，你搞错了。这件事跟消化不良无关。是大脑的问题。尽管我很困惑，也不明白发生了什么，但我觉得我早晚会在胆汁或心脏方面出问题。——再见，温柔地拥抱你。——我像关注一次罚抄作业一样关注我的《鸦片吸食者》。

致［奥古斯特·普莱-玛拉西］

［巴黎，1860 年 1 月 29 日？］

我亲爱的朋友，昨天我的文章又出了新的麻烦，逼得我不得不在《当代评论》的印刷所里待了一整天。

我所以给您写这封信，是因为我不希望您将我的缺席归咎于冷漠。有些事不得不为之。您要知道，您感兴趣的事我绝对不会无动于衷的。

祝好。

CH. 波德莱尔

星期天上午见。

请注意，就是明天，31 日，也就是说，新一期《当代评论》准备就绪了。

致阿尔蒂尔·德·拉盖罗尼耶尔

［巴黎，1860 年 2 月 4 日。参见下一封信。］

致［佚名 ①］

［巴黎］1860 年 2 月 4 日

先生：

这封信是写给德·拉盖罗尼耶尔先生的，您若觉得可行，就请封好带给他；此事很急，我就拜托您了，请允许我再次向您表示感谢，感谢您为我的琐事如此费心。

我忘了把我的地址告诉您。

CH. 波德莱尔
阿姆斯特丹路 22 号

致［F. 比歇］

［巴黎］1860 年 2 月 4 日

先生：

我的朋友布莱-玛拉西（阿朗松的印刷商，地址在兵器广场）向我索要《鸦片吸食者》第二部分，他已经急得要大声抱怨了。

您肯定忘了这件事。

顺致崇高的敬意。

CH. 波德莱尔

---

① 据波德莱尔研究专家考证，国民教育部 1860 年 2 月 7 日向波德莱尔颁发了 300 法郎补贴，以表彰他的"艺术评论"（从上下文看，似指《1859 年的沙龙》）。此信似乎与这次补贴有关，收信人似为内政部出版与新闻管理司（Direction de la Librairie et de la Presse du Ministère de l'Intérieur）的一位公务员，而阿尔蒂尔·德·拉盖罗尼耶尔（Arthur de La Guéronnière）则可能是该司的负责人。

致奥古斯特·普莱-玛拉西

[巴黎] 1860 年 2 月 4 日

怎么回事?! 我的朋友,《人造天堂》没在您手上! 可您还声称五月份的外省博览会之前就出版《恶之花》呐! 您要知道,为了完成已开始的《恶之花》中的三首诗,为了完成《恶之花》的序言,最后,为了修改《1845 年的沙龙》和《1846 年的沙龙》,我必须去翁弗勒尔待上一个月,我全部手稿都在那里。

我马上给《当代评论》的董事比歇先生写信。但稿子您得自己去拿。

德·布鲁瓦斯可不想终止合同;他还想继续履行。《人造天堂》(完成),300 法郎。——《文学评论选》① (完成,我把稿子和已经印出的诗歌注释都寄给您),300 法郎。所以说,600 法郎,再加上我不敢提但可以接受的 30 法郎,共 630 法郎。我欠着 250 法郎。算下来,德·布鲁瓦斯要再帮我们掏 380 法郎。

我和卡洛纳吵了四次了,他给我写了两封道歉信,这是第五次,他再次陷入了对权力和对主导文学的狂热当中。我无法忍受这种生活,所以我应《新闻报》② 之约,给该报提供了《风俗画家 G 先生》《说教艺术》《文学浪荡子》和《无信仰的伟大》(最后一篇我没和您提起过③)。至于什么时候发表? 什么时候拿钱? 我一概不知。

为了我们的安排,为了《文学主张》的出版,为了誊抄合同等事项,我准备用上星期二一整天。这种令人不快却又必不可少的奔走总得荒废掉三天时间。

如果能誊抄完上述文章,我就要告诉德·布鲁瓦斯,他欠我的可不是出版四卷中的两卷,而是三卷。

---

① 指《文学主张》。

② 阿尔塞纳·乌塞耶此时负责《新闻报》的文学栏目。

③ 《风俗画家 G 先生》(*Monsieur G., peintre de Mœurs*) 指《现代生活的画家》(*Le peintre de la vie moderne*),直到 4 年后才得以出版;《说教艺术》(*L'Art enseignant*) 指《哲学的艺术》(*L'Art philosophique*),在波德莱尔去世后发表;《文学浪荡子》(*Le Dandysme littéraire*) 始终处于计划阶段;《无信仰的伟大》(*Grandeur sans convictions*),不详。波德莱尔最终向《新闻报》交稿的只有《现代生活的画家》一篇。

至于《恶之花》，只差三首诗了，已经开始，还有一篇序言，也已经
开始了，所有这些手稿都在翁弗勒尔。

祝好。

夏·波

身体怎么样？

您没丢掉我的献辞吧？

致奥古斯特·普莱－玛拉西

［巴黎，约 1860 年 2 月 10 日］

……江河的流水

万顷海波的欢笑

——埃斯库罗斯 [1]

您如果有希腊语词典，真该好好查一查缀字法。

顽念 [2]

大森林，你像教堂般令我恐惶；

似管风琴轰响；我们该死的心

有如回荡古老哀吟的亘古灵堂，

在与来自深处的圣歌应和回响 [3]。

恨你，海洋！恨你张狂的巨浪，

---

[1] 引自埃斯库罗斯悲剧《被缚的普罗米修斯》（*Prométhée enchaîné*）。

[2] 该诗正文与 1861 年第二版《恶之花》基本一致，但篇首引用了埃斯库罗斯的一句诗。

[3] "来自深处"（*De profundis*），本为拉丁文本《圣经》的第 129 首诗歌，它是罗马天主教堂
举行悼念仪式时吟颂的诗篇，为七首忏悔诗篇歌之一。

我心亦如浪涛般激荡；失败者
受尽屈辱，苦笑和哭嚷，我从
大海的狂笑中谛听得荡气回肠。（引自埃斯库罗斯）

夜，唯你令我欢畅！无星之夜，
就没有星光的滥调陈腔！因为
我寻觅黑暗，寻觅赤裸和虚妄！

其实，黑暗原本便是一幅图像，
湮没的万千生灵正在翻飞游荡，
他们从我眼前掠过，目露慈祥。

　　谈正事前我想跟您说，您那个阿朗松的医生是个白痴，证据就是您刚刚给了我有关您的症状的最准确的报告，这些我早就知道了。但只要您不会因为愈合的外观而睡不着觉，所有这些就都不算事儿；而且您还要知道，没有比曾经得过梅毒而又治愈的人身体更好的了。所有那些随军医生和为妓女治病的医生都明白这一点。就像真正焕发了青春。

　　我太不幸了，被各种事务压得喘不过气来；我今天本想重读一下评述，却连两小时也抽不出来。这是那个合同 ① 和 2000 法郎。这 2000 法郎实在不够还账。我对欠您的钱深感厌倦和羞愧，我向您保证下个到期日之前尽一切努力全额清偿。下次我把迪朗蒂的那张票据寄给您。——就是那张 3 月 20 日到期的 100 法郎票据。

2 月 15 日　玛拉西　　　1500 法郎

2 月 25 日　阿瑟利诺　　800 法郎

2 月 28 日　克利斯托夫　750 法郎

2 月 28 日　迪朗蒂　　　800 法郎

这样一来，给您剩下的就只有 500 法郎了，另加 80 法郎（我会把收

---

①　指 1860 年 1 月 1 日的合同。波德莱尔刚刚誊抄下来寄给玛拉西。

据寄给德·布鲁瓦斯）；在巴黎需要您签字的也就只有 970 法郎了。(的确，我没有加上贴现费用。) 我现在说不好 25 日前能否从《新闻报》拿到预支款，不确定。因为加伊夫对我说，他有许多稿费都要支付。

$$
\begin{array}{r}
800 \\
\underline{750} \\
1550 \\
\underline{580} \\
970
\end{array}
$$

　　结束此信之前，我要责备您在咱们的出版计划中的怪异举动。《论印度大麻》您不是有了么？《鸦片吸食者》全文您不是有了么？《献辞》您不是也有了么？可您开始排版了么？怎么着！这方面的事您只字不提！——每个人乃至有识之士都在对您大声申斥。人家指责您出版了那么多无聊作品，指责您不懂得善用大众的青睐。——而我想要的不过是一本漂亮的书！

　　书名必须叫《人造天堂》。要卖书，好书名可是个卖点。

　　月底我将重新开始创作《恶之花》并重新修订《美学珍玩》。

　　当心别给我做成小册子（对您来说有此类风险）。您手里已经有六章了；材料足够多了。

　　献辞您觉得如何？我有理由想知道（出于自尊）。

　　我们从《论印度大麻》开始改换标题，并在每个标题后面增加一个副标题，这样就能增加一定数量的空白页。

　　请您记住，精心排版才能印制出精美的书籍，否则对我毫无意义。

　　最后我要感谢您对我的关照，我想提醒您，我对那几部作品顺利面世翘首以待。——（日内瓦那家杂志还没支付稿费。）

　　前不久您要是在巴黎，就能听到瓦格纳那些宏伟壮丽的乐曲了 [1]；在我脑子里这可真是一件大事。

　　祝好。

　　　　　　　　　　　　　　　　　　　　　　　　夏·波

---

[1]　巴黎意大利人剧院于 1860 年 1 月 25 日、2 月 1 日和 8 日举办了 3 场瓦格纳作品音乐会，演奏了《幽灵船》(*Vaisseau fantôme*)、《唐豪瑟》(*Tannhäuser*) 和《罗恩格林》(*Lohengrin*) 片段。

您什么时候来?

我再写两句:

阿瑟利诺那么懂音乐,却居然没去听瓦格纳的音乐会,因为离他家太远了(意大利人剧院),还因为有人告诉他说,瓦格纳是个共和主义者。

那四卷作品您应该去申请发行许可了。

致 [阿尔封斯·德·卡洛纳]

[巴黎,1860 年 2 月 10 日?]

顽念

[略]

CH. 波德莱尔

我太忙碌和痛苦了,直到今天上午《历届画展的回顾》还没写完①。请给我写个便函,再过三个小时我就能完成。

致阿尔封斯·德·卡洛纳

[巴黎,1860 年 2 月 13 日?]

我发誓这错儿在您。三天前我给您寄去几首诗(再没有了),同时告诉您我觉得那篇文章②会拖延,所以请您回复是否还想要那篇文章。您没回信;我就没再写。

您现在要这篇文章(12 日的信,13 日送达)还来得及么? 还要的话

---

① 不清楚《历届画展的回顾》(*Expostions rétrospectives*)是一篇什么文章,或许是波德莱尔为撰写论西班牙和英国画家一文准备的综述。

② 指上封信所说的《历届画展的回顾》。

您晚餐时分就能拿到。

夏·波

您对我说：今天还来得及；——但这个话是您昨天说的。

总之，如果必须完成我也不会恼火，毕竟已经开始写了。

致阿尔芒·弗莱斯

[1860 年 2 月中旬。波德莱尔得知阿尔芒·弗莱斯在里昂《公共安全》(Le Salut public) 发表的多篇文章中都提到了《恶之花》(参见波德莱尔 1860 年 2 月 16 日致玛拉西的信)，便写信索要这些文章。弗莱斯将这些文章寄给波德莱尔并附上了一封信。波德莱尔 2 月 18 日回信致谢并就弗莱斯信中的一些内容谈了自己的看法。]

致奥古斯特·普莱-玛拉西

［巴黎］1860 年 2 月 16 日

我在应付账款中已记下了后来寄给您的那张 1500 法郎的票据，这笔钱是否将用于我们的出版计划？如果是这样，我再让迪朗蒂拿出一张略多于 300 法郎的票据就行了。我不担心自己承担这笔费用的责任，因为我确信必要时您一定会出手相助，而且我决心尽量多付一些。另外我十分不情愿再请布瓦耶和那个蠢货克利斯托夫帮什么忙了。

这样您手里就还剩下 2000 法郎，是我的：

1.　　　　　　　　　500 法郎，减去已贴现的
2. 您还有一张票据　 1500 法郎
3. 加上　　　　　　　 80 法郎
　　　　　　　　　　 2080 法郎

还需要支付的金额（25日和28日）是2350法郎。

既然您马上到巴黎来，评述就面呈吧。

请立刻回信告诉我您哪天抵达，我好预订咱们的晚餐。

您别指望仅用三章《当代评论》上的文字就能制作出一本350页的书，您的这种幻想我不敢苟同。我得提醒您，可别把那么多珍稀素材做成一本小册子。

私下里说一句，如果您能告诉我您对这本书尤其是《鸦片吸食者》的总体感觉，我将非常高兴。德·昆西这位作家是一个让人生畏的对话者和题外话大师，为这样一部作品做戏剧化包装并使之缜密有序并非易事。此外还要在原作观点中融入我个人的感受，使其各部分都能水乳交融天衣无缝。这点我成功了么？我的问题不是出于幼稚的虚荣心；而是我生性孤独的结果，这种生活让我的感觉愈发敏感，因而对我来说，所有人的谈话都近乎无法忍受，另一方面我也承认，我一直很担心，我想知道这些进展如此缓慢的作品——这种缓慢有时是我的错儿，有时是环境使然——是否具有相当坚实的品质并足以面向公众。

我和卡洛纳生分了。我总共欠他200或300法郎；但他有我一沓子诗可以发表[1]。此外我非常平静地告诉他我已经答应了《新闻报》的约稿，以我的年龄和名望，我无法忍受某种令人生厌且毫无意义的指手画脚，毕竟一家文学刊物的社长只有在某种宗教或政治言论可能会造成损害的情况下才有权进行干预。

我还保存着三篇原始文稿可用于出版[2]。

真是厌倦啊！囊中羞涩，而且和我母亲也疏远了。由于某些欠我钱的人和承诺了却又爽约的人的不谨慎，导致我母亲在翁弗勒尔清偿了若干非偿付不可的票据。我真是无地自容。我欠我母亲10000法郎，都是在她富裕的时候借的，现在她很穷，我不能再让她痛苦了。解决德洛德那件事我多半儿还得求助于您。既然吵架了，他就应该付钱。可迄今未付；他还欠

---

[1] 1860年5月15日《当代评论》发表了《巴黎梦》(Rêve parisien)、《虚幻之爱》(L'Amour du mensonge)、《一个好奇者的梦》(Le Rêve d'un curieux)、《永如是》(Semper eadem) 和《顽念》(Obsession)。

[2] 指《人造天堂》。

着我一直打算寄给欧皮克夫人的那 400 法郎。而且您要明白，我这是被羞辱了，是被那些连拼写都不懂的人羞辱了。若不是事务缠身，我一定会冲进那个假学究的办公室揾他一顿耳光。我很担心扎沙里·阿斯特鲁克 ① 是不是已经知道了这场争执，因为他当时也在车站咖啡馆参加了我那场很草率的谈判。更可恨的是他们居然搞丢了几章手稿（!），逼得我不得不重写。（请您记住，我对阿斯特鲁克先生是抱有怀疑的。）

烦心事太多了！就说居伊吧，这个了不起的人突然心血来潮想研究《米洛的维纳斯》(*Vénus de Milo*)！于是从伦敦写信让我寄给他一篇有关这座雕像的研究综述。我把尚弗勒里和迪朗蒂介绍了居伊；可他们却说这老先生难打交道。显然，现实主义者毕竟不是观察家；他们不懂得自娱自乐，更缺乏必要的哲学耐心。

再说说梅里翁吧！哦！这事儿，可真受不了。本来德拉特尔邀我为那部版画集 ② 写一篇文字。好啊！总算有这样一个机会写上十行、二十行甚至三十行文字，谈谈漂亮的版画，谈谈一位巴黎游荡者的哲学梦想，谈谈我本人的遐思。可梅里翁来干预了，他可不是这么看问题的。他说我必须在文中这样写：右边，能看到这些；左边，能看到那些。他说必须搜罗旧闻。还说我必须说清楚此地原来有十二扇窗户，后来被艺术家减到了十扇，所以最后必须去市政厅查询那些东西损毁的确切年代。梅里翁先生就这样眼望着天花板振振有词，丝毫听不得反面意见。

再讲一个笑话，但要替我保密：当我责问我们那位好好先生、令人敬佩的阿瑟利诺，既然他那么懂音乐，为什么不去听瓦格纳的音乐会时，他对我说：第一，太远，离他家太远 ③（在意大利人剧院）！第二，再者，有人告诉他说瓦格纳是个共和主义者！

我回答他说，哪怕瓦格纳是个保皇党人我也要去，这不是构成愚蠢也非成为天才的理由。——我可不敢再谈瓦格纳了；谁都嘲笑我的观点。可

---

① 扎沙里·阿斯特鲁克（Zasharie Astruc，1835—1907），艺术评论家，马奈的仰慕者和捍卫者，时任《国际评论》的音乐评论人，玛拉西出版过他的作品。

② 指梅里翁绘画并镌版、德拉特尔再版的《巴黎风光版画集》(*Eaux-fortes sur Paris*)。

③ 意大利人剧院（Salle de Italiens）在塞纳河右岸的蒙西尼街（rue Monsigny），而阿瑟利诺住在左岸的富尔街（rue du Rour）。

这个音乐，瓦格纳的音乐，是我有生以来最大的快乐之一；我大概已经有十五年没感受到如此震撼了。

关于梅毒：您不会自欺欺人到如此地步吧？这种想法实在是妄自尊大。梅毒谁都有可能得，您也不例外。您告诉过我您有溃疡、咽喉疼痛无法进食、极度疲倦、食欲不振等症状；无论是或否，这不都是已知症状么？如果您不再觉得无力，腿弯和肘部也不缺乏弹性，甚至头部、颈部的肿块也没有了，那不正说明治疗方法有效（菝葜①、碘化钾），或许还能防患于未然么？您说体内溃疡不是梅毒。证据何在？可外部溃疡我是见过的，您立刻就明白我指的是什么。您要明白，抗梅毒治疗本质上通常都疗效极好，并且能让人恢复活力，但不用汞就没法进行抗梅毒治疗。

祝好。

夏·波

您打算展示《恶之花》的那次工业展览会②最晚什么时候举办？

《公共安全》在评论《幽默十四行诗》（*Sonnets humouristiques*）时提到了《恶之花》。我还没读过那篇文章。

***

您错失了一次美丽的彩色版画拍卖会。拍卖会上有一幅德比古③的大幅《拉法耶特肖像》（*La Fayette*），和雷诺兹④的一样美。

致菲洛克塞纳·布瓦耶

［巴黎，约 1860 年 2 月 16 日］

亲爱的朋友，麻烦您在此留给我一份有关《米洛的维纳斯》各种作品

---

① 菝葜（salsepareille），百合科植物，其根茎具有抗菌、抗炎、抗肿瘤等作用。

② 这次展览会于 1860 年 5 月举行。

③ 德比古（Philibert-Louis Debucourt，1755—1832），法国画家、版画家。波德莱尔非常欣赏德比古的作品。

④ 或指英国画家、版画家乔舒亚·雷诺兹（Joshua Reynolds，1723—1792）。

的说明或目录。居伊从伦敦给我写信索要这方面的材料。我估计他是想写一本小册子或一篇文章，再加上各类假想的插图予以说明；也就是说，他是想根据作家们对维纳斯进行修复的不同遐想写一篇东西。祝好。请向布瓦耶夫人转达我诚挚的友谊。

CH. 波德莱尔

致理查德·瓦格纳 ①

［巴黎］1860 年 2 月 17 日星期五

先生：

我始终认为，一位伟大的艺术家即便对荣誉早已司空见惯，但对由衷的赞美还是不会无动于衷的，尤其当这声赞美有如真诚的呐喊，更何况这呐喊还来自一个法国人——也就是说，来自一个天生就不大知道热情为何物且出生在一个对诗歌、绘画和音乐都很难达成共识的国度里的人——时，便具有了一种特别的价值。首先，我想对您说，多亏了您，让我从您的音乐中感受到了从未感受过的巨大快乐。我已到了一个不再以给名人写信为乐的年龄，若不是发现每天都有无耻的、荒谬的文章以诋毁您的天才为能事，我本来对自己要不要以书信方式表达对您的赞赏会踌躇良久。先生，您并非第一位让我对自己的祖国感到痛苦和脸红的人。简言之，是义愤驱使我义无反顾地向您表达我的感激之情；我告诉自己说：我绝不能和那帮蠢货一般见识。

我第一次去意大利剧院听您的作品时原本不抱期待，而且我得向您承认，我甚至还充满了各式各样的偏见；但那是情有可原的，因为我经常受骗上当，听到的多是一些由自吹自擂的二把刀鼓捣出的不堪入耳的东西。但您的音乐立刻就把我征服了。我所感受到的无法用语言表达，如果您不见笑，我就试着把这种感受表述出来。首先，我觉得那音乐似曾相识，再

---

① 这是迄今所见唯一一封波德莱尔致瓦格纳的信。瓦格纳未直接给波德莱尔回信，但在他写给波德莱尔的朋友尚弗勒里的信中表达了他收到这封信后的喜悦。同年 2 月 28 日，波德莱尔在致尚弗勒里的信中提到他又给瓦格纳写了一封信，但那封信已亡佚。

一斟酌，我就明白了这幻觉从何而来；原来这音乐就流淌在我自己的内心里，我认出了它，正如每个人都会认出他注定要去热爱的东西一样①。这句话，除了具有精神性的人以外，任何人都会认为是绝对的无厘头，尤其是出自像我这样一个不懂音乐的人的笔下，而此人所受的音乐教育仅止于听过（当然是带着极大的乐趣聆听）韦伯和贝多芬的一些美妙作品而已。

其次，您的音乐最让我震撼之处，是它的伟大性。它代表着伟大，它把人推向伟大。您的音乐中，到处涌动着大自然伟大而庄严的声响，到处洋溢着人类伟大而壮丽的激情。人们情不自禁地为您的音乐所震慑、所征服。您最为奇特的、也是最能激起我全新的音乐感受的乐曲之一，乃是那部以描绘宗教狂喜为宗旨的歌剧。来宾序曲和婚礼合唱的效果简直无与伦比。我感受到一种远比我们自己的生命更为充盈之生命的全部辉煌与壮丽。还有：我常常感受到一种颇为奇特的情感，我把它描述为一种在感悟了被拥有、被慑服之后的自豪与欢乐，那是一种真正的感官上的愉悦，类似于腾飞于青空或漂浮于大海的那种愉悦②。同时，您的音乐还不时表现出一种生命的尊严。那些深沉的和声往往像兴奋剂一样刺激着我想象的脉动。最后，我还感受到一些或许只有从我的内心或从我的沉迷——但愿您不要笑话我——中才能萌生的感觉。总之，您的音乐里有着某种已升华和正在升华的东西，有着某种渴望飞升得更高的东西，有着某种夸张的、趋于极致的东西。为了说明这一点，我就用绘画来做个比喻吧：我想象自己的眼前是一片广袤的、深红色的空间。如果这红色代表着激情，我能看到它渐渐升上来，其间经过了各种红色和粉红色的过渡，最终升华为熔炉中那种炽烈的白色。若想再达至某种更为强烈的炽白似乎已极为困难甚至匪夷所思，然而就在此时，又有一道最后的喷射在白色的背景上划出一道更为炽白的痕迹。假如您允许我这样说的话，那是抵达了最高的炽烈状态的灵魂所发出的一声最为高亢的呐喊。

我已开始就您的两部作品《唐豪瑟》（Tannhäuser）和《罗恩格林》（Lohengrin）动笔写下我的思考；虽然这两部歌剧我都听过，但我知道很

① 波德莱尔初读爱伦·坡的作品时也有类似的感觉。他在1860年2月18日致弗莱斯的信和1864年6月20日致托雷的信中都谈到过这种感觉。
② 波德莱尔在其《音乐》（La Musique）一诗中表达的便是这样一种感觉。

难表达出我所有的感受。

　　我如果不加节制，这封信我可以一直写下去。如果您能看清我的笔迹，我会非常感谢。我还想再补充简短的几句。自从听到您的音乐那天起，我就不断地对自己说，尤其是在心情不好的时候：今晚我要是能听到一点儿瓦格纳的音乐该多好啊！毫无疑问，像我这样的还大有人在。总之，我认为您一定会为这些普通的听众而高兴，他们对您音乐的直觉远高于那些心怀恶意的记者。您为什么不再举办几场音乐会，再上演几首新的乐曲呢？您既已恩赐给我们预先品尝那些新奇的愉悦，难道还能有权再剥夺我们继续品尝它们的机会么？——先生，请接受我再一次的感谢；在我心灰意冷的时候，是您让我回归了自我，让我想起何谓伟大。

CH. 波德莱尔

　　我就不写我的地址了，因为那或许会让您以为我有什么私事有求于您。

致阿尔芒·弗莱斯

［巴黎］1860 年 2 月 18 日

先生：

　　您的文章和来信理应作复。首先我要以个人名义感谢您；您数次评论过我且每次评论都非常中肯，我是想说，您以让人十分舒心的方式评论了我，而我同时又震惊于您的睿智。——我又重读了一遍以上文字，觉得有些放肆甚至让人见笑，似乎在说您之睿智盖因夸赞了我。——您评论雨果的那篇文章①似乎有些言不尽意和困惑。您未能将雨果作品中的永恒之美与那些大事件衍生出的喜剧性偏执充分区别开来，也就是说，未能与那种蠢话或现代智慧、对进步的信仰、用气球拯救人类等等充分区别开来。尽管如此，您这篇文章依旧是我读过的最佳、最具分寸感的文章。——雨果的朋友和他的敌人通常都同样愚蠢；结果真相如何反倒不了了之。这方

---

① 指阿尔芒·弗莱斯 1859 年 11 月 7 日在里昂《公共安全》上发表的《世纪传说》书评。

面，除了维尔曼 ①、我的朋友多尔维利（有时）和欧内斯特·勒南 ② 以外，还没有人具有此等智慧和评判的洞察力。我只听到过一次对《历代传说》清晰而公正的评价；是泰奥菲尔·戈蒂耶在一次晚餐时谈到的；最晦涩的美学问题从未被阐释得如此清晰；我们所谓的品质和缺陷从未被定义得如此清晰。但这些见解因时代和环境的不幸而永远无法见诸于报端。——我把这份《公共安全》转给了保罗·默里斯先生，他肯定会寄到根西岛去；但更有可能会交给雨果夫人，因为她目前就在巴黎。

话题回到苏拉里先生 ③。您的文章极其出色且充满魅力。您对诗歌的感悟俨如一位真正的文学爱好者。这的确是应有的感觉。您从我画了线的这个词就能猜到，您喜爱德·缪塞颇令我有些惊讶。除了初领圣体那个年龄，也就是在所有跟妓女和爬丝绸软梯有关的事情都貌似某种宗教的那个年龄以外，我从来都与这位花花公子心目中的大师格格不入；我受不了他那种被宠坏了的孩子似的粗俗，受不了那种动辄就呼天抢地的做派，其实不过就是为了一些能在饭桌上讲述的艳遇；我也受不了他诗中连篇累牍的语法和格律错误，更受不了他全然无法理解如何藉创作将梦想变为艺术品。终有一天，您只会渴求完美，您将鄙视所有这些无病呻吟。请您原谅我谈论某些事情时如此激烈；缺乏条理、陈词滥调和漫不经心总让我怒不可遏，但也许有些过激了。

您文章中有一段文字十分精彩：您在其中谈到了作品所反映出的强大精神气质，此种气质随机蕴化，是和谐天成且可遇不可求的某种统一。苏

---

① 维尔曼（Abel Villemain，1790—1870），法国作家、大学教授和政治家，法兰西学士院终身秘书。1860 年时波德莱尔对维尔曼尚无敌意。

② 欧内斯特·勒南（Ernest Renan，1823—1892），法国作家、哲学家和历史学家。

③ 1859 年 12 月 29 日，阿尔芒·弗莱斯在里昂《公共安全》发表评论苏拉里诗集《幽默十四行诗》的文章，他在文章中盛赞了波德莱尔："很长时间里我有两位最喜欢的诗人：维克多·雨果和阿尔弗雷德·德·缪塞。近年来我最喜欢的两位诗人是夏尔·波德莱尔先生和约瑟凡·苏拉里先生。没有比雨果先生的诗更能打动我的心弦的了——尤其是过去。有人想用'意象诗人'这一称呼框住他的影响力，但正是这位诗人以其意象唤醒我心中远多于他人的思绪。阿尔弗雷德·德·缪塞的诗是对青春的回忆，是对往昔的升华，是心灵的歌；他是一位亲切的诗人。依我看，波德莱尔先生尚未得到应有的评价，有人诋毁他是抄袭者，殊不知他才是最深刻的原创诗人，他的诗与我们忧郁、喑哑、难以平息和充满诱惑的内心相互应和共鸣。我已经读过二十遍《恶之花》，今后我还会经常读。"

拉里先生真是一位伟大的诗人，我读到他的第一句诗时就心有灵犀，如今每个人显然都认同这一点。那么又有谁会愚蠢到如此亵慢十四行诗（还可能是个名人 ①）而无视其中的毕达哥拉斯之美呢？诗的形式有限，因此构思必须一发中的。十四行诗可以完美地诠释一切，无论是诙谐、优雅、激情还是哲学冥想。精心构思的诗句会凸显金属和矿藏之美。不知您注意过没有，从一扇气窗、两只烟囱、两块岩石或一扇拱门中眺望的那一线蓝天，会比从山巅俯瞰的壮观全景更能让人深刻领悟无穷 ②？至于长诗，我们知道该如何思考；它是那些写不出短诗者的资源。

但凡诗歌形式超出人所能关注的长度，就不能算作一首诗。

恕我直言，我过去在信中谈到的那些我引以为荣的相似您还不能完全理解。您说的这些我都思考过也全都知道。否则辛辣、好奇和乐趣又会从何而来呢？我可以给您谈谈我的一些更离奇且近乎难以置信的经历：1846年或1847年，我读到了一些爱伦·坡作品的片段，感受到一种莫名的震撼；他去世后，他的作品才开始结集出版，于是我不厌其烦地与住在巴黎的美国人联系，向他们借阅爱伦·坡担任过主笔的那些报刊的合订本。在此过程中我发现——信不信由您——他的很多诗和短篇小说都是我曾经构思过的，但我当时的想法还很模糊，很茫然，构思也很杂乱，而爱伦·坡那时就早已明悉如何整饬和梳理这些思路并使之完美呈现。这就是我的狂热和我的持续之耐心的源头。

等您打算写些评论爱伦·坡的文章时我会寄给您一些新的版本。第一卷已经制版了，可我还是坚持进行了修改。重大错误必须减少。那些售价1法郎的可怜版本错误百出，让我沮丧不已，我甚至怀疑自己也许再也做不出一套问心无愧的版本了。

---

① 据波德莱尔研究专家考证，此处似指法国工程师和社会改革家、圣西门主义创始人之一的昂方坦（Barthélemy Prosper Enfantin，1796—1864），苏拉里曾在致弗莱斯的信中告诉他昂方坦给他写过一封信评论《幽默十四行诗》。

② 波德莱尔曾多次阐述过他称之为"浓缩之无穷"（l'infini diminutif）的美学观念。他在《1859年的沙龙》中评论邦古伊的绘画《小海鸥》（Petites Mouettes）时也曾写道："水天相交，湛蓝一片，两块峭岩形成一扇面向无限洞开的大门（您知道，越是狭窄，无限就越显得深邃）……"

《吾得之矣》今年将由米歇尔·莱维出版 [①]，此书艰涩难读，您不读也罢。有一份杂志刊登过该书的节选（我就不提这家杂志的名字了 [②]），串字、跳行、大肆删减的段落、印刷造成的误读，还有那些印刷错误，多得如同某条西班牙河流岸边尘埃中的跳蚤。您若见到这份杂志千万别读。我给我所有的朋友都写了信，请他们千万不要读。

《恶之花》增补了不少新诗，将由玛拉西出版，这部诗集出版前先要出版《美学珍玩》和《人造天堂》。所有这些都已准备就绪。

除却两三位朋友，我很少有机会谈论文学，而他们也很忙，所以请您原谅我如此絮絮叨叨。

您既然家住里昂，向您打听一下让·蒂索尔先生是何许人不会让您为难吧 [③]？——还有，让莫先生的作品（《灵魂的故事》）是否已经拍摄了照片 [④]？

我打算写一篇评论考尔巴赫、阿尔弗雷德·雷特尔、谢纳瓦尔和让莫的文章，手头的参考资料多多益善，我不会恼火的。

请向苏拉里先生转达我的问候，谈及我们之间的对话时请务必告诉他我与他惺惺相惜。如果您以为我这句话别有所指，我会不好意思的 [⑤]。

愿为您效劳，先生，而且是全心全意的。

CH. 波德莱尔

致欧内斯特·费多

［巴黎］1860 年 2 月 19 日

千百次地感谢。

---

① 《吾得之矣》直到 1864 年才由米歇尔·莱维出版。

② 指日内瓦《国际评论》。

③ 让·蒂索尔（Jean Tisseur，1814—1883），法国文学评论家和诗人。

④ 让莫（Louis Jeanmot，1814—1892），法国画家。《灵魂的故事》（*Histoire d'une âme*）指他的绘画作品《灵魂之诗》（*Le Poème de l'âme*）。波德莱尔在其拟撰写的《哲学的艺术》一文中准备对让莫以及考尔巴赫、雷特尔和谢纳瓦尔的作品进行评论。

⑤ 波德莱尔致弗莱斯的第一封信和弗莱斯的回信均已佚失，因此无法得知波德莱尔此言的准确意思。

我现在实在没时间，但我一定会抽出时间拜读《卡特琳娜》[1]。

我认为我们每个人的私事再忙，不读朋友们写的书着实说不过去。

祝好。

CH. 波德莱尔

致奥古斯特·普莱-玛拉西

［巴黎］1860 年 2 月 23 日

又出了一件不幸的事。

今晚我发现在指望过唐雷和卡斯蒂耶[2]之后，在需要去热利斯和迪多商行贴现那1013 法郎（他们要先从最后那笔360 法郎中预提贴现费）之后，莫雷尔破产后的麻烦事又殃及到我。

决定前我都没时间和您商量，我思虑良久。我注意到克利斯托夫那张750 法郎的票据28 日才到期。

我最晚明天上午去一趟热利斯商行。1013 法郎减去360 法郎和大约20 法郎后还剩下633 法郎，加上我手里的一共1163 法郎。偿付阿瑟利诺那张票据后还剩363 法郎。

我寄给您的这张票据有一份400 法郎的授权书做担保，我原本打算把这笔钱给我母亲，但必须顺应情势的变化，再说我也不想增加我本想减少的债务。

我和德洛德之间的确切情形是这样的：他数次向我保证全额支付《吾得之矣》剩余部分的稿酬。但发生了一场与金钱无关的争执[3]。我虽然怨

---

① 指费多刚刚出版的长篇小说《卡特琳娜·多韦尔梅尔》（*Catherine d'Overmeire*）的第二部。关于波德莱尔和费多之间的关系，福楼拜 1860 年 3 月 15 日致布耶（Louis Hyacinthe Bouilhet，1822—1869，法国诗人，福楼拜的密友）的信中是这样说的："我常常在路上碰到女议长（la Présidente，指萨巴蒂埃夫人），她对我说杜刚和波德莱尔两位先生不屑于和费多来往，'对他的作品甚至不愿意说半句好话'。我觉得这属于这两位先生自命清高的假斯文。"

② 卡斯蒂耶（Hippolyte Castille，1820—1886），法国编辑和作家。玛拉西在 1859 年—1860 年间为他出版了 3 卷本《六十年的历史：1788—1848》（*Histoire de soixante ans：1788—1848*）。

③ 这场争执可能与《国际评论》刊发的《吾得之矣》印刷错误太多、招致波德莱尔不满有关。

愤这些人，但还是请给我时间告诉他们授权书的事。如果他因怨恨而毁约——他就是这么蠢！——发表文章后不付钱，您要知道上上部分是3月初发表的，上部分是4月初发表的。

快把那400法郎寄给我或克里斯托夫，肯定会减到394法郎了。

我明天给德洛德写信。

您若认可这个做法就请回信确认。

无须再跟您说我正在为您即将感受的厌倦而痛苦了吧。

夏·波

一定遵循您出色的建议。

又及：——不过我明天还是争取从热利斯那儿能多拿就多拿；可我几乎不抱期待。

致约瑟凡·苏拉里

［巴黎］1860年2月23日

先生和朋友（请允许我这样称呼您），我要是知道您的地址，自然就无须俟您来信[①]再向您表示感谢并对您的作品表示祝贺了。我第三次重读了这部诗集，我无需再说您犹如我心目中的一位故交，也无需再说自您的诗集出版我就品尝到了其独有的风格与甘醇。

我极为欣喜地看到这个新版本中有许多新诗面世，我尤其认为致一位校对员那首诗当属奇迹。但请允许我就此主题（既然您打算以一位好卖弄学问者为友，这可是您自己招惹的）为您提供一些意见。

您的诗给人以完美的感受和品味；您属于那种天分极高、生来便能在臻极追求中感知艺术的人；所以您无权用一些对比强烈和跳跃的词语来败坏我们的雅兴。——比如这首十四行诗的结尾处有这样一句（我是用散文体翻译的）：在另一个世界，你只有犯下骄矜大罪，方能在尘世遭致上帝

---

① 苏拉里从弗莱斯处得知波德莱尔的赞扬后十分感动，于1860年2月22日致函波德莱尔表示感谢。

的申斥，等等。这里的"方能"不应该出现在诗意的表达中①。严格说来，这或许算不上法语错误；但作为绝对不会因音步而犯难的苏拉里先生是不应当允许自己写出这样的法语的。

我读得很仔细，所以您不会怪我，是吧？其实我还要说很多赞扬您的话。您知道如何从灵魂的冲动和冥想的节奏中获得灵感；您喜爱有条不紊；您赋予十四行诗以戏剧性却又能完美收束；您了解"尽在不言中"的魅力，等等。所有这些优秀的才能让您赢得了懂得冥想或梦想的人的尊重；但您似乎更希望我能对您绝对坦诚，所以我想对您说，您应该（像我一样）放弃名望。我这个表述不够妥帖，未曾拥有谈何放弃。当然，为了宽慰自己，我们可以信誓旦旦地说所有的伟人、所有的代表性人物或民众的代表都是蠢货。这是上帝对他们的某种惩罚。您和我，我们都没有愚蠢到被天下人所乐道。还有两个极富天分的人也和我们一样：泰奥菲尔·戈蒂耶和勒孔特·德·利勒。我们甚至可以说，只有我们才能感知大众无从感受的那些极强劲又极精微的快乐。

亲爱的先生，请相信我对您全部的忠诚。

CH. 波德莱尔

致阿尔芒·弗莱斯

［约 1860 年 2 月 25 日］

［波德莱尔在 1860 年 2 月 18 日致阿尔芒·弗莱斯的信中对他喜爱德·缪塞进行了激烈的批评。平静下来后，他在 2 月 25 日的这封回信中对弗莱斯说：］

至于阿尔弗雷德·德·缪塞，我期待着您几年以后的判断。

---

① 苏拉里这首题为《致皮埃尔·布尔津先生》（À M.Pierre Bourgine）的诗是这样写的："啊！曾经纯粹而和谐的心灵，你无疑／遭致了上帝申斥的骄矜／照亮了尘世中的精灵之羽！"2 月 24 日，苏拉里给波德莱尔回信表示感谢，并表示将在新版中予以修订。

致尚弗勒里

[巴黎，1860 年 2 月 28 日]

我亲爱的尚弗勒里：

我收到了您的简介①。和往常一样，您出的点子总会令人叫绝。小说在文学和读者娱乐中所占的比例确实比以往任何时候都更为重要。但我们知道鲜有天才评论家会花费大量时间评论滑稽剧作家的各式胡言乱语，也很少有人会发掘小说家的倾向、特点和各种写作方法。我们甚至见过此类有见地和极具启发性的作品，但均不为评论家所关注。不同时代出版的各类小说丛书，其设计虽说通常很差，但还是满足了读者对此类作品的普遍趣味；不过若能出版一部对古代和现代小说家的评论集同样会有价值。您来做吧，您肯定能担此大任。我不会承诺常给您撰稿，但我会时不时执笔评述一些我们更熟悉的作家。我还从未有过如此兴致打算为您主编的丛书撰稿。

我马上要给瓦格纳先生写封信，我要对他表示衷心的感谢②。我肯定会去拜访他，但不是马上。一些相当可悲的事务占据了我全部的时间③。如果您先于我去拜访，就请务必转告他，尽管他被所有轻狂的愚氓所羞辱，但对我而言，能与一位天才握手将是我极大的荣幸。

您忠诚的

夏尔·波德莱尔

您若觉得不妥就删去最后几行④。

---

① 指《尚弗勒里主编的小说家大系》(*Bulletin des romanciers sous la direction de Chamfleury*)内容简介。

② 这是已知波德莱尔写给瓦格纳的第二封信，但此信已亡佚。1860 年 2 月 17 日波德莱尔曾给瓦格纳写过一封信，瓦格纳虽未直接给波德莱尔回信，但在致尚弗勒里的信中表达了收到这封信后的喜悦，并"热情地邀请"波德莱尔去他家做客。波德莱尔未接受这一邀请，因为他当时正在构思一篇长文《瓦格纳与〈唐豪瑟〉在巴黎》(参见波德莱尔 1860 年 3 月 4 日到萨巴蒂埃夫人的信)。

③ 指债务方面的麻烦。参见波德莱尔 1860 年 2 月 23 日致玛拉西的信。

④ 尚弗勒里邀请一些前辈和朋友为他这部《小说家大系》撰稿(包括雨果、圣伯夫、波德莱尔等)，这些人的信将在丛书中发表。

致纳达尔

[巴黎] 1860 年 2 月 28 日

我亲爱的纳达尔：

　　我们一位共同的朋友以近乎责备的口吻问我为何没见我出席令堂大人的葬礼①。你一定猜得出为什么；没人通知我。我是在《世纪报》的讣告栏里得知图尔纳雄夫人去世消息的，而且是两天以后。

　　虽说近年来我的精神因孤独和疏远而屡遭打击，但如果不能与一位交往最久远的朋友分担他的不幸，那我真的就太不近人情了。

　　所幸你依旧充满活力，并且已经有了一个孩子②。

您忠诚的

CH. 波德莱尔

阿姆斯特丹路迪耶普旅馆

致约瑟凡·苏拉里

[巴黎] 1860 年 2 月 28 日

亲爱的先生：

　　谢谢您这些卓越的诗，坦率地说，我对这几首诗未能收录进您的诗集有点儿不满③。当我们觉得自己理应值得赞赏时，总会发现这类表达凤毛麟角。

　　第二版的不完善之处您无须过虑④。《幽默十四行诗》一定还会再版，届时您视情修订即可。

---

① 纳达尔的母亲图尔纳雄夫人（Mme Tournachon）于 1860 年 2 月 21 日去世，1860 年 2 月 22、23 日的《世纪报》刊登了讣告。

② 纳达尔的儿子名叫保罗·纳达尔（Paul Nadar，1856—1939），后来也成了一位摄影家。

③ 这封信是波德莱尔对苏拉里 1860 年 2 月 24 日来信的回复。苏拉里在这封信里寄给波德莱尔几首他受《恶之花》的启发而写的"小诗"，并告诉波德莱尔，他觉得这几首诗还"不够完美"，所以未收进诗集。

④ 苏拉里在信中抱怨说他没有注意到 1859 年版《幽默十四行诗》中有不少印刷错误。波德莱尔误以为 1859 年版是第二版，其实是第三版。

您怎么会蹦出我的新书出版时会忘了您的念头呢 ① !《恶之花》将在另一本书 ② 出版之后出版，我一定会送给您一册精美的样书。

您肯定已经看到圣伯夫在近日写给《环球导报》社长的信中提到了您 ③。能跻身于福楼拜和您这样的人中间我才认为是受到了夸赞；可他是在提及费多、提及《法妮》和《达尼埃尔》时才这样说的，这可真让人有点儿受不了；您心里一定明白，这可不是我们想要的夸赞，哪怕这夸赞来自最精明的头脑。有些朋友是难以控制的。近期我会去一趟里昂 ④，那儿曾经是我了解或知之甚详的煤都；届时我们可以时常晤面，这可比书信往来强多了。

您的

CH. 波德莱尔

致欧皮克夫人

［巴黎，1860 年 2 月 28 日］

为你备下这册版画集 ⑤ 有段时间了，但愿比那幅土耳其女子更让你喜欢。我估计你对巴黎风光尤其是对巴黎大规模城市改造 ⑥ 之前的旧时风光更感兴趣。千万别送人；找到一册精美的样书就像大海捞针。你可以拣出最美的三四幅镶框收藏。

---

① 苏拉里希望第二版《恶之花》出版时波德莱尔能签赠给他一册。

② 指《人造天堂》。

③ 指《伦理与艺术》(*La Morale et l'Art*)，发表于 1860 年 2 月 20 日《环球导报》。在这封致《环球导报》社长蒂尔冈的信中，圣伯夫藉费多的小说《卡特琳娜·多韦尔梅尔》出版之机，对当时的文坛进行了回顾，并借机报复了抨击过他的包布。他引用了 1857 年致波德莱尔的信的一部分，将波德莱尔称为"我的年轻朋友中的老朋友"，说他是一个"思维细腻的人"，"具有娴熟、奇特的才华"。他在这封信中还提到"最近有一位非常卓越的十四行诗人，名叫约瑟凡·苏拉里"，但没有谈福楼拜，只提了一下《包法利夫人》。

④ 波德莱尔想去里昂搜集一些资料用于撰写《哲学的艺术》。

⑤ 指梅里翁《巴黎风光版画集》。《土耳其女子》是居伊的一幅水彩画，参见波德莱尔 1859 年 12 月 28 日致欧皮克夫人的信。

⑥ 指法兰西第二帝国时期塞纳大省省长、巴黎警察局局长奥斯曼 (Georges Eugène Haussmann, 1809—1891) 在拿破仑三世的支持下对巴黎进行的大规模城市改造。

　　我没寄给你这册版画集，我是想把它和你的莎士比亚、你的萨克雷 ①，还有你的 600 法郎一起寄到翁弗勒尔去的。但我现在还一无所有。两个月来我受的苦堪比往昔经历过的苦难。日内瓦的 400 法郎和我期待的其他地方的 500 法郎都没有收到。六个星期以来我一直在节衣缩食。可我并没有放弃希望。昨天我还派人去了一个欠我 100 法郎的地方，人家捎话说马上就寄。可我已经等了二十四天了！

　　你要是知道我为了你和我忍受的一切就好了！我不停地在想你还有个园丁。可我却在受苦，我很愤怒，我不再外出。我闷在房间里，写作一筹莫展。

　　我虽然担惊受怕，但我还是发誓等成功了再给你写信。可后天（3 月 1 日）翁弗勒尔有一张 200 法郎的票据即将到期，这一次我绝对不希望你再遭我受过的罪，你只要说：我儿子要很久以后才能回来，远比我想象的要长得多（这是个谎话，我马上就要回来了），请您去阿姆斯特丹路 22 号受钱吧。但如果明天、后天甚至 3 月 2 日能拿到那笔 500 法郎，时间就来得及，我会马上寄给你；但此话无须赘述。

　　我一直盼望着把所有行李都寄回去；但事实是若得不到《胡扎尔侯爵一世》的准信儿，这想法就是一厢情愿，而且我必须实话实说，我写不完第三幕；从这个节点开始，构思很差，无法上演；甚至拿不出手。开局虽好，可对我又有什么用呢？

　　虽说我和《当代评论》有合同 ②，但我还是离开了。为了《鸦片吸食者》，我受的苦太多了；我去《新闻报》了，有九篇文章要在该报发表 ③。

　　——别弄丢了这份手稿。我没留副本，你能看出我修改过。如果能有爱伦·坡作品的好版本，这份手稿还能派上用场。

　　《公共安全》的读书栏目里有几段关于我的文字。《环球导报》发表的一篇圣伯夫的长文也令人愉快地谈到了我，但我没有这张报纸。

---

① 萨克雷（William Makepeace Thackeray，1811—1863），英国小说家。不清楚波德莱尔寄给欧皮克夫人的是萨克雷哪部小说。

② 指 1858 年 10 月 12 日波德莱尔与《当代评论》签订的撰稿人合同。

③ 《新闻报》1860 年 2 月 17 日刚刚发表了波德莱尔翻译的爱伦·坡作品《离奇天使》（*L'Ange du bizarre*），此后一直未刊过波德莱尔的作品，直至 1862 年夏季才陆续发表了波德莱尔的一系列散文诗。

你能不能帮我一个大忙？就是几天后，当我的困境稍有缓解时，别写什么长长的信申斥我。我的状态已经够糟的了。我只想知道一件事，那就是你是不是生病了。但你会写信告诉我的。

全身心地拥抱你。

夏尔

《人造天堂》（印度大麻和鸦片）马上就下厂印刷了，四月份出版。

致奥古斯特·普莱-玛拉西

[巴黎] 1860 年 2 月 29 日

我亲爱的朋友，您今天上午的信可把我气坏了。

稿件丢了，我请他们去找，没有回音。我又重写了一稿。问他们前后能否衔接得上：仍旧石沉大海。

而且总是在我修改的清样还未寄到印刷所时（其实我当天就寄出了）就开始排印（过去的几期也同样如此）！

这是想逼着人当探子去向政府告发还是怎么着！是想让我们的父母官灭了这帮人还是怎么着！

钱的问题也是胡说八道：已发表的是 63 页，也就是说四章（600 法郎）另加上一页。

尚待出版的部分（一部分稿子在日内瓦，另一部分在我这里）还有大约 45 页。所以我说得对。我对此类事情很有经验，除了小钱以外我很少犯错。

如此说来，我收到了 620 法郎，而他发表了 63 页。我对他如此愚蠢感到非常恼火，特别是在我已经准备把最后一部分手稿寄给您的时候，这些稿子现在就在我眼前。他不付钱，您就不给他稿子。如果不准备一次性全部发表的话，他们手里的稿子还够凑成一期。

从现在起，什么事也别做，什么信也别写 [1]。

---

[1] 波德莱尔这一部分所写的全都与《国际评论》有关。

　　我们从三月初要开始编辑《人造天堂》了。我想认真诚恳地问一句，一个月内能完成么？然后是《恶之花》，一个月内能完成么？如果到了三月底我还完不成留在翁弗勒尔的最后三首诗和序言，我就准备牺牲掉它们了。现在我手里有二十六首未面世的诗，其中包括我最后寄给您的那五首十四行诗 ①。

　　您叫我翡丽丝 ②，是想让我明白您因希望而绝望。我再去那个怪物 ③ 家走一趟，催催他。

夏·波

---

①　这五首十四行诗是指《顽念》（*Obsession*）和总标题为《幽灵》（*Un Fantôme*）的四首十四行诗：《黑暗》（*Les Ténèbres*）、《芳香》（*Le Parfum*）、《画框》（*Le Cadre*）和《肖像》（*Le Portrait*）。

②　翡丽丝（Philis）是莫里哀喜剧《厌世者》（*Le Misanthrope*）中奥隆特（Oronte）念的一首十四行诗中的人物，见该剧第一幕第二场。

③　指德拉克洛瓦。参见波德莱尔 1860 年 1 月 5 日致玛拉西的信。